U0516811

献　给

从事知识产权工作的法律人及其关注者

魏 嘉 作 者 简 介

2007 年 7 月毕业于清华大学法学院，获得法律硕士学位。

2007 年 8 至 2017 年 12 月，在北京市某法院从事民事、刑事及知识产权审判工作，曾任知识产权庭副庭长、负责人，审结各类民事及知识产权诉讼案件 1500 余件，曾荣立个人三等功。

2018 年 1 月至 2022 年 7 月，任某教育上市公司高级法务总监，负责企业合规、民商事诉讼、知识产权维权等工作。

2022 年 8 月后，曾任北京德恒律师事务所、北京优诺律师事务所高级合伙人、律师。主要业务方向为民商事及知识产权争议解决，在著作权、商标权、专利权、不正当竞争诉讼领域具有丰富经验。

撰写的论文《冲突与平衡——物权与著作权关系之思辨》获得全国法院第二十六届学术研讨会优秀奖；撰写的论文《知识产权法律解释规则研究》在中华全国专利代理人协会第五届知识产权研讨会上获得优秀奖；撰写的论文《涉 P2P 视频传输播放平台信息网络传播权侵权责任的认定》收录于《网络知识产权保护热点疑难问题解析》一书；撰写的《移动互联网环境下文字作品著作权保护问题调研报告》收录于《互联网法律——"互联网 +"时代的法治探索》一书；撰写的案例分析《串通招投标不正当竞争的证明标准》在《人民司法》发表。

法律实务评注书系

著作权法实务评注

Practical Treatise on
Copyright Law

魏　嘉——著

知识产权出版社

全国百佳图书出版单位

——北京——

图书在版编目（CIP）数据

著作权法实务评注／魏嘉著 . —北京：知识产权
出版社，2025.5. —（法律实务评注书系）. —ISBN
978－7－5130－9901－1

Ⅰ. D923.415

中国国家版本馆 CIP 数据核字第 2025WL2915 号

责任编辑：雷春丽　　　　　　　　　责任校对：谷　洋

封面设计：杨杨工作室·张冀　　　　责任印制：刘译文

著作权法实务评注

魏　嘉　著

出版发行：**知识产权出版社** 有限责任公司		网　　址：http://www.ipph.cn
社　　址：北京市海淀区气象路 50 号院		邮　　编：100081
责编电话：010－82000860 转 8004		责编邮箱：lawpub124@163.com
发行电话：010－82000860 转 8101/8102		发行传真：010－82000893/82005070/82000270
印　　刷：天津嘉恒印务有限公司		经　　销：新华书店、各大网上书店及相关专业书店
开　　本：880mm×1230mm　1/32		印　　张：20.25
版　　次：2025 年 5 月第 1 版		印　　次：2025 年 5 月第 1 次印刷
字　　数：489 千字		定　　价：98.00 元

ISBN 978－7－5130－9901－1

出版权专有　侵权必究

如有印装质量问题，本社负责调换。

序　言

《著作权法实务评注》一书即将与大家见面，我的心情是忐忑而激动的。

2007 年 7 月，我进入北京法院系统工作，正式开始了法律职业生涯。在 17 年间，我作为法律职业共同体中的一员，承担过不同的角色，得以从法官、企业法务、律师等不同角度来观察和体会法律的实施情况。美国奥利弗·温德尔·霍姆斯（Oliver Wendell Holmes）大法官 1881 年在《普通法》一书中指出，法律的生命不在于逻辑，而在于经验。[①] 这并不是说逻辑推理对法律的实施无关紧要，而是强调仅仅依靠逻辑推理裁判案件具有局限性。法律是具有生命力和温度的，应当在社会中有效运行并体现人文关怀；法院的判决须被人们认可和遵守，符合公众的普遍认知和社会的现实情况，能够在实践中有效解决问题和矛盾。对此我深以为然。

作为法官，审理案件时，我和其他同事在庭审结束后往往会基于双方当事人的陈述和在案证据，先根据经验和价值判断对案件裁判结果有一个大致的预估，而后再去做详尽的法律分析和阐

---

① 奥利弗·温德尔·霍姆斯：《普通法》，明辉译，北京大学出版社，2023，第 2 页。

述。或者先基于法律规范做三段论式的推导，而后再根据经验和价值判断对推导得出的结论加以检验和修正。在知识产权案件审理过程中，我会鼓励当事人尽可能围绕案件多做一些陈述，例如，请原告陈述作品的创作过程、著作权授权许可情况、公众获得和欣赏作品情况，请被告陈述其未经许可使用作品的原因、使用作品的目的和范围等。这虽然会导致庭审时间延长，庭审效率在一定程度上受到影响，但我仍然希望尽可能全面了解案件发生的来龙去脉，以及双方当事人产生争议的底层原因，以弥补自己社会阅历和经验的不足。我曾经承办一批各地中小学校被起诉侵害著作权案件。案情非常简单，即一些学校以搭建网站方式开设在线"数字图书馆"，未经著作权人许可通过信息网络大量传播文字作品。学校使用作品的方式明显不符合法定许可或合理使用的情形，法官认定其构成侵权并承担赔偿责任当无疑义。但向各被告深入询问后，我了解到，这批案件的成因系有关部门要求中小学配备数字图书馆，向广大师生提供在线阅读资源。这本是一件有利于师生和教育事业发展的好事，但在推行该政策时，未全面考虑到知识产权保护及配套预算、正版数字图书采购渠道等问题。多方调研之后，我撰写了一篇关于规避侵权风险、引入正版数字图书资源的司法建议并提供给有关部门参考，之后又与版权方沟通，引导其开发质优价廉、适合中小学校的数字图书馆产品以满足市场需求。这批著作权案件最终得到了妥善处理。

从事企业法务工作后，我又得以进一步了解知识产权在企业产品研发、市场竞争、对外贸易和国际税收平衡中的重要作用。

从事律师工作后，我以更加专业的视角为客户提供不同维度的解决方案和应对建议，并分析比较不同方案的利弊和风险。

　　不同角色的法律实践经验是我法律职业的宝贵财富，也是我撰写本书的动力来源。无论我在哪个工作岗位，我对知识产权法律研究始终保持着浓厚的兴趣和极高的热情。相较其他民事、刑事法律，知识产权法具备较高的国际性。我们知道，各国加入世界贸易组织的前提是签订《与贸易有关的知识产权协定》，它是迄今为止对各国知识产权法律和制度影响最大的国际条约，条约的目的即通过"促进对知识产权充分、有效的保护"，以"减少国际贸易中的扭曲与阻力"。我国作为缔约国应当在国内法中吸收和遵循国际条约，但无论是国际条约还是国内法的条文，其表述都是高度概括和抽象的，需要法律实务工作者在具体适用过程中对法律条文进行适当解释。在司法裁判中，法官要综合考虑我国经济社会发展的实际情况，还要平衡对外高水平开放和国内产业保护之间的关系。在学术研究和法律实践中，我们不能简单机械套用国外的某项制度或国外法院的某个裁判观点，而应当立足于我们国家自身创新发展的需要进行独立分析和判断。

　　《著作权法》是著作权领域的基本法，是我国知识产权保护的基础法律之一，自 1991 年 6 月 1 日施行以来，历经 2001 年、2010 年、2020 年三次修正。特别是 2020 年《著作权法》第三次修正，总结了十年来著作权保护方面的有益经验，着力解决制约著作权发展和保护的瓶颈问题，在著作权集体管理、广播权权能、技术措施和权利管理信息保护、惩罚性赔偿等方面进行了发展和完善，是我国著作权法律事业新的里程碑。在《著作权法》第三次修正的背景下，我结合多年来工作中积累的案例素材撰写了本书。这本书是我研究著作权法的学习笔记，在对法律条文、理论观点、裁判文书加以沉淀和消化的基础上，通过具体案例对著作权法基本原理进行解读；这本书也是我从事法律工作的阶段性总结，书中所援引的案例多源于我和同事们工作中实际办理的案件；这本书还是我向各位老师和前辈所作的汇报，虽然已经步入中年，但我仍然对知识充满渴望，对法律工作充满热情，对公平正义充满理想！

随着对著作权法学习和研究日益深入，我清楚察觉到自己的专业能力和水平仍存在明显不足。可以预见，本书中一定存在许多缺点和错误。欢迎各位读者提出批评意见，帮助我不断修正和完善。

魏 嘉

2024 年 10 月

《著作权法实务评注》
使用指南

一、著作权法工具书编撰：时代性引领与实践需求的回应

著作权以其鲜明的时代性，激励着创作者不断推陈出新，引领文化产业迈向新高度。我国现行有效的 2020 年修正的《著作权法》用 67 个条文捍卫每一份诞生于文学、艺术、科学领域的独特智力结晶。但立法文本的确定性必然面临司法实践的开放性挑战。近年来，法律图书市场出现评注类图书产品，法律评注源自德国、日本，系针对现行法，服务实践，已成为法律人案头必备的工具书。法律评注最初是实务人士写给实务人士使用的出版物，在发展过程中扩展到学术界，最终上升为所有法律职业对话的平台与必要载体，解决了法学理论与司法实践脱节的问题，为法律适用的统一提供了保障。[①]

我国法律注释类图书的传统由来已久，主要为立法工作者在新法颁布不久对条文内容进行逐条释义。法律实施几年后，实践层面涌现出的新问题对仅解读法条的编纂模式提出挑战。正如陈

---

① 卜元石：《德国法律评注文化的特点与成因》，《南京大学学报（哲学·人文科学·社会科学)》2020 年 4 期，第 125 页。

兴良教授所说，"部门法学是要为司法实践、司法适用提供理论支持的，是需要密切追踪现实、回应社会关切的"①。笔者作为一名有着十余年著作权法司法工作经验的法律人，虽然对《著作权法》条文熟稔于心，但在应对具体案件，查询关联规范、检索类案、挖掘立法原义等时，仍要花费不少时间。于是在工作之余，萌生写作一本以法律条文为基础，系统梳理条文要点，深入阐释条文内容，链接相关规范性文件，深度解析典型案例的著作权法工具书。

二、著作权法全解：一本全面、创新、实用的著作权法指南

在著作权法的学习与实务应用中，法律从业者、学者乃至企业知识产权管理者常常面临三大难题：如何快速检索相关法律依据？如何深入理解法条背后的立法逻辑？如何将抽象条文转化为实务操作？本书正是为解决这些问题而生。

不同于传统法律注释书的逐条解读模式，本书以"查（法律依据）、解（法条含义）、用（案件思路）"为核心，系统整合法律规范、条文解析与典型案例，力求让读者既掌握法律依据，又通晓立法原理，更能灵活运用于实践。全书600余页的扎实内容，不仅全面收录相关法律法规、司法解释等规范，更深入挖掘条文的"前世今生"，结合国内外立法经验与81个精选案例，揭示裁判规则与实务要点。编排体例上突破条文顺序束缚，以知识逻辑重组内容，实现"整体连贯、重点集中"，让查询更高效、理解

---

① 北京大学：《特等奖！北大教授陈兴良！》，https://mp.weixin.qq.com/s/im10VYLuFmEq5aP1Bznqsg，访问日期：2024年10月12日。

更透彻、应用更精准。

无论是法律从业者、学者，还是企业知识产权管理者，本书都将成为您案头不可或缺的著作权法全景式工具书——不仅告诉您"法律是什么"，更阐明"为什么这样规定"，最终指导"如何用于实践"。

（一）全面性：一站式掌握著作权法知识体系

1. 规范依据详尽无遗

本书致力于为读者打造一个全方位的著作权法规范宝库。在编写过程中，对《著作权法》相关的法律、法规、规章以及司法解释等规范内容进行了地毯式搜罗。与市面上部分仅提供条文序号或部分条文内容的图书不同，本书在解读每一个条文时，力求将与之相关的所有条文完整呈现。通过这种方式，读者无须在海量的法律文件中自行检索，大大节省了时间和精力，能够一站式获取全面且系统的法律规范信息，为深入理解和准确运用《著作权法》奠定坚实基础。

2. 条文解读追根溯源

为了让读者不仅知其然，更知其所以然，本书在条文解读方面下足了功夫。结合我国丰富的法律法规、立法文件，同时放眼国际，参考国外相关法律以及国际条约的内容，深入挖掘每一个条文的"前世今生"。以《著作权法》中关于合理使用制度的条文为例，在解读时，会追溯我国立法过程中对合理使用范围和条件的历次调整，分析背后的政策考量和社会需求变化。同时，对比美国、欧洲等国家和地区著作权法中合理使用制度的规定，探讨不同制度设计的优劣。通过这种跨时空、多角度的解读方式，帮助读者深刻理解著作权法条文的内涵、目的和适用范围，在面对复杂多变的现实问题时，能够准确把握法律条文的精髓，作出合理判断。

3. 600 余页内容诚意满满

全书洋洋洒洒 600 余页，每一页都凝聚着作者的心血和诚意。丰富的内容涵盖了著作权法的各个方面，从著作权的基本概念、主体、客体，到著作权的保护范围、限制、利用，再到侵权责任和救济途径，形成了一个完整而严密的知识体系。无论是法学专业的学生、法律实务工作者，还是对著作权法感兴趣的普通读者，都能在这本书中找到自己所需的知识。书中详细的条文解读、深入的案例分析以及细致的理论探讨，为读者提供了全面而深入的学习体验，让读者在阅读过程中仿佛有一位资深的法律专家在旁悉心指导，帮助读者逐步攻克著作权法的重重难关，实现从入门到精通的跨越。

（二）新颖性：创新编排体例提升学习效率

1. 突破传统条文顺序束缚

常见的法律注释类图书，大多遵循法律条文的先后顺序进行逐条解读。然而，《著作权法》的部分条文虽然核心指向相同，但在法律文本中的排布却较为分散。例如，第 13 条和第 16 条均为关于演绎作品著作权归属的规定，但位置并不相邻。如果按照传统顺序解读，读者在学习过程中可能需要频繁翻阅页面，难以形成系统的认知。基于此，本书大胆创新，打破传统条文顺序的束缚，突出条文核心指向相同这一特点，按照学习法律的知识结构顺序，对相关条文进行整合解读。这样的编排方式，使读者能够更加清晰地把握同类著作权问题的规则和差异，极大地提高了学习和查询效率。

2. 兼顾法律知识结构与条文顺序

在追求创新编排的同时，本书并没有完全摒弃法律条文顺序，而是本着与法律条文的顺序"整体基本一致，个别相对集中"的原则进行精心设计。对一些关联性紧密、逻辑顺序明确的条文，仍然按照法律文本的先后顺序进行解读，以保持法律体系的完整性和连贯性。例如，在介绍著作权的取得和保护期限相关条文时，遵循先取得后保护期限的逻辑顺序，依次解读相关条文。而对那些核心内容相似但分布较为分散的条文，则进行集中整合。通过这种巧妙的平衡，既满足了读者对知识系统性的需求，又方便读者在需要时快速定位到具体的法律条文，实现了知识结构与条文顺序的有机结合，为读者提供了一种全新而高效的学习体验。

（三）实用性：案例驱动助力法律实践应用

1. 精选81个典型案例

正如有学者所言，"任何教义学上的概念和规则，如果不能落在一个个具体的判例中显示出其运用和后果，如果不能依附于一个个具体的判例之上得到延续，就不可能有长久的生命力"[1]。法律条文亦是如此，只有在实践中得到运用，才能彰显其真正价值。本书深谙这一道理，精心挑选了81个具有代表性的著作权典型案例。这些案例涵盖了著作权法各个领域的热点和难点问题，从文

---

[1] 车浩：《正义的决疑》，法律出版社，2024。

学作品侵权纠纷到影视作品著作权归属争议，从软件著作权保护到网络环境下的著作权侵权认定等。每个案例都经过严格筛选，具有广泛的社会影响力和较高的法律研究价值，能够真实反映当前著作权法实践中的各种复杂情况。

2. 深入剖析法律关系与办案思路

对每一个案例，本书都进行了深入细致的剖析。首先在案例主标题即点明案例要点，让读者迅速抓住问题的关键，并展示于目录中，方便读者查阅。其次，明确案例的核心法律争议，例如，在某一文学作品改编权侵权案例中，核心争议在于改编行为是否获得了原作者的合法授权以及改编作品是否超出了授权范围。接着，详细分析法律构成要件，从主体、客体、行为、过错等多个方面进行逐一解读，帮助读者理解法律规范在具体案件中的适用标准。在梳理学术界对同类问题不同观点的基础上，探讨法院如何权衡各方利益，作出最终裁判。通过这种深入剖析，读者不仅能够了解案件的处理结果，更能掌握法院的裁判思路和方法，学会如何在实际工作中运用法律思维分析和解决著作权问题。

3. 提炼法院核心裁判规则与法律适用建议

在案例分析的过程中，本书注重提炼法院的核心裁判规则。通过对大量案例的研究和总结，归纳出具有普遍性和指导性的裁判要旨，为读者在今后处理类似案件时提供参考依据。例如，在网络环境下著作权侵权案件中，法院通常会根据侵权行为的表现形式、侵权后果的严重程度以及侵权人的主观过错等因素来确定赔偿数额。本书将这些裁判规则进行提炼和整理，使读者能够一目了然。同时，针对法律空白或需完善之处，提出具有建设性的法律适用建议，为实务工作者提供操作指南。无论是在起草合同、处理侵权纠纷还是进行诉讼维权，读者都能从本书的案例分析中获得切实可行的帮助，真正实现学以致用。

三、匠心装帧：厚重知识的轻盈呈现

一本优秀的法律工具书，不仅需要承载权威而系统的内容，更应让读者在每一次翻阅时都感受到便捷与舒适。为此，本书在装帧设计上倾注巧思，力求在专业性与实用性之间找到完美平衡。

（一）开本科学，阅读友好

采用大 32 开本设计，这一规格堪称精妙，既拥有充裕空间承载厚重的知识内容，又保证了体积小巧，让读者无论是在法院庭审、案件调解，还是参与课堂讨论、准备资格考试等，都能轻松将它拿在手中、放进背包或手提袋，随时随地开启查阅或学习之旅。

主点条文加大字号，视觉清晰，减轻长时间阅读的疲劳。

（二）精装搭配圆脊：权威感与便携性兼得

封面采用耐磨精装，质感沉稳；圆脊工艺使书脊弧度贴合手掌，在翻阅过程中，圆脊能够确保书页平整展开，轻松摊平 180 度，读者无须再费力按压书页，阅读体验更加流畅。无论是置于案头参考，还是随身携带查阅，都能轻松胜任。

（三）细节赋能高效学习

我们还在书中加入了一条精致的丝带书签，它不仅为书籍增添了一份雅致，更具备强大的实用功能。读者在阅读时，可以随时将丝带夹在重点页面，方便日后迅速定位、检索关键内容，不错过任何重要信息。

内文纸张选用高克数胶版纸，厚实不透墨，同时控制整体重量，让600余页的"知识重量"化为"掌中轻盈"。

凡　例

1. **条文要点注释**　提纲挈领地概括法律条文的要点，便于读者快速把握法条主旨。

2. **法律条文**　呈现 2020 年修正的《著作权法》有关条文。

3. **关联规范**　为降低读者检索成本，不仅列出与 2020 年修正的《著作权法》相关的法律、法规、规章、司法解释等规范的名称和序号，还全面展现关联规范的重点内容，并附文号和实施日期。

4. **法条解读**　采用文义解释、比较解释、历史解释等方法，结合我国有关法律法规、国外法律或国际条约相关内容，以及立法沿革，全方位、体系性解读法条含义。

5. **典型案例**　选取条文相关典型案例，有效串联条文与实践，揭示条文适用场景。其中，案例主标题用一句话概括案件要点，副标题呈现具体案件名称。每个案件一般包括【裁判要旨】【案情简介】【法院观点】【案例评析】等四个部分。【裁判要旨】指明案件核心法律关系、法律适用情况；【案情简介】概括主要案情；【法院观点】提炼法院核心裁判规则；【案例评析】明确案例涉及的核心法律争议、细致分析法律构成要件、梳理学术界对同类问题的不同观点、探讨法院如何权衡各方利益、指出法律空白或需完善之处、为实务工作者提供操作建议。

6. **条文要点注释、关联规范、法条解读、典型案例**中提及的法律、法规、规章、司法解释和其他规范性文件名称中"中华人民共和国"省略，其余一般不省略。例如，《中华人民共和国著作权法》简称为《著作权法》，《中华人民共和国民法典》简称为《民法典》，《中华人民共和国著作权法实施条例》简称为《著作权法实施条例》。但在行文前后文涉及外国法律和/或国际条约时，为避免类似法律名称重复，将国家名称置于法律名称前，例如，《中华人民共和国著作权法》简称为我国《著作权法》，其余一般不加国家名称。

7. 行文中引用法律条文的条款项序号，一律使用阿拉伯数字，例如，《著作权法》第三条，不表述为《著作权法》第三条，而表述为《著作权法》第 3 条，但在**法律条文**、**关联规范**、引号内引用法律条文时，条文序号则忠实于法律原文。

目　录

中华人民共和国著作权法

（1990 年 9 月 7 日第七届全国人民代表大会常务委员会第十五次会议通过　根据 2001 年 10 月 27 日第九届全国人民代表大会常务委员会第二十四次会议《关于修改〈中华人民共和国著作权法〉的决定》第一次修正　根据 2010 年 2 月 26 日第十一届全国人民代表大会常务委员会第十三次会议《关于修改〈中华人民共和国著作权法〉的决定》第二次修正　根据 2020 年 11 月 11 日第十三届全国人民代表大会常务委员会第二十三次会议《关于修改〈中华人民共和国著作权法〉的决定》第三次修正）

第一章 总 则

第一节 著作权法的立法宗旨

条文要点注释

《著作权法》的立法宗旨，一方面，是通过保护作品著作权鼓励作品的创作和传播，从而促进社会文化和科学事业进一步繁荣发展；另一方面，是防止著作权人和与著作权有关的权利人滥用权利，法律规定著作权人和与著作权有关的权利人享有专有权利，事实上在著作权交易市场中形成了一定程度的垄断，但著作权人和与著作权有关的权利人不得滥用权利损害公共利益。

法律条文

第一条　为保护文学、艺术和科学作品作者的著作权，以及与著作权有关的权益，鼓励有益于社会主义精神文明、物质文明建设的作品的创作和传播，促进社会主义文化和科学事业的发展与繁荣，根据宪法制定本法。

第四条　著作权人和与著作权有关的权利人行使权利，不得违反宪法和法律，不得损害公共利益。国家对作品的出版、传播依法进行监督管理。

关联规范

《最高人民法院关于加强著作权和与著作权有关的权利保护的意见》（法发〔2020〕42 号，自 2020 年 11 月 16 日起施行，节录）

1. 依法加强创作者权益保护，统筹兼顾传播者和社会公众利益，坚持创新在我国现代化建设全局中的核心地位。依法处理好鼓励新兴产业发展与保障权利人合法权益的关系，协调好激励创作和保障人民文化权益之间的关系，发挥好权利受让人和被许可人在促进作品传播方面的重要作用，依法保护著作权和与著作权有关的权利，促进智力成果的创作和传播，发展繁荣社会主义文化和科学事业。

法条解读

《著作权法》立法的出发点之一是关注和保护作者的权利，以及鼓励和奖励智力成果。但进入 21 世纪以来，科学技术的快速发展，尤其是互联网技术的普遍应用，导致作者权利不断被削弱，例如，侵权作品的复制和传播成本趋近于零，侵权作品传播速度显著加快，侵权作品的源头更加难以查明，作者制止侵权行为的难度不断增加和成本变得越来越高昂，从互联网中彻底清除侵权作品仿佛成了一件不可能完成的任务。[①] 并且索尼公司诉环球影业（Sony Corp. of America v. Universal City Studios, Inc.）一案确立的"技术中立原则"也阻挡了作者和著作权许可组织追究 P2P 技术提供方承担

---

① 例如，在分布式对等网络技术（distributed peer－to－peer technology，以下简称 P2P 技术）的应用下，数据文件的传播已经不依赖于中心服务器，所有的客户端都能提供资源，从服务器中清除数据文件并不能阻止数据文件的传播。而在司法实践中，尚未见到个人用户通过 P2P 技术传播未经授权作品承担侵权责任的案例。

间接侵权的法律责任。① 网络云盘出现后，侵权人不需要搭建网站，不需要租用服务器，也不需要购买域名，即可以通过网络云盘链接分享功能传播海量侵权作品，侵权行为日趋隐蔽化、规模化，并形成了录制拷贝、宣传推广、传播变现的盗版产业链，对作者权利的保护形成了新的挑战。

与此同时，社交媒体、短视频、虚拟现实等新技术和新的传播方式层出不穷，使作品的传播范围获得前所未有的扩展，社会公众的文化生活日益丰富。通过作品的广泛传播，作者的经济利益得到了充分实现。但随之而来的是，在著作权转让与许可使用过程中，作者与受让人或被许可人对著作权各项权利的归属和行使又容易产生矛盾和争议。

从《著作权法》的立法宗旨出发，保护作者的著作权和鼓励作品的创作和传播，两者同等重要。不能单方面强调为了尽可能扩大作品的传播范围和传播速度，满足公众获得文学、艺术和科学作品的需求，就片面地牺牲或限制作者的权利和利益。同时，"无传播也就无权利"，只有作品得到广泛的传播，作者才能从中获得精神满足和经济利益，从而进一步鼓励作品创作以及促进文化和科学事业的发展与繁荣。因此，在不侵害作者著作人身权的前提下，也要保护受让人或被许可人的权利和经济利益，不应对受让人或被许可

---

① 1975 年，索尼公司发明了"一款能够接入任何电视机，从而能够让你看到任何可能错过的电视节目的革命性新产品"——Betamax 电视录像机。这款录像机的暂停键和快进键允许用户随时录制或播放不含任何广告的电视节目，有个体消费者使用该录像机录制电视节目后进行传播。环球影业公司就以侵犯版权为案由，将索尼公司起诉到美国加利福尼亚州（以下简称加州）中区联邦地区法院。加州中区联邦地区法院判决认为，Betamax 电视录像机产品本身不构成版权侵权，发明这项"中性"技术的索尼公司亦不必为个体消费者的行为负责。环球影业公司上诉至美国联邦第九巡回上诉法院，而巡回上诉法院给出了与加州中区联邦地区法院截然相反的判决。该案最终上诉至美国联邦最高法院，最高法院在多数意见判决中阐述了著名的"实质性非侵权用途"（substantial non‑infringing use）标准，确立了"技术中立原则"。

人行使著作财产权加以不合理的限制。市场主体在进行著作权转让或许可交易时，建议交易双方对著作权的具体行使规则，包括改编的范围和程度、表演的各种手段、放映的场景、信息网络传播的具体方式等，进行明确和具体约定。受让人或被许可人在获得作品的著作财产权后，也要在行使权利的过程中注意与作者进行沟通和确认，例如，在改编作品并创作出新作品后将新作品发送给作者审阅，如作者明确认可或在合理期限内未提出异议，都可以作为改编作品不侵害作者著作人身权的有效依据。

第二节 外国人、无国籍人作品的保护

条文要点注释

享有著作权与作品是否发表无关。为了吸收借鉴外国优秀文化，实施著作权国际条约，《著作权法》对符合条件的外国人、无国籍人作品给予保护。

法律条文

第二条 中国公民、法人或者非法人组织的作品，不论是否发表，依照本法享有著作权。

外国人、无国籍人的作品根据其作者所属国或者经常居住地国同中国签订的协议或者共同参加的国际条约享有的著作权，受本法保护。

外国人、无国籍人的作品首先在中国境内出版的，依照本法享有著作权。

> 未与中国签订协议或者共同参加国际条约的国家的作者以及无国籍人的作品首次在中国参加的国际条约的成员国出版的，或者在成员国和非成员国同时出版的，受本法保护。

关联规范

《民法典》（自 2021 年 1 月 1 日起施行，节录）

第一百二十三条　民事主体依法享有知识产权。

知识产权是权利人依法就下列客体享有的专有的权利：

（一）作品。

《实施国际著作权条约的规定》（国务院令第 732 号，自 2020 年 11 月 29 日起施行，节录）

第一条　为实施国际著作权条约，保护外国作品著作权人的合法权益，制定本规定。

第二条　对外国作品的保护，适用《中华人民共和国著作权法》（以下称著作权法）、《中华人民共和国著作权法实施条例》、《计算机软件保护条例》和本规定。

第三条　本规定所称国际著作权条约，是指中华人民共和国（以下称中国）参加的《伯尔尼保护文学和艺术作品公约》（以下称伯尔尼公约）和与外国签订的有关著作权的双边协定。

法条解读

根据《伯尔尼保护文学和艺术作品公约》（以下简称《伯尔尼公约》）① 第 3 条第 1 款和第 2 款的规定，作者为本同盟任何成员国的国民者，其作品无论是否已经出版，都受到保护；作者为非本同

---

① 1979 年 9 月 28 日修订。

盟任何成员国的国民者，其作品首次在本同盟一个成员国出版，或在一个非本同盟成员国和一个同盟成员国同时出版的都受到保护；非本同盟任何成员国的国民但其惯常住所在一个成员国国内的作者，为实施本公约享有该成员国国民的待遇。我国于 1992 年 10 月 15 日加入《伯尔尼公约》，《著作权法》对外国人、无国籍人作品的保护，即源于上述《伯尔尼公约》的规定。《伯尔尼公约》的其他成员国也依据该公约对中国公民、法人或者非法人组织的作品给予保护。

第三节　著作权的客体

条文要点注释

《著作权法》规定了作品的定义、特征和类型，明确了所保护的客体范围。无论是否在作品类型中详细列明，只要是符合作品特征的智力成果，均属于《著作权法》保护的作品。2014 年 9 月 2 日，国家版权局曾对《民间文学艺术作品著作权保护条例（征求意见稿）》公开征求意见，但该条例至今未颁布施行，原因是就民间文学艺术作品的定义和范围、创作主体的认定和权利归属、许可使用的条件、著作权经济利益分享等问题仍存在争议。

法律条文

第三条　本法所称的作品，是指文学、艺术和科学领域内具有独创性并能以一定形式表现的智力成果，包括：

（一）文字作品；

（二）口述作品；

（三）音乐、戏剧、曲艺、舞蹈、杂技艺术作品；

（四）美术、建筑作品；

（五）摄影作品；

（六）视听作品；

（七）工程设计图、产品设计图、地图、示意图等图形作品和模型作品；

（八）计算机软件；

（九）符合作品特征的其他智力成果。

第六条 民间文学艺术作品的著作权保护办法由国务院另行规定。

关联规范

《著作权法实施条例》（国务院令第633号，自2013年3月1日起施行，节录）

第二条 著作权法所称作品，是指文学、艺术和科学领域内具有独创性并能以某种有形形式复制的智力成果。

第四条 著作权法和本条例中下列作品的含义：

（一）文字作品，是指小说、诗词、散文、论文等以文字形式表现的作品；

（二）口述作品，是指即兴的演说、授课、法庭辩论等以口头语言形式表现的作品；

（三）音乐作品，是指歌曲、交响乐等能够演唱或者演奏的带词或者不带词的作品；

（四）戏剧作品，是指话剧、歌剧、地方戏等供舞台演出的作品；

（五）曲艺作品，是指相声、快书、大鼓、评书等以说唱为主要形式表演的作品；

（六）舞蹈作品，是指通过连续的动作、姿势、表情等表现思想情感的作品；

（七）杂技艺术作品，是指杂技、魔术、马戏等通过形体动作和技巧表现的作品；

（八）美术作品，是指绘画、书法、雕塑等以线条、色彩或者其他方式构成的有审美意义的平面或者立体的造型艺术作品；

（九）建筑作品，是指以建筑物或者构筑物形式表现的有审美意义的作品；

（十）摄影作品，是指借助器械在感光材料或者其他介质上记录客观物体形象的艺术作品；

（十一）电影作品和以类似摄制电影的方法创作的作品，是指摄制在一定介质上，由一系列有伴音或者无伴音的画面组成，并且借助适当装置放映或者以其他方式传播的作品；

（十二）图形作品，是指为施工、生产绘制的工程设计图、产品设计图，以及反映地理现象、说明事物原理或者结构的地图、示意图等作品；

（十三）模型作品，是指为展示、试验或者观测等用途，根据物体的形状和结构，按照一定比例制成的立体作品。

《计算机软件保护条例》（国务院令第 632 号，自 2013 年 3 月 1 日起施行，节录）

第二条　本条例所称计算机软件（以下简称软件），是指计算机程序及其有关文档。

法条解读

（一）作品的特征

第一，作品是指"文学、艺术和科学领域内"的成果，在上述领域外的成果并不能成为《著作权法》的保护对象。例如，某种商业模式、不构成美术作品的商业标识虽然也属于人类的智力成果，但并不属于"文学、艺术和科学领域内"的成果，不能成为《著作权法》的保护对象。

第二，作品必须能以一定形式表现。如果作品不能以一定形式表现出来、不能传播、不能为人们所感知和欣赏，那么就没有法律加以保护并赋予专有权利的必要。《著作权法实施条例》对作品的定义与《著作权法》有所不同。《著作权法》第3条规定："本法所称的作品，是指文学、艺术和科学领域内具有独创性并能以一定形式表现的智力成果……"《著作权法实施条例》第2条规定："著作权法所称作品，是指文学、艺术和科学领域内具有独创性并能以某种有形形式复制的智力成果。"2014年6月6日，国务院法制办公室发布的《著作权法（修订草案送审稿）》第5条规定："本法所称的作品，是指文学、艺术和科学领域内具有独创性并能以某种形式固定的智力表达。"上述表述的差异在于"能以一定形式表现""能以某种有形形式复制""能以某种形式固定"。如果某种智力成果能以某种形式固定下来，那么就具备了进一步加以复制的条件。反之，如果作品能够以有形形式复制，则其必然能被固定在载体上。因此，"能以某种有形形式复制"与"能以某种形式固定"并无实质性区别，且"能"仅说明了被复制或固定的可能性和可行性，而非已被复制或固定的事实。而《著作权法》规定的"能以一定形式表现"，是不是可以理解为相对于"能以某种有形形式复制"和"能以某种形式固定"更为宽松？实际上，"能以一定形式表现""能以某种有形形式复制""能以某种形式固定"只是从不同的侧面加以描述。有观点认为，在将"作品类型法定"改为"作品类型开放"的情况下，"能以某种形式固定"的表述更为可取，可以通过这种方式将香水气味、食品味道等无法被固定的表达形式排除在外。但香水气味、食品味道在现今的科技条件下并非绝对不能以某种形式固定，无论是气味还是味道，如果可以还原为具体的化学成分，就具备复制和固定的可行性。如果香水的气味独特，某款菜品的味道绝佳，其研究与制作过程包含了人类的智力成果，能够获得公众的感知和欣赏，又为何要仅根据作品的形式要件便将其排除在《著作权法》保护范围之外呢？《伯尔尼公约》第2条第1款规定："'文学和艺术作品'一词包括文学、科学和艺术领域内的一切成果，不论其表现形式或方式如何。"笔者认为，"不论其表现形式或方式如何"隐含意思是作品应当以某种形式或方式表现出来，方可受到保护。因此，现行《著作权法》表述为"能以一定形式表现"，更趋近于《伯尔尼公约》的上述表述。另外，采用"表现"一词，也凸显了给予作品的保护不延及作品中蕴含的思想，而仅包括基于思想的外在表达。

第三，作品必须具备独创性。作品的独创性是作品获得《著作权法》保护的实质要件。关于独创性的含义，《伯尔尼公约》《世界知识产权组织版权条约》均未予以明确，也没有提供任何可参考和衡量的标准。因此，在著作权法理论与司法实践中，"独创性"的判断往往存在着相当大的争议。各国对独创性的认定标准也有所不同。美国《版权法》第102条第1款规定："依据本编，版权保护，给予固定在有形表达媒介上的独创性作品……"美国《版权法》有意没有对独创性进行界定，独创性的具体含义和标准由法院通过判例来界定。[1] 根据美国法院的早期判例，独创性的标准相对比较低，只要作品是作者独立创作完成的，不是对他人作品的抄袭或复制，就可以获得版权保护。曾有美国法院在判例中认为，只要作者在创作作品过程中付出了劳动、流了汗水，就应受到《版权法》的保护，即"额头流汗标准"。但美国联邦最高法院在费斯特出版公司

---

[1] 李明德：《美国知识产权法》，2版，法律出版社，2014，第243页。

诉乡村电话公司（Feist Publications, Inc. v. Rural Tel. Serv. Co.）一案中指出，作品至少应当具有某种最低限度的创造性，是思维创造基础上的产物。美国法院对独创性的认定标准发生上述变化的原因是，仅仅收集、记录和整理一条街道上各个商户的名称、门牌号、经营产品，并不需要付出任何创造性的劳动，所形成的文字记录也仅仅是客观事实的如实反映，如果对这样的"劳动成果"给予《版权法》保护，那么保护对象就会延及客观事实本身，这显然与《伯尔尼公约》的规定相违背。大陆法系国家对独创性的标准明显高于英美法系国家。在大陆法系国家，著作权中非常重要的一部分是精神权利，即著作人身权，其是作者人格权的反映和衍生。法国《知识产权法典》第一章第 L. 111 - 2 条规定："无须任何公开发表，仅仅基于作者构思的实现，即使非完全实现，作品创作即视为完成。"该法典第二章第 L. 112 - 1 条规定："本法典的规定保护一切智力作品的著作权。"[1] 德国《著作权法》第 2 条第 2 款规定："本法所称著作仅指个人的智力创作。"该法第 3 条规定："对某部著作的翻译和其他改作，能反映改作人的个人智力创作的，当做独立著作予以保护。"[2] 日本《著作权法》第 2 条第 1 款规定："作品，指文学、科学、艺术、音乐领域内，思想或者感情的独创性表现形式。"[3] 根据上述大陆法系各国《著作权法》的表述，作品必须属于作者的智力创作，体现作者的构思、思想或者感情，并包含作者的个性。综上所述，独创性应当包含"独"和"创"两部分。"独"，即作品是作

---

[1] 《十二国著作权法》翻译组：《十二国著作权法》，清华大学出版社，2011，第 63 - 64 页。

[2] 《十二国著作权法》翻译组：《十二国著作权法》，清华大学出版社，2011，第 147 页。

[3] 《十二国著作权法》翻译组：《十二国著作权法》，清华大学出版社，2011，第 361 页。

者独立创作完成的，不是对他人作品的抄袭或复制——此点英美法系和大陆法系国家基本一致。"创"，即作品体现了作者的构思、思想或者感情，有一定的创作个性（也可称之为"创作高度"）——此点英美法系和大陆法系国家有一定差异。我国《著作权法》和《著作权法实施条例》对独创性标准没有作出明确规定。考虑到我国的立法体系和法律传统更趋近于大陆法系国家，因此，我国《著作权法》上的独创性标准应更趋近于上述大陆法系国家的标准。但由于独创性标准的定义过于概括和抽象，不同法官在具体案件中基于各自的理解所作出的法律解释和认定仍有一定的差异，请参见案例 1 - 1、1 - 2、1 - 3。

（二）作品的定义与作品的类型

2010 年修正的《著作权法》第 3 条规定："本法所称的作品，包括以下列形式创作的文学、艺术和自然科学、社会科学、工程技术等作品：（一）文字作品；（二）口述作品；……（九）法律、行政法规规定的其他作品。"从上述规定可知，该版《著作权法》对作品类型的列举采取的是相对封闭式的表述，即作品类型如果超出明确列举的八种，则必须由法律、行政法规规定，法官不能在个案中确认新的作品类型。现行《著作权法》第 3 条规定："本法所称的作品，是指文学、艺术和科学领域内具有独创性并能以一定形式表现的智力成果，包括：（一）文字作品；（二）口述作品；……（九）符合作品特征的其他智力成果。"现行《著作权法》对作品类型的列举采取的是开放式的表述，即作品类型包括但不限于明确列举的八种，只要是符合作品特征的智力成果，法院均可以认定为《著作权法》所保护的作品，而无须通过法律和行政法规对作品类型予以明确规定。那么现行《著作权法》为何要对作品类型的规定作出上述调整呢？《伯尔尼公约》第 2 条第 1 款规定："'文学和艺术作品'一词包括文学、科学和艺术领域内的一切成果，不论其表现形式或方式如何，诸如书籍、小册子和其他文字作品；讲课、演讲、讲道和其他同类性质作品；戏剧或音乐戏剧作品；舞蹈艺术作品和哑剧；配词或未配词的乐曲；电影作品和以类似摄制电影的方法表现的作品；图画、油画、建筑、雕塑、雕刻和版画作品；摄影作品和以类似摄影的方法表现的作品；实用艺术作品；与地理、地形、建筑或科学有关的插图、地图、设计图、草图和立体作品。"《保护文学和艺术作品伯尔尼公约（1971 年巴黎文本）指南》指出："'文学和艺术作品'这一表述必须理解为包括一切能够受到保护的作品。为了说明这一点，第二条第一款对作品进行了列举。使用'诸如'二字，表明这一列举完全是一种示例，而不是详尽的；它只是给各国立法者提供若干指导。"① 《伯尔尼公约》第 2 条第 1 款列举了众多类型的作品，但在著作权制度的早期发展阶段，作品类型并没有如此丰富，只包括文字作品、美术作品、音乐作品。在 19 世纪工业革命到来后，卤化银感光材料的发明促成了电影产业的创立和发展，电影作品成为著作权新的保护客体。进入 20 世纪，世界上第一台通用计算机埃尼阿克（ENIAC）于 1946 年 2 月 14 日诞生。计算机程序作为计算机能识别和执行的指令集合，显然属于人类的智力成果，同时也蕴含着巨大的商业价值。1978 年，世界知识产权组织拟定并公布了《保护计算机软件示范条款》，此后各国陆续修改本国著作权法，将计算机软件纳入著作权法保护的客体范围。可见，作品类型并不是一成不变的，其随着科学技术及经济文化发展而日趋丰富。只要是文学、艺术和科学领域内符合作品特征的智力成果，均属于著作权法保护的客体。根据 2010 年修正的《著作权法》第 3 条的规定，除了明确列举的作品类型外，其他作品类型必须由法律、行政法规规定。考虑到立法的滞后性，以

---

① 克洛德·马苏耶：《保护文学和艺术作品伯尔尼公约：1971 年巴黎文本指南》，刘波林译，中国人民大学出版社，2002，第 13 页。

及立法程序的繁复冗长，上述限定性规定的可操作性存在疑问。实际上，除了《著作权法》上述规定外，其他法律、行政法规并未规定其他作品类型，该规定事实上成了封闭式规定，该兜底条款并未发挥实际作用。如果某种新类型的智力成果符合作品特征，却因为法律和行政法规并未来得及将其规定为特定类型的作品，该智力成果无法获得法律保护，那么这显然与《伯尔尼公约》的精神不符。因此，在2020年《著作权法》修正时，立法机关作出了相应调整，将新作品类型的认定权力交给司法机关行使。这并不意味着法院可以在个案审理中随意认定新的作品类型，法院仍然需要在判决中详细阐释其认定新作品类型的具体依据，即该作品属于智力成果且符合作品特征（属于文学、艺术和科学领域内，具有独创性，并能以一定形式表现），请参见案例1-4。

（三）特殊的保护客体

有若干特殊的客体是否构成《著作权法》上的作品，是否能够获得《著作权法》保护，在审判实践中往往存在争议，需要加以分析和厘清。

1. 作品标题

独创性是作品受《著作权法》保护的实质要件。作品标题往往比较短小，一般最多只有十几个字，其是否具有独创性是作品标题能否获得《著作权法》保护的关键。有部分国家的《著作权法》对作品标题是否受《著作权法》保护进行了规定。例如，巴西《著作权法》第二编第一章第10条规定：对智力作品的保护，应延及其名称，只要该名称具有独创性，且不与其他作者先前发表的具有同类性质之作品的名称发生混淆。[①] 法国《知识产权法典》第二章第

_____

① 《十二国著作权法》翻译组：《十二国著作权法》，清华大学出版社，2011，第9页。

L.112-4条规定：智力作品的标题具有创造性的，同作品本身一样受到保护。① 我国司法实践中亦有相关案例，请参见案例1-5、1-6。

2. 地图

根据《著作权法》的规定，地图属于图形作品。图形作品，是指为施工、生产绘制的工程设计图、产品设计图，以及反映地理现象、说明事物原理或者结构的地图、示意图等作品。如果某地图仅仅是地理位置信息的客观反映，无法体现作者的个性，那么该地图不具有独创性，不构成《著作权法》上的作品。例如，要绘制北京市地铁线路图，无论何人进行绘制，都会完整准确表现北京市若干条地铁线路的走向、站点等信息，此时该地图是地理位置信息这一客观事实的对应呈现，因此，不具有独创性，如图1-1所示。但如

图1-1　不具有独创性的地铁线路图

资料来源：北京城市轨道交通中心：北京城市轨道交通线网图，https://www.bjsubway.com/station/xltzs，访问日期：2023年8月10日。

———————

① 《十二国著作权法》翻译组：《十二国著作权法》，清华大学出版社，2011，第65页。

果地图中体现了作者的个性，例如，地图中所呈现点位的选择、编排以及标识方式具有独创性，或者地图中的元素构成美术作品而具有独创性，则该地图属于《著作权法》上的作品，受《著作权法》保护，如图1-2所示。司法实践中亦有相关案例，请参见案例1-7。

图1-2　具有独创性的成都美食手绘地图

资料来源：康清：成都美食手绘地图，https：//www.douban.com/photos/photo/1863957271，访问日期：2023年8月10日。

3. 角色形象和名称

作品中的角色形象和名称，即作品中的艺术形象及该艺术形象的名称，包括现实或虚拟的人物、动物在视听、美术、文字等作品中的形象和名称。现实人物的角色形象不属于《著作权法》上的作品，使用现实人物的角色形象可能构成对肖像权的侵犯。经营者使用他人作品中现实人物角色形象，引人误认为该经营者的商品与他人作品存在特定联系并导致混淆的，还可能构成不正当竞争行为。

使用虚拟人物、动物角色形象，可能构成侵犯美术作品著作权的行为。作品中的角色名称一般不构成作品，无法获得《著作权法》的保护。但经营者使用他人作品中的角色名称，引人误认为该经营者的商品与他人作品存在特定联系并导致混淆的，可能构成不正当竞争行为。司法实践中亦有相关案例，请参见案例 1 – 8、1 – 9、1 – 10。

4. 古籍点校

古人撰写文章并不使用如今通用的标点符号，分章断句是古人阅读文章的基本方法。唐代韩愈在《师说》中指出："彼童子之师，授之书而习其句读者，非吾所谓传其道解其惑者也。句读之不知，惑之不解，或师焉，或不焉，小学而大遗，吾未见其明也。"其含义是：那些学生们的老师，教学生读书，帮助他们学习断句，但不是我所说的能传授道理、解答疑惑的老师。不知句子如何停顿，不能解决疑难问题，有的学生会向老师请教，有的则不会。这种只学习小的方面，却忽略大的方面，我看不出他们的明智之处。可见，对古文的断句之法是阅读古文的基础。五四运动后，新式标点符号被创造出来，上海亚东图书馆汪原放首先使用新式标点符号于《红楼梦》《水浒传》等小说上，如图 1 – 3 所示，从此排印古籍加标点符号逐渐推广开来。① 古籍点校，即结合文章的上下文，以及其他参考资料，对文章加入现代标点符号并进行校核，使古籍文章贴近古人创作时的真实含义并便于现代人阅读和理解。但如果加入标点符号的位置和种类不同，往往含义会南辕北辙。例如，"无鸡鸭也可无鱼肉也可青菜一碟足矣"这句话，可加入不同的标点符号进行

---

① 杨甜子：《给〈水浒传〉加标点 他开启了"新阅读时代"》，《扬子晚报》2021 年 4 月 22 日 A04 版，http://epaper.yzwb.net/pc/con/202104/22/content_914087.html，访问日期：2023 年 8 月 18 日。

断句，第一种为："无鸡，鸭也可；无鱼，肉也可；青菜一碟，足矣。"第二种为："无鸡鸭也可，无鱼肉也可，青菜一碟足矣。"两种断句方式下，其含义显然有较大区别。因此，对古籍点校是否构成作品创作，点校成果是否构成《著作权法》上的作品，司法实践有两种相反的观点，在司法实践中也有不同的案例，请参见案例 1 - 11、1 - 12。

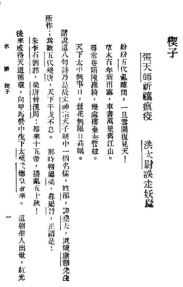

图 1 - 3 中国第一部采用分段、新式标点的《水浒传》

资料来源：杨甜子：《给〈水浒传〉加标点 他开启了"新阅读时代"》，《扬子晚报》2021 年 4 月 22 日 A04 版，http://epaper.yzwb.net/pad/con/202104/22/content_914087.html，访问日期：2023 年 8 月 18 日。

5. 字体字库

字体，是指文字的艺术化风格。常见通用字体包括楷体、宋体、仿宋体、黑体、隶书等。楷体，也称楷书、正楷，是由隶书逐渐简化和演变而来。楷，是典范的意思。《晋书·卫恒传》记载："上谷王次仲，始作楷法。"《文字志》称："王次仲始以古书方广少波势；

建初中以隶草作楷法，字方八分，言有楷模。"① 宋体，是起源于宋代雕版印刷时通行的一种印刷字体，在现代印刷行业应用最为广泛。仿宋体，是印刷字体的一种，起源于20世纪初，模拟北宋刊本欧体字的笔调，字形清秀美观。黑体，又称方体，主要用于文章标题，是在现代印刷术传入东方后所创造的，笔画粗壮有力，撇捺等笔画无锋。隶书，是一种古老字体，由秦隶、汉隶演变发展而来，源于篆书，相传为秦代程邈所创。隶书字形扁宽，古朴厚重。上述常见字体已经进入公有领域，任何人无须获得授权即可使用。书法是一种文字的艺术表现形式，即按照文字特点和字体风格书写文字，使之成为富有美感的艺术作品。由此可见，字体风格是书法艺术创作的基础。如果书写者严格按照楷体、宋体等常见通用字体进行书写，形成的文字虽仍然具有一定的艺术性，但由于其中并不含有书写者的任何感情或个性，其也不会成为《著作权法》上的作品。反之，如果书写者并未严格按照常见通用字体书写，而是在书写中融入了其自身风格，在笔法、笔意中体现了其感情或个性，则书写形成的文字具有独创性，属于《著作权法》上的作品，可以归入美术作品范畴。

字库，是指字体以及相关字符的电子集合库，被广泛用于计算机、网络及相关电子产品上。计算机中的字库，即计算机显示汉字的图像数据源，是为了使计算机显示、打印字符而收集并按照一定规则存放的坐标数据和字符图像信息集合。计算机调用字库显示汉字，首先调用这个汉字对应的坐标数据，计算机程序通过汉字对应的坐标数据中寻找相应的图像信息，并在屏幕上显示出来。

---

① 佚名：百度百科"王次仲"词条，https://baike.baidu.com/item/王次仲/3656698?fr=aladdin，访问日期：2023年8月20日。

司法实践中亦有关于字体字库的案例，请参见案例1-13、1-14。

典型案例

案例1-1 广播体操的动作属于思想，不构成作品——*原告中国体育报业总社与被告广东豪盛文化传播有限公司等著作权权属、侵权纠纷案*①

【裁判要旨】广播体操的动作不是文学、艺术和科学领域内的智力成果，不属于《著作权法》意义上的作品，不受《著作权法》保护。

【案情简介】国家体育总局组织创编了"中华人民共和国第九套广播体操"。原告与国家体育总局签订合同，获得了第九套广播体操系列产品的复制、出版、发行等的独家权利，并出版发行了《第九套广播体操图解手册DVD CD》。其中，DVD、CD的主要内容分别为第九套广播体操的演示教学片和伴奏音乐。被控侵权DVD《第九套广播体操》由广东音像出版有限公司出版、广东豪盛文化传播有限公司总经销、北京图书大厦有限责任公司销售，内容亦为第九套广播体操的教学示范片，但讲解示范人员与授权出版物不同。原告认为，被告的行为侵犯了原告对第九套广播体操动作设计编排、伴奏音乐、口令以及相关音像制品所享有的专有复制、发行权。

【法院观点】第九套广播体操的动作不是文学、艺术和科学领域内的智力成果，且本质上属于思想而非表达，故不属于《著作权法》意义上的作品，不受《著作权法》保护。鉴于此，单纯示范、讲解或演示第九套广播体操的动作以及录制、发行相关教学示范录像制品的行为并不构成侵害著作权。

---

① 北京市西城区人民法院（2012）西民初字第14070号民事判决书。

【案例评析】广播体操是否构成《著作权法》上的作品，关键在于广播体操是否属于"文学、艺术和科学领域内"的成果。国家体育总局在第九套广播体操的介绍中提出："生命在于运动，运动需要科学。体育锻炼可以预防疾病，愉悦身心，是维护身体健康一种积极、有效、经济的方式。广播体操是最简单易行的健身方式，具有较好的锻炼效果。全国各机关、学校、部队、厂矿、企事业单位和社区，都要建立广播体操和工间操制度，广泛开展广播体操运动，形成自觉锻炼、主动健身、追求健康的良好社会风尚。"① 从上述介绍可知，向社会大众推广广播体操的目的在于预防疾病、维护身体健康、提高身体素质，而不在于艺术欣赏，与艺术体操具有明显不同，显然不属于"文学、艺术领域"。但体育运动也属于一种科学门类，第九套广播体操的动作设计与编排必然蕴含着体育锻炼的科学原理和方法，如其具有独创性并能以一定形式表现，也可被认定为体育科学领域内的作品。那么广播体操动作究竟属于思想还是表达？《与贸易有关的知识产权协定》第9条第2款规定："版权保护只包括表达方式，而不延及思想、程序、操作方法或数学概念之类。"《世界知识产权组织版权条约》第2条规定："版权保护延及表达，而不延及思想、过程、操作方法或数学概念本身。"有观点认为，广播体操本质上属于一种健身方法、步骤或程序，而方法、步骤和程序均属于《著作权法》不保护的思想观念范畴。上述观点并无问题，但广播体操的具体动作设计与编排已经脱离"预防疾病、维护身体健康、提高身体素质"的思想范畴，也不仅仅是一种操作方法或步骤，而是已经形成具体表达。先伸展、次扩胸、再踢腿、最后跳跃的锻炼顺序，这属于步骤或程序；复合性动作可以同

---

① 国家体育总局：《第九套广播体操》，https://www.sport.gov.cn/n322/n382/c918227/content.html，访问日期：2023年7月18日。

时锻炼多个身体部位，这属于思想，而具体锻炼动作的选择、设计和编排则可以体现不同设计者的个性，第一套到第九套广播体操基于同样顺序和功能的不同动作呈现，恰好说明了这一点。综上，广播体操动作可以构成《著作权法》上体育科学领域内的智力成果，可以作为作品受到保护。需要说明的是，上述案件判决于 2012 年作出，适用 2010 年修正的《著作权法》。该版《著作权法》第 3 条列举的作品类型属于封闭式表述，其中第 9 项为"法律、行政法规规定的其他作品"。而上述广播体操显然不属于文字作品，口述作品，音乐、戏剧、曲艺、舞蹈、杂技艺术作品，美术、建筑作品，摄影作品，电影作品和以类似摄制电影的方法创作的作品，工程设计图、产品设计图、地图、示意图等图形作品和模型作品，计算机软件。如果法院认定广播体操的动作构成作品，那么就会面临一个难题，其究竟属于哪一类作品？在法律法规未将广播体操的动作规定为作品的情况下，法院对其予以《著作权法》保护面临法律障碍。鉴于现行《著作权法》已经将作品类型列举改为开放式表述，即"符合作品特征的其他智力成果"，如果该案发生在现在，则法院关于作品的认定结论可能会有所不同。但结合本案的具体情况，被告仍可主张国家体育总局设计编排第九套广播体操的动作系为了尽可能广泛地在公众中进行推广，被告制作和发行广播体操视频具有一定的社会公益性质，属于获得了国家体育总局的默示许可，其虽应返还获得的利润，但无须承担侵权责任。

案例 1 - 2　尽管菜谱表达方式有限，但仍具备一定的独创性——原告陈某某与被告青岛出版社等著作权权属、侵权纠纷案①

【裁判要旨】对相同菜品，不同的人在描述其配料和制作过程时仍有一定的个性化表达空间，不会完全相同，因此，菜谱仍然具

---

① 北京市东城区人民法院（2011）东民初字第 13287 号民事判决书。

备有限的独创性。

【案情简介】2007年1月，被告青岛出版社出版《山东乡土菜》一书，署名陈某某主编（原告）。该书第75页印有涉案菜品"辣子炒墨鱼仔"的图片和文字。其中，文字内容如下："原料：墨鱼仔500克；调料：盐5克、干辣椒丝5克、姜片2克、料酒20克、胡椒粉3克、蚝油20克、色拉油50克；制法：1. 将墨鱼仔泡洗干净，入六成热油中滑油备用。2. 炒锅上火，加油烧热，下干辣椒丝、姜片煸香，放入滑好油的墨鱼仔快速翻炒，烹入料酒，加盐、胡椒粉、蚝油调味，炒匀出锅即可。"2010年2月，被告青岛出版社出版《百姓餐桌2888》一书，该书第292页印有涉案菜品。经比对，《百姓餐桌2888》一书中的涉案菜品除删去调料克数外，菜品图片及文字内容约计100字与《山东乡土菜》中的涉案菜品对应部分均一致。

【法院观点】涉案菜品"辣子炒墨鱼仔"文字内容由原告创作完成，尽管该部分文字内容简略，表现为对菜品制作步骤的描述，表达方式十分有限，但亦应受到《著作权法》保护。被告未经原告许可使用上述文字作品，未给原告署名，侵犯了原告享有的署名权、复制权、发行权，应当承担侵权责任。

【案例评析】如《舌尖上的中国》节目一般对菜品的历史渊源深入挖掘和介绍，对菜品口味和制作特点细致入微刻画和描绘，形成的文案内容显然具有独创性，构成《著作权法》上的作品。但简单的菜谱是否具有独创性，在司法实践中存在比较大的争议。菜谱一般含有对菜品的简要介绍（包括菜品所属菜系、口味特点等），主料和辅料，制作步骤和过程，注意事项等。因为相同菜品的配料和制作步骤大同小异，不同的人在撰写菜谱时，肯定会遇到表达有限的问题；所以如果两本菜谱对相同菜品的描述比较近似，也可能系双方分别独立撰写，未必构成抄袭。但在上述案件中，经过法院比对，《百姓餐桌2888》一书中有约计100字与《山东乡土菜》中的涉案菜品对应部分一字不差，这就排除了双方分别独立撰写的可能性。本案的关键就在于，涉案菜谱是否构成《著作权法》上的作品，是否具有独创性。法院认为，对相同菜品，不同的人在描述其配料和制作过程时仍有一定的个性化表达空间，不会完全相同，因此，涉案菜谱仍然具备有限的独创性。从上述案例中法院的观点来看，其与美国联邦最高法院在费斯特出版公司诉乡村电话公司一案中确立的标准基本一致，即只要作品有一点点最低限度的创造性就可以得到保护。而在案情基本相同的另外一件菜谱案件中，法院作出了相反的认定。在田某某与李某某、成都时代出版社著作权权属、侵权纠纷一案中，法院认为：菜品原料配方、用量及制法、操作程序记载的是利用佐料制作的泡椒菜肴及泡椒墨鱼仔菜肴的一种技术信息，这种技术主要通过专利权、技术秘密相关权益加以保护，且该技术信息在表述方式上亦不具有独创性，不应受《著作权法》的保护。① 显然，在后一个案件中，法院采用了比较高的独创性认定标准，认为简单的配料和制作方法描述难以体现作者的构思，也无法体现作者的个性。

案例1-3　拍摄的照片不具有独创性的，不构成摄影作品——原告杜某某与被告北京三联韬奋书店有限公司、西泠印社出版社有限公司著作权权属、侵权纠纷案②

【裁判要旨】拍摄的目标并非进行新作品的创作，而是要尽可能原汁原味、不差分毫地记录和还原唐卡画作，则拍摄形成的照片不具有独创性。

【案情简介】某寺庙收藏有多幅具有艺术价值和历史价值的唐

---

① 四川省高级人民法院（2008）川民终字第218号民事判决书。
② 北京市东城区人民法院（2016）京0101民初7352号民事裁定书。

卡。唐卡系藏文音译，指用彩缎装裱后悬挂于寺庙供奉的卷轴画作。唐卡是藏族文化中一种独具特色的绘画艺术形式，题材内容涉及藏族的历史、政治、文化和社会生活等诸多领域。该寺庙为了长久保存唐卡图案，委托原告杜某某使用相机对多幅唐卡拍摄照片。庭审中，原告杜某某自述拍摄过程为：将唐卡取出、展平，并固定在一木板上，由其架设相机对唐卡进行拍摄，拍摄目标系从正面角度完整、清晰呈现唐卡的绘画图案。原告杜某某主张，被告出版的唐卡画册使用了其拍摄的唐卡照片，侵犯了其对唐卡摄影作品享有的复制权和发行权。在案件审理过程中，原被告双方达成和解。

【案例评析】根据《著作权法实施条例》第4条第1款第10项的规定，摄影作品，是指借助器械在感光材料或者其他介质上记录客观物体形象的艺术作品。在上述案件中，原告即使用摄影器材在介质上记录了唐卡的图案，那么其拍摄形成的照片是否构成《著作权法》上的摄影作品呢？摄影作品的独创性体现于拍摄者对客观物体拍摄角度的选择和构图安排。拍摄者通过快门和光圈的配合，最终呈现出拍摄对象的个性化形象。有观点认为，原告在拍摄过程中付出了劳动，包括摆正唐卡的位置，展平并固定，操作相机对准，调整好光圈、快门，对焦并按下快门，最终形成的照片应当构成摄影作品。但上述拍摄唐卡的过程与摄影作品的创作过程不同，原告拍摄唐卡的目标并非进行新作品的创作，而是要尽可能原汁原味、不差分毫地记录和还原唐卡画作，就如同使用一个巨大的扫描仪将唐卡制作成数字复制件。上述拍摄形成的照片，既不符合"独"的要求（照片系对唐卡画作的完全复制），也不符合"创"的要求（未体现原告的思想和个性），因此，不构成《著作权法》上的作品。至于被告未经原告同意使用原告的劳动成果，原告是否可以寻求《反不正当竞争法》的救济，在此不做进一步讨论。

案例1-4　音乐喷泉喷射效果具有独创性，构成美术作品——原告北京中科水景科技有限公司与被告杭州西湖风景名胜区湖滨管理处等著作权权属、侵权纠纷案①

【裁判要旨】音乐喷泉喷射效果的呈现是一种由优美的音乐、绚烂的灯光、瑰丽的色彩、美艳的水形等包含线条、色彩在内的多种要素共同构成的动态立体造型表达，这种美轮美奂的喷射效果呈现具有审美意义，属于美术作品。

【案情简介】北京中科水景科技有限公司（以下简称中科水景公司）为《水上花园》音乐喷泉系列作品的著作权人。该音乐喷泉作品的创作过程为：首先确定艺术主题，根据艺术主题解析音乐，然后根据音乐编排舞蹈并将舞蹈分解，水舞设计师根据这些分解的舞蹈汇编水舞图谱，然后将舞蹈动作转换为程序命令，并将程序命令写入数控软件，最后进行综合调试。中科水景公司庭审中表示，在进行著作权登记时，由于《著作权法》上并无"音乐喷泉作品"这一单独类别，因而选择了与"音乐喷泉作品"最相近的"电影和以类似摄制电影方法创作的作品"这一作品的类别进行登记，而"音乐喷泉作品"实际所要保护的是其舞美设计、编曲造型、各种意象和装置配合而形成的喷泉在特定音乐背景下形成的喷射表演效果。2016年4月12日，青岛世园公司向中国建筑金属结构协会喷泉水景委员会（以下简称喷泉水景委员会）出具推荐函：中科水景公司在青岛世界园艺博览会天水湖音乐喷泉项目中施工组织专业，售后服务周到，所编创的"音乐喷泉编曲节目"艺术感染力强、效果震撼，得到了广大市民与游客的大量好评。中科水景公司、北京中科恒业中自技术有限公司（以下简称中科恒业公司）等参加了西湖三公园音乐喷泉提升完善项目的招标，最终中科恒业公司中标。

① 北京知识产权法院（2017）京73民终1404号民事判决书。

一审法院组织双方当庭将优酷网站视频中的西湖音乐喷泉与青岛世界园艺博览会天水喷泉的《倾国倾城》《风居住的街道》音乐喷泉效果进行播放和比对，可见两者对喷泉水流、水形、水柱跑动方向的编排顺序，气爆、水膜、灯光、节奏的变化编排，音乐韵律变化与喷泉动态造型的具体配合及以上喷射效果、意象的整体效果等方面存在较大相似性。

【一审法院观点】中科水景公司提供了著作权登记证书、推荐函、证人证言等证据，能够初步证明其对涉案作品享有著作权。对音乐喷泉作品属于何种类型作品的问题，双方存在争议。音乐喷泉作品所要保护的是其舞美设计、编曲造型、各种意象和装置配合而形成的喷泉在特定音乐背景下形成的喷射表演效果。《著作权法》规定的具体作品类型中，并无音乐喷泉作品或音乐喷泉编曲作品这种作品类别，但这种作品本身确实具有独创性，将所选定的特定歌曲所要表达的意境与项目的水秀表演装置，根据音乐的时间线进行量身定制设计，设计师根据乐曲的节奏、旋律、内涵、情感等要素，对音乐喷泉的各种类型的喷头、灯光等装置进行编排，实现设计师所构思的各种喷泉的动态造型、灯光颜色变化等效果，利用这些千姿百态喷泉的动态造型与音乐结合在一起进行艺术形象的塑造，用来表达音乐情感、实现喷射效果。可见，整个音乐喷泉音乐作品进行舞美、灯光、水形、水柱跑动等方面编辑、构思并加以展现的过程，是一个艺术创作的过程，这种作品应受到《著作权法》的保护。西湖音乐喷泉相关曲目的喷射效果与中科水景公司享有著作权的喷泉音乐作品构成实质性相似，法院认定中科恒业公司、西湖风景名胜区湖滨管理处（以下简称西湖管理处）构成侵犯著作权，应承担停止侵权、赔偿经济损失及合理支出、公开致歉的民事责任。

【二审法院观点】涉案请求保护的权利载体可以称为涉案音乐

喷泉喷射效果的呈现。《著作权法》规定的"其他作品"有"法律、行政法规规定"所设定条件的限制，特别是《著作权法释义》明确强调了必须由法律、行政法规规定，这意味着在立法之初就明确限制了司法对该条款进行扩大解释适用。因此，在目前尚无法律、行政法规明确增加了其他具体作品类型的情况下，在司法裁判中适用该条款是立法明确排除的。在兜底条款的适用存在障碍的情况下，判断不属于典型类型作品的客体是否构成作品时，法官应当遵循法律解释的逻辑进行法律的解释，作为法律适用的前提。涉案音乐喷泉喷射效果的呈现是设计师借助声光电等科技因素精心设计的成果，展现出一种艺术上的美感，属于"文学、艺术和科学领域内的智力成果"范畴；设计师通过对喷泉水形、灯光及色彩的变化与音乐情感结合的独特取舍、选择、安排，在音乐高亢时呈现出艳丽的色彩与高喷的水柱，在音乐舒缓时呈现出柔和的光点与缓和的摆动，柔美与高亢交相呼应，使观赏者能够感受到完全不同于简单的喷泉喷射效果的表达，具有显著的独创性；通过水形、照明、激光、投影、音响、监控等相应喷泉设备和控制系统的施工布局及点位关联，由设计师在音乐喷泉控制系统上编程制作并在相应软件操控下可实现同样喷射效果的完全再现，满足作品的"可复制性"要求。因此，涉案音乐喷泉喷射效果的呈现属于《著作权法》保护的作品范畴。涉案音乐喷泉喷射效果的呈现显然与文字作品、口述作品、音乐作品、戏剧作品、曲艺作品、舞蹈作品、杂技艺术作品、建筑作品、摄影作品以及工程设计图、产品设计图、地图、示意图等图形作品和模型作品相去甚远。电影作品和以类似摄制电影的方法创作的作品，是指摄制在一定介质上，由一系列有伴音或者无伴音的画面组成，并且借助适当装置放映或者以其他方式传播的作品。涉案音乐喷泉喷射效果的呈现虽然表现为连续活动的画面，但此种画面不符合"摄制在一定介质上"的摄制手段和固定方式。计算机软件是指计算机程序及其有关文档。涉案音乐喷泉喷射效果的反复呈现，既非计算机程序本身亦非有关文档。美术作品，是指绘画、书法、雕塑等以线条、色彩或者其他方式构成的有审美意义的平面或者立体的造型艺术作品。涉案音乐喷泉喷射效果的呈现具有属于美术作品的解释余地。涉案音乐喷泉喷射效果的呈现是一种由优美的音乐、绚烂的灯光、瑰丽的色彩、美艳的水形等包含线条、色彩在内的多种要素共同构成的动态立体造型表达，这种美轮美奂的喷射效果呈现显然具有审美意义。在动静形态、存续时间长短均不是美术作品构成要件有意排除范围的情况下，认定涉案音乐喷泉喷射效果的呈现属于美术作品的保护范畴，并不违反法律解释的规则。一审判决对作品认定的定性正确，在作品类型认定上适用法律条款虽有不当，但并未影响结论，故维持原判。

【案例评析】现行《著作权法》第3条列举了八种类型的作品，但不同类型的作品之间并非泾渭分明、非黑即白的关系。例如，曲艺作品是指相声、快书、大鼓、评书等以说唱为主要形式表演的作品，具体指的是相声、评书的文本，如《中国传统相声大全》记录的相声台本，属于以文字形式记录的作品，与文字作品存在重叠。又如，戏剧作品是指话剧、歌剧、地方戏等供舞台演出的作品，戏剧作品中的剧本则亦属于以文字形式记录的作品，与文字作品中的小说极为接近。如果单独吟诵和欣赏音乐作品中的歌词，则其与文字作品中的诗词并无二致。如果把电影作品拆分为一帧一帧的画面，则每一帧画面也可以作为摄影作品或美术作品加以保护。美国《版权法》则将计算机软件作为一种特殊类型的文字作品加以保护。正如《保护文学和艺术作品伯尔尼公约（1971年巴黎文本）指南》所言，对作品类型的列举完全是一种示例，是为便于各国立法及公众更清晰地了解著作权法的保护对象。因此，我们没有必要拘泥于《著作权法》对作品类型的列举，而应当聚焦于作品的基本特征。

在上述案例中，二审法院作出判决时依据的是 2010 年修正的《著作权法》，因此法院无法在个案中超越法律和行政法规的规定认定新的作品类型，若对涉案音乐喷泉喷射效果的呈现加以保护，就只能通过法律解释的方法将其纳入美术作品的范围。但毫无疑问，音乐喷泉喷射效果的呈现与传统意义上的美术作品存在较大差别，例如，美术作品的载体一般是纸张、画布，而音乐喷泉喷射效果呈现的载体是动态的水；音乐喷泉喷射效果的呈现可以包含音乐，而美术作品肯定不包含音乐。如果二审判决作出时适用的是现行《著作权法》，那么二审法院会认定一种新的作品类型，还是仍然通过扩大解释的方法加以保护？这一点我们不得而知，如果再次出现类似的案例，法院对此的认定值得期待。但需要强调的是，司法仍然应当秉持谦抑原则，认定新的作品类型须确有必要，即只有某种智力成果符合作品特征，又难以落入法律明确规定的具体作品类型的情况下，方才有认定新的作品类型的必要。

案例 1-5 短小文字通过设计具有艺术性与审美价值的，构成著作权法上的美术作品——原告华谊兄弟传媒股份有限公司与被告金某某、永嘉县非诚勿扰婚姻介绍所著作权侵权纠纷案①

【裁判要旨】短小的文字很可能因为无法表现作者的思想或个性，所以不具有独创性。但涉案"非诚勿扰"整体视觉上具有一定的艺术性与审美价值，能够体现作者独特的构思和编排，符合创造性的要求，具有独创性。

【案情简介】2008 年 12 月 18 日，由华谊兄弟传媒股份有限公司（以下简称华谊兄弟公司）等多家单位出品的电影《非诚勿扰》在全国公映。电影公映前，出品单位通过电影海报的方式对该电影进行了宣传。电影及电影海报中将经过艺术加工处理的涉案"非诚

① 北京知识产权法院（2019）京 73 民终 2701 号民事判决书。

勿擾"作为电影标题，如图 1-4、图 1-5 所示。电影海报中除了该电影标题外，还有电影剧照等元素，其中还对电影的导演、主演、权利人进行了署名。电影海报中署名编剧/导演冯小刚，美术指导石海鹰，并有"ⓒ2008 华谊兄弟传媒股份有限公司 MediaAsia Films（BVI）Ltd. 版权所有寰亚电影"标识。2016 年 1 月 16 日，冯小刚、石海鹰与华谊兄弟公司签订协议书，称"电影《非诚勿扰》宣传发行中所使用的宣传海报（包括对电影标题的美术字形设计）的全部著作权归华谊兄弟公司所有"。2016 年 10 月 15 日，冯小刚出具声明，称"2008 年拍摄《非诚勿扰》时，我和石海鹰先生共同完成了用于电影海报的'非诚勿扰'四个字的美术字形设计，并在当时约定其著作权归华谊兄弟公司享有"。2016 年 11 月 9 日，石海鹰出具情况说明，称"2008 年在拍摄电影《非诚勿扰》时，本人和冯小刚共同受华谊兄弟公司委托，设计了用于电影海报宣传使用的'非诚勿扰'四个字的美术字形，当时约定其著作权归华谊兄弟公司享有"。2009 年 2 月 16 日，金某某向商标局申请注册"非誠勿擾"商标，如图 1-6 所示。2010 年 9 月 7 日，该商标经商标局核准注册，注册有效期至 2020 年 9 月 6 日，该商标核定使用的服务类别为第 45 类，包括交友服务、婚姻介绍所等。永嘉县非诚勿扰婚姻介绍所（以下简称非诚勿扰婚介所）系注册于 2013 年 2 月 25 日的普通合伙企业，金某某系合伙人之一。非诚勿扰婚介所于 2015 年 12 月 1 日注册了域名为 fcwrppls. cn 的网站宣传婚恋交友服务。在该网站上多处使用了"非誠勿擾婚恋交友"字样，与金某某的"非誠勿擾"注册商标稍有不同。该网站上亦展示了金某某的注册商标，金某某认可系将其注册商标许可给非诚勿扰婚介所使用。

图 1-4　《非诚勿扰》电影标题

资料来源：《非诚勿扰》电影，https：//www.mgtv.com/b/207/287499.html?cxid=95kqkw8n6，访问日期：2023 年 7 月 18 日。

图 1-5　《非诚勿扰》电影海报

资料来源：佚名：非诚勿扰词条，https：//baike.baidu.com/item/%E9%9D%9E%E8%AF%9A%E5%8B%BF%E6%89%B0/3539896?fr=ge_ala，访问日期：2023 年 7 月 18 日。

图 1-6　金某某注册的"非誠勿擾"商标

资料来源：中国商标网：非诚勿扰商标，https：//wcjs.sbj.cnipa.gov.cn/detail，访问日期：2023 年 7 月 18 日。

【一审法院观点】电影《非诚勿扰》海报包含剧照、经设计的"非誠勿擾"四字等元素，具有独立的审美与使用价值，构成《著作权法》上的美术作品。华谊兄弟公司主张权利的涉案"非誠勿擾"，是该电影宣传海报的一个组成部分。涉案"非誠勿擾"，分两行排列，"非"字在上，其余三字在下，在下的三字中，"誠"与"擾"使用汉字繁体字，"勿"字使用稍小字体，涉案"非誠勿擾"整体排列错落有致，同时"誠"字左上角的点这一笔画使用了粉色心形图案，与"非"字的底部相连接，经过加工处理后，四个字整体上具有了一定的艺术性与审美价值。四个经特殊处理的汉字从电影海报单独拿出来看，亦能体现出设计者的独创性，并可单独使用。作为电影海报这一美术作品的一个组成部分，虽其独创性程度固然与电影海报存在一定的差距，但上述四个字，也是设计者付出智力创造后的成果，能单独复制并使用，符合《著作权法》及《著作权法实施条例》规定的作品条件，构成美术作品，应受《著作权法》保护。

【二审法院观点】涉案"非誠勿擾"系由冯小刚、石海鹰独立创作完成。经过美术设计，涉案"非誠勿擾"整体视觉上具有一定的艺术性与审美价值，能够体现作者独特的构思和编排，符合创造性的要求，具有独创性。同时，涉案"非誠勿擾"能单独复制并使用，符合《著作权法》及《著作权法实施条例》规定的作品条件，构成美术作品，应受《著作权法》保护。一审法院对此事实认定正确。

【案例评析】短小的文字很可能因为无法表现作者的思想或个性，所以不具有独创性，但这并不是绝对的。例如，在俞某与北京古桥电器公司侵犯著作权纠纷案中，法院认定"横跨冬夏、直抵春秋"的短语用于空调广告构思巧妙，具有独创性，构成《著作权法》上的文字作品。① 本案中，单纯的"非诚勿扰"文字简单表示了"如果没有诚意，就不要打扰"的含义，并未体现作者的思想或个性，因此不构成《著作权法》上的作品。但电影海报中展现的电影标题使用的并不是楷体、黑体、宋体等通用性字体，而是进行了艺术性设计，特别是"非"字下部使用心形图案与第二行首字"诚"相连，暗喻本电影作品属于爱情类影片，该设计整体视觉上具有艺术性和审美价值，也体现了作者的独特构思，因此，构成《著作权法》上的美术作品。但需要指出的是，本案中电影标题受《著作权法》保护系因为其视觉设计具有艺术美感和独创性，大多数作品标题在文字层面均不构成《著作权法》上的文字作品。

案例 1 - 6　基于独创性的判断标准，电影名称难以获得著作权法保护——原告武汉华旗影视制作有限公司与被告北京光线影业有限公司等不正当竞争纠纷案②

【裁判要旨】基于独创性的判断标准和电影作为作品的属性，其名称与其他作品名称一样，较难获得《著作权法》的保护，一般不宜禁止他人创作和使用相同或者近似电影名称表达相同或者近似的电影题材和类型。

【案情简介】武汉华旗影视制作有限公司（以下简称华旗公司）等出品的电影《人在囧途》于2010年6月公映。主要内容为：春运期间，徐某饰演的玩具集团老板李成功回长沙过年，在情人的逼迫下，准备过年后跟妻子离婚。李成功在回家的飞机上偶遇王某某饰演的前往长沙讨债的挤奶工牛耿，路途中囧事不断，李成功狼狈不堪，牛耿却依旧乐观积极，两人从对立情绪转为朋友。牛耿的憨厚

---

① 孙建、罗东川：《知识产权名案评析（2）》，中国法制出版社，1998，第35 - 38页。

② 最高人民法院（2015）民三终字第4号民事判决书。

真诚改变了李成功冷漠的性格，最终李成功实现了真情的回归，改变了人生价值观，珍惜自己的妻子。《人在囧途》电影主演为王某某、徐某。2010 年 8 月 3 日，华旗公司与田某某签订剧本委托创作合同。合同约定，华旗公司委托田某某创作电影《人在囧途2》剧本。北京光线影业有限公司等出品的电影《人再囧途之泰囧》于 2012 年 12 月公映。电影《人再囧途之泰囧》主要内容为：徐某饰演的商业成功人士徐朗，为与同事竞争博得公司最大股东的授权书，踏上了去泰国的旅途。在去泰国的飞机上，徐朗偶遇王某某饰演的前往泰国旅行的以卖葱油饼为业的个体户王宝。两人在结伴寻找公司最大股东的路途中囧事不断，最后王宝的憨厚真诚改变了徐朗不择手段的求胜心态，最终徐朗实现了真情的回归，改变了人生价值观，珍惜自己的妻儿。华旗公司主张，"人在囧途"为知名商品的特有名称，被告将其电影名称从"泰囧""人再囧途"变更为"人再囧途之泰囧"，属于使用与"人在囧途"特有名称相同或相近似名称的行为，容易导致相关公众混淆、误认，属于《反不正当竞争法》第 5 条第 1 款第 2 项规定的行为。

【一审法院观点】根据已经查明的事实，可以认定华旗公司电影《人在囧途》在先具有一定的知名度。"人在囧途"作为作品标题具有一定的独特性。虽然被告主张"人在囧途"套用了在先电视剧《人在旅途》的表达方式，且"囧"为网络流行字，在电影《囧男孩》中早有使用，但是不可否认，本案中"人在囧途"的独特性恰恰在于"囧"字的利用。被告选取基本相同的演员拍摄相同类型的电影本无可厚非。但是被告在知晓华旗公司筹拍电影《人在囧途2》的情况下，仍将其电影名称由《泰囧》变更为《人再囧途之泰囧》，主观攀附华旗公司电影《人在囧途》已有商誉的意图十分明显，同时还多次公开表达《人再囧途之泰囧》是《人在囧途》的"升级版"等观点，造成相关公众对两部电影产生混淆误认，违反了《反不正当竞争法》第 2 条第 1 款、第 5 条第 1 款第 2 项的规定，构成不正当竞争行为。

【二审法院观点】一审法院根据电影《人在囧途》公映后的票房成绩、媒体报道、所获荣誉、市场知名度，以及网友对《人在囧途》给予高度评价等相关证据和事实，认定《人在囧途》为"知名商品"并无不当。"知名商品特有名称"的"特有"，指能够识别商品或者服务来源的显著特征。判断某个名称是否具有显著特征，与名称本身、所使用商品、相关公众的认知习惯、商品所属行业的实际使用情况等因素相关。"人在囧途"作为电影商品的名称，并未仅直接表示电影的固有属性，而反映电影内容是电影名称作为电影商品的一般要求，并不能据此认定该名称仅直接表示了电影的特点。"囧"字的尴尬之义，"人在囧途"概括反映出的电影商品《人在囧途》题材内容、喜剧特点及公路片类型，使该名称具有识别电影来源的能力。相关证据也表明，"人在囧途"经过大量使用、宣传，能够实际上发挥识别商品来源的作用。一般情况下，根据《著作权法》的要求，基于独创性的判断标准和电影作为作品的属性，其名称与其他作品名称一样，较难获得《著作权法》的保护，一般不宜禁止他人创作和使用相同或者近似电影名称表达相同或者近似的电影题材和类型。但电影在商品化过程中，如知名电影的特有名称对相关公众在电影院线及其他市场交易渠道挑选和购买发挥识别来源作用，知名电影的特有名称就应受到《反不正当竞争法》的保护。尤其是当一个知名电影的特有名称可能反映了电影商品的题材延续性、内容类型化、叙事模式相对固定等特点，其他经营者使用相同或者近似的电影名称，以同类型的题材和内容，采用近似的叙事模式从事电影活动，容易使相关公众对商品的来源产生误认，或者认为经营者之间具有特定联系。一审法院认定相关行为违反《反不正当竞争法》第 5 条第 1 款第 2 项规定并无不当。

【案例评析】本案中，一方面，原告华旗公司并未主张《人在囧途》电影标题构成《著作权法》上的作品，而是主张该电影标题构成《反不正当竞争法》上的知名商品的特有名称，原因即"人在囧途"短语过于短小，含义为"尴尬的旅途"，难以表现作者的感情或个性，如果提起侵犯著作权之诉有无法得到法院支持的风险。二审法院在判决中也指出："一般情况下，根据著作权法的要求，基于独创性的判断标准和电影作为作品的属性，其名称与其他作品名称一样，较难获得著作权法的保护。"另一方面，《人在囧途》电影公映后具有较高知名度，并获得了公众的良好评价。该电影标题亦不属于某种类型化电影的通用名称，具有识别商品来源的作用，因此，可以作为《反不正当竞争法》上的知名商品的特有名称得到法律保护。但如果该电影标题较为普通，不具有识别商品来源的作用，与特定电影无法建立对应关系，就无法被认定为知名商品的特有名称。例如，2002年张艺谋执导拍摄了武侠电影《英雄》，2003年何平执导拍摄了武侠电影《天地英雄》，两部电影的名称都包含"英雄"字样，构成近似。但因"英雄"二字用于电影标题较为常见，无法起到识别商品来源的作用，故电影标题"英雄"无法被认定为知名商品的特有名称。

案例1-7 游戏地图如果具有独创性，可以作为图形作品加以保护——原告深圳市腾讯计算机系统有限公司与被告畅游云端（北京）科技有限公司等著作权权属、侵权纠纷案①

【裁判要旨】游戏场景地图宜认定为图形作品。将原告、被告游戏的地图进行比较，即使排除通用设计元素，原告游戏的地图仍有较多独创性表达，而被告的地图恰恰在这些方面与其相似，故被告构成著作权侵权。

---

① 广东省高级人民法院（2020）粤民终763号民事判决书。

【案情简介】韩国笑门信息科技有限公司（以下简称韩国笑门公司）授权深圳市腾讯计算机系统有限公司（以下简称腾讯公司）在中国大陆独家代理运营《穿越火线》网络游戏，以及对该游戏全部游戏内部元素所含有的著作权等知识产权享有独占使用权，并授权腾讯公司对侵权行为提起民事诉讼。腾讯公司指控畅游云端（北京）科技有限公司（以下简称畅游云端公司）等开发、运营、推广的《全民枪战》游戏抄袭了腾讯公司《穿越火线》游戏中的游戏地图。游戏地图，分为游戏场景地图、游戏小地图，包括以"运输船""火车站""巷战""新年广场""边贸城""巨人城废墟"等以立体场景、状态所表达的游戏场景地图，以及对应的游戏小地图（平面图）；五款枪械道具，即"AK47－火麒麟""AWM天龙""RPK盘龙""M4A1－黑骑士""屠龙"作为美术作品请求保护。腾讯公司明确本案中的"地图"一词并非大众认知的地理学意义的地图，而是电子游戏中由开发者设计的用于玩家进行游戏的整体空间以及空间中设计的路径、游戏障碍物、遮掩体等元素组合所表达形成的全部有形立体场景；"小地图"则是对前述全部有形立体场景以俯视视角用简略的线条进行表达形成的平面图形。经过法院勘验比对，《穿越火线》游戏与《全民枪战》游戏对应游戏地图中的整体空间以及空间中设计的路径、游戏障碍物、遮掩体等元素构成实质性近似，即《全民枪战》被诉侵权的6幅游戏地图分别与《穿越火线》对应的游戏地图均构成实质性相似，但游戏场景色彩装饰美术外观不同。

【一审法院观点】游戏场景地图的具体表达，可分为"外在表现形式"和"内在结构中的综合表达"两个层次。第一个层次是最为直接的外在表现形式，即一般公众首先看到的由颜色、线条、图案等表现的模拟场景，如船、广场等。第二个层次是游戏场景地图的整体构图、轮廓、地图内部路径、障碍物形状及布局、掩体形状及布局，而路径、掩体或者通道正是玩家最终关注并实际选择使用从而完成游戏任务的设计。不同的游戏地图，在线条轮廓、构图、地图内部素材选择、内部结构安排、布局安排、色彩搭配等方面具有独创性空间。因此，游戏场景地图具备认知性作品的特征，如同地图、产品设计图等图形作品一样具备认知价值，可以满足玩家的认知需求——向玩家传递虚拟战场环境信息，并且属于艺术和科学领域内具备一定表现形式的可复制的智力成果，满足《著作权法》规定的作品构成要件，应当给予《著作权法》保护。从游戏场景地图的设计和使用方式看，它的功能并非以线条、图案或颜色等具有审美意义的平面或者立体的造型艺术作品来吸引观众，而是引导游戏玩家进入游戏设计的布局实现预设任务。从创作意图来看，《穿越火线》游戏地图作品创作者，除了向游戏玩家传递美感表达以外，还希望通过游戏地图向玩家呈现其预设的特定游戏战术空间构造，以利于玩家创造和发挥战术想象力。地图创作者将抽象的游戏战斗环境通过线条、图形、光影等手法形象化、具体化，使玩家可以具体认知到游戏地图整体以及内在结构和布局。将抽象战术场景进行形象化、具体化表达的属性，与地图、示意图实质性特征相同，应当被归入图形作品，即游戏场景地图符合《著作权法》关于图形作品中"说明事物原理或结构"的"示意图"的类型。

【二审法院观点】本案二审中，双方当事人的主要分歧在于游戏地图的作品定性问题，即腾讯公司主张游戏场景地图、游戏平面缩略图属于图形作品，且后者可单独获得《著作权法》保护；畅游云端公司等则主张，游戏场景地图属于美术作品，而游戏平面缩略图不构成《著作权法》意义上的作品。游戏场景地图，是指供玩家进行游戏的整体空间以及空间中设计的通道路径、建筑物、障碍物、遮掩体等构成元素组合形成的空间布局结构。游戏平面缩略图，是指对前述空间布局结构以俯视视角简略描述的平面图形。上述"游戏地图""游戏场景地图""游戏平面缩略图"是行业内通俗称谓，所称的"地图"并不等同于日常生活经验或地理学概念上的"地图"，亦不指代《著作权法》规定的地图作品。对于 FPS 游戏（first personal shooting game，即第一人称视角射击类游戏）而言，游戏地图设计精巧与否主要取决于游戏场景地图"白盒"这一层面的具体设计，即处于美术表皮之下的空间布局结构才是游戏场景地图的核心表达。综上，本案诉争的游戏场景地图宜认定为图形作品。将原告、被告的游戏地图进行比较，即使排除通用设计有关元素，原告的游戏地图仍有较多独创性表达，而被告的地图恰恰在这些方面与其相似。因此，《全民枪战》"运输船""边贸城""火车工厂""魔都废街"地图分别与《穿越火线》"运输船""边贸城""火车站""巨人城废墟"地图实质性相似，构成著作权侵权。

【案例评析】《著作权法实施条例》第 4 条规定了图形作品的定义，即指为施工、生产绘制的工程设计图、产品设计图，以及反映地理现象、说明事物原理或者结构的地图、示意图等作品。根据上述定义，图形作品分为设计图、地图、示意图三种。设计图系为了指导施工、生产而绘制，地图系为了反映地理现象而绘制，示意图系为了说明事物原理或结构而绘制。通常而言，地图的用途是为了便于人们根据地图中标识的点位和方位行进，并最终寻找到地图中的某个地理位置。地图既可以是平面的，也可以是立体的。① 示意图的用途是为了向他人介绍和说明某种事物原理或结构。游戏中的地图，亦是为了便于游戏玩家按照地图标识的路径和空间结构行进，最终达到游戏虚拟场景中的某个具体位置，完成游戏设定的任务。绘制游戏地图的核心目的并不是向游戏玩家说明虚拟场景的空间结构，且现行著作权有关的法律法规亦未明确地图作品仅限于反映现

---

① 例如，手机导航地图中有平面模式，也有立体模式。

实世界地理现象的地图。因此，游戏地图更贴近于《著作权法》上的地图作品，而非示意图作品。当然，无论是地图作品，还是示意图作品，上位概念都是图形作品，因此，本案中法院认定涉案游戏地图属于图形作品，也是正确的。此外，《著作权法》将作品类型改为了开放式表述，只要属于符合作品特征的智力成果，就属于《著作权法》保护的作品。如前所述，很多作品类型存在交叉，并非泾渭分明、非黑即白的关系，因此，在司法实践中无须过多纠结于作品类型，而应更关注原告主张保护的对象是否具备作品的具体特征，尤其是独创性要件。与现实世界的地图相比，游戏中的地图更具有独创性。现实世界的地图如果仅仅如实反映了地理位置信息，那么就难以构成《著作权法》上的地图作品，究其原因：一是因为现实世界的地理位置信息属于客观事实，而客观事实被排除在《著作权法》保护范围以外；二是因为表达受限，如实反映现实世界的地理位置信息难以体现作者的个性。然而，游戏中虚拟世界地图的创作空间更加广泛，在空间布局结构、空间要素位置、路径规划设计方面更容易体现创作者的个性。原理与之类似的是模型作品，如果仅仅是将客观现实中已经存在的物体按照一定的比例关系缩小，例如，将鸟巢建筑物按照万分之一的比例制作成微缩模型，那么该模型并不属于《著作权法》上的模型作品。又如，在北京中航智成科技有限公司与深圳市飞鹏达精品制造有限公司著作权权属、侵权纠纷案①中，法院认为，本案中要求保护的歼十飞机模型与歼十飞机相比，除材质、大小不同外，外观造型完全相同。因此，无论北京中航智成科技有限公司在将歼十飞机等比例缩小的过程中付出多么艰辛的劳动，北京中航智成科技有限公司均未经过自己的选择、取舍、安排、设计、综合、描述，创作出新的点、线、面和几何结

---

① 最高人民法院（2017）最高法民再 353 号民事判决书。

构，其等比例缩小的过程只是在另一载体上精确地再现了歼十飞机原有的外观造型，没有带来新的表达，属于严格按比例缩小的技术过程。该过程仍然是复制，产生的歼十飞机模型属于歼十飞机的复制件，不构成受《著作权法》保护的模型作品。如果制作者在制作模型的过程中，对原物的构造、比例、形态进行了重新塑造和加工，体现了制作者的个性化构思，例如，将歼十飞机制作成各部件可以翻转和拼装的拟人化机甲模型，则该模型可以获得《著作权法》的保护。

案例 1 – 8 基于公有领域戏曲元素进行二次创作的成果，受著作权法保护——原告魏某某与被告上海申浩工艺品有限公司、北京兴鑫京艺文化中心、北京市长安戏迷情音像服务中心著作权权属、侵权纠纷案①

【裁判要旨】卡通戏曲人物形象由作者通过电脑绘图与合成技术通过对线条与色彩的综合运用绘制而成，其中加入了作者自身对不同戏曲人物性格和情节场景的独特理解，在遵循传统戏曲人物造型的基础上采用了卡通化的表达方式，具有明显夸张的身材比例和面貌特征，体现了作者具有独创性的智力劳动成果。

【案情简介】原告魏某某系翰墨青衣（北京）文化传媒有限公司（以下简称翰墨青衣公司）员工，翰墨青衣戏曲动漫工作室系该公司下属部门，魏某某系该工作室成员之一。该工作室业务为开发中国戏曲动漫衍生品，将传统戏曲元素与数字艺术相结合，以戏曲动漫的形式普及宣传京剧。诉讼中，翰墨青衣公司出具说明，称涉案卡通戏曲人物美术作品为原告魏某某创作完成，著作权由原告独自享有。原告为证明卡通戏曲人物美术作品赵宠、李桂芝、杨贵妃系其独立创作完成，提交了三幅作品的 photoshop 设计文件。勘验三

---

① 北京市东城区人民法院（2013）东民初字第 05850 号民事判决书。

幅作品的 photoshop 设计文件，显示卡通戏曲人物赵宠、李桂芝、杨贵妃。该设计文件共分为若干图层，各图层涵盖了卡通戏曲人物的背景、底色，以及五官、肢体、衣着、配饰的轮廓、纹理、颜色等细节。2013 年 3 月 15 日，原告在被告北京市长安戏迷情音像服务中心（以下简称戏迷情中心）处购买了涉案三款 Q 版京剧人物磁性贴赵宠、李桂芝、杨贵妃各一个。三款 Q 版京剧人物磁性贴的包装盒正面分别贴有标签"京剧《奇双会》之赵宠""京剧《奇双会》之李桂芝""京剧《贵妃醉酒》之杨贵妃"。经比对，上述三款 Q 版京剧人物磁性贴中的卡通人物形象与被告上海申浩工艺品有限公司（以下简称申浩公司）提交的 psd 格式设计文件所显示的卡通人物形象相同，与原告主张享有著作权的三幅卡通戏曲人物美术作品整体基本相同，饰物、纹理等局部细节略有不同。

【法院观点】涉案卡通戏曲人物形象赵宠、李桂芝、杨贵妃系由作者通过电脑绘图与合成技术通过对线条与色彩的综合运用绘制而成，其中加入了作者自身对不同戏曲人物性格和情节场景的独特理解，在遵循传统戏曲人物造型的基础上采用了卡通化的表达方式。该卡通戏曲人物形象具有明显夸张的身材比例和面貌特征，体现了作者具有独创性的智力劳动成果，属于《著作权法》上的美术作品，应受到《著作权法》保护。本案中，原告魏某某主张涉案卡通戏曲人物美术作品由其独立创作完成，并提交了 photoshop 原始设计文件。结合新闻媒体对原告魏某某及其团队创作卡通戏曲人物美术作品情况的报道，法院认定原告魏某某系涉案卡通戏曲人物美术作品的作者。被告申浩公司未经许可复制原告享有著作权的美术作品并进行销售，未为原告署名，亦未向原告支付报酬，侵犯了原告依法享有的署名权、复制权、发行权和获得报酬权，应承担停止侵权、赔偿损失和赔礼道歉的民事责任。被告北京兴鑫京艺文化中心及被告戏迷情中心应当承担停止销售的民事责任。

【案例评析】戏曲是中国传统文化艺术，在文学、表演、音乐、唱腔、锣鼓、脸谱、服饰等各个方面，通过无数艺人的长期舞台实践，不断发展完善，形成了一套格律化和规范化的程式，特定人物在戏曲表演中的扮相、动作等均有一定的规范，例如，窦尔墩的脸谱为蓝花三块瓦脸。运用戏曲元素进行作品创作需要受到上述程式和规范的限制，戏曲程式和规范本身不属于《著作权法》保护的范围，运用戏曲元素进行作品创作仍存在较大创作空间。本案中，原告创作的卡通戏曲人物形象虽借鉴了京剧中的固有元素，但在此基础上又有创新。原告通过夸张的表现手法和卡通化的绘制风格创作了赵宠、李桂芝、杨贵妃三个京剧人物的卡通形象，属于《著作权法》上的美术作品。

案例 1-9 小说中的特定故事情节和人物关系的具体化表现，已经超出思想的范畴，属于表达——原告完美世界（北京）软件科技发展有限公司与被告北京玩蟹科技有限公司侵害著作权及不正当竞争纠纷案①

【裁判要旨】对于小说而言，故事的主题、单纯的人物关系应归于"思想"的范畴；但围绕故事主题展开的特定情节、人物关系的具体化，能够达到反映作者独特选择、判断、取舍的程度，即成为《著作权法》保护的表达。

【案情简介】2016 年 1 月 20 日，完美世界软件公司（甲方，原名北京完美时空软件有限公司）、完美世界（北京）软件科技发展有限公司（乙方，以下简称完美世界公司）、明河社出版有限公司（丙方，以下简称明河社）、查良镛（丁方）共同签署"游戏软件改编授权合约之补充协议一"，就《射雕英雄传》《神雕侠侣》《倚天屠龙记》《笑傲江湖》四部涉案小说授权事宜达成合意，内容为：

---

① 北京知识产权法院（2021）京 73 民终 1265 号民事判决书。

查良镛将包括授权作品在内的 12 部金庸武侠作品在中国境内除以图书出版形式出版发行简体字中文版本以外的其他专有使用权（包括但不限于改编权、信息网络传播权、翻译权、复制权等）及诉讼维权等权利授予明河社；查良镛已与完美世界软件公司签署相关授权许可合约，将涉案小说在中国大陆地区的计算机网络游戏软件及移动终端游戏软件改编权独家授予完美世界软件公司；完美世界软件公司将原协议约定的查良镛给予其的授权转让予完美世界公司，且明河社、查良镛同意该转让。被告北京玩蟹科技有限公司（以下简称玩蟹公司）经营的游戏《大掌门》中含有上述涉案小说中的人物名称（例如，郭靖、黄蓉、黄药师、欧阳锋、一灯大师、洪七公、周伯通、杨过、小龙女），武功名称（例如，九阳神功、易筋经、纯阳无极功、打狗棒法、黯然销魂掌、独孤九剑、九阴真经、乾坤大挪移、葵花宝典），装备名称（例如，倚天剑、屠龙刀、软猬甲、五金转轮、绣花针、玉蜂针、圣火令）。在上述游戏中点击人物名称，可显示对应人物信息（包括人物性格特征、主要经历、独门武功等内容）。例如，描述李莫愁，本来单纯善良，可被一个男人抛弃后性情大变，行事狠辣无常，手上人命无数，天赋武功为漫天花雨。在上述游戏中点击"江湖"选项可查看游戏关卡（例如，梅花山庄、汝阳王府、黑木崖等关卡及守卫襄阳、终南古墓、重阳遗刻、第一次华山论剑等历练）。经比对，涉案游戏使用人物名称、武功及装备均与涉案小说相同或直接取材于涉案小说，且人物信息等处显示人物生平介绍、人物间关系、人物及武功关系、人物及装备间关系以及游戏关卡等亦取材于涉案小说，与涉案小说部分情节具有对应关系。域名为 playcrab.com 的网站为玩蟹公司经营，该网站设有涉案游戏专属页面，该网站中使用的配图及发布的文章等使用了涉案小说人物形象、核心元素及故事梗概等内容。例如，网页宣传图使用"东方不败""小龙女"动漫形象。网站视频中以图配文形式对武侠形象进行介绍，具体包括："全真七星，修习道教内功，讲究返璞归真，玄功深厚，出手迅猛，招式简洁，出其不意，一招命中，直击要害""明教圣火，善于近身搏击，典型的先发制人。以命相搏的打法，放弃防守，全力攻击，一招制敌""古墓玉女，以上乘心法为基础，剑法、拳法飘逸灵动，防守密不透风"。网站新闻中心栏目发布的文章使用了涉案小说中的人物、核心元素、故事梗概等，如"波斯明教，由唐朝时传入中土，发展至元末，逐渐兴盛，第三十三任教主阳顶天才干过人，一身武功几乎达到当世无敌地步，除了武当派的张三丰真人，谁也未必胜得他一招半式"。

【一审法院观点】涉案小说中的人物名称、武功、装备、人物间关系、人物与武功间关系及人物与装备间关系等元素的结合，体现了作者的选择、取舍、安排及设计的具有独创性的表达，应当受到《著作权法》的保护。本案中，涉案小说中的人物名称、武功等相关元素展现了不同人物的身世背景、性格特征、独门绝技等，查良镛基于上述元素创作出包括涉案小说在内的诸多武侠故事，上述元素系查良镛武侠小说中的重要组成部分，能够较为完整地表达出作者的构思和涉案小说故事脉络。因此，上述元素属于《著作权法》保护的独创性表达。玩蟹公司利用了涉案小说的独创性部分，其玩法规则等并未脱离原作品，并非对涉案小说的单纯借鉴。涉案游戏并非对涉案小说中的人物名称或武功名称等不同元素进行单独、孤立地使用，而系对涉案小说中相关人物的技能、经历、不同人物之间的相互关系等进行高度提炼，将不同元素进行结合使用，涉案游戏的卡牌人物设置、人物背景、装备配备、武功及人物间关系、关卡等均依托于涉案小说的内容与架构，卡牌组合规则更与涉案小说中的人物、装备、武功、人物关系等具有对应关系，保留了与涉案小说实质性相似并且能够构成表达的独创性元素及设定，与涉案小说具有关联性及依存性。玩蟹公司未经许可将涉案小说改编成涉案游戏，侵犯了完美世界公司对涉案小说享有的改编权。玩蟹公司在其运营的域名为 playcrab. com 的网站、"大掌门游戏"微博、"大掌门"微信公众号中发布了大量文章，使用了涉案小说中人物名称、故事梗概等元素，还有部分文章直接使用"《大掌门》中囊括了金庸 200 多位耳熟能详的知名豪侠，还将金庸中经典剧情再现"等表述，上述内容直接利用了涉案小说的知名度以及相关公众对涉案小说的喜爱，不当夺取了完美世界公司依据涉案小说进行游戏开发的机会，亦使相关公众对涉案游戏来源产生误解，损害了其他经营者及消费者的合法权益，构成不正当竞争行为。

【二审法院观点】 涉案小说中的人物名称、武功、装备、人物间关系及人物与武功间关系等元素的结合，体现了作者的选择、取舍、安排及设计的具有独创性的表达，应当受到《著作权法》的保护。通常而言，对于一部由主题、故事脉络、情节设计、人物关系等要素组成的小说而言，故事的主题、单纯的人物关系应归于"思想"的范畴；但围绕故事主题展开的特定情节、人物关系的具体化，能够达到反映作者独特选择、判断、取舍的程度，即成为《著作权法》保护的表达。本案中，涉案小说中的人物名称、武功、装备等元素相互结合，较为完整地展现了不同人物的身世背景、性格特征、独门绝技、人物关系等，查良镛基于上述元素创作出包括涉案小说在内的诸多武侠故事，该元素系查良镛武侠小说中的重要组成部分，其通过特定形式的组合，相对完整地表达了作者对特定人物的塑造和故事脉络的构思，体现了作者在作品表达中的选择、取舍、安排及设计。因此，一审法院认为上述元素属于《著作权法》保护的独创性表达并无不当。玩蟹公司的涉案游戏对涉案小说相关元素的使用，是以卡牌网络游戏形式对涉案小说中独创性表达进行的截取式、组合式使用，其对涉案小说中相关人物的技能、经历、不同人物之间的相互关系等进行高度提炼，将不同元素进行结合使用，涉案游戏的卡牌人物设置、人物背景、装备配备、武功及人物间关系、关卡等均依托于涉案小说的内容与架构，卡牌组合规则更与涉案小说中的人物、装备、武功、人物关系等具有对应关系，保留了与涉案小说实质性相似并且能够构成表达的独创性元素及设定，与涉案小说具有高度的关联性及依存性，显然并非对涉案小说的单纯借鉴。玩蟹公司未经许可，擅自将涉案小说改编成涉案游戏，侵犯了完美世界公司对涉案小说享有的改编权。玩蟹公司在其网站中发布的内容直接利用了涉案小说的知名度以及相关公众对涉案小说的喜爱，不当夺取了完美世界公司依据涉案小说进行游戏开发的机会，亦使相关公众对涉案游戏的来源产生误解，损害了其他经营者及消费者的合法权益，构成不正当竞争行为。一审判决认定事实清楚，适用法律正确，应予维持。

【案例评析】单纯的小说中的人物名称，例如，郭靖、黄蓉、黄药师，不能成为《著作权法》上的作品，原因是其过于短小，难以体现作者的思想或个性。单纯的小说中的兵器名称或地点名称也不能得到《著作权法》的保护，亦属于同一原理。但本案中，被告玩蟹公司经营的游戏并非仅仅使用了涉案小说中的人物名称、兵器名称及地点名称，还使用了人物经历及涉案小说主要故事情节，这就涉及对涉案小说具有独创性部分的使用，构成侵犯著作权的行为。如果被告仅仅使用了涉案小说中人物名称和兵器名称，并未使用小说人物经历及主要故事情节，即未使用涉案小说中体现作者感情和个性的表达，则不构成侵犯著作权的行为。但如果被告使用涉案小说中人物名称和兵器名称，导致公众误认为被告经营的游戏与原告存在关联关系、合作关系、授权关系等特定关系，损害了原告商业利益的，则构成不正当竞争行为。

案例 1 – 10 小说中单纯的人物名称与人物关系，仍属于思想范畴，不属于表达——原告上海玄霆娱乐信息科技有限公司与被告北京新华先锋出版科技有限公司、群言出版社等著作权权属、侵权纠纷及不正当竞争纠纷案①

【裁判要旨】 离开作品情节的人物名称与关系等要素，因其过于简单，往往难以作为表达受到《著作权法》的保护。

【案情简介】 小说《鬼吹灯（盗墓者的经历）》和《鬼吹灯Ⅱ》（以下简称《鬼吹灯》系列小说）的作者为被告张某某。《鬼吹灯（盗墓者的经历）》自 2006 年起由安徽文艺出版社首次出版，共分为四卷：《鬼吹灯之精绝古城》《鬼吹灯之龙岭迷窟》《鬼吹灯之云南虫谷》《鬼吹灯之昆仑神宫》。《鬼吹灯Ⅱ》自 2007 年起由安徽文艺出版社首次出版，共分为四卷：《鬼吹灯Ⅱ之一：黄皮子坟》《鬼吹灯Ⅱ之二：南海归墟》《鬼吹灯Ⅱ之三：怒晴湘西》《鬼吹灯Ⅱ之四：巫峡棺山》。根据《鬼吹灯之精绝古城》改编的电影《九层妖塔》已于 2015 年 9 月 30 日上映；根据《鬼吹灯Ⅱ》改编的电影《寻龙诀》已于 2015 年 12 月 18 日上映。2007 年 1 月，原告上海玄霆娱乐信息科技有限公司（以下简称上海玄霆公司）与被告张某某就小说《鬼吹灯（盗墓者的经历）》及《鬼吹灯Ⅱ》分别签署协议书，被告张某某将上述小说著作权中的财产权全部转让给原告上海玄霆公司。2014 年 4 月 12 日，张某某与被告北京新华先锋出版科技有限公司（以下简称先锋出版公司）就小说《摸金校尉》签订著作权授权协议，张某某授权先锋出版公司独家享有该小说的出版发行权及转授权等权利。2015 年 9 月 27 日，先锋出版公司就上述小说的图书出版事宜与被告群言出版社签订图书出版合同，先锋出版公司授权群言出版社以纸质图书形式出版发行上述小说中文简体文

---

① 上海市浦东新区人民法院（2015）浦民三（知）初字第838号民事判决书。

本。同年 11 月 23 日，第三人万达影视公司与被告北京新华先锋文化传媒有限公司（以下简称先锋文化公司）签订电影《寻龙诀》海报授权协议，万达影视公司将电影《寻龙诀》的一张海报授予先锋文化公司，用于被控侵权图书的封面、图书海报及与图书相关的宣传图片。万达影视公司还同意先锋文化公司在贴合该书共同发行的不干胶上体现电影上映信息。被告先锋文化公司获得上述授权后，设计了被控侵权图书的封面。同年 12 月 1 日起，被控侵权图书在京东、当当、亚马逊等网络销售平台上市销售，同时也在全国各大书店全面销售纸质图书。小说以电影《寻龙诀》的海报作为图书封面和封底的背景；封面顶端标有"人点烛，鬼吹灯·摸金符，寻龙诀"字样，底端标有与电影《寻龙诀》预告片台词近似的文字"寻龙摸金看缠山，一重缠是一重关，关门如有八重险，不出阴阳八卦形"。封面左下角加贴了"电影《鬼吹灯之寻龙诀》12 月 18 日全国公映，敬请期待"字样的圆形黄色标签。《鬼吹灯》系列小说讲述的系主要人物胡八一、Shirley 杨和王胖子（胖子）在各处盗墓探险的故事，该系列小说共两部八本书，每本书均有相对独立的故事情节。被控侵权图书《摸金校尉》也是一部盗墓探险小说，主要人物为老胡（或胡爷）、雪梨杨和胖子，该三人的人物形象、人物背景、人物关系、人物性格与《鬼吹灯》系列小说中的胡八一、Shirley 杨和王胖子（胖子）完全一致。但被控侵权图书与《鬼吹灯》系列小说的故事情节、故事内容完全不同。

【法院观点】涉案作品中的人物形象等要素源自文字作品，其不同于电影作品或美术作品中的人物形象等，后者借助于可视化手段能够获得更为充分的表达，更容易清晰地被人所感知。而文字作品中的人物形象等要素往往只是作品情节展开的媒介和作者叙述故事的工具，从而难以构成表达本身。只有当人物形象等要素在作品情节展开过程中获得充分而独特的描述，并由此成为作品故事内容本身时，才有可能获得《著作权法》保护。离开作品情节的人物名称与关系等要素，因其过于简单，往往难以作为表达受到《著作权法》的保护。被控侵权图书虽然使用了与原告权利作品相同的人物名称、关系、盗墓规矩、禁忌等要素，但被控侵权图书有自己独立的情节和表达内容，被控侵权图书将这些要素和自己的情节组合之后形成了一个全新的故事内容，这个故事内容与原告作品在情节上并不相同或相似，也无任何延续关系。故本案原告主张其权利作品中人物形象、盗墓规矩、禁忌受《著作权法》保护的依据不足，被告的行为并未侵犯原告著作权。被告张某某作为原著的作者，有权使用其在原著小说中创作的这些要素创作出新的作品。被控侵权图书的封一将"鬼吹灯"等内容采用与其他文字字体不同的白色字体进行展示，并使用了与电影《寻龙诀》的海报和《寻龙诀》预告片台词近似的台词，同时标注了电影《寻龙诀》的上映信息。图书封底还标注了电影《寻龙诀》的监制、导演、主要演员的推荐语。这种图书封一封底的整体使用方式会产生使相关公众混淆和误认的后果，导致相关公众误以为被控侵权图书系电影《寻龙诀》的原著小说或与该电影原著内容有关联。该行为可能造成取代原告原著小说地位的后果，会对原告利益造成重大的损害。被告宣传推广的整体行为及被控侵权图书封一封底的这种使用方式构成属于引人误解的虚假宣传，构成不正当竞争行为。

【案例评析】 本案与前述案例1-9原告完美世界（北京）软件科技发展有限公司与被告北京玩蟹科技有限公司侵害著作权及不正当竞争纠纷案恰好可以对照分析。本案中，法院认为，离开作品情节的人物名称与关系等要素，因其过于简单，往往难以作为表达受到《著作权法》的保护，这是正确的。本案中，作者张某某在新作品《摸金校尉》中使用了原作品《鬼吹灯》系列小说中的人物名称与人物关系，但并未使用原作品中的人物经历和故事情节，即并未使用原作品中体现作者感情和个性的表达。张某某在原作品人物名称与人物关系的基础上进行了新的创作，形成了全新的人物经历和故事情节，因此，并未侵犯原作品的著作权。但被告在宣传新作品《摸金校尉》时，其宣传方式使公众误认为新作品《摸金校尉》即电影《寻龙诀》对应的小说，或使公众误认为新作品《摸金校尉》与电影《寻龙诀》对应的小说存在延续关系，可能导致原本希望购买电影《寻龙诀》对应原作品《鬼吹灯》系列小说的公众转而购买被告的新作品《摸金校尉》小说，损害了原告的商业利益，因此，构成虚假宣传的不正当竞争行为。

案例 1 - 11　点校者运用自身专业知识等对古籍原本进行点校形成的作品，具有独创性——原告李某某与被告葛某某著作权权属、侵权纠纷案①

【裁判要旨】古籍点校凝聚了点校人的创造性劳动，古籍点校作品具有独创性，构成《著作权法》意义上的作品，应受到《著作权法》的保护。

【案情简介】2008 年 9 月 18 日，葛某某到李某某处找弥北李氏一族的有关族志和族谱资料时，两人协商共同点校民国版《寿光县志》一书，此后，双方开始合作点校。2009 年 6 月，第一稿全部打印排版完成。2009 年 7—8 月，形成第二稿。2009 年 10 月，形成第三稿，也即李某某印刷成册的《寿光县志》校注本上下册。此后，双方发生分歧，终止合作。该印刷成册的《寿光县志》校注本上下册上标明，顾问：王某某、孙某某、魏某某、葛某某，主编：李某某，该第三稿并未正式出版。其中，葛某某点校了该第三稿中卷十二《人物志》中的两册，卷十三《金石志》，卷十四《艺文志》，

---

① 山东省高级人民法院（2014）鲁民三终字第 340 号民事判决书、最高人民法院（2016）最高法民再 175 号民事判决书。

卷十五《大事记》，卷十六《杂记》《附录》全部，其余部分由李某某点校。2010 年 7 月 16 日，李某某给葛某某发电子邮件，称《寿光县志》清样（第四稿）已基本完稿，与葛某某商量印刷《寿光县志》的有关事宜，如定价、是否合作署名、费用承担及修改等问题。葛某某于 7 月 19 日去李某某处取回第四稿继续进行校对，因书中点校、注释部分错误仍然很多，双方对有关文义的理解等问题各持己见，尤其对是否多加注释的问题形成不了统一意见，发生严重分歧，双方于 2010 年 9 月 27 日再次终止合作。葛某某在第四稿的基础上，又点校了第五、六、七稿，最终于 2011 年 4 月 29 日由中国诗词楹联出版社正式出版民国版《寿光县志》点校本，该书标明，点校：葛某某，校审：孙某某、李某吉。李某某与葛某某均认可，李某某的民国版《寿光县志》校注本与葛某某出版的民国版《寿光县志》点校本就点校部分，至少有 85% 相同。

【一审法院观点】所谓古籍点校，是点校人在古籍版本的基础上，运用专业知识，依据文字规则、标点规范，对照其他版本或史料对相关古籍进行划分段落、加注标点、选择用字并拟定校勘记的过程，通常会受点校人知识水平、文学功底、价值观、人生观、世界观及客观条件等多方面因素影响而有所不同，这种不同是点校人独创性思维的体现，民国版《寿光县志》虽然属于公有领域的作品，但对其进行整理、点校之后的点校本凝聚了点校人对点校内容的创造性劳动，构成了《著作权法》意义上的作品。葛某某在出版的民国版《寿光县志》点校本第一页上仅标明点校人为葛某某，其将与李某某合作创作的作品当作自己单独创作的作品发表，侵犯了合作作者李某某的署名权与发行权。

【二审法院观点】本案中涉及的作品为民国版《寿光县志》点校本，其性质为古籍点校。古籍点校，是点校人在古籍版本的基础上，运用专业知识，依据文字规则、标点规范，对照其他版本或史料将古籍中的繁体字改成简化字以及改正文字的错误，并划分段落、加注标点的行为。虽然古籍点校以还原古籍原意为宗旨，但由于古籍点校通常会受点校人知识水平、文学功底、表达习惯及客观条件等多方面因素的影响，就同一古籍，不同的点校人会创作出不同的点校作品，所以古籍点校凝聚了点校人的创造性劳动，古籍点校作品具有独创性，构成《著作权法》意义上的作品，应受到《著作权法》的保护。并且，由于我国古代文献资料极为丰富，绝大部分人只能通过点校版本阅读，如果不给予保护，将对我国古籍点校行业的健康发展、古籍作品的传播及传统文化的传承造成不利的影响。综上，古籍点校作品构成《著作权法》意义上的作品，应当受到《著作权法》的保护。

【最高人民法院再审观点】涉案民国版《寿光县志》点校本属于智力劳动成果。涉案点校本系对民国版《寿光县志》的首次点校，需要点校者具备一定的历史、人文、文学等素养，且需要投入人力物力进行调查研究，该点校过程属于智力劳动。涉案民国版《寿光县志》点校本构成对客观事实的表达。涉案点校行为可被视为具有独创性思维的表达。一方面，对一篇文学作品而言，通过对民国版《寿光县志》进行标点符号添加、段落层次划分，已加入点校者对民国版《寿光县志》原意的理解；另一方面，对点校者而言，在面对无标点无分段，甚至部分文字残损的原本时，尽管其目的是要探寻原意，但均是依照点校者的理解对原本含义进行推敲、句读、分段等，客观上形成了一种特殊形式的表达。涉案民国版《寿光县志》点校本的表达方式并非唯一或极为有限。首先，点校者并非民国版《寿光县志》作者本人，其出于还原民国版《寿光县志》的初衷进行点校，但还原的成果也只是其主观理解上的"原著"，针对同一文本，不同点校人点校完成的版本通常不会完全一致；其次，不同点校者的认知水平、史学功底、专业技巧、点校经验存在差别，其对点校素材历史背景、相关事件、前因后果等了解程度亦有不同，最终的点校成果与原本贴近的关联度亦有差异；最后，点校行为受点校人多种主观因素的影响，不可避免地会融入点校者的个性选择。基于上述原因，点校者在对民国版《寿光县志》进行句读、分段的过程中存在一定的选择空间，存在形成不同表达的可能。一审、二审法院判令葛某某停止侵权并承担相应法律责任，并无不妥，应予维持。

案例 1-12　古籍点校抄袭、剽窃的认定，应考虑表达方式有限的影响——原告周某某与被告江苏凤凰出版社有限公司、陆某等侵害作品复制权、发行权纠纷案①

【裁判要旨】基于文字规则、标点规范的标准性和通用性，不同点校者对同一古籍作品的点校成果，除了底本文字外，肯定存在较大程度的相同相似之处。对古籍点校成果，判断其是否存在剽窃、抄袭的标准，不能简单照搬用于一般文字作品的相似性判断标准，以及通常的比例标准。

【案情简介】《会真记》为唐代元稹所著，内容为张生和崔莺莺之间的爱情故事。后元代王实甫根据崔张故事著有杂剧《西厢记》。后金圣叹（明末清初）对《西厢记》进行了评点批注，后人称之为金批《西厢记》。至今有不同版本的金批《西厢记》留存于世。1985 年 9 月，江苏古籍出版社出版了"周版金圣叹全集"，书名《金圣叹全集》，该书版权页载明曹某某、周某某标点，江苏古籍出版社出版，1985 年 9 月第 1 版，第 1 次印刷。该全集中收录了"周版金批西厢记"。在该全集的后记中有"本书所收各书原文中的明显错误处皆已改正，其他则尽量保持原来文字"的说明。1986 年

---

① 上海市高级人民法院（2014）沪高民三（知）终字第 10 号民事判决书、最高人民法院（2015）民申字第 1471 号民事裁定书。

5月，江苏古籍出版社将"周版金批西厢记"以单行本予以出版，书名《金圣叹全集选刊之一贯华堂第六才子书西厢记》。该书版权页载明曹某某、周某某标点，江苏古籍出版社出版，1986年5月第1版，第1次印刷。"周版金批西厢记"全书标点共2万多个。2008年12月，被告江苏凤凰出版社有限公司（以下简称凤凰出版社）出版了"陆版金圣叹全集"，书名《金圣叹全集》。该全集版权页载明（清）金圣叹著，陆某辑校整理。凤凰出版传媒集团、凤凰出版社（原江苏古籍出版社）出版发行，2008年12月第1版，第1次印刷。该全集第二册收录了"陆版金批西厢记"，并有"此书之整理，以清顺治贯华堂原刻本《贯华堂第六才子书西厢记》为底本，以康熙五十九年刻《芥子园绘像第六才子书》本、清金谷园藏版《贯华堂第六才子书》本等参校"的说明。2011年1月，被告凤凰出版社将"陆版金批西厢记"以单行本予以出版，书名《金圣叹批评本》。该书版权页载明（元）王实甫著，（清）金圣叹批评，陆某校点。凤凰出版传媒集团、凤凰出版社（原江苏古籍出版社）出版发行，2011年1月第1版，第1次印刷。该书出版说明中称，"本书由陆某教授据清顺治贯华堂原刻本《贯华堂第六才子书西厢记》为底本，以康熙五十九年刻《芥子园绘像第六才子书》本、清金谷园藏版《贯华堂第六才子书》本等参校，标点整理而成"。"陆版金批西厢记"全书标点共2万多个，其中有1779处标点与"周版金批西厢记"中的标点不一致，其余标点基本相同。

【一审法院观点】《著作权法》所保护的是有独创性的表达方式，但如果对某一内容的表达方式只有一种或者有限的几种，则这种表达方式不受《著作权法》的保护。原告在本案中主张的标点和分段，是在遵循古籍原意的前提下，为方便现代人阅读，根据现代人的阅读习惯在涉案古籍中已有断句之处使用现代汉语中的标点加以标识或进行分段，故在涉案古籍中加入标点或进行分段仅是为了便于读者对原作品的理解，并未改变原作品的表达，也未产生新的表达，标点和分段更接近于思想而非独创性的表达。因此，本案中原告就涉案古籍进行的标点、分段行为并不产生区别于原作品的具有独创性的表达。原告关于标点和分段具有独创性的主张，缺乏法律依据。

【二审法院观点】古籍点校，通常是指点校者运用专业知识，依据文字规则、标点规范，并对照古籍其他现存版本或史料作出判断，对相关古籍划分段落、加注标点、选择用字的过程。因此，古籍点校的性质就决定了其目的在于力求点校后的作品文意与原作一致，也即尽可能地还原古籍原意，故而点校者在点校过程中必然受到点校者自身所理解的古籍原意的限制。当点校者点校的结果与古籍原意一致时，则点校者仅仅揭示了客观事实，而客观事实无法作为《著作权法》保护的客体，故该点校结果不能构成《著作权法》所保护的作品。

【最高人民法院再审观点】古籍点校是古籍标点和校勘的简称，是古籍整理的基础工作。古籍整理，是指对原有的中国古代书籍进行加工，以便更适合现代人阅读利用。从整理工序或者方法来说，古籍整理工作包括选择底本、影印、校勘、标点、辑佚、注释、今译、索引、序跋、附录等。其中，古籍点校指具备一定的历史、文学等素养的点校者运用专业知识，在对中国古代书籍进行版本选定的基础上，并对照古籍其他现存版本或史料，依据文字规则、标点规范，对相关古籍去伪存真、划分段落、加注标点、选择用字、纠正讹误等，从而获得相对正确的文本。古籍点校是古籍整理中必不可少的工序、最为常用的方法和最为基础的工作。相对于如古籍注释、今译成果等其他古籍整理成果，古籍点校成果是否构成作品并受到《著作权法》保护有争议。主张古籍点校成果不受《著作权法》保护的主要理由包括：古籍点校是为了探求古籍原意，对同一古籍进行点校后形成的成果表达方式有限。虽然古籍点校追求探求古籍原意，但在经过点校之后，受点校人知识水平、文学功底、历史素养、表达方式、价值观念等多方面因素以及相关条件的影响，展现于读者眼前的已经不再是古籍本身，而是增加了点校人的理解、判断和选择的点校本，在理解、判断和选择不同的情况下，往往也会形成表达形式不同、与古籍关联程度不一的众多古籍点校成果。因此，古籍点校成果，在具备独创性的条件下，应当受到著作权法的保护。但古籍点校成果作为文字作品，是在底本基础上运用文字规则、标点规范进行创作而形成的作品，由于文字规则、标点规范的标准性和通用性，不同点校者对同一古籍作品的点校成果，除了底本文字外，肯定存在较大程度的相同相似之处。对古籍点校成果，判断其是否存在剽窃、抄袭的标准不能简单照搬用于一般文字作品的相似性判断标准，以及使用通常的比例标准。鉴于"陆版金批西厢记""周版金批西厢记"在文字、标点符号等方面存在的散见于整部书中的众多不同，普通读者在阅读两部书后，除了底本文字相同所决定的相同体验外，也会产生不同的阅读感受，从而不会认为"陆版金批西厢记"的表达实质上来源于"周版金批西厢记"。综合考虑上述因素，应当认定"陆版金批西厢记"与"周版金批西厢记"未构成实质性相似，陆某不存在剽窃行为，一审和二审判决驳回原告周某某的诉讼请求并无不妥。

【案例评析】从上述案件 1-11、1-12 可以看出，在司法实践中，古籍点校的成果是否构成《著作权法》上的作品，有两种截然不同的观点。一种观点认为，古籍点校的目的并不是创作出新作品，而是通过在古籍中加入标点符号和进行断句，力求接近和还原古人创作时的原意。古籍点校成果并未体现点校人自己的思想或个性，不具有独创性，因此，不构成《著作权法》上的作品。另一种观点认为，虽然古籍点校意图探求古人创作时的原意，但仍然有一定的创作空间。经过点校之后的古籍文本已经增加点校人自身对古籍的理解和判断，从而形成了与古籍不同的表达，可以体现独创性并受《著作权法》保护。在上述两件案件的再审阶段，最高人民法院均持第二种观点。但笔者更赞同第一种观点，即单纯的古籍点校成果不构成《著作权法》上的作品。具体理由为：第一，古籍点校人并没有创作新作品的意图，是否创作出了不同于古籍的新作品也存有疑问。点校人结合古籍上下文以及古籍以外的其他资料推断古籍中具体语句的古人原意，并通过加入标点符号将该"古人原意"展现出来，上述过程中点校人始终没有脱离古籍而创作出新作品的意图。如果某点校人公开声称其点校后的古籍文本融入了其自身的思想和个性，形成了与古籍不同的表达，那么恐怕也不会有读者愿意购买这样的古籍点校本。如果希望在古籍的基础上加入自身的思想和独创性表达，并形成新的作品，那么这就不属于对古籍进行"点校"，而属于对古籍进行"改编"。点校人并没有创作出新作品的意图，而法院又将其点校成果作为脱离古籍而成的新作品加以保护，这在逻辑上是矛盾的。第二，古籍点校的表达空间极为有限，难以体现点校人的思想和个性。对同一句古文，不同的人由于受知识水平、文学功底、历史素养、表达方式、价值观念等多方面因素的影响，可能加入不同的标点符号和进行断句，但其选择仍然只有有限的几种。例如，前述"无鸡鸭也可无鱼肉也可青菜一碟足矣"这句，虽然有两种可能的断句方式，但不同的点校人也只能从中二选一，很难说这种选择体现出了点校人的某种思想或个性。第三，古籍点校成果不是只有《著作权法》保护一条路径。前述案例中有法院认为，如果对古籍点校成果不给予保护，将对我国古籍点校行业的健康发展、古籍作品的传播及传统文化的传承造成不利的影响，所以古籍点校作品构成《著作权法》意义上的作品，应当受到《著作权法》的保护。这种推论存在问题。无可否认，古籍点校成果属于一种劳动成果。古籍点校的过程是通过古籍上下文以及古籍以外的其他资料推断古人创作时的原意,这个过程显然也属于智力成果,但其不具备作品特征。对智力成果加以保护未必只有《著作权法》一种途径。例如,某种具备新颖性、创造性和实用性的技术方案,亦属于智力成果,但其主要是通过《专利法》加以保护。对古籍点校劳动成果完全可以寻求《反不正当竞争法》保护,因为对古籍点校成果的抄袭,即属于典型的搭便车和不劳而获的行为。需要指出的是,点校人对古籍进行校勘、注解而创作出的校勘记、注释等,完全可以在古籍原文之外体现其思想和个性,满足独创性要求的,可作为作品受《著作权法》保护,在这一点上并无争议。

案例1-13 单字字体如果体现了独特的艺术美感、融入了书写者独特的智力判断和选择,可以作为美术作品加以保护——原告向某某与被告中国电影股份有限公司等著作权权属、侵权纠纷案①

【裁判要旨】原告主张权利的单字在断笔方式,布局结构,笔画粗细、曲直、长短,以及繁简字组合等方面均体现出了独特的艺术美感,呈现出了不同于传统行书及其他常见字体的独创性表达,融入了书写者独特的智力判断和选择,属于《著作权法》规定的美术作品。

【案情简介】2013年12月16日,向某某向广东省版权局申请作品名称为"向某某毛笔行书字体"的作品著作权登记。其在作品说明书中对作品的独创性进行了如下说明:本人毛笔行书字体具有独创风格,在保持中国传统书法艺术精髓的同时,对文字加以艺术化,融入文字的动感、力度和笔法。庭审中,向某某向法院提交了"鬼""族""史""夏""日""报"6个单字的手稿原件以及"华"字手稿复印件。电影《九层妖塔》第45分37秒出现如下情节:电

---

① 北京知识产权法院(2018)京73民终1428号民事判决书。

影主角胡八一在图书馆中找到一本用旧报纸包裹的旧书，镜头拉近，胡八一把书反转过来，画面显示为该书的正面，该书封皮中心位置为"鬼族史"三个大字，如图1-7所示，出现该书封皮的镜头时长为2秒。在涉案电影第56分31秒出现如下情节：胡八一将一份报纸及双手放在桌子上，报纸左上角有"华夏日报"四个大字，如图1-7所示，镜头时长为1秒。涉案电影第57分零7秒出现若干报纸交叠，镜头扫过，其中被压在第二层的报纸上方有"华夏日报"四个大字。涉案电影的先导预告片时长1分零1秒，在第38秒时闪过旧书道具《鬼族史》。涉案电影的终极预告片时长1分58秒，在第42秒时出现旧书道具《鬼族史》。经对比，涉案电影及预告片中出现的道具上使用的上述7个单字与向某某涉案单字在字形整体结构，偏旁部首比例，笔画的粗细、曲直、长短选择等方面均无明显区别。

图1-7　电影《九层妖塔》中含有的涉案字体

资料来源：《九层妖塔》电影，https://www.ixigua.com/65327296655 91706115?utm_source=baidu_lvideo，访问日期：2023年8月20日。

【一审法院观点】美术作品是指绘画、书法、雕塑等以线条、色彩或者其他方式构成的有审美意义的平面或者立体的造型艺术作品。本案中，向某某主张权利的"鬼""族""史""华""夏""日""报"7个单字在断笔方式，布局结构，笔画粗细、曲直、长短，以及繁简字组合等方面均体现出了独特的艺术美感，呈现出了不同于传统行书及其他常见字体的独创性表达，融入了书写者独特的智力判断和选择，属于《著作权法》规定的美术作品。被告对涉案书法作品的上述使用并未征得向某某的许可，且未以适当方式为作者署名，侵害了向某某对涉案书法作品享有的复制权、署名权。被告对涉案单字的使用并未通过增加新的理念或视角使涉案单字具有新的价值或功能从而改变该单字原有的美术价值，故被告对涉案单字的使用不具有转换性，不是为了介绍、评论或说明而适当引用。

【二审法院观点】电影《九层妖塔》中以书名"鬼族史"和报纸名称"华夏日报"方式再现了向某某的书法美术作品。电影《九层妖塔》中再现涉案作品受保护的文字外观，并不是为了说明道具名称，而是传达其艺术美感，通过再现涉案作品受保护的美学表达和艺术价值，烘托电影的时代氛围。使用了7个单字，由于每个单字都构成独立的书法美术作品，不能以涉案作品在整个《九层妖塔》电影中所占比重大小作为判断是否适当的依据。被告主张电影《九层妖塔》对涉案作品的使用属于合理使用的上诉理由并无依据。

案例1－14　字库中的字体文件经特定软件调用后产生的运行结果，属于计算机软件作品——原告北京北大方正电子有限公司与被告暴雪娱乐股份有限公司、上海第九城市信息技术有限公司等侵犯著作权纠纷案①

【裁判要旨】字库中的字体文件的功能是支持相关字体字形的

---

① 最高人民法院（2010）民三终字第6号民事判决书。

显示和输出，其内容是字形轮廓构建指令及相关数据与字形轮廓动态调整数据指令代码的结合，其经特定软件调用后产生运行结果，属于计算机软件作品。鉴于汉字具有表达思想、传递信息的功能，在游戏运行中使用上述汉字是对其表达思想、传递信息等功能的使用，不能禁止他人正当使用汉字来表达一定思想、传达一定信息的权利。

【案情简介】2005 年 4 月 20 日，北京北大方正电子有限公司（以下简称北大方正公司）对"方正兰亭字库软件"进行了计算机软件著作权登记。2006 年 12 月 6 日，北大方正公司对"方正北魏楷书体"进行了著作权登记。方正兰亭字库中含有方正北魏楷书、方正剪纸等 5 款涉案方正字体。诉讼中，北大方正公司明确其主张的权利是：方正兰亭字库 V5.0 版中的方正北魏楷体 GBK、方正细黑－GBK、方正剪纸 GBK，方正兰亭字库 V3.0 版中的方正隶变 GBK，方正兰亭字库 V1.0 版中的方正隶变 GB 等的计算机软件著作权以及前述 5 款字体中每个汉字的美术作品著作权。2005 年 4 月 29 日，中华人民共和国文化部批准上海久诚信息技术有限公司①进口网络游戏《魔兽世界》。安装网络游戏《魔兽世界》客户端软件或者登录网址为 www.wowchina.com 的网站，下载网络游戏《魔兽世界》客户端软件或者相关补丁程序后，通过点击相应的操作，可以在计算机屏幕上显示出涉案 5 款方正字体的信息。各被告对网络游戏《魔兽世界》中使用了涉案 5 款字体以及标有 GBK 的各款字体包含 21000 个汉字，标有 GB 的字体包含 7000 个汉字无异议。

【一审法院观点】字库中的坐标数据和函数算法是对字形笔画所进行的客观描述；在运行时，通过特定软件的调用、解释，这些坐标数据和函数算法被还原为可以识别的字形。字库中对数据坐标和函数算法的描述并非计算机程序所指的指令，并且字库只能通过

---

① 2006 年 4 月更名为上海第九城市信息技术有限公司（以下简称第九城市公司）。

特定软件对其进行调用，本身并不能运行并产生某种结果，因此，字库不属于《计算机软件保护条例》所规定的程序，也不是程序的文档。字库的制作通常经过字体设计、扫描、数字化拟和、人工修字、质检、整合成库等步骤，其中，字体设计是指由专业字体设计师依字体创意的风格、笔形特点和结构特点，在相应的正方格内书写或描绘的清晰、光滑、视觉效果良好的字体设计稿。每款字库的字体必须采用统一的风格及笔形规范进行处理。因此，字库中每个字体的制作体现出作者的独创性。涉案方正兰亭字库中的每款字体的字形是由线条构成的具有一定审美意义的书法艺术，符合《著作权法》规定的美术作品的条件，属于受《著作权法》及《著作权法实施条例》保护的美术作品。第九城市公司通过计算机网络向网络游戏《魔兽世界》玩家提供包含涉案方正兰亭字库5款字体的客户端软件或者相关补丁程序的行为，构成对北大方正公司就涉案方正兰亭字库字体所享有的信息网络传播权的侵犯。

【二审法院观点】诉争字库中的字体文件的功能是支持相关字体字形的显示和输出，其内容是字形轮廓构建指令及相关数据与字形轮廓动态调整数据指令代码的结合，其经特定软件调用后产生运行结果，属于计算机系统软件的一种，应当认定其是为了得到可在计算机及相关电子设备的输出装置中显示相关字体字形而制作的由计算机执行的代码化指令序列，因此，其属于《计算机软件保护条例》第3条第1款第1项规定的计算机程序，属于《著作权法》意义上的计算机软件作品。诉争每款字体（字库）均使用相关特定的数字函数，描述常用的5000余汉字字体轮廓外形，并用相应的控制指令及对相关字体字形进行相应的精细调整，每款字体（字库）均由上述指令及相关数据构成，并非由线条、色彩或其他方式构成的有审美意义的平面或者立体的造型艺术作品，因此，其不属于《著作权法》意义上的美术作品。第九城市公司未经北大方正公司的许可，将北大方正公司享有著作权的涉案兰亭字库装入其游戏客户端并销售的行为侵犯了北大方正公司对诉争字库计算机软件的复制权、发行权和获得报酬权，将该客户端通过计算机网络向其玩家提供的行为，侵犯了北大方正公司对诉争字库计算机软件的信息网络传播权，应当承担停止侵权、赔偿北大方正公司因其侵权行为而受到的损失等民事责任。网络游戏《魔兽世界》中使用了涉案5款字体以及标有GBK的各款字体包含21000个汉字，标有GB的字体包含7000个汉字。由于前述汉字均属诉争方正兰亭字库经相关计算机软件调用后产生，判断暴雪娱乐股份有限公司（以下简称暴雪公司）、第九城市公司在其游戏运行中使用上述字体是否侵犯北大方正公司相应权利的前提是诉争字库经计算机软件调用后产生的汉字是否属于《著作权法》意义上的作品。基于汉字本身构造及其表现形式受到一定限制等特点，其经相关计算机软件调用后产生的单个字是否具有《著作权法》意义上的独创性，需要进行具体分析后尚能判定。但鉴于汉字具有表达思想、传递信息的功能，由于暴雪公司、第九城市公司在其游戏运行中使用上述汉字是对其表达思想、传递信息等功能的使用，无论前述汉字是否属于《著作权法》意义上的美术作品，均不能禁止他人正当使用汉字来表达一定思想、传达一定信息的权利。因此，法院认为，暴雪公司、第九城市公司在其游戏运行中使用上述字体相关汉字并不侵犯北大方正公司的相关权利。

【案例评析】具有独创性的艺术化字体可以作为《著作权法》上的美术作品，这一点在司法实践中并无争议。汉字载体从龟甲兽骨到竹简绢帛，再到纸张和屏幕，汉字字形从甲骨文到金文，再到小篆和隶书、楷书，汉字笔画从繁体到简体，汉字的起源与演变承载着中国的悠久历史和传统文化。在汉文化影响下，日本、朝鲜、越南等东方国家曾使用汉字作为官方书面文字，民间也将汉字书法作品作为艺术品欣赏和收藏。日本自1995年开始评选年度汉字，按照传统，日本汉字能力检定协会每年在京都府京都市清水寺举行发布仪式，清水寺住持在纸上挥动一支特大号毛笔写下当年评选出的汉字。日本历史上也出现了一些非常有名的书法家，如古代著名书法家空海。相较而言，英文也存在花体，例如，斯宾塞体（Spencerian），1850—1925 年在美国流行，字母间空隙较大，风格优雅华丽，例如，可口可乐公司的商标标识中的英文就是采用斯宾塞体书写。但英文字母数量极为有限，花体只起到装饰作用，几乎不会有人将花体英文书写的文字作为艺术品欣赏和收藏，因此，花体英文书写的文字不太可能成为著作权法上的作品。在原告向某某与被告中国电影股份有限公司等著作权权属、侵权纠纷案中，向某某创作的毛笔行书字体不同于公有领域的常见通用字体，其在书写过程中融入了其自身特点和风格且具有艺术性，因此，形成的字体构成《著作权法》上的美术作品。在电影道具中使用该字体，目的即通过展示字体的独有特点和风格来烘托电影的气氛，推进电影情节发展，不构成转换性使用，因此，被告有关其使用涉案字体构成合理使用的主张不能成立。汉字字库与字体不是同一概念。汉字字库是在单字字体的基础上进行开发和利用形成的计算机数据和指令的集合，计算机屏幕中显示的字体是字库计算机程序运行产生的结果。字库一般包含编码和指令两部分。编码是指字库中具体字符所指向的唯一编码。例如，OpenType 字体采用 Unicode 编码，Unicode 是国际编码标准，它为不同语言的字形分配了唯一的编码，几乎包含了世界上的所有字符，每个字符都有一个单独的 Unicode 值。指令是指通过数学函数描述字体轮廓外形，包括字形构造、颜色填充、数字描述函数、流程条件控制、栅格处理控制、附加提示控制等。字库中的编码部分应遵循一定的标准，表达方式受限，因此，不具有独创性。而字库中的指令部分则包含计算机执行的代码化指令序列，属于具有独创性的表达，编写者的创作思想即如何通过计算机指令的运行完整、美观、清晰地描述字体轮廓、构造、颜色等。在原告北京北大方正电子有限公司与被告暴雪娱乐股份有限公司、上海第九城市信息技术有限公司等侵犯著作权纠纷案中，被告在网络游戏中并不是直接复制使用了某种字体，而是在网络游戏程序中植入了原告开发的字库，网络游戏画面中出现字体图形，是网络游戏调用字库运行后产生的结果。字库属于符合作品特征的智力成果，其独创性表达并不是体现在字体的设计，而是体现在字库中含有的计算机数据和指令的设计和编写中。被告在网络游戏客户端程序中植入了原告开发的字库，并通过线下和线上方式传播，系未经原告授权对字库计算机数据和指令的复制、发行和信息网络传播。当游戏用户运行游戏时，在游戏运行界面出现涉案字体，此时该字体文字的用途是向用户介绍游戏中的各类信息，例如，游戏情节说明、游戏功能设置、游戏人物介绍等，并非作为美术作品请游戏用户欣赏，因此，构成《著作权法》上的合理使用，未侵害原告的相关权利。当然，如果网络游戏《魔兽世界》未经授权在游戏海报、宣传片、过场动画中突出使用了原告享有著作权的字体，用途是通过字体美感、艺术性的展现推广该网络游戏，则构成对该字体美术作品著作权的侵犯。

根据上述案例，我们可以得出以下结论：第一，使用字库并植入应用程序，须获得字库计算机软件著作权人的许可，否则构成侵犯字库计算机软件作品著作权的行为；第二，突出使用受《著作权法》保护的字体制作海报、视频片头、图书封面等，使公众从中欣赏字体的美感和艺术性的，须获得字体美术作品著作权人的许可，否则构成侵犯字体美术作品著作权的行为；第三，对字体美术作品的使用如果系为了传递信息、说明问题、阐述思想、进行评论，可以构成《著作权法》上的合理使用，无须获得字体美术作品著作权人的许可，例如，在图书内文段落中使用某种字体。另外需要说明的是，字库中的单字是否构成美术作品需要分别判断，同一种字体中，笔画过于简单的字可能并不具有独创性。

（四）排除在《著作权法》保护范围之外的客体

条文要点注释

出于社会公共利益或其他因素的考虑，某些客体被排除在《著作权法》保护范围之外。

法律条文

> **第五条** 本法不适用于：
>
> （一）法律、法规，国家机关的决议、决定、命令和其他具有立法、行政、司法性质的文件，及其官方正式译文；
>
> （二）单纯事实消息；
>
> （三）历法、通用数表、通用表格和公式。

关联规范

《著作权法实施条例》（国务院令第 633 号，自 2013 年 3 月 1 日起施行，节录）

第五条 著作权法和本条例中下列用语的含义：

（一）时事新闻，是指通过报纸、期刊、广播电台、电视台等媒体报道的单纯事实消息。

《最高人民法院关于审理著作权民事纠纷案件适用法律若干问题的解释》（法释〔2020〕19 号，自 2021 年 1 月 1 日起施行，节录）①

第十六条 通过大众传播媒介传播的单纯事实消息属于著作权

---

① 该司法解释施行时，2020 年修正的《著作权法》尚未施行，该司法解释提及的《著作权法》条文序号和内容为 2010 年修正的《著作权法》条文序号和内容。

法第五条第（二）项规定的时事新闻。

传播报道他人采编的时事新闻，应当注明出处。

法条解读

出于社会公共利益或其他因素（包括作品的特征、保护的可行性、保护的必要性、公众权利的维护等）的考虑，著作权国际条约及各国国内立法中规定了一些不予保护的客体，但不能排除该客体在特定条件下可以获得《反不正当竞争法》保护的可能性。

1. 思想

根据"思想与表达二分法"，思想不属于《著作权法》的保护范围。《与贸易有关的知识产权协定》第9条第2款规定：版权保护应延及表达，而不延及思想、工艺、操作方法或数学概念之类。《世界知识产权组织版权条约》第2条亦规定：版权保护延及表达，而不延及思想、过程、操作方法或数学概念本身。如果针对某种思想的表达方式极为有限，表达与思想已经合二为一，则该种表达亦不受《著作权法》保护。司法实践亦有相关案例，请参见案例1–15、1–16。

2. 时事新闻（事实消息）

从哲学角度而言，客观事实，即客观存在，是物质的特有属性，其是独立于人的意识之外的存在，不以人的意识为转移，因此，不能被人所"创作"出来。枯燥的、没有个性的单纯事实消息报道也不具备独创性。事实消息不受《著作权法》保护的另一个理由是，为了社会公众自由获得资讯这一社会公共利益，而将具备事实消息性质的时事新闻排除在《著作权法》保护范围之外。《伯尔尼公约》第2条第8款规定：本公约的保护不适用于日常新闻或纯属报刊消息性质的社会新闻。我国《著作权法》第5条第1款第2项规定：本法不适用于单纯事实消息。从上述规定表述来看，我国《著作权法》的规定更为清晰明确，即单纯事实消息因为属于"客观事实"的范畴，故不属于《著作权法》保护的客体。《伯尔尼公约》规定"纯属报刊消息性质的社会新闻"不受保护，根本原因在于其客观"消息"性质。但何为"日常新闻"，则不甚清晰。在《伯尔尼公约》斯德哥尔摩会议上，第一主要委员会对上述规定作出了如下解释：公约不保护关于日常新闻或社会事实的单纯消息，因为这种消息不具有构成作品所必需的属性。这更有充分理由表明新闻或事实本身不受保护。同时，记者的文章或其他报道新闻的"新闻"作品只要属于文学或艺术作品即受到保护。[①] 也就是说，如果撰写的文章或新闻报道已经超出单纯事实消息的范畴，体现了作者个人的思想或个性，则构成《著作权法》上的作品。另外需要指出的是，抄袭他人撰写的事实消息虽然不构成侵犯著作权的行为，但属于"不劳而获"，可由《反不正当竞争法》规制。司法实践中亦有相关案例，请参见案例 1 – 17。

3. 公有领域素材

公有领域素材是指已经进入公有领域，可以由社会公众自由使用的各类信息，例如，历史资料、民间传说、作者放弃著作权的作品、超出著作权保护期限的作品、某种创作作品的特定格式（如词牌）等，其不能被某个人所垄断或独占。在侵害著作权案件中，在比对涉嫌侵权的作品时，应首先排除原告、被告双方作品中的公有领域素材，然后再比对剩余部分，请参见案例 1 – 18。

4. 官方文件

《伯尔尼公约》第 2 条第 4 款规定：本同盟各成员国对立法、

[①] 山姆·里基森、简·金斯伯格：《国际版权与邻接权：伯尔尼公约及公约以外的新发展》，郭寿康、刘波林、万勇、高凌瀚、余俊译，中国人民大学出版社，2016，第 431 – 432 页。

行政或司法性质的官方文件以及这些文件的正式译本的保护由其国内立法确定。即《伯尔尼公约》将官方文件以及这些文件的正式译本是否予以著作权保护，交由各成员国自行决定。我国《著作权法》第5条第1款第1项规定：本法不适用于法律、法规，国家机关的决议、决定、命令和其他具有立法、行政、司法性质的文件，及其官方正式译文。《伯尔尼公约》的大多数成员国国内立法对官方文件均不予以保护。对立法、行政、司法性质的官方文件不予以著作权保护主要出于公共利益考虑。立法、行政、司法性质的官方文件主要内容即规定公众的各项权利和义务。如需公众知晓其享有的各项权利，履行其承担的各项义务，就应当尽可能扩展官方文件的传播范围，因此，不应以赋予特定主体专有权利的方式限制和阻碍官方文件的传播。此外，著作权法律制度的确立目的之一是通过赋予专有权利的方式促进和激励作品创作。而官方文件是立法、行政、司法机关在履行法定职责的过程中作出的，并不需要设立此类激励机制。具有官方性质的文件数量很大，种类庞杂，司法实践中存在争议的往往是"官方文件"的具体定义和范围，请参见案例1-19。

典型案例

案例1-15 专利说明书摘要仅涉及对专利方法的表述，属于思想范畴，不构成作品——原告张某某与被告杨某侵犯著作权纠纷案①

【裁判要旨】专利说明书摘要仅涉及对专利技术实施方法的表述，其表达形式有限，属于思想与表达的"合并"，故不属于《著作权法》意义上具有独创性的作品，不应受《著作权法》保护。

【案情简介】原告张某某于1999年11月5日以"一种肉鸡的饲

---

① 最高人民法院（2011）民提字第40号民事判决书。

养方法"向国家知识产权局申请专利，2003 年 5 月 28 日被授予专利权，专利号：ZL99121286. X。发明专利说明书中载明了"一种肉鸡的饲养方法"的摘要，内容为：本发明公开了一种肉鸡的饲养方法，其方案是在鸡孵化后进食的第三天晚上，喂鸡掺水的青霉素及掺腐植酸钠的饲料，待鸡进入后期，在鸡饲料中掺腐植酸钠、丹参片适量。该方案可提高鸡的存活率，缩短生长期，降低成本。2005 年以后，由于张某某没有按规定缴纳年费，2007 年 7 月 6 日被通知专利权终止。被告杨某在百度网发布前述"一种肉鸡的饲养方法"的内容。张某某以杨某未经许可通过网络或其他途径发表、使用其"一种肉鸡的饲养方法"专利说明书营利，给其造成经济损失为由诉至法院，请求判令杨某赔偿其损失 2 万元。

【一审法院观点】张某某对其创作的作品"一种肉鸡的饲养方法"享有著作权，杨某未经许可，在网络上复制并发布上述文字作品，侵犯了张某某的著作权。

【二审法院观点】二审法院的认定与一审法院相同。

【最高人民法院再审观点】《著作权法》保护的是思想的表达，不保护思想本身，亦即对独创性作品的保护不延及思想、工艺、过程或者数学概念之类的内容。然而，涉及科学技术类的文字作品，往往存在"思想"与"表达"密不可分的情形，因此，当某种思想只有一种或者表达形式有限时，则《著作权法》不仅不保护该思想，也不保护对该思想的表达。"一种肉鸡的饲养方法"说明书摘要仅涉及对其专利技术实施方法的表述，其表达形式有限，属于思想与表达的"合并"，故不属于《著作权法》意义上具有独创性的作品，不应受《著作权法》保护。

【案例评析】"方法"本身属于思想范畴，例如，应当如何操作某一部设备，应当如何解一道数学应用题等。本案中，"一种肉鸡的饲养方法"的摘要内容过于简单，仅为该饲养方法的直接陈述，因此，该文字摘要与饲养方法本身融为一体、无法区分，故不能成为《著作权法》上的作品。但针对某种"方法"进行的阐释和说明如果落实到文字上形成表达，且该表达中体现了作者的感情或个性的，则可以受到《著作权法》保护。例如，上海市浦东新区人民法院在原告斯瑞公司与被告游某某等侵害作品修改权、信息网络传播权纠纷案①中认为：产品说明书本身是为宣传、介绍产品的功能、特性、使用方法、结构等制作的文字、图示说明，一般会包括介绍、功能、特征、使用方法、内部结构、产品外观、保存方法等内容，通常采用文字、图示、图表、照片等相结合的方式。通过与同行业产品说明书以及相关国家标准的比对，可以发现原告的产品说明书的整体编排、文字表述、材料安排以及性能指标表中的项目设置、编排的方式有其特点，体现了原告组织创作的过程，构成设计者的智力成果，具有独创性，应当受到《著作权法》保护。

案例 1-16　客观事实或猜想均不受著作权法保护——原告朱某某与被告白某某、人民美术出版社有限公司著作权权属、侵权纠纷案②

【裁判要旨】"《王羲之临钟繇千字文》原帖共 974 字经重新排列组合并补贴少部分文字后与周兴嗣版本《千字文》读文一致"这一发现属于客观事实或猜想，而客观事实或猜想均不受《著作权法》保护。

【案情简介】1988 年 5 月，上海书店出版了《王羲之临钟繇千字文》字帖，字帖题目为"魏太尉钟繇千字文右军将军王羲之奉敕书"，内容为"二仪日月，云露严霜；夫贞妇洁，君圣臣良；……傅说佐殷，洞庭辽远；谓语助者，焉哉乎也"，全文共计 974 字。该字

---

① 上海市浦东新区人民法院（2011）浦民三（知）初字第 197 号民事判决书。
② 北京市东城区人民法院（2017）京 0101 民初 1017 号民事判决书。

帖"出版说明"主要内容如下："王羲之字逸少，官至右军将军。此卷前衔款'魏太尉钟繇千字文，右军将军王羲之奉敕书'传为他的墨迹。所书千字文与梁武帝时周兴嗣所编千字文迥异。据考，亦非钟繇文，系后人伪托钟繇作。书法结构茂密谨严，行笔流丽圆劲，颇接近王羲之体。然而细察，有些字为双钩填廓，有些字运笔软疲，多外拓露锋，且字与字之间气脉不相贯连，缺乏统一感。推断当出于宋人摹集王羲之字，间参入仿王字的临写本。卷上鉴藏印多达一百五、六十方，现藏故宫博物院。此卷流传有绪，虽非王羲之真迹，但在书法艺术上仍有其一定的价值。"2008 年第 9 期（总第 185 期）《中国书法》杂志刊登了文章《也议〈王羲之临钟繇千字文〉帖》，作者为原告朱某某。该文章主要内容为："原帖现藏北京故宫博物院，清乾隆年被收录为《三希堂法帖》第一册第三帖，目录名为：晋王羲之临钟繇千字文（传）。一九八三年五月《中国书法》总第二期曾发表对该帖考证的文章《王羲之临钟繇千字文》，对该帖的流传脉络给予了历史总结性的分析考证，文章描述该帖'辞语杂凑，不能克读'，'与世传梁武帝命周兴嗣所撰《千字文》迥异'。笔者认为，该帖以《钟繇千字文》内容面目出现，与周兴嗣版本《千字文》最大区别是语句难以读懂。笔者以周版《千字文》读文为标准，就原帖帖文顺序进行全面拆分组合的方式探究，尝试能否'克读'，目的是为得到一个看得见的真实依据。经过对逐字逐句再三推敲，然后尝试重新组合，竟发现与周兴嗣版本《千字文》读文可以一致。原帖共九百七十四字中，残字仅二十个，缺字补充仅为四十五个。探究的结果证明原帖是可以成文的。"2008 年 6 月，天津人民美术出版社出版了《新编王羲之临钟繇千字文》一书，署名朱某某编著。该书前言部分载明："本书作者将原帖（《王羲之临钟繇千字文》）重新整理排版后，与人们现常用的周兴嗣版本《千字文》基本一致，缺字补充仅为四十五个（见附录）。原帖的问题是

'辞句杂凑，不能克读'。经过重新编排，该问题已得以解决，这样就可以在读文时朗朗上口。"该书第一部分为"新编《王羲之临钟繇千字文》"，内容为"天地玄黄，宇宙洪荒；日月盈昃，辰宿列张……孤陋寡闻，愚蒙等诮；谓语助者，焉哉乎也"，与周兴嗣版《千字文》读文基本一致，共1000字。该书附录部分注明"补贴文字四十五个文字"，包括：王羲之《圣教序》"金光皇湯常莫離寂晦迹"、《興福寺断碑》"字恒"、王羲之《兰亭序》"致坐"、《二谢帖》"此"、《大观帖》"中"、《十七帖》"音"、《奉桔帖》"尊"、王献之"歸"、王献之《快雪堂帖》"服尺"、《淳化阁帖》"熟"、智永《千字文》"伐育鸣曰枝卑泾甲主索组糟"、黄山谷《三希堂法帖》"舊"、赵孟頫《千字文》"洪恭淵盟閑稼束"、赵孟頫《三希堂法帖》"飄"、唐太宗《淳化阁帖》"营"、汉蔡襄《三希堂法帖》"慮"。2011年7月，人民美术出版社有限公司（以下简称人民美术出版社）出版了《王羲之行书千字文》一书，署名白某某编著。该书前言部分载明："还有一种号称为王羲之所书写的《千字文》墨迹流传到今天，现存北京故宫博物院。从其文字内容看，该《千字文》与世所流传的智永书《千字文》完全不同。而且除了开篇的'二仪日月，云露严霜，夫贞妇洁'以及最后的'谓语助者，焉哉乎也'可以读懂之外，其余内容几乎无法读懂。我将其用周兴嗣《千字文》的内容将其重新编排，以适合广大书法爱好者学习使用。该《千字文》中所缺少的字，则找其他与之相近的字替代，以尽量保证其气韵的前后通畅。"法院组织双方当事人就原告、被告分别对《王羲之临钟繇千字文》字帖补贴的45个文字进行了比对勘验。经比对，"常""莫""离""寂"等36个字双方的选择不同，"糟"字双方的选择相同，另外8个字"金""光""皇""汤""晦""致""坐""迹"在笔画和整体结构方面构成近似，细微之处略有差别。

【法院观点】根据《著作权法》的基本原理,《著作权法》对作品的保护仅及于作品的表达,而不及于作品的思想、操作方法、概念、原理、发现。原告朱某某发表的《也议〈王羲之临钟繇千字文〉帖》文章本身具有独创性,体现了原告就《王羲之临钟繇千字文》帖进行研究所得到的智力成果,属于《著作权法》上的文字作品,他人未经原告许可不得抄袭、剽窃该文章。但该文章所指明的"发现",即"《王羲之临钟繇千字文》原帖共 974 字经重新排列组合并补贴少部分文字后与周兴嗣版本《千字文》读文一致",并不受《著作权法》保护。被告白某某在《王羲之行书千字文》一书中并未使用《也议〈王羲之临钟繇千字文〉帖》文章本身,因此,不构成对上述文章著作权的侵犯。原告主张权利的《新编王羲之临钟繇千字文》一书包含的字帖部分内容为按照周兴嗣版《千字文》的读文顺序将《王羲之临钟繇千字文》原帖共 974 字进行重新排列组合并补充少部分文字。原告主张上述字帖部分为汇编作品。而上述字帖的编排顺序为周兴嗣版《千字文》的读文顺序,该编排已进入公有领域,并不受《著作权法》保护。此外,原告之所以选择《王羲之临钟繇千字文》原帖中的字按照上述顺序编排,系基于"《王羲之临钟繇千字文》原帖共 974 字经重新排列组合并补贴少部分文字后与周兴嗣版本《千字文》读文一致"这一发现。因此,选择《王羲之临钟繇千字文》原帖中的文字进行编排是显而易见的,任何人基于该发现均会优先作出上述选择,故该选择亦不具有独创性,不受《著作权法》保护。但是《王羲之临钟繇千字文》原帖与周兴嗣版本《千字文》相比缺少部分文字,而对补贴文字的选择则可以体现独创性,受《著作权法》保护。例如,缺少"金"字,则选择由哪一人所书写的"金"字进行补贴以使整个字帖风格更加统一,内容更加完整,更具审美价值,可以体现作者的智力创造。经过法庭勘验比对,原告与被告分别补贴的 45 个文字中有 36 个字的选择完全不同，有 1 个字的选择相同，有 8 个字近似。即使上述 8 个字选择相同，但双方对填补文字的选择受到"表达有限原则"的限制，仍不能就此直接认定被告构成侵权。因《王羲之临钟繇千字文》原帖字体风格与王羲之所书字体风格近似，考虑到字帖整体风格的统一，无论何人对补贴文字进行选择都自然会优先从王羲之所书写的字帖或者智永等其他与王羲之书法风格相近之人所书写的字中进行拣选，因王羲之、智永等书法家流传字帖较少，不同的人进行选择时当然可能存在选择相同的情形。考虑到原告、被告补贴的文字仅有个别选择相同，比例较低，故不能就此认定被告构成侵权。

【案例评析】无论是普通人，还是文学艺术家或自然科学和社会科学研究者，要让他人了解自己的思想情感或科学领域的研究成果，就必须通过一定的形式（如文字、图像等）来加以表达，使他人得以客观地阅读、欣赏和感知，上述表达的过程就是创作，由此形成的具有独创性的智力成果就是《著作权法》意义上的作品。只有具有独创性的外在表达才是作品。所谓"发现"可以分为两类：第一类"发现"为客观事实，而客观事实不受《著作权法》保护。这是因为事实是客观存在、独立于人们的主观意识，它一旦产生，就不可能再受人类思想或创作活动的影响，不可能由作者"创作"出来，故不可能构成有独创性的作品。例如，对于人口统计工作而言，统计人员并没有"创作"出人口统计数字和规律，他们只是通过大量调查和数据分析发现或揭示了这个数据和规律。又如，对于考古工作而言，考古学家对古代文物的发掘、整理和分析需要付出大量艰辛的劳动，同时需要其在历史、文学、艺术等方面具有精深的知识储备。但无论考古工作者付出多少努力，如果其考古意义上的发现只是对客观历史事实的还原，则非《著作权法》意义上的"创作"。无论研究者付出多少辛勤的劳动，历史事实并不"源自"研究者，而是早就客观存在着，它不可能成为历史研究者的"作品"。第二类"发现"为基于一定理由和依据的推测，该推测是不是事实尚无法得到验证。在这种意义上，"发现"的成果属于思想范畴，并非一种表达，同样不能受到《著作权法》保护。虽然"发现"本身无法构成作品，但是将"发现"作为素材从而进行具有独创性的创作可以产生作品，并受到《著作权法》的保护。例如，根据考古发现的成果撰写论文或以特定历史事实为背景撰写小说等，但这种情形下受《著作权法》保护的并非"发现"本身，而是该论文或小说。本案中，原告要求保护的并非具体表达，而是"《王羲之临钟繇千字文》原帖共 974 字经重新排列组合并补贴少部分文字后与周兴嗣版本《千字文》读文一致"这一发现，如果该发现符合历史，则属于不受《著作权法》保护的客观事实。如果该发现无法确定是否符合历史，属于猜想，则属于不受《著作权法》保护的思想。无论属于何种情况，均不构成《著作权法》上的作品。基于上述"发现"，将《王羲之临钟繇千字文》原帖中的字按照周兴嗣版《千字文》的读文顺序排列是显而易见的，该"发现"与上述排列顺序已经融为一体、无法区分，因此，该排列顺序仍然属于思想范畴。唯一能够体现独创性的部分即填补所缺文字的具体选择，但考虑到表达有限，在大部分填补文字的选择不同的情况下，不能认定被告构成抄袭。

案例 1 –17　在单纯事实消息的基础上进行创作，包含对社会事件的评述，构成作品——原告易某某与被告范某等著作权权属、侵权纠纷案①

【裁判要旨】在单纯事实消息的基础上进行创作，包含对社会事件的评述，属于《著作权法》上的作品。

【案情简介】2018 年 4 月 3 日，原告易某某在新浪微博发表了涉案文章，总字数 1144 字。该文章主要内容为：某法院书记员将法

---

① 北京市东城区人民法院（2018）京 0101 民初 7783 号民事判决书。

院传票上的"开庭"写成了"开房"。传票的图片被人发布在网上后，法院迅速反应，责令承办法官及书记员登门道歉，并在全院通报批评。易某某认为，这肯定是笔误。该案的被告姓"房"，案由是"房产纠纷"，两个"房"字干扰之下，书记员忙中出错，是正常现象。有些时候，书记员的脸色不好看，脾气比法官还大。然而，他们却是法院大楼里最苦的。书记员工作量很大，法官每年人均办案数百件。这个数字背后的工作量，有一多半是书记员干的。书记员虽然是法院里最忙的人，收入却是法院最低的。虽然身份卑微、收入菲薄，但这些书记员也是法律职业共同体的重要组成部分。没有他们的辛勤工作，司法机器必然会停止运行。因此，对书记员应多一些理解和尊重。2018 年 4 月 4 日，被告范某在华律网发布文章《请放过那位书记员，她已经很不容易了》。经比对，该被控侵权文章与涉案文章内容相同的字数 500 余字。

【一审法院观点】原告系涉案文章的作者。该文章反映出原告的个性化表达，具有一定的创作空间，属于《著作权法》上的文字作品，原告对该作品享有著作权。被告关于涉案文章不应受《著作权法》保护的抗辩，缺乏依据，法院不予采纳。

【二审法院观点】涉案文章并非单纯事实消息，而是易某某在单纯事实消息基础上进行的创作，体现了其个人的选择、取舍和安排，包含其对社会事件的评述，属于《著作权法》上的文字作品，应当受到《著作权法》的保护。

【案例评析】单纯的事实消息一般仅包括如下要素：时间（when）、地点（where）、人物（who）、事件（what）。例如，2022 年 9 月 19 日 10 时 07 分，台湾花莲再次发生 5.7 级地震，震源深度 10 千米。台气象部门地震报告显示，除了花莲县发生强震外，台东、南投、嘉云、高屏、新北等多地都有震感，就连台北也能感受到剧烈摇晃。① 这就是典型的事实消息，不属于《著作权法》保护范围。但如果作者撰写的时事新闻不仅包含上述要素，还加入了细致入微的观察，对人物的刻画，以及对事件的评论，能体现作者的感情或个性，则具有独创性。例如，"地震是人类社会面临的自然灾害之一。在许多国家的历史上，地震都留下了惨痛记忆，其中包括我国1976年唐山大地震和2008年汶川大地震、日本2011年东北大地震和美国1906年旧金山大地震。就在9月17日、18日，我国台湾省接连发生了两次具有破坏性的地震，震级分别为6.5级和6.9级。台湾位于菲律宾板块和欧亚板块的边界上，1999年就曾发生过7.5级大地震，造成超两千人死亡、超一万人受伤。那么，地震的发生有什么规律呢？地震到底能不能被预测？实际上，这不仅是社会大众关注的问题，也是地震学家一直苦苦思索的问题。遗憾的是，目前地震预测仍是世界性的科学难题。但是，这并不代表我们对地震一无所知。比如，我们对地震的'老巢'断裂带，已经有一定的了解。……9月17日和18日发生在台湾省台东县、花莲县的两次6级以上的地震，则可能与台湾岛内的中央山脉断层系统有关。"② 上述文章除了介绍"9月17日、18日，我国台湾省接连发生了两次具有破坏性的地震，震级分别为6.5级和6.9级"这一事实消息之外，还汇总列举了历史上曾经发生的若干次大地震，分析了我国台湾易发生地震的原因在于"位于菲律宾板块和欧亚板块的边界上""可能与台湾岛内的中央山脉断层系统有关"，并提出了地震是否有规律、是否能预测的疑问。该文章显然已经超出单纯事实消息的范畴，能够体现作者的个性化观点和表达，可以成为《著作权法》上的作

---

① 佚名：《台湾再发生5.7级地震：全台有震感，台北地铁慢速行驶》，https://www.thepaper.cn/newsDetail_forward_19961697，访问日期：2023年9月21日。

② 李泽峰：《断裂带：地震的"老巢"》，《中国科学报》2022年9月19日，https://news.sciencenet.cn/htmlnews/2022/9/486423.shtm，访问日期：2023年9月21日。

品。本案中，涉案文章采用议论文体。议论文，又叫说理文，是一种剖析事理、发表意见、提出主张的文体，其必然包含作者的感情或个性，因此，议论文原则上均属于《著作权法》保护范围。如果作者采用记叙文体，且以形象生动的记叙来间接地表达作者的思想感情，那么其创作物必然超出单纯事实消息的范畴，亦属于《著作权法》保护范围。

案例1-18　两部小说的语言文字雷同之处极少，但是具体情节、人物关系和人物性格存在多处近似情况，仍然构成侵权——原告朱某某与被告孔某某、江苏凤凰文艺出版社有限公司等著作权权属、侵权纠纷案①

【裁判要旨】两部小说的语言文字雷同之处只有几十余字，但是具体情节、人物关系和人物性格存在多处近似情况。被告作品中出现的与原告作品相近似的表达属于原告作品的重要情节，对全文故事情节的展开起到十分重要的作用。因此，被告构成对原告作品著作权的侵害。

【案情简介】2007年9月至2009年1月，朝华出版社陆续出版图书《秀丽江山1·青龙卷》《秀丽江山2·白虎卷》《秀丽江山3·玄武卷》《秀丽江山4·朱雀卷》（以上作品简称《秀》），作者为原告朱某某。2012年1月，江苏文艺出版社出版图书《皇后纪》（上、下）（以上作品简称《皇》），作者为被告孔某某。朱某某主张，从宏观上看，原被告两本书的相似点在于：（1）《秀》与《皇》均是以阴丽华和刘秀的感情为主线。（2）《秀》描写了邓禹、冯异、刘玄的感情纠葛，此感情纠葛在史书中是没有记载的，而《皇》中也有同样的描写。（3）《秀》以穿越的手法开篇，《皇》也是以穿越的手法开篇的。从微观上看，朱某某认为《皇》的抄袭手法主要有

① 北京市第二中级人民法院（2014）二中民终字第06934号民事判决书。

四种：（1）照搬原文的情况；（2）将原文拆散分布在各段落的情况；（3）照搬原文，虽然说出原文的人物有变化，但不影响故事情节发展；（4）将原文中的意思用其他的文字形式表现，但内容无变化。朱某某又进一步将上述四种情况归纳为两类：一是对原文语句的抄袭，二是对原文情节的抄袭。诉讼中，朱某某提交了"侵权分析对照表"，共列明了72处涉嫌抄袭的内容，庭审中其放弃了对第35处、第49处、第53处、第59处、第62处、第67处涉嫌抄袭的主张，并增加一处涉嫌抄袭的内容，即共计67处涉嫌抄袭的内容，朱某某认为其中21处仅为情节抄袭，其余46处既是语句的抄袭又是情节的抄袭。孔某某称其是从2010年初开始创作《皇》一书，原定名为《不负江山不负卿》，该书情节全部是结合《资治通鉴》和《后汉书》中的史料记载所写，主要线索、主要情节、人物性格、人物本身以及周围与之相关的人物身份发生的故事、情节设置，也是全部按照史料记载，全书分三条线索加工编写。其中主线是在史实的基础上，美化加工阴丽华和刘秀的婚姻和感情经历，描写女主角阴丽华跌宕起伏的一生。次线则是根据历史记载，描写刘秀打江山和守江山的经过。暗线则是写阴丽华和郭圣通的后位之争以及为儿子的皇太子之位之争。孔某某亦从宏观和微观两个方面对两本图书进行了比较，其认为从宏观上看两书的目录结构、中心思想、语言风格、穿越手法、规模字数、对男女之情的描写、作者的代入程度、人物性格及人物之间的关系均不相同。关于朱某某提出的三点宏观上的相似之处，孔某某均不认可，其主张：（1）关于感情主线，《秀》描写的刘秀在明知阴丽华是自己哥哥女朋友的情况下仍主动追求阴丽华，而《皇》中则自始至终都是阴丽华追求刘秀。（2）关于阴丽华与邓禹的感情纠葛，虽然史料中对此没有记载，但《皇》中所写的两人感情纠葛是基于作者对小说情节设计的考虑，具体的感情纠葛描写与《秀》有明显不同。（3）关于穿越手法，

《皇》一书一开始并没有打算用穿越的手法来写，而是为了图书销量，应图书编辑的要求改成的穿越小说，且穿越题材是如今各类小说的通用桥段，并不存在抄袭一说。就微观方面，针对朱某某提交的 67 处涉嫌抄袭的内容，孔某某称其中有 18 处为通用表达，48 处有史料来源，1 处既涉及通用表达又有史料来源。

【一审法院观点】首先，本案中原告据以主张被告抄袭的事实基本不在于双方作品的文字等最终符号的相同或者相似，而主要在于作品的构思、语言风格、人物特征及关系、主要情节、散落在作品不同部分的个别语句等的相同或相似。因两部小说是以特定历史人物为对象创作的文学作品，其中的人物、事件大都以史实为基础，两部小说不可避免地会在作品中存在许多相同之处，所以在判断是否属于朱某某独创性表达时，还应将公有领域中的素材或史实排除在著作权保护之外。其次，要分析被控侵权的小说《皇》与朱某某小说《秀》具有独创性的表达是否存在实质性相似，只有在被控侵权的作品与朱某某的作品在表达上存在相同或实质性相似时，才构成对著作权的侵犯。第一，对比两部小说的语言风格，《秀》是以第一人称叙述，语言活泼、俏皮，使用了较多的现代通俗语；《皇》是以第三人称叙述，相较《秀》语言更为平铺直叙，更具书面语言，两者语言风格差异较大。第二，对比两部小说的人物塑造，两书中的男女主人公及其他主要人物均是在历史中存在的人物。关于阴丽华，《后汉书》中对其的性格记载是恭谨简约、不喜嬉笑戏谑、生性仁爱孝顺、怜悯慈爱。《秀》中对阴丽华的人物塑造进行较大的艺术加工，其人物形象与真实的阴丽华差异极大，而《皇》中阴丽华的形象更贴近真实，故两书所塑造的阴丽华形象具有明显差异。第三，对比两书的整体内容，两部均是以王莽新政以及东汉初年为历史背景，讲述了东汉王朝开国皇帝刘秀和皇后阴丽华的人生经历。两书写作的主要脉络和主要情节均以史实为基础。两书的相同之处在于：（1）均运用了穿越的手法，女主人公均是从现代穿越到了王莽天凤年间成为阴家小姐阴丽华；（2）均以刘秀与阴丽华的爱情故事为主线，穿插描写刘秀打江山守江山的过程；（3）均虚构阴丽华与邓禹、刘玄有感情纠葛；（4）均描写了阴丽华与郭圣通的后宫之争。但对比两者的内容，两书在主要情节的设计上以及描写的侧重点上有很大不同，主要体现在：（1）两书穿越手法不同，《秀》是写女大学生管丽华在看流星雨的时候意外穿越到了王莽时代，成为阴丽华，阴家家长阴识知晓其不是真正的阴丽华，小说没有写明在阴丽华死后是否穿越回现代。《皇》是写现代女新闻记者沈昼和男朋友苏文因得罪黑社会而遭到枪杀，穿越到了王莽时代成为阴丽华，无人知晓其不是真正的阴丽华。阴丽华死后穿越回现代变回沈昼。（2）阴丽华与刘秀的感情经历不同。（3）虽然两书均虚构阴丽华与邓禹和刘玄有感情纠葛，但整体看来两部书中对邓禹和阴丽华的感情描写有很大不同。（4）除邓禹和刘玄外，与阴丽华有感情纠葛的人物不同。（5）两书对刘秀打江山守江山的过程描写得详略不同，《秀》中因设定阴丽华功夫了得，善于行军打仗，故《秀》用大量篇幅描写了阴丽华随刘氏兄弟起兵，经历大小战役，入官后多次随刘秀出征平乱的过程。《皇》中除了描写阴丽华出现在昆阳大战中以及怀孕随刘秀出征时在元氏生下刘阳外，没有其他阴丽华参与战役的情节。（6）关于阴丽华与郭圣通的后宫争斗描写不同。对于立郭圣通为后以及立后前杀刘扬一事，史书有记载。《秀》中刘秀本意是想立阴丽华为皇后，刘秀杀刘扬是为阴丽华当皇后扫清障碍，但因阴丽华负气离官，刘秀才不得以立郭圣通为皇后。《皇》中刘秀基于稳固江山的考虑想立郭圣通为皇后，因考虑到阴丽华的感受而一直拖着未立皇后，阴丽华出于对刘秀的谅解，主动让出后位，刘秀杀刘扬是为了防止刘扬外戚专权。第四，在具体情节方面有如下情形：（1）表达相同或相似，且该表达系《秀》中原创或《秀》

在史料的基础上进行的原创。（2）虽表达相同或相似，但表达涉及的主要内容来源于史料或属对同一史料的不同演绎。（3）虽表达相同或相似，但原告所主张的表达属处理该类小说的必要场景或表达有限。（4）表达不相同、不相似。（5）朱某某所主张的内容不构成表达。综上，作品的题材不是《著作权法》保护的客体，且对于文学作品而言，仅有抽象的题材和故事框架显然不能构成作品。构成作品的要素除抽象的题材和主线外，还应有具体的情节和内容。分析两部作品的主要内容，因两部作品是基于相同史实创作的，故在主要内容上有相同之处，除去史实外，就独创性的情节而言，虽然两部小说在有些人物关系的设置上有相似之处，但在男主角外设置与女主角有感情纠葛的其他角色以及设定反面角色与女主角进行宫斗是此类小说制造戏剧冲突的惯用手法，两部作品在独创性的主要情节和内容的设计上仍存在较大差别。关于比对的第一种情况，从文学创作的角度可以明显感觉到《皇》的情节借鉴或是参考了《秀》，因《秀》发表在先，且两书系同一公司运作出版，故《皇》对《秀》有接触的可能，故在孔某某没有举出相反证据证明其独创情况下，应认定孔某某对朱某某小说的上述情节设计进行了一定使用。但在小说《皇》使用的《秀》的上述情节中，除了第4处、第6处（阴丽华入宫觐见刘秀被封贵人及刘秀发病的情节）的内容达到了千字外，其余内容均从数十字到数百字不等，很多内容不过数句或一语带过。相较于《秀》800千字及《皇》400千字的内容而言，上述情节内容无论是在绝对数量、所占比例以及重要程度等方面均未构成作品的核心内容和基本内容，结合两部小说的主要人物设计与情节、文字等因素，从读者欣赏体验的角度考虑，两部小说是分别具有独创性的两部不同作品，并不构成实质性相似。孔某某对小说《秀》的使用尚在合理范围内，应属在创作过程中对他人作品的适度借鉴，并未达到侵犯著作权的程度。

【二审法院观点】 两部小说的题材和宏观故事脉络相同，均是以王莽改制至东汉初年为时代背景，以东汉王朝开国皇帝刘秀和皇后阴丽华的爱情为故事题材，运用穿越的手法，以穿越后阴丽华的感情经历为核心宏观故事脉络，穿插阴丽华与邓禹、刘玄的感情纠葛、刘秀打江山守江山的开国伟业、阴丽华与郭圣通的后宫争斗，为读者展示了阴丽华非凡的人格魅力和精彩的人生经历。但是，作品的写作方式、故事题材和宏观脉络属于"思想"的范畴，不是《著作权法》保护的客体。对于小说作品而言，仅有抽象的题材和脉络梗概显然是不够的，构成作品的核心要素为具体的情节、人物关系和人物性格以及相关语言文字等，这些要素均可以成为受《著作权法》保护的"表达"。虽然两部小说的语言文字完全雷同之处只有几十余字，但是两部小说具体的情节、人物关系和人物性格存在多处近似的情况。原审法院对朱某某提出的 67 处情节抄袭分五种情况予以认定，其中的部分认定存在错误。67 处中应有 48 处近 4 万字属于表达相同或近似的第一种情况，即属于《秀》的原创。《皇》中出现的与《秀》相近似的表达属于《秀》的重要情节。上述 48 处情节在《秀》中并非无关紧要，对全文故事情节的展开往往起到十分重要的作用。因此，被告侵害了朱某某就其作品《秀》享有的著作权。

【案例评析】 历史资料属于公有领域的素材，不受《著作权法》保护。如果历史资料的记载属实，那么该历史资料记载的人物、事件均属于客观事实，而客观事实不属于《著作权法》保护的客体。如果历史资料的记载属于杜撰，那么历史资料属于《著作权法》保护的客体，但很可能已经超出《著作权法》保护期限。基于同样的历史资料，不同的作者可以分别创作出不同的作品。例如，在清代历史资料的基础上，宋项如可以创作出《戏说乾隆》电视剧剧本，二月河可以创作出《乾隆皇帝》历史小说，金庸可以创作出《书剑恩仇录》武侠小说，三部作品可能在人物生平、人物关系、重要历史事件方面有一定的雷同，如都涉及乾隆皇帝巡幸江南，但并不构成抄袭，这是因为上述三部作品排除公有领域素材之外，剩余的具体故事情节有比较大的差异。在本案中，二审法院认为，涉案两部小说的题材和宏观故事脉络相同，均是以王莽改制至东汉初年为时代背景，以东汉王朝开国皇帝刘秀和皇后阴丽华的爱情为故事题材，但上述历史题材并不受《著作权法》保护。一审法院认为，因涉案两部小说是以特定历史人物为对象创作的文学作品，其中的人物、事件大都以史实为基础，两部小说不可避免地会在作品中存有许多相同之处，因此，在判断是否属于朱某某独创性表达时，还应将公有领域中的素材或史实排除在著作权保护之外。以上观点均是正确的。一审和二审判决的分歧在于两部作品中具体小说情节是否来源于历史资料，是否构成实质性近似，以及小说情节构成实质性近似部分对于整部作品来说是否为关键情节。

案例 1-19 推荐性国家标准属于自愿采用的技术性规范，如果具有独创性，构成作品——原告中国质量标准出版传媒有限公司与被告北京金盾出版社著作权权属、侵权纠纷案①

【裁判要旨】推荐性国家标准在制定过程中需要付出创造性劳动，具有创造性智力成果的属性，如符合作品的其他条件，应当确认属于《著作权法》保护的范围。

【案情简介】原告中国质量标准出版传媒有限公司主张本案应受法律保护的国家标准为《原木检验》《原木材积表》，并提交了涉案标准的出版物。《原木检验》（GB/T 144—2013，代替 GB/T 144—2003）封面载明中华人民共和国国家质量监督检验检疫总局中国国家标准化管理委员会发布，2014 年 4 月 11 日实施。版权页载

---

① 北京市海淀区人民法院（2018）京 0108 民初 24395 号民事判决书。

明中国标准出版社出版发行。《原木材积表》（GB/T 4814—2013，代替 GB 4814—1984）封面载明中华人民共和国国家质量监督检验检疫总局中国国家标准化管理委员会发布，2014 年 4 月 11 日实施，版权页载明中国标准出版社出版发行。2018 年 2 月 8 日，国家标准化管理委员会国家标准版权保护工作组办公室出具著作权声明，其中载明：国家标准化管理委员会（以下简称国家标准委）是国务院授权履行行政管理职能、统一管理全国标准化工作的主管机构，国家标准委作为国家标准的批准发布主体，依法享有国家标准的版权。根据《国家标准管理办法》《标准出版管理办法》规定，国家标准由中国标准出版社出版，国家标准委未授权其他任何单位和个人出版发行国家标准。2007 年 12 月 4 日，中华人民共和国新闻出版总署出具《关于同意中国计量出版社更名的函》，其中载明，同意中国标准出版社与中国计量出版社合并为中国质检出版社。2019 年 1 月 30 日，质检出版社名称变更为中国质量标准出版传媒有限公司（以下简称中国质量标准公司）。2014 年 8 月，金盾出版社出版《木材材积计算手册》（第四版）（以下简称被诉图书），内容提要中载明：依据 2014 年 4 月开始实施的国家标准《原木检验》（GB/T 144—2013）和《原木材积表》（GB/T 4814—2013）编写，材积数据具有权威性和准确性。被告金盾出版社对被诉图书完整使用了涉案标准不持异议。

【法院观点】原告本案主张应受《著作权法》保护的客体为涉案两个推荐性国家标准《原木检验》（GB/T 144—2013）和《原木材积表》（GB/T 4814—2013）。根据相关法律规定和指导意见，国家标准分为强制性国家标准和推荐性国家标准。推荐性国家标准，属于自愿采用的技术性规范，不具有法规性质。由于推荐性国家标准在制定过程中需要付出创造性劳动，具有创造性智力成果的属性，如符合作品的其他条件，应当确认属于《著作权法》保护的范围。

本案中，涉案标准遵循标准化法的规定制定，形成的相关文字、表格、数据等成果是付出了创造性劳动所得，具有独创性，且被国家标准委发布、出版，符合作品的构成要件，应当受到《著作权法》的保护。涉案标准在国家标准委的组织主持下，由标准化技术委员会进行起草、技术审查等工作，制定过程体现了国家标准委的意志，涉案标准以国家标准委的名义对外公布并由其承担责任。涉案推荐性国家标准的著作权归属于国家标准委。根据国家标准委国家标准版权保护工作组办公室出具的著作权声明，原告享有国家标准的专有出版权。被诉图书未经许可，使用了涉案标准，侵害了原告享有的复制权和发行权。

【案例评析】 第一，判断国家标准是否属于《著作权法》上的文字作品、图形作品，关键在于国家标准是否属于具有独创性的表达。根据著作权法原理，著作权保护延及表达，而不延及思想、过程、操作方法或数学概念本身。例如，推荐性国家标准《旅游厕所质量要求与评定》（GB/T 18973—2022），该标准内容主要包括：制定该标准的总体要求；旅游厕所分布与数量；旅游厕所设计与设施、管理与服务；旅游厕所质量类别及标志、质量类别与景区等级匹配要求；旅游厕所评定等。上述推荐性国家标准具有独创性，原因是其内容充分体现了编写者的思想和个性，即通过标准的制定和推广，提高旅游厕所建设、管理水平，为广大旅客提供更加人性化的服务，促进文化和旅游公共服务融合发展，达到旅游厕所干净无味、安全方便、低碳节能、环境友好的目标。同时，上述标准内容又不仅限于思想，其对旅游厕所布局、数量、设计、设施、管理、服务、质量评定等方面进行了详细规定和说明。从上述示例可以确定，国家标准不仅包括过程、方法或概念，还能够体现编写者的思想和个性，因此，其属于《著作权法》上的作品。第二，国家标准的著作权归属于谁？国家标准委是国务院授权履行行政管理职能、统一管理全国标准化工作的主管机构，国家标准体现了国家标准委的意志并由国家标准委承担责任，因此，国家标准属于法人作品，其著作权归国家标准委所有。中国标准出版社根据国家标准委的授权，享有涉案国家标准的专有出版权。第三，国家标准是否属于《著作权法》不予保护的官方文件？根据《国家标准管理办法》，国家标准分为强制性国家标准和推荐性国家标准。强制性国家标准包括：药品国家标准；食品卫生国家标准；产品及产品生产、储运和使用中的安全、卫生国家标准；劳动安全、卫生国家标准；运输安全国家标准；工程建设的质量、安全、卫生国家标准；环境保护的污染物排放国家标准和环境质量国家标准等。可见，强制性国家标准的制定目的是保障人身健康和生命财产安全、国家安全、生态环境安全以及满足经济社会管理基本需要，是底线性质的规范要求。违反强制性国家标准一般会产生违反法律法规的后果。例如，《食品安全法》规定：进口的食品、食品添加剂以及食品相关产品应当符合我国食品安全国家标准；进口不符合我国食品安全国家标准的食品，由有关主管部门给予行政处罚。在德清莫干山蛇类实业有限公司诉浙江省食品药品监督管理局行政监督案①中，法院认为：食品安全关系公民的身体健康和生命安全，食品安全标准是强制执行的标准。强制性标准必须执行。不符合强制性标准的产品，禁止生产、销售和进口。虽然本案原告制定了涉案产品的企业标准并经备案，但该企业标准中关于汞含量的限量指标要求低于国家标准，故不能对抗国家强制性标准的效力。可见，强制性国家标准体现了国家机关的意志，与具有强制力的法律法规具有相类似的本质属性，因此，为了确保强制性国家标准为公众广为知悉并遵照执行，对强制性国家标准不

---

① 浙江省杭州市西湖区人民法院（2014）杭西行初字第 115 号行政判决书，该案为最高人民法院 2015 年度发布的经济行政典型案例之案例四。

宜赋予著作权专有权利。但推荐性国家标准与此不同，其不具有强制性，违反推荐性国家标准一般也不会产生违反法律法规的后果，因此，推荐性国家标准不属于《著作权法》不予保护的官方文件。

第四节　著作权集体管理

条文要点注释

　　明确著作权集体管理组织的非营利性法人地位，增加集体管理组织的调解职能，规定使用费收取标准异议机制，提升集体管理组织的透明度。

法律条文

　　第八条　著作权人和与著作权有关的权利人可以授权著作权集体管理组织行使著作权或者与著作权有关的权利。依法设立的著作权集体管理组织是非营利法人，被授权后可以以自己的名义为著作权人和与著作权有关的权利人主张权利，并可以作为当事人进行涉及著作权或者与著作权有关的权利的诉讼、仲裁、调解活动。

　　著作权集体管理组织根据授权向使用者收取使用费。使用费的收取标准由著作权集体管理组织和使用者代表协商确定，协商不成的，可以向国家著作权主管部门申请裁决，对裁决不服的，可以向人民法院提起诉讼；当事人也可以直接向人民法院提起诉讼。

> 著作权集体管理组织应当将使用费的收取和转付、管理费的提取和使用、使用费的未分配部分等总体情况定期向社会公布，并应当建立权利信息查询系统，供权利人和使用者查询。国家著作权主管部门应当依法对著作权集体管理组织进行监督、管理。
>
> 著作权集体管理组织的设立方式、权利义务、使用费的收取和分配，以及对其监督和管理等由国务院另行规定。

关联规范

《民法典》（自 2021 年 1 月 1 日起施行，节录）

第八十七条 为公益目的或者其他非营利目的成立，不向出资人、设立人或者会员分配所取得利润的法人，为非营利法人。

非营利法人包括事业单位、社会团体、基金会、社会服务机构等。

《著作权集体管理条例》（国务院令第 645 号，自 2013 年 12 月 7 日起施行，节录）

第二条 本条例所称著作权集体管理，是指著作权集体管理组织经权利人授权，集中行使权利人的有关权利并以自己的名义进行的下列活动：

（一）与使用者订立著作权或者与著作权有关的权利许可使用合同（以下简称许可使用合同）；

（二）向使用者收取使用费；

（三）向权利人转付使用费；

（四）进行涉及著作权或者与著作权有关的权利的诉讼、仲裁等。

第四条 著作权法规定的表演权、放映权、广播权、出租权、信息网络传播权、复制权等权利人自己难以有效行使的权利，可以由著作权集体管理组织进行集体管理。

第二十条 权利人与著作权集体管理组织订立著作权集体管理合同后，不得在合同约定期限内自己行使或者许可他人行使合同约定的由著作权集体管理组织行使的权利。

第二十九条 著作权集体管理组织收取的使用费，在提取管理费后，应当全部转付给权利人，不得挪作他用。

著作权集体管理组织转付使用费，应当编制使用费转付记录。使用费转付记录应当载明使用费总额、管理费数额、权利人姓名或者名称、作品或者录音录像制品等的名称、有关使用情况、向各权利人转付使用费的具体数额等事项，并应当保存10年以上。

第三十一条 著作权集体管理组织的资产使用和财务管理受国务院著作权管理部门和民政部门的监督。

著作权集体管理组织应当在每个会计年度结束时制作财务会计报告，委托会计师事务所依法进行审计，并公布审计结果。

《最高人民法院关于审理著作权民事纠纷案件适用法律若干问题的解释》（法释〔2020〕19号，自2021年1月1日起施行，节录）

第六条 依法成立的著作权集体管理组织，根据著作权人的书面授权，以自己的名义提起诉讼，人民法院应当受理。

法条解读

著作权集体管理制度具有重要的价值，但目前实践中，在多种原因影响下该制度并未发挥出应有的作用，仍须不断改革和完善。文学、艺术和科学领域内具有独创性并能以一定形式表现的智力成果均属于作品，仍处于《著作权法》保护期限内的作品是海量的，且每时每刻都不断有新的作品产生。对于众多不具有著作权管理能力的作者而言，其将作品著作权授权著作权集体管理组织行使并获得收益，是最具性价比和操作性的。作品的使用方可能会大量、碎片化使用作品。例如，某语文教辅图书的出版方，其编写的教辅材料中含有大量诗歌、散文、小说的片段。在这种情形下，寻找到对应作品的作者并逐一与其就许可使用费标准进行商谈，乃至签署许可使用合同，是一个工作量浩大的工程。特别是寻找和联系境外作者的难度更大。如果著作权集体管理制度能够充分发挥作用，作品使用方能够比较方便和经济地通过著作权集体管理组织获得使用作品的许可，那么对著作权人和作品使用方是双赢的结果。当然，电影、电视剧这类作品的著作权人具有较强的著作权管理能力，作品使用方也比较容易与上述作品的著作权人取得联系，自无将此类作品著作权授权著作权集体管理组织行使的必要。著作权集体管理主要涉及文字作品、音乐作品、摄影作品等作品著作权人和使用方均较为分散的领域。

2004 年 12 月 28 日，国务院发布《著作权集体管理条例》，该条例自 2005 年 3 月 1 日起施行，之后于 2011 年和 2013 年进行两次修订。目前，我国共计有中国音乐著作权协会、中国音像著作权集体管理协会、中国文字著作权协会、中国摄影著作权协会、中国电影著作权协会五家著作权集体管理组织。著作权集体管理组织的主要业务范围包括：开展作品的登记以及作品权属信息收集；制定发布作品著作权使用费收取标准和转付办法；与作品使用方签订许可使用合同并收取著作权使用费；就作品的使用，向著作权人转付使用费；对侵犯所管理作品著作权的行为，申请行政机关作出行政处罚，提起民事诉讼；与国外的著作权集体管理机构签订相互代表协议；向提出申请的非会员作品著作权人提供权利管理、维护方面的咨询服务；建立和维护作品著作权信息查询系统，供著作权人和使用者查询。

著作权集体管理组织的性质属于非营利法人。非营利法人是指为公益目的或者其他非营利目的成立，不向出资人、设立人或者会员分配所取得利润的法人。著作权集体管理组织属于非营利法人中的社会团体。

对于著作权集体管理组织到底应该采用竞争模式还是垄断模式，存在争论。支持竞争模式的观点认为，垄断模式将导致著作权集体管理组织滥用市场支配地位，充分竞争有助于确定合理的许可费用标准。如果著作权集体管理组织制定的许可使用费标准过高，将为作品使用方增加不合理的负担，不利于作品的传播。如果著作权集体管理组织制定的许可使用费标准过低，将损害著作权人的利益，对新作品的创作无法起到激励作用。因此，支持竞争模式的观点认为，应通过充分的市场竞争确保许可使用费标准处于合理区间，在著作权人和作品使用方之间维持平衡。支持垄断模式的观点则认为，垄断模式可以降低作品使用方寻找和使用作品的成本，提高著作权管理效率。如果存在众多的著作权集体管理组织，会造成著作权管理秩序的混乱，不能排除著作权人将权利重复授权给多家著作权集体管理组织，导致著作权集体管理组织之间进行恶意竞争的情形。如果采用垄断模式，著作权信息查询系统等无须重复建设，可以形成统一的著作权信息查询和管理平台，有助于降低著作权管理成本。《著作权集体管理条例》规定，著作权集体管理组织应当依照有关社会团体登记管理的行政法规和本条例的规定进行登记并开展活动。除依照《著作权集体管理条例》规定设立的著作权集体管理组织外，任何组织和个人不得从事著作权集体管理活动。可见，在我国著作权集体管理组织的设立均应经过严格登记审批，实际上并未采取竞争模式。为了解决垄断模式可能存在的许可费用标准不合理，许可费用分配不公开、不透明等问题，2020 年 11 月 11 日发布的修正后的《著作权法》对著作权集体管理制度进行了进一步完善，与 2010 年版《著作权法》相比，增加了作品使用方对许可费标准存在异议的救济程序，并规定著作权集体管理组织应当将使用费的收取和转付、管理费的提取和使用、使用费的未分配部分等总体情况定期向社会公布。

另一个存在争议的问题是延伸性集体管理问题。著作权延伸性集体管理，是指著作权集体管理组织管理的作品在一定条件下可以延伸至非会员著作权人的作品。采用延伸性集体管理，可以有效降低作品使用方获取作品授权许可的难度，与分散许可模式相比可以大幅度降低交易成本。2014 年 6 月 6 日，国务院法制办公室发布了《著作权法（修订草案送审稿）》并公开征求意见，其中第 63 条规定：著作权集体管理组织取得权利人授权并能在全国范围内代表权利人利益的，可以就自助点歌系统向公众传播已经发表的音乐或者视听作品以及其他方式使用作品，代表全体权利人行使著作权或者相关权，权利人书面声明不得集体管理的除外。上述规定明确著作权集体管理组织就自助点歌系统向公众传播已经发表的音乐或者视听作品以及其他方式使用作品，有权进行延伸管理，可以代表全体权利人（包括非会员）行使著作权。在关于《著作权法（修订草案送审稿）》的说明中，国务院法制办公室指出，上述修订的目的是充分发挥著作权集体管理制度的作用，既最大限度地保护数量最大但自身又"无维权意识、无立法话语权、无维权能力"的广大著作权人权利，又破解使用者"愿意遵守法律、愿意通过合法途径获得作品授权、愿意承担付酬义务"但又不可能从"分布广、数量大"的权利人手中获得海量作品授权的困境。在实践中，自助点歌系统（俗称卡拉 OK）的经营者一般通过中国音像著作权集体管理协会获得音乐或者视听作品著作权许可，但该著作权集体管理组织管理的音乐或者视听作品数量有限，无法涵盖自助点歌系统包含的全部作品。在经营者向著作权集体管理组织交纳了许可使用费后，仍然会有其他音乐或者视听作品的著作权人向经营者收取许可使用费或提起侵权诉讼。由此，自助点歌系统的经营者向著作权集体管理组织交纳许可使用费的意愿进一步降低，著作权集体管理也未达到预期效果。上述《著作权法（修订草案送审稿）》第 63 条的规定即着眼于破解上述困境，赋予著作权集体管理组织就自助点歌系统使用作品进行延伸管理的权利。但上述规定在征求意见过程中存在较大争议。有反对意见认为：如何证明著作权集体管理组织已经具备广泛的代表性存在难度；著作权集体管理组织收取和转付许可使用费不透明、不及时；不同音乐作品的商业价值差异较大，著作权集体管理组织确定的许可使用费标准和分配方案不合理；大型唱片公司具有较强的权利管理能力，无须著作权集体管理组织延伸管理。此外还有意见认为，权利人应以何种方式书面声明不得集体管理仍有待商榷，例如，在权利人官网、微博、公众号等网络渠道声明即可，还是需要类似法院公告一样在某媒体上集中刊登和公示。由于各方面意见存在明显分歧，现行《著作权法》就著作权集体管理组织是否有权延伸管理未作出规定。但在司法实践中，法院进行了一定程度的探索，如果著作权集体管理组织并无权利就某作品发放授权许可，但作品使用方向著作权集体管理组织提存了许可使用费的，则法院可能认定其有较低的侵权过错，并在侵权责任方面予以考量。例如，根据 2020 年发布的《北京市高级人民法院关于侵害知识产权及不正当竞争案件确定损害赔偿的指导意见及法定赔偿的裁判标准》第 2.16 条的规定，如果作品使用方难以与权利人取得联系且已向相关单位（著作权集体管理组织）提存使用费的，可以比照基本赔偿标准，酌情降低赔偿数额。

著作权人和与著作权有关的权利人可以授权著作权集体管理组织行使著作权或者与著作权有关的权利，如双方签署信托性质合同的，双方构成信托关系。信托，是指委托人基于对受托人的信任，将其财产权委托给受托人，由受托人按委托人的意愿以自己的名义，为受益人的利益或者特定目的，进行管理或者处分的行为。著作权人即基于对著作权集体管理组织的信任，将其著作财产权委托给著作权集体管理组织，由该组织按著作权人的意愿以该组织的名义对著作权人的利益进行管理。信托的成立，以信托财产由信托人转移给受托人为前提条件。信托一旦有效设立，信托财产即从信托人、受托人和受益人的自有财产中分离出来而成为一项独立的财产。因此，如著作权人与著作权集体管理组织建立信托关系的，则该著作权人对作品享有的著作权将转移给著作权集体管理组织所有，该著作权人不得再将作品著作权转让或许可给他人使用，除非该著作权人与著作权集体管理组织的信托关系解除。

典型案例

案例 1 - 20　作品使用者依据著作权集体管理制度支付使用费的，不构成侵犯著作权——原告济南众佳知识产权代理有限公司与被告现代教育出版社有限公司、第三人北京学而思教育科技有限公司等著作权权属、侵权纠纷案①

【裁判要旨】作者鲁某某系中国文字著作权协会（以下简称文著协）的会员，其行为受著作权集体管理制度约束。被告基于对著作权集体管理制度的依赖向文著协支付了使用费，不构成侵犯著作权。

【案情简介】2012 年 6 月 7 日，鲁某某新浪博客发表了涉案文章《白手起家，不能手无寸铁》。2017 年 7 月 9 日，济南众佳知识产权代理有限公司（以下简称众佳公司）在新华书店济南分公司购买了《学而思秘籍·初中语文现代文阅读专项突破·九年级》一书，该书的出版单位系现代教育出版社有限公司（以下简称现代教育公司），主编单位系北京学而思教育科技有限公司（以下简称学

---

① 山东省济南市中级人民法院（2019）鲁 01 民终 7529 号民事判决书。

而思公司)。该书刊用了涉案文章,署名鲁某某。2009 年 7 月 1 日,鲁某某(甲方)与文著协(乙方)签订文字作品著作权集体管理合同,双方约定:甲方将其作品享有的复制权、信息网络传播权等适合集体管理的权利,授权乙方进行管理(具体授权列明于作品登记表),乙方对甲方授予权利的管理,是指同作品使用者协商确定使用条件、发放使用许可,征集作品的使用情况,向使用者收取使用费,向侵权者或违约者提起诉讼或仲裁,并根据使用情况向甲方转付使用费的行为,该管理活动,均以乙方名义进行。自该合同签订之日起,如使用者使用甲方作品时,尚未与乙方签订使用许可协议,但使用中或使用后与乙方签订了使用许可协议,且该协议许可了其上述使用行为,则甲方不再就该使用行为提出侵权主张。甲方不得在本合同约定期限内自己行使或者许可他人行使合同约定的由乙方行使的权利。合同有效期为 5 年,合同期满前 60 天如一方未提出书面异议,则合同自动延展 5 年,之后亦照此办理。该合同后附作品登记表一份,作品名称包括《信念的力量》《永恒的港湾》等 10 篇文章,另文字注明:自 1984 年发表作品,计发表散文、随笔 300 万字,很难一一列出,百度搜索即可,全国无重名现象,填表人处由鲁某某签字。2016 年 12 月 15 日,鲁某某与众佳公司签订著作权转让协议,约定鲁某某将其在中国大陆范围内已经公开发表作品的相关权利(包括但不限于由此产生的侵权赔偿请求权、和解权利)排他性、有偿转让给众佳公司。转让权利范围系鲁某某作品全部财产权利,对 2017 年 1 月 1 日前发生的侵犯鲁某某著作权的侵权行为的赔偿请求权等著作权有关财产权利一并转让,包括但不限于复制权、发行权等。对需要通过诉讼处理的纠纷,众佳公司以著作权受让人身份向法院提起诉讼,直接行使侵权赔偿请求权等著作财产权利,合同有效期为 5 年,自 2017 年 1 月 1 日起至 2022 年 12 月 31 日止。2018 年 6 月 4 日,学而思公司(甲方)与文著协(乙方)

签订稿酬转付协议，甲方拟策划出版图书《学而思秘籍·初中语文现代文阅读专项突破（七年级、八年级、九年级)》一书，甲方因无法联系该书部分文字作品的著作权人，委托乙方代为收转相关稿酬、向著作权人转交样书，甲方制作"使用文字作品稿酬清单"，该清单系甲方向乙方交付稿酬、乙方向著作权人转付稿酬的依据。双方约定甲方需一次性向乙方支付著作权人稿酬 99400 元，作品使用期限为 3 年；乙方转付稿酬时，如作者对稿酬有异议，提请甲方予以追加的，甲方负有追加义务，应积极配合乙方，另约定邮费、立项费等相关费用数额及支付标准。该协议后附"使用文字作品稿酬清单"，其中包括《白手起家，不能手无寸铁》1000 字，稿酬 200 元、样本邮寄费 10 元等。学而思公司称其已向文著协转付了涉案文章的稿酬 200 元，并提交了 2018 年 11 月 31 日由文著协出具的关于"请求协助函"的复函，其中内容载明：2018 年 6 月 4 日，学而思公司与文著协签订稿酬转付协议，委托文著协对包括会员鲁某某《白手起家，不能手无寸铁》作品在内的多篇作品获取授权或者转付稿酬。文著协依照工作流程，于 2018 年 9 月 11 日就此向会员鲁某某通过银行汇款的方式转付了该文稿酬 200 元，会员鲁某某已经收取，并未退回和提出异议，附转付凭证。原告众佳公司主张，根据文字作品著作权集体管理合同的约定，甲方（鲁某某）将授权乙方（文著协）管理的作品，按乙方提供的作品登记表进行登记。对甲方加入该协会后创作的作品，甲方应在作品首次发表后 3 日内填写作品登记表，对于没有填写作品登记表的作品，经乙方和甲方确认后，乙方可以对该作品按照上述约定进行集体管理。而对涉案文章《白手起家，不能手无寸铁》，鲁某某并未按合同约定向文著协提供作品登记表，将作品进行登记和确认，因此，文著协无权就涉案文章进行管理。学而思公司于 2018 年 9 月 11 日通过文著协以银行汇款方式支付稿费的行为，不能视为鲁某某放弃了对侵权行为的追诉权。稿酬转付协议明细所列文章众多，仅有部分文章属于文著协会员所著，该协议侵害了大多数作者的合法权益，该行为不应该得到法律保护。

【一审法院观点】鲁某某系涉案作品作者。2009 年 7 月 1 日鲁某某与文著协签订文字作品著作权集体管理合同，授权该协会管理其作品，包括与使用者协商确定使用条件、发放使用许可、收取使用费等，该合同合法有效。文著协依作者授权取得文字作品集体管理职能。本案中，现代教育公司、学而思公司虽未直接与作者鲁某某订立著作权许可使用合同，但根据其提交的涉案出版物主编单位学而思公司与该协会签订的稿酬转付协议，学而思公司已委托文著协向作者鲁某某转付稿酬 200 元，并向著作权人转交样书，鲁某某对此并未提出异议，上述行为应视为第三人已经征得著作权人许可并支付了合理稿酬，现代教育公司、学而思公司使用涉案作品合法。众佳公司提交 2016 年 12 月 15 日与鲁某某签订的著作权转让协议，其成立时间在文字作品著作权集体管理合同之后，该转让协议的履行不应当影响文字作品著作权集体管理合同的效力。众佳公司称学而思公司及文著协违反了作品授权使用流程，且鲁某某已向文著协声明，若双方存在集体管理合同，自即日起终止，但众佳公司对上述主张均未提交有效证据证实。综上，众佳公司主张现代教育公司、学而思公司侵犯作者作品著作权，无事实及法律依据，法院不予支持。

【二审法院观点】鲁某某为文著协会员，现代教育公司、学而思公司为了使用涉案作品，按照著作权集体管理制度与文著协签署了相关作品使用付费协议，协议中列明了具体使用文章的名称、使用费的数额，并向文著协交纳了使用费，而后者也将该笔款项 200 元单独一笔支付给原始著作权人鲁某某，鲁某某未提出异议，也未退回。同时，根据鲁某某与文著协所签合同的约定，鲁某某系文著协会员，文著协系法律明确授权的著作权集体管理组织，其行为受著作权集体管理制度约束，考虑文著协集体管理海量数据文章的客观事实，针对涉案文章约 1000 字，现代教育公司、学而思公司基于对著作权集体管理制度的依赖向文著协支付了使用费的事实，虽然其存在先使用后付费的问题，但该行为属于双方约定的鲁某某不再提出侵权主张的范围，该瑕疵并不导致可以认定现代教育公司、学而思公司构成侵权的后果，一审认定现代教育公司、学而思公司不构成侵权并无不当。至于鲁某某与文著协在文字作品著作权集体管理合同中约定的对鲁某某加入文著协之后完成的作品文著协不具有集体管理权限的问题，属于双方之间的约定，现代教育公司、学而思公司并非明知，该约定对现代教育公司、学而思公司不具有约束力，现代教育公司、学而思公司基于对鲁某某系文著协会员及著作权集体管理制度的信赖所作出的交费行为的后果，不受鲁某某与文著协双方约定的拘束。综上，上诉人的上诉理由均不能成立。

【案例评析】著作权人和与著作权有关的权利人可以授权著作权集体管理组织行使著作权或者与著作权有关的权利，如双方签署信托性质合同的，双方构成信托关系。如果著作权人与著作权集体管理组织建立信托关系，则该著作权人对作品享有的著作权将转移给著作权集体管理组织所有，该著作权人不得再将作品著作权转让或许可给他人使用，除非该著作权人与著作权集体管理组织的信托关系解除。根据《北京市高级人民法院侵害著作权案件审理指南》第 1.11 条的规定，签订著作权集体管理合同后，对于侵害合同中约定的著作权权项的行为，著作权人不能提起诉讼，但有证据证明著作权集体管理组织怠于行使权利或者著作权集体管理合同有相反约定的除外。上述规定即体现了著作权集体管理具有的信托关系性质。本案中，鲁某某先与文著协签署了文字作品著作权集体管理合同，而后在上述合同并未解除的情况下又将其作品著作权转让给原告众佳公司，该著作权转让协议因鲁某某无权处分而无法履行，众佳公司可以解除该协议并请求鲁某某承担违约责任。根据文字作品著作权集体管理合同的约定，对于鲁某某加入文著协后创作的作品，鲁某某应在作品首次发表后 3 日内填写作品登记表，对于没有填写作品登记表的作品，经双方确认后，文著协可以对该作品按照上述约定进行集体管理。而鲁某某签名的作品登记表注明：自 1984 年发表作品，计发表散文、随笔 300 万字，很难一一列出，百度搜索即可，全国无重名现象。上述作品登记表表明，鲁某某授权文著协管理的作品既包括登记表中列明的作品（代表性作品），也包括登记表中没有列明的鲁某某创作的作品。因此就涉案文章，文著协有权进行集体管理。文字作品著作权集体管理合同同时约定，如使用者使用鲁某某作品时，尚未与文著协签订使用许可协议，但使用中或使用后与文著协签订了使用许可协议，且该协议许可了其上述使用行为，则鲁某某不再就该使用提出侵权主张。根据该约定，即使作品使用方先使用了鲁某某的作品，而后与文著协签订许可使用协议的，该行为并未侵害鲁某某作品的著作权。本案中，学而思公司与文著协签署的稿酬转付协议明细所列文章众多，有部分文章属于文著协会员所著，也有部分文章作者并非文著协会员，但文著协掌握该非会员作者的联系方式。因此，上述稿酬转付协议包含两种性质的法律关系。对会员作品，文著协有权以自己的名义向作品使用方发放使用许可、收取许可使用费并在会员中进行分配，此种情形下，文著协系基于信托关系对会员作品进行管理；对非会员作品，文著协接受作品使用方的委托寻找和联系作者并代作品使用方向作者转付稿酬。如果文著协联系到作者后，作者同意接受该稿酬，则视为该非会员作者同意授权（包括追授权）作品使用方使用其作品。如果作者不同意接受该稿酬，则视为该非会员作者不同意作品使用方使用其作品，文著协应将稿酬退还作品使用方，如作品使用方仍使用该非会员作者作品的，构成侵权行为。如果文著协亦无法联系到非会员作者，作品使用方向文著协提存作品许可使用费的，在作者后续起诉作品使用方侵权的情形中，考虑到作品使用方侵权过错程度较低，法院可酌情降低赔偿数额。本案中，鲁某某授权文著协管理其作品并与文著协签署了文字作品著作权集体管理合同，该合同合法有效。原告众佳公司并未举证证明上述合同已经解除或终止，则在合同有效期内只有文著协有权对鲁某某作品进行授权许可以及对侵权行为提起诉讼。被告现代教育公司及第三人学而思公司基于对著作权集体管理组织的信赖向该组织支付了许可使用费，鲁某某本人收取了文著协分配的许可使用费且并未提出异议，应认定被告现代教育公司及第三人学而思公司获得了使用涉案文章的许可，其行为不构成侵权。

第二章　著作权

第一节　著作权人及其权利

（一）著作权人

条文要点注释

著作权人，即著作权的权利承受者，包括原始著作权人（作者）与继受著作权人。

法律条文

> 第九条　著作权人包括：
> （一）作者；
> （二）其他依照本法享有著作权的自然人、法人或者非法人组织。

法条解读

作品的基本要求是：它应当属于人类的智力成果。创作作品的"人"不要求其有较高的智力水平或特别的天赋，任何能够完成智力创作，能够通过作品清楚表达自身思想的"人"都可以成为作者并享有著作权。各国在作者必须是自然人还是也可以是法人问题上的意见存在区别，一些国家始终反对在《伯尔尼公约》后来的文本和相关文件中增加作者身份的定义，因而在《世界知识产权组织版权条约》形成过程中的任何阶段，约文中亦未增加作者身份的定义，① 但能够创作完成作品的只能是人，而不能是其他不具有智慧的生物。这是因为，只有人才能够通过文字、绘画、音乐等形式表达自身个性化的思想。在偶然的情况下，即使动物完成了一些图形的绘制或照片的拍摄，动物也不能成为作者，上述图形或照片也不能称之为《著作权法》上的"作品"。

典型案例

案例 2 - 1　动物不属于作者，不能享有著作权——原告猿猴纳鲁托（Naruto）等与被告戴维·约翰·斯莱特（David John Slater）等侵犯版权案②

【裁判要旨】动物不是美国《版权法》所指的"作者"，根据美国《版权法》的表述和以往对该法作者身份要求的法律解释，以及美国版权局的指引意见，美国《版权法》并未赋予动物作者的地位。

【案情简介】2011 年，摄影师戴维·约翰·斯莱特（David John Slater）在印度尼西亚苏拉威西岛进行拍摄工作。在工作进行过程中，有一只黑冠猕猴纳鲁托（Naruto）对摄影器材产生了兴趣并使用摄影师的相机拍下了上百张照片，其中包括黑冠猕猴的以下自拍照，如图 2 - 1 所示。

---

① 山姆·里基森、简·金斯伯格：《国际版权与邻接权：伯尔尼公约及公约以外的新发展》，郭寿康、刘波林、万勇、高凌瀚、余俊译，中国人民大学出版社，2016，第 312 页。

② Court of appeals for the Ninth Circuit: "Naruto v. David Slater", https://www.courtlistener.com/opinion/4489119/naruto - v - david - slater/, accessed July 19, 2023.

图 2 - 1　黑冠猕猴自拍照

资料来源：人民中科研究院：《共探 AI 生成物的版权保护问题》，https：//baijiahao. baidu. com/s？id = 1741404061646354598&wfr = spider&for = pc，访问日期：2023 年 10 月 9 日。

这张猿猴的自拍照很快得到了众多网友的关注，维基百科网站也将上述自拍照收录在网站中。戴维·约翰·斯莱特要求维基百科删除该照片，但维基百科拒绝了该要求，并表示自拍照由动物拍摄，人类不享有版权。正当戴维·约翰·斯莱特与维基百科仍就此事争论的时候，一家动物伦理组织——善待动物组织（People for the Ethical Treatment of Animals）及安杰·恩格哈特（André Englert）代表猿猴纳鲁托向加利福尼亚州地方法院提起了一项诉讼，起诉戴维·约翰·斯莱特、布勒布出版公司（Blurb，Inc.）①、野生动物个性有限公司（Wildlife Personalities，Ltd.）。② 原告方声称被告违反了美

---

① 斯莱特出版的一本包含猴子自拍照的书的出版商。
② 一家英国公司，与斯莱特一起"虚假"声称猿猴自拍照的作者。

国《版权法》第 106 条和第 501 条的规定，展示、广告和销售猿猴
自拍的照片，原告方主张被告为了牟利而"谎称自己是照片的作者
并出售这些照片的复制品"，侵犯了原告的版权，并声称原告有权
获得这些利润。善待动物组织及安杰·恩格哈特请求法院允许其
"管理和保护"猿猴纳鲁托在自拍照片中的作者身份和版权。根据
法院查明的事实，猿猴纳鲁托非常聪明，拥有能抓握的手指，它经
常遇到游客和摄影师，因此习惯于看到照相机并观察人类操作照相
机。纳鲁托在 2011 年左右通过"独立、自主的行动"来检查和操
作戴维·约翰·斯莱特的"无人照管"的照相机并"有目的地多次
按下"快门，从而拍摄了其自拍照。

【法院观点】美国《版权法》既没有定义"作者作品"也没有
定义"作者"。该法有意保留"作者作品"的未定义，以提供一些
灵活性。被告辩称，美国《版权法》并未赋予猿猴纳鲁托等动物任
何权利。而原告回应称，美国《版权法》"没有定义限制"，根据美
国《版权法》的规定，任何人，包括动物，只要创作了"原创作
品"，都可以获得版权。然而，法院并不赞同原告的观点，在之前
鲸类动物作为原告提起诉讼的案件中，联邦第九巡回上诉法院在审
查地区法院准予驳回的命令时，审查了每项法令的用语，以评估其
是否证明了国会授予动物法律地位的意图，但并未找到任何授予动
物法律地位的法律依据。美国《版权法》并没有"明确地"将作者
身份或法定地位的概念延伸到动物身上。美国联邦最高法院和联邦
第九巡回上诉法院在根据该法分析作者身份时多次提到"人"或
"人类"，未提及"动物"。原告没有引用，法院也没有发现任何一
个案例将作者的定义扩大到包括动物。此外，美国版权局亦同意动
物创作的作品不受版权保护，认为"注册原创作品，前提是该作品
是由人类创作的"，美国版权局不会登记"自然、动物或植物"制
作的作品，包括"猿猴拍摄的照片"。猿猴纳鲁托不是美国《版权

法》所指的"作者"，根据美国《版权法》的表述和以往对该法作者身份要求的法律解释，以及美国版权局的指引意见，美国《版权法》并未赋予动物作者的地位，被告的驳回动议获得了法院的批准。

【案例评析】上述案例中，法院并未深入阐述动物不能成为作者的具体法学理论依据，而是指出是否能够赋予动物作者地位是国会和总统（而非法官）要考虑的问题，驳回该案的原因是在美国现行法律制度中并未找到动物可以享有作者地位的法律条文或判例。在法学理论层面，无论是大陆法系还是英美法系，均认为动物不能成为著作权法上的作者，但具体理由有所差异。在英国法律体系下，版权是一项财产权。但根据英国法律，猿猴类和其他非人类动物不能拥有财产。这可能对灵长类动物不公平，但只有自然人（或"法人"，如公司）才能拥有财产。这意味着版权所有者永远不会是猿猴。[①] 在大陆法系，一般认为创作是人类大脑特有的一种能力，著作权中非常重要的一部分是精神权利，即著作人身权，德文称之为"urheberpersönlichkeitsrecht"，即"作者人格权"。在大陆法系国家的著作权法中，著作权来源于"天赋人权"。按照哲学家康德（Kant）的说法，作品不是一种普通的商品，而是作者人格的反映。因此，作者需要保护，以免其人格受到伤害。[②] 而动物显然不具有人格尊严，从生物学角度，动物也不具有人类大脑所拥有的创作能力，因此，不能成为著作权法上的作者。那么，在上述案例中猿猴拍摄的照片，其著作权是否归摄影师戴维·约翰·斯莱特所有呢？根据法院查明的事实，纳鲁托在 2011 年左右通过"独立、自主的行动"来检查和操作戴维·约翰·斯莱特的"无人照管"的照相机并

[①] David Allen Green："Copyright：No Time To Monkey Around"，https：//www.wipo.int/wipo_magazine/en/2014/05/article_0004.html，访问日期：2022 年 8 月 25 日。

[②] 吴汉东、胡开忠、董炳和、张今：《知识产权基本问题研究》，中国人民大学出版社，2005，第 242 页。

"有目的地多次按下"快门，从而拍摄了其自拍照。也就是说，该自拍照并非摄影师有意识地进行创作，因此，上述照片的著作权也不能归摄影师戴维·约翰·斯莱特所有，因为该照片并未体现摄影师的任何思想或意志。反之，如果摄影师有意识地架设了照相机并对光圈、快门和拍摄角度、构图进行了选择，那么即使最终触动照相机快门的是动物，则摄影师也对动物拍摄的照片享有著作权，此时动物仅仅是触动快门的工具。既然动物不具有人类所拥有的智力和创作能力，不能成为著作权法上的作者。那么，具备一定创作能力和"智力"的人工智能程序形成的作品，著作权应由谁来享有？

案例 2-2　软件主创团队在数据输入、触发条件设定、模板和语料风格取舍上的安排与选择属于著作权法上的创作——原告深圳市腾讯计算机系统有限公司与被告上海盈讯科技有限公司著作权权属、侵权纠纷案①

【裁判要旨】原告主创团队在数据输入、触发条件设定、模板和语料风格的取舍上的安排与选择属于与涉案文章的特定表现形式之间具有直接联系的智力活动，属于著作权法上的创作。涉案文章的特定表现形式及其源于创作者个性化的选择与安排，并由Dreamwriter 软件在技术上"生成"的创作过程，均满足著作权法对文字作品的保护条件，涉案文章属于我国著作权法所保护的文字作品。

【案情简介】2019 年 5 月 9 日，原告关联企业腾讯科技（北京）有限公司（以下简称腾讯北京公司）就"腾讯 Dreamwriter 软件"进行了著作权登记。2019 年 5 月 13 日，腾讯北京公司向原告深圳市腾讯计算机系统有限公司（以下简称腾讯深圳公司）出具"腾讯

---

① 广东省深圳市南山区人民法院（2019）粤 0305 民初 14010 号民事判决书。

Dreamwriter 软件及智能写作系统知识产权许可书",许可原告使用上述软件,约定原告运行使用上述软件所创作作品的著作权归原告,许可期限自"腾讯 Dreamwriter 软件"开发完成之日(2015 年 8 月 20 日)至双方协商书面终止本许可。2018 年 8 月 20 日,原告在腾讯证券网首次发表标题为《午评:沪指小幅上涨 0.11% 报 2671.93 点 通信运营、石油开采等板块领涨》的文章(以下简称涉案文章),涉案文章末尾注明"本文由腾讯机器人 Dreamwriter 自动撰写"。涉案文章连标题在内共计 979 字,由九个自然段组成,第一自然段对当日上午的沪指、深成指、创业板指数及上证 50 指数的涨跌情况进行介绍,第二、三、四、五自然段分别对盘面、概念股、个股、换手率、资金流向方面的相关情况进行了介绍,第六、七、八、九自然段对人民币对美元中间价、银行业同业拆放利率、融资融券信息、沪深港通南北资金流向的相关情况进行了介绍。原告陈述涉案文章生成过程:涉案文章是由原告利用 Dreamwriter 软件在大量采集并分析股市财经类文章的文字结构,不同类型股民读者需求的基础上,根据原告独特的表达意愿形成文章结构,并利用原告收集的股市历史数据和实时收集的当日上午的股市数据,于 2018 年 8 月 20 日 11 点 32 分(股市结束的 2 分钟内)完成写作并发表。涉案文章的创作流程主要经历数据服务、触发和写作、智能校验和智能分发四个环节。首先,Dreamwriter 软件的数据服务模块会收集多个维度的数据,并通过机器学习算法对数据进行解析,分析其中有价值的数据,并结合历史统计数据等维度的内容,形成一定格式的待检测数据库。其次,Dreamwriter 软件的触发器模块中设定了规则引擎和触发条件,智能化判断待检测数据库中的内容是否满足文章生成要求。当遍历规则引擎设定的各类触发条件时,满足触发条件的便进入写作引擎模块撰写文。Dreamwriter 软件将前述数据服务模块进行审核校对,审校完成后智能分发到腾讯网等相关平台发表。上述环节中,数据类型的输入与数据格式的处理、触发条件的设定、文章框架模板的选择和语料的设定、智能校验算法模型的训练等均由主创团队相关人员选择与安排。被告主办的网站发布了涉案文章，同样标注"本文由腾讯机器人 Dreamwriter 自动撰写"。

【法院观点】涉案文章由原告主创团队人员运用 Dreamriter 软件生成，其外在表现符合文字作品的形式要求，其表现的内容体现出对当日上午相关股市信息、数据的选择、分析、判断，文章结构合理，表达逻辑清晰，具有一定的独创性。根据原告的陈述，原告组织包含编辑团队、产品团队和技术开发团队在内的主创团队，运行 Dreamwriter 软件生成包含涉案文章在内的财经新闻类文章。涉案文章的生成过程主要经历数据服务、触发和写作、智能校验和智能分发四个环节。在上述环节中，数据类型的输入与数据格式的处理、触发条件的设定、文章框架模板的选择和语料的设定、智能校验算法模型的训练等均由主创团队相关人员选择与安排。涉案文章的创作过程与普通文字作品创作过程的不同之处在于：创作者收集素材、决定表达的主题、写作的风格以及具体的语句形式的行为，也即原告主创团队为涉案文章生成作出的相关选择与安排和涉案文章的实际撰写之间存在一定时间上的间隔。涉案文章这种缺乏同步性的特点是由技术路径或原告所使用的工具本身所具备的特性所决定的。原告主创团队相关人员的上述选择与安排符合著作权法关于创作的要求，应当将其纳入涉案文章的创作过程。原告主创团队在数据输入、触发条件设定、模板和语料风格的取舍上的安排与选择属于与涉案文章的特定表现形式之间具有直接联系的智力活动。从整个生成过程来看，如果仅将 Dreamwriter 软件自动生成涉案文章的这 2 分钟时间视为创作过程，确实没有人的参与，仅仅是计算机软件运行既定的规则、算法和模板的结果，但 Dreamwriter 软件的自动运行并非无缘无故或具有自我意识，其自动运行的方式体现了原告的选择，也是由 Dreamwriter 软件这一技术本身的特性所决定。如果仅将 Dreamwriter 软件自动运行的过程视为创作过程，这在某种意义上是将计算机软件视为创作的主体，这与客观情况不符，也有失公允。因此，从涉案文章的生成过程来分析，该文章的表现形式是由原告主创团队相关人员个性化的安排与选择所决定的，其表现形式并非唯一，具有一定的独创性。

【案例评析】为什么要对作品的著作权以专有权利的方式加以保护？只有清楚回答了这一问题，才能进一步回答人工智能或者机器人"创作"的生成物是否应受著作权法保护的问题。有的学者主张，知识产权是一种自然权利，因为创作活动属于人的劳动成果，所以应当被著作权法保护。有的学者主张，著作权是体现人格的权利，是人格的外化，因此，创作者理所当然地享有权利。也有观点认为，著作权制度的主要目的是激励创作，著作权制度通过与专有权利相结合，会促使更多作品被"生产"出来，从而实现整个社会利益的最大化。无论根据劳动成果说、人格外化说还是激励创作说，著作权的权利主体都不可能是机器人或者"人工智能"软件程序，因为只有人类才能进行劳动，才具有人格，才能感受到激励。因此，如果涉案文章是由"机器人 Dreamriter 软件"通过自主思维自动生成，那么该生成物肯定不属于著作权法保护的作品，即使该生成物在外观上看起来与人类创作出来的文章没有什么不同。如果涉案文章并非由"Dreamriter 软件"通过自主思维自动生成，而是基于人事先的选择、编排和设置并根据人预先确定的规则加以抓取、演算、生成和呈现，那么该软件仅仅是人创作作品的工具。如果该选择和编排具有独创性，则由该人对计算机软件生成物享有著作权。本案一审判决显然也是遵循这样的逻辑，认定涉案文章"由包含编辑团队、产品团队、技术开发团队在内的主创团队运用软件完成"。在目前的技术条件下，完全由机器人或计算机软件通过"自主意识"

产生的生成物并不存在。现阶段所谓的"人工智能"本质上只是人的智力成果的更高级应用，是人提高劳动效率的工具，是人类创造力的延伸和进化，更接近"人工"而非"智能"。

（二）著作权人享有的著作人身权及财产权

条文要点注释

著作权人对作品享有的各项专有权利包括著作人身权和著作财产权，这是著作权制度的核心部分。著作人身权系由作者人格权所衍生。随着技术革新，著作财产权的内容不断发展，对著作权人的保护愈加充分。

法律条文

第十条　著作权包括下列人身权和财产权：

（一）发表权，即决定作品是否公之于众的权利；

（二）署名权，即表明作者身份，在作品上署名的权利；

（三）修改权，即修改或者授权他人修改作品的权利；

（四）保护作品完整权，即保护作品不受歪曲、篡改的权利；

（五）复制权，即以印刷、复印、拓印、录音、录像、翻录、翻拍、数字化等方式将作品制作一份或者多份的权利；

（六）发行权，即以出售或者赠与方式向公众提供作品的原件或者复制件的权利；

（七）出租权，即有偿许可他人临时使用视听作品、计算机软件的原件或者复制件的权利，计算机软件不是出租的主要标的的除外；

（八）展览权，即公开陈列美术作品、摄影作品的原件或者复制件的权利；

（九）表演权，即公开表演作品，以及用各种手段公开播送作品的表演的权利；

（十）放映权，即通过放映机、幻灯机等技术设备公开再现美术、摄影、视听作品等的权利；

（十一）广播权，即以有线或者无线方式公开传播或者转播作品，以及通过扩音器或者其他传送符号、声音、图像的类似工具向公众传播广播的作品的权利，但不包括本款第十二项规定的权利；

（十二）信息网络传播权，即以有线或者无线方式向公众提供，使公众可以在其选定的时间和地点获得作品的权利；

（十三）摄制权，即以摄制视听作品的方法将作品固定在载体上的权利；

（十四）改编权，即改变作品，创作出具有独创性的新作品的权利；

（十五）翻译权，即将作品从一种语言文字转换成另一种语言文字的权利；

（十六）汇编权，即将作品或者作品的片段通过选择或者编排，汇集成新作品的权利；

（十七）应当由著作权人享有的其他权利。

著作权人可以许可他人行使前款第五项至第十七项规定的权利，并依照约定或者本法有关规定获得报酬。

著作权人可以全部或者部分转让本条第一款第五项至第十七项规定的权利，并依照约定或者本法有关规定获得报酬。

关联规范

《著作权法实施条例》（国务院令第 633 号，自 2013 年 3 月 1 日起施行，节录）

第十条 著作权人许可他人将其作品摄制成电影作品和以类似摄制电影的方法创作的作品的，视为已同意对其作品进行必要的改动，但是这种改动不得歪曲篡改原作品。

《计算机软件保护条例》（国务院令第 632 号，自 2013 年 3 月 1 日起施行，节录）

第八条 软件著作权人享有下列各项权利：

（一）发表权，即决定软件是否公之于众的权利；

（二）署名权，即表明开发者身份，在软件上署名的权利；

（三）修改权，即对软件进行增补、删节，或者改变指令、语句顺序的权利；

（四）复制权，即将软件制作一份或者多份的权利；

（五）发行权，即以出售或者赠与方式向公众提供软件的原件或者复制件的权利；

（六）出租权，即有偿许可他人临时使用软件的权利，但是软件不是出租的主要标的的除外；

（七）信息网络传播权，即以有线或者无线方式向公众提供软件，使公众可以在其个人选定的时间和地点获得软件的权利；

（八）翻译权，即将原软件从一种自然语言文字转换成另一种自然语言文字的权利；

（九）应当由软件著作权人享有的其他权利。

软件著作权人可以许可他人行使其软件著作权，并有权获得报酬。

软件著作权人可以全部或者部分转让其软件著作权，并有权获得报酬。

《信息网络传播权保护条例》（国务院令第 634 号，自 2013 年 3 月 1 日起施行，节录）

第二条　权利人享有的信息网络传播权受著作权法和本条例保护。除法律、行政法规另有规定的外，任何组织或者个人将他人的作品、表演、录音录像制品通过信息网络向公众提供，应当取得权利人许可，并支付报酬。

第二十六条　本条例下列用语的含义：

信息网络传播权，是指以有线或者无线方式向公众提供作品、表演或者录音录像制品，使公众可以在其个人选定的时间和地点获得作品、表演或者录音录像制品的权利。

《最高人民法院关于审理侵害信息网络传播权民事纠纷案件适用法律若干问题的规定》（法释〔2020〕19 号，自 2021 年 1 月 1 日起施行，节录）

第二条　本规定所称信息网络，包括以计算机、电视机、固定电话机、移动电话机等电子设备为终端的计算机互联网、广播电视网、固定通信网、移动通信网等信息网络，以及向公众开放的局域网络。

第三条　网络用户、网络服务提供者未经许可，通过信息网络提供权利人享有信息网络传播权的作品、表演、录音录像制品，除法律、行政法规另有规定外，人民法院应当认定其构成侵害信息网络传播权行为。

通过上传到网络服务器、设置共享文件或者利用文件分享软件等方式，将作品、表演、录音录像制品置于信息网络中，使公众能够在个人选定的时间和地点以下载、浏览或者其他方式获得的，人民法院应当认定其实施了前款规定的提供行为。

法条解读

著作权人享有的各项权利，即著作权的具体内容，包括著作人身权和著作财产权。英美等国在"版权"体系下，立法之初坚持版权单一财产性质的传统观念，而未能顾及作者的人格利益。因此，在英美法系国家最初的版权法中未规定著作人身权。日本于 1899 年以前制定的有关著作权保护的法律也仅规定了著作权人的财产权利，而将人身权利排斥在外。①《伯尔尼公约》促进和加速了上述国家著作权法关于保护著作人身权的修订。而大陆法系国家则有所不同，大陆法系国家认为，著作人身权是作者人格权的衍生，是与生俱来、不可让渡的权利，著作权首先是一种人身权，其次才是财产权。《伯尔尼公约》第 6 条之二第 1 款规定："不受作者经济权利的影响，甚至在上述经济权利转让之后，作者仍保有要求其作品作者身份的权利，并有权反对对其作品的任何有损其声誉的歪曲、割裂或其他更改，或其他损害行为。"即作者享有两项著作人身权：一是表明作者身份的权利，二是反对对其作品歪曲、篡改的权利。《伯尔尼公约》还规定了若干著作财产权。《伯尔尼公约》第 8 条规定："受本公约保护的文学艺术作品的作者，在对原作享有权利的整个保护期内，享有翻译和授权翻译其作品的专有权利。"即作者对作品享有翻译权。《伯尔尼公约》第 9 条第 1 款规定："受本公约保护的文学艺术作品的作者，享有授权以任何方式和采取任何形式复制这些作品的专有权利。"即作者对作品享有复制权。《伯尔尼公约》第 11 条第 1 款规定："戏剧作品、音乐戏剧作品和音乐作品的作者享有下列专有权利：（1）授权公开表演和演奏其作品，包括用

---

① 吴汉东、胡开忠、董炳和、张今：《知识产权基本问题研究》，中国人民大学出版社，2005，第 240 - 241 页。

各种手段和方式公开表演和演奏；（2）授权用各种手段公开播送其作品的表演和演奏。"《伯尔尼公约》第11条之三第1款规定："文学作品的作者享有下列专有权利：（1）授权公开朗诵其作品，包括用各种手段或方式公开朗诵；（2）授权用各种手段公开播送其作品的朗诵。"即作者对作品享有表演权（朗诵是对作品表演的一种形式）。《伯尔尼公约》第11条之二第1款规定："文学艺术作品的作者享有下列专有权利：（1）授权广播其作品或以任何其他无线传送符号、声音或图像的方法向公众传播其作品；（2）授权由原广播机构以外的另一机构通过有线传播或转播的方式向公众传播广播的作品；（3）授权通过扩音器或其他任何传送符号、声音或图像的类似工具向公众传播广播的作品。"即作者对作品享有广播权。《伯尔尼公约》第12条规定："文学艺术作品的作者享有授权对其作品进行改编、音乐改编和其他变动的专有权利。"即作者对作品享有改编权。《伯尔尼公约》第14条第1款规定："文学艺术作品的作者享有下列专有权利：（1）授权将这类作品改编和复制成电影以及发行经过如此改编或复制的作品；（2）授权公开表演、演奏以及向公众有线传播经过如此改编或复制的作品。"即作者对作品享有摄制权。在《伯尔尼公约》的基础上，《世界知识产权组织版权条约》进一步增加了作者享有的权利。《世界知识产权组织版权条约》第6条第1款规定："文学和艺术作品的作者应享有授权通过销售或其他所有权转让形式向公众提供其作品原件或复制品的专有权"即作者对作品享有发行权。《世界知识产权组织版权条约》第7条第1款规定："（1）计算机程序，（2）电影作品，（3）按缔约各方国内法的规定，以录音制品体现的作品的作者，应享有授权将其作品的原件或复制品向公众进行商业性出租的专有权。"即作者对作品享有出租权。《世界知识产权组织版权条约》第8条规定："……文学和艺术作品的作者应享有专有权，以授权将其作品以有线或无线方式向公众传播，包括将其作品向公众提供，使公众中的成员在其个人选定的地点和时间可获得这些作品……"即作者对作品享有向公众传播的权利（包括信息网络传播权）。可见，作者享有的著作财产权并不是固定不变的，而是随着经济、社会、科技的发展而不断演进。有了更多样的作品使用和传播方式，才需要规定对应的作者权利。

我国《著作权法》第 10 条所列举的著作人身权和著作财产权源于上述《伯尔尼公约》和《世界知识产权组织版权条约》的规定，但也有所差别。例如，上述《伯尔尼公约》和《世界知识产权组织版权条约》未规定发表权。在将精神权利纳入公约的罗马修订会议（1928 年）上，有一项提案建议补充"决定作品是否公开的权利"。这一权利通常被称为"发表权"，提案建议规定作者享有决定其作品是否以及通过哪种形式提供给公众的专有权。但由于观点分歧（有些国家的法律明文确认这一权利，有些国家则听任法院酌情判决），在公约中补充规定这一权利的提案被搁置一边，在以后的历次修订会议上也没有再重新提出。① 《伯尔尼公约》第 14 条之三规定了"追续权"，即美术家、文学家、作曲家可以在其作品原件或原稿转让之后进行的后续每次转售中分享利益。各国可以自行决定是否在国内法中规定追续权。我国《著作权法》并未规定该权利。《伯尔尼公约》规定，如果本同盟成员国的本国法律提供更广泛的保护，本公约条款不妨碍要求适用这种规定。《伯尔尼公约》系在各国协调协商的基础上产生，规定的是"最大公约数"，即各国对作者精神权利和财产权利加以保护的最低水平，各国可以在不

---

① 克洛德·马苏耶：《保护文学和艺术作品伯尔尼公约：1971 年巴黎文本指南》，刘波林译，中国人民大学出版社，2002，第 35 - 36 页。

违反公约的基础上通过国内法给予作者更高水平的保护。

1. 发表权

根据我国《著作权法》第 10 条的规定，发表权即决定作品是否公之于众的权利。作者有权决定作品向公众公开的时间、地点和方式。公之于众，是指作者以某种形式（如出版、在网络上发布、在电台播放等）公开作品并使公众可以获得作品，但并不要求社会上的全体公众均可以知悉该作品。例如，某作者创作完成小说后通过当地县城的广播电台播出，只有该县的公众可以收听该广播，即认定该作品已经公之于众。又如，某作者创作完成小说后将小说发布于其微信公众号上，该公众号并无粉丝关注，但随时有可能有新的粉丝关注该公众号并看到该作品，也可能有人通过公众号搜索引擎检索到该作品，仍然可以认定该作品已经公之于众。但如果某作者创作完成小说后将作品交付某出版社出版，出版社将小说付印后因拖欠印厂费用导致完成印刷的小说被印厂行使留置权，从而未向市场投放，此情形下接触该小说的人员仅包括出版社及印厂工作人员，社会上的公众无从知悉该作品，则该作品并未公之于众。未经作者许可将作品公之于众，即构成对作者享有的发表权的侵害。

赋予作者发表权的意义在于，作品包含作者的思想、感情、主张，作者创作完成作品之后可能出于某种原因并不希望作品中包含的个人思想为公众所知悉。作者创作完成作品后，也可能对作品不甚满意，希望修改后再决定是否发表，此时如某人未经作者同意发表该作品，作者可能会认为该作品的发表会导致其社会评价降低。作者行使发表权只有一次，如果作者或作者授权的主体将作品公之于众，则发表权一次性用尽。此后，他人未经许可向公众传播该作品的，不构成对发表权的侵害，但可能构成对其他著作权的侵害。存在争议的是，如果作者创作完成作品后并未将作品公之于众，而他人未经作者许可将作品公之于众，作者是否因此丧失发表权？结论是否定的。即使他人未经作者许可将作品公之于众，也不意味着所有公众都接触到了该作品。例如，作者创作完成小说后，将作品初稿交给张三征求意见，张三未经许可将该小说初稿发布在自己的微信公众号上。作者依据发表权要求张三停止侵权。张三将小说初稿从其微信公众号上删除时，社会上的绝大部分公众很可能仍未接触到该作品，此时为作者保有发表权仍具有现实意义。如果后续又有他人未经作者许可将上述作品初稿公之于众，作者仍有权加以制止。《最高人民法院关于审理著作权民事纠纷案件适用法律若干问题的解释》第 9 条规定，"公之于众"，是指著作权人自行或者经著作权人许可将作品向不特定的人公开，但不以公众知晓为构成条件。可见，如果作者或其授权的人并未将作品公之于众，而他人未经作者同意将作品向公众公开的，并不属于著作权法上的"公之于众"，既然作品仍然处于并未"公之于众"的状态，那么作者仍然保有发表权。

发表权的行使与其他著作财产权的行使往往会产生冲突。针对某些冲突情形，《著作权法》已考虑并作出了相应规定。例如，《著作权法》第 20 条第 2 款规定："作者将未发表的美术、摄影作品的原件所有权转让给他人，受让人展览该原件不构成对作者发表权的侵犯。"上述规定的原因在于，在作品原件的展览权由原件受让人享有的情况下，如果作者可以依据发表权阻止原件受让人公开展览该作品原件，那么受让人所获得的原件展览权是没有实际意义的。又如，作者将未发表小说的改编权和摄制权转让于某电影公司，该电影公司将小说改编为剧本并摄制为电影，那么公开放映该电影不构成对小说作者发表权的侵犯。此种情形下，小说作者对受让人获得小说改编权及摄制权后将根据小说拍摄电影是有预期的，其仍然转让改编权和摄制权的行为应视为其以默示许可的方式允许受让人通过公开放映该电影的方式发表该电影中含有的小说独创性部分。

司法实践中亦有相关案例，请参见案例2–3。

2. 署名权

根据《著作权法》第10条的规定，署名权即表明作者身份，在作品上署名的权利。作品中包含作者的思想、感情、主张，是作者的智力成果，与作者本身存在着密不可分的联系。署名权的意义即确保作品与作者之间的紧密联系不被破坏或削弱，破坏或削弱这种联系即构成对作者署名权的侵害。作者有权行使署名权，也有权在某些作品上不行使署名权。作者有权署真名，也有权署假名、笔名、艺名。作者在某部作品上在某个时间段内并未署名，即代表该作者在该时间段内在该作品上不行使署名权，但不意味着作者放弃了署名权，作者仍有权在其他时间段行使署名权。

署名权还与合理使用的认定相关。根据《著作权法》第24条的规定，在某些情况下，可以不经著作权人许可，不向其支付报酬，但应当指明作者姓名或者名称、作品名称，并且不得影响该作品的正常使用，也不得不合理地损害著作权人的合法权益。也就是说，除特殊情况下不便于给作者署名外，指明作者姓名是认定构成合理使用的前提条件之一。

关于多人创作的合作作品应如何署名，根据《最高人民法院关于审理著作权民事纠纷案件适用法律若干问题的解释》第11条的规定，因作品署名顺序发生的纠纷，人民法院按照下列原则处理：有约定的按约定确定署名顺序；没有约定的，可以按照创作作品付出的劳动、作品排列、作者姓氏笔划等确定署名顺序。即与合作作品著作权的行使规则类似，各位合作作者应就署名顺序优先协商，如能协商一致，则按照协商结果确定署名顺序。如果无法协商一致，则由法院按照创作作品付出的劳动、作品排列、作者姓氏笔划等确定署名顺序。但如果按照作品付出的劳动顺序、作品排列顺序、作者姓氏笔划顺序分别进行排列，署名顺序是不同的，法院应如何处理？笔者认为，上述司法解释规定的"创作作品付出的劳动、作品排列、作者姓氏笔划"隐含了先后适用顺序，即应优先考虑按照作品付出的劳动大小确定署名顺序，对创作作品付出的劳动较多的应排序在前，这符合作品署名的一般习惯性做法；如果法院无法确定各合作作者对创作作品付出的劳动大小，则按照作品排列顺序确定署名顺序；如果作品系不可分割合作作品，无法确定各合作作者创作作品付出的劳动大小，也无法确定作品排列顺序的，则应按照作者姓氏笔划顺序确定署名顺序。司法实践中亦有相关案例，参见案例2-4、2-5。

3. 修改权

根据《著作权法》第10条的规定，修改权即修改或者授权他人修改作品的权利。对修改权是否有必要设立，在理论层面存在一定的争议。《著作权法》设定某一项专有权利的目的是使作者有权阻止他人未经作者同意即行使该权利。如果我们假设修改权与保护作品完整权属于两种完全独立的专有权利，并不属于一种专有权利的正反两面，那么在《著作权法》已经规定保护作品完整权的情况下，设立修改权的意义仅剩下阻止他人未经作者同意即修改作品，此种修改还未达到歪曲、篡改该作品的程度。也就是说，此种情形下对作品的修改仅仅为一般文字性的修改，并未改变作者的原意或思想。例如，出版社编辑人员对作品进行文字方面的调整，去除病句、错别字，删除语义重复的部分，此种修改具有积极意义，不宜认定为侵权行为。《著作权法》第36条第2款亦规定，报社、期刊社可以对作品作文字性修改、删节，但对内容的修改，应当经作者许可。也就是说，报社、期刊社如果对作品作文字性修改、删节无须获得作者许可，也不属于侵犯作者修改权的行为。此外，如果对作品进行文字性修改，以及对作品进行歪曲、篡改，均构成侵犯作者享有的著作人身权，那么又何必分别规定修改权和保护作品完整权？将两项权利合二为一，统一为修改权，使作者有权阻止他人未经作者同意即对作品进行任何修改，岂不是更简洁方便？而如果修改权与保护作品完整权属于一种专有权利的正反两面，那么单独规定修改权缺乏必要性，因为其他著作人身权均未从正反两面分别设定权利。综上，笔者认为，《著作权法》设立修改权缺乏必要性，在司法实践中，权利人在主张被告侵犯其修改权时，往往同时主张被告侵犯其保护作品完整权。在未认定被告侵犯保护作品完整权的情况下，法院单独认定被告侵犯作品修改权是比较少见的。

从域外立法角度看，一些国家的著作权法中规定了"修改权"，但该权利实际上是"回收作品权"。例如，法国《知识产权法典》第 L. 121 - 4 条规定：尽管使用权已经转让，甚至该转让作品已经出版，作者对受让人仍享有追悔或收回的权利。作者必须在事先赔偿因追悔或收回给受让人造成的损失后，才能行使该权利。[①] 上述规定使作者有权在一定条件下收回其作品并对作品进行修改后再许可他人使用或出版。如果他人阻止作者收回其作品，则构成对"回收作品权"的侵害。因此，也有观点认为，我国《著作权法》上的修改权即类似于上述回收作品权，他人无正当理由阻止作者修改作品，才是侵犯修改权的表现。[②] 但我国《著作权法》及《著作权法实施条例》对此均未明确规定，实践中亦未出现此方面案例。

4. 保护作品完整权

根据《著作权法》第 10 条的规定，保护作品完整权即保护作品不受歪曲、篡改的权利。在理论和实践中存在争议的是如何认定"歪曲、篡改"，即保护作品完整权的权利边界究竟在哪里？就上述

---

①　《十二国著作权法》翻译组：《十二国著作权法》，清华大学出版社，2011，第67页。

②　陈锦川：《著作权审判：原理解读与实务指导》，法律出版社，2014，第140页。

问题存在以下三种观点：第一，只要未经作者许可对作品进行了修改，即构成侵犯保护作品完整权，保护作品完整权与修改权属于同一种专有权利的正反两面。第二，未经作者许可对作品的修改必须构成对作品内容实质性的修改，即构成对作者思想、观点、主张的改动，可能使公众对该作品是否来源于该作者产生怀疑。第三，未经作者许可对作品的修改不仅构成了对作者思想、观点、主张的改动，还构成对作者名誉的损害。如果对作品的修改并未造成作者社会评价降低，则不构成歪曲、篡改。上述第一种观点并不妥当，因为"歪曲、篡改"与对作品的一般性改动并不相同，显然具有程度上的明确要求。考虑到作品传播和利用作品方式的日益多样化，如果将保护作品完整权的控制范围放宽到对作品的任何修改，那么对作品的传播和利用显然会造成不利影响。例如，经过作者授权，某公司获得了该作者文字作品的信息网络传播权，但考虑到公众号发布文章的字数限制，该公司发布该文字作品时在未改变文字作品中作者思想、观点、主张的前提下对作品进行了删减，此种情形下显然不宜认定为侵犯保护作品完整权。上述第三种观点的依据即《伯尔尼公约》第 6 条之二第 1 款的规定：不受作者经济权利的影响，甚至在上述经济权利转让之后，作者仍有权反对对其作品的任何有损其声誉的歪曲、割裂或其他更改。但我国《著作权法》第 10 条关于保护作品完整权的定义中并未含有"有损作者声誉"的条件。且《伯尔尼公约》只是规定了各成员国著作权保护的最低标准，而不是最高标准，各成员国有权在其国内法中提供更高水平的保护。因此，第二种观点较为可取，即未经作者许可对作品的修改构成对作品内容实质性的修改（改变作者思想、观点、主张），可能使公众对该作品是否来源于该作者产生怀疑，即使这种改动未使作者的名誉受损（甚至可能使作者的社会评价更高），也构成对保护作品完整权的侵害。司法实践中亦有相关案例，请参见案例 2－6、2－7。

5. 复制权

根据《著作权法》第 10 条的规定，复制权即以印刷、复印、拓印、录音、录像、翻录、翻拍、数字化等方式将作品制作一份或者多份的权利。复制权是著作财产权中最核心、最精髓的一项权利。在著作权法律制度诞生之初，著作权人享有的权利主要就是对作品的复制权。"copyright"直译就是"复制作品的权利"。

"等方式"属于开放式表述，意味着以任何方式（包括已知的方式，以及未来可能出现的方式）将作品制作一份或多份的行为，均属于复制权的控制范围。但需要注意的是，对作品的表演不属于复制行为，因为表演行为本身并未形成作品的复制件。只有将作品固定在有形物质载体之上，该物质载体成为作品的复制件，才构成对作品的复制。对作品的复制不要求与作品一模一样、无任何差异，也不要求必须复制作品的全部，只要复制件保留了作品的实质性部分和基本表达，没有形成新的作品，那么这种行为就属于复制。将平面的美术作品、建筑作品制作立体的复制件①，或者将立体的美术作品（如雕塑）、建筑作品制作平面的复制件，均属于复制行为。转换作品的载体，但未改变作品的实质性部分和基本表达的，也构成复制行为，例如，将录音形式的口述作品转换为文字记录的口述作品。复制权是作者享有的著作财产权中的基本权利，翻译权、摄制权（以摄制电影的方法进行复制的权利）本质上均源于复制权。司法实践中亦有相关案例，请参见案例 2-8、2-9。

6. 发行权

根据《著作权法》第 10 条的规定，发行权即以出售或者赠与

---

① 例如，前述案例 1-8 原告魏某某与被告上海申浩工艺品有限公司、北京兴鑫京艺文化中心、北京市长安戏迷情音像服务中心等著作权权属、侵权纠纷案［北京市东城区人民法院（2013）东民初字第 05850 号民事判决书］中，被告将原告创作的平面卡通京剧人物复制为立体的京剧人物磁性贴。

方式向公众提供作品的原件或者复制件的权利。《伯尔尼公约》中并未对发行权加以规定，但很多国家的法律中都规定了著作权人享有该专有权利。"向公众提供作品的原件或者复制件"的表述说明，发行权是从复制权中派生出来的一项权利。发行权规制的是未经著作权人许可即以出售或者赠与方式向公众提供作品的原件或者复制件的行为，如未经作者许可销售盗版图书。未向公众（非公开性）提供作品的原件或者复制件，不构成对发行权的侵害。例如，未经作者许可将其论文复制件发放给特定范围内的专家进行评审，不构成发行行为，未侵害其发行权。"提供作品的原件或者复制件"说明发行行为的结果是作品原件或者复制件物质载体的所有权发生了转移。转移了作品原件或复制件的占有，但没有发生其物质载体所有权转移的行为，属于租赁权的控制范畴。公众获得了作品，但并未获得作品的原件或者复制件物质载体的所有权，属于表演权、展览权、广播权、信息网络传播权的控制范畴。"以出售或者赠与"的表述说明，公众获得作品是有偿还是无偿在所不论。

如果正版图书的购买者将该图书再次出售，或赠送给其朋友，是否仍需要获得著作权人的许可？赋予著作权人专有权利的目的是保障著作权人可以通过授权他人行使该专有权利的方式获得相应的收益。但对专有权利的控制范围应当加以限制，在著作权人获得合理收益、公众以可负担的成本获得作品之间取得平衡。同时，如果发行权可以控制作品原件或者复制件的每一次流通，则交易成本也会不可避免地不断上升，妨碍商品的自由流通。基于上述考虑，一些国家在著作权法中规定了"发行权一次用尽原则"，即作品原件或者复制件经著作权人许可首次发行之后，著作权人就不能再控制该作品原件或复制件的后续发行行为。也即，对作品原件或者复制件，在著作权人行使一次发行权后该权利即宣告用尽，上述作品原件或者复制件在后续流通和交易时无须再获得著作权人的许可。基于"发行权一次用尽原则",正版图书的购买者将该图书再次出售,或赠送给其朋友,无须征得著作权人同意。但侵权作品不在此限,如作品复制件未经著作权人授权,则无论对该侵权作品复制件的首次发行,还是对该侵权作品复制件的后续发行,著作权人均有权阻止。我国《著作权法》并未明确规定"发行权一次用尽原则",但该原则在司法实践中被广泛认可和适用。《北京市高级人民法院侵害著作权案件审理指南》第5.3条规定:"作品原件和经授权合法制作的作品复制件经著作权人许可,首次以销售或者赠与方式转让所有权后,他人对该特定原件或者复制件再次发行的,不构成侵害发行权。"司法实践中亦有相关案例,请参见案例2-10。

7. 出租权

根据《著作权法》第10条的规定,出租权即有偿许可他人临时使用视听作品、计算机软件的原件或者复制件的权利,计算机软件不是出租的主要标的的除外。《伯尔尼公约》对出租权并无规定。《世界知识产权组织版权条约》第7条第1款和第2款规定了出租权的定义:(1)计算机程序,电影作品和按缔约各方国内法的规定,以录音制品体现的作品的作者,应享有授权将其作品的原件或复制品向公众进行商业性出租的专有权。(2)本条第1款不得适用于:程序本身并非出租主要对象的计算机程序;电影作品,除非此种商业性出租已导致对此种作品的广泛复制,从而严重地损害了复制专有权。出租权与发行权的区别在于:行使发行权的结果是作品原件或者复制件物质载体的所有权发生了转移,而行使出租权的结果是作品原件或者复制件物质载体的所有权并不发生转移,仅临时发生占有的转移。此外,发行行为可以是有偿的,也可以是无偿的,但出租权所控制的出租行为必须是有偿的。也就是说,根据"以受控行为定义专有权利"的基本原理,无偿许可他人临时使用视听作品、计算机软件的原件或者复制件,不构成对作品出租权的侵犯,著作权人无权控制，例如，将试听作品光盘无偿出借给朋友观看。出租权与广播权、信息网络传播权、展览权的区别在于：后者并未向公众提供作品的原件或者复制件，即没有发生原件或者复制件物质载体占有的转移。无论作品复制件是否系经著作权人授权合法制作，也无论他人是否通过著作权人授权的发行行为获得了作品复制件物质载体的所有权，著作权人均有权阻止他人未经授权对作品复制件的出租行为。根据《著作权法》第 59 条的规定，如果视听作品、计算机软件、录音录像制品的复制品的出租者能够证明其出租的复制品有合法来源的，不承担法律责任。此处的"不承担法律责任"应当是指出租者不承担损害赔偿责任，其仍然应当承担停止出租行为的法律责任，具体原因与上述发行权类似问题的分析相同，此处不再赘述。另外，此处"出租的复制品有合法来源"不应简单理解为"复制品有合法来源"，而应当理解为"复制品有合法来源且出租权授权有合法来源"。也就是说，即使出租者出租的复制品系经著作权人授权合法制作，其也通过著作权人授权的发行行为获得了作品复制件物质载体的所有权，但其并未举证证明获得了作品出租权的授权，则此时也不视为其"出租的复制品有合法来源"。只有出租者举证证明其复制品有合法来源，且其出租行为在形式上也获得了所谓"著作权人"的授权，其主观上对该复制品为侵权复制品既不明知也不应知，其主观上对所谓"著作权人"并无权利授权其出租该复制品亦既不明知也不应知，此时出租者才不承担损害赔偿责任。出租权仅针对视听作品、计算机软件设立，著作权人对其他类型的作品并不享有出租权。因此，著作权人对文字作品并不享有出租权，即著作权人无权控制文字作品复制件（如图书、期刊）的出租行为。出租权定义中对作品类型加以限定，可能源于对社会公共利益的维护。人类科学和文化知识的记载及传承主要依靠文字作品的传播。同时，租赁图书、期刊的群体，一般为学生或社会中的中低收入群体，为了确保该群体能够以可负担的成本获得文字作品中所蕴含的各类知识，有必要对著作权人的权利加以适当限制。而视听作品的使用和传播大多出于娱乐目的，计算机软件的使用和传播大多出于商业目的，规定著作权人对上述两类作品享有出租权是合理且必要的。但在信息网络高速发展的今天，对视听作品和计算机软件的传播已经完全脱离软盘、光盘、U 盘等物质载体，所以在司法实践中此类侵害作品出租权纠纷案件已经非常少见。

8. 展览权

根据《著作权法》第 10 条的规定，展览权即公开陈列美术作品、摄影作品的原件或者复制件的权利。根据上述定义，仅美术作品、摄影作品的著作权人享有展览权。口述作品、视听作品、计算机软件不适宜以展览的方式向公众传播。文字作品、音乐作品的手稿虽可通过展览的方式向公众传播，但文字作品的著作权人主要通过授权复制、发行、信息网络传播等方式获得收益，音乐作品的著作权人主要通过授权表演等方式获得收益。对文字作品、音乐作品手稿的展览一般不会影响其著作权人的利益，观众在展览中欣赏文字作品、音乐作品手稿并不会替代其购买图书、音乐光盘。

根据《著作权法》第 20 条的规定，美术、摄影作品原件的展览权由原件所有人享有。该规定是在美术、摄影作品原件物权与著作权发生冲突时，所进行的协调和平衡。如果美术、摄影作品原件的展览权仍归属作者所有，那么该美术、摄影作品原件的购买者在行使该原件物权时就必然受到限制，例如，未经作者许可不得向公众展示该作品原件。而对美术、摄影作品原件的拍卖必然涉及对该作品原件的公开陈列。司法实践中亦有相关案例，请参见案例 2 – 11。

9. 表演权

根据《著作权法》第 10 条的规定，表演权即公开表演作品，以及用各种手段公开播送作品的表演的权利。表演权控制两类行为：

一是公开表演作品的行为；二是用各种手段公开播送作品的表演的行为。以非公开方式表演作品的，例如，自己在家中演唱音乐作品或者课堂上老师教授学员练习舞蹈作品，不属于表演权的控制范畴。上述规定来源于《伯尔尼公约》第 11 条（戏剧作品、音乐戏剧作品和音乐作品作者的公开表演权）及第 11 条之三（文学作品的公开朗诵权）。我国《著作权法》第 10 条并未限定表演权针对的作品类型，但口述作品、美术作品、建筑作品、摄影作品、视听作品、图形作品、模型作品、计算机软件显然不具有被表演的可行性。①"公开表演作品的行为"是指由人类所进行的现场表演，例如，由演员或歌唱家进行现场表演。"用各种手段公开播送作品的表演的行为"是指机械表演，即使用某种设备现场公开播放作品的表演，例如，在酒吧中使用音响设备播放某歌唱家演唱的音乐作品。我国《著作权法》除表演权外，还规定了广播权和信息网络传播权，因此，以有线或无线方式、以交互或非交互方式远程传播（非现场传播）作品的表演，应当属于广播权和信息网络传播权控制范畴。另外，我国《著作权法》还规定了放映权，即通过放映机、幻灯机等技术设备公开再现美术、摄影、视听作品等的权利。因此，使用某种设备现场公开播放视听作品不属于表演权的控制范畴。

根据《著作权法》第 24 条的规定，免费表演已经发表的作品，该表演未向公众收取费用，也未向表演者支付报酬，且不以营利为目的，构成合理使用，可以不经著作权人许可，不向其支付报酬，但应当指明作者姓名或者名称、作品名称。

根据《著作权法》第 38 条的规定，使用他人作品演出（向公众收取费用或向表演者支付报酬），表演者应当取得著作权人许可，

---

① 模仿视听作品进行表演实际上是对视听作品中的剧本进行表演。口述作品本身就是以口头语言形式表现，如果将口述作品以文字形式记录下来，则属于文字作品。

并向著作权人支付报酬。演出组织者组织演出，由该组织者取得著作权人许可，并向著作权人支付报酬。

关于表演权，司法实践中亦有相关案例，请参见案例 2 - 12、2 - 13。

10. 放映权

根据我国《著作权法》第 10 条的规定，放映权即通过放映机、幻灯机等技术设备公开再现美术、摄影、视听作品等的权利。放映行为与表演权中的机械表演行为（使用某种设备现场公开播放作品的表演）具有相似性，但播放的对象不同。放映行为播放的对象是美术作品、摄影作品、视听作品，上述作品本身就是以视觉形式呈现，公众可以直接欣赏，无须对作品进行表演。而机械表演行为播放的对象是文字作品、音乐作品、戏剧作品、曲艺作品、舞蹈作品、杂技艺术作品的表演。放映权控制的主要是通过放映设备公开播放视听作品的行为，例如，餐厅通过电视、投影仪设备为用餐的顾客播放电影、电视剧，企业在礼堂中为职工播放电影。有关放映权，司法实践中亦有相关案例，请参见案例 2 - 14、2 - 15。

11. 广播权

根据我国《著作权法》第 10 条的规定，广播权即以有线或者无线方式公开传播或者转播作品，以及通过扩音器或者其他传送符号、声音、图像的类似工具向公众传播广播的作品的权利，但不包括信息网络传播权。上述对广播权的定义与 2010 年修正的《著作权法》有所不同。根据 2010 年修正的《著作权法》第 10 条的规定，广播权即以无线方式公开广播或者传播作品，以有线传播或者转播的方式向公众传播广播的作品，以及通过扩音器或者其他传送符号、声音、图像的类似工具向公众传播广播的作品的权利。广播权规制的主要是三类行为：（1）通过广播信号向公众传播作品的行为；（2）对广播信号进行转播的行为；（3）通过扩音器、电视机等设备向现场的公众传播上述广播的作品的行为。根据 2010 年修正的《著作权法》关于广播权的定义，上述第一类通过广播信号向公众传播作品的行为必须是以无线方式进行广播，而不包括以有线方式进行广播的行为。上述规定来源于《伯尔尼公约》第 11 条之二第 1 款"播放权"的定义，即文学艺术作品的作者享有下列专有权利：（1）授权广播其作品或以任何其他无线传送符号、声音或图像的方法向公众传播其作品；（2）授权由原广播机构以外的另一机构通过有线传播或转播的方式向公众传播广播的作品；（3）授权通过扩音器或其他任何传送符号、声音或图像的类似工具向公众传播广播的作品。《伯尔尼公约》的上述规定中的"广播"或"转播"涉及通过电磁波发送信号，并包括所有类似的发送方法，要点是发射天线和接收天线之间没有中间体接入。但如果使用非电磁波方式（典型的例子是电缆）传输，就属于公开有线传播，这是由《伯尔尼公约》第 11 条之二第 1 款第 2 项解决的问题。[1] 因此，如果有一家电视台不是以无线方式广播作品，而是直接通过有线电缆方式广播作品，那么该行为无法落入 2010 年修正的《著作权法》第 10 条"广播权"的控制范围。原因是上述行为既不属于通过无线方式传播作品，也不属于在接收到无线电广播信号后再通过有线或无线方式进行转播。在互联网直播兴起后，直接通过有线互联网以直播方式向公众传播作品的情况越来越多，对上述行为既不能依据 2010 年修正的《著作权法》第 10 条规定的广播权加以规制，也不能依据信息网络传播权加以规制。[2]《北京市高级人民法院侵害著作权案件审理指南》第 5.10 条规定："广播权控制的行为包括：（1）以无线方式

---

[1]　克洛德·马苏耶：《保护文学和艺术作品伯尔尼公约：1971 年巴黎文本指南》，刘波林译，中国人民大学出版社，2002，第 55 页。

[2]　因网络直播行为不具备交互性。

传播作品的行为；（2）以无线或者有线转播的方式传播广播的作品的行为；（3）通过扩音器等类似工具向公众传播广播的作品的行为。以有线方式直接传播作品，不属于广播权控制的行为，可以适用著作权法其他规定予以调整。"该审理指南即依据2010年修正的《著作权法》制定。因此，在现行《著作权法》颁布前，通过网络直播方式直接传播作品产生的纠纷，法院一般援引2010年修正的《著作权法》第10条第1款第17项"应当由著作权人享有的其他权利"加以规制。现行《著作权法》修改过程中考虑到了审判实践中存在的实际问题，对"广播权"的定义进行了相应调整，修改后广播权规制的第一类行为"通过广播信号向公众传播作品的行为"不再限于无线方式，而是包括了"有线或者无线方式"。如此修改后，广播权所控制的范围大幅度扩大，可以囊括所有非交互式的非现场远程传播行为。

关于广播权，司法实践中亦有相关案例，请参见案例2–16、2–17。

12. 信息网络传播权

根据《著作权法》第10条的规定，信息网络传播权即以有线或者无线方式向公众提供，使公众可以在其选定的时间和地点获得作品的权利。其中，"信息网络"包括以计算机、电视机、固定电话机、移动电话机等电子设备为终端的计算机互联网、广播电视网、固定通信网、移动通信网等信息网络，以及向公众开放的局域网。以计算机互联网为代表的信息网络能够得到快速普及和应用，主要是源于以下特点：一是通过信息网络能够不受物理空间限制进行信息交换；二是通过信息网络进行信息交换具有实时性；三是通过信息网络进行信息交换几乎不需要成本；四是信息网络的使用者众多，能够连接信息网络的设备是海量的；五是通过信息网络可以传播各类多媒体信息，包括文字、图片、音频、视频等。在信息网络被发明之前，人们获得作品的方式总是被动的，即只能在作品提供者选定的时间和地点欣赏作品。例如，某画家在中国美术馆举办画展，观众只能在展览开放的时间段内前往美术馆观看画作。又如，广播电视台预告其将在本周五晚上八点播放电影《战争与和平》，那么观众只能在本周五晚上八点守在电视机旁等待电影开始播放。而计算机互联网普及和应用之后，作品可以实现"交互式传播"，即公众成了具有主动权的一方。将作品上传至网络服务器后，只要该服务器处于联网状态且作品未被删除，公众即可在其自身选定的时间和地点使用计算机设备连接信息网络，点击该作品进行在线欣赏或下载。通过信息网络传播作品，对作者的影响是巨大的。通过信息网络传播视听作品，一定程度上可以代替电影院线放映视听作品以及代替广播电视台广播视听作品。通过信息网络传播音乐作品，也可以代替音乐光盘、磁带的销售。1996 年 12 月 20 日，在日内瓦通过的《世界知识产权组织版权条约》第 8 条首次规定了作者享有"向公众传播的权利"，该条规定的后半部分"将其作品向公众提供，使公众中的成员在其个人选定的地点和时间可获得这些作品"即我国《著作权法》所规定的信息网络传播权的渊源。

信息网络传播行为应当是提供作品的行为，即通过上传到网络服务器、设置共享文件或者利用文件分享软件等方式，将作品置于信息网络中，使公众能够在个人选定的时间和地点以下载、浏览或者其他方式获得作品的行为。"公众能够在个人选定的时间和地点获得作品"是指公众获得作品的可能性，并不要求实际有公众通过信息网络获得过作品。也就是说，只要未经著作权人许可将作品置于信息网络中，使公众具备了在个人选定的时间和地点获得作品的可能性，即构成对信息网络传播权的侵犯。公众未实际在线欣赏或下载该作品的，不影响侵权的定性，但会影响损害赔偿的计算。

公众可以在其选定的时间和地点获得作品，是指公众获得作品具有交互性，并不要求公众可以在任何时间、任何地点获得作品。例如，某作品被置入中国的信息网络，并加入了互联网协议（Internet Protocol，IP）地址访问限制，中国以外地区的公众均无法在线欣赏或下载该作品。又如，某作品被置入网络服务器后，该网络服务器仅定时开放，公众只能在每日上午8点至下午4点在线欣赏或下载该作品。公众虽然无法在其选定的任何时间、任何地点获得作品，但上述行为均落入信息网络传播权的规制范围。

侵害作品信息网络传播权的行为包括直接侵权行为和间接侵权行为。直接侵害作品信息网络传播权的行为，即未经著作权人许可通过上传到网络服务器、设置共享文件或者利用文件分享软件等方式，将作品置于信息网络中，使公众能够在个人选定的时间和地点以下载、浏览或者其他方式获得该作品的行为。直接侵权行为可由一个侵权主体单独实施，也可以由多个侵权主体以分工合作的方式共同实施。多个侵权主体以分工合作的方式共同实施直接侵权行为的，应当具有共同提供作品的主观意思联络。间接侵害作品信息网络传播权的行为，即对他人实施直接侵害作品信息网络传播权予以教唆、帮助的行为。间接侵权行为应以直接侵权行为成立为前提。网络服务提供者实施教唆、帮助行为应承担侵权责任的，主观上应当具有"明知"或者"应知"的主观过错。"明知"指实际知道侵权行为存在；"应知"指因存在着明显侵权行为的事实，应当意识到侵权行为的存在。"避风港规则"和"红旗标准"可以用于判断网络服务提供者是否具有"明知"或者"应知"的主观过错。

关于信息网络传播权，司法实践中有不少案例，请参见案例 2-18~2-23。

13. 摄制权

根据《著作权法》第10条的规定，摄制权即以摄制视听作品的方法将作品固定在载体上的权利。摄制权本质上源于复制权，摄制行为即以摄制电影的方法将文字作品、戏剧作品或者文字作品、戏剧作品经过改编后的作品（剧本）复制于视听作品之中。《伯尔尼公约》第14条第1款规定："文学艺术作品的作者享有下列专有权利：（1）授权将这类作品改编和复制成电影以及发行经过如此改编或复制的作品；（2）授权公开表演、演奏以及向公众有线传播经过如此改编或复制的作品。"我国《著作权法》中的摄制权即源于上述《伯尔尼公约》的规定。视听作品的制作一般包括：将小说、戏剧改编为可供电影拍摄的剧本，在导演的执导下，演员按照剧本进行表演，摄像师拍摄若干素材，导演和剪辑师对拍摄的素材进行取舍、排列和衔接，后期制作人员根据需要加入配乐和特效，最终形成完整的视听作品。以摄制视听作品的方法将作品固定在载体上，仅是上述视听作品制作过程中的部分环节。因此，如果某公司希望将某小说拍摄为视听作品并进行传播，那么仅仅获得摄制权的许可是不够的，还需要一并获得改编权的许可。有关摄制权，司法实践中亦有相关案例，请参见案例2-24。

14. 改编权

根据《著作权法》第10条的规定，改编权即改变作品，创作出具有独创性的新作品的权利。改编权来源于《伯尔尼公约》第12条："文学艺术作品的作者享有授权对其作品进行改编、音乐改编和其他变动的专有权利。"有些国家在立法中将翻译权和改编权归为一项权利，统称为"改编权"。我国则将翻译权和改编权分列。改编权控制的范围非常广泛，包括所有对作品的改变，只要这种改变形成了具有独创性的新作品，例如，将小说改编为戏剧。即使不改变作品的类型，仍然可以构成改编，例如，将短篇小说改编为长篇小说。作者不仅对他创作的原作享有著作权权利，而且对其原作的所有改编物也享有著作权权利，原因是改编物中包含原作的独创性部分。未经原作作者许可，原作的所有改编物不能被公开使用和传播。

如果没有具有独创性的新作品产生，那么就谈不上对作品的改编，所形成的只能是作品的复制件。例如，将某画作加入到小说中作为配图，该行为并没有新的文字作品或美术作品产生，因此，该行为并不属于对小说或画作的改编。又如，前述案例1-3原告杜某某与被告北京三联韬奋书店有限公司、西泠印社出版社有限公司著作权权属、侵权纠纷案，原告拍摄唐卡的目标并非进行新作品的创作，而是要尽可能原汁原味、不差分毫地记录和还原唐卡画作，该行为并未导致具有独创性的新作品产生，拍摄的照片中也并不包含原告的任何独创性表达，因此，该拍摄行为不属于对唐卡画作的改编。

如果并未使用原作的独创性表达，仅使用了原作的思想，则创作出的新作品不属于对原作的改编作品，原作的作者也无权阻止该新作品的公开使用和传播。

关于改编权，司法实践中亦有相关案例，请参见案例2-25。

15. 翻译权

根据《著作权法》第10条的规定，翻译权即将作品从一种语言文字转换成另一种语言文字的权利。翻译权来源于《伯尔尼公约》第8条："受本公约保护的文学艺术作品的作者，在对原作享有权利的整个保护期内，享有翻译和授权翻译其作品的专有权利。"翻译作品属于独立于原作的新作品，因其中包含有译者的独创性表达，不属于对原作的复制。翻译讲求"信""达""雅"。"信"指翻译后形成的表达，其含义不能与原作相悖，即译文要准确、全面；"达"指译文通达、顺畅，便于理解，不能晦涩难懂；"雅"则指翻译时选用的词语要雅致、得体，保持原作的艺术性和感染力。基于上述要求，翻译的过程属于二次创作，翻译不是逐字逐句地简单替换，而是在分析原作作者思想和创作意图的基础上，结合译者自身的理解对原作采用不同的语言进行演绎。由此可见，对原作进行翻译仍有较大的创作空间，不同的人对同一部作品进行翻译，可以形成各自独立的翻译作品。因翻译作品中包含原作的独创性表达，所以使用翻译作品进行出版，应当取得该翻译作品著作权人和原作品著作权人的双重许可。司法实践中亦有相关案例，请参见案例 2－26。

16. 汇编权

根据《著作权法》第 10 条的规定，汇编权即将作品或者作品的片段通过选择或者编排，汇集成新作品的权利。从各国著作权立法来看，很少有国家在著作财产权部分规定作者享有"汇编权"。大部分国家只规定了"汇编作品"的著作权，而未规定作者享有"汇编权"。汇编若干作品、作品的片段或者不构成作品的数据或者其他材料，对其内容的选择或者编排体现独创性的作品，为汇编作品，其著作权由汇编人享有。对汇编作品的著作权归属和行使进行规定，是因为此类作品的独创性体现在对其内容的选择或者编排方面，与一般作品有所区别。而单独规定作者享有汇编权，似乎并无必要。将作品或者作品的片段通过选择或者编排汇集起来，无论汇集的成果是否形成了新作品，该汇集行为均属于复制的一种形式，可以由复制权加以规制。有观点认为，我国《著作权法》第 10 条规定的汇编权系源于《伯尔尼公约》第 2 条之二的规定，即"（1）政治演说和诉讼过程中发表的言论是否全部或部分地排除于上条提供的保护之外，属于本同盟各成员国国内立法的范围。（2）公开发表的讲课、演说或其他同类性质的作品，如为新闻报道的目的有此需要，在什么条件下可由报刊登载，进行广播或向公众传播，以及以第十一条之二第一款的方式公开传播，也属于本同盟各成员国国内立法的范围。（3）然而，作者享有将上两款提到的作品汇编的专有权利。"但上述规定并未赋予作者一种广泛的"汇编权"，只是在特殊情形下对作品复制权进行限制的基础上另行作出了例外规定。即各成员国可以对公开发表的讲课、演说或其他同类性质的作品的著作权进行限制，该类作品可由报刊登载（复制）而无须获得其作者的许可，但如将某人公开发表的讲课、演说或其他同类性质的作品汇集成册（复制），则应当经该人许可。因此，上述《伯尔尼公约》的规定，不能视为我国《著作权法》规定"汇编权"的依据和来源。另外，根据我国《著作权法》第 10 条关于汇编权的定义，他人未经作者许可将其作品进行汇集，如果汇集的成果具有独创性，形成了新作品，则作者应当主张汇编权受到侵害；如果汇集的成果不具有独创性，未形成新作品，则作者应当主张复制权受到侵害。也就是说，无论汇集的成果是否具有独创性，是否形成了新作品，他人未经作者许可将其作品进行汇集的行为均构成对作者著作权的侵害，其应承担的侵权责任也不会有所分别。因此，进行上述区分似乎并无实际意义。对于作者而言，如果发现他人未经许可将其作品进行汇集，考虑到汇集的结果是否具有独创性存在不确定性，稳妥起见可以同时主张复制权和汇编权受到侵害。

17. 应当由著作权人享有的其他权利

此为著作权人享有著作人身权和财产权的"兜底"条款。根据《北京市高级人民法院侵害著作权案件审理指南》第 5.18 条的规定，"适用著作权法第十条第一款第十七项规定的'由著作权人享有的其他权利'时，一般考虑如下因素：（1）是否可以将被诉侵权行为纳入著作权法第十条第一款第一项至第十六项的保护范围；（2）对被诉侵权行为若不予制止，是否会影响著作权法已有权利的正常行使；（3）对被诉侵权行为若予以制止，是否会导致创作者、传播者和社会公众之间的重大利益失衡。"例如，在现行《著作权法》颁布前，通过网络直播方式直接传播作品产生的纠纷，法院一般援引 2010 年修正的《著作权法》第 10 条第 1 款第 17 项"应当由著作权人享有的其他权利"加以规制。法院考虑的因素主要包括：（1）通过网络直播方式直接传播作品的行为，无法纳入 2010 年修正的《著作权法》第 10 条第 1 款第 1～16 项的保护范围；（2）如果对网络直播方式直接传播作品的行为不予制止，则会出现大量通过网络直播方式直接传播作品的行为，那么著作权人享有的信息网络传播权的商业价值将大幅度降低；（3）如果对网络直播方式直接传播作品的行为予以制止，并不会导致创作者、传播者和社会公众之间的重大利益失衡，制止该行为有利于保护作者创作作品的积极性，传播者可参照信息网络传播权授权许可费用标准购买通过网络直播方式直接传播作品的许可，社会公众仍然可以通过该方式获得作品。

虽然作者享有的著作财产权随着经济、社会、科技的发展不断演进，但法院适用兜底条款设定新的著作权权利应当特别慎重，需要经过全面考量。不能过于强调保护作者权利而忽视公众利益。如果我们在心中默诵他人享有著作权的诗歌，该诗歌的著作权人是否可以援引上述兜底条款，主张其对人们以心中默诵方式使用该作品的行为享有专有权利？答案显然是否定的。该行为虽然无法纳入2010 年修正的《著作权法》第 10 条第 1 款第 1 ~ 16 项的保护范围，但对该行为进行规制并无必要。一方面，人们在心中默诵他人作品的行为，作者难以发现和取证。对该行为予以容忍，也不会影响作者其他著作权权利的行使和收益。另一方面，在心中默诵他人作品属于思想范畴，限制人们在心中默诵他人作品将危及思想自由。

典型案例

案例 2 – 3　书信承载的内容构成著作权法上的文字作品，写信人对该作品享有著作权——原告杨某某与被告中贸圣佳国际拍卖有限公司、李某某侵害著作权及隐私权纠纷案①

【裁判要旨】书信为写信人独立创作的表达个人感情、观点或叙述个人生活及工作事务方面的内容，是以文字、符号等形式表达的智力成果，构成我国著作权法保护的作品。拍卖活动的主办者将书信手稿披露、展示或提供，系对相关书信著作权中的发表权、复

---

① 北京市高级人民法院（2014）高民终字第 1152 号民事判决书。

制权、发行权、信息网络传播权及获得报酬权的侵害。

【案情简介】钱某某（已故）与原告杨某某系夫妻，两人育有一女钱某（已故）。杨某某及其配偶钱某某、其女钱某与被告李某某系朋友关系，三人曾先后向李某某寄送私人书信共计百余封。杨某某主张：中贸圣佳国际拍卖有限公司（以下简称中贸圣佳公司）作为拍卖人、李某某作为委托人，举办了"也是集——钱某某书信手稿"公开拍卖活动及相关公开预展、公开研讨等活动，并通过刻制拍品电子版照片光盘及以互联网等方式公开传播杨某某、钱某某、钱某私人书信的行为构成对权利人著作权和隐私权的侵害。中贸圣佳公司成立于1995年，是综合性拍卖公司。2013年5月，中贸圣佳公司网站首页刊登了2013春季拍卖会公告，公告显示其将于6月21日拍卖"也是集——钱某某书信手稿"，预展时间为6月18日至6月20日，拍品主要包括钱某某、杨某某、钱某书信及手稿等共计110件作品。同一时期，中贸圣佳公司网站中还登载了多篇媒体报道，其中介绍了"也是集——钱某某书信手稿"公开拍卖活动、相关专家参与的鉴定活动等以及拍品中部分书信手稿的细节内容，并介绍称钱某某手稿如此大规模公之于世尚属首次。此后，杨某某向法院提出诉前申请，请求责令中贸圣佳公司及李某某立即停止侵害著作权的行为。法院于2013年6月3日作出裁定：中贸圣佳公司在拍卖、预展及宣传等活动中不得以公开发表、展览、复制、发行、信息网络传播等方式实施侵害涉案书信手稿著作权的行为。被告李某某庭审中表示其将包含涉案书信手稿在内的多份藏品转让，但未对买受人进行保密或收藏方面的提示和说明。

【一审法院观点】书信为写信人独立创作的表达个人感情、观点或叙述个人生活及工作事务方面的内容，是以文字、符号等形式表达的文学、艺术和科学领域内的智力成果，符合作品独创性要求，构成我国著作权法保护的作品。

钱某某去世后，杨某某有权依法继承钱某某著作权中的财产权，依法保护其著作权中的署名权、修改权和保护作品完整权，依法行使其著作权中的发表权。关于公开研讨活动及以互联网方式公开传播书信手稿一节，中贸圣佳公司作为涉案拍卖活动的主办者，已通过召开研讨会等方式将钱某某、杨某某及钱某的书信手稿向相关专家、媒体记者等披露、展示或提供，且未对相关专家、媒体记者不得以公开发表、复制、传播书信手稿等方式侵害他人合法权益予以提示，反而在网站中大量转载，其行为系对相关书信著作权中的发表权、复制权、发行权、信息网络传播权及获得报酬的权利的侵害，依法应当承担停止侵权、赔偿损失的法律责任。同时，中贸圣佳公司未经许可，擅自向鉴定专家、媒体记者等展示，提供并放任相关人员在互联网上传播涉案私人书信及相关隐私，还对相关信息进行了大范围集中转载和传播，构成对相关权利人隐私权的侵害。被告李某某擅自以转让或其他方式使得涉案书信手稿对外流转，且未对受让人及经手人等作出保密要求和提示，导致后续涉案侵权行为发生，亦构成对杨某某涉案隐私权的侵害。

【二审法院观点】中贸圣佳公司作为拍卖人未能举证证明其履行了《拍卖法》规定的与委托人签订委托拍卖合同、查验委托人提供的身份证明、要求委托人提供与著作权、隐私权相关的其他资料等法定义务，主观上存在过错，对因拍卖涉案标的侵害他人著作权、隐私权的行为应承担相应的侵权责任。中贸圣佳公司认可其曾复制含有涉案书信的光盘，并提供给鉴定专家，故中贸圣佳公司实施了复制、发行涉案书信的行为。而且，中贸圣佳公司并未与专家就不得对外公开、提供或通过信息网络传播涉案书信等事项进行约定，也未对专家就此作出明示，导致涉案书信在提供给专家后实际处于一种可能被公之于众的状态。同时，中贸圣佳公司在诉讼中表示不排除包括专家在内的案外人向媒体公开、提供涉案书信。因此，中贸圣佳公司的上述行为与涉案书信未经权利人同意而发表，进而导致杨某某等隐私权遭受侵害之后果间存在因果关系。此外,中贸圣佳公司在其网站上大量转载媒体文章的行为还构成通过信息网络传播涉案书信。因此,原审法院有关中贸圣佳公司侵犯杨某某等人对涉案书信享有的复制权、发行权、信息网络传播权、获得报酬权以及杨某某等人隐私权的认定结论正确。

【案例评析】根据《著作权法实施条例》第17条的规定,作者生前未发表的作品,如果作者未明确表示不发表,作者死亡后50年内,其发表权可由继承人或者受遗赠人行使;没有继承人又无人受遗赠的,由作品原件的所有人行使。本案中涉及的作品是钱某某、杨某某及其女儿钱某的私人书信。私人书信符合作品的构成要件,具有独创性,构成著作权法上的文字作品。涉案私人书信在本次拍卖活动前从未公之于众,因此,书信作者或作者的继承人有权阻止他人未经授权将作品公开。根据《著作权法》第20条第2款的规定,作者将未发表的美术、摄影作品的原件所有权转让给他人,受让人展览该原件不构成对作者发表权的侵犯。但本案不能适用上述规定。究其原因:第一,私人书信一般为文字作品,书信的作用主要为传情达意,非用于展览,而上述规定针对的是美术和摄影作品。钱某某本人为学者、作家,其书信不排除可以作为美术作品欣赏,但阅读其书信的人往往更关注的还是书信的内容。第二,上述法律规定针对的情形是美术、摄影作品的原件所有权转让,这是一种具有商业性质的行为,需要从商业角度平衡作者以及作品原件受让人的利益。但本案中,涉案私人书信虽然在所有权角度已经归属于收信人李某某所有,但其获得书信所有权的方式并非通过商业性质的转让,更接近于赠与。拍卖的委托方虽然可能系通过商业性质转让获得了书信的所有权,但该商业性质转让的出让人李某某并非作者,其无权处分该私人书信中所包含的人身权利,因此,不能适用上述法律规定。

另外，本案中被告既侵犯了原告的著作权，又侵害了原告的隐私权，是否构成民事责任竞合？民事责任竞合是指一项民事违法行为同时符合两种或两种以上的民事责任的构成要件，依法仅追究其中一种民事责任的法律现象，主要为侵权责任、合同责任、不当得利之债责任和无因管理之债责任之间的竞合。追究竞合的民事责任之一后，其他形式的责任归于消灭。例如，某学生在校外培训机构学习期间，因该培训机构设施存在安全隐患摔倒并导致腿部受伤，此时该学生可以基于教育服务合同主张培训机构承担违约责任，也可以主张培训机构承担侵害身体权、健康权的侵权责任。一旦培训机构承担了违约责任，则侵权责任消灭，该学生不得双重受偿。民事责任竞合的特征在于行为人仅造成同一损害后果，如上述例子中，该学生所承受的只有腿部受伤这一损害后果。而本案中，被告虽然只实施了一个违法行为，即未经原告许可将涉案私人书信公开，但同时造成了两个损害后果：一是从著作权角度，未经著作权人同意将其作品公之于众，而著作权人本不希望该作品中包含的思想、感情、主张为公众所知悉，上述行为违背了著作权人的意愿；二是从隐私权角度，未经权利人同意公开其隐私，使权利人遭受精神上的痛苦，甚至可能造成权利人社会评价降低。上述两个损害后果是分别存在的，因此，本案并不构成著作权侵权责任和隐私权侵权责任的竞合。

案例 2 - 4 署名的方式应当起到表明作者身份的作用，否则构成对署名权的侵犯——原告贾某某与被告中国科学文化音像出版社有限公司、佛山人民广播电台、谢某某著作权权属、侵权纠纷案①

【裁判要旨】为实现署名权，必须以读者、听众等能够知悉的适当方式提及创作者，以让公众知晓作品的创作者，署名的方式也

_____

① 北京知识产权法院（2015）京知民终字第 122 号民事判决书。

应当能够起到表明作者身份的作用。涉案《听世界春秋》节目播放了长达两年多的时间，而仅在最后一期末尾提及了原作品的作者，该行为并不足以让相关社会公众将广播的作品与原告间建立起相应联系，该种署名方式亦不能起到表明作者身份的作用。

【案情简介】原告贾某某系《贾某某说春秋之一齐楚崛起》《贾某某说春秋之二秦晋恩怨》《贾某某说春秋之三晋楚争雄》《贾某某说春秋之四天下大乱》《贾某某说春秋之五吴越兴亡》《贾某某说春秋之六圣贤本色》文字作品的作者。2009 年 7 月至 2011 年 1 月，广西师范大学出版社出版发行了上述文字作品。2012 年 7 月 15 日，佛山珠江传媒公司（甲方）与中国科学文化音像出版社有限公司（乙方）（以下简称科学文化音像出版社）签订出版协议，该协议约定，甲方授予乙方在中国大陆地区以 DVD 形式出版作品《听世界春秋》的专有使用权，期限为 1 年。佛山人民广播电台（以下简称佛山电台）系佛山珠江传媒公司下属单位。后科学文化音像出版社出版发行光盘《听世界春秋》，光盘外包装标注佛山电台出品，演播谢某某，外包装上关于该光盘的简介载明："佛山电台的著名主持人谢某某历时两年半，不分昼夜，艰苦创作，结合不同的史料，用庄谐并重的演绎方式，一人分饰多角，把春秋的历史说得生动有趣，入木三分。尤其是结合了现代的管理方式和世界政治形势，以古鉴今，让人听起来如同在听身边发生的故事，欲罢不能。该故事被热心听友上传至电驴等网站后，引起网友追捧，好评不断，访问率突破百万人次，居前不下。"佛山电台于 2008 年 6 月至 2010 年 7 月在 FM 94.6 及 FM 92.4 两个频道播出过《听世界春秋》，每天播放一集。为证明其没有剽窃贾某某作品的故意，佛山电台提交了谢某某的微博打印件及佛山电台广播节目的录音音频。微博打印件显示，名为"谢某某微博"的微博账号于 2011 年 4 月 28 日发布微博称："今明两天是听世界春秋的最后两集了……要特别感谢贾某某老师的大作……"2012 年 7 月 7 日发布微博称:"听世界终于出了 DVD,历史的声音被凝刻下来,与众多朋友分享中华文明的厚重,这也是媒体人的一份责任了。本应免费共享于同好,无奈过去两年网上盗版窃售越来越多,要切断,只能由我们推出正版以供典藏,收取为数不多的基本运营费用,无所谓盈利,只为求得创作的尊严。再次衷心鸣谢原著作者@贾某某先生!""强烈建议朋友们首先购买正版贾某某先生的原著〈说春秋〉系列!",2012 年 7 月 8 日,有网友对该条微博评论说:"和贾某某啥关系?我们就看好谢某某!",该微博账号回复网友称:"可不好这么说,没有贾先生的鸿篇大作为基础,听世界春秋这广播节目就失去主心骨,再好的血肉也塑不出完整的外形了!请向贾某某先生致敬,谢谢!"录音音频显示谢某某在《听世界春秋》最后一期节目中称:"春秋的故事说完了,在这里,要特别感谢说春秋系列故事的作者,贾某某先生。"佛山电台及谢某某均认可,这是仅有的一次在《听世界春秋》节目中提及贾某某的名字。法院组织双方对被控侵权光盘所收录的内容与权利图书进行比对,《听世界春秋》共有 464 个音频文件,其中有 462 个文件内容与《贾某某说春秋》内容对应,整体结构相同。《听世界春秋》约有 122.4 万字与《贾某某说春秋》内容表达相同,约占《贾某某说春秋》全部内容的 89% ,《听世界春秋》全部内容的 74% 。

【一审法院观点】《听世界春秋》的主要内容来源于《贾某某说春秋》。且《听世界春秋》在使用原作《贾某某说春秋》的主要内容时,在保留原作基本表达的情况下,对原作的表现形式进行了改变,将原作的书面语言转换成适于演播的口头语言表达形式,并进行了再度创作,具有一定的独创性,构成对《贾某某说春秋》的改编,而该改编行为未取得原著作权人贾某某的授权,故该行为构成对贾某某改编权的侵犯。佛山电台还将未经许可改编后的《听世界春秋》公开向公众广播传播,亦构成对贾某某广播权的侵犯。在

《听世界春秋》两年多的播出时间里，一直未在节目中提及贾某某，仅有最后一期节目曾表明贾某某的原作作者身份，该种方式显然不足以使听众知晓《听世界春秋》来源于贾某某创作的《贾某某说春秋》，反而会使听众误认为《听世界春秋》系谢某某原创，故佛山电台的该种行为亦构成对贾某某署名权的侵犯。

【二审法院观点】任何对他人作品的使用都应为作者署名，表明作者的身份，这是著作权法的基本要求与应有之义。在法定许可情况下使用他人作品也应尊重作者的此项权利。《著作权法》① 第22条关于教科书法定许可的规定亦要求教科书的编纂者必须充分尊重作者的精神权利，指明作者的姓名。此规定的精神同样适用于播放已发表作品的法定许可。因此，即便《著作权法》第43条第2款没有明确规定要给作者署名，但法定许可本身蕴含了署名的要求，署名是构成法定许可的要件之一。为实现署名权，必须以读者、听众等能够知悉的适当方式提及创作者，以让公众知晓作品的创作者，署名的方式也应当能够起到表明作者身份的作用。在广播《听世界春秋》节目的过程中及之后，佛山电台三处提及了贾某某的姓名，其中两处是在演播者的微博上，另一处是在最后一期节目中。在演播者微博上提及作者姓名仅是一种在微博平台上发生的行为，与广播作品无关，而且两次行为或者发生在播放的最后一天，或者发生在已播放完成后，该行为起不到表明作者身份的作用。《听世界春秋》节目播放了长达两年多的时间，仅在最后一期末尾提及了原作品的作者，仅这一次行为并不足以让相关社会公众将广播的作品与贾某某间建立起相应联系，该种署名方式亦不能起到表明作者身份的作用，故佛山电台所称的三处表明作者姓名的行为均不能视为表明了作者的身份，佛山电台播放《听世界春秋》节目未给贾某某署名。

---

① 根据本案发生时间，本案适用2010年修正的《著作权法》。

【案例评析】无论是法定许可,还是合理使用,使用作品均应当为作者署名,否则即构成侵犯作者著作权的行为,因使用场景特殊不便于为作者署名的情形除外。除了作者放弃行使署名权的情形外,为作者署名的方式、位置、持续时间应适当,即应始终使获得作品的公众清晰感知作品和作者之间的对应关系。本案中,虽然广播《听世界春秋》节目的演播者在其微博上,以及最后一期节目中提及了原告的姓名,但上述署名方式并不适当,收听该广播节目的大部分听众很可能并未注意到上述微博内容,或未全程收听该广播节目,于是收听该广播节目的大部分听众很可能无法知晓该广播节目系基于原告的文字作品改编而成,因此,被告的行为仍然构成对原告署名权的侵害。

为作者署名的方式、位置、持续时间是否适当应综合判断,只要能够使获得作品的公众清晰感知作品和作者之间的对应关系,且署名方式、位置、持续时间符合惯例,就不侵害作者的署名权。例如,在某电视台播出的跨年晚会上,主持人仅口头播报了某音乐作品的作者姓名,但在音乐作品被表演的过程中电视台未全程以文字方式为音乐作品作者署名,可能有少部分观众是在主持人口头播报后才开始观看该节目,于是并不知晓音乐作品作者。此种情况下不能认定上述行为构成侵犯作者的署名权,因为在晚会演出活动中以主持人口头播报方式为作者署名符合惯例,如果持续在视频画面中加入作者姓名,可能影响观众观看效果。署名方式是否适当,与是否在作品的载体上署名也没有直接关系。例如,某画廊展出一幅油画,在油画画布上并未为作者署名,但在油画下方的简介中指出了作者姓名,这种署名方式能够使欣赏作品的公众清晰感知作品和作者之间的对应关系,这是适当的。相反,某画廊在油画画布的背面为作者署名,欣赏该油画的公众一般情况下均不会翻转画布,因此,这种署名方式不能够使欣赏作品的公众清晰感知作品和作者之间的对应关系，故构成对作者署名权的侵害。

案例2-5　考试中心在组织高考试卷出题过程中演绎使用他人作品的行为，属于为执行公务在合理范围内使用已发表作品的范畴——原告何某与被告教育部考试中心侵犯著作权纠纷案①

【裁判要旨】教育部考试中心（以下简称考试中心）在组织高考试卷出题过程中演绎使用原告作品的行为，无论从考试中心高考出题的行为性质来讲，还是从高考出题使用作品的目的以及范围考虑，都应属于为执行公务在合理范围内使用已发表作品的范畴。《著作权法》虽然规定了合理使用的限制条件，但其应为一般的原则性规定，实践中在某些情况下，基于条件限制、现实需要或者行业惯例，亦容许特殊情况下的例外存在。

【案情简介】2005年3月5日，何某的漫画作品《摔跤之后》刊登在《讽刺与幽默》报第617期上。漫画的主要内容为：一个拄拐杖的老头踩了块西瓜皮摔倒了，两女一男分别举着"补脑""补钙""补血"的牌子围上来，说："大爷，您该补补啦！"2005年，何某对该漫画进行了某些细部的修改，改名《摔了一跤》，发表在《漫画大王》杂志上，并获得2005年"漫王杯"幽默漫画大赛优秀奖。2007年高考全国卷Ⅰ高考语文试题（河南、陕西等）第七大题是一篇看图作文，漫画题目为《摔了一跤》，主要内容为：一个小孩踩了块西瓜皮摔倒了，两女一男分别举着"家庭""学校""社会"的牌子围上来，说："出事了吧！"将该漫画与何某的漫画进行比对，两者在漫画故事构思上相同，都是有人踩西瓜皮摔倒，两女一男分别从各自所举文字的角度表示关切，三人头顶有共同的文字，代表不同的身份进行推销或评说；在画面的整体布局，包括三个举牌者、老头或小孩的画面布局上基本相同，人物的形态、体态、神

---

① 北京市海淀区人民法院（2007）海民初字第26273号民事判决书。

情相似；在某些细节，如摔倒的地方都用四条横线、四条竖线表示，摔倒的人都用右手搔头表示不解等方面，存在相似之处。但两者在所要讽刺或者揭露的社会现象即漫画的寓意上明显不同。原告主张，被告修改并利用原告的漫画作品，没有征得原告同意，也没有署名和支付报酬，侵犯了其署名权、修改权。

【法院观点】比较原告和被告的漫画，两者在构图、故事设计、人物形态等方面存在较大的相似性，可见一种紧密联系、发展演变的过程，考试中心亦认可曾事先接触原告的漫画，但同时，两幅漫画在某个具体人物选择、所配文字，特别是漫画的寓意上则有非常大的不同。涉案两幅漫画在寓意上的巨大差异使两幅作品具有极大的区别，而这种区别已经超出修改的范畴，进入了能够产生新作品的演绎的领域。考试中心在高考作文中使用的漫画，是以何某漫画的主要特征为基础，增加新的创作要素和构思创作完成的，已经形成相对独立于原作的新作品，属于由何某漫画演绎而来的新作品。考试中心虽不是国家机关，但其组织高考出题的行为属于执行国家公务行为。考试中心在组织高考试卷出题过程中演绎使用原告作品的行为，无论从考试中心高考出题的行为性质来讲，还是从高考出题使用作品的目的以及范围考虑，都应属于为执行公务在合理范围内使用已发表作品的范畴，应适用《著作权法》[①] 第 22 条第 1 款第 7 项有关的规定，可以不经许可，不支付报酬。《著作权法》虽然规定了合理使用的限制条件，但其应为一般的原则性规定，实践中在某些情况下，基于条件限制、现实需要或者行业惯例，亦容许特殊情况下的例外存在。考试中心在高考作文中未将相关漫画予以署名即属于特殊的例外情况。考试中心对使用的漫画不署名的做法有其合理性，理由如下：（1）高考过程中，考试时间对于考生而言是非

---

① 根据本案发生时间，本案适用 2001 年修正的《著作权法》。

常紧张和宝贵的，考生的注意力亦极为有限，如果对试题的来源均进行署名会增加考生的信息阅读量，浪费考生的宝贵时间，影响考试的严肃性、规范性和精准性。（2）看图作文的漫画署名给考生提供的是无用信息，出题者出于避免考生浪费不必要的时间注意无用信息等考虑，采取不署名的方式亦是适当的。（3）在国内及国外的相关语言考试中，看图作文使用的漫画亦有不标明作者姓名的情况。另外，就本案而言，考试中心使用的并非何某的原漫画，而是寓意已有极大不同、凝聚了新创意的新漫画作品，该漫画作品的著作权属于改编人所有，故即使署名也不能署原告何某的姓名。故考试中心未在高考作文中使用的漫画上为原告署名，不构成侵权。

【案例评析】根据《著作权法》，在合理使用的情形下，使用作品可以不经著作权人许可，不向其支付报酬，但应当指明作者姓名或者名称、作品名称。《著作权法实施条例》第19条规定："使用他人作品的，应当指明作者姓名、作品名称；但是，当事人另有约定或者由于作品使用方式的特性无法指明的除外。"根据上述规定，如果由于作品使用方式的特性无法指明作者姓名，但符合合理使用的其他要件，则在未给作者署名的情况下仍然构成合理使用，未侵害作者的署名权。关键点在于如何认定"由于作品使用方式的特性无法指明作者姓名"，可能的情形包括：第一，使用作品方式的特性难以实现署名。例如，新闻播报时再现或引用已经发表的作品，考虑到新闻播报要求短小、精炼，播音员在口头播报时难以为作者署名。如某电视台新闻节目中介绍新上映的几部电影并在播报同时播放电影的部分片段，播音员在播报时难以完整指明该电影的多个制片方名称，但该情形仍然构成合理使用视听作品。第二，使用作品方式的特性可以实现署名，但署名没有必要性，或署名可能有其他负面影响。例如，某地公安机关在商场门口竖立一海报，内容是提醒公众看管好财物，防止被盗，在海报中使用了黑猫警长卡通形象。当然，在海报中可以找到位置为黑猫警长美术作品的作者署名，但此种情形属于国家机关为执行公务在合理范围内使用已经发表的作品，公安机关使用美术作品的目的是吸引公众的注意力，提高警示效果，避免公众财产损失，不是让公众欣赏该美术作品，即使用作品的目的发生了转换。既然公众观看该海报的目的并非欣赏该美术作品，那么在此种情形下为作者署名缺乏必要性。如果为作者署名，反而容易分散公众的注意力，影响警示海报的宣传效果。在上述案例中亦是相同原理，如果在高考试卷中为作品署名，则可能使考生分散注意力，浪费不必要的时间。

案例 2 – 6　他人增加的内容与原著所持观点不完全一致的，构成对原著作者修改权和保护作品完整权的侵犯——原告杨某与被告新闻出版总署信息中心侵犯著作人身权纠纷案①

【裁判要旨】被告不仅在内容上截取了原告作品的部分内容，在文字表达上进行了删减和顺序调整，而且在原告文章之外加入了其他内容，该增加之内容与选自原告作品的部分合为一篇文章呈现给读者，而增加的内容与原告作品所持观点并不完全一致，客观上造成了对原告作品的修改以及对完整性的破坏，构成对原告修改权和保护作品完整权的侵犯。

【案情简介】原告杨某从事网络写作，网络作品署名为"东方飞龙"或"飞龙马甲"。2004 年，原告在搜狐网搜狐社区煮酒论史栏目中以"东方飞龙"的名义发表《如梦如幻的大宋王朝》一文。2006 年，原告在和讯博客以"飞龙马甲"的名义发表《我们应该为宋朝而骄傲》和《国外学者眼中伟大的宋朝》两篇文章。《资治文摘》杂志社系被告下设部门，不具有法人资格。2007 年第 12 期《资治文摘》杂志在第 18～20 页刊登了《宋朝：和平崛起的伟大尝

---

① 北京市东城区人民法院（2008）东民初字第 05021 号民事判决书。

试》一文，署名"史海"。该文包括前言以及"崇文抑武，杯酒释兵权""走卒类士服，农夫蹑丝履""比汉唐京邑，民庶十倍""开发江南，居功至伟""军事成为最弱的'短板'""宋朝和平崛起对我们的启示"六个部分，其中"走卒类士服，农夫蹑丝履""比汉唐京邑，民庶十倍""开发江南，居功至伟"三部分内容节选自原告作品《如梦如幻的大宋王朝》，在"比汉唐京邑，民庶十倍"章节中，第三自然段的内容系编辑添加，不是原告作品内容。同期杂志第 21～22 页刊登《宋朝：软实力崛起的典范》一文，署名"青云"。该文节选自原告作品《如梦如幻的大宋王朝》中"宋朝的军事武功"章节内容。2006 年原告就"宋朝的军事武功"单独在和讯博客以"飞龙马甲"的名义发表，题为《我们应该为宋朝而骄傲》。同期杂志第 28 页刊登了《国外学者眼中的宋朝》一文，仅注明"本刊选摘"，未署作者姓名。该文与原告同名作品内容一致。《资治文摘》杂志在刊登上述文章时，均由编辑对文章内容以及文字顺序进行了删节和调整。原告主张 2007 年第 12 期《资治文摘》杂志上刊登的上述三篇文章，涉及侵权字数为 7000 字，被告对此予以认可。原告在知晓《资治文摘》杂志刊登其文章后，经与《资治文摘》杂志社联系，该社于 2008 年 3 月 28 日向原告寄送稿费 350 元。后经原告要求，《资治文摘》杂志社在 2008 年第 5 期杂志末页刊登"声明"，内容明确转载的三篇涉案文章作者系原告。

【法院观点】本案涉及的题为《如梦如幻的大宋王朝》《我们应该为宋朝而骄傲》《国外学者眼中伟大的宋朝》三篇文章，系原告创作完成，并在网络环境中以"东方飞龙"或"飞龙马甲"的名义将其公之于众。被告对此亦不持异议。法院确认原告对上述作品享有著作权，包括署名权、修改权、保护作品完整权以及许可他人使用其作品并收取报酬的权利等。《资治文摘》杂志社未经原告许可，使用了原告享有著作权的上述作品。在使用过程中，《资治文摘》

杂志社未署原告姓名，而以史学类作品常用笔名替代，侵犯了原告的署名权。关于《宋朝：和平崛起的伟大尝试》一文，《资治文摘》杂志社编辑不仅在内容上截取了原告作品的部分内容，在文字表达上进行了删减和顺序调整，而且在原告文章之外，加入了前言以及"崇文抑武，杯酒释兵权""军事成为最弱的'短板'""宋朝和平崛起对我们的启示"等内容，该增加之内容与选自原告作品的部分合为一篇文章呈现给读者，而增加的内容与原告作品所持观点并不完全一致，客观上造成了对原告作品的修改以及对完整性的破坏，构成对原告享有的修改权和保护作品完整权的侵害。依此，被告作为《资治文摘》杂志社的法人单位，应该承担澄清事实、公开致歉以及赔偿损失的侵权责任。

【案例评析】未经作者许可对作品的修改构成对作品内容实质性的修改（改变作者思想、观点、主张），可能使公众对该作品是否来源于该作者产生怀疑，即构成对作者保护作品完整权的侵害。对作品内容的实质性修改不仅包括内容删减，也包括内容添加。如果添加的内容与作者在该作品中所表达的思想、观点、主张存在矛盾，或者添加的内容所表达的思想、观点、主张属于作者未曾通过该作品表达的思想、观点、主张，那么上述行为均属于对保护作品完整权的侵害。在本案中，《资治文摘》杂志社在原告文章之外，加入了其他内容，该增加的内容与选自原告作品的部分合为一篇文章呈现给读者，增加的内容与原告作品所持观点并不完全一致，因此，破坏了原告作品的完整性。如果公众先阅读到了原告的作品，之后又阅读到《资治文摘》杂志社发布的文章，其可能对《资治文摘》杂志社添加的内容是否源于原告产生怀疑。被告的上述行为显然缺乏对原告及其作品中所包含创作个性的尊重。

案例 2 - 7　消费者选择在正规交易场所购买装饰画，且能提供相应的合法来源，已尽到审慎的注意义务——原告孙某姿等与被告北京国际饭店著作权权属纠纷、侵权纠纷案①

【裁判要旨】对装饰画是否经过授权，不应对消费者赋予过高的注意义务，如果在正规交易市场购买则不应对是否侵犯知识产权进行特别审查，如果让合法购买者就其行为承担侵权责任则有失公允。

【案情简介】孙某某系我国著名北派山水画家，国画大师，中央文史研究馆馆员，于 2010 年 9 月 26 日去世。其妻卢某某于 2000 年去世，孙某姿等系其子女。2006 年 1 月，天津杨柳青画社出版美术作品集《孙某某中国画作品选》（以下简称《作品选》），该《作品选》收录了涉案的 7 幅美术作品，分别为第 7 页的《宋人雪霁图》，第 10 页的《仿唐六如树荫联吟图》，第 12 页的《清风动高泉》，第 17 页的《家在凤山龙水间》，第 23 页的《平畴远岫》，第 30 页的《水由天边来》，第 29 页的《山静日长》，孙某某系上述作品的作者。2011 年 7 月 6 日公证显示，被告将涉案的 12 幅侵权作品悬挂于其会议中心的一层、二层男卫生间内，其中，《宋人雪霁图》1 幅，《仿唐六如树荫联吟图》2 幅，《清风动高泉》2 幅，《家在凤山龙水间》1 幅，《平畴远岫》2 幅，《水由天边来》2 幅，《山静日长》2 幅。庭审过程中，被告提交涉案侵权作品实物 7 幅，其中《仿唐六如树荫联吟图》2 幅，《水由天边来》2 幅，其余作品各 1 幅，被告未提交《宋人雪霁图》和《家在凤山龙水间》的作品实物。经比对侵权实物、侵权公证照片与《作品选》，结果显示涉案 12 幅侵权作品均系复制涉案的 7 幅美术作品，但存在裁剪，颜色改动，比例变动，删除落款、署名、印章的情况。原告认为被告未经允许擅自对孙某某的作品进行复制并使用，且被告将侵权复制品悬挂于男

---

① 北京市东城区人民法院（2011）东民初字第 10369 号民事判决书。

卫生间内，对孙某某的作品构成了莫大的侮辱，该行为侵犯了孙某某及四位原告的署名权、修改权、保护作品完整权、复制权、展览权、获得报酬权。诉讼中，被告已将涉案侵权作品全部撤下，并为给原告造成的精神上的不愉快表示歉意。

【法院观点】在当前装饰画市场的经营环境下，对装饰画是否经过授权，不应对消费者赋予过高的注意义务，如果在正规交易市场购买则不应对是否侵犯知识产权进行特别审查，如果让合法购买者就其行为承担侵权责任则有失公允。对市场上存在侵权复制品的法律责任，应由该侵权复制品的制造商、销售商承担，交易场所的管理者如果未严格管理也应承担相应的侵权责任。本案被告系从事餐饮、客房、会议服务等业务的经营者，其在购买装饰画时的注意义务和判断能力与普通消费者无异。其选择在正规交易场所购买装饰画，且能提供相应的合法来源，已尽到审慎的注意义务。综上，被告的行为不构成对原告署名权、修改权、保护作品完整权、复制权、展览权、获得报酬权的侵犯。虽然被告使用涉案侵权作品主观上没有侵权故意，也并非侵权行为的实施者，不应对侵权结果的发生承担法律责任，但出于对著作权人的尊重，其在收到权利人通知后理应停止使用。

【案例评析】本案中，侵权装饰画并非被告复制、发行，对原告画作的裁剪，颜色改动，比例变动，删除落款、署名、印章亦非被告实施。被告系从正规渠道购买了该装饰画并能够提供相应的合法来源证据。被告虽然未经许可展览了该侵权装饰画，但对该装饰画系侵权复制品不具有明知或应知的主观过错，因此，不应承担损害赔偿责任。但通过本案审理，被告已经知晓该装饰画系侵权复制品，如果被告继续展览该装饰画，则具有明知或应知的主观过错，此时其应当停止该展览行为。存在争议的是，被告将孙某某画作的复制品悬挂于卫生间内，是否构成对作者保护作品完整权的侵害。

有观点认为，即使未对作品本身作任何改动，但使用方式有损作者的名誉、声望的，亦属于对作者人格的侵害，可以通过保护作品完整权予以规制。① 但如前所述，《著作权法》第 10 条关于保护作品完整权的定义中并未含有"有损作者声誉"的条件，因此，对作品的使用方式即使有损作者的名誉、声望的，也不应依据保护作品完整权加以规制。另外，作品本身所表达的思想、观点、主张并不会因该作品展示于何处而有所变化，"歪曲、篡改"的对象是作品的实质内容，而非作品的使用方式，因此，作品的展示方式及位置并不会对作品的完整性造成影响。

案例 2-8　他人所绘画作没有增加再创作的内容，其绘制行为属于对原著的再现，构成对原著作者复制权的侵犯——原告华某敏、陆某某与被告梁某某著作权权属、侵权纠纷案②

【裁判要旨】被告所绘《红楼梦金陵十二金钗》虽在《兰闺雅集图》的基础上稍加改动，但没有增加再创作的内容，被告的绘制行为属于对《兰闺雅集图》的再现，该行为已侵犯两位原告对《兰闺雅集图》所享有的复制权。

【案情简介】1997 年 12 月，福建美术出版社出版发行了《锦瑟年华——华某某古典人物画》画册，该画册刊载了《兰闺雅集图》画作，其以 12 位侍女弈棋、赏画为主要内容。该画作右上方有"兰闺雅集图 岁在丙子初夏 华某某画"的题款。庭审中，原告称《兰闺雅集图》系华某某原创作品，没有借鉴或临摹其他作品。2004 年 7 月 16 日，华某某去世。原告华某敏、陆某某为华某某的继承人。2013 年 9 月，西苑出版社出版发行了《中国当代艺术巨匠人民艺术家梁某某·书画作品选集》画册，该画册刊载了《红楼梦金陵十二

---

① 陈锦川：《著作权审判：原理解读与实务指导》，法律出版社，2014，第 144 页。
② 北京市东城区人民法院（2015）东民（知）初字第 06117 号民事判决书。

金钗》画作，其亦以 12 位侍女弈棋、赏画为主要内容，各侍女年龄、服饰、发饰、容貌较为近似。该画作左下方有"梁某某印"印章。该画册"艺术家风采"部分照片显示，被告曾创作多幅内容相同的《红楼梦金陵十二金钗》画作并赠予他人。庭审中，被告称其没有临摹原告的作品，而是参照了一个小屏风内容绘制。

法院组织双方当事人将华某某所作《兰闺雅集图》与梁某某所作《红楼梦金陵十二金钗》画作进行比对勘验，勘验结果为：两幅画作均包含 12 位女性人物，女性人物的姿态、动作、相对位置均相同，仅在人物服饰的花纹、颜色、头发的细节部分略微不同；两幅画作底纹造型均为花卉，中部底纹均为荷花，荷花花朵数量、相对位置及荷叶的造型均相同，细部具体纹路略微不同；两幅画作所包含的各种器物摆设，包括香炉、书籍、条案、方桌、棋盘以及放画卷的瓶子等在种类、相对位置、样式方面均相同，但在器物的具体细节纹饰上略微不同；从整体色调看，《兰闺雅集图》画作色彩较为鲜明，以红、黄、绿、蓝为主色调绘制而成，采用彩绘手法，而《红楼梦金陵十二金钗》画作主要采用黑白水墨手法绘制。

【法院观点】根据两位原告提交的《锦瑟年华——华某某古典人物画》画册及其中《兰闺雅集图》画作"华某某画"的题款，可以认定华某某系涉案画作《兰闺雅集图》的作者。华某某去世后，两位原告作为其继承人有权继承华某某对《兰闺雅集图》所享有的复制权、发行权、展览权、信息网络传播权等著作财产权，同时有权保护华某某对《兰闺雅集图》所享有的署名权、修改权和保护作品完整权。被告提交的证据无法证明有他人早于华某某创作相同内容的《兰闺雅集图》。基于在案证据，法院认定华某某所作《兰闺雅集图》系其原创，华某某系该美术作品的作者。华某某所作《兰闺雅集图》于 1997 年公开发表并出版发行，被告作为专业绘画人员，法院有合理理由推定其接触过《兰闺雅集图》。经勘验，《兰闺雅集图》与《红楼梦金陵十二金钗》画作在人物、服饰、器物及各部分的相对位置方面均相同，仅在纹饰等细微部分及色调方面有所差别，以相关公众的一般注意力为标准，两者已构成实质性相似。被告的涉案行为已构成侵权。被告所绘《红楼梦金陵十二金钗》虽在《兰闺雅集图》的基础上稍加改动，但没有增加再创作的内容，被告的绘制行为属于对《兰闺雅集图》的再现，该行为已侵犯两位原告对《兰闺雅集图》所享有的复制权。

【案例评析】本案中，被告辩称其绘制《红楼梦金陵十二金钗》系临摹，不构成侵权。临摹是指按照原作仿制书法和绘画作品的过程，是学习他人书画技法，借鉴和继承优秀传统文化的重要手段，其本身并不具有违法性。南宋姜夔在《续书谱》中称："初学书不得不摹，亦以节度其手，易于成就。"但是本案中，被告在《兰闺雅集图》的基础上稍加改动绘制《红楼梦金陵十二金钗》并署自己之名予以公开出版、展览，已超出学习借鉴他人书画技法的合法界限。未经作者许可，用复印机、扫描仪对作品进行原样复制，自然构成对作者所享有复制权的侵害。但对作品的复制并不要求与作品一模一样、无任何差异，也不要求必须复制作品的全部，只要复制件保留了作品的实质性部分和基本表达，没有形成新的作品，那么这种行为就属于复制。本案中，被告绘制的《红楼梦金陵十二金钗》与原告享有著作权的《兰闺雅集图》有一定差异，但《红楼梦金陵十二金钗》保留了《兰闺雅集图》的基本表达，在整体构图、人物形象、物品陈设等方面基本一致，仅在绘画手法和细节纹理方面略有不同，并没有形成新的作品，因此，构成对复制权的侵犯。法院认定被告绘制的《红楼梦金陵十二金钗》构成侵权，还考虑了该绘画存在破绽，即绘画内容与绘画名称《红楼梦金陵十二金钗》存在矛盾。"金陵十二钗"是中国古典小说《红楼梦》中的十二位女性人物，包括林黛玉、薛宝钗、贾元春、贾探春、史湘云、妙玉、贾迎春、贾惜春、王熙凤、贾巧姐、李纨、秦可卿。上述十二位女性人物的性格特点、年龄、衣着打扮存在着较大不同，而被告绘制的《红楼梦金陵十二金钗》中十二位女性人物在年龄、服饰、发饰、容貌方面较为近似，未体现出上述人物特点。《兰闺雅集图》的作品名称与作品内容则可以协调一致，呈现了古代侍女对弈、赏画的生动场景。

案例 2 – 9　搜索引擎将转码后的网页传输给用户后，应立即自动删除临时存储的内容，否则构成侵权——北京易查无限信息技术有限公司、于某侵犯著作权罪案①

【裁判要旨】若搜索引擎在将转码后的网页传输给手机用户后，即自动删除了在内存或硬盘中临时存储的内容，则该过程所涉及的瞬间、短暂的"复制"行为属于转码技术的必要组成部分，且没有独立的经济价值，不属于侵犯他人复制权或信息网络传播权的行为。但若经营者在使用转码技术的过程中实施了超出上述必要过程的行为，则有可能因踏入他人著作权的禁止权范围而构成侵权。

【案情简介】上海玄霆娱乐信息科技有限公司（以下简称玄霆公司）通过与《仙傲》等文字作品的作者雾外江山签订委托创作协议，享有上述文字作品的独家信息网络传播权，并将上述作品在其经营的"起点中文网"上登载。被告单位北京易查无限信息技术有限公司（以下简称易查公司）为"易查网"的经营者。该网站设有小说、新闻、美图等多个频道，通过在网页植入广告收取广告收益分成。被告人于某系该公司股东，负责技术工作，并担任法定代表人。2012 年，为提高该网站的用户数量，于某提出开发触屏版小说产品，即将 html 格式的小说网页转码成 wap 格式的网页供移动用户阅读。2014 年 4 月 4 日，玄霆公司就"易查网"小说频道进行证据

① 上海市浦东新区人民法院（2015）浦刑（知）初字第 12 号刑事判决书。

保全公证。通过电脑登录"tbook. yicha. cn",页面设有"精品推荐""男生最爱""女生最爱""热书排行"等栏目;在搜索框输入"凡人修仙传",显示多个搜索结果,其中第一个搜索结果的作者为"忘语",列有"来源:www. paitxt. com";点击"免费阅读"可阅读小说内容。前述搜索、阅读过程中,地址栏显示的 URL 地址均为"易查网"的地址。同年 4 月 5 日,公安机关对"易查网"进行勘验,在该网站的小说频道搜索关键词"莽荒纪",能够正常阅读该作品各个章节的内容,其中第六卷第三十章阅读页面的 URL 地址源于"易查网"的服务器 IP 地址。同年 4 月 11 日,公安机关从北京世纪互联宽带数据中心有限公司及北京蓝讯通信有限公司的机房扣押到被告单位易查公司托管的服务器硬盘 54 块。4 月 17 日,公安机关委托上海辰星电子数据司法鉴定中心对上述硬盘中的电子书进行固定保全,并与玄霆公司提供的电子书进行相似性比对。根据"相同字节/玄霆小说字节"的公式计算相似度的比例,相同字节数占总字节数 90% 以上的电子书共计 297 本;相同字节数占总字节数 70% ~90% 的电子书共 296 本;相同字节数占总字节数 70% 以下的电子书共 205 本。在上述相同字节数占总字节数 70% 以上的电子书中,玄霆公司就其余 588 本享有独家信息网络传播权。上海辰星电子数据司法鉴定中心鉴定人出庭接受质询,其陈述:在送检硬盘中并未发现存在被告人于某所说的自动删除机制。被告人于某辩称,"易查网"小说频道只是搜索引擎工具、技术转码工具,不提供内容服务。在转码阅读情况下,"易查网"将用户点击章节的 html 页面缓存在内存中,进行计算和转换后将转码的 wap 页面临时复制到硬盘上形成缓存提供给用户阅读。该缓存内容仅能被触发搜索的特定用户读取,若有其他用户搜索、阅读同一内容,则重新启动新的搜索、转码和缓存过程。鉴于"易查网"主要提供移动端的小说搜索服务,而手机浏览器的缓存空间太小,无法支持阅读内容的客户端缓存，故需缓存在服务器端。同时由于小说量很大，故缓存到硬盘而非内存。

【法院观点】根据公诉机关提交的证据，用户可在被告单位易查公司经营的"易查网"小说频道搜索、阅读小说，该频道所对应的服务器硬盘中存储有 588 部与玄霆公司享有著作权的文字作品构成实质性相似的小说。根据玄霆公司申请所作的（2014）沪卢证经字第 958 号公证书及公诉机关提供的"易查网"小说频道的界面截图，在通过该网站搜索、阅读小说过程中，地址栏所显示的 URL 地址均系"易查网"的服务器地址。上述事实可以证明，"易查网"直接向网络用户提供了上述文字作品，使网络用户可以在其个人选定的时间和地点进行阅读，侵害了玄霆公司对涉案作品享有的信息网络传播权。若搜索引擎在将转码后的网页传输给手机用户后，即自动删除了在内存或硬盘中临时存储的内容，则该过程所涉及的瞬间、短暂的"复制"行为属于转码技术的必要组成部分，且没有独立的经济价值，不属于侵犯他人复制权或信息网络传播权的行为。但若经营者在使用转码技术的过程中实施了超出上述必要过程的行为，则有可能因踏入他人著作权的禁止权范围而构成侵权。根据鉴定意见所反映的事实，鉴定人在使用"易查网"服务器所搭建的网络环境中，可以在线阅读涉案小说，并从服务器硬盘中下载到涉案小说。可见，"易查网"在将其所谓"临时复制"的内容传输给触发"转码"的用户后，并未立刻将相应内容从服务器硬盘中自动删除，被"复制"的小说内容仍可被其他用户再次利用。被告人于某亦自认，根据"易查网"小说频道的技术设想，该网站将 html 格式的网页"临时复制"在其服务器内存上，经运算后将转换后的网页"临时复制"到其服务器硬盘中，且在用户阅读过程中持续存储该内容。在上述过程中，对 html 格式网页的临时复制为转码技术所必须；但搜索引擎在将经转码后的网页传输给手机用户后，应立即自动删除其临时存储的内容，继续在服务器中存储该内容并非提供转码服务的必经程序。"易查网"在提供小说阅读服务过程中，不仅进行了网页的格式转换，还在其服务器中存储了经过格式转换的网页内容，使后来的用户可以直接从其服务器中获得。可见，上述行为已明显超出转码技术的必要过程，所谓"临时复制"的内容已具备独立的经济价值。因此，易查公司的小说服务模式构成对作品内容的直接提供，在此情形下，即便"易查网"设置了所谓的删除机制，也不改变其行为的性质。被告单位易查公司未经许可，通过"易查网"传播了玄霆公司享有信息网络传播权的涉案小说，情节严重，构成侵犯著作权罪。被告人于某作为易查公司直接负责的主管人员，亦应以侵犯著作权罪追究其刑事责任。

【案例评析】计算机内存会在中央处理器（Central Processing Unit，CPU）和硬盘之间建立一个临时存储区域。内存的读取速度比硬盘要快得多，如果 CPU 每次都访问硬盘来获取数据，那么速度会慢得多。将 CPU 可能经常需要访问和读取的数据临时保存在计算机内存中，可以保证 CPU 高效工作。当计算机电源关闭时，存于内存中的数据就会丢失。浏览器缓存是为了节约网络资源、加快浏览速度，浏览器在用户硬盘上对最近请求过的文档进行存储，当访问者再次请求这个页面时，浏览器就可以从本地硬盘读取和显示文档，进而提高网络效率。上述计算机内存临时存储和浏览器缓存，理论上在一定时间内都会形成作品的复制件，但上述复制件均没有独立的价值，也不会给著作权人造成不应有的损害。因为上述复制件仅在一定的时间内短暂存在，当计算机关闭或用户较长时间不再访问网页时，存储在内存中的数据就会丢失，存储在硬盘中的浏览器缓存就会清空。同时，用户也不太可能将存储在内存或浏览器缓存中的临时复制件分享给他人。因此，在计算机临时存储及浏览器缓存过程中形成临时复制件的，并不构成对复制权的侵害，也无须事先获得著作权人的许可。本案的情况则有所不同。被告人于某辩称，"易查网"主要提供移动端的小说搜索服务，而手机浏览器的缓存空间太小，无法支持阅读内容的客户端缓存，故需缓存在服务器端。同时，由于小说量很大，故缓存到硬盘而非内存。上述意见并不符合技术常识，因为相对于视频文件而言，小说文件所占用的空间很小，单个小说文件一般仅有数兆位（MB）字节，而手机内存往往多达若干千兆位（GB），手机硬盘可以达到上百 GB，而 1GB 等于 1024MB。从技术角度而言，其完全可以在网页转码后将形成的小说文字内容存储在手机内存中，而非手机硬盘中。即使转码后必须存储在手机硬盘中，也完全没有必要存储在被告的服务器中。同时，根据鉴定人的陈述，并未发现存在被告人于某所说的"缓存"自动删除机制。因此，被告的行为明显超出了计算机临时存储或浏览器缓存的范畴，在被告服务器中形成的复制件已经具备独立的价值，该复制件完全可以替代正版作品向用户提供，对著作权人造成了不应有的损害，因此，构成侵犯复制权的行为。因侵权行为严重，应追究被告的刑事责任。

案例 2 - 10　非经著作权人授权制作的图书复制件，不能适用"发行权一次用尽原则"——原告中国劳动社会保障出版社有限公司与被告广州市海珠区德邦艺术培训中心侵害作品发行权纠纷案①

【裁判要旨】"发行权一次用尽原则"，是指作品原件及经授权合法制作的复制件经著作权人许可，首次销售或者赠与后，著作权人就无权控制该原件或复制件的再次流转。也即合法获得该作品原件或复制件的所有权人可以不经著作权人许可将其再次出售或者赠与他人。被诉侵权图书为非经著作权人授权制作的复制件，不能适

---

① 广州知识产权法院（2022）粤 73 民终 1245 号民事判决书。

用"发行权一次用尽原则"。

【案情简介】中国劳动社会保障出版社有限公司（以下简称劳动社会保障出版社）对涉案《企业人力资源管理师（四级）（第三版）》图书享有专有出版权，享有独立进行维权的资格。根据（2019）粤广南粤第23886号公证书的记载，被告广州市海珠区德邦艺术培训中心（以下简称德邦培训中心）销售了侵犯劳动社会保障出版社《企业人力资源管理师（四级）（第三版）》著作权的盗版书籍。2019年4月22日，广东外语外贸大学（甲方）与德邦培训中心（乙方）签订"广东外语外贸大学成人高等教育与广州市海珠区德邦艺术培训中心合作办学协议书"，约定甲方同意在乙方处设立广东外语外贸大学成人高等教育校外教学点，开设专业包括人力资源管理等专业，乙方按照甲方指定的教材使用计划订购正版教材，并及时、准确地向学生分发教材和辅导材料，有效期自签订之日起至2025年1月30日止（高起专、专升本），自签订之日起至2027年1月30日止（高起本）。在高等继续教育学院公开学院电子竞技学院的官网中，2021年4月12日发布的《广东外语外贸大学高等学历继续教育教学点公示（2021年)》中显示有广东外语外贸大学成人教育德邦培训中心教学点的信息。被告德邦培训中心抗辩称，涉案图书具有合法来源，德邦培训中心通过合法途径购买所得，并支付了合理的对价，尽到了合理的注意义务，不应该承担赔偿责任。被诉侵权图书是德邦培训中心以7.8折的价格从广州晨读图书有限公司处购进的，该价格按照商业惯例来讲是比较合理的，且广州晨读图书有限公司具有从事图书批发业务的合法经营资质。被诉侵权图书是从广东外语外贸大学提供给德邦培训中心的书商处采购的，是正规渠道，有购买清单和付款记录。德邦培训中心通过合法途径、合理价格购买被诉侵权图书后，获得其所有权。劳动社会保障出版社的一次性发行权已经用尽，不能阻碍德邦培训中心的赠与行为甚至销售行为。为证明上述主张，德邦培训中心提交了图书批销单（未加盖任何公章，其中"标准批销单"页首出现"全称：天一文化传播有限公司"的字样）和转账记录（显示 2020 年 3 月 26 日，德邦培训中心向广州晨读图书有限公司转账66179.33 元）。

【一审法院观点】 劳动社会保障出版社对涉案《企业人力资源管理师（四级）（第三版）》图书享有专有出版权，其合法权益受法律保护，他人未经许可，不得复制、发行劳动社会保障出版社享有专有出版权的图书。德邦培训中心销售侵犯劳动社会保障出版社《企业人力资源管理师（四级）（第三版）》专有出版权的盗版书籍，应承担停止侵权行为并赔偿经济损失的法律责任。

【二审法院观点】 复制品的出版者、制作者不能证明其出版、制作有合法授权的，复制品的发行者或者电影作品或者以类似摄制电影的方法创作的作品、计算机软件、录音录像制品的复制品的出租者不能证明其发行、出租的复制品有合法来源的，应当承担法律责任。出版者、制作者应当对其出版、制作有合法授权承担举证责任，发行者、出租者应当对其发行或者出租的复制品有合法来源承担举证责任。德邦培训中心主张被诉侵权图书来源于广州晨读图书有限公司，但其提交的图书批销单上的销售主体名称为"天一文化传播有限公司"，与德邦培训中心所述内容不一致，且这些批销单上并未加盖任何公章，无法确定其真实性，亦无法确定被诉侵权图书的销售主体。转账记录上并未明确款项的用途，无法证明德邦培训中心将被诉侵权图书的对价支付给广州晨读图书有限公司，且该支付行为发生在本案被诉侵权行为发生后，两者之间并无直接联系。德邦培训中心主张被诉侵权图书具有合法来源、其不应承担法律责任的上诉理由依据不足。"发行权一次用尽原则"，是指作品原件及经授权合法制作的复制件经著作权人许可，首次销售或者赠与后，著作权人就无权控制该原件或该复制件的再次流转，也即合法获得该作品原件或该复制件的所有权人可以不经著作权人许可将其再次出售或者赠与。本案中，劳动社会保障出版社提交了充分证据证明被诉侵权图书并非经其授权制作的图书，被诉侵权图书为非经著作权人授权制作的复制件，不能适用"发行权一次用尽原则"。

【案例评析】 本案中，二审法院在判决中阐述了"发行权一次用尽原则"的两个条件：一是作品的复制件必须经过著作权人授权或根据法律规定合法制作；二是取得作品原件或合法制作的复制件的所有权已经经过著作权人许可或者根据法律规定销售或赠与。上述两个条件如果均不具备，或者仅具备其中之一，均不能适用"发行权一次用尽原则"。例如，作品的复制件虽经过著作权人许可合法制作，但著作权人并未授权该作品复制件向公众提供，也就是说著作权人尚未就作品复制件的第一次发行行为发出许可并获得收益，则该作品复制件的后续发行人也不能援引"发行权一次用尽原则"予以免责。本案经法院查明，被告德邦培训中心销售的《企业人力资源管理师（四级）（第三版)》为盗版图书，也就是说，该作品复制件并非经著作权人授权制作，其首次发行亦未经过著作权人许可，因此被告不能援引"发行权一次用尽原则"免于承担侵犯发行权的法律责任。本案中被告还提出了"合法来源"抗辩。根据《著作权法》第59条的规定，复制品的发行者不能证明其发行的复制品有合法来源的，应当承担法律责任。也就是说，如果复制品的发行者能够证明其发行的复制品有合法来源的，则不承担法律责任。这里的"不承担法律责任"应当理解为"不承担损害赔偿责任"，复制品的发行者仍应当承担停止发行的法律责任。如前所述，直接侵犯著作权损害赔偿责任的归责原则应为过错推定责任原则，行为人应对其不具有主观过错承担举证责任。如果复制品的发行者能够证明其发行的复制品有合法来源，且对其发行的复制品为侵权作品复制件，其既不明知也不应知，那么发行者主观上不具有过错，故不承担损害赔偿责任。但经法院审理，发行者已明确知晓其发行的复制品为侵权作品复制件，如其继续实施发行行为，则必然在主观上具有明知的过错，因此，在司法实践中可判令发行者停止发行侵权作品复制件。这与《著作权法》第59条的规定并不矛盾。

案例2－11　侵权游戏设施于被告的经营场所内用于提供有偿服务，属于公开陈列涉案美术作品的复制品，侵害展览权——原告广东原创动力文化传播有限公司与北京市顺义区仁和公园管理服务中心著作权权属、侵权纠纷案①

【裁判要旨】被诉侵权游戏设施于被告的经营场所内用于提供有偿服务，虽然被告主张被诉侵权游戏设施系由第三方制作，但未提供充分证据予以证明，且未提供制造商的确切身份，故法院认定其侵害了涉案作品复制权。被告未经许可公开陈列涉案美术作品的复制品，亦侵害了展览权。

【案情简介】原告广东原创动力文化传播有限公司（以下简称原创动力公司）是"喜羊羊""美羊羊""灰太狼""红太狼"四个美术作品的著作权人，原告已取得上述作品的作品登记证书。2019年9月6日，原告申请北京市方正公证处对北京市顺义区仁和地区平各庄1号的"仁和公园"内游乐场所进行证据保全。2019年11月13日，该公证处作出（2019）京方正内经证字第06635号公证书，所附照片中可见游乐设施上有"喜羊羊""美羊羊""灰太狼""红太狼"的形象。

【一审法院观点】原告原创动力公司提供了作品登记证书，在无相反证据情况下，可以认定原创动力公司享有"喜羊羊""美羊羊""灰太狼""红太狼"等卡通形象的著作权，有权提起诉讼。北京市顺义区仁和公园管理服务中心（以下简称仁和公园）关于其系

---

① 北京知识产权法院（2021）京73民终4102号民事判决书。

消费者，并非涉嫌侵权游乐设备制造商，以及卡通形象不能使仁和公园获利的抗辩意见，均缺乏事实及法律依据。涉诉雕塑的卡通形象无论是整体还是细节均与原创动力公司享有著作权的"喜羊羊""美羊羊""灰太狼""红太狼"基本一致，可以认定涉诉游乐设施所使用的卡通形象即为原创动力公司享有著作权的美术作品，并且无证据证明该使用行为获得原创动力公司的授权。仁和公园使用了原创动力公司的创作成果，并将涉诉游乐设施投入运营，侵犯了原创动力公司享有的著作权，应当承担赔偿损失的民事责任。

【二审法院观点】被诉侵权游乐设施上的卡通形象与原创动力公司享有著作权的涉案作品基本一致，无证据显示上述游戏设施获得了原创动力公司授权。被诉侵权游戏设施于仁和公园的经营场所内用于提供有偿服务，仁和公园虽然主张被诉侵权游戏设施系由第三方制作，但未提供充分证据予以证明，且未提供制造商的确切身份，一审判决认定仁和公园侵害了涉案作品复制权并无不当。仁和公园未经许可公开陈列涉案美术作品的复制品，亦侵害了权利人的展览权。

【案例评析】本案中，被告仁和公园内的游乐设施上有"喜羊羊""美羊羊""灰太狼""红太狼"的形象，属于上述卡通人物形象美术作品的复制件。由于被告未举证证明该美术作品复制件由第三方制作，亦未举证证明第三方获得了著作权人的合法授权，因而一审法院根据举证责任分配原则认定被告仁和公园侵害了美术作品的复制权，二审法院进一步认定仁和公园未经许可公开陈列涉案美术作品的复制品，亦侵害了展览权。假设被告仁和公园能够举证证明其展示含有上述卡通人物形象美术作品的游戏设施具有合法来源，那么其是否应承担法律责任呢？《著作权法》第59条第1款规定："复制品的出版者、制作者不能证明其出版、制作有合法授权的，复制品的发行者或者视听作品、计算机软件、录音录像制品的复制品的出租者不能证明其发行、出租的复制品有合法来源的，应当承担法律责任。"上述规定并未明确复制品的展览者能够证明其展览复制品有合法来源的，免于承担法律责任。但知识产权属于民事权利的一种，侵犯著作权的行为属于民法上的侵权行为，应遵循《民法典》侵权责任编的相关规定。如前所述，侵害著作权损害赔偿责任的归责原则应为过错责任原则，如果行为人能够举证证明其通过签订买卖合同合法取得了该游戏设施的所有权，该游戏设施并非行为人所制造，且对该游戏设施含有涉案美术作品并未获得著作权人许可，行为人既不明知也不应知，不具有主观上的过错，那么行为人不应承担损害赔偿责任，但在接到著作权人通知或通过诉讼知晓该游戏设施并未获得著作权人许可后应当停止公开陈列行为。我们再假设，如果涉案游戏设施的制造（美术作品的复制行为）获得了卡通人物形象美术作品著作权人的许可，但著作权人并没有明确授权游戏设施的制造商及购买者展览该美术作品（未明确授予展览权许可），那么被告购买该游戏设施后公开陈列在公园内是否侵害著作权人的展览权？笔者认为，著作权人授予涉案游戏设施的制造商复制权许可时就以默示方式同步授予了游戏设施制造商及购买者展览权许可，因为著作权人必然知晓此类游戏设施通常是以公开陈列的方式使用。如不允许该游戏设施公开陈列，恐怕不会有人购买该游戏设施（美术作品复制件）。

案例 2 – 12　杂技作品保护具有艺术性的连贯动作的编排设计，被告演出行为构成对原告杂技作品表演权的侵犯——原告中国杂技团有限公司与被告吴桥县桑园镇张硕杂技团、许昌市建安区广播电视台等著作权权属、侵权纠纷案①

【裁判要旨】原告的杂技节目在"抖空竹"动作外融入了包含

---

① 北京知识产权法院（2019）京 73 民终 2823 号民事判决书。

我国传统戏曲元素、舞蹈元素的动作乃至表情设计，在具体走位、连续动作的衔接和编排上亦存在个性化安排，使相应连贯动作在展示高超身体技巧的同时传递着艺术美感，属于具备独创性的表达，构成著作权法规定的杂技作品。被告对原告的涉案杂技作品构成部分杂技作品内容的抄袭，其涉案演出行为构成对原告涉案杂技作品表演权的侵犯。

【案情简介】《俏花旦——集体空竹》杂技于 2004 年创作完成，为职务作品，编导何某某、张某某享有作品署名权，著作权的其他权利由中国杂技团有限公司（以下简称中国杂技团）享有。根据"中国杂技团有限公司杂技作品《俏花旦——集体空竹》和《圣斗·地圈》服装制作合同书"的约定，上述杂技中服装成品的著作权归中国杂技团所有。根据"中国杂技团有限公司杂技作品《俏花旦——集体空竹》音乐创作著作权归属协议"的约定，音乐作品《〈俏花旦——集体空竹〉音乐总谱》除署名权外的著作权归中国杂技团所有，杜某享有署名权。本案审理中，中国杂技团提供了 3 个《俏花旦——集体空竹》相关影像视频并陈述：《俏花旦——集体空竹》杂技节目，最初的版本是 2004 年在武汉光谷国际杂技艺术节上的演出版（以下简称武汉光谷版）；此后形成《俏花旦——集体空竹》2005 年 2 月法国"第二十六届明日赛场"公演节目版本（以下简称法国版），《俏花旦——集体空竹》2007 年中央电视台春节联欢晚会演出节目版本（以下简称春晚版），《俏花旦——集体空竹》2013 年 1 月"第三十七届摩纳哥蒙特卡罗国际马戏节"演出节目版本（以下简称摩纳哥版）；上述各版本之间具有关联，在原始创作 2004 年武汉光谷版的基础上，后续演出针对不同演出场合需求，中国杂技团对《俏花旦——集体空竹》杂技节目持续地修正、编排，每一个版本都是对上一个版本的升级。该节目曾获得 2004 年第六届中国武汉光谷国际杂技艺术节"黄鹤金奖"、2005 年"第二十六届法国明日国际杂技节"最高奖"法兰西共和国总统奖"、2007 年中央电视台春节联欢晚会"观众最喜爱的春晚节目（戏曲曲艺类）"一等奖、2010 年世界知识产权组织金奖（中国）作品奖、2013 年第三十七届摩纳哥蒙特卡罗国际马戏节"金小丑"奖，具有较高的社会知名度。许昌县电视台［现许昌市建安区广播电视台（以下简称建安区电视台）］准备于 2017 年 1 月 17 日举办"2017 年许昌县春节联欢晚会"，为此许昌县电视台通过微信方式与吴桥县桑园镇张硕杂技团（以下简称张硕杂技团）联系并签订了商业演出合同，合同约定：许昌县电视台邀请张硕杂技团演出杂技节目《俏花旦》，张硕杂技团演员 10 人带好演出服装、道具、音乐；演员到演出场地后要配合许昌县电视台活动内容保证演出质量；演出时间为 2017 年 1 月 17 日，许昌县电视台负责场地安排、来回交通以及吃住，并支付张硕杂技团演出费 17000 元。本案审理中，法院组织各方当事人对"2017 年许昌县春节联欢晚会"中的《俏花旦》节目视频与原告中国杂技团《俏花旦——集体空竹》法国版音像、摩纳哥版（服装部分）音像进行了比对。对比结果为：（1）两者使用的背景音乐相同。（2）杂技动作存在部分相似。两者均以"抖空竹"自身的技术特性为基础，造型为中国戏曲"旦角"形象，舞台动作将中国戏曲"跑圆场"等元素融入进行表达。"出场"桥段部分，在剔除舞台环境的不同后，两者表演桥段核心表达动作近似。两者在部分标志性集体动作连贯性系列动作的表达上相同或高度近似。（3）两者演出服装高度近似。

【一审法院观点】杂技艺术作品属于《著作权法》所保护的作品。"走钢丝""抖空竹"的单一机械动作属于杂技技巧，但不能构成杂技艺术作品；世代相传的传统杂技表演桥段、技艺表演节目等因已经进入公有、公知领域，不能作为杂技艺术作品受到著作权保护。著作权的禁用权不延及杂技表演的场地、场所、器械、表演模

式等辅助工具。杂技艺术作品《俏花旦——集体空竹》于 2004 年
11 月创作完成。编导作者选择特定戏剧、舞蹈的语汇与抖空竹技巧
动作有机结合编排而成具有韵律性的新动作，量身定做原创音乐作
为演出背景音乐、全体演员头戴"翎子"头饰、带有京剧"花旦"
设计元素的统一定制演出服装进行舞台表演。《俏花旦——集体空
竹》杂技作品主要表达内容为"集体抖空竹"，但其中穿插、融合
的戏曲动作、舞蹈动作，已经与"抖空竹"技能动作密不可分，形
成一个艺术表达整体。"俏花旦抖空竹"舞台艺术形象富有感染力，
杂技动作鲜活灵动，与编导作者、著作权人之间形成特定化联系，
构成著作权法意义上的作品，该作品区别于既有的"抖空竹"民间
技艺，应当受到《著作权法》保护。在没有相反证据的情况下，可
以认定，该作品的节目编导、曲作者、服装设计师系接受单位指派
工作任务而参与编创工作或根据委托创作合同约定而进行编创工
作，根据当事人之间的合同约定，中国杂技团享有杂技艺术作品
《俏花旦——集体空竹》除各作者的署名权之外的著作权。2017 年
1 月 17 日，许昌县电视台举办了"2017 年许昌县春节联欢晚会"，
张硕杂技团参加了该场现场演出。从双方演出录像的形成时间来看，
中国杂技团《俏花旦——集体空竹》法国版、《俏花旦——集体空
竹》摩纳哥版演出时间在先，被告张硕杂技团涉案杂技节目《俏花
旦》演出时间在后。杂技的单个技巧性动作本身，属于个体身体的
生理展示或技能展示，即使具备新颖性、竞技性、可复制性，如
"点翻身 + 抖空竹""串翻身 + 抖空竹"单一动作，不受著作权保
护；为完成特定技巧性动作而必须作出的预备动作、完成某个连贯
技巧动作必经的过程为有限表达，如"叠罗汉 + 抖空竹"的连贯动
作，也不具有比对价值；杂技技术动作之间的衔接，与舞蹈动作的
融汇、协调，演员的出场顺序、站位均体现了作者特定创作意图的
编排、取舍、设计，可由影像固定，具有可复制性。因此，以形体

动作和技巧连贯性表达，体现了创作者对杂技、舞蹈动作之间的选择、编排、设计上的原创性，具有比对价值。涉案两个杂技节目所使用的《俏花旦——集体空竹》《俏花旦》节目名称相近、音乐曲目基本相同，将两部作品进行整体、局部对比，在排除演出舞台、空竹工具对演出效果的评价影响，排除公知、公有的杂技常规动作、有限表达动作之后，将《俏花旦》与《俏花旦——集体空竹》节目相比，两者开场表演桥段高度相似，舞蹈动作与抖空竹动作之间的衔接、舞蹈脚步律动编排上的部分内容一致，在部分演出环节，演员在演出场地的走位编排等设计相似，以时长计，占比约为1/3，两个杂技节目仍有一定比例的核心表达相似，不能用"巧合""偶然相似"来解释。张硕杂技团对中国杂技团的涉案杂技作品构成部分杂技作品内容的抄袭，其涉案演出行为构成对中国杂技团涉案杂技作品表演权的侵犯。被控侵权节目《俏花旦》与中国杂技团使用在《俏花旦——集体空竹》的原创音乐作品基本相同，张硕杂技团在演出中使用该音乐作品的行为构成对音乐作品表演权的侵犯。张硕杂技团涉案杂技节目《俏花旦》演员表演时所穿演出服装与中国杂技团《俏花旦——集体空竹》摩纳哥版的演出服装雷同，构成对中国杂技团《俏花旦——集体空竹》摩纳哥版的演出服装美术作品著作权中复制权的侵犯。建安区电视台邀请张硕杂技团在"2017年许昌县春节联欢晚会"中演出杂技节目《俏花旦》，并以类似电影的方式将涉案晚会拍摄成类电影视听作品在其电视台以广播信号播出，以及上传至"腾讯视频"网站，其上述行为未尽到著作权合理注意义务，侵犯了中国杂技团对《俏花旦——集体空竹》作品享有的广播权和信息网络传播权。

【二审法院观点】 杂技艺术作品包括杂技、魔术、马戏等具体类型，是"通过形体动作和技巧表现的作品"，其作品内容不是技巧本身。以杂技动作设计为主要内容，又融入一定舞蹈动作设计的作品，仍可按杂技作品予以保护。杂技作品在实际表演过程中，往往在动作之外加入配乐，表演者着专门服装并有相应舞台美术设计。但立法已明确限定杂技作品系通过形体动作和技巧表现，其并非如视听作品，属于可以涵盖音乐、美术作品等予以整体保护的复合型作品。因此，即便上述配乐构成音乐作品，服装、舞美设计构成美术作品，其仍不属于杂技作品的组成部分，不能将之纳入杂技作品的内容予以保护，而应作为不同类型作品分别独立保护。杂技作品以动作为基本元素，技巧也通过具体动作展现，但杂技作品并不保护技巧本身，通常也不保护特定的单个动作，而是保护连贯动作的编排设计，其载体类似于舞蹈作品中的舞谱。特定门类的杂技技艺，例如，本案中的"抖空竹"，根据基础动作可以形成多个组合动作，创作者在动作的选择、编排上存在较大的个性化空间。当然，杂技作品所保护的动作的编排设计应当具备艺术性，达到一定的独创性高度。如果仅是公有领域常规杂技动作的简单组合、重复，则独创性不足，不应受到著作权法的保护。从《俏花旦——集体空竹》法国版内容看，其诸多"抖空竹"动作额外融入了包含我国传统戏曲元素、舞蹈元素的动作乃至表情设计，例如，其中以大跨度单腿提拉舞步、脚下三步舞步同时加上双手左右或上下抖空竹的整体动作。此外，其在具体走位、连续动作的衔接和编排上亦存在个性化安排，使得相应连贯动作在展示高超身体技巧的同时传递着艺术美感。《俏花旦——集体空竹》法国版中的形体动作编排设计体现了创作者的个性化选择，属于具备独创性的表达，构成著作权法规定的杂技作品。《俏花旦》在开场部分的走位、动作衔接安排，以及多次出现的标志性集体动作等动作的编排设计方面，与《俏花旦——集体空竹》法国版相应内容构成实质性相似，而上述内容属于《俏花旦——集体空竹》法国版独创性表达的部分。因此，一审法院关于张硕杂技团构成抄袭及表演权侵权的认定结论无误。

【案例评析】《著作权法》第 10 条并未限定表演权针对的作品类型，但口述作品、美术作品、建筑作品、摄影作品、视听作品、图形作品、模型作品、计算机软件显然不具有被表演的可行性。因此，实际上只有文字作品、音乐作品、戏剧作品、曲艺作品、舞蹈作品、杂技艺术作品的作者享有表演权。抖空竹在中国有悠久的历史，明代的刘侗、于奕正在《帝京景物略·春场》中记载说："空钟者，刳木中空，旁口，荡以沥青，卓地如仰钟，而柄其上之平。别一绳绕其柄，别一竹尺有孔，度其绳而抵格空钟，绳勒右却，竹勒左却。一勒，空钟轰而疾转，大者声钟，小亦蛙羌飞声，一钟声歇时乃已。制径寸至八九寸，其放之，一人至三人。"清人无名氏《玩空竹》诗曾这样形容："上元值宴玉熙宫，歌舞朝朝乐事同。妃子自矜身手好，亲来阶下抖空中。"原注云："空中，玩器之一。近舞于京师，新年，王孙、贵姬擅长者皆为之。宫中妃嫔亦多好焉。舞式有鹞子翻身、飞燕入云、响鸽铃等。"可见，抖空竹的若干技巧和动作古已有之。且抖空竹的具体技巧和动作不具备独创性，无法体现作者的思想和创作个性，因此，不受著作权法保护。将抖空竹与杂技相结合的艺术形式早在 20 世纪即已出现，如图 2-2 所示，该种艺术形式本身属于思想范畴，并不受著作权法保护，但围绕该艺术形式仍有较大的创作空间。本案中，原告中国杂技团将京剧的服饰、动作元素与杂技技巧相结合，并在编排中融入大量的群体舞蹈动作设计，形成了新的艺术表达，如图 2-3 所示，属于著作权法上的杂技艺术作品，受著作权法保护。被告张硕杂技团未经原告许可，在晚会上使用了上述原告杂技艺术作品中具有独创性的动作设计和编排进行杂技表演，构成对原告杂技艺术作品表演权的侵害。被告在演出时使用扩音设备播放原告享有著作权的音乐作品，属于机械表演行为，亦构成对原告音乐作品表演权的侵害，一审法院对此的认定是准确的。建安区电视台将涉案侵权杂技表演拍摄成视频并在其电视台以广播信号播出，以及上传至"腾讯视频"网站，属于对杂技艺术作品表演（包含杂技艺术作品）的远程传播行为，不属于表演权的控制范畴，构成对原告杂技艺术作品广播权和信息网络传播权的侵害。此外，根据《著作权法》第38条的规定，使用他人作品演出，表演者应当取得著作权人许可，并向著作权人支付报酬。演出组织者组织演出，由该组织者取得著作权人许可，并向著作权人支付报酬。本案中，被告建安区电视台系涉案晚会的组织者，其有义务审核各节目使用作品的合规性，并有义务向著作权人支付报酬。原告的杂技艺术作品《俏花旦——集体空竹》具有较高的知名度，曾于2007年在央视春晚演出，且多次在海内外获奖。建安区电视台对张硕杂技团表演涉案节目可能侵害原告著作权具有明知或应知的主观过错，与张硕杂技团共同侵害了原告杂技艺术作品的表演权。

图 2 - 2 20 世纪 60 年代"抖空竹"杂技表演

资料来源：佚名：《杂技表演——〈抖空竹〉》（1963 年），民间艺术，既古老又新鲜》，https://haokan.baidu.com/v?pd=wisenatural&vid=7556705885478017293，访问日期：2023 年 9 月 8 日。

图 2 – 3 中国杂技团《俏花旦——集体空竹》杂技表演

资料来源：中国杂技团：《中国杂技团〈俏花旦——集体空竹〉、〈荷塘月色——蹬伞〉荣获第十二届布达佩斯国际马戏节金奖》，https://www.cncircus.com/news/99.html，访问日期：2023 年 9 月 8 日。

案例 2 – 13 被诉侵权行为妨碍了著作权人使用或授权许可他人使用作品参与涉案比赛评选的机会，不合理地损害了著作权人的合法权利，不构成"免费表演"的合理使用情形——原告重庆歌舞团有限公司与被告深圳市福田区梅林中学等著作权权属、侵权纠纷案①

【裁判要旨】被告的被诉侵权行为妨碍了原告使用或授权许可他人使用涉案作品参与涉案比赛评选的机会，攫取了原告通过使用和许可使用涉案作品的途径取得奖金等物质利益及奖项、声誉、巡演机会等无形利益的权利，不合理地损害了原告就涉案作品享有的合法权利。故被告的使用行为不能构成"免费表演"的合理使用情形。

---

① 北京知识产权法院（2021）京 73 民终 1626 号民事判决书。

【案情简介】2015 年，重庆歌舞团有限公司（以下简称重庆歌舞团）与案外人韩某、周某某就舞剧《杜甫》的编创签订导演聘用合同，约定重庆歌舞团聘请韩某、周某某担任该舞剧总导演，并负责创意、策划、编导、排练、首次演出等该舞剧制作生产全过程，重庆歌舞团向韩某、周某某支付工作报酬。韩某、周某某享有该舞剧演出及相关广告、宣传品、衍生产品中的署名权，重庆歌舞团享有舞剧《杜甫》除署名权外的全部知识产权。涉案作品群舞《丽人行》系舞剧《杜甫》中的舞蹈片段。深圳市福田区梅林中学（以下简称梅林中学）分别于 2018 年 4 月 6 日、4 月 14 日、6 月 18 日、7 月 30 日参加香港站演出、深圳站演出、海外桃李杯大赛、欧洲大奖赛时表演了涉案作品群舞《丽人行》，梅林中学官方网站、梅林中学微信公众号及梦响歌舞团微信公众号发布了演出照片及宣传报道。梅林中学认可其在涉案四场演出活动中均表演了涉案作品群舞《丽人行》，并提供了其在海外桃李杯大赛及欧洲大奖赛上表演涉案作品的视频，且认为其对涉案作品的表演未作修改，构成合理使用。一审庭审中，梅林中学称其曾与涉案作品编导周某某联系过，但因认为被诉侵权行为系合理使用，故未向著作权人请求授权。关于香港站演出和深圳站演出，承办方案外人莱茵河公司运营的微信公众号"深港澳台青年文化交流艺术季"曾发布的香港站演出海报载明"公益演出免费领票"，发布的深圳站演出宣传中提及"免费领票"等相关信息。2020 年 11 月 27 日，案外人钟某某出具情况说明，并出庭作证，称其于 2017 年 5 月至 2020 年 9 月在莱茵河公司工作，在香港站和深圳站演出中负责对接梅林中学，因涉案作品知名度高，其知道涉案作品编导为韩某、周某某，系由重庆歌舞团排练，且梅林中学指导老师刘某亦向其说明涉案作品并非梅林中学原创及编导名称，因该两场演出为学生交流活动，故未要求授权，亦未向观众指明作品及作者名称。关于海外桃李杯大赛演出，梅林中学提交了赛事邀请函，其上载明，海外桃李杯系国际级舞蹈赛事，赛事承办单位为案外人深圳正象国际文化有限公司（以下简称正象文化公司），因梅林中学组织排练的节目大胆创新、节目内容独具一格，邀请梅林中学参加该赛事，需自理交通费、餐费等。2020 年 11 月 12 日，正象文化公司出具情况说明，称该赛事未向表演者付费且未向观众收费，梅林中学向其说明涉案作品编导系韩某、周某某。关于欧洲大奖赛演出，梅林中学提交搜狐网、深圳新闻网对梅林中学参加欧洲大奖赛所作的报道，载明涉案作品编导为韩某、周某某，作品辅导为刘某。梅林中学两名学生王某某与孔某某出庭作证，称其两人在演出、赛事中表演涉案作品系艺术课程——舞蹈实践的安排，未获得物质报酬，演出也未对外收费。王某某还称指导老师刘某在报名欧洲大奖赛时填报了涉案作品的编导为韩某、周某某。

【一审法院观点】 涉案作品首次公演宣传海报及获奖证书中，均署名编导韩某、周某某，制作、报送单位重庆歌舞团，结合导演聘用合同及一审庭审中重庆歌舞团的陈述，重庆歌舞团与韩某、周某某系委托创作关系，韩某、周某某负责创作涉案作品并享有署名权，重庆歌舞团支付相应报酬并享有署名权以外的其他知识产权。因此，重庆歌舞团有权就涉案作品被侵害表演权提起诉讼。我国法律法规明确规定了合理使用的原则性条款及具体情形，以平衡著作权人利益与公共利益。本案中，梅林中学被诉侵权行为若可构成合理使用，须满足以下三个构成要件：一是符合 2010 年修正的《著作权法》第 22 条第 1 款第 6 项或第 9 项的规定；二是指明作者姓名、作品名称；三是使用既未影响著作权人对作品的正常使用，亦没有不合理地损害著作权人的合法权利。关于要件一，就合理使用的主体而言，为课堂教学进行合理使用限为"供教学或者科研人员使用"，而本案中，涉案演出组织者及面向的观众等已远超出教学人员的范畴；就限制的权项而言，该条文限制的著作权也仅包括复制权和翻译权，不包括本案中被诉侵权行为所指向的表演权；就使用方式而言，应为"少量"使用，但根据在案证据及梅林中学的陈述，梅林中学完整表演了涉案作品，并非少量使用。从实质性利益角度考量，依据海外桃李杯大赛的邀请函及欧洲大奖赛报名章程，结合梅林中学提供的艺术特色自主招生方案、舞蹈专业招生简章可见，梅林中学获得艺术特长生自主招生优势需在艺术赛事及展演中取得相应奖项，梅林中学通过被诉侵权行为，获得了荣誉、声誉、演出机会及对应的艺术特长生自主招生优势，取得了实质性利益。关于要件二，合理使用制度限制的主要是著作权人的经济权利，对署名权仍予以保护，旨在使作者声誉累加，从而鼓励智力成果创作、推动人类精神文明发展。在案证据不足以证明梅林中学被诉侵权行为中均已指明涉案作品名称及作者姓名。关于要件三，梅林中学的被诉侵权行为不仅未产生符合著作权法鼓励创作目的的创新，且与重庆歌舞团作为著作权人对作品的使用在同一领域构成了竞争关系，妨碍、排除了重庆歌舞团使用或授权许可他人使用涉案作品参与涉案比赛评选的机会，攫取了重庆歌舞团通过使用和许可使用的途径取得奖金等物质利益及奖项、声誉、巡演机会等无形利益的权利，客观上影响了涉案作品的潜在市场或价值，影响了重庆歌舞团对涉案作品的正常使用，不合理地损害了重庆歌舞团就涉案作品享有的合法权利。综上所述，梅林中学被诉侵权行为无法构成著作权法意义上的合理使用，侵害了重庆歌舞团的表演权，应当承担相应的法律责任。

【二审法院观点】本案中，梅林中学认可未经重庆歌舞团许可表演了涉案作品，但对该行为，梅林中学认为构成"课堂教学"和"免费表演"的合理使用情形。我国法律法规明确规定了合理使用的原则性条款及具体情形，以平衡著作权人利益与公共利益。首先，从著作权法规定的具体情形看，梅林中学的涉案行为从适用主体、使用方式等方面分析均不符合"课堂教学"的合理使用情形；其次，从合理使用的原则性条款看，一种行为能够成为合理使用的前提之一是"不得不合理地损害著作权人的合法利益"。本案中，梅林中学的被诉侵权行为与重庆歌舞团作为著作权人对作品的使用在同一领域，妨碍了重庆歌舞团使用或授权许可他人使用涉案作品参与涉案比赛评选的机会，攫取了重庆歌舞团通过使用和许可使用涉案作品的途径取得奖金等物质利益及奖项、声誉、巡演机会等无形利益的权利，不合理地损害了重庆歌舞团就涉案作品享有的合法权利。故该使用行为不能构成"免费表演"的合理使用情形。

【案例评析】在符合"三步检验标准"的情形下，可以对作者或著作权人所拥有的著作权进行某种程度的限制，此种限制和例外即对作品的合理使用。"三步检验标准"即认定构成合理使用的三个条件：在某些特殊情况下使用作品，对作品的使用不损害作品的正常使用，不致无故侵害作者的合法利益。对著作权的合理限制是出于公共利益的考量，例如，保护言论与新闻自由、促进教育事业的发展、保障国家机关依法执行公务、保障少数民族以及阅读障碍者获得知识的权利等。根据《著作权法》第 24 条的规定，免费表演已经发表的作品，该表演未向公众收取费用，也未向表演者支付报酬，且不以营利为目的，构成合理使用，可以不经著作权人许可，不向其支付报酬，但应当指明作者姓名或者名称、作品名称。之所以规定上述情形构成合理使用，是因为该免费表演的情形不会损害作品的正常使用，也不会无故侵害作者的合法利益，例如，在家庭内部进行表演、在单位内部联欢会上表演、为特殊群体进行公益性演出等。本案中，法院认为梅林中学的行为不构成《著作权法》规定的合理使用情形中的"免费表演"，主要原因有三点：第一，梅林中学在表演时未指明涉案作品名称及作者姓名。搜狐网、深圳新闻网对梅林中学参加欧洲大奖赛所作的报道载明了涉案作品编导为韩某、周某某，但该署名行为并非梅林中学所实施，且梅林中学在参加欧洲大奖赛进行表演时并未指明作者姓名或者名称、作品名称。虽然梅林中学指导老师刘某在报名欧洲大奖赛时填报了涉案作品的编导为韩某、周某某，但该行为也不足以使观众知晓作者姓名或者名称、作品名称。梅林中学表演涉案作品时并未指明作者姓名或者名称、作品名称，使涉案舞蹈作品与作者之间的联系受到了削弱，不合理地损害了著作权人的合法权益。第二，梅林中学不属于免费表演已经发表的作品。合理使用情形中的"免费表演"须不以营利为目的。而梅林中学参加香港站演出、深圳站演出、海外桃李杯大赛、欧洲大奖赛表演涉案作品的目的并非仅仅是为展示学生舞蹈学习成果，还有加强其艺术特长生自主招生优势的考虑，即通过涉案表演取得了实质性利益，因此，不构成合理使用。需要说明的是，《民办教育促进法》第19条规定："民办学校的举办者可以自主选择设立非营利性或者营利性民办学校。但是，不得设立实施义务教育的营利性民办学校。非营利性民办学校的举办者不得取得办学收益，学校的办学结余全部用于办学。营利性民办学校的举办者可以取得办学收益，学校的办学结余依照公司法等有关法律、行政法规的规定处理。"也就是说，《民办教育促进法》上"营利性"和"非营利性"学校的区别在于举办者是否可以取得办学收益。该"营利性"与《著作权法》所规定的免费表演"不以营利为目的"是不同的，后者是指表演者没有从表演中获得经济利益。因此，不能根据民办学校的非营利性质笼统认定其实施的各项行为均不具有"营利目的"。第三，梅林中学的涉案行为损害了涉案作品的正常使用，侵害了作者的合法利益。梅林中学的涉案行为属于面向公众的公开演出，如果观众在现场或者通过演出视频观看了梅林中学对涉案舞蹈作品的表演，则其很可能不会再去购票欣赏原告重庆歌舞团的表演，因此，被告的涉案表演对原告自身的表演或原告授权他人对涉案舞蹈作品的表演有一定的替代性，可能侵害原告的经济利益。

案例 2-14　通过私人影院的投影点播设备提供影片在线播放服务，使公众可以在其选定的时间和地点获得作品，已落入信息网络传播权控制的范畴——原告北京说说唱唱文化传媒有限公司与被告北京影奥莱文化传媒有限公司侵害作品信息网络传播权纠纷案①

【裁判要旨】北京影奥莱文化传媒有限公司（以下简称影奥莱公司）在未经北京说说唱唱文化传媒有限公司（以下简称说说唱唱公司）授权许可的情况下，通过其经营的私人影院的投影点播设备提供涉案影片的在线播放服务，使公众可以在其选定的时间和地点获得作品，已落入信息网络传播权规制的范畴。

【案情简介】济湧影业有限公司为电影《阵头》的著作权人。2014 年 2 月 15 日，济湧影业有限公司出具授权书将涉案影片著作权之信息网络传播权以独家、专有权的形式授权给被授权人吉时娱乐股份有限公司（含转授权）。授权期限自该授权书签署之日起至该作品著作权保护期限届满时止。2019 年 1 月 1 日，吉时娱乐股份有限公司出具授权书，将涉案影片的独家、专有信息网络传播权、放映权不可撤销地授权给说说唱唱公司。授权期限自 2019 年 1 月 1 日至 2023 年 12 月 31 日。授权地区：中国大陆/内地（不含港澳台）。说说唱唱公司提交的可信时间戳证书及视频载明，说说唱唱公司委托代理人在 2019 年 9 月 17 日来到"影奥莱私人影院（百子湾四惠店）"观影室内，通过投影点播设备，搜索点击后可在线正常点播涉案电影《阵头》。被告影奥莱公司辩称，涉案电影系影奥莱公司从案外人北京艾斯普蓝科技有限公司（原北京暴风新影科技有限公司，以下简称暴风公司）处购买的私影系统软件中自带的电

① 北京知识产权法院 (2022) 京 73 民终 110 号民事判决书。

影，并提供了潘某（甲方，影奥莱公司执行董事兼经理）与暴风公司（乙方）签订的暴风影音媒资及播放平台合作合同（点播影院）。该合同载明："1.1 产品清单及价格：集成播控服务系统，含 4000 部 2K 全景声片源；1.2 乙方服务内容：（1）媒资与播控集成系统：（A）提供所有的媒体资源管理功能，并通过云平台提供服务，使用暴风科技的自由传输网络进行内容更新，更新的速度取决于存储服务器所在的网络速度……7.2 乙方提供的内容与软件服务须符合国家的法律、法规和政策规定，乙方须对提供的内容及软件服务的合法性承担相应的法律责任……7.6 甲方使用的所有平台内容均为乙方享有知识产权或乙方获得授权的内容，甲方不得自行在设备中加入或更新非乙方提供的内容，否则由甲方承担因此导致的任何问题。甲方使用乙方提供的内容的范围仅限于私人影院业务，不得超出此范围使用乙方内容或授权第三方使用乙方内容……"

【一审法院观点】本案中，说说唱唱公司提供了涉案影片片尾署名截图、公证转递核验材料及授权链条完整的著作权授权文件，在无相反证据的情况下，可以认定说说唱唱公司在授权区域及授权期间内享有涉案影片的专有性信息网络传播权及维权权利。信息网络传播权，即以有线或无线方式向公众提供作品，使公众在个人选定的时间和地点获得作品的权利。信息网络传播行为系指将作品、表演、录音录像制品置于网络中，使公众能够在个人选定的时间和地点以下载、浏览或者其他方式获得的行为。本案中，影奥莱公司通过其开设私人影院的播控设备提供涉案影片的在线点播播放服务，用户可以按照其选定的时间和地点获取涉案影片，故影奥莱公司通过播控设备提供涉案影片的行为已落入信息网络传播权规制的范畴。关于影奥莱公司辩称涉案影片由案外人暴风公司提供，其不应承担责任的主张，一审法院认为，首先，影奥莱公司并未提交有效证据证明其享有涉案影片信息网络传播权的合法授权；其次，本案系侵权之诉，影奥莱公司的法定代表人潘某与案外人暴风公司签订的合同等系其与合同相对方的约定，不具有对外效力；最后，影奥莱公司作为专业的影视服务提供方，对外提供涉案影片点播服务以获取利益，主观上存在过错。综上，可以认定影奥莱公司侵害了说说唱唱公司对涉案影片享有的信息网络传播权，应当承担停止侵权、赔偿损失的法律责任。

【二审法院观点】根据一审法院查明的事实，影奥莱公司在未经说说唱唱公司授权许可的情况下，通过其经营的私人影院的投影点播设备提供涉案影片的在线播放服务，使公众可以在其选定的时间和地点获得作品，已落入信息网络传播权控制的范畴。影奥莱公司与暴风公司之间签署的合同仅能约束合同双方，不能对抗涉案影片的著作权人，影奥莱公司作为专门从事影视付费播放服务的主体，不能证明其就涉案影片的权利状态和授权主体进行了合理审查，即不能证明其已尽到合理注意义务和主观上无过错，在此情况下，可以认定影奥莱公司作为侵权主体应当承担相应的侵权责任。

案例2-15 被诉侵权影院的经营者为观影者提供涉案电影的播放和场所，侵害了著作权人的放映权——原告美亚长城影视文化（北京）有限公司与被告上海芒季文化传媒有限公司中山北路店、上海芒季文化传媒有限公司侵害作品放映权纠纷案①

【裁判要旨】上海芒季文化传媒有限公司（以下简称芒季公司）作为被诉侵权影院的经营者，未经权利人许可，以收费方式为观影者提供涉案电影的播放及场所，侵害了美亚长城影视文化（北京）有限公司（以下简称美亚公司）就涉案电影享有的放映权。

【案情简介】涉案电影《笑傲江湖Ⅱ东方不败》由金公主电影制作有限公司出品，于1992年1月首次在台湾公映。中国大陆的发

---

① 上海市徐汇区人民法院（2021）沪0104民初20948号民事判决书。

行公司为美亚公司，发行期限为 2014 年 3 月 6 日起至永久；著作权持有人为 Mei Ah Development Co Ltd。Mei Ah Development Co Ltd 又将其专有独占性永久享有上述涉案电影在中国大陆/内地（不包括港澳台）范围内的所有权利（包括但不限于电影发行放映权、信息网络传播权等所有著作权权利）及与之相关的转授权权利和维权权利授权给美亚公司。芒季公司中山北路店系被诉侵权影院的经营者。2019 年 12 月 18 日，美亚公司通过可信时间戳取证，其委托代理人于取证当日至位于上海市普陀区中山北路 3345 号二层 208 室的被诉侵权影院，在该店包房内观看了被控侵权电影视频。

【法院观点】涉案电影载明的出品公司与发行权证明书记载的出品公司信息一致，可以确认涉案电影的出品公司金公主电影制作有限公司为原始著作权人。涉案电影出品公司将在中国大陆/内地（不含港澳台）范围内包含放映权、转授权权利和维权权利等授权给 Mei Ah Development Co Ltd，Mei Ah Development Co Ltd 又将其在中国大陆/内地（不含港澳台）包含放映权、转授权权利和维权权利等授权给美亚公司。故美亚公司独占享有涉案电影的放映权及维权权利，有权提起本案诉讼。芒季公司作为被诉侵权影院的经营者，未经权利人许可，以收费方式为观影者提供涉案电影的播放及场所，侵害了美亚公司就涉案电影享有的放映权，故美亚公司要求被告赔偿损失，合法有据。

【案例评析】上述两个案例的案情非常近似，被告均是在其经营的私人影院中提供电影播放服务，但法院的定性有所不同。在第一个案例中，法院认定影奥莱公司在未经著作权人授权许可的情况下，通过其经营的私人影院的投影点播设备提供涉案影片的在线播放服务，使公众可以在其选定的时间和地点获得作品，侵害了涉案电影的信息网络传播权。在第二个案例中，法院认定芒季公司作为被诉侵权影院的经营者，未经权利人许可，以收费方式为观影者提供涉案电影的播放和场所，侵害了美亚公司就涉案电影享有的放映权。根据《著作权法》关于放映权和信息网络传播权的定义，放映权是指通过放映机、幻灯机等技术设备公开再现美术、摄影、视听作品等的权利；信息网络传播权是指以有线或者无线方式向公众提供，使公众可以在其选定的时间和地点获得作品的权利。可见，放映权与表演权类似，均是在现场向公众传播作品的权利；而信息网络传播权是以有线或者无线方式远程向公众（交互式）传播作品的权利。根据《最高人民法院关于审理侵害信息网络传播权民事纠纷案件适用法律若干问题的规定》第 3 条第 2 款的规定，通过上传到网络服务器、设置共享文件或者利用文件分享软件等方式，网络用户、网络服务提供者未经许可，将作品、表演、录音录像制品置于信息网络中，使公众能够在个人选定的时间和地点以下载、浏览或者其他方式获得的，人民法院应当认定其实施了信息网络传播行为。因此，如果私人影院的经营者未经授权将电影作品上传到其自己的网络服务器（互联网服务器或局域网服务器）中，使顾客在个人选定的时间和地点观看该电影作品的，则经营者侵犯了作品的信息网络传播权。如果私人影院的经营者并未将电影作品上传到其自己的网络服务器中，而是直接使用暴风影音、爱奇艺、腾讯视频等网络视频播放平台的内容为客户提供电影播放服务的。又应当如何定性呢？一方面，如果私人影院的经营者明知或者应知网络视频播放平台传播涉案视听作品并未获得著作权人许可，其仍然在经营的私人影院中提供电影播放服务（提供观看设备和场地），则属于对网络视频播放平台侵害作品信息网络传播权提供帮助的行为，私人影院的经营者构成间接侵害作品信息网络传播权的行为。如果网络视频播放平台含有的视听作品数量众多、不断动态更新，只有很少部分视听作品为侵权作品，且私人影院的经营者对网络视频播放平台含有的视听作品没有控制力，那么私人影院的经营者对网络视频播放平台侵害作品信息网络传播权并不具有明知或应知的主观过错，其行为不构成对作品信息网络传播权的间接侵害。另一方面，基于《著作权法》关于放映权的定义，通过技术设备公开再现视听作品的行为人，主观上应当有再现特定视听作品的意图，客观上有能力对再现的视听作品加以限定和控制。如果私人影院的经营者与网络视频播放平台合作，限定了通过技术设备公开再现视听作品的范围，例如，制作放映电影清单并让顾客在清单范围内选择播放，或者安排技术设备按照设定顺序轮播电影并由顾客直接观看，该行为构成对视听作品放映权的侵害。如果私人影院的经营者提供的观看设备中集成了网络视频播放平台，但其客观上对网络视频播放平台播放的视听作品没有加以限定和控制，主观上没有为顾客再现特定视听作品的意图，那么其不构成对视听作品放映权的侵害。综上，对私人影院中提供电影播放服务的定性不能一概而论，应当根据案件事实，具体分析私人影院经营者的地位、作用，判断其侵害了何种著作权权利以及是否应承担侵权责任。

案例 2 - 16　直接以有线方式传播作品的行为不属于 2010 年修正的《著作权法》规定的广播行为——原告央视国际网络有限公司与被告乐视网信息技术（北京）股份有限公司著作权权属、侵权纠纷案①

【裁判要旨】　由于我国《著作权法》对广播权的规定来源于《伯尔尼公约》，其中的"有线传播"仅仅是指以有线方式转播无线广播的行为，并不包括直接以有线方式传播作品的行为。因此，被诉行为不属于我国《著作权法》规定的广播行为，应当适用 2010 年修正的《著作权法》第 10 条第 1 款第 17 项"其他权"这一"兜底规定"认定被诉行为的性质。

---

① 北京知识产权法院（2017）京 73 民终 840 号民事判决书。

【案情简介】《2015 年春晚》由中央电视台制作完成。《2015 年春晚》光盘显示"2015 年春节联欢晚会节目版权由中央电视台所有"。2009 年 4 月 20 日，中央电视台出具授权书，将其拍摄、制作或者广播的享有著作权或与著作权有关的权利，或者其所有获得相关授权的电视频道及其所含之全部电视节目（包括但不限于现有及今后之综艺晚会、访谈节目、体育赛事、社会活动、文化学术专栏、娱乐节目、重大事件报道、影视剧、动画片、纪录片等），通过信息网络向公众传播、广播（包括但不限于实时转播或延时转播）、提供之权利，授权央视国际网络有限公司（以下简称央视国际公司）在全世界范围内独占行使。北京市国立公证处作出的（2015）京国立内证字第 2730 号公证书显示：2015 年 2 月 18 日 21：30，打开乐视网站，依次点击页面上的"直播""卫视台""内蒙古卫视"，显示正在直播《2015 年春晚》，视频左上角 logo 为 CCTV1 综合和内蒙古卫视。直播时间为 21：31，公证过程对此后约一个小时的春晚直播进行了记载。乐视网信息技术（北京）股份有限公司（以下简称乐视公司）表示其对涉案春晚进行实时直播系通过接收江西电视台、内蒙古电视台的信号，将上述信号转化成数字信号后通过网站进行播放。

【一审法院观点】央视国际公司主张的《2015 年春晚》系观众通过互联网看到的央视春晚，与现场舞台演出不同，该画面系中央电视台对春晚现场摄制并经过一定编辑后形成的影像。因春晚现场拍摄并非对现场表演进行简单的机械录制，而是经过事先的缜密设计和编排。整个过程通常由总导演、总摄像、总编导统一指挥，按照事先拟定的脚本，由各个机位通过不同角度对现场表演进行多角度拍摄，同时，编导现场对摄制画面进行取舍、编排，插入字幕、事先录制的短片及外景等形成。因此，从独创性的角度分析，通过互联网呈现给观众的《2015 年春晚》，既非对现场表演活动的简单、机械录制，亦非仅对机位设置、场景选择、镜头切换等的简单调整，其所呈现的连续画面恰恰反映了制片者的构思，融入了创作者的创造性智力劳动，因此，较录像制品，春晚具有更高的独创性特征，应当认定为系以类似摄制电影的方法创作的作品。根据《2015年春晚》的署名，中央电视台作为制作者，应当享有著作权，有权将其享有的上述权利授予他人使用。而根据本案授权书的显示，中央电视台已将《2015年春晚》通过信息网络向公众传播、广播（包括实时转播）的权利授予央视国际公司独占享有，因此，央视国际公司有权就其所获得的授权提起本案诉讼。网络实时转播是将电视台或广播台直播的节目信号进行采集并转换为数字信号后，通过网络服务器实时提供给网络用户观看的行为。用户虽然可以通过网络直接观看节目，但与信息网络传播权所控制的行为不同，网络实时转播行为采用了非交互式的传播方式，用户只能在网络服务提供者指定的某个特定时间内获得作品，而无法基于个人意愿自由选择获得作品的时间。同时，该行为的传播途径并非我国现行广播权所控制的无线广播、有线转播及公开播放广播等方式，故其亦无法为广播权所调整。故针对该种行为应适用2010年修正的《著作权法》第10条第1款第17项的规定，对央视国际公司的权利进行保护。

【二审法院观点】被诉行为是乐视公司未经许可，在其网站中实时转播中央电视台定时播放的《2015年春晚》影像节目。依据《2015年春晚》著作权人中央电视台的授权，央视国际公司享有对《2015年春晚》的独占的包括实时信息网络传播和转播的权利，乐视公司涉案行为落入上述权利范围之内。被诉行为侵害了著作权中的何种权项？在我国2010年修正的《著作权法》规定的权项中，与被诉行为具有表面关联的有"信息网络传播权""广播权""表演权""放映权"和"其他权"。由于《著作权法》将"个人选定的时间和地点"即"交互性"规定为信息网络传播行为的构成要件，而被诉行为系定时转播行为,不满足该要件,因此,被诉行为不属于《著作权法》规定的信息网络传播行为。由于《著作权法》对广播权的规定直接来源于《伯尔尼公约》,其中的"有线传播"仅仅是指以有线方式转播无线广播的行为,并不包括直接以有线方式传播作品的行为,因此,被诉行为不属于《著作权法》规定的广播行为。《著作权法》规定的表演行为包括"活表演"(现场表演)和"机械表演"(用各种手段公开播送作品的表演)两种情况。被诉行为不属于《著作权法》规定的表演行为。如果对《著作权法》规定的放映权中的"通过放映机、幻灯机等技术设备"进行任意解释,理解为任何技术实现设备、手段和方式,则必然会得出"信息网络传播权""广播权"和"机械表演权"均属于"放映权"项下的"子权项"的结论,这种观点同样否定了《著作权法》中将上述权项进行并列规定的立法模式。因此,被诉行为不属于《著作权法》规定的放映行为。鉴于《著作权法》中可能的"有名"权项均无法控制定时转播行为,因此,应当适用 2010 年修正的《著作权法》第 10 条第 1 款第 17 项"其他权"这一"兜底规定"认定被诉行为的性质。法院据此认定乐视公司实施的被诉行为侵害了央视国际公司对《2015 年春晚》享有的 2010 年修正的《著作权法》第 10 条第 1 款第 17 项"其他权",依法应当承担相应的民事责任。

【案例评析】根据 2010 年修正的《著作权法》第 10 条的规定,广播权即以无线方式公开广播或者传播作品,以有线传播或者转播的方式向公众传播广播的作品,以及通过扩音器或者其他传送符号、声音、图像的类似工具向公众传播广播的作品的权利。上述关于广播权的定义来源于《伯尔尼公约》。根据《伯尔尼公约》第 11 条之二第 1 款"播放权"的定义,即文学艺术作品的作者享有下列专有权利:(1)授权广播其作品或以任何其他无线传送符号、声音或图像的方法向公众传播其作品;(2)授权由原广播机构以外的另一机构通过有线传播或转播的方式向公众传播广播的作品；（3）授权通过扩音器或其他任何传送符号、声音或图像的类似工具向公众传播广播的作品。也就是说，2010 年修正的《著作权法》第 10 条中的"以有线传播或者转播的方式向公众传播广播的作品"对应"由原广播机构以外的另一机构通过有线传播或转播的方式向公众传播广播的作品"。本案中，乐视公司表示其对涉案春晚进行实时直播系通过接收江西电视台、内蒙古电视台的信号，将上述信号转化成数字信号后通过网站进行播放。因此，乐视公司系通过互联网转播的方式向公众传播由江西电视台、内蒙古电视台广播的央视春晚作品，该行为似乎应当落入"以有线传播或者转播的方式向公众传播广播的作品"之中。但为何法院仍认为乐视网实施的上述行为并未侵害"广播权"呢？司法实践中有一种观点认为，上述"以有线传播或者转播的方式向公众传播广播的作品"并不包括通过互联网方式向公众传播广播的作品，仅包括以有线电视系统转播无线广播的作品。依据是《伯尔尼公约》最后一版签署时互联网还未诞生，上述"以有线传播或者转播的方式"不可能包括互联网方式。《保护文学和艺术作品伯尔尼公约：1971 年巴黎文本指南》指出："第二项是对这一发送进行后续使用的权利：作者享有授权通过有线（共用天线电视系统）或无线方式公开传播这一广播电视节目，只要这一传播是由并非原发送组织的另一组织进行的。"[1] 其中，"共用天线电视系统"即共用同一天线的接收端较为固定的有线电视系统。上述争论在现行《著作权法》颁布施行后已经不复存在。现行《著作权法》第 10 条规定的广播权，其控制的范围大幅度扩大，可以囊括所有非交互式的非现场远程传播行为。现行《著作权法》第 10 条

---

[1]　克洛德·马苏耶：《保护文学和艺术作品伯尔尼公约：1971 年巴黎文本指南》，刘波林译，中国人民大学出版社，2002，第 54－55 页。

规定的广播权（非交互式非现场远程传播行为）加上信息网络传播权（交互式非现场远程传播行为），即《世界知识产权组织版权条约》第8条规定的"向公众传播的权利"。乐视公司实施的涉案行为如果适用现行《著作权法》第10条予以评价，则该行为显然落入了现行《著作权法》第10条规定的广播权控制范围内。

案例2–17　网络直播行为系向传播发生地之外的公众进行传播的行为，网络主播直播时表演他人作品，不构成对著作权人表演权的侵犯——原告北京麒麟童文化传播有限责任公司与被告武汉斗鱼网络科技有限公司侵害作品著作权纠纷案①

【裁判要旨】《著作权法》规定的表演权中的"用各种手段公开播送作品的表演"指的是"机械表演"，即借助录音机、录像机等技术设备将前述表演公开传播，仅包括向现场的公众进行播放的行为，而不包括向传播发生地之外的公众传播的行为。据此，由于网络直播行为系向传播发生地之外的公众进行传播的行为，因而根据立法原意，表演权并不能涵盖网络直播行为。

【案情简介】青蛙乐队于2009年发表的歌曲专辑《我们爱音乐》中包含歌曲《小跳蛙》，时长为2分26秒，专辑中标有"北京麒麟童文化传播有限责任公司提供版权"字样。专辑内页显示涉案歌曲《小跳蛙》，词：彭某/李某，曲：彭某。彭某、李某于2009年7月签署著作权转让书，该书载明，《小跳蛙》的词作者彭某、李某，曲作者彭某，为该歌曲的词曲著作权全权拥有人，现特将其拥有的该歌曲在全世界范围内的包括但不限于出版、发行、复制、生产、播放、信息网络传播、编辑、宣传等著作权之使用权和邻接权全权转让给北京麒麟童文化传播有限责任公司（以下简称麒麟童公司）永久性独家拥有。"斗鱼"App和网站（以下简称斗鱼网站）

---

① 北京知识产权法院（2020）京73民终2905号民事判决书。

是一家在线解说网站，为用户提供视频直播服务，武汉斗鱼网络科技有限公司（以下简称斗鱼公司）为上述软件和网站的运营商。麒麟童公司提交可信时间戳证书用以证明，在2016年11月至2019年8月期间，包括冯某某在内的12位网络主播，在"斗鱼"直播间内在线直播的过程中，表演了歌曲《小跳蛙》共计59次，其中57次为唱歌，1次为吹笛子，1次为跳舞作为伴奏。

【一审法院观点】判断著作权侵权须首先明确麒麟童公司享有并主张的权利类型，才能正确判断被控侵权行为是否落入权利人著作权的控制范围。根据麒麟童公司在庭审中的陈述，其主张的侵权行为系主播在直播过程中演唱涉案歌曲等行为，对上述行为具体属于哪种权利类型的控制范围，麒麟童公司主张为表演权和他项权，同时同意法院对权利类型进行综合审查判断。通过网络直播表演歌曲，是随着网络技术发展出现的一种新兴商业模式和传播形态，就其性质的认定，目前尚未形成统一意见。直播即直接播送，是一种向公众直接提供内容的实时传播行为，被控侵权行为系在直播间中表演并通过网络进行公开播送的行为，在直播的基础上，还体现了对歌曲作品的表演。根据当事人的主张、目前的理论观点和司法实践，主要存在表演权和他项权两种划归意见。有观点认为，此种行为落入表演权的控制范围，具体理由为，表演权包括"现场表演"，强调表演行为的公开性和现场性，要求观众和表演者在相同时空中。而在网络空间进行直播的场景下，网络作为一种技术手段，特别是随着第5代移动通信技术（5G）革新，观众通过网络以隔着屏幕的方式实现了与表演者的面对面交流，使得网络直播行为实现了"现场表演"所要求的公开性和现场性。"一屏之隔"的直播表演与现场表演因互联网的实时传播而在感觉上变得相近，故此种行为属于公开表演作品的行为，落入表演权的控制范围。对此法院认为，根据2010年修正的《著作权法》第10条第9项的规定，表演权，即公开表演作品，以及用各种手段公开播送作品的表演的权利，包括"现场表演"和"机械表演"，并不控制通过网络向不在传播最初发生地的公众传播行为，故涉案行为应归入 2010 年修正的《著作权法》第 10 条第 17 项规定的其他权利的控制范围。我国《著作权法》对表演权定义"用各种手段公开播送作品的表演的权利"中的"公开播送"与《伯尔尼公约》中的"向公众传播"存在区别。"向公众传播"是指将作品（包括对作品的表演）传送至不在传播发生现场的公众。而我国《著作权法》表演权中的"用各种手段公开播送作品的表演"指的是"机械表演"，即借助录音机、录像机等技术设备将前述表演公开传播，仅包括向现场的公众进行播放的行为，而不包含向传播发生地之外的公众传播的行为。由于网络直播行为系向传播发生地之外的公众进行传播的行为，故根据立法原意，表演权并不能涵盖网络直播行为。如果将在直播间中表演并通过网络直播手段进行公开传播的行为纳入表演权的控制范围，将导致著作权中各项权利的控制范围发生交叉重叠。该项传播途径的关键在于通过网络公开直播，应与定时播放、实时转播等其他网络直播行为在权利类型划归上保持一致。故此，在直播间中表演并通过网络进行公开播送的行为应纳入 2010 年修正的《著作权法》第 10 条第 17 项规定的其他权利的控制范围。

【二审法院观点】本案被诉侵权行为系网络直播行为。网络直播是伴随互联网技术发展而产生的新兴的信息传播方式，是指在现场架设独立的信号采集设备，导入导播端，再通过网络上传至服务器，发布到网络供公众观看。网络直播通过音频、视频、图文等方式向观众传递实时发生的信息，实时性是网络直播最大的特点。网络直播的参与主体主要有网络直播平台、网络主播和网络直播节目的观看者。麒麟童公司提交的证据可以形成初步证据，证明网络主播冯某某在视频上传期间，系斗鱼公司的签约主播。主播签约方式是指网络主播与网络直播平台签订劳动合同或者其他合作协议，网络主播接受网络平台的管理和安排，平台对主播的内容具有直接的控制权和决定权。在此情况下，根据网络直播平台对签约主播的分工以及网络主播参与内容选择的程度，网络直播平台的性质是网络直播内容提供者，抑或与网络主播分工合作共同提供内容，网络直播平台均应当对网络主播直播中发生的侵权行为承担法律责任。

【案例评析】 网络主播在网络直播过程中未经著作权人的许可表演其音乐作品，该行为侵害了著作权人对音乐作品享有的著作权，但其行为侵害了哪一项专有权利则存在争议。根据《著作权法》第10条的规定，表演权即公开表演作品，以及用各种手段公开播送作品的表演的权利。表演权控制两类行为：一是公开表演作品的行为；二是用各种手段公开播送作品的表演的行为。"公开表演作品的行为"是指由人类所进行的现场表演，例如，由演员或歌唱家进行现场表演。"用各种手段公开播送作品的表演的行为"是指机械表演，即使用某种设备现场公开播放作品的表演，例如，在酒吧中使用音响设备播放某歌唱家演唱的音乐作品。因此，表演权控制的只能是现场表演的行为，无法控制非现场远程传播表演（含作品）的行为。而网络主播在直播过程中表演音乐作品，不具备交互性，网络用户不能在其个人选定的时间获得作品，网络主播表演什么音乐作品，网络用户就只能欣赏什么作品。因此，该行为也未落入信息网络传播权的规制范畴。综上，在现行《著作权法》颁布施行之前，对网络主播在网络直播过程中表演作品的行为，只能适用2010年修正的《著作权法》第10条第17项规定的其他权利加以规制。而在现行《著作权法》颁布施行之后，广播权已经成为一项可规制任何非交互式非现场远程传播行为的专有权利。网络主播在网络直播过程中表演作品的行为与网络电视台直接通过互联网以直播、定时播放方式提供作品的行为具有相同的性质，均落入广播权的控制范围。

案例 2 - 18　判断被诉行为是否构成信息网络传播行为，应采用服务器标准，而非用户感知标准或实质性替代标准——原告深圳市腾讯计算机系统有限公司与被告北京易联伟达科技有限公司侵害作品信息网络传播权纠纷案①

【裁判要旨】判断被诉行为是否构成信息网络传播行为，应采用服务器标准，而非用户感知标准或实质性替代标准。依据服务器标准，如果被诉行为系将涉案内容置于向公众开放的服务器中的行为，则该行为系信息网络传播行为。将涉案内容置于网络中传播的是乐视网信息技术（北京）股份有限公司（以下简称乐视网），而非北京易联伟达科技有限公司（以下简称易联伟达公司），易联伟达公司仅提供了指向乐视网中涉案内容的链接。在易联伟达公司未实施将涉案作品置于向公众开放的服务器中的行为的情况下，其虽然实施了破坏技术措施的行为，但该行为仍不构成对涉案作品信息网络传播权的直接侵犯。

【案情简介】电视剧《宫锁连城》的 DVD 外包装注明：本剧信息网络传播权归腾讯公司独家所有。2014 年 4 月 9 日，湖南经视公司出具授权书，将《宫锁连城》一剧的独占专有的信息网络传播权授予深圳市腾讯计算机系统有限公司（以下简称腾讯公司），权利内容包括：独占信息网络传播权、独占维权权利、转授权权利。授权范围：中国境内（不含港澳台）。授权使用期限：6 年。（2015）浙杭钱证内字第 20894 号公证书显示：2015 年 6 月 4 日，使用手机下载"快看影视"并安装。点击快看影视，进入应用主页面，点击搜索框输入"宫锁连城"，点击"搜索"，进入相关页

---

① 北京知识产权法院（2016）京 73 民终 143 号民事判决书。

面；点击第一个搜索结果"宫锁连城未删减版"，进入相关页面，显示播放来源：乐视网，并有44集的剧集排列，点击"8"，进入播放页面，显示来源于乐视网，随机拖动进度条可进行播放。庭审中，腾讯公司表示其曾将涉案作品非独家授权乐视网使用，但播出范围仅限于在乐视自有平台播放，乐视网不得超出范围传播作品。腾讯公司与乐视网的授权书约定，乐视网的使用方式仅限于本站服务器存储方式。未经书面许可，不得通过任何方式，包括但不限于转许可、跳转链接、深层链接、播放器嵌套、共同设立合作频道、以授权第三方使用域名的方式与第三方合作等，以使本合同以外的第三方（出于政策原因必须合作的除外）得以直接或间接地使用本合同授权作品。同时，乐视网应采取措施防止在授权平台上使用的本合同项下的授权作品被本合同以外的第三方通过任何方式得以直接或间接地使用。腾讯公司还主张，乐视网在官网上有明确的著作权声明，禁止任何第三方对其进行视频盗链，否则依法追究相关法律责任，故易联伟达公司使用涉案作品不可能有任何合法来源，其实际上对涉案作品的链接内容进行了编辑和处理，破坏了乐视网的技术保护措施而设置链接，其行为具有主观故意；同时故意引诱用户使用其应用，未支付任何著作权、广告、宣传等成本，却提供涉案作品的点播和下载服务，侵犯其所享有的独家信息网络传播权。为查清事实，一审法院就此向案外人乐视网进行了调查，乐视网提供其采取禁链措施的截屏，表示其已经采取禁链措施，并提供乐视网与腾讯公司之间的授权合同书等文件，表示其并未与易联伟达公司就快看影视播放涉案电视剧达成合作关系，易联伟达公司应属盗链行为。易联伟达公司表示，公证书显示涉案电视剧是链接自乐视网，但其并未与乐视网签订过合作协议，而是通过技术手段抓取乐视网等视频网站的相关视频，聚合到了"快看影视"App中。乐视网虽然采取了防盗链的措施，但比较简单，该公司知晓如何通过技术手段的设置来破解乐视网的技术措施，通过可绕开禁链设置的网页搜索爬虫，抓取相关视频资源然后设链，机器进行自动匹配，获取来源于各影视网站的视频。该公司只提供链接服务，缓存是为了方便网络用户，由用户决定是否需要缓存，缓存的内容也并不在该公司服务器上，缓存并非下载。公司所设置的链接是链接到有合法授权的乐视网上，并不构成对腾讯公司独家信息网络传播权的侵害。

【一审法院观点】根据腾讯公司提交的发行许可证、权利声明、协议书等相应证据，在无相反证据情况下，可以认定腾讯公司获得了涉案电视剧在授权期限内的独家信息网络传播权，有权以自己的名义向侵权人主张权利、提起诉讼。在技术飞速发展的背景下，不能将"提供"行为仅限于"上传到网络服务器"这一种行为方式，还必须合理认定技术发展所带来的其他"向公众提供作品"的行为方式，科学界定聚合平台提供服务的性质。本案中，公证书显示，"快看影视"App不仅提供了深度定向链接，还进行了选择、编排、整理等工作，如制作节目列表、提供节目简介、设置播放界面和观看模式、去除视频来源的权利管理电子信息及被链网站广告、设置专题分类等，其行为已超出单纯提供搜索、链接服务的范畴，使用户的搜索选择或在专题中点选的行为与设链网站上具体视频之间形成了深层对应关系，用户得以在该聚合平台上直接实现对涉案作品的观看。"快看影视"App的具体服务提供方式，扩大了作品的域名渠道、可接触用户群体等网络传播范围，分流了相关获得合法授权视频网站的流量和收益，客观上发挥了在聚合平台上向用户"提供"视频内容的作用，产生了实质性替代效果，却未向权利人支付获取分销授权的成本支出。故对易联伟达公司有关仅提供链接服务不构成侵权的辩称不予采信。

【二审法院观点】对何为信息网络传播行为，实践中一直存在不同认定标准，主要包括服务器标准、用户感知标准以及一审判决所持实质性替代标准等，这一争论集中体现在对本案所涉深层链接行为的性质认定上。有观点认为，互联网技术日新月异，服务器标准对现出现的一些新的传播方式已无能为力，因此，有必要考虑其合理性。本案一审判决中所采用的实质性替代标准即从该角度出发，指出"在技术飞速发展的背景下，不能将'提供行为'仅限于'上传到网络服务器'这一种行为方式，还必须合理认定技术发展所带来的其他'向公众提供作品'的行为方式，科学界定聚合平台提供服务的性质"。尽管如此，本案中，二审法院依然认为服务器标准是信息网络传播行为认定的合理标准。二审法院所持观点是：信息网络传播行为是信息网络传播权所控制的行为，对该行为的认定属于事实认定范畴，服务器标准最为符合信息网络传播行为这一客观事实属性。依据服务器标准，信息网络传播行为是指将作品置于向公众开放的服务器中的行为。需要特别指明的是，此处的"服务器"系广义概念，泛指一切可存储信息的硬件介质，既包括通常意义上的网站服务器，也包括个人电脑、手机等现有以及将来可能出现的任何存储介质。之所以坚持服务器标准，除同方股份有限公司与湖南快乐阳光互动娱乐传媒有限公司侵害作品信息网络传播权纠纷案①中已论及的国际条约、国内法的立法渊源、司法实践现有做法等相关考虑因素之外，主要原因还在于服务器标准与信息网络传播行为的性质最为契合。具体而言，《著作权法》有关信息网络传播权的规定决定了信息网络传播行为必然是一种对作品的传输行为，且该传输行为足以使用户获得该作品。在网络环境下，这一传播行为的对象是作品的数据形式。在信息网络传播过程可能涉及的各种行为中，只有初始上传行为符合上述要求，因此，信息网络传

---

① 北京知识产权法院（2015）京知民终字第 559 号民事判决书。

播行为应指向的是初始上传行为。因任何上传行为均须以作品的存储为前提，未被存储的作品不可能在网络中传播，而该存储介质即为服务器标准中所称"服务器"，因此，服务器标准作为信息网络传播行为的认定标准最具合理性。《最高人民法院关于审理侵害信息网络传播权民事纠纷案件适用法律若干问题的规定》第 3 条第 2 款规定，"通过上传到网络服务器、设置共享文件或者利用文件分享软件等方式，将作品、表演、录音录像制品置于信息网络中，使公众能够在个人选定的时间和地点以下载、浏览或者其他方式获得的，人民法院应当认定其实施了前款规定的提供行为"，其中"置于"信息网络中的行为即初始上传行为。不过需要强调的是，初始上传行为指向的是每一个独立的网络传播过程中的初始上传行为，而非将作品第一次置于网络中的行为。就本案所涉链接行为而言，链接行为的本质决定了无论是普通链接，还是深层链接行为，其均不涉及对作品任何数据形式的传输，而仅仅提供了某一作品的网络地址。用户是否可以获得作品完全取决于被链接网站，如果被链接网站删除了作品，即使该链接地址仍然存在，网络用户仍不可能获得作品。但反之，如果链接提供者删除了该链接，则只要被链接网站实施了初始上传作品于信息网络的行为，且未删除该作品，则该作品仍然处于公开传播状态，用户仍然可以获得这一作品。这一情形充分说明，任何链接行为本身均不会使用户真正获得作品，无法如初始上传行为一样，满足信息网络传播权定义中有关使用户"获得作品"的要求。实质性替代标准作为判断信息网络传播行为的认定标准，不从行为特征角度出发，而是强调该行为所带来的获益及损害，这一做法明显违反基本法律逻辑，扩张了法律规定的信息网络传播权的范围。基于前文分析，判断被诉行为是否构成信息网络传播行为，应采用服务器标准，而非用户感知标准或实质性替代标准。依据服务器标准，如果被诉行为系将涉案内容置于向公众开放的服务器中的行为，则该行为系信息网络传播行为。本案中，易联伟达公司向用户提供"快看影视"App，虽然用户在该App界面下即可以实现对涉案作品的在线观看，但由公证书可看出，其内容播放页面中显示了乐视网相应页面的地址，且点击该地址可进入乐视网页面。上述事实说明，将涉案内容置于网络中传播的是乐视网，而非易联伟达公司，易联伟达公司仅提供了指向乐视网中涉案内容的链接。在易联伟达公司未实施将涉案作品置于向公众开放的服务器中的行为的情况下，其虽然实施了破坏技术措施的行为，但该行为仍不构成对涉案作品信息网络传播权的直接侵犯，一审法院作出的被诉行为侵犯被上诉人信息网络传播权的认定有误。只有在存在直接侵权行为的情况下，教唆或帮助行为才会与该行为构成共同侵权行为。本案中，因乐视网系合法授权网站，其传播行为属于合法行为，故虽被诉行为对乐视网的传播行为起到帮助作用，但被诉行为仍不符合帮助侵权行为的认定要件，该行为不构成共同侵权行为，不应承担相应民事责任。至于一审判决所考虑的被诉行为是否属于主动定向链接、易联伟达公司是否进行了选择、整理及编排等因素，则只有在被链接网站的传播行为构成直接侵权的情况下，才可能对易联伟达公司的主观过错认定产生影响，并进而影响对被诉行为是否构成共同侵权行为的认定。在被链接网站已获合法授权的情况下，上述因素的存在并不会使被诉行为被认定为共同侵权行为。

【案例评析】 根据《著作权法》第10条的规定，信息网络传播权即以有线或者无线方式向公众提供，使公众可以在其选定的时间和地点获得作品的权利。根据《最高人民法院关于审理侵害信息网络传播权民事纠纷案件适用法律若干问题的规定》第3条第1款的规定，网络用户、网络服务提供者未经许可，通过信息网络提供权利人享有信息网络传播权的作品、表演、录音录像制品，除法律、行政法规另有规定外，人民法院应当认定其构成侵害信息网络传播权行为。根据上述定义，信息网络传播行为是指通过信息网络以交互方式向公众提供作品的行为。但在司法实践中，对于什么是"提供作品"存在较大争议，并由此产生了服务器标准、用户感知标准、实质性替代标准。其中用户感知标准与实质性替代标准比较接近，两者均认为提供作品的链接在特定情形下属于"提供作品"。两者的差异在于，用户感知标准是从用户的主观感受（用户主观上认为作品来源于链接提供者）出发进行判断，实质性替代标准是从客观效果（设置链接的效果可以达到实质性替代著作权人传播作品的效果）出发进行判断。服务器标准则认为，只有将作品上传至网络服务器中（将作品置于信息网络中）的行为，才是受信息网络传播权控制的行为，即"提供作品"的行为。信息网络传播行为，实际上是网络环境下的特殊的复制行为和发行行为。将作品上传至网络服务器中，即在网络服务器中形成了作品的复制件。将该网络服务器中作品的复制件向公众开放访问权限，即网络环境下的发行行为。而单纯设置链接的行为不会产生作品的复制件，也不会形成新的网络传播源，设置链接的效果系增加了网络服务器中已有作品复制件的访问次数。如果将作品上传至网络服务器系经过著作权人许可的行为，那么针对该网络服务器中的作品设置链接的行为，即帮助正版作品传播的行为，不可能构成侵害作品信息网络传播权的行为。设置链接的行为虽然不可能单独构成侵害作品信息网络传播权的行为，但设置链接仍然可能承担相应的法律责任。例如，设置链接的主体与他人通过意思联络以分工合作的方式共同将侵权作品上传至网络服务器中，则设置链接的主体与他人构成共同侵害作品信息网络传播权。设置链接的主体明知或应知他人未经著作权人许可将侵权作品上传至网络服务器中，而为该侵权作品设置链接，帮助侵权作品传播，则构成帮助侵害作品信息网络传播权。如果设置链接的主体在设置链接过程中在自己的链接页面中提供相应广告服务，却同时屏蔽被链接网站的广告，该行为可能对被链接网站经营利益造成损失，同时使设置链接的主体获得不当利益，该行为违反诚实信用原则和公认的商业道德，构成不正当竞争行为。

案例2-19 有证据证明网络服务提供者与他人以分工合作等方式共同提供作品、表演、录音录像制品，构成共同侵权行为的，应当承担连带责任——原告中文在线数字出版集团股份有限公司与被告阿里云计算有限公司侵害作品信息网络传播权纠纷案①

【裁判要旨】有证据证明网络服务提供者与他人以分工合作等方式共同提供作品、表演、录音录像制品，构成共同侵权行为的，应当承担连带责任。两人以上依法承担连带责任的，权利人有权请求部分或者全部连带责任人承担责任。

【案情简介】2011 年 12 月 30 日，佀某某签订授权书并与中文在线数字出版集团股份有限公司（以下简称中文在线公司）签订"中文在线数字版权服务合作协议"，授权中文在线公司及其关联公司在全球范围内对授权作品的数字著作权享有专有使用权，包括但不限于信息网络传播权等权利。2015 年 1 月 27 日，中文在线公司的委托代理人在北京市东方公证处公证人员的监督下，对通过"云手机助手"下载涉案应用程序的情况进行证据保全，过程为：在计算机上通过"搜狗搜索"搜索"阿里云手机助手"，点击第一个搜索结果"阿里云手机助手下载 | 阿里云手机助手官方下载 V3.4.0.6020 最新版下载"，将名称为 YunOSzhushou－3.4.0.6020－20141217 的压缩文件下载到计算机。点击 YunOSzhushou－3.4.0.6020－20141217 压缩文件安装"云手机助手"，并点击"开始使用"，页面显示"欢迎使用云手机助手"；将手机开机后恢复出厂设置，按照"云手机助手"的相关提示，打开手机自带的"百度"客户端扫描计算机中

---

① 北京知识产权法院（2016）京 73 民终 47 号民事判决书。

"云手机助手"上显示的二维码标识，在手机上下载并安装"云手机助手"，并通过"无线连接"方式将手机与计算机连接；点击计算机上的"装应用"，将鼠标移至"分类"栏目，点击"资讯阅读"，搜索"海岩小说"，点击第一个搜索结果"海岩小说全集"打开页面，显示：海岩小说全集，版本 1.2.0，大小 7MB，0 次下载，下方有应用程序截图、应用描述及应用评价栏目。点击"下载"将文件下载到计算机，并将该文件安装到手机。在浏览器地址栏中输入 www. miitbeian. gov. cn／，进入"工业和信息化部 ICP/IP 地址/域名信息备案管理系统"页面，查询"yunos. com"的备案信息，显示其主办单位为阿里云计算有限公司（以下简称阿里云公司）。阿里云公司认可阿里云手机助手个人电脑客户端系由其进行运营和管理，并认可上述公证过程中下载的"海岩小说全集"应用程序中所包含的小说内容与中文在线公司主张权利的作品内容具有一致性。庭审中，阿里云公司提交该公司（甲方）与案外人广州市动景计算机科技有限公司（以下简称动景公司）（乙方）于 2014 年 6 月 17 日签订的应用服务合作协议，该协议约定：甲方负责甲方平台的维护，对甲方应用中心的产品进行运营管理、系统维护和业务推广，为乙方平台提供的应用及软件提供展示、推广服务。乙方经营有名为"UC 应用中心"的应用市场，甲方通过甲方应用中心展示乙方平台提供的软件信息，供甲方用户下载使用。乙方通过邮件、FTP 或URL 链接等将乙方产品交付给甲方，通过甲方平台进行信息服务。乙方向甲方开放乙方平台应用程序编程接口（Application Programming Interface，API），甲方通过 API 接口导入乙方产品到甲方应用中心，供甲方用户下载使用。甲方有权利对导入的乙方应用的合法性、合规性、是否涉及黄赌毒、是否含有病毒等问题进行审核，若乙方产品违反甲方的审核规则，甲方有权向乙方发出询问或改正的通知，如乙方不予改正的，甲方有权对该产品下架。一审庭审中，中文在线公司表示未将涉案作品的信息网络传播权授予过动景公司。

【一审法院观点】中文在线公司经倡某某授权，获得了涉案作品的信息网络传播权专有使用权，该权利受法律保护。中文在线公司发现侵权行为的时间处于该公司的被授权期限内，故其有权以自己的名义提起本案诉讼。除法定情形外，未经许可使用他人作品，未向著作权人支付报酬的，应承担相应的侵权责任。有证据证明网络服务提供者与他人以分工合作等方式共同提供作品、表演、录音录像制品，构成共同侵权行为的，应当判令其承担连带责任。本案中，根据阿里云公司与案外人动景公司签订的应用服务合作协议约定的内容，由阿里云公司提供平台，动景公司提供应用及软件，供阿里云公司的用户下载使用，且该过程双方具有充分的意思联络，故阿里云公司与动景公司构成以分工合作方式共同提供涉案作品的行为。阿里云公司的行为侵犯了中文在线公司的信息网络传播权，应当承担停止侵权、赔偿损失的法律责任。

【二审法院观点】阿里云公司经营的"云手机助手"向公众提供涉案应用程序，使网络用户可以在其个人选定的时间、地点实现对涉案作品的阅读与下载。阿里云公司称涉案应用程序来源于案外人动景公司的UC应用市场，并提交了其与动景公司签订的应用服务合作协议和"云手机助手"后台记录予以证明。首先，根据应用服务合作协议的约定，动景公司是UC应用市场经营者，其向阿里云公司开放平台API接口，阿里云公司通过API接口导入动景公司UC应用市场产品到其应用中心，供用户下载使用。"导入……到"一般应理解为"将……存储到"，故从该协议文本的字面意思理解，阿里云公司与动景公司并非单纯的API数据接口服务关系，阿里云公司系将动景公司UC应用市场产品存储到其应用中心，供用户下载使用。其次，阿里云公司提交的"云手机助手"后台记录显示涉案应用程序存储于淘宝软件公司经营的"tbcache.com"网站，即便如阿里云公司所述涉案应用程序来源于动景公司 UC 应用市场，阿里云公司亦未提交证据证明或说明为何涉案应用程序会存储在淘宝软件公司经营的网站中。巧合的是，阿里云公司和淘宝（中国）软件有限公司（以下简称淘宝软件公司）为关联公司。因此，现有证据无法证明涉案应用程序来源于其他第三方，在无其他相反证据推翻的情况下，法院合理认定阿里云公司经营的"云手机助手"向公众提供了涉案应用程序，其行为侵犯了中文在线公司对涉案作品享有的信息网络传播权，应承担相应的侵权责任。

【案例评析】在侵害作品信息网络传播权纠纷案件审理中，首先要判断是否存在直接侵犯作品信息网络传播权的行为，即是否存在未经著作权人许可通过信息网络以交互方式向公众提供作品的行为。提供作品行为的判断标准，应遵循服务器标准。只有直接侵权行为成立，才可能存在间接侵权行为，即对他人实施直接侵害作品信息网络传播权予以教唆、帮助的行为。区分直接侵权行为和间接侵权行为是有意义的，因为两者的举证责任不同。行为人实施直接侵犯作品信息网络传播权的违法行为，其是否承担损害赔偿责任，实行过错推定责任原则，即应当由实施信息网络传播行为的主体举证证明其没有主观过错，如其不能举证证明，则推定该主体存在主观过错。行为人实施间接侵犯作品信息网络传播权的行为，不实行过错推定责任原则，即应当由著作权人举证证明提供网络服务的主体存在主观过错，如其不能举证证明，则应承担败诉的不利后果。根据《民法典》第 1197 条的规定，网络服务提供者知道或者应当知道网络用户利用其网络服务侵害他人民事权益，未采取必要措施的，与该网络用户承担连带责任。网络服务提供者的主观过错即《民法典》第 1197 条所规定的"知道或者应当知道"及"未采取必要措施"。网络服务提供者在主观上知道或者应当知道网络用户利用其网络服务侵害他人作品信息网络传播权，而未采取必要措施的，即构成间接侵权行为（帮助网络用户实施侵权行为）。本案中，原告、被告双方争议的焦点是，被告阿里云公司系涉案侵权 App"海岩小说全集"的提供者，还是信息存储空间网络服务的提供者。如果阿里云公司系涉案侵权 App"海岩小说全集"的提供者，那么应当由阿里云公司举证证明其不存在过错，即举证证明其传播涉案作品经过了著作权人授权，如其不能证明，则推定其具有主观过错，构成侵犯涉案作品信息网络传播权的行为。如果阿里云公司系信息存储空间网络服务的提供者，则应当由原告中文在线公司举证证明阿里云公司知道或者应当知道有网络用户利用其网络服务侵害原告作品信息网络传播权，而阿里云公司未采取必要措施，帮助侵权作品传播。根据阿里云公司提交的与案外人动景公司（乙方）于 2014 年 6 月 17 日签订的应用服务合作协议，动景公司是 UC 应用市场经营者，其向阿里云公司开放平台 API 接口，阿里云公司通过 API 接口导入动景公司 UC 应用市场产品到其应用中心，供用户下载使用。根据该约定，阿里云公司并非被动地向网络用户提供信息存储空间网络服务，而是与动景公司存在意思联络，双方达成了以分工合作的方式共同提供涉案侵权 App 的主观意图，并共同通过信息网络以交互方式向公众提供涉案作品，因此，阿里云公司与动景公司均实施了直接侵犯涉案作品信息网络传播权的违法行为，又未能举证证明其不具有主观过错，故阿里云公司与动景公司应承担连带责任。两人以上依法承担连带责任的，权利人有权请求部分或者全部连带责任人承担责任，本案中原告中文在线公司仅请求阿里云公司承担侵权责任，因此，一审法院未追加动景公司作为共同被告是正确的。阿里云公司承担全部侵权责任后，如果其认为实际承担的责任超过自己责任份额，有权向动景公司追偿。

案例 2 - 20　网络服务提供者在具备合理理由知晓涉案侵权行为存在的情况下，未采取合理措施防止其发生，主观上具有过错

——原告中文在线数字出版集团股份有限公司与北京搜狐互联网信息服务有限公司侵害作品信息网络传播权纠纷案①

【裁判要旨】网络服务提供者在具备合理理由知晓涉案侵权行为存在的情况下，未采取合理措施防止其发生，主观上具有过错，应承担赔偿损失的侵权责任。

【案情简介】图书《张居正》（一至四卷）版权页均载明熊某某著。2012 年 4 月 6 日，熊某某（甲方）与中文在线数字出版集团股份有限公司（以下简称中文在线公司）（乙方）签订中文在线数字版权服务合作协议，该协议约定甲方授权乙方在全球范围内对包括涉案权利作品在内的多部作品的数字著作权享有专有使用权，包括信息网络传播权、制作、复制、发行、传播数字代码形式的作品等权利及转授权。在协议有效期内，乙方独家对授权作品进行维权。合同有效期为五年。sohu. com 为北京搜狐互联网信息服务有限公司（以下简称北京搜狐公司）经营管理的网站域名。2016 年 12 月 21 日及 2016 年 12 月 28 日，中文在线公司的授权代理人在北京市方正公证处公证员及工作人员的监督下，对涉案网站提供涉案作品的情况进行证据保全，过程如下：在浏览器地址栏输入 www. sohu. com 进入"搜狐网"首页；点击"社区"，打开的页面左上角标注有"SOHU. COM 搜狐社区"，地址栏显示为"club. news. sohu. com"；在点击"社区论坛地图"打开的上述页面中点击"文学艺术"之下的"啃书一族"，显示的页面中部为罗列的网帖条目，上方有"全部帖子""精华帖""图集"等选项，点击"精华帖"，显示的页面罗列若干网帖，其中有一个网帖题目为"【通告】啃书一族作品目录全攻略

---

① 北京知识产权法院（2018）京 73 民终 922 号民事判决书。

（不断更新中）"（以下简称涉案网帖），其后标注有"精华"图标和"置顶"图标，标注的作者为"浅弄流花"；点击"浅弄流花"，显示的页面载有"浅弄流花，女，等级：12，头衔：狐法王，职务：斑竹"等信息。点击打开该网帖，顶端标注有"阅读：1683，回复：31"，网帖主体内容均为罗列的条目，每个条目均为一部作品名称及后缀的一个"club. cul. sohu. com"打头的网址，且系列网帖按照作品名称首字的拼音首字母顺序排列；网帖左侧均有用户头像，下方标注有网名"浅弄流花""狐法王12"字样；其中，发表于2016年11月12日23：38：56的网帖中罗列的是首字拼音首字母为Z的作品条目，其中第二个条目为"《张居正》http：//club. cul. sohu. com/zz0056/thread/29gj52eykmt"；点击该条目中的链接网址，显示相应页面，中部为网帖内容，开头载有"《张居正》，作者：熊某某，第六届茅盾文学奖获奖作品"字样及《张居正》内容简介等内容，网帖内容上方标注有"张居正，阅读6851，回复934"及页码，网帖内容左侧有用户头像，其下标注有"霓虹满城"及"狐之王者15"。网帖显示有38个页面，随机抽取其中若干页面进行浏览，页面内容与涉案作品对应部分内容一致。北京搜狐公司为了证明版主（斑竹）行为不能代表其公司，提交了《搜狐社区用户条款》网页打印件，其中载有："第14条，本社区设定由站长、社区管理员和斑竹组成的梯级管理体系。第15条，本社区站长由搜狐公司社区组正式全职员工担任；站长行使本社区全部站务管理职责和权力；站长代表本社区官方立场。除站长之外的任何社区管理人员及网友言论，由其本人承担，均与本社区立场无关。"

【一审法院观点】在无相反证据的情形下，根据出版物、授权书等证据，可以认定中文在线公司享有涉案作品的信息网络传播权专有使用权。他人未经许可对涉案作品进行信息网络传播必然损害中文在线公司的相关利益，故中文在线公司为本案适格主体，有权提起本案诉讼。首先，公证录像中浏览的部分网页显示了涉案作品第一卷至第四卷的部分内容，且网页顺序及位置与相应章节顺序及位置能够相互对应。其次，中文在线公司公证过程中并未显示涉案网站对网帖内容阅读权限进行限制。同时，北京搜狐公司虽辩称涉案网站可能并未完整显示涉案文字内容，但其在作为涉案网站经营者具有举证便利性的情况下，并未提交原始数据、代码等证据予以证明。根据在案证据，可以认定北京搜狐公司经营的搜狐社区（涉案网站）传播了勘验比对时显示的涉案文字内容。根据对涉案网站进行证据保全过程中显示的涉案网站标识情况、网帖中显示的用户信息及双方当事人陈述的意见，可以认定涉案文字内容由网络用户上传，北京搜狐公司对涉案文字内容提供了信息存储空间服务。现涉案文字内容经比对与涉案作品具有一致性，且无证据表明该传播行为获得了权利人的授权，故可以认定网络用户上传涉案文字内容侵害了权利人对涉案作品享有的信息网络传播权。一般情况下，信息存储空间服务提供者对网络用户上传到其网站中的作品没有主动进行审查的义务，只有在其明知或者应当知道他人上传的作品构成侵权但仍然不采取相应措施时，才应承担赔偿责任。本案中，涉案网帖汇集了大量包含文学作品的网帖链接，并通过加精华和置顶进行了推荐，无论具体实施推荐操作的版主是否为北京搜狐公司的全职员工，其进行加精华和置顶的操作权限皆系北京搜狐公司审核后授予，故其推荐行为的后果应由北京搜狐公司承担，由于涉案网帖的内容就是作品的名称及网帖链接，故上述推荐行为会使用户更有针对性、更便捷地找到相应文学作品，提升涉案网站用户的使用体验，从而可能为网站经营者赢得相应的利益，故北京搜狐公司作为涉案网站经营者对涉案网帖负有相应的更高注意义务。其次，涉案网帖内容为直接罗列的大量文学作品的名称及链接，其中还包括大量知名作品，北京搜狐公司只要稍加注意，很容易即可发现包括涉案作品在内的大量文字作品存在其间，且其基于常识亦应知晓权利人将该等作品大量地交由网络用户免费传播可能性极小，而该种传播方式侵权风险极高。综上，北京搜狐公司在具备合理理由知晓涉案侵权行为存在的情况下，未采取合理措施防止其发生，主观上具有过错，应承担赔偿损失的侵权责任。

【二审法院观点】北京搜狐公司虽主张中文在线公司提供的公证书可能无法证明在证据保全时涉案网站完整呈现了涉案作品，但其并未提供任何证据对之予以证明。鉴于涉案公证过程中并未显示涉案网站对网帖的内容阅读权限进行了限制，且北京搜狐公司亦未提供足以推翻上述认定的反证，故对北京搜狐公司关于中文在线公司无法证明其传播了涉案作品的全部文字内容的上诉理由，法院不予采信。北京搜狐公司在具备合理理由知晓涉案侵权行为存在的情况下，未采取合理措施防止其发生，主观上具有过错，应承担赔偿损失的侵权责任。故对北京搜狐公司关于其仅提供信息存储空间服务，并无主观过错的上诉理由，法院亦不予采信。

【案例评析】本案中，含有作品《张居正》的涉案网帖为网友发布，涉案作品的著作权人中文在线公司否认曾授权该网友传播涉案作品，因此，该网友发布包含涉案作品的上述网帖侵害了涉案作品的信息网络传播权，构成直接侵权行为。被告北京搜狐公司经营"SOHU. COM 搜狐社区"，系网络论坛信息存储空间服务的提供者，其并未直接向网络用户提供涉案作品，因此，不构成直接侵权行为，但如果其知道或者应当知道网络用户"霓虹满城"利用其提供的信息存储空间服务侵害涉案作品的信息网络传播权，而未采取必要措施的，则其应当与网络用户"霓虹满城"承担连带责任。那么应当如何判断网络服务提供者"知道或者应当知道"呢？根据《最高人民法院关于审理侵害信息网络传播权民事纠纷案件适用法律若干问题的规定》第9条的规定，"人民法院应当根据网络用户侵害信息网络传播权的具体事实是否明显，综合考虑以下因素，认定网络服务提供者是否构成应知：（一）基于网络服务提供者提供服务的性质、方式及其引发侵权的可能性大小，应当具备的管理信息的能力；（二）传播的作品、表演、录音录像制品的类型、知名度及侵权信息的明显程度；（三）网络服务提供者是否主动对作品、表演、录音录像制品进行了选择、编辑、修改、推荐等；（四）网络服务提供者是否积极采取了预防侵权的合理措施；（五）网络服务提供者是否设置便捷程序接收侵权通知并及时对侵权通知作出合理的反应；（六）网络服务提供者是否针对同一网络用户的重复侵权行为采取了相应的合理措施；（七）其他相关因素。"上述司法解释第12条针对信息存储空间服务提供者应知网络用户侵害信息网络传播权，进一步规定了若干具体情形："（一）将热播影视作品等置于首页或者其他主要页面等能够为网络服务提供者明显感知的位置的；（二）对热播影视作品等的主题、内容主动进行选择、编辑、整理、推荐，或者为其设立专门的排行榜的；（三）其他可以明显感知相关作品、表演、录音录像制品为未经许可提供，仍未采取合理措施的情形。"本案中，涉案网帖由搜狐社区的版主"浅弄流花"汇总收录至精华帖，并置顶推荐。网络论坛的版主包括两类：一类是网络论坛运营公司的工作人员；另一类是接受网络论坛运营公司的委托，负责管理论坛某些板块的网友。执行法人或者非法人组织工作任务的人员，就其职权范围内的事项，以法人或者非法人组织的名义实施的民事法律行为，对法人或者非法人组织发生效力。法人或者非法人组织对执行其工作任务的人员职权范围的限制，不得对抗善意相对人。因此，如果网络论坛的版主是网络论坛运营公司的工作人员，那么该工作人员对论坛进行管理的行为（包括对网帖加精华、置顶推荐）属于职务行为，该行为对网络论坛运营公司发生法律效力，即法律责任应由网络论坛运营公司承担。如果网络论坛的版主是接受网络论坛运营公司的委托，负责管理论坛某些板块的网友，那么基于委托代理关系，代理人（网友）在代理权限内，以被代理人（网络论坛运营公司）名义实施的民事法律行为，对被代理人发生效力，即法律责任仍应由网络论坛运营公司承担。本案中，涉案作品《张居正》曾获第六届茅盾文学奖，具有一定的知名度。搜狐社区的版主"浅弄流花"将含有该作品的网帖进行汇总收录整理和置顶推荐，该行为应视为网络论坛运营公司实施的行为。通过上述行为，涉案侵权网帖已经处于搜狐社区中明显可感知的状态，北京搜狐公司作为网络论坛信息存储空间服务的提供者，应当知道涉案侵权网帖的存在，并应当知道著作权人授权网络用户免费传播涉案作品的可能性非常低。在此情形下，北京搜狐公司未与网络用户核实著作权授权情况，也未对涉案侵权网帖采取任何屏蔽、删除、断开链接等必要措施，构成间接侵权（帮助侵权），应当与发布涉案侵权网帖的网络用户"霓虹满城"承担连带责任。

案例2-21　应用商店的运营者具有很强的控制力和管理能力，且从应用程序的分发中直接收益的，对侵权行为负有较高的注意义务——原告中文在线数字出版集团股份有限公司与被告苹果公司侵害作品信息网络传播权纠纷案①

【裁判要旨】如果应用商店的运营者对应用商店网络服务平台及通过该平台传播的应用具有很强的控制力和管理能力，使其不同于单纯提供信息存储空间服务的网络服务提供者，且从应用程序的

---

① 北京知识产权法院（2017）京73民终1952号民事判决书。

分发中直接收益的，应用商店的运营者应对开发商的侵权行为负有较高的注意义务。

【案情简介】2012 年 1 月 6 日，著作权人温某某向中文在线数字出版集团股份有限公司（以下简称中文在线公司）出具授权委托书，授权中文在线公司及其关联公司在全球范围内对授权作品的数字著作权享有专有使用权，包括但不限于信息网络传播权等权利。授权期限自 2011 年 8 月 27 日起至 2015 年 8 月 27 日止。授权作品目录包括《乱世情怀》《四大名捕会京师》等（以下简称涉案作品）。根据涉案作品等出版物的署名，温某某系这些作品的作者。2012 年 11 月 2 日，中文在线公司委托代理人在北京市东方公证处公证人员的监督下，在该公证处使用公证处连接网络的电脑进行了如下操作：打开电脑，将公证购买的 touch 设备拆封并使用数据线连接至电脑；在电脑中打开 iTunes 软件，点击页面右上方的"登录"，输入"Apple ID"及密码进行登录；在该软件页面右上方搜索栏内输入"温某某"进行搜索，出现若干搜索结果，搜索结果中含有名为"温某某精排版作品全集"的 App，点击该应用图标进入详情页面；该应用详情页面显示，应用名称为"温某某精排版作品全集"，发布于 2011 年 5 月 25 日，版本 1.0，开发商 Cobra Sunny，内容提要为"本书精心排版、收录了温某某大师的经典力作《四大名捕系列》等精品，共计 81 本作品"，内容提要部分亦包括所含作品详细目录，屏幕截图部分含有图书封面；点击"￥6.00 购买 App"购买该应用；点击 iTunes 软件页面左上方的"应用程序"，显示前述下载的"温某某精排版作品全集"App 图标，在 Windows 资源管理器找到该 App 对应的文件"温某某全集 1.0. ipa"；在 iTunes 软件页面左侧"设备"中点击"如镜的 ipod touch"，将上述"温某某精排版作品全集"App 同步至该设备中；在该 ipod touch 设备中浏览前述同步的 App 后，将该设备封存。法院组织双方当事人对上述"温某某精排版作品全集"App 中含有涉案作品的情况进行了比对，中文在线公司及苹果公司均认可两者一致字数约 12171.5 千字。中文在线公司表示，没有授权任何个人开发者在苹果应用商店传播涉案作品，也没有授权任何机构在苹果应用商店以温某某单本电子书或温某某作品合集的形式传播涉案作品。苹果公司在其官方网站上（www. apple. com）发布的《苹果应用商店审核指南》中记载："1.1 作为一个应用商城的应用开发者，你要受你和 APPLE 之间的该计划许可协议、用户界面规约和其他许可或者合同的条款的约束。……8.5 使用受保护的第三方资料（商标、版权、商业秘密，其他的专利内容）时需要有一份文本形式的权利证明书，此证明书必须按要求提供。……11.11 通常你的应用越贵，我们就会审核得更彻底。11.12 提供订阅的 App 应用程序必须使用 IAP，如同前述《开发者计划许可协议》中规定的一样，APPLE 将和开发者按照 3∶7 的比例分享此类商品的订阅收入。"《苹果应用商店审核指南》下方标注有"APPLE，2011"等字样。购买上述"温某某精排版作品全集"App 后，购买者的邮箱收到电子收据一份，该收据尾部有"Apple Inc."字样。此外，域名 itunes. com 的所有者为苹果公司。

【一审法院观点】知识产权的侵权责任，适用被请求保护地法律。现原告中文在线公司提起诉讼主张的侵权行为系在中国大陆通过运营苹果应用商店提供涉案应用程序下载服务，被请求保护地为我国境内，故本案关于著作权的侵权责任，应适用我国《著作权法》的相关规定。根据涉案作品图书署名情况，温某某系涉案作品的作者。温某某向中文在线公司出具授权委托书，将涉案作品全球范围内的信息网络传播权专有使用权授权中文在线公司行使，被控侵权行为在上述授权期限内，故中文在线公司有权提起本案诉讼。

苹果公司为平台服务商,其一方面作为 iTunes 程序的开发者并提供该程序的免费下载,另一方面与开发商签订协议,是涉案协议的当事人,并依据协议的约定,在苹果应用商店运营中承担包括协议内容、政策的修改,应用程序的审核、分销和撤销等重要职责。苹果应用商店 App Store 的运行界面上标注有"您在使用 MAC APP STORE、APP STORE 和 IBOOKSTORE 时受到下文所载之法律协议的管辖……Apple Inc."等字样;购买涉案应用后,电子收据尾部有"Apple Inc."字样;域名 itunes. com 的所有者为"Apple Inc.";苹果应用商店所有的应用程序或者由苹果公司自行开发,或者由与其签订协议的开发商进行开发。综合上述事实,法院认定苹果公司为应用程序商店的经营者。根据现有证据,涉案应用程序系第三方开发商开发。经比对,涉案应用程序中含有涉案作品部分内容。中文在线公司表示,没有授权任何个人开发者在苹果应用商店传播涉案作品,也没有授权任何机构在苹果应用商店以温某某单本电子书或温某某作品合集的形式传播涉案作品。苹果公司亦未举证证明涉案应用程序系经过合法授权。故涉案应用程序应为侵害涉案作品信息网络传播权的侵权应用程序。作为网络服务提供者,苹果公司是否应当对其签约许可开发应用程序的第三方开发商通过应用商店传播涉案作品的行为承担相应的法律责任,需要综合考虑以下因素:首先,苹果公司作为苹果应用商店的运营者,其对网络服务平台的控制力和管理能力。苹果 iOS 操作系统,作为一个相对封闭的操作系统,苹果公司通过包括"已注册的 APPLE 开发商协议"和"iOS 开发商计划许可协议"等一系列协议的签署,基本控制了该平台上应用程序开发的方向和标准。根据协议,苹果公司不但收费许可相关开发商使用苹果公司的软件编写、测试可运行在 iOS 环境下的应用程序,为开发商提供相关文档、软件(源代码和目标代码)、应用程序、示例代码、模拟器、工具、库、应用程序编程接口、数据、文件等内容和服务，还要求开发商开发的所有应用程序必须向苹果公司提交并由苹果公司选择分销并同意苹果公司酌情独自决定是否同意分销。对可以在苹果应用商店上发布的应用程序，苹果公司有权进行符合其自身政策需求的选择与挑选，而无须受到第三方应用开发者的限制。因此，苹果公司作为苹果应用商店的运营者，根据其自身规划的商业模式和运营政策及协议条款，对苹果应用商店网络服务平台及通过该平台传播的应用具有很强的控制力和管理能力，其不同于单纯提供信息存储空间服务的网络服务提供者。其次，苹果公司作为苹果应用商店的运营者，其通过苹果应用商店获取的利益和应承担的义务须协调一致。苹果公司在与第三方开发商的协议中，约定了固定比例的直接收益。因此，苹果公司应对开发商的侵权行为负有较高的注意义务。苹果公司在可以明显知晓涉案应用程序为该程序开发商未经许可提供的情况下，仍未采取合理措施，故可以认定苹果公司并未尽到注意义务，具有主观过错，其涉案行为构成侵权，应承担相应的法律责任。

【二审法院观点】对苹果公司为 App Store 应用程序商店的实际经营者的事实，在先生效判决北京市高级人民法院（2013）高民终字第 2079 号民事判决书已经予以确认。苹果公司没有改变经营模式，本案与生效判决确认的事实一致。因此，苹果公司为应用程序商店的经营者，有事实依据，应予维持。苹果公司主张艾通思公司为应用商店平台的经营者，但是现有证据显示其仅负责向中国地区的最终用户收取和结算相关费用，并无其他经营之责，因此对苹果公司的该项主张，不予支持。苹果公司作为 App Store 应用程序商店的实际经营者，根据其自身规划的商业模式和运营政策及协议条款，对 App Store 网络服务平台具有很强的控制力和管理能力，使苹果公司不同于单纯提供信息存储空间服务的网络服务提供者。一审法院基于此种管理控制能力认定苹果公司应当知晓涉案应用程序为该程序开发商未经许可的情况下提供的并无不当。

【案例评析】本案中，含有涉案作品的涉案应用由开发商 Cobra Sunny 上传至苹果应用商店。原告中文在线公司确认，没有授权任何个人开发者在苹果应用商店传播涉案作品，也没有授权任何机构在苹果应用商店以温某某单本电子书或温某某作品合集的形式传播涉案作品。因此可以认定，开发商 Cobra Sunny 实施了直接侵犯涉案作品信息网络传播权的行为。根据在案证据，被告苹果公司系苹果应用商店的经营者。应用商店类似于网络信息存储空间，应用开发者可以将其开发完成的 App 上传至应用程序商店内，提供给网络用户下载和使用。因此，应用程序商店的经营者类似于信息存储空间服务的提供者，如果其知道或应当知道应用开发者利用其应用程序商店侵害涉案作品信息网络传播权，而其未采取必要措施的，应当与应用开发者承担连带责任。本案中，被告苹果公司作为苹果应用商店的经营者并未对涉案应用进行选择、编辑、整理、推荐，也没有证据证明涉案应用位于应用程序商店首页或者其他主要页面等能够为苹果公司明显感知的位置，苹果公司也没有接到过原告中文在线公司发出的侵权通知，似乎不应认定苹果公司"知道或者应当知道"侵权应用的存在。但苹果公司经营的应用程序商店与安卓平台应用程序商店有明显区别：第一，苹果应用商店是较为封闭的经营体系，苹果公司根据其自身规划的商业模式和运营政策及协议条款，对苹果应用商店中的 App 具有很强的控制力和管理能力。任何应用如希望在苹果应用商店上架，均需要接受苹果公司的严格审核。《苹果应用商店审核指南》中记载："8.5 使用受保护的第三方资料（商标、版权、商业秘密，其他的专利内容）时需要有一份文本形式的权利证明书，此证明书必须按要求提供。"涉案应用中包含有大量小说内容，根据上述指南，应用开发者必须按照苹果公司要求提供一份权利证明书，而苹果公司在本案中并未举证证明其履行了上述权利证明审核义务。第二，苹果公司从涉案应用的传播中直接获得商业利益。上述指南记载："提供订阅的 App 应用程序必须使用 IAP……APPLE 将和开发者按照 3∶7 的比例分享此类商品的订阅收入。"根据《最高人民法院关于审理侵害信息网络传播权民事纠纷案件适用法律若干问题的规定》第 11 条第 1 款的规定，网络服务提供者从网络用户提供的作品、表演、录音录像制品中直接获得经济利益的，人民法院应当认定其对该网络用户侵害信息网络传播权的行为负有较高的注意义务。苹果公司从涉案应用的传播中直接分取一定比例的收入，基于权利义务相一致原则，其理应承担更高的注意义务。即使涉案应用并未处于应用程序商店内明显可感知位置，即使该涉案应用并不符合"红旗标准"，被告苹果公司亦应当承担对涉案应用的主动审查义务。从本案可见，对不同经营模式、不同审查能力的网络服务提供者，法院在确定其注意义务高低时可能适用不同的标准。

案例 2－22　信息存储空间服务提供者明知或应知有关文档未经权利人授权，而该文档阅读量又较大的，其负有较高的注意义务——原告北京中青文文化传媒有限公司与被告北京百度网讯科技有限公司侵害作品信息网络传播权纠纷案①

【裁判要旨】信息存储空间服务提供者明知或应知有关文档未经权利人授权，而该文档阅读量又较大的，其负有较高注意义务，应积极与上传者取得联系，对相关文档是否原创或者是否具有合法授权进行核实，采取有效措施防止侵权行为发生或持续。

【案情简介】王某系《考拉小巫的英语学习日记——写给为梦想而奋斗的人》（以下简称涉案作品）一书的作者。2011 年 12 月

---

① 北京市高级人民法院（2014）高民终字第 2045 号民事判决书。

1 日，王某出具授权书，将涉案作品的专有信息网络传播权授权给中国青年出版社。2011 年 12 月 5 日，中国青年出版社出具授权书，将涉案作品的电子版本在中国大陆的出版经营权独家授权给原告北京中青文文化传媒有限公司（以下简称中青文公司）。同日，王某亦出具授权书，同意并认可上述授权。中青文公司于 2013 年 8 月 13 日进行了公证，公证书记载：进入 www. baidu. com 网站后，点击"文库"，进入百度文库首页，在该页面百度文库空白搜索框内输入"考拉小巫的英语学习日记"，页面底端显示"找到相关文档约 699 篇"，点击其中日期为"2012 - 01 - 17"的"考拉小巫的英语学习日记"，页面显示涉案作品的内容节选共约 3.6 万余字，该文档的上传者为"361633417"，阅读量为 245045。用类似的方法进行搜索，可阅读其他 1 篇 word 文档、2 篇 pdf 文档、1 篇 txt 文档，上传时间分别为"2012 - 03 - 28""2012 - 03 - 19""2012 - 06 - 28""2012 - 05 - 14"，阅读量分别为 24499、2758、1259、12834，上传者分别为"祖国小绿叶 730""－－－个个人""水灵十一""woaiguo4"。网络用户阅读浏览上述文档的内容均为免费。北京百度网讯科技有限公司（以下简称百度公司）认可涉案作品存储于其服务器中，但认为其经营百度文库的行为属于提供信息存储空间网络服务的行为，并提供了百度文库帮助中的"文库介绍"、生效判决以及上传者的后台信息等证据。百度公司主张其在收到本案诉讼材料之后及时删除了涉案侵权作品，并于 2013 年 9 月 30 日对百度文库中已不存在涉案侵权作品的情况进行了公证。中青文公司对此不持异议。中青文公司于 2013 年 11 月 25 日对百度文库的"文库协议""财富值的用途""如何获得财富值"、文库活动等内容进行了公证，用于证明百度公司通过鼓励积分、财富值、实物奖励等方式诱导、鼓励用户上传文档，对上传的文档进行整理、分类及经营，借此获得巨大收益，百度公司享有直接经济利益，百度公司对网络用户上传涉案文档的行为提供帮助，具有过错。百度公司表示，百度文库开发的反盗版系统从2011年5月正式上线，对上传文档与正版资源库进行比对，对侵权文档的再次上传进行拦截。

【一审法院观点】王某于2011年12月1日出具的授权书明确将涉案的专有信息网络传播权授予中国青年出版社，其于2011年12月5日出具的授权书确认其同意并认可中国青年出版社同日将涉案作品电子数字形式的版本（包括但不限于电子书及网络传播版本）及专有信息网络传播权授予中青文公司，并授权中青文公司自行采取法律行动。中青文公司已经经著作权人王某的许可取得涉案作品为期五年的信息网络传播权的专有使用权，并有权以自己的名义提起诉讼，由于被控侵权行为发生在该专有使用权的有效期内，故其有权在本案中主张权利。中青文公司主张百度公司在百度文库中提供涉案作品的行为系直接侵害信息网络传播权的行为。百度公司主张其为信息存储空间服务提供者，并提供了五份文档的上传者后台信息，初步证明了涉案侵权文档由网络用户上传。中青文公司虽对此提出疑问，但未提交相反证据。综合考虑用户后台信息、百度文库文档内容的多样性、文档的数量及其增长速度，可以认定百度文库系信息存储空间，涉案侵权文档系由网络用户上传至百度文库服务器。百度文库使用涉案侵权文档的行为属于提供信息存储空间的网络服务行为。中青文公司主张百度文库使用涉案侵权文档的行为即使不构成直接侵权行为，也构成教唆、帮助等共同侵权行为。网络服务提供者对网络用户利用其网络服务实施的侵权行为承担共同侵权的连带责任的前提是其具有知道或者应当知道的主观过错，即使权利人未发出通知，网络服务提供者对侵权行为具有知道或者应当知道的主观过错的，仍然应当承担侵权责任。中青文公司主张涉案作品为畅销书，百度公司理应知晓该书并采取杜绝侵权的有效措施。但目前缺乏关于畅销书的统一界定和信息获取渠道，网络服务提供者难以在大量作品面世的情况下事先圈定畅销图书的范围并进行内容的屏蔽。仅仅由于涉案作品的知名度即赋予网络服务提供者以事前的或普遍的过滤、屏蔽或删除的义务并不适于当前社会的发展状况，也无益于文化的繁荣和发展。中青文公司主张百度文库对上传文档进行了主动选择、分类、编辑、整理，涉案作品的五份侵权文档均未出现在百度文库的推荐栏目中，其仅出现在空白框搜索的结果列表中，并未置于为网络服务提供者所明显感知的位置，百度公司已就作品上传完成之后至百度文库显示有关文档的延迟现象作出了系反盗版系统进行工作的合理解释，故在无相反证据的情况下，不足以证明百度公司对上传文档进行了主动选择。中青文公司主张百度文库从网络用户的上传行为中获得了直接的经济利益，存在教唆侵权行为。但网络用户在百度文库中阅读文档是免费的，百度公司并未从具体的文档中获得直接的经济利益。百度文库设置财富值、积分值奖励等的主要目的是鼓励网络用户分享文档、使用百度文库，从商业的角度而言是为了增加用户黏性，财富值等并不与经济价值直接挂钩，现亦无证据表明实物奖励等与上传文档的使用情况直接挂钩。中青文公司主张涉案侵权行为在百度文库中十分明显，百度公司对此应属于"应知"。在百度文库首页的推荐文档中，多数文档的阅读量仅为数千至数万人次，这说明文档阅读数量达到一定数值时即足以引起百度公司的关注。而最早于 2012 年 1 月 17 日上传的涉案侵权文档的阅读量达到了 245045 人次，五份侵权文档的阅读量总数更是达到了 286395 人次，远远超过了多数推荐文档的阅读量。百度公司对文库中文档的平均阅读数量等情况未予披露，但涉案侵权文档在百度文库中已属于热门文档，百度公司理应掌握有关信息并予以合理关注。然而，自 2012 年 1 月 17 日第一份侵权文档上传以来，至 2013 年 8 月 13 日中青文公司办理侵权内容公证为止，在长达一年多的时间内，百度公司并未采取任何行动，放任涉案侵权文档的传播，不能认为其积极履行了法律赋予的义务。涉案五份侵权文档上传者均为身份不明的匿名用户，上传文档的内容一致，字数均超过了 3.6 万字，包括 txt、word 等文本格式，文档标题即为涉案作品名称，百度公司以一般理性人的标准只需要施以普通的注意义务，即可发现有关文档取得授权的可能性极低，涉案文档具有相当大的侵权可能性。综合考虑以上因素，法院认定百度公司对涉案作品在百度文库中的使用和传播情况没有尽到合理的注意义务，也没有建立起足够有效的著作权保护机制，对涉案侵权行为具有应知的过错，其行为构成帮助侵权。百度公司主张其通过多种措施已经尽到网络服务提供者的合理注意义务，采取了合理、有效的技术措施，但百度公司掌握着百度文库中每份文档的阅读量/下载量等精确的信息，在现有的技术条件下，百度公司就文档的阅读量/下载量设定最低阈值触发审查机制是可行的。当文档的阅读量或者下载量达到一定规模时，可自动触发报警系统，网络服务提供者从而可以进一步跟进审查有关文档的内容，在有关文档的内容明显存在侵权可能性的情况下，与上传者积极联系，对上传作品是否原创或者是否具有合法授权的情况进行核实。

【二审法院观点】网络服务提供者构成直接侵权行为的前提是其存在提供作品的行为。本案中，百度公司主张其为信息存储空间服务提供者，并提供了涉案作品未经授权的五份文档的上传者后台信息，其中记载了上传者用户名、用户账号、注册邮箱、注册手机号、注册时间、互联网协议地址等信息，在我国尚无网络实名制的相关立法的情况下，百度公司提交的上述证据可以初步证明涉案侵权文档系网络用户上传。因此，对中青文公司关于百度公司上传涉案侵权文档，构成直接侵权行为的主张，法院不予支持。网络服务提供者对侵权行为具有知道或者应当知道的主观过错的，应当承担侵权责任。由于中青文公司并未就百度文库中存在涉案侵权文档事宜向百度公司发出通知，故不能确定百度公司对涉案侵权行为存在主观上明知的过错。"应知"过错的认定与对网络服务提供者合理注意义务水平的设定密切相关。在百度文库首页推荐的 6 篇文档中，多数文档的阅读量仅为数千至数万人次，百度公司对此的解释是这 6 篇文档作为首页推荐文档的原因是均为经权利人合法授权的文档，阅读数量不是首页推荐所考虑的因素，但上述事实至少说明：百度公司知道哪些文档是已经获得权利人授权的；百度公司可以获知文档阅读数量。那么百度公司对确知相关文档不属于已经过权利人授权，并且阅读量达到一定数值的文档即应给予足够的关注，应对该文档是否构成侵权采取必要措施。信息存储空间服务提供者，其在知道有关文档不属于已经过权利人授权并且阅读量又较大的文档，应负有较高注意义务，应积极与上传者取得联系，对相关文档是否原创或者是否具有合法授权进行核实，采取有效措施防止侵权行为发生或持续。百度公司主张其通过多种措施已经尽到网络服务提供者的合理注意义务，采取了合理、有效的技术措施，对本案侵权行为的发生不具有主观过错的主张不能成立。

【案例评析】在司法实践中，判断网络服务提供者是否具有知道或者应当知道的过错，可采用"避风港规则"和"红旗标准"。"避风港规则"是指，如果著作权人认为网络服务提供者提供的作品侵犯自己的信息网络传播权，可以向该网络服务提供者提交书面通知，要求网络服务提供者删除该作品，或者断开与该作品的链接。网络服务提供者接到著作权人的通知后，经审查判断权利人提交的书面侵权通知具有较大可能成立，则删除著作权人认为侵权的作品或断开与该作品的链接。此种情形下，网络服务提供者不构成帮助侵权，不承担赔偿责任，可以进入"避风港"。相反，网络服务提供者接到著作权人的通知后，经审查判断权利人提交的书面侵权通知具有较大可能成立，但仍然不删除著作权人认为侵权的作品或断开与该作品的链接，则构成帮助侵权，应承担赔偿责任。与"避风港规则"相联系的是"红旗标准"。"红旗标准"的设立是为了弥补"避风港规则"存在的不足，即如果著作权人并未向网络服务提供者发送侵权通知，但有证据证明网络服务提供者知道或者应当知道网络用户利用其网络服务侵害他人作品信息网络传播权，而未采取必要措施制止侵权行为的，则网络服务提供者不能进入"避风港"，仍应承担赔偿责任。"红旗标准"指明，如果著作权人可以证明侵权行为已经如同鲜艳的红旗般明显，则推定网络服务提供者应当知道侵权行为的存在，如果网络服务提供者在此情形下未采取必要措施对侵权行为加以制止，则构成帮助侵权，此时无须著作权人再向网络服务提供者发送侵权通知。"避风港规则"和"红旗标准"均起源于美国法，主要借鉴了美国《数字千年版权法》（Digital Millennium Copyright Act，DMCA）的相关规定，但我国法院在适用该原则过程中亦结合了我国《侵权责任法》上主观过错判定的一般规则。考虑到在平台中往往存在海量侵权作品，以及重复侵权行为多发的客观情况，向网络服务提供者发送侵权通知会耗费著作权人的大量时间成本和经济成本，而仍然不断有新的侵权行为发生，基于"通知－删除规则"的"避风港规则"往往无法有效制止侵权。因此，著作权人大多并未向网络服务提供者发送侵权通知，而是直接提起诉讼，主张网络服务提供者存在知道或者应当知道的主观过错，基于"红旗标准"请求法院认定网络服务提供者构成帮助侵权。而网络服务提供者多抗辩自身并未接到侵权通知，其并不知道或者应当知道网络用户利用其网络服务侵害原告作品的著作权，其未对侵权内容进行主动删除、屏蔽不构成帮助侵权。此类案件的争议焦点是，在著作权人并未向网络服务提供者发送侵权通知的情况下，网络用户利用网络服务提供者提供的网络服务侵害他人作品信息网络传播权，是否已经如同鲜艳的红旗般明显，网络服务提供者是否应当知道侵权行为的存在。《最高人民法院关于审理侵害信息网络传播权民事纠纷案件适用法律若干问题的规定》第12条规定："有下列情形之一的，人民法院可以根据案件具体情况，认定提供信息存储空间服务的网络服务提供者应知网络用户侵害信息网络传播权：（一）将热播影视作品等置于首页或者其他主要页面等能够为网络服务提供者明显感知的位置的；（二）对热播影视作品等的主题、内容主动进行选择、编辑、整理、推荐，或者为其设立专门的排行榜的；（三）其他可以明显感知相关作品、表演、录音录像制品为未经许可提供，仍未采取合理措施的情形。"以上司法解释规定即基于"红旗标准"列举了判断网络服务提供者应当知道侵权行为存在的若干具体情形，其中第3项为开放式表述，给法院在个案中基于"红旗标准"认定网络服务提供者存在应知的主观过错预留了空间。本案中法院认定，涉案五份侵权文档上传者均为身份不明的匿名用户，上传文档的内容一致，字数均超过了3.6万字，包括txt、word等文本格式，文档标题即为涉案作品名称，百度公司以一般理性人的标准只需要施以普通的注意义务，即可容易地发现有关文档取得授权的可能性极低，涉案侵权文档具有相当大的侵权可能性。信息存储空间服务提供者在知道有关文档不属于已经过权利人授权并且阅读量又较大的文档的情况下，应负有较高注意义务，应积极与上传者取得联系，对相关文档是否原创或者是否具有合法授权进行核实，采取有效措施防止侵权行为发生或持续。法院作出上述认定，即认为在百度文库平台上，如某文档名称为作品名称，该文档上传者身份不明且阅读量较大，则该文档构成侵犯他人著作权的可能性相当大，就如同鲜艳的红旗般明显，此时百度公司作为信息存储空间服务提供者应当主动采取删除、屏蔽、断开链接等必要措施，否则即构成帮助侵权行为。但本案法院判决存在的缺憾是，其并未明确百度文库平台中文档阅读量"较大"的具体量化标准，即文档的阅读量达到多少时网络服务提供者就应当主动进行审查并采取必要措施。于 2012 年 1 月 17 日上传的涉案侵权文档阅读量达到了 245045 人次，那么如果一个文档阅读数量达到了 80000 人次，是否达到了阅读量"较大"程度？或者应当将平台中阅读数量排名前 5% 的文档认定为阅读量"较大"？认定的具体量化标准是否有科学统计分析依据，或者可以通过法官的经验粗略估算？我们知道，法院判决的一个重要作用是指引，如果判决无法给当事人提供明确指引，那么就会造成法院裁判尺度如同黑箱，著作权人及网络服务提供者获得本案判决后仍然可能会无所适从，只能通过不同的案件进行反复试探以总结法院认定阅读量"较大"的规律，这无疑会给双方当事人带来不确定性和额外成本。另外，本案中法院认定，如某文档名称为作品名称，该文档上传者身份不明且阅读量较大，则该文档构成侵犯他人著作权的可能性相当大。但笔者认为，这一结论并不当然成立。在文库类平台中，超出著作权保护期限或者不受著作权法保护的内容，也可能符合上述条件，例如，《民法典》法律条文或者《唐诗三百首》。甚至从整体来考虑，人类历史发展至今，不受著作权法保护的作品数量应该远多于仍受著作权法保护的作品数量。因此，符合上述条件的文档是否具有较高的侵犯他人著作权的可能性，进而认定平台对此类文档是否具有较高的注意义务，仍然存在可进一步讨论的空间。

案例 2 - 23　网络服务提供者所采取的措施，并不符合有效制止、预防明显侵权的实质要求，应当认定其所采取的措施尚未达到必要的程度——原告北京爱奇艺科技有限公司与被告北京字节跳动科技有限公司侵害作品信息网络传播权纠纷案①

【裁判要旨】网络服务提供者在应当知晓用户利用其服务实施侵害作品信息网络传播权行为的情况下，确实开展了删除、屏蔽等

---

① 北京市海淀区人民法院（2018）京 0108 民初 49421 号民事判决书。

工作，满足了应当依法采取相应措施的形式要求，但如果其所采取的措施，并不符合有效制止、预防明显侵权的实质要求，那么应当认定其所采取的措施尚未达到必要的程度。

【案情简介】涉案视听作品《延禧攻略》片尾显示"独家信息网络传播权 独家广播权归爱奇艺公司所有"。2017 年 6 月，北京爱奇艺科技有限公司（以下简称爱奇艺公司）与东阳欢娱影视文化有限公司（以下简称欢娱公司）订立了网络剧《延禧攻略》独家许可使用协议，该协议约定欢娱公司将上述涉案作品独家信息网络传播权授予爱奇艺公司，授权期限自涉案作品在电视台平台首轮播出之日或在爱奇艺平台上线之日起 10 年。涉案作品于 2018 年 7 月 19 日起在爱奇艺平台独家首轮播出。多家媒体报道，涉案作品播出后总播放量突破 150 亿次。北京字节跳动科技有限公司（以下简称字节公司）系"今日头条"App 的运营者。今日头条平台中的"头条号"账号在 2018 年的视频发布量超过 1.5 亿，日均发布视频数量 47 万。用户在未注册状态下即可使用"今日头条"App，既可以通过搜索框查找相关内容后浏览，亦可采用点击屏幕后下拉的方式进行刷新，在随后出现的刷新结果中点击浏览相关内容。双方当事人共同确认，下拉刷新后出现的内容系采用信息流推荐技术实现的结果。根据字节公司网站的介绍，今日头条推荐系统是拟合一个用户对内容满意度的函数，解决用户和用户所处环境及资讯的匹配。它主要涉及内容分析、用户标签、评估分析以及内容安全。这个函数需要输入三个维度的变量：内容特征、用户特征、环境特征。内容特征：图文、视频、用户生成内容（User – Generated Content，UGC）小视频、问答，每种内容有自己的特征。用户特征：用户的每一次阅读都有可能成为用户的兴趣标签，还有用户的年龄和性别。环境特征：工作、通勤、旅游不同的场景用户对信息的偏好也会有所不同。算法模型综合上述三种特征，预测用户可能喜欢的内容，推荐给用户。模型并不是简单地点击什么推荐什么，它会考虑热度特征，用户对热门话题的点击未必会成为用户的兴趣标签，它也会考虑协同特征，分析和某用户相似的用户喜欢什么，也尝试推荐给该用户，避免越推越窄。今日头条拥有内容安全机制，内容需要通过统一的审核机制，审核通过后内容才会被真正推荐。如果有内容涉及低俗、低质、标题党，则是无法通过审核体系的。算法会与人工合作，对内容进行干预，保证内容安全。对经过初审的新内容，系统会进行加权推荐，提高分发权重，让所有用户有一定的概率能够看到这篇新的内容。在加权之后，新的内容大概会展现几千次。基于最初的几千次展现，观察用户对其产生的点击、分享、点赞等行为，机器就可以判断出哪些人群喜欢这篇内容、哪些人群不喜欢。如果一篇内容推荐效果很好，机器就会认为这篇文章具备潜质，会进一步扩量推荐给更多用户。例如，一篇内容点击率特别高，但同时负面评论、举报又特别多，那么这篇内容就会再次进入审核流程，即复审。爱奇艺公司据此认为上述介绍说明"今日头条"App 所推荐的内容是算法技术与人工审核相结合的结果，字节公司对推荐效果好的内容会进行加权推荐，涉案短视频上传后短时间内就达数万播放量，体现了信息流推荐的效果，也符合上述所称推荐效果好的会有复审流程，故字节公司应负较高的注意义务。字节公司认为人工干预及审核主要是针对违法违规情形，并不针对具体内容，其客观上也无法对全部内容进行人工审核，无从知晓涉案短视频的内容是否侵权。初审和复审均系通过技术和人工相结合的方式对违法违规的内容进行审核，但均不会对视频是否涉嫌侵犯著作权进行审核。字节公司无法进行著作权审核，且直到诉讼期间其也不做著作权方面的实时拦截和审核。2018 年 7 月 26 日至 2018 年 8 月 24 日，爱奇艺公司向字节公司邮箱发送了 27 封标题为"《延禧攻略》预警函"的电子邮件，内容为：爱奇艺公司享有涉案作品的独家信息网络传播权；任何未经许可以任何方式传播该作品的全部或部分的行为均属于侵权行为；望采取合理措施避免所经营的平台内出现侵权内容；如发现侵权情况，还请及时与爱奇艺公司取得联系，并立即对侵权内容采取删除、屏蔽、断开链接等必要措施。2018 年 8 月 14 日至 21 日，爱奇艺公司进行了公证取证，公证书载明：在"今日头条"App 中以"延禧攻略"为关键词进行搜索，在"视频"栏目下的搜索结果置顶处显示涉案作品相关内容，包括作品名称、年份 2018、导演、演员等，并显示"立即观看""爱奇艺"及相关图标。下方搜索结果显示有数十条标题中含有"延禧攻略"的短视频。点击播放其中标题为"《延禧攻略》44 集 5：出奇招 璎珞大获全胜被封另妃嘉嫔被惩罚"的短视频，显示发布账号"柄钧今说"，短视频片头显示"电视剧《延禧攻略》精彩片段 欢迎关注 柄钧今说"。在同一搜索结果中，点击播放其余 5 条标题中包含"延禧攻略"的涉案短视频。随后，分别在"今日头条"App 的"西瓜视频 – 推荐"和"首页 – 视频"栏目下，采用点击屏幕后下拉的操作方式进行刷新，在出现的更新结果中可点击播放部分涉案短视频，短视频中显示有"西瓜视频"水印。爱奇艺公司在上述期间共计取证到 904 条涉案短视频。爱奇艺公司委托律师于 2018 年 8 月 20 日通过邮政特快专递向字节公司寄送了律师函，内容为："今日头条"App 以短视频的方式大量传播涉案作品剧集的片段，传播的短视频数量极大、播放量极高、内容更新快，并且字节公司在"今日头条"App 中向网络用户进行了推荐，已涉嫌侵犯爱奇艺公司享有的独占性信息网络传播权。涉案作品正处于热播期，在网络用户中产生了巨大的热播效应，字节公司对热播作品在"今日头条"App 中的传播负有较高的注意义务。请字节公司删除涉嫌侵权的内容、停止对涉嫌侵权内容的传播、推荐等行为。字节公司认为，律师函未提供具体的链接地址，无法定位侵权短视频，并不属于符合法律规定的有效通知。

后爱奇艺公司又多次进行了公证取证。取证过程中出现的1314条涉案短视频均是对涉案作品的"切条"（直接截取自涉案作品剧集的视频片段，不属于"二次创作"等具有改编、演绎性质的短视频），均属侵权短视频；上述1314条短视频系"今日头条"App用户通过218个头条号账号上传、发布，播放总量共计94856023次；上述60条因持续传播故被重复取证到的涉案短视频中，51条被取证到两次，另有9条被取证到三次。爱奇艺公司主张，"今日头条"App中将涉案短视频向用户传播并形成连续推荐，达到了观看完整涉案作品的替代效果。字节公司称其于2018年8月16日起针对涉案作品采取主动的著作权管理措施，并于2018年8月22日起进一步升级著作权管理措施，包括：（1）系统的关键词筛查。自8月16日起使用关键词进行筛查，最初仅使用"延禧攻略"作为关键词筛查，后陆续添加并不断扩大系统筛查的关键词范围，包括"延禧"以及"魏璎珞""璎珞"等跟涉案作品主角相关的关键词。（2）针对关键词筛查结果进行二次人工筛查，即对是否属于花絮、宣传、采访、综艺视频等非涉案作品内容的视频进行筛查，避免误删。（3）由字节公司员工模拟用户使用"今日头条"App通过关键词搜索、信息流刷新等操作进行排查，检验前述步骤的效果并防止系统筛查的遗漏。对证明其采取上述具体措施的证据，字节公司明确表示没有证据证明，称相应措施的采取通过处理结果可以体现出来。诉讼中，爱奇艺公司主张，字节公司系与用户分工合作提供涉案短视频，构成共同侵权；即使字节公司不构成与用户分工合作侵权，也对用户的侵权行为构成了帮助，即字节公司的推荐行为极大地扩大了涉案短视频的传播范围，却未采取与其推荐技术相匹配的合理措施预防、制止侵权。

【法院观点】爱奇艺公司经许可获得了相应期限内涉案作品信息网络传播权的专有使用权，有权提起本案诉讼。关于字节公司是否构成分工合作共同侵权，尽管涉案用户实施侵权行为均利用了字节公司提供的网络服务，涉案短视频亦均通过"今日头条"App 实现了信息网络传播；但从客观方面来看，作为"今日头条"App 的运营者，字节公司并未参与到用户所实施的上传、发布侵权短视频的行为之中，从主观方面来看，亦缺乏证据证明针对用户所直接实施的侵权行为，该公司与用户之间存在相应的意思联络。用户对涉案侵权短视频的上传、发布，与字节公司对其进行的信息流推荐，尽管在客观上存在一定的关联，但两者属于各自独立进行决定和予以实施的行为，并不构成分工合作共同侵害涉案作品的信息网络传播权。关于字节公司是否构成帮助侵权，关键在于其是否知道或者有合理理由应当知道其用户实施了侵权行为，却仍未采取制止侵权的必要措施并继续提供技术支持。下列事实应作为判断字节公司对其用户侵权行为认知情况的重要因素：（1）涉案作品 43 天总播放量突破 150 亿次，证明涉案作品具有较高知名度。绝大部分涉案侵权短视频的传播，也正值涉案作品热播期间。（2）爱奇艺公司在涉案作品开播前及首轮播出期间，向字节公司连续发送了 20 余封预警函及律师函，告知了涉案作品相关的权利归属、播出平台、播出计划等情况，要求字节公司针对侵权采取必要措施。（3）涉案短视频均集中在字节公司专门设置的"西瓜视频－推荐""首页－视频"的视频栏目中，位置非常明显，且并非混杂于文字、图片、音频等多种内容、形式、类型等文件之中，进行识别的难度相对较小。（4）从爱奇艺公司取证的方式和过程看，普通用户通过不断刷新的方式即可连续获取"今日头条"App 推送的涉案短视频。结合今日头条平台算法推荐的介绍，相对于字节公司的技术水平、专业程度、服务方式和信息管理能力而言，发现涉案侵权短视频并不具有较高难度。（5）相当一部分涉案短视频的标题含有与涉案作品及其角色人物名称密切相关的关键词，仅采用简单的技术手段即可实现查找、定位。（6）侵权短视频的实际总量和实际播放量应大于当前通过取证所固定下来的数量，"今日头条"App中的涉案侵权行为，已远非个别用户所实施的偶发、零散、小规模的既不严重亦不明显的侵权现象。（7）对已经被正常推荐、进入传播过程中的短视频，平台仍然会对其传播热度（点击量）和评论情况进行监测，并对满足一定条件的短视频进行复审。对侵权视频信息，不存在字节公司难以知晓的情形。（8）字节公司称其于2018年8月16日起开始针对涉案作品采取主动的著作权管理措施，足以说明其在该日期之前已经对涉案短视频在"今日头条"App中的传播情况有充分了解。（9）爱奇艺公司的代理人于2020年7月31日和8月3日模拟用户使用"今日头条"App上传、发布短视频时，相关结果显示截取自涉案作品的短视频，即使标题与涉案作品无关，亦因侵犯著作权而无法通过系统审核；而内容并非源自涉案作品的短视频，即使标题与涉案作品有关，却仍能通过审核发布成功。由此可以证明，即便是在基于协同过滤的推荐技术无法识别视频内容的条件下，字节公司仍有能力通过其整体服务中算法推荐以外的其他环节，在一定程度上识别用户上传的短视频是否侵权。综上，法院认定字节公司知道其众多用户大量实施了涉案侵权行为。关于字节公司是否采取了必要措施，应当从两个方面进行判断：一方面，应当查明网络服务提供者是否根据用户侵权行为的方式以及自身所提供服务的性质、技术水平、信息管理能力等，实际采取了包括但并不限于删除、屏蔽、断开链接等措施；另一方面，应当判断上述措施的采取是否产生了制止和预防明显侵权的结果。根据查明的事实，可以认定字节公司针对用户的侵权行为采取了删除、屏蔽等措施。因此，问题的关键在于字节公司所采取的措施是否达到了必要的程度，即是否实现了制止和预防明显侵权的效果。首先，从爱奇艺公司所提交的证据来看，公证取证到的1314条侵权短视频中的大部分，恰恰都是在

2018 年 8 月 16 日即字节公司所称开始主动采取著作权管理措施之后新增的。而在整个取证过程中出现的数个侵权短视频单日增量高峰，以及上传届满 3 日的侵权文件全部删除，但在放任侵权用户持续发布和任由侵权文件传播满 3 日的情况下，在"传播新增侵权文件—满 3 日立即删除—再传播新增侵权文件—再满 3 日立即删除"的无限循环中，其仍可据此获得数量可观的"侵权流量"，从而给权利人造成严重的经济损失。字节公司作为"今日头条"App 的运营者，对具体采取了哪些措施以及采取的具体时间、方式、范围、成效等，仅在庭审中进行了单方陈述，既不提供具体数据，亦不提交证据证明，应当依法承担相应的不利后果。综上，字节公司在应当知晓用户通过"今日头条"App 利用其所提供信息存储空间和信息流推荐服务实施侵害涉案作品信息网络传播权之行为的情况下，确实开展了删除、屏蔽等工作，满足了应当依法采取相应措施的形式要求，但从本案证据所反映出的实际处理结果来看，其在当时所采取的措施，并不符合有效制止、预防明显侵权的实质要求，应当认定其在本案中所采取的相关措施尚未达到"必要"的程度。在此情况下，字节公司仍为实施侵权行为的用户提供相应的信息存储空间服务和传播技术支持，构成帮助侵权，应当与其用户承担连带责任。

【案例评析】本案中，原告爱奇艺公司在涉案作品开播前及首轮播出期间，向被告字节公司连续发送了 20 余封预警函及律师函，告知其经营的今日头条平台上存在大量侵权短视频，且涉案侵权短视频在今日头条平台中数量和播放量均非常大。字节公司作为平台的管理者应当知道一般网络用户经过著作权人授权传播涉案作品的可能性相当低。因此，一审法院认定字节公司知道或者应当知道用户通过"今日头条"App 利用其所提供的信息存储空间和信息流推荐服务实施侵害涉案作品信息网络传播权之行为，这一点并无异议。双方争议的焦点是，信息存储空间和信息流推荐服务提供者注意义务的范围和程度具体应如何设定，即应要求上述网络服务的提供者最低采取何种"必要措施"即可免于承担帮助侵权的责任。在上述判决中，一审法院给信息存储空间和信息流推荐服务提供者赋予的义务是非常高的，不仅要求其对已经出现的侵权内容主动采取屏蔽、删除措施（即使著作权人并未发出含有具体侵权链接的通知），而且要求其在网络用户上传阶段即对网络用户上传的内容是否可能构成侵权进行一定程度的预先审核，即要求平台主动采取有效的预防侵权措施。这无疑将给此类网络服务的提供者带来高昂的运营管理成本。根据《最高人民法院关于审理侵害信息网络传播权民事纠纷案件适用法律若干问题的规定》第 7 条第 3 款，网络服务提供者明知或者应知网络用户利用网络服务侵害信息网络传播权，未采取删除、屏蔽、断开链接等必要措施，或者提供技术支持等帮助行为的，人民法院应当认定其构成帮助侵权行为。首先，"提供技术支持等帮助行为"应理解为网络服务提供者知道或应当知道网络用户侵权而针对该用户实施的特定侵权行为提供技术支持，而不是指对平台内所有用户提供普遍性技术支持，否则只要平台内有网络用户实施直接侵权行为，网络服务提供者均因提供技术支持构成帮助侵权，这显然缺乏合理性。本案中，字节公司提供的信息流推荐技术服务并非针对特定侵权用户或特定侵权行为，而是针对平台内的所有用户以及所有内容提供，故尚不能据此认定字节公司为网络用户的直接侵权行为提供了技术支持。其次，上述司法解释中"删除、屏蔽、断开链接等必要措施"中的"等"是等内等，还是等外等？也就是说，网络服务提供者针对网络用户实施的直接侵权行为只要采取了删除、屏蔽、断开链接措施，即认定其采取了"必要措施"？还是应理解为，"必要措施"包括但不限于删除、屏蔽、断开链接？进而认定，"必要措施"还包括在用户上传阶段即采取预防侵权措施？根据《最高人民法院关于审理侵害信息网络传播权民事纠纷案件适用法律若干问题的规定》第8条第2款，网络服务提供者未对网络用户侵害信息网络传播权的行为主动进行审查的，人民法院不应据此认定其具有过错。从上述规定以及上述司法解释列举的必要措施中并未明确包含"主动审查"或"预防侵权"可以看出，最高人民法院对认定网络服务提供者承担对网络用户侵害信息网络传播权的行为主动进行审查的义务，是非常慎重的。因为如果要求网络服务提供者对网络用户侵害信息网络传播权的行为主动进行审查，会涉及比较复杂的利益平衡问题。第一方面的利益是著作权人的利益，从保护著作权人的利益出发，著作权人肯定希望网络服务提供者对网络用户上传的内容进行尽可能严格的审查，且审查的节点越靠前越好，最好能够提前至用户上传阶段，这样可以最大限度防止侵权内容被上传至平台中。第二方面的利益是网络服务提供者的利益，从网络服务提供者的利益出发，其往往并不希望采取主动审查措施，只希望在"通知－删除规则"的框架内被动删除侵权内容，如果对平台内已有侵权内容采取主动审查措施，或者在网络用户上传阶段即采取预防侵权主动审查措施，那么将不可避免地增加高昂的运营管理成本。[①] 第三方面的利益是享受网络服务的相关公众的利益。从相关公众的利益出发，如果网络服务提供者承担了高昂的运营管理成本，那么其可能将该成本转嫁给享受该网络服务的相关

[①] 对作品内容是否侵害他人著作权需要专业判断，且比较复杂，在对他人作品进行介绍、评论或者引用的情形下更是如此。有的案件中，上下级法院之间就此类情形下是否构成侵权，也可能产生争议。

公众，例如，部分免费服务将改为收费服务，或者平台内的广告内容明显增加等。另外，对相关公众而言，网络内容传播的及时性和丰富性也很重要，如果网络用户上传的内容可能需要经过一段较长时间的审查才能在平台中呈现出来，且考虑到识别和屏蔽侵权内容可能存在错漏，部分不构成侵权的内容（例如，符合合理使用原则对作品进行介绍、评论的内容或者对作品进行适当引用的内容）将无法最终呈现在平台中，这会对相关公众的网络服务体验造成负面影响。

基于上述三方面利益的衡量，笔者认为网络服务提供者不应当承担一般性的主动审查义务，即网络服务提供者在一般情况下并无义务对平台内可能侵权的内容采取主动审查措施，除非平台内可能侵权的内容符合"红旗标准"。网络服务提供者在一般情况下也无义务在网络用户上传阶段即采取预防侵权主动审查措施，除非符合以下条件：第一，作品知名度和影响力非常高，且在热播期内。如前所述，在网络用户上传阶段即采取预防侵权主动审查措施将给网络服务提供者增加额外的运营管理成本。人类历史发展至今，作品数量难以计数，且不受著作权法保护的作品数量应该远多于仍受著作权法保护的作品数量，对全部作品不加区别地采取预防侵权主动审查措施并不具有合理性。如果作品知名度和影响力非常高，且在热播期内，那么一般网络用户获得著作权人许可在网络平台进行传播的可能性非常低，此部分侵权内容较容易被识别。某作品是否属于具有知名度和影响力的热播作品，可由著作权人向网络服务提供者提交有关证据（作品作者的介绍、作品获奖情况、作品热播数据、相关媒体报道）予以证明。国家版权局定期发布的"重点作品版权保护预警名单"中的作品应认定为具有知名度和影响力的热播作品，著作权人无须证明。第二，网络服务提供者具备采取预防侵权主动审查措施的能力，即通过预防侵权主动审查措施识别侵权作品具备可行性，成功率较高。"法不强人所难"，即法律不能命令人们实施不可能实施的行为。如果要求网络服务提供者采取预防侵权主动审查措施，那么就应当通过证据证明采取该措施是可以实现的，且具有较高的可行性和成功率。如果从科学技术角度和法律专业角度判断，网络服务提供者不可能具备预防侵权主动审查的能力，或者采取预防侵权主动审查措施的成功率不高，例如，在预防侵权主动审查中识别出的侵权作品准确率只有50%，则不应要求网络服务提供者承担该义务。但如果通过调整检索条件或参数，可以使识别出的侵权作品准确率达到90%以上，即使此时可能有大量侵权作品成为漏网之鱼，那么也应当认定采取预防侵权主动审查措施具有可行性和较高成功率。[①] 需要指出的是，网络服务提供者对网络用户上传的内容是否涉及暴力、色情、恐怖的审查能力，与网络服务提供者对网络用户上传的内容是否侵害他人作品著作权的审查能力，显然是不同的，后者更加具有难度，情形也更为复杂。第三，网络服务提供者对具有知名度和影响力的热播作品采取预防侵权主动审查措施的成本是可接受的，此时采取预防侵权主动审查措施具备适当性。如果采取预防侵权主动审查措施的成本低于网络服务提供者通过侵权作品在其平台传播所获利益，或者低于不采取该措施给著作权人造成的损害，则应当认定该成本是可接受的。如果网络服务提供者采取预防侵权主动审查措施是可行的，但为了确保成功率所需的技术成本和人力成本畸高，则赋予网络服务提供者该义务应当

[①] 根据笔者的检索，基于人工智能图像识别技术，可以检测网络平台内短视频内容与样本视频内容的一致性。原理为，采用感知哈希算法对帧图像进行数字签名生成，由相邻帧组成数字签名序列，然后通过算法对网络平台内短视频内容与样本视频内容数字签名序列进行比对，计算相关度。可利用该技术对涉嫌侵权内容进行检索和识别。参见章杰、周勤、胡荣标、陈青：《基于云平台的视频内容一致性检验系统研究》，《广播与电视技术》2019年第3期，第106－108页。

慎重。在此情形下，如果要求网络服务提供者必须采取该预防侵权主动审查措施，考虑到畸高的成本，网络服务提供者可能停止向相关公众提供该网络服务，致使相关公众的利益受到损害。第四，"通知－删除规则"实质上失灵，已无法阻止侵权内容在网络平台中泛滥，网络服务提供者采取预防侵权主动审查措施具有必要性。如果"通知－删除规则"仍然有效，网络服务提供者删除侵权内容的反应速度较快，随着网络服务提供者对侵权通知的快速处理，侵权内容数量呈现明显减少趋势，则应当认定"通知－删除规则"可以遏制侵权内容在网络平台中的大范围传播，此时并无必要要求网络服务提供者采取预防侵权主动审查措施。上述第一、第二、第四个条件，首先应当由著作权人承担举证责任，当著作权人初步证明符合上述条件后，则应当由网络服务提供者提供相反证据证明不符合上述条件。如果网络服务提供者不能提供相反证据的，则应推定条件成就。上述第三个条件，首先应当由网络服务提供者承担举证责任，即证明其采取预防侵权主动审查措施的成本过于高昂，不具备适当性。如果网络服务提供者未能举证证明，则应推定第三个条件成就。只有通过上述四个条件的充分事实查明和分析论证，才能确定赋予网络服务提供者采取预防侵权主动审查措施义务具有合理性、可行性、适当性和必要性。不能简单依据网络服务提供者所采取的措施并未实现有效制止侵权行为再次发生，即认定网络服务提供者未尽到注意义务构成帮助侵权。此外，受到技术和成本的限制，不能要求网络服务提供者采取的预防侵权主动审查措施无懈可击，不存在漏网之鱼。在进行充分评估之后，基于可行性、适当性原则，网络服务提供者采取预防侵权主动审查措施可能只会将一部分明显构成侵权的内容识别出来，并阻止其上传至网络平台中。仍然可能会有相当数量的侵权内容无法被识别出来，并通过网络服务提供者提供的网络服务进行传播，但此种情形下，应当认定网络服务提供者已经尽到合理注意义务，并采取了适当的必要措施。

案例2-24 未经著作权人许可将其作品改编成剧本并被摄制成电视剧，构成对著作权人摄制权的侵害——原告陈某与被告余某、湖南经视文化传播有限公司、东阳欢娱影视文化有限公司、万达影视传媒有限公司、东阳星瑞影视文化传媒有限公司侵害著作权纠纷案①

【裁判要旨】 文学作品中，情节的前后衔接、逻辑顺序将全部情节紧密贯穿为完整的个性化表达，这种足够具体的人物设置、情节结构、内在逻辑关系的有机结合体可以成为著作权法保护的表达。如果被诉侵权作品中包含足够具体的表达，且这种紧密贯穿的情节设置在被诉侵权作品中达到一定数量、比例，可以认定为构成实质性相似。被告剧本系未经许可对原告作品进行改编而成，作为改编作品的被告剧本，未经原告许可即被摄制为电视剧，构成对涉案作品著作权人所享有的摄制权的侵害。

【案情简介】 剧本《梅花烙》于1992年10月创作完成，共计21集，未以纸质方式公开发表。依据该剧本拍摄的电视剧《梅花烙》内容与该剧本高度一致，由怡人传播有限公司（以下简称怡人公司）拍摄完成，共计21集，于1993年10月13日起在我国台湾地区首次电视播出，并于1994年4月13日起在我国大陆首次电视播出。电视剧《梅花烙》的片头字幕显示署名编剧为林某某。林某某于2014年6月20日出具经公证认证的声明书，声明其仅作为助手配合、辅助原告陈某完成剧本，剧本《梅花烙》系由陈某独立原创形成，陈某自始独立享有剧本的全部著作权及相关权益。小说《梅花烙》系根据剧本《梅花烙》改编而来，于1993年6月30日创作完成，1993年9月15日起在我国台湾地区公开发行，同年起在

---

① 北京市高级人民法院（2015）高民（知）终字第1039号民事判决书。

我国大陆公开发表，主要情节与剧本《梅花烙》基本一致。小说《梅花烙》的作者是原告陈某。被告余某系剧本《宫锁连城》载明的作者，系电视剧《宫锁连城》的署名编剧，剧本共计20集。剧本《宫锁连城》作品登记证书载明的剧本创作完成时间为2012年7月17日，首次发表时间为2014年4月8日，余某于2012年6月5日向湖南经视文化传播有限公司（以下简称湖南经视公司）出具授权声明书。另外，余某及东阳欢娱影视文化有限公司（以下简称东阳欢娱公司）称，余某创作《宫锁连城》剧本的时间是2012年6月前后完成故事梗概，7月完成3集分场草稿和故事线草稿，其后开始分场大纲创作。2012年10月开始具体的剧集创作，2012年底基本定稿。电视剧《宫锁连城》根据剧本《宫锁连城》拍摄，电视剧《宫锁连城》片尾出品公司依次署名为：湖南经视公司、东阳欢娱公司、万达影视传媒有限公司（以下简称万达公司）、东阳星瑞影视文化传媒有限公司（以下简称东阳星瑞公司）。电视剧《宫锁连城》电视播映版本于2014年4月8日起在湖南卫视首播。陈某为说明剧本《宫锁连城》、电视剧《宫锁连城》与涉案作品在人物设置、人物关系、具体情节及情节整体创编上的相似性，向一审法院提交了人物关系对比图、"《宫锁连城》电视剧及剧本与《梅花烙》小说及剧本相似情节比对表"。经查，上述图表中的人物设置、人物关系及情节在剧本《宫锁连城》、电视剧《宫锁连城》与剧本《梅花烙》、小说《梅花烙》中均存在对应内容。

【一审法院观点】林某某根据陈某口述整理剧本《梅花烙》，是一种记录性质的执笔操作，并非著作权法意义上的整理行为或融入独创智慧的合作创作活动，故林某某并不是剧本《梅花烙》作者。因此，应认定剧本《梅花烙》的作者及著作权人均为陈某。小说《梅花烙》为剧本《梅花烙》的改编作品，署名为陈某，故认定小说《梅花烙》的作者及著作权人均为陈某。电视剧《梅花烙》的公开播出即可达到剧本《梅花烙》内容公之于众的效果，受众可以通过观看电视剧的方式获知剧本《梅花烙》的全部内容。因此，电视剧《梅花烙》的公开播出可以推定为剧本《梅花烙》的公开发表。鉴于被告余某、湖南经视公司、东阳欢娱公司、万达公司、东阳星瑞公司均具有接触电视剧《梅花烙》的机会和可能，故可以推定其亦具有接触剧本《梅花烙》的机会和可能，从而满足了侵害著作权中的接触要件。剧本《宫锁连城》就部分情节的设置，与涉案作品的独创安排高度相似，仅在相关细节上与涉案作品设计存在差异，而此类差异并不代表差异化元素的戏剧功能发生实质变更，以至于可造成与涉案作品的情节设置相似的欣赏体验。本案中，余某等亦未能充分举证证明涉案作品中的上述相关内容缺乏独创性或剧本《宫锁连城》就相关情节另有其他创作来源等合理理由。剧本《宫锁连城》与涉案作品在相关情节的设置上存在相似性关联。剧本《宫锁连城》就上述相关情节的设置，与剧本《梅花烙》（基于"偷龙转凤""次子告状，亲信遭殃""恶霸强抢，养亲身亡""少年相救，代女葬亲，弃女小院容身""钟情馈赠，私订终身，初见印痕""福晋小院会弃女，发觉弃女像福晋""道士作法捉妖""公主求和遭误解""告密"情节）及小说《梅花烙》（基于"偷龙转凤""恶霸强抢，养亲身亡""少年相救，代女葬亲，弃女小院容身""钟情馈赠，私订终身，初见印痕""福晋小院会弃女，发觉弃女像福晋""道士作法捉妖""告密"情节）之间存在改编及再创作关系。针对陈某主张的剧本《梅花烙》及小说《梅花烙》中含有的 21 个情节，剧本《宫锁连城》相对于涉案作品在整体上的情节排布及推演过程基本一致，仅在部分情节的排布上存在顺序差异。而在余某等提交的证据中，并不存在其他作品与剧本《梅花烙》、小说《梅花烙》、剧本《宫锁连城》相似的情节设置及排布推演足以否定涉案作品独创性或证明剧本《宫锁连城》的创作另有其他来源。此外，作品中出现的不寻常的细节设计同一性也应纳入作品相似性比对的考量。在著作权侵权案件中，受众对前后两作品之间的相似性感知及欣赏体验，也是侵权认定的重要考量因素。以相关受众观赏体验的相似度调查为参考，占据绝对优势比例的参与调查者均认为电视剧《宫锁连城》情节抄袭自《梅花烙》，可以推定，受众在观赏感受上，已经产生较高的及具有相对共识的相似体验。综上，可以认定，剧本《宫锁连城》涉案情节与涉案作品的整体情节具有创作来源关系，构成对涉案作品的改编。余某接触了涉案作品的内容，并实质性使用了涉案作品的人物设置、人物关系，并对具有较强独创性的情节以及故事情节的串联整体进行改编，形成新作品《宫锁连城》剧本，上述行为超越了合理借鉴的边界，构成对涉案作品的改编，侵害了陈某基于涉案作品享有的改编权，依法应当承担相应的侵权责任。湖南经视公司、东阳欢娱公司、万达公司及东阳星瑞公司对余某侵害涉案作品改编权的行为提供帮助，因此，余某、湖南经视公司、东阳欢娱公司、万达公司及东阳星瑞公司共同侵害了涉案作品的改编权，依法应当承担连带责任。陈某系涉案作品的著作权人，依法享有摄制权，他人基于涉案作品的独创性内容进行影视剧摄制时，需获得陈某的许可并支付报酬，否则将构成侵害涉案作品摄制权的行为。万达公司与湖南经视公司、东阳欢娱公司、东阳星瑞公司同为电视剧《宫锁连城》的制片者，共同实施了摄制电视剧《宫锁连城》的行为，应就电视剧《宫锁连城》侵害涉案作品摄制权的行为承担连带责任。

【二审法院观点】剧本和小说均属于文学作品，文学作品中思想与表达界限的划分较为复杂。文学作品的表达既不能仅局限于对白台词、修辞造句，也不能将文学作品中的主题、题材、普通人物关系认定为著作权法保护的表达。文学作品的表达，不仅表现为文字性的表达，也包括文字所表述的故事内容，但人物设置及其相互关系，以及由具体事件的发生、发展和先后顺序等构成的情节，只有具体到一定程度，即文学作品的情节选择、结构安排、情节推进设计反映出作者独特的选择、判断、取舍，才能成为著作权法保护的表达。确定文学作品保护的表达是不断抽象过滤的过程。原审法院对人物设置和人物关系的相关认定，均系结合人物与情节的互动及情节的推进来进行比对的，并进而在构成表达的层面对两部作品进行比对。虽然不可否认，剧本《宫锁连城》中的人物设置更为丰富，故事线索更为复杂，但由于其包含了剧本《梅花烙》的主要人物设置和人物关系，故原审法院认定剧本《宫锁连城》的人物设置和人物关系是在涉案作品的基础上进行改编及再创作，并无不当。文学作品中，情节的前后衔接、逻辑顺序将全部情节紧密贯穿为完整的个性化表达，这种足够具体的人物设置、情节结构、内在逻辑关系的有机结合体可以成为著作权法保护的表达。如果被诉侵权作品中包含足够具体的表达，且这种紧密贯穿的情节设置在被诉侵权作品中达到一定数量、比例，可以认定构成实质性相似；或者被诉侵权作品中包含的紧密贯穿的情节设置已经占到权利作品足够的比例，即使其在被诉侵权作品中所占比例不大，也足以使受众感知到来源于特定作品时，可以认定为构成实质性相似。此外，需要明确的是，即使作品中的部分具体情节属于公共领域或者有限、唯一的表达，但是并不代表上述具体情节与其他情节的有机联合整体不具有独创性，不构成著作权法保护的表达。部分情节不构成实质性相似，并不代表整体不构成实质性相似。陈某主张的涉案作品《梅花烙》的 21 个情节，前后串联构建起整个故事的情节推演，上述情节在前后衔接、逻辑顺序上已经紧密贯穿为完整的个性化表达。剧本《宫锁连城》虽然在故事线索上更为复杂，但是陈某主张的上述情节的前后衔接、逻辑顺序均可映射在剧本《宫锁连城》的情节推演中，即使存在部分情节的细微差别，但是并不影响剧本《宫锁连城》与涉案作品在情节内在逻辑推演上的一致性。陈某主张的上述情节，如果以剧本《宫锁连城》中的所有情节来计算，所占比例不高，但是由于其基本包含了涉案作品故事内容架构，也就是说其包含的情节设置已经占到涉案作品的足够充分的比例，以至于受众足以感知到来源于涉案作品，且上述情节是《梅花烙》的绝大部分内容。因此，剧本《宫锁连城》与涉案作品在整体上仍然构成实质性相似。综上所述，剧本《宫锁连城》侵犯了陈某对涉案作品享有的改编权。摄制未经许可改编的新作品，构成对原作品权利人摄制权的侵害。剧本《宫锁连城》基于上述分析，系未经许可对涉案作品《梅花烙》进行改编而成，作为改编作品的剧本《宫锁连城》，未经陈某许可即被摄制为电视剧，构成对涉案作品著作权人陈某所享有的摄制权的侵害。

【案例评析】视听作品的制作过程中，对原作品（文字作品、戏剧作品）的改编和摄制具有紧密联系。如果视听作品制作者希望将原作品拍摄为视听作品，则需要获得改编权和摄制权的许可。根据《著作权法》第13条的规定，改编、翻译、注释、整理已有作品而产生的作品，其著作权由改编、翻译、注释、整理人享有，但行使著作权时不得侵犯原作品的著作权。本案中，余某将原作品《梅花烙》改编为剧本《宫锁连城》，虽未经原作品著作权人陈某许可，但余某仍对剧本《宫锁连城》中含有的其独创性创作部分享有著作权。然而，因剧本《宫锁连城》为原作品《梅花烙》的改编作品，其中含有原作品《梅花烙》的独创性部分，故余某对剧本《宫锁连城》享有的著作权是受到限制的，其未经原作品著作权人陈某许可，不得对剧本《宫锁连城》实施摄制、复制、发行、信息网络传播等行为。如果视听作品的制作者未经原作品著作权人许可即将原作品改编为剧本并拍摄为视听作品，则同时侵害了原作品的改编权和摄制权，本案即属于该情形。如果视听作品的制作者依据著作权许可使用合同获得了原作品的改编权许可，但并未明确获得原作品的其他著作财产权许可，那么将原作品改编为可供拍摄的剧本后，视听作品的制作者是否有权将该剧本进一步拍摄为视听作品？笔者认为，此时应考察双方签署著作权许可使用合同的真实意思。如果根据许可使用合同的约定，双方签署该许可使用合同的目的系视听作品的制作者将来基于改编后形成的剧本拍摄视听作品，则应视为原作品的著作权人授予了视听作品的制作者就原作品行使摄制权的默示许可。如果无法认定原作品的著作权人授予了视听作品的制作者就原作品行使摄制权的默示许可，或合同写明改编原作品的目的仅为被授权方对改编后形成的剧本进行出版，那么视听作品的制作者在将改编后形成的剧本拍摄为视听作品之前应征得原作品著作权人同意，否则依然构成对原作品摄制权的侵害。

案例 2 - 25 改编作品的著作权依附于原作品的著作权，在行使时要受到原作品著作权的限制——原告毕某某、人民文学出版社有限公司与被告陈某、西苑出版社等侵害著作权及不正当竞争纠纷案①

【裁判要旨】被告虽然对其创作的作品享有著作权，但是这种改编作品的著作权人所享有的著作权是完整但不独立的权利。改编作品是在原作品基础上的再创作，包含原作品的表达，因此，原作品著作权对改编作品的使用有控制权，改编作品的著作权依附于原作品的著作权，在行使时要受到原作品著作权的限制。

【案情简介】2008 年 8 月，毕某某（甲方）与人民文学出版社有限公司（以下简称人民文学出版社）（乙方）就毕某某版《推拿》签订图书出版合同，内容为：甲方授予乙方在合同有效期五年内，在中国大陆以图书形式出版本作品中文本的专有出版权。2013 年 8 月，毕某某（甲方）与人民文学出版社（乙方）续签了上

---

① 北京市第二中级人民法院（2014）二中民终字第 05328 号民事判决书。

述合同。2009年7月，毕某某（甲方）与中融影视文化公司（以下简称中融公司）（乙方）签订合同书，该合同就毕某某版《推拿》电视剧改编权事宜达成如下协议：甲方提供给乙方之权益为电视剧改编权；乙方所购得《推拿》电视改编权有效期为八年，时间从双方签字之日起算；甲方授权为独家授权，如乙方将该合同规定之版权销售至第三方一律视为无效；乙方不享有独立出版电视剧《推拿》电视小说之权益。2010年12月2日，中融公司（甲方）与北京禾谷川影视文化传媒有限公司（以下简称禾谷川公司）（乙方）签订《推拿》项目转让合同。2010年12月7日，毕某某出具一份证明书，内容为：中融公司决定将《推拿》电视改编权转让给禾谷川公司，著作权人毕某某了解并见证全过程，此次转让合法有效。2011年1月，禾谷川公司（甲方）与被告陈某（乙方）签订文学作品委托改编创作合同，内容为：甲方委托乙方作为文学作品《推拿》的电视剧改编编剧；甲方在全世界范围内绝对拥有根据该剧剧本摄制的电视剧作品的著作权；乙方同意向甲方出具书面的声明或其他法律文件，声明该剧剧本著作权由甲方享有或由甲方与投资合作方共同享有；该剧本改编自毕某某已经完成创作的同名小说《推拿》；甲方委托乙方根据文学作品《推拿》改编电视剧剧本大纲、分集梗概和剧本，乙方除保留对该剧本的署名权外，甲方在其拥有的该剧本著作权之发表权范围内，给乙方保留图书发表及其获得收益之权益；凡甲方行使该剧本发表权并实际产生的收益所得，甲乙双方按5∶5实施分成。2013年4月，陈某（甲方）与西苑出版社（乙方）就陈某版《推拿》（上册、下册）签订图书出版合同。2013年6月，西苑出版社出版发行陈某版《推拿》（上册、下册）第1版。原告毕某某主张，陈某版《推拿》的出版在读者中引起混乱，对毕某某版《推拿》的销售造成挤压。毕某某对其创作的小说享有著作权，陈某版《推拿》属于毕某某同名小说的改编作品，其未经原告授权。西苑出版社出版改编作品，应当取得原作品著作权人和改编作品著作权人的双重许可，但未经毕某某授权，其与陈某共同侵害了毕某某的改编权。

【一审法院观点】陈某版《推拿》系根据毕某某版《推拿》改编的电视剧剧本。本案的争议焦点在于陈某和西苑出版社出版陈某版《推拿》是否取得毕某某的许可。毕某某授权中融公司的权利为电视剧改编权，并明确约定中融公司不享有独立出版电视剧《推拿》电视小说的权利。之后中融公司将《推拿》小说的相关权利转让给禾谷川公司，毕某某对此次转让行为虽出具书面证明书，但该证明书中毕某某并未明确表示许可《推拿》小说改编后的作品有权进行出版发行。虽然禾谷川公司与陈某就改编后的《推拿》电视剧剧本进行了权属划分，但在上述权利流转过程中，陈某和西苑出版社无证据证明陈某版《推拿》的出版行为取得了原权利人毕某某的许可。综上，陈某、西苑出版社未经原著作权人毕某某的许可，出版改编自毕某某同名小说《推拿》一书的行为侵犯了毕某某的相关著作权，应承担停止侵害、赔偿损失的民事责任。

【二审法院观点】陈某版《推拿》系根据毕某某版《推拿》改编产生的作品。根据本案查明的事实，毕某某授权中融公司的权利为电视剧改编权，并明确约定中融公司不享有独立出版电视剧《推拿》电视小说的权利。双方当事人均认可，中融公司获得的授权范围仅包括根据毕某某版《推拿》改编电视剧剧本，摄制成电视剧并将电视剧推向市场，不包括出版发行相关电视剧剧本的权利。中融公司将《推拿》小说的相关权利转让给禾谷川公司，不管中融公司在转让合同中对转让的权利如何措辞，其都无权超出其获得授权的范围进行转让，毕某某对此次转让行为出具的书面证明书，也仅表示毕某某对中融公司将电视剧改编权转让给禾谷川公司的行为予以认可，并未明确表示许可《推拿》小说改编后的作品有权出版发行。西苑出版社在出版涉案图书时，明知其系改编自毕某某同名小说的作品，但未提交证据证明其取得了原作品著作权人毕某某的许可。综上，法院认定陈某和西苑出版社出版陈某版《推拿》未取得相关权利人许可。陈某虽然对其创作的《推拿》作品享有著作权，但是这种改编作品的著作权人所享有的著作权是完整但不独立的权利。不独立的权利，是因为改编作品是在原作品基础上的再创作，包含着原作品的表达，所以原作品著作权人对改编作品的使用有控制权，改编作品的著作权依附于原作品的著作权，在行使时要受到原作品著作权的限制，故其权利是不独立的。本案中，陈某未提交充分证据证明其出版涉案图书获得了毕某某的授权，故其单独使用电视剧剧本的行为是有瑕疵的。陈某作为改编作品的著作权人授权西苑出版社出版涉案图书，西苑出版社应当审查陈某是否取得了原权利人的合法授权，或者直接向原权利人取得授权，但西苑出版社亦未提交充分证据证明其审查或者取得了原权利人的授权，故其出版涉案图书也是缺乏相关依据的。综上，陈某、西苑出版社关于其出版涉案图书已经获得毕某某授权的相关上诉主张，依据不足，法院不予支持。

【案例评析】根据《著作权法》第13条的规定，改编、翻译、注释、整理已有作品而产生的作品，其著作权由改编、翻译、注释、整理人享有，但行使著作权时不得侵犯原作品的著作权。根据《著作权法》第16条的规定，使用改编、翻译、注释、整理、汇编已有作品而产生的作品进行出版、演出和制作录音录像制品，应当取得该作品的著作权人和原作品的著作权人许可，并支付报酬。因此，改编已有作品而产生的作品，其著作权是不独立的。改编作品的著作权人对改编作品行使著作权时，受到原作著作权的限制，改编作品的公开使用和传播应获得原作著作权人的许可，否则构成侵犯原作著作权的行为，其根本原因是改编作品中含有原作品的独创性表达。原作品著作权人授权他人对原作品进行改编时，改编后的作品有权在多大范围公开使用和传播，取决于许可使用合同的具体约定（包括明示许可和默示许可）。本案中，毕某某与中融公司签订了合同书，约定毕某某提供给中融公司之权益为小说《推拿》的电视剧改编权，则从合同解释的角度，中融公司有权利将小说《推拿》改编为剧本并将该剧本摄制为电视剧，但中融公司无权将剧本《推拿》进行其他形式的公开使用和传播（如复制、发行、信息网络传播）。后中融公司将《推拿》电视改编权转让给禾谷川公司，毕某某对此表示同意，但毕某某仍未同意改编后的剧本《推拿》进行复制、发行，因为对改编后的剧本《推拿》进行单独复制、发行不属于拍摄电视剧《推拿》所必需。因此，陈某、西苑出版社对改编后的剧本《推拿》进行复制、发行超出了毕某某的授权许可范围，属于侵害原作小说《推拿》著作权的行为。电视剧《推拿》本质上也属于小说《推拿》的改编作品，即使毕某某与中融公司签订的合同书中并未明确约定电视剧《推拿》摄制完成后的公开使用和传播范围，从合同目的解释出发，中融公司购买小说《推拿》改编为剧本并摄制为电视剧的许可，目的即以各种方式公开使用和传播该电视剧并获得收益，因此，应推定电视剧《推拿》的著作权人有权以各种方式公开使用和传播该视听作品，而无须另行获得毕某某的许可。

案例 2 - 26 **翻译权归原作品的著作权人享有，他人未经许可进行翻译的，构成侵权。即使翻译作品存在权利上的瑕疵，翻译成果也受法律保护**——原告北京汇智时代科技发展有限公司与被告中国国际广播音像出版社、北京里仁开源软件科技有限公司侵犯著作权纠纷案①

【裁判要旨】 翻译已有作品而产生的作品，翻译人享有翻译作

---

① 北京市海淀区人民法院（2007）海民初字第 22050 号民事判决书。

品的著作权，但行使著作权时不得侵犯原作品的著作权。原告的翻译作品存在权利上的瑕疵，但翻译成果仍然受法律保护。原告对翻译作品的著作权虽不能主动行使，但当被告出版的产品侵犯其对翻译作品享有的著作权时，原告可以被动行使著作权，禁止他人侵犯其对译文享有的权利。

【案情简介】2005 年 2 月，北京汇智时代科技发展有限公司（以下简称汇智公司）与学苑音像出版社签订《听歌学韩语》《听歌学日语》《听歌学法语》的出版合同。后汇智公司制作的《听歌学韩语》《听歌学日语》《听歌学法语》陆续由学苑音像出版社出版发行。2005 年底，汇智公司制作的《听歌学韩语 2》《听歌学法语 2》学习软件经东方音像电子出版社正式出版发行。相关产品除有 MP3 光盘外，还有相应的配套学习手册。配套学习手册上注明汇智公司制作，本产品经过汇智公司所有员工无数个日夜辛劳汇编而成等字样。北京里仁开源软件科技有限公司（以下简称里仁公司）制作的《法语听歌学》《日语听歌学》《韩语听歌学》MP3 光盘版和磁带版由中国国际广播音像出版社（以下简称国际出版社）出版发行，相关产品除有 MP3 光盘或磁带外，还有相应的配套学习手册。对比原告《听歌学韩语》《听歌学韩语 2》的学习手册与被告《韩语听歌学》的学习手册中相关歌曲的翻译，除个别歌曲如《勿忘我》少了最后一句"直到我找到你踪影"，《KiKi》翻译中多了"my love my face"一句，《雪之花》最后四句不同，《独一无二》对《NO.1》题目的修改，《星》《因为是女子》《我的小公主》《永远》《大概是爱吧》《从开始到现在》《我可以爱你吗》《只为分离》《阿里郎牧童》《啊，高兴》《如果我离开》《我痛苦的爱》《三个天使》《我想你》《我的记忆》《告白》《皮诺迟噢》等对一些错别字如"的""得""地"的修改，以及对繁体字的简写等细微差别外，后者 50 首歌曲均可在《听歌学韩语》《听歌学韩语 2》中找到几乎完全相同的翻译。甚至前者译文中存在的一些文字错误等问题，后者也存在。对比原告《听歌学日语》的学习手册与被告《日语听歌学》的学习手册中相关歌曲的翻译，以及对比原告《听歌学法语》《听歌学法语2》学习手册与被告《法语听歌学》学习手册中相关歌曲的翻译，情况与上述比对情况类似。汇智公司的证人柯某某出庭作证，称其是汇智公司涉案产品的产品经理，翻译歌词是汇智公司的行为，法语是支付酬劳让汇智公司外的人翻译的，日语、韩语是汇智公司自己员工翻译的。相关歌曲是通过网上搜索相关电视剧的流行歌曲获取的，先搜出声音文件，然后原文由编辑听声音自己整理出来的，再进行翻译。原告汇智公司主张，被告的《法语听歌学》《日语听歌学》《韩语听歌学》中的大量歌曲抄袭了原告制作的《听歌学韩语》《听歌学日语》《听歌学法语》《听歌学韩语2》《听歌学法语2》中的翻译内容。被告里仁公司辩称，这些歌曲都是由歌曲原创者自己写的，不是原告自己创作的，原告使用歌曲进行翻译应该为原创者署名，取得许可和支付费用，但原告没有获得许可、署名并支付费用，因此，其翻译本身就是侵权的，没有权利要求法律保护。

【法院观点】原告汇智公司证人的证言和学习手册上的标注共同证明，其涉案产品中相关歌曲的译文是汇智公司通过组织自己员工翻译或外聘人员翻译并支付报酬等形式获得的，并由汇智公司承担责任，译文的著作权应归汇智公司所有。里仁公司制作、国际出版社出版的《韩语听歌学》《日语听歌学》《法语听歌学》产品及配套的学习手册出版在后，与汇智公司在先出版的《听歌学韩语》《听歌学韩语2》《听歌学日语》《听歌学法语》《听歌学法语2》产品及配套学习手册的译文存在文字上的惊人相似，甚至有些校对的错误亦相同，应认为里仁公司未经许可在其制作的产品中使用了汇智公司享有著作权的歌词中文译文，而被告国际出版社未尽到合理审查义务，出版了相关的侵权产品。依据著作权法的规定，翻译权归原作品的著作权人享有，原著作权人可以许可他人行使翻译权，他人未经许可进行翻译的，构成侵权。翻译已有作品而产生的作品，翻译人享有翻译作品的著作权，但行使著作权时不得侵犯原作品的著作权。原告汇智公司对歌词进行翻译虽然未经相关著作权人的许可，是建立在侵犯他人著作权的基础上的，存在权利上的瑕疵，但仍是创作活动的产物，本身有一定的原创性。尽管相关歌曲的原作者有权起诉汇智公司侵权，汇智公司亦可能因此对歌曲的原作者负民事赔偿责任，但有关的演绎作品仍属于受著作权法保护的作品，只是有一个保护度的问题。即汇智公司对翻译作品的著作权虽不能主动行使，但当里仁公司制作、国际出版社出版的产品侵犯了其对翻译作品享有的著作权时，汇智公司可以被动行使著作权，禁止他人侵犯其对译文享有的权利。另外，里仁公司、国际出版社非法使用汇智公司的翻译作品时，获得了汇智公司因创造性劳动而产生的那部分价值，而汇智公司由此而受有损失，由于一方获利与一方受损之间存在因果关系，故里仁公司、国际出版社应按照民法上不当得利的相关规定向汇智公司返还其因此获得的利益。

【案例评析】本案中，原告汇智公司对若干韩语、日语、法语歌曲中的歌词进行翻译并未经过歌曲音乐作品著作权人的许可，其行为侵害了歌曲音乐作品著作权人享有的翻译权。如果歌曲音乐作品著作权人对汇智公司提起诉讼，则汇智公司将承担侵害音乐作品翻译权的法律责任。但这并不意味着汇智公司的翻译作品不受著作权法保护。翻译作品既包含原作的独创性表达，也包含译者的独创性表达。如前所述，对原作进行翻译仍有较大的创作空间，不同的人对同一部作品进行翻译，可以形成各自独立的翻译作品。汇智公司有权主张被告里仁公司侵犯其翻译作品的著作权，系基于该翻译作品中包含汇智公司的独创性部分。如果要使用翻译作品，应同时获得原作品著作权人以及翻译作品著作权人的双重许可。

第二节　著作权归属

因著作权在作者创作完成之时即产生，不需要进行登记，所以确定著作权的归属在实践中是一个非常重要并且困难的问题。在侵犯著作权诉讼中，法院首先要查明涉案作品的著作权归属，如果原告无法举证证明其对涉案作品享有著作权权利，则法院将驳回其诉讼请求。在著作权交易中，如果出让人或许可方无法举证证明其对涉案作品享有著作权权利，则属于无权处分，受让人或被许可方可以解除合同并请求出让人或许可方承担违约责任。

（一）著作权的原始主体

1. 一般作品著作权归属

条文要点注释

创作作品的自然人对其创作完成的作品，除法定情形外，自动取得著作权，无论其是否具有民事行为能力。如果自然人作为执笔者代表法人或者非法人组织意志开展创作，完成的作品体现的是法人或者非法人组织的思想，自然人对作品不承担责任，则法人或者非法人组织视为创作作品的主体并享有著作权。

法律条文

> **第十一条**　著作权属于作者，本法另有规定的除外。
> 创作作品的自然人是作者。

由法人或者非法人组织主持，代表法人或者非法人组织意志创作，并由法人或者非法人组织承担责任的作品，法人或者非法人组织视为作者。

第十二条　在作品上署名的自然人、法人或者非法人组织为作者，且该作品上存在相应权利，但有相反证明的除外。

作者等著作权人可以向国家著作权主管部门认定的登记机构办理作品登记。

与著作权有关的权利参照适用前两款规定。

关联规范

《著作权法实施条例》（国务院令第 633 号，自 2013 年 3 月 1 日起施行，节录）

第三条　著作权法所称创作，是指直接产生文学、艺术和科学作品的智力活动。

为他人创作进行组织工作，提供咨询意见、物质条件，或者进行其他辅助工作，均不视为创作。

《最高人民法院关于审理著作权民事纠纷案件适用法律若干问题的解释》（法释〔2020〕19 号，自 2021 年 1 月 1 日起施行，节录）①

第七条　当事人提供的涉及著作权的底稿、原件、合法出版物、著作权登记证书、认证机构出具的证明、取得权利的合同等，可以作为证据。

在作品或者制品上署名的自然人、法人或者非法人组织视为著作权、与著作权有关权益的权利人，但有相反证明的除外。

---

① 该司法解释施行时，2020 年修正的《著作权法》尚未施行，该司法解释中提及的《著作权法》条文序号和内容为 2010 年修正的《著作权法》条文序号和内容。

第十三条 除著作权法第十一条第三款规定的情形外，由他人执笔，本人审阅定稿并以本人名义发表的报告、讲话等作品，著作权归报告人或者讲话人享有。

著作权人可以支付执笔人适当的报酬。

第十四条 当事人合意以特定人物经历为题材完成的自传体作品，当事人对著作权权属有约定的，依其约定；没有约定的，著作权归该特定人物享有，执笔人或整理人对作品完成付出劳动的，著作权人可以向其支付适当的报酬。

第十五条 由不同作者就同一题材创作的作品，作品的表达系独立完成并且有创作性的，应当认定作者各自享有独立著作权。

法条解读

著作权一般归属于作者，作者是著作权的原始主体。但何种主体能够被认定为著作权法上的作者，存在争议。各国在作者必须是自然人还是也可以是法人这一地位问题上的意见存在区别，一些国家始终反对在《伯尔尼公约》文本和相关文件中增加作者身份的定义。部分大陆法系国家认为，既然创作是指产生作品的智力活动，那么作品在最初只能是由自然人创作出来，著作权首先是一种人身权，因此，作者只能是创作出该作品的自然人。例如，德国《著作权法》第 7 条规定："著作的创作人是著作人。"[1] 俄罗斯联邦《民法典》（著作权部分）第 1257 条规定："以创造性的劳动创作科学、文学及艺术作品的公民确认为作品的作者。"[2] 日本《著作权法》第 14 条规定："在作品的原件上，或者在向公众提供或者提示作品时，

---

[1] 《十二国著作权法》翻译组：《十二国著作权法》，清华大学出版社，2011，第 148 页。

[2] 《十二国著作权法》翻译组：《十二国著作权法》，清华大学出版社，2011，第 432 页。

将其姓名或者名称或者代替其真实姓名的众所周知的雅号、笔名、略称等采用通常的方法作为作者名表示的人，推定为该作品的作者。"日本《著作权法》第16条前段规定："电影作品中，除电影作品中被改编或者复制的小说、剧本、音乐或者其他作品的作者之外，负责制作、导演、演出、摄影、美术等工作、对电影作品整体制作做出了独创性贡献的人，都是电影作品的作者。"① 而英美法系国家则认为，作者并不一定是创作出作品的自然人，版权主要是一种财产性权利，对创作作品进行投资的主体应享有版权，该主体是自然人还是法人在所不论。例如，受雇创作的作品，其版权归属雇主所有，该雇主即视为作者，而雇主可以是自然人，也可以是法人。例如，英国《版权法》第9（2）（ab）条规定："在作品为电影的情况下，作者是指制片者与总导演。"英国《版权法》第11（2）条规定："除非雇佣合同另有规定，当文字、戏剧、音乐、艺术作品，或电影是雇员在雇佣过程中完成的，其雇主是该作品版权的原始所有人。"② 美国《版权法》第201条规定："作品为雇佣作品的，雇主或作品为其创作的他人，就本篇而言，视为作者，享有版权中的一切权利，但当事方以签署的书面文件作出明确相反规定的除外。"③ 我国《著作权法》第11条规定："著作权属于作者，本法另有规定的除外。创作作品的自然人是作者。由法人或者非法人组织主持，代表法人或者非法人组织意志创作，并由法人或者非法人组织承担责任的作品，法人或者非法人组织视为作者。"可见，在我

---

① 《十二国著作权法》翻译组：《十二国著作权法》，清华大学出版社，2011，第370页。

② 《十二国著作权法》翻译组：《十二国著作权法》，清华大学出版社，2011，第571-572页。

③ 《十二国著作权法》翻译组：《十二国著作权法》，清华大学出版社，2011，第785页。

国著作权法体系下，作者原则上应当是自然人，特殊情况下（代表法人意志创作、责任由法人承担），法人可视为作者。

典型案例

案例 2-27　受单位指派拍摄的摄影作品属于职务作品，而非法人作品——原告孟某某与被告人民出版社、中国人民革命军事博物馆侵犯著作权纠纷案①

【裁判要旨】在特定历史环境下完成的作品，其著作权归属及权利分配应参照著作权法有关规定，同时应考虑作品的创作条件和历史背景。涉案摄影作品系抗美援朝期间原告以原解放军画报社记者的身份受解放军画报社的指派拍摄的，应属于职务作品，而非法人作品。

【案情简介】解放军画报社成立于 1951 年 9 月 1 日，2003 年 11 月并入解放军报社，现名称为解放军报社画报编辑部。原告孟某某退休前系解放军画报社记者，在抗美援朝期间，其作为随军记者拍摄了包括涉案 9 幅摄影作品在内的一些反映抗美援朝战争的照片。原告在本案中主张权利的照片是 1952 年 11 月在朝鲜战场拍摄的 9 幅照片，分别是：《赴朝参战的马车队》《上甘岭战地一角》《上甘岭战役中志愿军部指挥所》《志愿军第 15 军军长在听取英雄 8 连指导员王士根汇报在坑道内坚持斗争的情况》《火箭炮群正向敌人发起猛烈攻击》《志愿军战俘营里的战俘穿上了新棉衣》《来凤庄旧址》《朝中谈判代表团成员》《"联合国军"谈判代表团成员》等。2000 年 10 月，被告人民出版社出版了《抗美援朝战争》一书，该书封面标注：中国军事博物馆展览系列画册；中国军事博物馆编。该书使用了原告拍摄的 9 幅摄影作品，均未标明作者姓名。《抗美援朝战争》一书系《中国革命军事博物馆基本陈列画册》（9 本）中的第一册，

---

① 北京市高级人民法院（2004）高民终字第 900 号民事判决书。

该书中所使用的涉案9幅照片系军事博物馆馆藏照片，军事博物馆认可其提供的涉案9幅馆藏照片系自解放军画报社翻拍而来。被告人民出版社主张，涉案作品是原解放军画报社的法人作品，其著作权由原解放军画报社享有，原告孟某某个人无权主张著作权。

【一审法院观点】原告孟某某系作为随军记者完成了涉案9幅摄影作品的拍摄，上述摄影作品应属职务作品，原告作为该作品的拍摄者，其依法享有该摄影作品的著作权。人民出版社未经许可，在其出版、发行的《抗美援朝战争》一书中使用了原告享有著作权的9幅摄影作品，未给原告署名，且未向原告支付稿酬，侵犯了原告对涉案9幅摄影作品享有的署名权、复制权、发行权、获得报酬权，应承担相应的民事责任。

【二审法院观点】确定本案所涉及的在特定历史环境下完成的作品著作权归属及其权利分配，应参照现行《著作权法》第16条的规定，同时应考虑作品的创作条件和历史背景。涉案9幅摄影作品系抗美援朝期间孟某某以原解放军画报社记者的身份受解放军画报社的指派拍摄的，应属于职务作品。原告作为涉案作品的作者，享有署名权等人身权利及一定范围内的著作财产权利。原告有权就涉案作品主张署名权、有权禁止他人未经权利人许可以复制、发行的方式对其拍摄的作品进行使用，并有权获得相应的报酬。人民出版社关于涉案作品是原解放军画报社法人作品的上诉主张，缺乏法律依据。

【案例评析】构成法人作品的核心要件有两点：一是代表法人的意志创作，二是由法人承担责任。代表法人的意志创作，说明法人作品体现的是法人的思想，而非具体撰写者的思想和个性。典型的法人作品如单位工作报告、新闻媒体社论。某企业负责人在单位年终总结会上所做的工作报告，其可能由企业负责人、若干部门负责人及秘书共同商定和撰写，撰写过程中还可能广泛听取了职工的意见，内容包含该企业本年度业务运营情况、财务收支情况、人事调整情况、下一年度工作重点等，其并不体现某一位撰写者个人的思想和个性，而是体现整个企业对该年度工作成果的认识和下一年度工作的安排。又如，人民日报社社论，一般署名"本报评论员"或"任仲平"（谐音"人重评"，人民日报重要评论）、"国纪平"（谐音"国际评论"，中国官方对国际问题的重要看法），并不会署具体撰写者的姓名，就是因为该社论并不体现撰写者个人的思想或个性，其体现的是人民日报社作为中国官方媒体的观点和态度，并由报社对该作品承担全部责任。在法人作品创作过程中，不排除撰写者本人的思想与该法人作品所表达的思想存在一定的差异甚至矛盾。本案中，原告孟某某为战地记者，在工作单位的安排下前往战场进行拍摄和创作。按照此类作品的创作规律，涉案 9 幅照片不可能是其单位若干人员代表单位意志共同商定和拍摄完成。原告的工作单位很可能只是向原告布置了拍摄任务，并大致确定了拍摄主题，只有原告一人通过选择场景、人物、角度、光线等要素完成了摄影作品创作，该作品体现的是原告个人的思想和个性，因此，不属于法人作品，而属于职务作品。

2. 演绎作品著作权归属

条文要点注释

演绎作品存在两重著作权权利。演绎作品中包含原作品的独创性部分，所以第一重著作权权利是原作者对原作品享有的著作权。演绎作品中还包含演绎者再创作的独创性部分，所以第二重著作权权利是演绎者对再创作的独创性部分享有的著作权。因此，演绎者虽然对其演绎作品享有著作权，但行使演绎作品著作权时受到原作品著作权的限制。

法律条文

> **第十三条** 改编、翻译、注释、整理已有作品而产生的作品，其著作权由改编、翻译、注释、整理人享有，但行使著作权时不得侵犯原作品的著作权。
>
> **第十六条** 使用改编、翻译、注释、整理、汇编已有作品而产生的作品进行出版、演出和制作录音录像制品，应当取得该作品的著作权人和原作品的著作权人许可，并支付报酬。

法条解读

演绎作品，是指改编、翻译、注释、整理已有作品而产生的作品。"改编、翻译、注释、整理已有作品"是指使用了已有作品的独创性表达，但并不是对已有作品的复制。"改编、翻译、注释、整理"的结果必须有新的作品产生，即产生的新作品（演绎作品）包含了演绎者的再创作且再创作部分具有独创性。例如，将中文撰写的小说翻译为英文，则该英译小说具有独创性，构成演绎作品，因为翻译过程中融入了翻译者自己对原作的理解，其在翻译过程中所使用的词汇在"信""达""雅"方面可以体现翻译者的感情和个性。而将中文小说转换为盲文，该盲文小说不具有独创性，不构成演绎作品，因为中文与盲文在文字上一一对应，无法体现转换者的感情和个性，该翻译并不具有独创性。如果只借鉴了已有作品的思想，并未使用已有作品的独创性表达，则不构成演绎作品。

"已有作品"可能仍然在著作权保护期限内，也可能已经超出保护期限进入公有领域。无论已有作品是否仍然在著作权保护期限内，在改编、翻译、注释、整理已有作品的过程中均不得侵犯原作品的署名权、修改权、保护作品完整权。同时，如果"已有作品"

仍然在著作权保护期限内，则改编、翻译、注释、整理已有作品应获得已有作品作者的授权。司法实践中不乏相关案例，请参见案例2-28。

典型案例

案例2-28 行使演绎作品著作权时不得侵犯原作品的著作权

——原告杭州大头儿子文化发展有限公司与被告央视动画有限公司著作权权属、侵权纠纷案①

【裁判要旨】被告1995年版动画片在原作品基础上进行了艺术加工，但并没有脱离原作品中人物形象的"基本形态"，系由原作品派生而成，故构成对原作品的演绎作品。被告对该演绎作品享有著作权，但行使著作权时不得侵犯原作品的著作权。

【案情简介】1994年，动画片《大头儿子和小头爸爸》（1995年版，以下简称95版动画片）导演崔某、制片汤某、上海科学教育电影制片厂（以下简称上海科影厂）副厂长席某某三人到刘某某（当时刘某某作为上海美术电影制片厂工作人员，借调到上海科影厂工作）家中，委托其为即将拍摄的95版动画片创作人物形象。刘某某当场用铅笔勾画了"大头儿子""小头爸爸""围裙妈妈"三个人物形象正面图，并将底稿交给了崔某。当时双方并未就该作品的著作权归属签署任何书面协议。崔某将底稿带回后，95版动画片美术创作团队（包括当时从事人物造型设计和台本设计工作的证人周某）在刘某某创作的人物概念设计图基础上，进行了进一步的设计和再创作，最终制作成了符合动画片标准造型的三个主要人物形象即"大头儿子""小头爸爸""围裙妈妈"的标准设计图以及之后的转面图、比例图等。刘某某未再参与之后的创作。刘某某创作

① 浙江省杭州市中级人民法院（2015）浙杭知终字第356号民事判决书。

的底稿由于年代久远和单位变迁，目前各方均无法提供。95 版动画片由中央电视台（以下简称央视）和东方电视台联合摄制，于 1995 年播出，在其片尾播放的演职人员列表中载明："人物设计：刘某某。"2012 年，刘某某经崔某介绍认识了洪某。2012 年 12 月 14 日，刘某某与洪某签订了"著作权（角色商品化权）转让合同"，约定刘某某将自己创作的"大头儿子""小头爸爸""围裙妈妈"三件作品的所有著作权权利转让给洪某，转让金额人民币 3 万元，刘某则应提供作品的原型图。崔某作为见证人在合同上签字。合同签订后，刘某某将崔某提供的标准设计图交付给洪某。2013 年 1 月 4 日，刘某某（乙方）与央视动画有限公司（以下简称央视动画公司）（甲方）签订《大头儿子和小头爸爸》美术造型委托制作协议。该协议约定：乙方为甲方制作的动画片《大头儿子和小头爸爸》创作"大头儿子""小头爸爸""围裙妈妈"三个人物造型，委托费用为 1 万元。2013 年 8 月 8 日，刘某某（乙方）与央视动画公司（甲方）签订《大头儿子和小头爸爸》美术造型委托制作协议补充协议，协议载明：20 世纪 90 年代中期，甲方通过崔某邀请乙方参与 95 版动画片中主要人物造型的创作；甲方以委托创作的方式有偿取得了"大头儿子""小头爸爸""围裙妈妈"三个人物造型除署名权以外的全部著作权，并据此制作了 156 集的 95 版动画片；乙方收取了相关的委托创作费用，除享有"大头儿子""小头爸爸""围裙妈妈"三个人物造型的署名权以外，不再享有《大头儿子和小头爸爸》动画片中相关造型的其他任何权利；甲乙双方于 2013 年 1 月 4 日签署的"《大头儿子和小头爸爸》美术造型委托制作协议"合法有效，双方应继续履行各自未尽合同义务，乙方无权单方面终止该协议的履行；乙方保证未接受过任何第三方的委托另行创作三个人物造型，也未通过转让、许可使用等方式授权第三方取得或使用相关造型作品。2013 年 8 月 29 日，刘某某在杨某某事先打印好的一份说明上签字，该说明载明：95 版动画片中的"大头儿子""小头爸爸""围裙妈妈"三个人物造型是刘某某接受央视的委托而创作，根据当时约定，刘某某只享有三个人物形象的署名权，作品的著作权及其他知识产权均归央视所有；刘某某之所以和洪某签署著作权转让协议，是因为其看见洪某有"大头儿子""小头爸爸""围裙妈妈"三个人物形象的商标注册证，误以为这几个造型的权利都已经被洪某拿到，实际上该份转让合同的签订时间晚于其与央视动画公司签署的《大头儿子和小头爸爸》美术造型委托制作协议，其在被误导情况下与洪某签订转让合同转让三个造型著作权的行为无效。2014 年 3 月 10 日，洪某与杭州大头儿子文化发展有限公司（以下简称大头儿子文化公司）签订著作权转让合同，将"大头儿子""小头爸爸""围裙妈妈"三幅美术作品的著作权全部转让给大头儿子文化公司。2015 年 1 月，中国中央电视台（以下简称央视）出具授权确认书，确认其将拥有的 95 版动画片的全部著作权及动画片中包括但不限于文学剧本、造型设计、美术设计等作品除署名权之外的全部著作权专属授权央视动画公司使用，授权内容自 2007 年起生效。在庭审中，刘某某出庭作证，当庭明确陈述了当时与央视动画公司签署两份协议及在说明上签字的背景情况，认为该两份协议均非其真实意思表示，更明确表示其与洪某签署的转让合同才系其真实意思。

【一审法院观点】1994 年，刘某某受崔某的委托，独立创作了"大头儿子""小头爸爸""围裙妈妈"三幅美术作品，因双方之间没有签订委托创作合同约定著作权归属，故刘某某作为受托人对其所创作的三幅美术作品享有完整的著作权。刘某某将其享有完整著作权的作品的著作权转让给洪某，系双方真实意思表示，亦不违反法律规定，且双方对合同内容的真实性以及落款时间均明确表示认可，故刘某某和洪某签订的"著作权（角色商品化权）转让合同"

合法有效。洪某依据该合同合法取得了刘某某创作的三幅美术作品的除人身权以外的著作权。之后大头儿子文化公司依据其与洪某签订的著作权转让协议,亦取得了上述作品除人身权以外的著作权。至于洪某和大头儿子文化公司取得著作权的作品范围及内容,目前大头儿子文化公司不能提供该作品的载体,致使该作品的具体表现内容不能确定。虽然刘某某不能提供当初创作的作品底稿,但并不影响其依法享有作品的著作权。大头儿子文化公司通过受让取得并在本案中主张著作权保护的作品应是刘某某1994年创作的"围裙妈妈"美术作品,而非95版动画片美术创作团队创作的标准设计图中的"围裙妈妈"美术作品。虽然大头儿子文化公司依据其与洪某的转让合同取得了涉案作品的著作权,但该作品仅限于刘某某1994年创作的"大头儿子""小头爸爸""围裙妈妈"三个人物形象正面图。而该三幅美术作品被95版动画片美术创作团队进一步设计和再创作后,最终创作成了符合动画片标准造型的三个主要人物形象即"大头儿子""小头爸爸""围裙妈妈"的标准设计图,并将该美术作品在95版动画片中使用。因此,95版动画片中三个人物形象包含了刘某某原作品的独创性表达元素,在整体人物造型、基本形态方面构成实质性相似,但央视95版动画片美术创作团队根据动画片艺术表现的需要,在原初稿基础上进行了艺术加工,增添了新的艺术创作成分。由于这种加工并没有脱离原作品中三个人物形象的"基本形态",系由原作品派生而成,故构成原作品的演绎作品,央视对该演绎作品享有著作权。根据央视的授权,央视动画公司有权行使95版动画片的全部著作权。但央视动画公司未经大头儿子文化公司许可,在2013版《新大头儿子和小头爸爸》动画片以及相关的展览、宣传中以改编的方式使用大头儿子文化公司的作品并据此获利的行为,侵犯了大头儿子文化公司的著作权,应承担相应的侵权责任。

【二审法院观点】从动画片人物造型的一般创作规律来看，对一部动画片的制作，在分镜头画面绘制之前，需要创作一个相貌、身材、服饰等人物特征相对固定的动画角色形象，即静态的人物造型，同时在此基础上形成转面图、动态图、表情图等，这些人物造型设计图所共同形成的人物整体形象，以线条、造型、色彩等形式固定了动画角色独特的个性化特征，并在之后的动画片分镜头制作中以该特有的形象一以贯之地出现在各个场景画面中，即使动画角色在表情、动作、姿势等方面会发生各种变化，但均不会脱离其角色形象中具有显著性和可识别性的基本特征。故动画片的人物造型本身属于美术作品，其作者有权对自己创作的部分单独行使其著作权。本案中，刘某某受崔某导演委托后，独立创作完成了"大头儿子""小头爸爸""围裙妈妈"三幅美术作品，通过绘画以线条、造型的方式勾勒了具有个性化特征的人物形象，体现了刘某某自身对人物画面设计的选择和判断，属于其独立完成的智力创造成果。2013版动画片的片头载明"原造型刘某某"，亦说明其人物形象未脱离刘某某创作的原作品，仍然属于刘某某创作的原作品的演绎作品。原审在此基础上认定央视动画公司未经大头儿子文化公司许可，在2013版动画片及相关的展览、宣传中使用相关形象，侵犯了大头儿子文化公司的著作权，符合法律规定。

【案例评析】本案涉及多个作品及其著作权归属问题。作品一是刘某某于1994年用铅笔勾画的"大头儿子""小头爸爸""围裙妈妈"三个人物形象正面图；作品二是95版动画片美术创作团队在刘某某创作的人物概念设计图基础上，进行了进一步的设计和再创作，最终制作成的"大头儿子""小头爸爸""围裙妈妈"的标准设计图以及之后的转面图、比例图等；作品三是95版动画片；作品四是2013版动画片。作品一系95版动画片导演崔某等委托刘某某创作。根据《著作权法》第19条的规定，受委托创作的作品，著作权的归属由委托人和受托人通过合同约定。合同未作明确约定或者没有订立合同的，著作权属于受托人。一审及二审法院认为，鉴于刘某某与上海科影厂、央视等均未签署协议对作品一的著作权归属进行约定，因此作品一的著作权应归属于刘某某。考虑到著作权转让协议的签署时间顺序，以及刘某某本人的真实意思表示，作品一的著作权最终通过转让归属于大头儿子文化公司。作品二是对作品一进行改编而产生的新作品。作品三和作品四则是基于作品二进行改编后形成的新作品，因此，作品二、作品三、作品四中均含有作品一的独创性表达。改编、翻译、注释、整理已有作品而产生的作品，其著作权由改编、翻译、注释、整理人享有，因此，作品二、作品三、作品四的著作权均归属于央视，但央视行使作品二、作品三、作品四著作权时不得侵犯作品一的著作权，即央视制作2013版动画片之前应先获得大头儿子文化公司的许可，否则构成对作品一著作权的侵害。本案中存在争议的是，刘某某于1994年用铅笔勾画的"大头儿子""小头爸爸""围裙妈妈"三个人物形象正面图已经遗失，各方当事人均无法提供，也就是说作品一的具体人物形象已经无法还原和展现，但法院最终仍然认定了刘某某对该作品享有著作权，作品二、作品三、作品四中包含作品一的独创性表达，系法院根据间接证据进行推定从而得出的结论。当一部作品无法展现和还原，公众已经无法欣赏到该作品，也无法对该作品进行进一步利用，此时该作品是否还有保护的价值和必要？原告大头儿子文化公司虽然获得了本案的胜诉，但尴尬的是其自身已无法对作品一进行使用和开发。行使演绎作品著作权时，不得侵犯原作品的著作权。反之，行使原作品著作权时，也不得侵犯演绎作品的著作权。如果大头儿子文化公司使用作品二，则需要获得央视的许可，否则亦构成侵权行为。在北京市高级人民法院审理的原告央视动漫集团有限公司与被告大头儿子文化公司侵害著作权纠纷案①中，法院即认定大头儿子文化公司在被控侵权产品及包装上使用的人物形象与央视95版、央视动画公司的2013版动画片中"大头儿子""小头爸爸""围裙妈妈"三个人物形象细节特征基本相同，属于侵犯演绎美术作品的著作权，应承担相应的法律责任。需要说明的是，本案并未到此终结，后央视动画公司不服本案一审和二审判决申请再审并提交了新证据，即"刘某某签署的确认书著作权归属"书证一份（以下简称95年声明），该书证载明："本人刘某某受中央电视台、上海东方电视台的委托，创作了动画系列片《大头儿子和小头爸爸》片中主要人物'大头儿子'、'小头爸爸'的造型设计。我同意由我本人设计的以上造型其全部人物造型的全部版权及全部使用权归中央电视台、上海东方电视台两家共同所有。落款时间：1995年2月8日。落款人：作品《大头儿子和小头爸爸》造型作者刘某某。"央视动画公司拟以此证明涉案作品的著作权应归属于央视、上海东方电视台。浙江省高级人民法院再审裁定，驳回央视动画公司的再审申请。2021年12月1日，最高人民法院提审本案。最高人民法院经审理认为，广东法院和北京法院均依据司法鉴定结论认可了95年声明上刘某某签名的真实性，因此，应当认定95年声明真实合法有效。根据95年声明、刘某某后续与央视动画公司签订的协议、补充协议以及说明和其他相关事实，应当认定1994年草图除署名权以外的著作权及其他知识产权属于央视所有，刘某某无权将1994年草图著作权再转让至洪某。因此，大头儿子文化公司不享有1994年草图的著作权。②

---

① 北京市高级人民法院（2021）京民终134号民事判决书。
② 最高人民法院（2022）最高法民再44号民事判决书。

3. 合作作品著作权归属

条文要点注释

合作作品中包含全部合作作者的独创性表达，因此，合作作品的著作权由合作作者共同享有。合作作者之间有共同创作作品的主观意图，且希望将各自创作的部分结合成为一部完整作品，因此，合作作品的著作权原则上应当由合作作者通过协商一致行使。与此同时，为了使合作作品得到充分利用，对协商一致行使原则又需要作出例外规定。如果合作作品可以分割使用，在不侵犯合作作品整体著作权的前提下，作者对其自身创作的部分可单独行使著作权，无须获得其他合作作者许可。

法律条文

> **第十四条** 两人以上合作创作的作品，著作权由合作作者共同享有。没有参加创作的人，不能成为合作作者。
>
> 合作作品的著作权由合作作者通过协商一致行使；不能协商一致，又无正当理由的，任何一方不得阻止他方行使除转让、许可他人专有使用、出质以外的其他权利，但是所得收益应当合理分配给所有合作作者。
>
> 合作作品可以分割使用的，作者对各自创作的部分可以单独享有著作权，但行使著作权时不得侵犯合作作品整体的著作权。

关联规范

《著作权法实施条例》（国务院令第633号，自2013年3月1日起施行，节录）

第九条 合作作品不可以分割使用的，其著作权由各合作作者共同享有，通过协商一致行使；不能协商一致，又无正当理由的，任何一方不得阻止他方行使除转让以外的其他权利，但是所得收益应当合理分配给所有合作作者。

《计算机软件保护条例》（国务院令第 632 号，自 2013 年 3 月 1 日起施行，节录）

第十条 由两个以上的自然人、法人或者其他组织合作开发的软件，其著作权的归属由合作开发者签订书面合同约定。无书面合同或者合同未作明确约定，合作开发的软件可以分割使用的，开发者对各自开发的部分可以单独享有著作权；但是，行使著作权时，不得扩展到合作开发的软件整体的著作权。合作开发的软件不能分割使用的，其著作权由各合作开发者共同享有，通过协商一致行使；不能协商一致，又无正当理由的，任何一方不得阻止他方行使除转让权以外的其他权利，但是所得收益应当合理分配给所有合作开发者。

法条解读

著作权一般归属于作者，这是著作权归属的基本原则，合作作品也不例外。没有参加创作的人，例如，为创作提供场地、设备的人，为创作提供各类资料、素材的人，为创作提供创意、计划的人，均不能成为合作作者。

合作作品著作权共同享有的状态包括两种：一种是合作作品可以分割使用，另一种是合作作品不可以分割使用。前者类似于民法上的按份共有，后者类似于民法上的共同共有。对共有著作权的管理，合作作者有约定的，按照约定管理，即协商一致优先；没有约定或者约定不明确的，各合作作者都有管理的权利和义务。对可分割使用的合作作品，作者可以单独提起诉讼对其享有著作权部分主张权利，法院无须追加其他合作作者作为原告参加诉讼。如果侵权人使用了整部合作作品，可分割使用的合作作品的各位作者也可以作为共同原告提起诉讼，此时为非必要的共同诉讼。对不可分割使用的合作作品，原则上应当以全部合作作者作为共同原告提起诉讼，对整部作品主张权利，此时为必要的共同诉讼，应按照《最高人民法院关于适用〈中华人民共和国民事诉讼法〉的解释》第 73 条、第 74 条的规定处理，即明确表示放弃实体权利的合作作者，可不予追加；不愿意参加诉讼，又不放弃实体权利的合作作者，法院应将其列为共同原告，其不参加诉讼，视为放弃了诉讼程序方面的权利和义务，但并未放弃著作权实体权利和义务，此种情况不影响对案件的审理。如果结合在案证据难以查清都有哪些合作作者对合作作品享有权利，可以将已查清的部分权利人作为共同原告，但在判决论理部分为未参加诉讼的权利人保留相应的权利份额。未参加诉讼的权利人可以与参加诉讼的权利人就赔偿款项进行分配，如无法达成一致，可以通过诉讼解决。实践中存在争议的是"结合在案证据难以查清都有哪些合作作者对合作作品享有权利"中"难以查清"的标准。一种观点认为，应该严格把握，只要通过在案证据确定某主体可能系合作作者之一，就应该全部追加为共同原告参加诉讼；另一种观点认为，通过在案证据虽然可以确定某主体可能系合作作者之一①，但如果该主体下落不明、无法联系和核实，或者该主体位于国外难以送达，此时也属于"难以查清"，可以不将该主体追加为共同原告参加诉讼。笔者同意后一种观点，即"查清都有哪些合作作者对合作作品享有权利"的标准无须过于严格，保障当事人实体权利与诉讼进程的高效、顺利进行应当加以平衡。原因在于：第一，在实践中查清全部著作权人存在较大难度。作者对作品享有著作权，并不要求必须进行登记，在诉讼中著作权人通过提交涉及著作权的底稿、原件、合法出版物、著作权登记证书、认证机构出

---

① 例如，某电影署名的出品方包含该主体。

具的证明、取得权利的合同等证明其对作品享有著作权。但上述证明著作权归属的证据也可能存在矛盾。法官看到的都是当事人希望法官看到的证据，法官仅凭当事人提交的一部分有关著作权归属的证据即认定著作权归属已经全部"查清"，往往事与愿违，可能存在追加后又发现错误的情况。第二，著作权侵权诉讼的核心目标是使侵权人承担应有的法律责任，使权利人因侵权行为所受损害尽快得以平复。即使法院尽最大可能全面获得著作权归属的证据，并最终确定全部著作权人，考虑到再次送达并确定新的举证期等，当事人及法院为此所付出的诉讼程序延宕的代价也可能是得不偿失的。第三，法院可以在判决论理部分为未参加诉讼的权利人保留相应的权利份额，部分著作权人未参加诉讼并不会影响其利益。如果在诉讼过程中，法院发现参加诉讼的部分权利人与侵权人达成和解，但双方达成的赔偿金额明显低于法院可能判决赔偿金额的，则法院可以拒绝按照该协商赔偿金额制作调解书，以防止参加诉讼的部分权利人行使诉讼权利损害未参加诉讼权利人的利益。此时，法院可以径行作出判决，双方当事人也可以庭下签署和解协议后使原告撤诉。未参加诉讼的权利人认为参加诉讼的权利人与侵权人庭下签署的和解协议显失公平，侵害其利益的，可以提起诉讼主张撤销该协议或宣告该协议无效。司法实践中就有相关案例，请参见案例2 – 29。

典型案例

案例2 – 29　没有参与作品创作，没有为作品的形成作出实质性贡献的人，不是合作作品的作者——原告卫某某与被告李某某、化学工业出版社有限责任公司等著作权权属、侵权纠纷案①

【裁判要旨】共同创作作品，是成为合作作品作者的基本前提。

---

① 北京知识产权法院（2019）京73民终2543号民事判决书。

没有参与作品创作，没有为作品的形成作出实质性贡献的人，不是合作作品的作者。确定合作作者时，应综合考虑合作作品创作的历史背景、署名习惯、相关人员的证言等证据材料。对不可分割使用的合作作品，原则上应当以全部合作作者作为共同原告提起诉讼，对整部作品主张权利，但合作作者明确表示不参加诉讼并放弃主张实体权利的，可不追加其作为共同原告。

【案情简介】2000 年 1 月，《无机化学实验讲义》（以下简称《讲义》2000 版，即权利图书）印刷成册。该书封面署名原告卫某某、崔某某、黄某编，内页编写说明载明"本书结合大连理工大学无机化学教研室编写的高等学校教材《无机化学》第三版的教学内容，结合化学课程改革的需要……编写而成……本书由基础化学教研室集体编写。卫某某、崔某某、黄某主编。"原告认为该讲义系由封面署名的三人编写，为不可分割的合作作品，著作权应由该三人共同享有，基础化学教研室其他成员均未参加编写，编写说明中载明的"本书由基础化学教研室集体编写"系为了强调集体意识的客套话。被告认为该讲义系包括封面署名三人在内的无机化学组成员编写而成，属于不可分割的合作作品，应由无机化学组成员即崔某某、被告李某某、原告卫某某、高某阳、高某峰、黄某（实验员）共同享有，基础化学教研室其他组成员未参加编写。2002 年 9 月，《讲义》2000 版在之前基础上增加部分内容，修订后重新印刷成册。修订后书的封面署名卫某某、崔某某、黄某编，落款为华北工学院化工基础教研室。2014 年 8 月 27 日，黄某出具声明书，称《讲义》2000 版由原告卫某某、崔某某和黄某三人共同编写，其本人编写的内容是实验室工作规则、实验工作中的安全操作、实验室意外事故处理。2014 年 9 月 1 日，高某阳、高某峰分别出具陈述，称《讲义》2000 版是由当时主讲无机化学及无机化学实验的全体教师，包括被告李某某、高某峰及高某阳在内，经集体讨论，根据教学大纲要求及实验室条件，集体决策选定实验内容并共同编写完成。2019 年 4 月 11 日，经法院向崔某某核实，其称原告卫某某是《讲义》2000 版执笔人，做的工作不少，其本人提了一些编写思路，黄某是无机化学的实验员，为讲义的编写提供了仪器、试剂等材料，所以署名为封面上的三个人，该三人直接参与了讲义的编写。该讲义的编写说明是卫某某执笔写的，其中"本书由基础化学教研室集体编写"这句话就是一句客套话，并不代表基础化学教研室的成员都参与了讲义的编写，无机组之外的其他老师与该讲义编写没有关系。崔某某明确表示不参加本案诉讼，不主张对讲义享有实体权利。2019 年 4 月 22 日，经法院向黄某核实，其称《讲义》2000 版系卫某某、崔某某及其本人共同编写，分不清谁写了哪些章节，所以署了三个人的名字，无机化学组之外的其他老师没有参与该讲义的编写，其没有留存编写时的原始材料。黄某明确表示不参加本案诉讼，不主张对《讲义》2000 版享有实体权利。同日，经法院向高某峰、高某阳核实，高某阳称其记不得是否参与过《讲义》2000版的编写了，高某峰称其没有参与过《讲义》2000 版的编写，两人均称不清楚《讲义》2000 版编写说明中"本书由基础化学教研室集体编写"是什么意思，没有留存该讲义手稿等原始材料，并明确表示不参加本案诉讼，不对该讲义主张实体权利。同日，经法院向高某娇核实，其称 2000 年时其本人是基础化学教研室主任，为了提高教学质量，增强学生自己动手和思考能力，鼓励教师自行编写实验讲义，于是卫某某、崔某某、黄某三人编写了《讲义》2000 版，该讲义编写说明中的"本书由基础化学教研室集体编写"是客套话，实际就是署名的三人编写的，当然也不排除与其他老师交流过意见，其他三个教研组的老师没有参与该讲义的编写，其本人没有留存该讲义手稿等原始材料。高某娇明确表示不参加本案诉讼，不对该讲义主张权利。2012 年 2 月，被告化学工业出版社有限责任公司（以下简称化学工业出版社）出版《无机化学与分析化学实验》（以下简称《实验》第一版，即被控侵权图书），该书主编为被告李某某。经法院比对，《实验》第一版部分内容与《讲义》2000版部分内容相同。

【一审法院观点】虽然权利图书的确使用了在先教材中的大量内容，但结合权利图书具体情况来看，对相关材料的筛选，对具体文字的归纳、拆分以及按照一定的体系逻辑进行编排等方面仍存在相当的创作空间，尤其还添加了部分设问及思考题目等内容。因此，权利图书的编写包含了编写者的创造性智力劳动，具有独创性，其著作权应受到法律保护。关于《讲义》2000版，该讲义封面明确标注"卫某某、崔某某、黄某编"，而扉页中的编写说明又载明"本书由基础化学教研室集体编写"，从字面意思来看两者有所矛盾，该编写说明中的上述表述不足以成为推定编写者的依据。第一，封面标注相比编写说明更能体现创作者对相关人员身份及权利的确认和公示。第二，《讲义》2000版于2002年修订重新印发时封面仍然标注"卫某某、崔某某、黄某编"，而未再附编写说明。第三，法院调查询问的相关人员均认为该讲义并非基础化学教研室全体人员编写，尤其是无机化学组之外的人员更未参与编写，部分人员直接认为该表述系一句客套话。第四，在该讲义编写期间，华北工学院基础化学教研室系由无机化学、有机化学、物理化学和分析化学四个教研室合并而成，无机化学以外其他三个教研组的教师集体参与该讲义编写的可能性不大，不符合常理。第五，法院调查询问的部分人员提到由于该讲义要作为教研室指定的教材使用，且为了突出集体意识，故在编写说明中如此表述，根据在案证据，其他教材中的确亦多有类似表述，另外考虑到当时的社会历史背景，该种解释具有合理性。《讲义》2000版封面明确署名原告卫某某、崔某某、黄某编，且在案亦无其他相反证据，故法院认定卫某某、崔某某及黄某系《讲义》2000版编写者，现无证据证明可区分三人各自创作部分，故该讲义为不可分割的合作作品，上述三人共同享有该讲义著作权。崔某某、黄某已明确表示不参加本案诉讼，并放弃主张实体权利，故法院不再追加两人为共同原告。

【二审法院观点】对于《讲义》的作者，李某某认为合作作者应为所有教研室成员。《著作权法实施条例》第3条第2款规定，为他人创作进行组织工作，提供咨询意见、物质条件，或者进行其他辅助工作，均不视为创作。一审法院结合署名情况以及另外核查的事实，确认实际参与作品创作的为卫某某、崔某某、黄某，系属合理，而李某某本案提供的证据无法证明其他主体实际参与了上款所述的创作行为，因此，法院确认《讲义》的合作作者为实际创作作品的卫某某、崔某某、黄某。

【案例评析】共同创作作品，是成为合作作品作者的基本前提。没有参与作品创作，没有为作品的形成作出实质性贡献的人，不是合作作品的作者。本案中，《讲义》2000版虽然在编写说明中载明"本书由基础化学教研室集体编写"，但有其他证据证明除卫某某、崔某某、黄某以外，基础化学教研室其他人员并未参与创作，因此，其他人员不能成为《讲义》2000版的合作作者，对此法院给出了比较具有说服力的五点理由。《讲义》2000版属于不可分割使用的合作作品，即卫某某、崔某某、黄某所创作的内容已经相互融合，无法区分具体哪一部分由哪位作者所单独创作。对不可分割使用的合作作品，原则上应当以全部合作作者作为共同原告提起诉讼，对整部作品主张权利，但崔某某、黄某诉讼中明确表示不参加本案诉讼，并放弃主张实体权利，因此，法院未追加其作为共同原告是正确的。

4. 汇编作品著作权归属

条文要点注释

汇编作品分为两类：一类是对若干作品、作品的片段进行具有独创性的选择或者编排；另一类是对不构成作品的数据或者其他材料（如单纯事实消息）进行具有独创性的选择或者编排。对汇编作品给予著作权保护，系因为汇编人在选择或者编排过程中付出了创造性的智力劳动，该智力劳动成果包含汇编人的某种选择或者编排意图。如果这种选择或者编排是随机、随意的，则形成的成果不属于汇编作品。如果被汇编的作品仍在著作权保护期限内，则汇编人对汇编作品行使著作权时会受到被汇编作品著作权的限制。

法律条文

> **第十五条** 汇编若干作品、作品的片段或者不构成作品的数据或者其他材料，对其内容的选择或者编排体现独创性的作品，为汇编作品，其著作权由汇编人享有，但行使著作权时，不得侵犯原作品的著作权。

法条解读

组成汇编作品的元素包括作品（作品、作品的片段），也包括非作品（不构成作品的数据或者其他材料）。前者如将20世纪90年代的经典音乐作品进行选择和编排，制作成音乐作品集。后者如将若干不构成作品的数学题目进行选择和编排，制作成一张试卷。汇编作品的独创性体现在对具体内容（作品或非作品）的选择或者编排上，如果两部汇编作品的选择或编排存在一定的相似性，但所选择或编排的内容不构成相同或实质性近似，那么在后汇编作品并不构成对在前汇编作品著作权的侵害。例如，在对 20 世纪 90 年代的经典音乐作品进行选择和编排时，两部汇编作品都按照中国大陆/内地、中国香港、中国台湾的顺序进行分类并按照音乐作品发表先后顺序排列，但所选择的音乐作品并不相同，也不构成实质性近似。

典型案例

案例 2 - 30　汇编作品的独创性体现在对所采用的内容的选择或者编排方面——原告北京市仁爱教育研究所与被告武汉出版社、北京友好广告有限公司侵害著作权纠纷案①

【裁判要旨】被诉教辅书使用了原告教材的编排顺序和体例，但仅此使用不构成对教材汇编作品著作权的侵害。汇编作品的独创性体现在对所采用的内容的选择或者编排方面，只有在既使用了汇编者采用的选择或者编排方法又使用了汇编者选择或者编排的内容才能构成对汇编作品著作权的侵害。

【案情简介】2009 年 12 月，北京教育出版社出版了《义务教育课程标准实验教科书 英语（七年级下册）》（2009 年 12 月第 1 版，以下简称仁爱教材），该书署名北京市仁爱教育研究所（以下简称仁爱研究所）编著。2011 年 7 月，武汉出版社出版、北京友好广告有限公司（以下简称友好公司）销售了《探究在线 高效课堂 英语（七年级下册）》（以下简称探究在线）。仁爱研究所把探究在线与仁爱教材的相似内容分为七种情形。为表述方便，将两书对比情况也按照该七种情形分类举例说明如下：（1）与课文中的短语相同。探究在线在每一单元的每一 topic 下均设置了"名师讲坛"和练习题等，其中使用了仁爱教材课文中包含的重要短语，如：by car,

---

① 北京知识产权法院（2015）京知民终字第 1195 号民事判决书。

listen to music, the same 等。（2）与仁爱教材本单元词汇表中的重点词汇有重合。探究在线练习题栏目中题目中部分词汇或者所考查的词汇与仁爱教材本单元词汇表中的重点词汇有重合。（3）与课文中的短语知识点相同。探究在线设计的练习题考查的短语知识点与仁爱教材有重合或相似，如练习题 Mike listen to English radio 与仁爱教材中的 listen to music 短语的知识点相符。（4）话题相关。探究在线设计的练习题如阅读理解、完形填空等与仁爱教材课文主题相同或相近，如同为春节的介绍、圣诞节的介绍、节假日的介绍等。（5）语法相同。探究在线每单元编写的语法知识整理与复习的内容及其设计的练习题考查的语法知识点与仁爱教材有重合，如探究在线在某章节重点考查某个英语时态及频度副词的用法，而该语法亦为仁爱教材对应章节的重点语法。（6）课文原句。探究在线在"名师讲坛"栏目中列举了仁爱教材课文中包含的重要句子，配以中文翻译，并对其中的知识点进行了讲解，如：how do you usually come to school? 你通常怎样来上学。后边还有解析、举例、拓展等内容。探究在线设计的练习题中也有涉及课文原句的情形。（7）句型相同，将仁爱教材课文原句简单替换单词，知识点相同。探究在线中设计了大量的练习题，其中使用的句型与仁爱教材课文中包含的重要句子相同或相似，如仁爱教材中为 she is reading，而探究在线中为 she is reading a book；仁爱教材中为 is KangKang reading in the library, too? 而探究在线中为 is Tom reading in the library, too? 此外，探究在线与仁爱教材的章节目录、topic 基本一致。例如，仁爱教材共分 "Unit 5 – Unit 8" 四个单元，每个单元包括三个话题，每个话题包括四个板块，每个板块包括对话或文章、照片、图画、练习题。探究在线共分 "Unit 5 – Unit 8" 四个单元，每个单元包括三个话题，每个话题包括四个板块，每个板块包括练习题和边栏的"名师讲坛给给力"栏目。每个板块中的"名师讲坛给给力"栏目包括 1~5 个课文短语或原句的中文翻译、解析及知识点举例，或为相关词语的辨析和举例。每个话题后有语法知识整理与复习，内容包括语法精讲和语法训练两部分。

【一审法院观点】结合仁爱教材的署名情况和著作权登记证书，确认仁爱研究所是仁爱教材的著作权人。仁爱教材中短语、英文词汇、短句、语法、句型、知识点没有独创性。探究在线虽然在设计题目时使用的话题与仁爱教材相同，但话题本身并无独创性，任何人均可围绕相同话题展开创作。探究在线使用了仁爱教材中的课文原句，主要是为了解释、说明课文中的重点句子，因其目的正当、比例适当，构成合理使用。此外，探究在线是配合仁爱教材使用的教辅图书，故在整体编排上必然要参照教材的编排顺序。因此，两书章节目录、专题设置上的相同，系为解释、说明仁爱教材之必需，此种使用未超过合理限度，不会对仁爱教材产生替代作用，也不会不合理地损害仁爱研究所的其他经济利益，属于合理使用，不构成侵权。

【二审法院观点】就仁爱教材的内容而言，上诉人仁爱研究所主张被诉教辅书探究在线复制并引用了其教材中的重点词汇、短语、课文原句、句型、短语知识点、语法和话题方面的内容。但是，单个词汇本身是英语基本元素，不具有独创性；教材中的短语、课文原句、句型、短语知识点均系英语中的常用表达，或者为公有领域内的素材，不具有独创性；语法及相关知识点均是英语的语言规则或抽象出的要点，不受著作权法保护；话题均属于思想的范畴，不属于著作权法保护的表达。因此，上诉人仁爱研究所主张的被诉教辅书探究在线复制并引用其教材中的内容均非著作权法保护的对象。汇编作品的独创性体现在对既有的作品、作品的片段或者不构成作品的数据或者其他材料选择或者编排方面。仁爱教材通过设置不同的单元和话题，将本身相互独立的对话或文章等按照一定的体系进行编排，并辅之以练习题加强对文章中知识点的理解，这种选择和编排体现了对课程的设计与词汇、语法知识点的安排，具有典型的汇编作品的特征，具有独创性，故仁爱教材属于汇编作品。仁爱研究所对该教材享有汇编作品的著作权。本案中，被诉教辅书探究在线使用了仁爱教材的编排顺序和体例，但仅此使用不构成对教材汇编作品著作权的侵害。汇编作品的独创性体现在对所采用的内容的选择或者编排方面，只有在既使用了汇编者采用的选择或者编排方法，又使用了汇编者选择或者编排的内容，才能构成对汇编作品著作权的侵害。被诉教辅书与教材内容相同的比例很小，从整体上说，教辅书与教材的内容并不相同。因此，在被诉教辅书与上诉人教材的编排顺序和体例相同但内容基本不相同的情况下，不会构成对教材汇编作品著作权的侵害。

【案例评析】组成汇编作品的作品或作品片段的独创性不能等同于汇编作品的独创性。汇编中的作品、作品的片段在汇编作品产生之前已经独立存在，其独创性体现在作品、作品的片段的具体文字表达之中。因此，不能仅因为两部汇编作品均选择了部分相同的作品或作品的片段，即简单认定在后汇编作品构成对在先汇编作品著作权的侵害。例如，甲和乙均对 20 世纪 90 年代的经典音乐作品进行选择和编排，两人均选择了 20 首音乐作品，其中有 3 首音乐作品的选择相同，其余音乐作品的选择不同。音乐作品集的编排方式也不相同，甲是按照中国大陆/内地、中国香港、中国台湾的地域进行排列，乙是不分地域全部按照民族、流行、摇滚的音乐风格排列。此时，不能仅因为两部汇编作品有 3 首音乐作品的选择相同，而认定在后汇编作品使用了在先汇编作品的独创性表达。此外，汇编作品的独创性体现在对具体内容（作品或非作品）的选择或者编排上，脱离了具体内容的选择或者编排，只是一种思路，属于思想范畴，并不是著作权法所保护的表达。本案中，仁爱教材和被诉教辅书探究在线均属于汇编作品，并采用了相同的单元体例和话题，但仁爱教材和被诉教辅书各单元的具体内容并不相同，因此，被诉教辅书并未使用仁爱教材汇编作品的独创性表达部分。

5. 视听作品著作权归属

条文要点注释

电影作品、电视剧作品系由编剧、导演、摄影、作词、作曲等作者合作创作完成，其中还包含演员的表演。但电影作品、电视剧作品著作权的归属不能按照合作作品著作权归属的一般规则由合作者共同享有，而是规定由制片者享有。这是因为电影作品、电视剧作品的拍摄制作需要大量投资，最终能否在商业市场上获得成功也存在较多不确定性风险。基于风险和收益相一致原则，电影作品、电视剧作品著作权归属于投资拍摄该作品的制作者较为公平合理。电影作品、电视剧作品以外的其他视听作品，如音乐视频（MV）、短视频等，其著作权归属应基于意思自治原则，优先由当事人约定。没有约定或者约定不明确的，由制作者享有。

法律条文

第十七条 视听作品中的电影作品、电视剧作品的著作权由制作者享有，但编剧、导演、摄影、作词、作曲等作者享有署名权，并有权按照与制作者签订的合同获得报酬。

前款规定以外的视听作品的著作权归属由当事人约定；没有约定或者约定不明确的，由制作者享有，但作者享有署名权和获得报酬的权利。

视听作品中的剧本、音乐等可以单独使用的作品的作者有权单独行使其著作权。

关联规范

《国家版权局关于指定美国电影协会对其会员电影作品著作权进行认证的通知》（国权〔1995〕12 号，自 1995 年 4 月 14 日起施行，节录）

国家版权局于 1995 年 3 月 11 日复函美国电影协会，同意美国电影协会对在中国使用的该会会员的电影作品的著作权进行认证，并同时同意美国电影协会代表美国电影市场协会对该协会所属的独立制片公司的电影作品的著作权进行认证。今后，国家版权局在对国内音像出版单位出版境外音像制品进行合同登记时，凡涉及美国电影的，将由美国电影协会对授权使用的电影作品著作权的合法性给予确认。地方版权局在对国内音像复制单位复制境外音像制品进行合同登记时，凡涉及美国电影的，应通过国家版权局进行认证。对于因认证不准确给权利被许可人造成损失的，美国电影协会将承担法律责任。

《国家版权局关于对出版境外音像制品合同进行登记的通知》（国权〔1995〕2 号，自 1995 年 1 月 15 日起施行，节录）

五、凡属国家版权局指定境外认证机构事先认证范围的，音像出版单位还应要求对方提供由认证机构开具的权利证明书。目前，国家版权局已指定香港影业协会和国际唱片业协会（IFPI）为其会员的认证机构。有关上述两个协会会员的情况可向国家版权局查询。

《海峡两岸知识产权保护合作协议》（自 2010 年 6 月 29 日起施行，节录）

六、认证服务。双方同意为促进两岸著作权贸易，建立著作权认证合作机制，于一方音像（影音）制品于他方出版时，得由一方指定之相关协会或团体办理著作权认证，并就建立图书、软件（电脑程式）等其他作品、制品认证制度交换意见。①

法条解读

视听作品，即 2010 年修正的《著作权法》所规定的"电影作品和以类似摄制电影的方法创作的作品"，是指摄制在一定介质上，由一系列有伴音或者无伴音的画面组成，并且借助适当装置放映或者以其他方式传播的作品。电影是一种视觉艺术形式，其通过动态画面的呈现推进故事发展，描绘人物特征、提出评论观点，体现作者思想和感情。摄制电影的过程一般包括：先由编剧撰写剧本，剧本中除了对话台词以外，还包括对剧中人物、布景、环境以及各种音响效果的详细描述。大部分剧本遵循着"开端—发展—结尾"这样的线性结构。剧本为电影拍摄提供了基础，提供了电影故事的整体脉络。导演一般还会在剧本的基础上根据自己的意图、思想和风格制作分镜头剧本，以方便按照不同镜头的划分、遵循一定的顺序开展拍摄。在拍摄过程中，摄影师会根据电影风格和剧情发展需要安排摄影机的位置角度、移动方向和速度、光影的对比，使用俯、仰、摇、跟、推、拉等拍摄手法进行拍摄。拍摄完毕后，电影还需要进行后期剪辑，即将影片制作中所拍摄的大量素材，经过选择、取舍、分解与组合，最终完成一个连贯流畅的视频画面。剪辑师在电影剪辑过程中会完整地体现导演的创作意图，但也可以提出一些新的剪辑构思，建议导演补充或删除一些素材片段。一些电影可能还需要进行特效制作，添加实景拍摄无法呈现的视觉效果。电影音乐也是电影的重要组成部分，其可以帮助渲染人物情绪，带动故事

---

① 中国国家版权局指定台湾著作权保护协会为台湾著作权认证机构，处理台湾有关音乐、影视相关产品进入大陆市场的著作权认证工作。国家版权局：《台湾著作权保护协会（TACP）简介》，https：//www.ncac.gov.cn/xxfb/bqshfw/rzjg/202410/t20241018_870075.html，访问日期：2023 年 9 月 20 日。

发展节奏，加强情节矛盾冲突。经典电影音乐往往还会单独出版，推出电影原声带，使公众可以单独欣赏。综上可见，视听作品（电影或类电作品）是一种综合的艺术表现形式，其中可能包含文字作品、摄影作品、音乐作品、美术作品等多种作品类型。不同类型作品，也对应着不同的作者。《著作权法》第 17 条规定，视听作品的"编剧、导演、摄影、作词、作曲等作者享有署名权"，即编剧、导演、摄影、作词、作曲等是视听作品的作者。这与《著作权法》第 11 条规定的"创作作品的自然人是作者"是一致的。《著作权法》第 11 条还规定"著作权属于作者，本法另有规定的除外。"《著作权法》第 17 条规定"视听作品中的电影作品、电视剧作品的著作权由制作者享有"，即视听作品中的电影作品、电视剧作品的著作权并不归属于编剧、导演、摄影、作词、作曲等作者，而是归属于制作者。因此，《著作权法》第 17 条即第 11 条所规定的除外情形。电影作品、电视剧作品著作权归属于制作者，主要出于以下考虑：第一，电影作品、电视剧作品的拍摄一般需要大量的资金投入，有较高的市场风险，当然也存在较高收益的可能性。如果电影作品、电视剧作品的著作权不归属于其制作者，那么制作者就无法通过行使电影作品、电视剧作品的著作权来获得投资收益，如此可能损害制作者投资拍摄制作电影、电视剧的积极性。第二，电影作品、电视剧作品的著作权如果归属于编剧、导演、摄影、作词、作曲等作者，众多作者在行使著作权时又无法协商一致的，则会影响电影作品、电视剧作品的利用和传播。第三，编剧、导演、摄影、作词、作曲等作者通常已经从电影作品、电视剧作品制作者处获得了报酬，无须从电影作品、电视剧作品的利用和传播中再次获得收益。但鉴于编剧、导演、摄影、作词、作曲等仍然是视听作品的作者，因此，其享有署名权，有权要求在电影中表明其作者身份。电影作品、电视剧作品以外的视听作品，在制作专业性、拍摄难度、投资金额方面与电影、电视剧制作存在一定的差异，因此，其著作权可由当事人约定；没有约定或者约定不明确的，由制作者享有，但作者享有署名权和获得报酬的权利。如果视听作品中的剧本、音乐等作品可以单独使用的，则作者有权单独行使其著作权。需要讨论的问题是，视听作品拍摄完成后，制作者在行使视听作品著作权时，是否还需要获得剧本、音乐作品著作权人的许可？编剧、导演、摄影、作词、作曲等作者具有共同的创作意图，即将自己的独创性表达相互结合与融入并形成一部作品，共同为视听节目的完成作出了实质性贡献。因此，编剧、导演、摄影、作词、作曲等作者属于视听作品的合作作者。合作创作的作品，著作权本应由合作作者共同享有，但如前所述，视听作品是一种特殊的合作作品，其著作权归属于制作者，即编剧、导演、摄影、作词、作曲等作者已经将其对合作作品的著作权（除署名权外）让渡给制作者。因此，制作者在行使视听作品著作权时，无须再获得剧本、音乐作品著作权人的许可。视听作品作为合作作品如果可以分割使用的，例如，剧本作为文字作品可以单独出版，词曲作为音乐作品可以单独录制和发行，那么编剧、词曲作者对各自创作的部分可以单独享有著作权，此部分权利并未让渡给视听作品的制作者。因此，视听作品的制作者在行使视听作品著作权时可以一并行使视听作品中剧本、音乐作品的著作权，但无权单独行使视听作品中剧本、音乐作品的著作权，即视听作品制作者不得未经许可将视听作品中剧本、音乐作品单独出版或单独录制、发行。此外，如果视听作品系由小说改编而来，制作者在行使视听作品著作权时，是否还需要获得小说作品著作权人的许可？如果视听作品的剧本系由小说改编而来，小说的作者并不属于视听作品的合作作者，因为小说一般在视听作品开始制作之前就已经创作完成，小说的作者并未有参与视听作品创作的意图。故小说属于原作品，视听作品则属于小说的演绎作品。改编、翻译、注释、整理已有作品而产生的作品，其著作权由改编、翻译、注释、整理人享有，但行使著作权时不得侵犯原作品的著作权。因此，视听作品的著作权由制作者享有，制作者有权以各种方式行使视听作品的著作权，但制作者不得侵犯小说作者对原作品小说享有的著作人身权和著作财产权。例如，视听作品的制作者未经小说著作权人许可不得将原作品小说出版；视听作品的制作者未经小说著作权人的许可不得将电影作品再次改编为话剧。《伯尔尼公约》第 14 条第 2 款对此亦有规定："根据文学或艺术作品制作的电影作品以任何其他艺术形式改编，在不妨碍电影作品作者授权的情况下，仍须经原作作者授权。"

典型案例

案例 2－31　依据剧本拍摄视听作品仍然需要获得原作品著作权人的授权——原告北京记忆坊文化信息咨询有限公司与被告完美时空（北京）影视文化有限公司、北京紫晶泉文化传播有限公司等著作权权属、侵权纠纷案①

【裁判要旨】被告于协议约定的授权期限内完成了剧本的改编行为，但其在协议约定的授权期限内并未完成涉案电视剧的拍摄行为。被告须在协议约定的期限内完成改编剧本、拍摄电视剧等所有影视剧制作行为，否则即构成侵权。被告虽然对依据原作品改编的剧本享有著作权，但被告依据剧本拍摄视听作品仍然需要获得原作品著作权人的授权。

【案情简介】2010 年 1—10 月，艾某某以"匪我思存"的笔名在杂志《南叶 仙度瑞拉》上连载小说《夜色》。2010 年 10 月总第 256 期杂志刊载的《夜色》正文部分标注有"完结"的字样。2010 年

---

① 北京市东城区人民法院（2016）京 0101 民初 6846 号民事判决书。

5 月 26 日，艾某某（甲方）与原告北京记忆坊文化信息咨询有限公司（以下简称记忆坊公司）（乙方）签订合同约定：甲方授予乙方在合同有效期内，行使在中国大陆出版发行作品《夜色》中文文本的简体版专有使用权。有效期自双方签字之日起生效，自作品初版（第 1 次印刷）发行之日起五年后到期。在合同有效期内，甲方授权乙方独家代理除以中文简体文本出版和发行以外的其他方式对作品的使用权和获得报酬权，即以复制、发行、拍摄电影、电视、录像或者改编等方式使用作品的权利，以及许可他人以上述方式使用作品，并由此获得报酬的权利。后原告与艾某某再次签署了著作权许可使用合同，约定授权期限为自作品 2013 版（2013 年 7 月出版）发行之日起五年后到期。2011 年 3 月 15 日，原告记忆坊公司（甲方）与被告北京紫晶泉文化传播有限公司（以下简称紫晶泉公司）（乙方）签订著作权许可使用协议，该协议约定：甲方许可乙方使用的权利为对小说《迷雾围城》的专有影视作品全部改编权、拍摄权、发行权。在本协议的有效期内，乙方获得的该权利为独家实施之专有权利。乙方获得的该权利有效期自协议生效之日起五年。乙方需支付的使用权转让费为 30 万元。乙方可以根据影视作品之需要，对该作品进行改编，具有改编权，乙方对改编后的作品享有著作权，但不会将影视剧本改编为小说出版。乙方根据甲方作品所改编拍摄制作的影视作品，乙方单独享有著作权法所规定的完整著作权，乙方行使影视作品之著作权不须经甲方同意，且不用支付报酬。乙方不以任何方式改变甲方之原著署名权。2011 年 6 月 20 日，新世界出版社出版图书《迷雾围城》（以下简称第 1 版《迷雾围城》），作者署名匪我思存。经比对，第 1 版《迷雾围城》较《夜色》增加了结局部分。除去新增加的结局部分，《夜色》与第 1 版《迷雾围城》相对应内容基本相同。诉讼中，各被告称其委托编剧贾某某、武某于 2015 年 12 月 28 日开始改编涉案电视剧剧本，于 2016 年 2 月

28 日改编完成。原告记忆坊公司认可其工作人员及艾某某经纪人团队的相关人员出席了 2015 年 12 月 27 日的电视剧启动仪式。各被告称涉案电视剧于 2016 年 3 月 9 日开始拍摄，待所有演职人员到齐后于 2016 年 3 月 12 日举办了正式的开机仪式，并于 2016 年 6 月 9 日拍摄完毕，于 2016 年 11 月初完成涉案电视剧的后期制作并向审批部门报送了送审样片。庭审中，原告称用五年时间完成改编、拍摄工作绰绰有余，七被告在授权期内怠于行使权利，在临近授权到期才筹拍涉案电视剧有恶意利用授权期限的嫌疑。原告主张，被告于 2016 年 3 月 12 日才开始拍摄改编自《迷雾围城》的电视剧《人生若如初相见》，该剧改编及拍摄工作在许可协议期满前未完成，被告在超过授权期限后未重新获得授权，构成侵权行为。各被告称涉案电视剧之所以迟迟未正式开拍，是因为涉案小说改编难度极大，前后经历多轮改编，其已在协议约定的授权期限内完成了剧本改编行为，被告对改编完成的剧本进行拍摄即便超出协议约定的授权期限亦不构成侵权。

【法院观点】原告取得涉案小说专有使用权的起止时间为 2011 年 6 月 20 日至 2018 年 7 月。原告与被告紫晶泉公司签署的著作权许可使用协议约定"乙方获得的该权利有效期自协议生效之日起五年"。但不可否认的是，《迷雾围城》小说的首次出版对该协议的履行具有重要的影响。虽然在签订协议时《夜色》已在杂志上连载完毕，但《迷雾围城》较之于《夜色》增加的部分是小说的结局部分，此部分对影视剧的改编具有重要影响。而在不知晓涉案小说全文内容的情况下，势必会影响被告改编权的正常行使。此外，在《迷雾围城》小说首次出版前，原告并未取得该小说的授权，其亦不能在此期间授权被告紫晶泉公司进行使用。因此，被告紫晶泉公司获得影视改编权的起始日应为 2011 年 6 月 20 日，又因协议约定的授权期限为自协议生效之日起五年，故被告紫晶泉公司就涉案小说所获得的影视改编权的期限应为2011年6月20日至2016年3月14日。涉案剧本已于2016年3月12日前完成，故被告确于协议约定的授权期限内完成了剧本的改编行为，但其在协议约定的授权期限内并未完成涉案电视剧的拍摄行为。被告须在协议约定的期限内完成改编剧本、拍摄电视剧等所有影视剧制作行为，否则即构成侵权。摄制权的行使不仅包括拍摄阶段，还包括后期制作阶段。因此，即便被告在协议约定的期限内完成了拍摄，但未在协议约定期限内完成后期制作行为仍然侵犯了原告的摄制权。演绎作品著作权人与已有作品著作权人各自的权利形成对演绎作品的双重控制权。第三人要使用演绎作品，除了须取得演绎作品著作权人的许可外，还应取得已有作品著作权人的同意，否则将同时构成对演绎作品著作权和已有作品著作权的侵犯。综上，依据剧本拍摄电视剧需要征得小说著作权人及剧本著作权人两方的授权，被告关于摄制权由剧本著作权人单独享有，小说著作权人无权行使该项权利的辩称法院不予采纳。

【案例评析】本案中，艾某某在先创作了涉案小说，之后各被告从原告记忆坊公司处获得了小说的改编权和摄制权并着手聘请编剧将涉案小说改编为剧本。涉案小说作者艾某某并未参与剧本的改编，也未参与涉案电视剧的拍摄制作，因此，艾某某并非涉案电视剧的合作作者，涉案小说属于原作品，涉案电视剧属于涉案小说的演绎作品。各被告获得的授权权利是对涉案小说的改编权和摄制权，授权期限自协议生效之日起五年，则各被告应在上述期限内完成全部改编和摄制工作。改编和摄制完成后的电视剧作品著作权归属于被告，被告行使电视剧作品的著作权不再受上述授权期限限制，但如果被告超出上述授权期限再次对涉案小说进行改编，或对涉案电视剧进行改编，均应再次获得涉案小说著作权人的许可。本案中被告主张，其在授权期限内完成了剧本的改编行为，其对剧本享有著作权，被告后续根据剧本拍摄电视剧的行为不再受授权期限限制，这种理解是片面的。因为被告所改编完成的剧本中仍然含有涉案小说的独创性表达部分，被告后续根据剧本拍摄电视剧，仍然属于使用涉案小说进行摄制，即行使涉案小说摄制权的行为，其应在授权期限内完成，否则构成侵权。

6. 职务作品著作权归属

条文要点注释

为完成单位的工作任务而创作的作品系职务作品。职务作品著作权归属，需要考虑单位和作者个人之间利益平衡。一方面，职务作品包含作者的创造性劳动以及创作思想，并非代表单位意志创作，这一点与法人作品不同，因此，职务作品著作权原则上由作者享有，单位有权在其业务范围内优先使用；另一方面，如果单位为职务作品的创作完成提供了必要的物质技术条件，并由单位承担责任，则除署名权以外的著作权由单位享有较为公平合理，职务作品也能够得到更充分的利用。

法律条文

第十八条 自然人为完成法人或者非法人组织工作任务所创作的作品是职务作品，除本条第二款的规定以外，著作权由作者享有，但法人或者非法人组织有权在其业务范围内优先使用。作品完成两年内，未经单位同意，作者不得许可第三人以与单位使用的相同方式使用该作品。

有下列情形之一的职务作品，作者享有署名权，著作权的其他权利由法人或者非法人组织享有，法人或者非法人组织可以给予作者奖励：

（一）主要是利用法人或者非法人组织的物质技术条件创作，

并由法人或者非法人组织承担责任的工程设计图、产品设计图、地图、示意图、计算机软件等职务作品；

（二）报社、期刊社、通讯社、广播电台、电视台的工作人员创作的职务作品；

（三）法律、行政法规规定或者合同约定著作权由法人或者非法人组织享有的职务作品。

关联规范

《著作权法实施条例》（国务院令第 633 号，自 2013 年 3 月 1 日起施行，节录）

第十一条　著作权法第十六条第一款关于职务作品的规定中的"工作任务"，是指公民在该法人或者该组织中应当履行的职责。

著作权法第十六条第二款关于职务作品的规定中的"物质技术条件"，是指该法人或者该组织为公民完成创作专门提供的资金、设备或者资料。

第十二条　职务作品完成两年内，经单位同意，作者许可第三人以与单位使用的相同方式使用作品所获报酬，由作者与单位按约定的比例分配。

作品完成两年的期限，自作者向单位交付作品之日起计算。

法条解读

职务作品的著作权归属是一个复杂的问题。著作权一般归属于作者，作者是著作权的原始主体，这是著作权归属的基本原则。因此，自然人为完成法人或者非法人组织工作任务所创作的作品，其著作人身权和著作财产权原则上仍应当归属于创作该作品的自然人。但考虑到此种情形下，自然人创作该作品的目的是完成单位的工作任务，且单位已经向自然人支付了工作报酬，单位自然有权利使用该工作任务的成果（该职务作品），而无须另行获得自然人的许可。但法人或者非法人组织享有的上述使用权是有限度的，作者有权利在两年内许可第三人以与单位使用的不同方式使用该作品，以及有权利在两年后许可第三人以与单位使用的相同方式使用该作品。

在特殊情形下，如果作者主要是利用单位的物质技术条件创作，并且由单位承担责任，也就是说，脱离了单位的物质技术条件，该职务作品就难以创作完成，此时该职务作品除署名权以外的其他著作权权利归属于单位。报社、期刊社、通讯社、广播电台、电视台的工作人员创作的职务作品，亦属于由单位提供采访、拍摄、剪辑等物质技术条件，且由单位对采访完成的稿件、视频承担责任。此种情形下，作者仍享有署名权，系因为职务作品与法人作品不同，该作品仍然体现的是作者本人的意志和创作个性。

典型案例

案例 2 - 32　特定历史条件下创作的职务作品，由单位享有除署名权以外的其他著作权——原告胡某某、吴某某与被告上海美术电影制片厂著作权权属纠纷案①

【裁判要旨】系争造型美术作品创作于著作权法施行之前。基于当时的特定历史条件和法律环境，针对动画电影的整个创作而言，完成工作任务所创作的成果归属于单位，符合当时人们的普遍认知。系争的"葫芦娃"角色造型美术作品属于职务作品，应由上海美术电影制片厂（以下简称美影厂）享有除署名权以外的其他著作权。

---

① 上海市第二中级人民法院（2011）沪二中民五（知）终字第62号民事判决书。

【**案情简介**】原告胡某某、吴某某于 20 世纪五六十年代进入被告美影厂工作。1984 年，被告美影厂文学组的杨某某根据民间故事《七兄弟》，创作了《七兄弟》文学剧本大纲。1985 年底，被告成立《七兄弟》影片摄制组，原告胡某某、吴某某担任造型设计。两原告绘制了"葫芦娃"角色造型稿，葫芦七兄弟的造型一致，其共同特征是：四方的脸型、粗短的眉毛、明亮的大眼、敦实的身体、头顶葫芦冠、颈戴葫芦叶项圈、身穿坎肩短裤、腰围葫芦叶围裙，葫芦七兄弟的服饰颜色分别为赤、橙、黄、绿、青、蓝、紫。原告胡某某先后绘制《葫芦兄弟》十三集分镜头台本。分镜头台本是拍摄的大纲或指引，拍摄时需以剪纸的形式首先制作出定稿的角色造型，由动作设计使角色造型活动起来，如遇特殊表情、特殊动作、侧面、背影，还须动作设计人员依据定稿的角色造型进行设计，然后交由绘制进行制作，再由绘景画出背景画面，最后由动作设计人员操纵活动的角色造型根据一秒钟镜头需要 24 幅画面的原则进行拍摄形成连续的画面。1986 年完成《葫芦兄弟》第一集至第九集拍摄，1987 年完成《葫芦兄弟》第十集至第十三集拍摄。1988 年 8 月 19 日被告向《葫芦兄弟》影片的创作人员发放 1986 年优秀影片奖的奖金 7000 元。

【**一审法院观点**】"葫芦娃"造型设计的作者首次以线条勾勒出"葫芦娃"的基本造型，其巧妙地将葫芦与中国男童形象相融合，塑造出炯炯有神、孔武有力、天真可爱的"葫芦娃"角色造型，并以七色区分七兄弟，既表明兄弟的身份又以示区别，体现了作者的匠心独运与绘画技巧，其通过手工绘制而形成的视觉图像，结合线条、轮廓、服饰以及颜色的运用形成特定化、固定化的"葫芦娃"角色造型，已不再停留于抽象的概念或者思想，其所具有的审美意义、艺术性、独创性和可复制性，符合《著作权法》规定的作品的构成要件，属于美术作品。根据署名情况，可以认定两原告共同创作了"葫芦娃"角色造型美术作品。涉案影片创作的当时，我国正处于计划经济时期，被告作为全民所有制单位，影片的创作需严格遵循行政审批程序，影片的发行放映需严格遵循国家的计划安排，如根据上级单位下达的年度指标任务上报年度创作题材规划，根据年初规划组织安排人员落实，创作成果归属于单位，单位再将最终创作成果交由相关单位统一出版发行，年底向上级单位、政府部门汇报各项指标任务的完成情况等。在作品创作的当时，两原告作为被告方的造型设计人员完成被告交付的工作任务，正是其职责所在，其创作的成果归属于单位是毋庸置疑的行业惯例，也是整个社会的一种约定俗成。在涉案影片创作的当时，导演等工作人员均须完成美影厂创作办公室每年下达的任务指标，其他创作人员跟随导演完成相应工作量。原告、被告均认可被告就涉案影片成立了摄制组，并指派原告胡某某担任导演，两原告任造型设计，此系完成被告交付的工作任务。可见，完成法人交付的工作指标任务，取得工资、奖金及相关的医疗、分房等福利待遇，创作成果则归属于法人，符合当时社会人们的普遍认知，也是社会公众普遍认同的行为准则。就系争作品的创作，两原告已取得远高于工资性奖金的酬金和奖励，自涉案影片最初播映的 1986 年起至 2010 年两原告起诉之日前的 24 年间，也没有证据表明两原告曾就此向被告提出过异议。因此，可以认定"葫芦娃"角色造型美术作品的著作权由被告享有，两原告仅享有表明其作者身份的权利。

【二审法院观点】本案系争造型美术作品创作于《著作权法》施行之前，当时的法律法规和政策对职务作品著作权的归属并无规定，因涉案作品尚在著作权保护期内，故本案应适用《著作权法》的现行规定予以处理。就当时的法律环境来看，我国尚未建立著作权法律制度，社会公众也缺乏著作权保护的法律意识。针对动画电影的整个创作而言，完成工作任务所创作的成果归属于单位，符合当时人们的普遍认知。另外，在《葫芦兄弟》动画片拍摄过程中，时任美影厂创作办公室主任的蒋某曾明确要求创作人员不得对外投稿，而作为创作人员的胡某某、吴某某并未对此提出异议。本案系争的"葫芦娃"角色造型美术作品属于特定历史条件下，胡某某、吴某某创作的职务作品，由美影厂享有除署名权以外的其他著作权。

【案例评析】涉案"葫芦娃"角色造型美术作品为胡某某、吴某某创作完成，对此原告、被告双方均不持异议。双方的争议焦点在于，该美术作品是否为职务作品。如果该作品为职务作品，那么属于一般的职务作品，还是特殊的职务作品，即该作品的著作权归作者享有，还是归单位享有。自然人为完成法人或者非法人组织工作任务所创作的作品是职务作品，胡某某、吴某某创作涉案"葫芦娃"角色造型美术作品，是为拍摄动画片《葫芦兄弟》进行前期准备，正是在被告美影厂的要求和安排下进行的创作，因此，属于职务作品。特殊职务作品的构成要件有三点：一是主要是利用法人或者非法人组织的物质技术条件创作；二是由法人或者非法人组织承担责任；三是法人或非法人组织给予作者奖励。涉案"葫芦娃"角色造型美术作品创作完成于 20 世纪 80 年代，胡某某、吴某某很可能仅使用了传统的绘画方式创作完成了该作品，似乎并未利用美影厂的设备设施或其他物质技术条件，因此，表面上看并不符合特殊职务作品的构成要件。但本案具有特殊的历史背景，涉案影片创作时，我国电影拍摄和发行放映遵循严格的计划程序，如果没有美影厂上报题材计划，对文字作品《七兄弟》进行剧本改编，胡某某、吴某某是不可能完成涉案"葫芦娃"角色造型美术作品创作的，这也应视为单位为该作品的创作提供了"前提条件"。且该美术作品创作完成后，美影厂对其进行审核把关，并最终拍摄为动画片，由美影厂对"葫芦娃"角色造型美术作品及动画片承担全部责任，同时亦向胡某某、吴某某支付了奖励。因此，涉案美术作品属于特殊职务作品。

7. 委托作品著作权归属

条文要点注释

委托作品系基于委托创作合同产生，而合同法的基本原则是意思自治、契约自由。因此，委托作品的著作权归属首先依据委托人和受托人的合同约定来确定。如果对委托作品著作权归属无合同约定，考虑到著作权优先归属于创作作品的自然人，故此时著作权应归属于创作作品的受托人。在委托作品著作权归属于受托人时，为了确保委托创作目的的实现，平衡委托人与受托人间的权利义务关系，委托人可以在委托创作的特定目的范围内使用该作品，无须支付许可使用费。

法律条文

第十九条　受委托创作的作品，著作权的归属由委托人和受托人通过合同约定。合同未作明确约定或者没有订立合同的，著作权属于受托人。

关联规范

《计算机软件保护条例》（国务院令第632号，自2013年3月1日起施行，节录）

第十一条　接受他人委托开发的软件，其著作权的归属由委托人与受托人签订书面合同约定；无书面合同或者合同未作明确约定的，其著作权由受托人享有。

《最高人民法院关于审理著作权民事纠纷案件适用法律若干问题的解释》（法释〔2020〕19号，自2021年1月1日起施行，节录）①

第十二条 按照著作权法第十七条规定委托作品著作权属于受托人的情形，委托人在约定的使用范围内享有使用作品的权利；双方没有约定使用作品范围的，委托人可以在委托创作的特定目的范围内免费使用该作品。

法条解读

对委托创作合同的性质，有两种不同观点：一种观点认为属于委托合同，另一种观点认为属于承揽合同。在1999年11月11日发布的《国家版权局版权管理司关于〈快乐大本营〉一案给长沙市开福区人民法院的答复》（权司〔1999〕73号）中称，委托作品是在民法的委托或者承揽关系下创作的作品。《民法典》第919条规定："委托合同是委托人和受托人约定，由受托人处理委托人事务的合同。"委托合同的根本在于受托人按照委托人的指示处理委托事务，只要受托人处理委托事务不存在过错，即使最终结果造成委托人损失的，受托人也不承担责任。《民法典》第770条规定："承揽合同是承揽人按照定作人的要求完成工作，交付工作成果，定作人支付报酬的合同。"承揽合同的根本在于承揽人以自己的设备、技术和劳力完成工作，并向定作人交付工作成果，承揽人交付的工作成果不符合定作人质量要求的，承揽人应当承担相应的违约责任，承揽人是否具有过错在所不论。在委托创作合同中，受托人系按照委托人的要求进行作品创作活动，并向委托人交付创作完成的智力成果，如果交付的创作成果不符合委托人的要求，则应当向委托人承担相

---

① 该司法解释施行时，2020年修正的《著作权法》尚未施行，该司法解释中提及的《著作权法》条文序号和内容为2010年修正的《著作权法》条文序号和内容。

应的违约责任，可见，委托创作合同具有承揽合同的性质。

然而，承揽合同中的工作成果一般是指实物，而委托创作合同中的工作成果是智力成果，故两者又有不同。就实物而言，在同一时间一般只能由一个主体占有和使用，那么按照承揽合同的规则，工作成果（定作物）的所有权应归属于定作人所有，即定作人用工作报酬交换了承揽人交付的定作物的所有权。而就智力成果而言，由于在同一时间作品可以有多个载体，形成众多的复制件，作品的所有权和使用权可以分离，因而受托人创作完成的智力成果的著作权不是必然归属于委托人，具体归属于哪一方首先取决于委托创作合同的具体约定。我国《著作权法》更加偏向于对作者的保护，其中规定，如委托创作合同未作明确约定或者没有订立委托创作合同的，著作权属于受托人。但基于等价有偿原则，委托人向受托人支付了委托创作费用，理应获得受托人所创作完成智力成果在一定范围内的使用权。《最高人民法院关于审理著作权民事纠纷案件适用法律若干问题的解释》第 12 条规定："按照著作权法第十七条规定①委托作品著作权属于受托人的情形，委托人在约定的使用范围内享有使用作品的权利；双方没有约定使用作品范围的，委托人可以在委托创作的特定目的范围内免费使用该作品。"上述"免费使用该作品"并不是指委托人可以不向受托人支付委托创作费用，而是指委托人向受托人支付委托创作费用后，在委托创作的特定目的范围内使用该作品时，无须另行支付许可使用费。

需要指出的是，即使委托人和受托人约定"委托创作的作品，著作权归属于委托人"，但著作人身权中的署名权仍应归属受托人所有。因为在委托创作合同中，虽然委托人会提出创作要求，如创作的主题、角色特征、故事的历史背景等，但委托创作作品的作者

---

① 指 2010 年修正的《著作权法》第 17 条。

仍然是受托人，委托人并未参与作品创作，作品体现的仍然是受托人的思想或创作个性，所以不应断绝受托人作为作者与作品之间的联系。此种情形类似于特殊职务作品，作者享有署名权，著作权的其他权利由单位所有。但基于契约自由原则及处分原则，委托人和受托人可以约定"著作权归属于委托人，且作品不为受托人署名"。此时，作品的署名权仍归受托人所有，但受托人按照约定不行使署名权。

典型案例

案例2-33 署名权的保护不仅包括作者是否在作品上署名，还包括作者在作品上是否准确、适当地署名——*原告王某某与被告浙江东方现代文化艺术有限公司著作权侵权纠纷案*①

【裁判要旨】受委托创作的作品，署名权作为著作人身权归属于受托人。署名权的保护不仅包括作者是否在作品上署名，还包括作者是否在作品上准确、适当地署名。被告将未参加委托作品创作的人作为主创署名显属不当，侵犯了原告的署名权。

【案情简介】原告王某某系中国画家协会理事，浙江美术家协会会员。2005年4月下旬，被告浙江东方现代文化艺术有限公司（以下简称东方公司）委托原告根据古运河绍兴段整治办公室的邀请设计函和附件"龙横江整治工程鹿湖园工程雕塑背景资料及设想"创作《康乾驻跸图》等11幅绘画，由被告用于绍兴市龙横江整治鹿湖园雕塑工程竞标。尔后，被告向原告预付了绘稿使用费3000元。2005年5月中旬，原告将创作的11幅绘画作品交付被告，被告用该作品参与竞标并成功中标。中标后，被告向原告支付了画稿使用费余款7000元。2005年9月28日，原告出具给被告作品使用授权书一份，该授权书载明："由我创作的《康乾驻跸》等11幅

---

① 浙江省绍兴市中级人民法院（2008）绍中民二初字第105号民事判决书。

画授权浙江东方现代文化艺术有限公司用作龙横江整治工程鹿湖园雕塑用，作品署名王某某。浙江东方现代文化艺术有限公司为此 11 幅画向我一次性支付作品使用费 10000 元人民币。"后被告根据原告绘制的 11 幅基础画稿制作《康乾驻跸碑》等雕塑共 11 幅，分别放置于绍兴市龙横江鹿湖园景区内。《康乾驻跸碑》之花岗石碑记标明："碑由浙江东方现代文化艺术有限公司设计制作，潘某某主创。"2007 年 10 月，经原告交涉，被告将《康乾驻跸碑》碑记改为"浙江东方现代文化艺术有限公司设计制作，潘某某主创，王某某绘画，钱某某雕刻"。原告对此仍有异议，故诉至法院。

【法院观点】原告王某某与被告东方公司双方之间系委托创作作品关系，11 幅雕塑作品的基础画稿由原告创作完成，被告根据古运河绍兴段整治办公室的关于鹿湖园景区总体布局，设计制作雕塑作品实施方案，并组织钱某某等人进行雕刻创作。被告提供的由原告出具的授权书明确说明作品署名王某某，证明双方约定雕塑作品上应署王某某姓名的事实。被告理应依照约定在作品上署上原告的姓名，被告在《康乾驻跸碑》碑记上虽然署上原告姓名，但署在潘某某主创之后，即便依被告陈述潘某某系担任被告公司绍兴鹿湖园等工程文化项目艺术总监、领衔，也无证据证明潘某某实际参与了《康乾驻跸碑》雕塑作品的创作。根据《著作权法》规定和立法精神，署名权的保护不仅包括作者是否在作品上署名，还包括作者是否在作品上准确、适当地署名。因此，被告在《康乾驻跸碑》碑记说明中将潘某某作为主创显属不当。被告的上述行为侵犯了原告的署名权，故原告诉请被告在作品上署名及以适当的方式署名的主张应依法予以支持。

【案例评析】本案中，原告与被告并未签订委托创作合同，亦未约定委托作品的著作权归属。因此，委托作品的著作权属于受托人，也就是本案原告。另外，从原告向被告出具作品使用授权书来看，双方亦认可委托作品的著作权归属于原告，被告享有作品的使用权。由于作品的署名权为作者人格权的衍生，署名即向公众表明该作品中包含的思想和个性与作者之间的联系，因而该权利不得让渡，即使双方签订委托创作合同约定委托作品著作权归属于被告，原告亦享有委托作品的署名权。雕塑作品的基础画稿由原告创作完成，钱某某按照画稿雕刻完成雕塑作品，但钱某某仅是将平面的雕塑画稿雕刻成为立体的雕塑作品，其中并未包含钱某某的独创性表达，该雕刻过程属于从平面到立体的复制行为。本案中，并无证据证明该项目艺术总监潘某某参与了涉案雕塑作品的创作，因此，不应在作品中为潘某某署名。被告在委托作品署名时加入了"潘某某主创"字样，淡化了该雕塑作品与原告的联系，使公众误认为该雕塑作品中包含了潘某某的思想或创作个性，构成对原告署名权的侵犯。

（二）著作权的继受主体

1. 以继承方式获得著作权

条文要点注释

作品是一种无形财产，著作财产权属于民法上的无形财产权，故在著作权人死亡后，其享有的著作财产权可以按照继承或遗赠处理，依法转移于其继承人或受遗赠人。而署名权、修改权和保护作品完整权作为人格权的衍生，不能被继承，但可以由作者的继承人或者受遗赠人保护。为了使更多公众能够获得和欣赏作品，确保作品得到充分利用，如果作者生前未明确表示不发表，其发表权在著作权保护期限内可由继承人或者受遗赠人行使。

法律条文

第二十一条　著作权属于自然人的，自然人死亡后，其本法第十条第一款第五项至第十七项规定的权利在本法规定的保护期内，依法转移。

著作权属于法人或者非法人组织的，法人或者非法人组织变更、终止后，其本法第十条第一款第五项至第十七项规定的权利在本法规定的保护期内，由承受其权利义务的法人或者非法人组织享有；没有承受其权利义务的法人或者非法人组织的，由国家享有。

关联规范

《著作权法实施条例》（国务院令第 633 号，自 2013 年 3 月 1 日起施行，节录）

第十四条　合作作者之一死亡后，其对合作作品享有的著作权法第十条第一款第五项至第十七项规定的权利无人继承又无人受遗赠的，由其他合作作者享有。

第十五条　作者死亡后，其著作权中的署名权、修改权和保护作品完整权由作者的继承人或者受遗赠人保护。

著作权无人继承又无人受遗赠的，其署名权、修改权和保护作品完整权由著作权行政管理部门保护。

第十七条　作者生前未发表的作品，如果作者未明确表示不发表，作者死亡后 50 年内，其发表权可由继承人或者受遗赠人行使；没有继承人又无人受遗赠的，由作品原件的所有人行使。

《计算机软件保护条例》（国务院令第 632 号，自 2013 年 3 月 1 日起施行，节录）

第十五条　软件著作权属于自然人的，该自然人死亡后，在软件著作权的保护期内，软件著作权的继承人可以依照《中华人民共和国继承法》的有关规定，继承本条例第八条规定的除署名权以外的其他权利。

软件著作权属于法人或者其他组织的，法人或者其他组织变更、终止后，其著作权在本条例规定的保护期内由承受其权利义务的法人或者其他组织享有；没有承受其权利义务的法人或者其他组织的，由国家享有。

法条解读

《民法典》第 1122 条规定："遗产是自然人死亡时遗留的个人合法财产。依照法律规定或者根据其性质不得继承的遗产，不得继承。"著作权中的财产权，属于自然人死亡时遗留的个人合法财产，因此，可以继承。而著作权中的著作人身权，不属于财产性权利，因此不得继承。但这不意味着作者死亡后，其享有的著作人身权可以被随意侵害。《著作权法实施条例》第 15 条规定："作者死亡后，其著作权中的署名权、修改权和保护作品完整权由作者的继承人或者受遗赠人保护。著作权无人继承又无人受遗赠的，其署名权、修改权和保护作品完整权由著作权行政管理部门保护。"作者死亡后，其著作权中的署名权、修改权和保护作品完整权由作者的继承人或者受遗赠人保护，原理与自然人死亡后其姓名、肖像、名誉、隐私等人身权利由其配偶、子女、父母保护比较类似。自然人的姓名权、肖像权、名誉权、隐私权属于人格权的下位概念，著作人身权亦属于人格权的衍生。自然人从出生时起到死亡时止，具有民事权利能力，依法享有民事权利。也就是说，自然人死亡后，其就不再享有著作权以及其他民事权利。规定死者的姓名、肖像、名誉、隐私等人身权利由其配偶、子女、父母保护，系因为死者的近亲属会因为死者的姓名、肖像、名誉、隐私等人身权利被他人侵害而遭受精神痛苦，法律保护的实际上是死者近亲属的精神利益。作者死亡后，如果其著作权中的署名权、修改权和保护作品完整权被他人侵害，即作者与作品的联系被断绝，作品被他人歪曲篡改，则作者的继承人亦会遭受精神痛苦。同时，作品作为智力成果属于整个社会的精神财富，如果作者死亡后并无继承人或受遗赠人的，著作权行政管理部门可从社会公共利益的角度出发保护上述著作人身权。

典型案例

案例 2 - 34　如果不能证明作者生前将作品著作权赠与他人，则作品著作财产权归继承人所有——原告南某舜与被告复旦大学出版社有限公司、老古文化事业股份有限公司和上海老古文化教育有限公司侵害著作财产权纠纷案①

【裁判要旨】老古文化事业股份有限公司（以下简称老古公司）主张南某瑾已将其著作权赠与老古公司，并提供了捐赠书作为证据。但南某瑾之实际行为与老古公司的主张不相符，亦无其他证据表明南某瑾已将其著作权赠与老古公司。故南某瑾死亡后，其作品的著作财产权应归其继承人所有。

【案情简介】南某瑾生于 1917 年 2 月 6 日，2012 年 9 月 29 日逝于苏州。南某舜、南某钏、南某孟、南某茵、南某鹏、南某熙均系南某瑾之子女。2014 年 4 月 16 日、2014 年 5 月 14 日，除南某舜外的南某瑾子女分别出具声明，放弃继承南某瑾在中国大陆的著作权。1976 年 5 月，南某瑾所著《论语别裁》有如下叙述："我一本书已经被盗印三次，我还鼓励那个出版商，说非常欢迎他盗印我的书，因为我在后面加了一行字：'为了修正起见，暂时保留版权。'我不想我的儿女将来靠我的著作吃饭，如那样没有道理了，

---

① 上海市高级人民法院（2017）沪民终 233 号民事判决书。

著作的目的，要使世人懂得，我何必保留他。"《论语别裁》再版至今，该段叙述无变化。1980 年，南某瑾在台湾地区创办老古公司，用于南某瑾作品传播方面的运营。后，郭某晏成为老古公司股东，公司任命郭某晏为总经理。2003 年 9 月，上海老古文化教育有限公司（以下简称上海老古公司）成立。2015 年 4 月，老古公司向原审法院提供一份捐赠书作为证据，陈述南某瑾于 2004 年向郭某晏交付该捐赠书。该捐赠书署期为 2003 年 2 月 27 日，其打印文字记载"台湾老古文化事业的永续存在的使命：一、有流传价值的残本、古籍的保存与继续出版。二、盗版之风横行，所以老古文化事业的存在，有中流砥柱以正视听之使命，今天、五十年乃至百年以后，想要看我南某瑾书的人，可以在老古文化事业公司买得到。因此，本人毕生所有之各种类、各式样著作含文稿、往来信件，包括业已发行或未发行者，已公开或未公开者，其著作权全部捐赠给台湾老古文化事业股份有限公司。"该捐赠书上有南某瑾签名，并加盖其印章。经法院委托鉴定，该捐赠书落款部位署名字迹与南某瑾签名样本是同一人书写，但署名字迹和打印文字的形成时间均不具备检验条件。2007 年 5 月，老古公司（甲方）与上海人民出版社有限责任公司（乙方）签订图书出版合同，约定：由甲方授予乙方在合同有效期内在中国大陆独家出版发行南某瑾所著《庄子諵譁》；甲方拥有作品著作权；南某瑾的出版授权书作为合同附件；合同有效期一年。2010 年，南某瑾作为著作权人（甲方）亦曾与上海人民出版社有限责任公司（乙方）签订 5 份图书出版合同，约定：由甲方授予乙方在合同有效期内在中国大陆及海外出版《答问青壮年参禅者》等作品的专有使用权。2008 年 5 月，复旦大学出版社有限公司（以下简称复旦出版社）与老古公司签订南某瑾著作再版合同书，约定：南某瑾和原出版单位老古公司授权复旦出版社在中国大陆继续出版《论语别裁》等 24 部作品和《南某瑾选集》。2009 年、2010 年、

2012 年，复旦出版社与老古公司续签了上述合同。为书籍出版事宜，复旦出版社于 2008 年 12 月 17 日之前均向南某瑾支付著作权许可使用费，此后根据老古公司的指令向上海老古公司支付著作权许可使用费。2008 年 4 月 16 日，"太湖大学堂南某瑾"作为著作权人（甲方）与东方出版社（乙方）签订合同，约定：由甲方授予乙方在中国大陆及海外以"太湖大学堂"品牌出版《小言黄帝内经与生命科学》一书的专有使用权；甲方保证拥有该授权的权利；合同有效期三年。该合同由南某瑾与乙方的代表签署。2011 年 3 月，双方续签了前述合同，续约仍由南某瑾签署。2012 年 2 月，中国移动通信集团江苏有限公司苏州分公司（以下简称移动苏州公司）（甲方）与南某瑾（乙方）签订手机阅读内容之版权许可使用协议，约定：乙方授权甲方使用其拥有合法权利的著作权作品，作为甲方手机报内容；乙方保证其拥有提供作品的信息网络传播权；协议有效期至 2012 年 12 月 31 日。南某瑾为此出具授权书，授权移动苏州公司使用《论语别裁》等作品。为履行该合同，移动苏州公司向南某瑾支付了著作权许可使用费。原告南某舜主张，其对南某瑾作品享有继承权。被告老古公司等主张，南某瑾作品著作财产权归老古公司所有。

【一审法院观点】 南某瑾所著《论语别裁》，书中提到，他不想子女靠他的著作吃饭。但书中的这段表述仅仅提及了想法，如果没有付诸实施，仅凭这段表述，在法律上并不产生任何效力。老古公司提供了捐赠书，且其中南某瑾的签名属实，但无法对签名、印章和打印文字的形成时间进行鉴定。对赠与是否属实的认定，须结合本案相关事实综合认定。根据老古公司的主张，该赠与发生于 2004 年 10 月至年底之间，故假设赠与真实发生的话，当时就已经发生了著作财产权转让的效力。然而，这一事实如果成立，那么本案中若干事实无法解释。第一，赠与事宜并无他人得知。如果赠与属实，那么按照常理，在之后老古公司对外出版南某瑾作品时，这份法律文件应该常常需要示人，以证明其著作财产权的归属，并无保密的需要。第二，南某瑾的后续行为与赠与的意思不符。如果赠与属实的话，那么在 2004 年底之后，南某瑾作品对外使用时，不应再由南某瑾行使权利。2008—2012 年，南某瑾在中国大陆先后与东方出版社、上海人民出版社有限责任公司合作出版书籍，与移动苏州公司合作在手机移动网传播作品，这些许可合同都是南某瑾亲自签署，并收取著作权许可使用费。第三，老古公司的后续行为与赠与的意思不符。在 2004 年底之后，老古公司对外授权出版南某瑾作品仍然是在南某瑾知道并同意的情况下进行，而且约定著作权许可使用费支付给南某瑾本人，有些著作权许可使用费也实际支付给了南某瑾本人。第四，老古公司迟延出示捐赠书。本案一审受理于 2014 年 8 月，老古公司在应诉答辩时并没有提出其受赠获得著作财产权的主张，只是主张其系因获得南某瑾许可而再许可复旦出版社出版相关书籍。直到 2015 年 4 月，老古公司首次提供这份证据的复印件，随后才拿出原件。综上，法院有理由否定老古公司关于南某瑾赠与作品著作财产权的主张。

【二审法院观点】第一，原审中的鉴定报告仅可确认捐赠书上的南某瑾签名真实，但无法确定该签名与捐赠书打印文字的形成先后顺序，故该捐赠书的真实性需结合其他情节综合分析判断。第二，南某瑾 2003 年之后的行为与捐赠书内容相矛盾。根据二审另查明的事实，南某瑾于 2009 年 7 月 23 日、2010 年 4 月 20 日委托北京市洪范广住律师事务所代理其中国大陆著作权维权事宜，以及南某瑾 2012 年 7 月 26 日签署授权委托书将其作品《论语别裁》日文翻译本著作权授予李某，均表明南某瑾当时仍认为其为著作权人，且老古公司对南某瑾上述行为均未持异议。第三，老古公司与复旦出版社 2008 年及之后签订的涉案出版合同约定向作者支付著作权许可使用费，且 2008 年 12 月 17 日之前复旦出版社实际向南某瑾个人账户支付。第四，2008 年 4 月 16 日，与会的南某瑾、出版社人员及律师均认为出版形式上既可以采取南某瑾授权出版社，也可以采取南某瑾授权老古公司，再由老古公司授权出版社的方式，对此郭某晏亦未表示反对。第五，郭某晏二审当庭陈述的南某瑾交付捐赠书以及于该捐赠书形成五年之后再行加盖简体字印章的事实有悖常理，不能作出合理解释。综上，南某瑾之实际行为与老古公司的主张不相符，目前亦无其他证据表明南某瑾已将其著作权赠与老古公司，原审判决未认定南某瑾已将其著作财产权赠与老古公司，并无不妥。

【案例评析】本案中，原告、被告双方争议的焦点是，南某瑾作品的著作财产权究竟是在南某瑾生前即赠与了老古公司，还是应由其继承人按照法律规定继承。如果南某瑾作品的著作财产权已经赠与了老古公司，那么著作财产权即不属于南某瑾的遗产，不应由其继承人继承。关于权利的处分，例如，权利转让还是权利授权许可，重点是要探寻行为人的真实意思。行为人的意思表示可能随着时间发生变动，例如，行为人可以撤回意思表示，行为人还可以作出与之前意思表示不同的新意思表示。如果行为人的意思表示有多种理解，要按照所使用的词句、行为的性质和目的、习惯以及诚信原则，确定意思表示的含义。南某瑾所著《论语别裁》有如下叙述："我不想我的儿女将来靠我的著作吃饭，如那样没有道理了，著作的目的，要使世人懂得，我何必保留他。"但图书并不是有法律效力的文件，上述表述不能作为南某瑾对其权利进行处分的依据。例如，在前述原告卫某某与被告李某某、化学工业出版社有限公司等著作权权属、侵权纠纷案①中，原告在教材讲义内页编写说明中称"本书由基础化学教研室集体编写"，后经法院查明，这是一种客套的说法。而除上述图书中的叙述之外，本案只有捐赠书证明南

① 北京知识产权法院（2019）京 73 民终 2543 号民事判决书。

某瑾将其著作财产权赠与老古公司，但该证据为孤证，并无其他证据佐证，且后续南某瑾与老古公司的一系列行为与捐赠书产生了矛盾。即使捐赠书为真，那么也说明南某瑾及老古公司以自己的行为对捐赠书进行了变更，因此，南某瑾对其作品享有的著作财产权并未赠与老古公司，而是在南某瑾去世后由其继承人继承。老古公司签署一系列著作权授权许可合同的行为系代表南某瑾实施，其获得的许可使用费归属南某瑾所有，在南某瑾去世后亦应当作为南某瑾的遗产按照法律规定由其继承人继承。

2. 以转让方式获得著作权

条文要点注释

著作权转让，一方面，可以使作者获得报酬，尽早实现经济利益，激励其继续创作作品；另一方面，可以使作者专心创作，不必对作品的商业化利用和传播投入更多精力和成本。著作财产权可以概括性转让，也可以就部分著作财产权进行转让。著作人身权属于人格权的衍生，具有人身属性，因此，不能转让。对作者未来可能创作出的作品著作权是否可以提前转让，目前法律并未作出明确规定。但如果允许转让未来作品的著作权，可能使初出茅庐、缺少名气的作者受到不公平待遇，因此，全部转让未来作品著作权的合同可以认定是显失公平的。作品原件所有权属于物权，作品著作权可以与作品原件所有权分离，作品原件所有权的转移，原则上不改变作品著作权的归属。但考虑到作品原件所有权人使用作品原件的行为可能与著作权人行使作品著作权的行为产生冲突，因此，需要在两者之间进行利益平衡。

法律条文

> 　　**第十条第三款**　著作权人可以全部或者部分转让本条第一款第五项至第十七项规定的权利，并依照约定或者本法有关规获得报酬。
>
> 　　**第二十条**　作品原件所有权的转移，不改变作品著作权的归属，但美术、摄影作品原件的展览权由原件所有人享有。
>
> 　　作者将未发表的美术、摄影作品的原件所有权转让给他人，受让人展览该原件不构成对作者发表权的侵犯。

关联规范

《著作权法》（自 2021 年 6 月 1 日起施行，节录）

第二十七条　转让本法第十条第一款第五项至第十七项规定的权利，应当订立书面合同。

权利转让合同包括下列主要内容：

（一）作品的名称；

（二）转让的权利种类、地域范围；

（三）转让价金；

（四）交付转让价金的日期和方式；

（五）违约责任；

（六）双方认为需要约定的其他内容。

第二十九条　许可使用合同和转让合同中著作权人未明确许可、转让的权利，未经著作权人同意，另一方当事人不得行使。

《著作权法实施条例》（国务院令第 633 号，自 2013 年 3 月 1 日起施行，节录）

第二十五条　与著作权人订立专有许可使用合同、转让合同的，可以向著作权行政管理部门备案。

《计算机软件保护条例》（国务院令第 632 号，自 2013 年 3 月 1 日起施行，节录）

第二十二条 中国公民、法人或者其他组织向外国人许可或者转让软件著作权的，应当遵守《中华人民共和国技术进出口管理条例》的有关规定。

《最高人民法院关于审理著作权民事纠纷案件适用法律若干问题的解释》（法释〔2020〕19 号，自 2021 年 1 月 1 日起施行，节录）

第二十二条 著作权转让合同未采取书面形式的，人民法院依据民法典第四百九十条的规定审查合同是否成立。

《民法典》（自 2021 年 1 月 1 日起施行，节录）

第四百九十条 当事人采用合同书形式订立合同的，自当事人均签名、盖章或者按指印时合同成立。在签名、盖章或者按指印之前，当事人一方已经履行主要义务，对方接受时，该合同成立。

法律、行政法规规定或者当事人约定合同应当采用书面形式订立，当事人未采用书面形式但是一方已经履行主要义务，对方接受时，该合同成立。

法条解读

《民法典》第992条规定："人格权不得放弃、转让或者继承。"而著作人身权属于人格权的衍生，所以发表权、署名权、修改权、保护作品完整权不得转让，只有复制权、发行权等著作财产权可以作为转让的对象。著作权人可以全部或者部分转让著作财产权，转让的结果会造成著作人身权主体与著作财产权主体分离，可能产生著作人身权行使与著作财产权行使的矛盾。例如，作者将从未发表的美术作品的展览权转让他人，他人如果行使展览权，即公开陈列该美术作品，那么就必然会将作品公之于众，形成与作者所拥有的发表权的冲突。作者将作品的改编权、摄制权转让他人，他人如果行使改编权、摄制权，就必然会对作品进行一定的改变，会形成与作者所拥有的修改权的冲突。因此，上述著作财产权转让的情况下，需要对著作人身权和著作财产权的行使进行协调。例如，《著作权法》第20条规定："作品原件所有权的转移，不改变作品著作权的归属，但美术、摄影作品原件的展览权由原件所有人享有。作者将未发表的美术、摄影作品的原件所有权转让给他人，受让人展览该原件不构成对作者发表权的侵犯。"也就是说，美术、摄影作品原件的展览权归属原件所有人后，原件所有人行使该作品原件的展览权时就作品发表无须再获得作者的同意。又如，《著作权法实施条例》第10条规定："著作权人许可他人将其作品摄制成电影作品和以类似摄制电影的方法创作的作品的，视为已同意对其作品进行必要的改动，但是这种改动不得歪曲篡改原作品。"虽然上述规定是针对授权许可的情形，但在改编权和摄制权转让的情形下可类推适用，即作者将作品的改编权和摄制权转让他人的，他人在改编和摄制过程中可对该作品进行必要的改动而无须再获得作者的同意，但这种改动不得歪曲篡改原作品，即不得构成对原作品保护作品完整权的侵害。在著作财产权和著作人身权分离的情形下，对著作人身权和著作财产权的行使进行协调的依据是默示许可。《民法典》第140条规定："行为人可以明示或者默示作出意思表示。沉默只有在有法律规定、当事人约定或者符合当事人之间的交易习惯时，才可以视为意思表示。"在著作财产权转让的情形下，如果对著作财产权的行使会与作者拥有的著作人身权明显发生冲突的，则视为作者默示作出了同意对其著作人身权加以一定程度限制的意思表示，这符合著作权交易的有关习惯，否则著作财产权转让的合同目的就可能无法实现。但著作财产权的受让人仍应本着谦抑原则，将对著作人身权的影响控制在最小限度内，不能构成权利滥用。

典型案例

案例 2 - 35　将小说改编为电影可以进行必要的改动，但不能歪曲、篡改原作品——原告张某某与被告梦想者电影（北京）有限公司等著作权权属、侵权纠纷案①

【裁判要旨】原告将其作品著作财产权转让后，仍享有保护作品完整权等著作人身权。如果改编作品歪曲、篡改了原告的原作品，则会使公众对原作品要表达的思想、感情产生误读，进而对原作品作者产生误解，这将导致对原告精神权利的侵犯。将原作品小说改编为电影过程中可以进行必要的改动，但如果改动的结果导致作者在原作品中要表达的思想情感被曲解，则这种改动仍然有可能歪曲、篡改原作品，进而侵犯原作者的人身权利。

【案情简介】2005 年 12 月，张某某在天涯网上发表连载小说《鬼吹灯（盗墓者的经历）》。该小说以一本家传的秘书残卷为引，讲述三位当代摸金校尉，为揭开部族消失的千古之谜，利用风水秘术，解读天下大山大川的脉搏，寻找一处处失落在大地深处的龙楼宝殿。2007 年 1 月 18 日，张某某作为乙方与上海玄霆娱乐信息科技有限公司（以下简称上海玄霆公司）（甲方）签订协议书，约定：乙方同意在本协议生效之日将《鬼吹灯（盗墓者的经历）》除中国法律规定专属于乙方的权利外的著作权全部转让给甲方。2015 年 5 月 1 日，Chen Xi Assert Management Co. Ltd（甲方）与上海玄霆公司（乙方）签订著作权授权协议，其中约定：本协议标的是张某某创作的名为《鬼吹灯》的一系列文学作品。该授权作品共四部分，包括《精绝古城》《龙岭迷窟》《云南虫谷》和《昆仑神宫》。乙方同意就授权作品在全世界地域内的电影、电视剧、网络剧制作及有

---

① 北京知识产权法院（2016）京 73 民终 587 号民事判决书。

关的发展权及使用权,包括以下的权利和权益全球独家转让给甲方:
(1)在本协议有效期内,以授权作品为蓝本创作多部电影、多部电视剧,多季网络剧,包括处理以及编写剧本、作出一切甲方认为适当的修改和编辑等的权利;(2)摄制权……(3)发行权……(4)复制权……(5)因使用前述各项权利而取得的经济收益权。本协议项下的授权期限为自2007年6月5日至2019年6月4日。乙方同意,在本协议有效期内,甲方可以将本协议项下的授权全部或部分转授权给任何第三人,无须经过乙方许可。

2015年5月1日,Chen Xi Assert Management Co. Ltd(授权方)与梦想者电影(北京)有限公司(以下简称梦想者公司)(被授权方)签订文学作品改编权授权书,其中约定:现授权方将《鬼吹灯之精绝古城》的电影改编权、摄制权在全球范围内授权给梦想者公司在如下范围内使用:被授权方可以授权作品为蓝本,改编创作两部电影。被授权方单独永久享有根据授权作品改编的两部电影之全部著作、媒体发行权、商品权、角色权及使用前述各项权利而取得收益的权利。本授权期限自2007年6月5日起至2019年6月4日。被授权方梦想者公司有权在授权期内,将上述授权全部或部分转授给任何第三人,无须经过授权方再行许可。庭审中,张某某认可梦想者公司获得涉案小说的电影改编权、摄制权的事实。2014年4月25日,中影公司(甲方)、梦想者公司(乙方)、乐视影业(北京)有限公司(以下简称乐视公司)(丙方)签订电影《精绝古城》上部和下部合作投资核心商务条款,约定:甲方负责本项目立项送审事宜,具体负责将本项目拍摄剧本报送中国国家电影局,为影片获取并持有国家电影局正式颁布的影片摄制许可证。2014年4月26日,梦想者公司(甲方)、乐视公司(乙方)、北京猿川影视文化有限公司(丙方)签订电影《精绝古城》上部和下部合作投资、承制合同,约定:甲、乙、丙三方拟共同投资拍摄制作电影《精绝古城》

上部和下部。编剧合同约定由丙方成员陆某担任本项目编剧。2015年，涉案电影《九层妖塔》上映，即上述合同约定的电影《精绝古城》上部，涉案电影未为涉案小说作者张某某署名。涉案电影内容主要改编自涉案小说的第三部分"参军"中的昆仑山经历、第四部分"重逢"以及第六部分"考古"。原告张某某主张，涉案电影主要描述鬼怪、外星势力，涉案小说写的是中国古代玄学墓葬文化，涉案电影对涉案小说进行了歪曲、篡改，侵害了其享有的保护作品完整权。原告向一审法院提交了"电影《九层妖塔》与小说《精绝古城》的主题及故事梗概比对""电影《九层妖塔》与小说《精绝古城》情节比对""电影胡八一与小说胡八一人物设置比对""电影中的杨萍（Shirley）与小说中的 Shirley 杨人物设置比对""电影中的王凯旋与小说中的王凯旋人物设置比对"。各被告辩称，涉案电影在年代设定、主人公身份背景、故事主要脉络及灵异探险题材方面，均保留了小说内容；涉案电影在昆仑山探险（包括火蝠、雪崩、九层妖塔）、胡八一复原、复员后的大漠探险（包括与红吼等怪兽的搏斗），均保留了小说情节脉络，并对小说情节予以具体银幕呈现；主人公胡八一、Shirley 杨、王凯旋、陈教授、杨教授等人基本身份背景、人物性格、基本人物关系设定均尊重保留了小说内容。

【一审法院观点】 涉案电影的改编、摄制行为并未损害原著作者的声誉，不构成对张某某保护作品完整权的侵犯。

【二审法院观点】 我国《著作权法》关于保护作品完整权的规定来源于《伯尔尼公约》第 6 条之二第 1 款中："不受作者经济权利的影响，甚至在上述经济权利转让之后，作者仍保有要求其作品作者身份的权利，并有权反对对其作品的任何有损其声誉的歪曲、割裂或者其他更改，或其他损害行为。"我国《著作权法》对保护作品完整权的表述与《伯尔尼公约》并不相同，并未规定有关于

"荣誉或名声"受损的要求，所以作者的名誉、声誉是否受损并不是侵害保护作品完整权的要件。如果改编作品歪曲、篡改了原作品，则会使公众对原作品要表达的思想、感情产生误读，进而对原作品作者产生误解，这将导致对作者精神权利的侵犯。我国的电影审查制度是以宪法和法律法规为依据，以基本的公序良俗、善良道德标准为原则，是为了保障社会主义精神文明建设的健康发展。如果在电影作品中出现违反上述规定的相关内容，电影将可能不会被允许发行传播。如果原作品中存在违反上述规定的相关内容，则在改编为电影作品时，应当进行改动。此种改动则属于必要的改动。即使改动是必要的，所做的改动程度也在必要限度内，但如果改动的结果仍然导致作者在原作品中要表达的思想情感被曲解，则这种"必要的改动"仍然有可能歪曲、篡改原作品，进而侵犯原作者的人身权利。涉案小说中，被改编的情节三（昆仑山腹地探险）、情节四（胡八一复原进京、与王凯旋重逢）及情节六（进入沙漠腹地中寻找精绝古城的探险历程）中并没有宣扬"盗墓"行为正确的内容，也没有出现鬼神。涉案小说主人公在昆仑山和沙漠探险的目的均不是盗墓，而是地质勘探或帮助科考队探墓考古。即便被告把盗墓及风水等相关因素以审查为由予以改动，也应当尽可能地采取尽量不远离原著的方式，而不是任意改动。将涉案小说主人公的身份从盗墓者改成外星人后裔并具有超能力，这一点与原著内容相差太远，因此，不属于必要的改动。涉案电影把外星文明直接作为整体背景设定，并将男女主人公都设定为拥有一定特异功能的外星人后裔，严重违背了作者在原作品中的基础设定，实质上改变了作者在原作中的思想观点，足以构成歪曲、篡改。各被告的行为侵犯了张某某的保护作品完整权，应承担停止侵权、赔礼道歉、消除影响、赔偿精神损害的法律责任。

【案例评析】根据《伯尔尼公约》，作者享有的著作权包括财产或经济利益，以及精神或人格利益。作者享有的各项专有性权利即从上述利益中衍生而来，作者的财产利益和精神利益又受到各项专有性权利的保护。作品被视为作者人格的体现，作品包含着作者的思想、情绪、感情、意志，相当于作者精神和人格所孕育的孩子，作者创作作品的过程就如同怀胎和分娩。虽然可能存在冲突，但作者享有的著作人身权与财产权并不是绝对对立的，也不能因为要保障著作财产权的行使就要求作者对著作人身权的保护予以无条件妥协和退让。作者享有的精神权利规定在《伯尔尼公约》巴黎文本第6条之二第1款："不受作者经济权利的影响，甚至在上述经济权利转让之后，作者仍保有要求其作品作者身份的权利，并有权反对对其作品的任何有损其声誉的歪曲、割裂或其他更改，或其他损害行为。"在罗马会议上，为进一步明确作者精神权利的保护原则，意大利政府提出了一份全面的提案，即规定："不受下述条款对经济权利保护的影响，甚至经济权利发生了转让，作者始终享有：（a）对其作品署名的权利；（b）决定是否公开其作品的权利；（c）反对对其作品的任何有损其精神利益的修改的权利。"但上述表述遭到了主要来自英美法系国家，尤其是英国和澳大利亚的反对。英国代表团认为："精神利益"的表达过于含糊，英国法无法表达出任何确切的含义。"荣誉"和"名声"与依据普通法提起损害名誉之诉和仿冒之诉所保护的人格利益也更相似。因此，最终审议通过的文本作出了相应妥协和修改。① 我国《著作权法》第10条规定："保护作品完整权，即保护作品不受歪曲、篡改的权利。"从上述表述可知，我国著作权法律法规并未规定作者声誉或名誉的损害是侵害保

---

① 山姆·里基森、简·金斯伯格：《国际版权与邻接权：伯尔尼公约及公约以外的新发展》，郭寿康、刘波林、万勇、高凌瀚、余俊译，中国人民大学出版社，2016，第513－515页。

护作品完整权的构成要件之一，只要对作品的改动达到了"歪曲、篡改"的程度，即构成对保护作品完整权的侵害。那么我国《著作权法》关于保护作品完整权的定义为什么没有采用《伯尔尼公约》巴黎文本第 6 条之二第 1 款的表述呢？我国《民法典》第 990 条第 1 款规定："人格权是民事主体享有的生命权、身体权、健康权、姓名权、名称权、肖像权、名誉权、荣誉权、隐私权等权利。"传统民法理论一般认为，自然人的人格权自出生时自动取得，在自然人死亡时终了。《民法典》第 13 条规定："自然人从出生时起到死亡时止，具有民事权利能力，依法享有民事权利，承担民事义务。"即自然人的人格权（包括名誉权）在自然人死亡后就不再受到法律保护。自然人死亡后，如果其受到他人的侮辱、诽谤，该自然人自身当然无法维权。但是《民法典》第 185 条规定："侵害英雄烈士等的姓名、肖像、名誉、荣誉，损害社会公共利益的，应当承担民事责任。"《民法典》第 994 条规定："死者的姓名、肖像、名誉、荣誉、隐私、遗体等受到侵害的，其配偶、子女、父母有权依法请求行为人承担民事责任；死者没有配偶、子女且父母已经死亡的，其他近亲属有权依法请求行为人承担民事责任。"这应如何理解呢？在死者受到他人诋毁和攻击时，实际受到侵害的应为近亲属的人格利益，即近亲属因"死者名誉"受侵害而遭受精神痛苦。在英雄烈士的名誉受到侵害时，实际受到侵害的应为社会公共利益，即侵权行为损害了社会公众对英雄烈士事迹的共同历史认知和记忆。《著作权法》第 22 条规定："作者的署名权、修改权、保护作品完整权的保护期不受限制。"《著作权法实施条例》第 15 条规定："作者死亡后，其著作权中的署名权、修改权和保护作品完整权由作者的继承人或者受遗赠人保护。著作权无人继承又无人受遗赠的，其署名权、修改权和保护作品完整权由著作权行政管理部门保护。"如果将作者声誉或名誉的损害作为侵害保护作品完整权的构成要件，而作者的名誉权在死亡时消灭，那么保护作品完整权在作者死亡后是否还存在，是否还能够受到保护，可能引发质疑和争论。同时，根据《民法典》第1024条的规定："名誉是对民事主体的品德、声望、才能、信用等的社会评价。"而对作品的歪曲、篡改并不都会导致作者社会评价降低，甚至对作品的改动可能会导致作品的文学和艺术价值提升，从而使作者的声望提高，但这仍然是作者所不能接受的。因此，只要对作品的改动在内在层面改变了作品包含的作者想要表达的内容，在外在层面使公众对改动后的作品是否源于作者所创作的最初作品产生了怀疑，就可以认定为构成了对作品的歪曲和篡改。《伯尔尼公约》巴黎文本第6条之二第1款只是规定了保护的最低标准，而不是最高标准，各成员国有权在其国内法中提供更高水平的保护。因此，我国《著作权法》中关于保护作品完整权的定义与《伯尔尼公约》的上述规定并不矛盾。

第三节　著作权的保护期

立法宗旨

物权中的所有权是没有保护期限的，只要物没有毁损、灭失，物权就一直存在。而著作权、商标权、专利权等知识产权一般都有保护期限，超出法律规定的保护期限，则不予保护。这是因为物只能被特定的主体所占有和使用，只要物存在，所有权人就可以持续对物进行占有和使用并发挥其经济价值。而著作权等知识产权与其物质载体分离，可同时被不特定的主体行使。对著作权规定的保护期限，一方面，确保著作权人在保护期限内可以获得垄断性收益，鼓励其继续创作作品；另一方面，在保护期限届满后更多作品不断进入公有领域，公众可对其自由传播和使用，促进了文化和科学事业的发展与繁荣。因此，对著作权规定保护期限，着眼点在于作者利益和公共利益之间的平衡。

法律条文

第二十二条　作者的署名权、修改权、保护作品完整权的保护期不受限制。

第二十三条　自然人的作品，其发表权、本法第十条第一款第五项至第十七项规定的权利的保护期为作者终生及其死亡后五十年，截止于作者死亡后第五十年的 12 月 31 日；如果是合作作品，截止于最后死亡的作者死亡后第五十年的 12 月 31 日。

法人或者非法人组织的作品、著作权（署名权除外）由法人或者非法人组织享有的职务作品，其发表权的保护期为五十年，截止于作品创作完成后第五十年的 12 月 31 日；本法第十条第一款第五项至第十七项规定的权利的保护期为五十年，截止于作品首次发表后第五十年的 12 月 31 日，但作品自创作完成后五十年内未发表的，本法不再保护。

视听作品，其发表权的保护期为五十年，截止于作品创作完成后第五十年的 12 月 31 日；本法第十条第一款第五项至第十七项规定的权利的保护期为五十年，截止于作品首次发表后第五十年的 12 月 31 日，但作品自创作完成后五十年内未发表的，本法不再保护。

关联规范

《**著作权法实施条例**》（国务院令第 633 号，自 2013 年 3 月 1 日起施行，节录）

第十八条　作者身份不明的作品，其著作权法第十条第一款第五项至第十七项规定的权利的保护期截止于作品首次发表后第 50 年的 12 月 31 日。作者身份确定后，适用著作权法第二十一条的规定。

《**计算机软件保护条例**》（国务院令第 632 号，自 2013 年 3 月 1 日起施行，节录）

第十四条　软件著作权自软件开发完成之日起产生。

自然人的软件著作权，保护期为自然人终生及其死亡后 50 年，截止于自然人死亡后第 50 年的 12 月 31 日；软件是合作开发的，截止于最后死亡的自然人死亡后第 50 年的 12 月 31 日。

法人或者其他组织的软件著作权，保护期为 50 年，截止于软件首次发表后第 50 年的 12 月 31 日，但软件自开发完成之日起 50 年内未发表的，本条例不再保护。

《**最高人民法院关于审理著作权民事纠纷案件适用法律若干问题的解释**》（法释〔2020〕19 号，自 2021 年 1 月 1 日起施行，节录）①

第十条　著作权法第十五条第二款所指的作品，著作权人是自然人的，其保护期适用著作权法第二十一条第一款的规定；著作权人是法人或非法人组织的，其保护期适用著作权法第二十一条第二款的规定。

法条解读

著作财产权的保护有期限限制，一旦超过著作权法规定的保护

---

① 该司法解释施行时，2020 年修正的《著作权法》尚未施行，该司法解释中提及的《著作权法》条文序号和内容为 2010 年修正的《著作权法》条文序号和内容。

期限，则对该作品著作财产权不再给予法律保护。著作权、商标权、专利权等知识产权，法律均规定有保护期限，这一限制是为了平衡权利人与社会公众之间的利益。如果不规定著作权的保护期限，著作权人的利益显然会最大化，著作权人可以永远控制他人对作品的使用，但社会公众使用作品就需要持续支付费用并承担相关成本，这会阻碍社会主义文化和科学事业的发展与繁荣。如果著作权的保护期限过短，作者创作完成作品后，作品很快进入公有领域，作者或著作权人无法通过授权他人使用作品获得足够的经济收益，那么作者创作作品的积极性就会受到不利影响。因此，合理设置著作权的保护期限，既要确保作者可以获得合理的经济收益，也要保障在一定期限后尽可能多的作品进入公有领域成为社会的共同财富。著作权的保护期限经历了不断延长的立法过程。英国于 1710 年 4 月通过了世界上第一部版权法——《安娜法令》，该法规定作品自首次出版之日起，其作者享有 14 年的版权保护期，期满后如果作者尚未去世，可以顺延 14 年。1814 年，英国议会通过了新的《版权法》，将版权保护期限进一步延长，至少作者有生之年其作品版权均受保护。1911 年，英国为了与《伯尔尼公约》规定的最低版权保护期限相协调，进一步将版权保护期延长至作者有生之年及死后 50 年。

著作人身权属于人格权的衍生。人格权的保护没有期限限制，死者的人格权受到侵害的，其配偶、子女、父母或其他近亲属可以请求行为人承担民事责任。同理，作者死亡后，其著作权中的署名权、修改权和保护作品完整权可由作者的继承人或者受遗赠人保护，因此，著作人身权中的署名权、修改权和保护作品完整权的保护期不受限制。对署名权、修改权和保护作品完整权未规定保护期限，不会影响社会公众对作品的正常使用和传播。根据《伯尔尼公约》第 7 条第 1 款、第 6 款的规定，该公约给予保护的期限为作者有生之年及其死后 50 年，同盟成员国有权给予比前述各款规定更长的保护期。因此，我国《著作权法》规定署名权、修改权、保护作品完整权的保护期不受限制，与《伯尔尼公约》的上述规定并不违背。发表权虽然也属于著作人身权，但如果对发表权不规定保护期限，则在作者死亡后，其继承人或受遗赠人可以永远控制对作品的发表，社会公众可能永远无法获得和使用该作品，这对于社会公共利益而言是一种损失，因此，我国《著作权法》对发表权亦规定了保护期限。

典型案例

案例 2 - 36　可以分割使用的合作作品，应以作者各自的死亡时间单独起算各自可以分割使用部分的著作权保护期截止时间——原告中华书局有限公司与被告金城出版社有限公司、北京市新华书店王府井书店有限责任公司著作权权属、侵权纠纷案①

【裁判要旨】从《著作权法》的立法宗旨及著作权保护与利用的实际情况来看，由于对可以分割使用的合作作品而言，作者各自创作的部分相对独立，其他作者创作的部分与之并无紧密关联，而且各位作者并不能控制可以分割使用的其他作者创作的部分，因而以作者各自的死亡时间单独起算其各自可以分割使用部分的著作权保护期的截止时间，并不会影响其他作者创作部分以及合作作品整体的使用及保护，也有利于各自可以分割使用的部分依次进入公有领域得到传播与利用。

【案情简介】中华书局有限公司（以下简称中华书局）（乙方）于 2004 年 4 月 13 日与赵某某等（甲方）签订图书出版合同，合同载明：作品名称为"陈某某全集"、作者署名"陈某某著"；甲方授

---

① 北京知识产权法院（2019）京 73 民终 2705 号民事判决书。

予乙方在合同有效期内，在全世界以图书形式出版发行上述作品中文文本的专有使用权，期限为 20 年；甲方授予乙方委托他人对上述作品进行整理（包括对上述作品部分篇章的编排以及讹字的校正等）的权利；为应学术界亟须，将先以《陈某某著作集》的名义出版陈某某先生的重要著作；同时着手全集编纂的准备工作，俟条件成熟后，出版《陈某某全集》（不包括书信）；本合同自双方签字之日起生效。本案二审审理期间，中华书局尚未出版 *Chinese Bronzes from the Buckingham Collection* 中陈某某享有著作权部分的中文版相关图书。2015 年 2 月 10 日，金城出版社有限公司（以下简称金城出版社）（乙方）与赵某某（甲方）签订图书出版合同，合同载明：作品名称"白金汉所藏中国铜器集录（汉英对照）"；甲方授权乙方于本合同有效期内在全世界各地区以图书形式出版发行上述作品的中文简体版、中文繁体版、外国语版、修订版、缩编版的专有使用权；因该作品为 1946 年以英文版形式在美国出版，获得原始文本、委托翻译、支付翻译费用、制作图片等均由乙方负责；本合同自双方签字（单位须加盖公章）之日起生效；合同期限为 10 年，自 2014 年 5 月 1 日起至 2024 年 4 月 30 日止。2015 年 1 月，金城出版社出版发行《白金汉所藏中国铜器图录：汉英对照》，书名原文 *Chinese Bronzes from the Buckingham Collection*，作者【美】查尔斯·法本斯·凯莱（Charles Fabens Kelley）、陈某某，译者田某。查尔斯·法本斯·凯莱在该书前言中提到："非常荣幸陈某某教授此时正在芝加哥，……陈教授负责本书的概述和考释部分"。摘录自 1963 年 12 月北京大学人事处制《履历表》的赵某某同志人事档案情况摘抄表显示：陈某某生于 1911 年 4 月 20 日，于 1966 年 9 月 3 日去世。

【一审法院观点】*Chinese Bronzes from the Buckingham Collection* (1946 年版) 一书由查尔斯·法本斯·凯莱和陈某某分别独立创作完成了其中的部分内容，其中，陈某某完成的内容为该书的概述和考释部分，对该部分内容陈某某享有著作权，该著作权的保护期截止至自作者 1966 年 9 月 3 日去世后第 50 年的 12 月 31 日即 2016 年 12 月 31 日。现有证据显示，陈某某与其妻婚后无子女，陈某某去世时，其父母已去世，故其作品的著作权应由其妻继承。其妻去世后，鉴于其配偶、父母均已去世，按法定继承遗产应由其妻之兄弟姐妹赵某某等三人继承。在中华书局提交的出版合同中，合同双方约定作品名称为"陈某某全集"，虽未明确"陈某某全集"所包含的陈某某作品的具体名称、数量，但通过在合同其他约定事项中载明的"为应学术界亟需，将先以《陈某某著作集》名义出版陈某某先生的重要著作；同时着手全集编纂的准备工作，俟条件成熟后，出版《陈某某全集》（不包括书信）"的内容可见，合同所载"陈某某全集"的意思表示应为不包括书信的陈某某生前全部作品。虽然金城出版社与陈某某作品著作权的继承人之一签订了出版陈某某相关作品的专有出版合同，但中华书局所取得的涉案作品的专有出版权利在先，故在无其他相反证据的情况下，应当认定中华书局获得了涉案作品的专有出版权。中华书局在本案中主张权利的内容系英文版 *Chinese Bronzes from the Buckingham Collection*（1946 年版）一书所翻译的中文内容的专有出版权。截至本案一审审理期间，中华书局尚未出版发行中文版图书。基于此，法院无从比对中华书局所述中文文本内容与涉案侵权图书是否构成相同或近似，更不能判断相同或近似的部分是否为被侵权作品的实质内容或者大部分内容，即是否足以影响中华书局享有专有出版权图书的商业利益。中华书局据此所主张的相关诉讼请求，一审法院均不予支持。

【二审法院观点】专有出版权是图书出版者通过与著作权人签订出版合同，在被授权的时间和地域范围内，按照约定的使用方式专有地复制、发行著作权人作品的权利，其从来源和性质上属于著作权中复制权、发行权的延伸。作为著作财产权的延伸，图书出版者享有专有出版权需要以原作品著作权的存续为前提。如果原作品的著作权因法定保护期届满而消灭，则图书出版者的专有出版权也随着原作品进入公有领域而消灭。2010 年修正的《著作权法》第 21 条第 1 款规定："公民的作品，其发表权、本法第十条第一款第（五）项至第（十七）项规定的权利的保护期为作者终生及其死亡后五十年，截止于作者死亡后第五十年的 12 月 31 日；如果是合作作品，截止于最后死亡的作者死亡后第五十年的 12 月 31 日。"而 2010 年修正的《著作权法》第 13 条规定："两人以上合作创作的作品，著作权由合作作者共同享有。没有参加创作的人，不能成为合作作者。合作作品可以分割使用的，作者对各自创作的部分可以单独享有著作权，但行使著作权时不得侵犯合作作品整体的著作权。"合作作品是指两个以上作者共同创作完成的作品，分为可以分割使用的合作作品和不可以分割使用的合作作品两种。其中，可以分割使用的部分是相对于合作作品整体而言，在表达上独立存在并能单独利用的具有独创性的智力成果。对 2010 年修正的《著作权法》第 21 条第 1 款规定所述以最后死亡作者的死亡时间起算著作权保护期截止时间的"合作作品"指向何种类型的合作作品，法律条文及立法说明均未明确。但是，从《著作权法》的立法宗旨及著作权保护与利用的实际情况来看，由于对可以分割使用的合作作品而言，作者各自创作的部分相对独立，其他作者创作的部分与之并无紧密关联，而且各位作者并不能控制可以分割使用的其他作者创作的部分，因而以作者各自的死亡时间单独起算各自可以分割使用部分的著作权保护期截止时间，并不会影响其他作者创作部分以及合作作品整体的使用及保护，也有利于各自可以分割使用的部分依次进入公有领域得到传播与利用。如果合作作品中一部分可以分割使用的部分原本已超过著作权保护期进入公有领域，但因其他可以分割使用的部分的著作权仍处于保护期内，前者的保护期就可以相应延长，则并不符合《著作权法》立足于实现鼓励作品创作与社会传播之间平衡的立法宗旨。因此，2010 年修正的《著作权法》第 21 条第 1 款规定所述以最后死亡作者的死亡时间起算著作权保护期截止时间的"合作作品"应当限缩解释为仅指不可以分割使用的合作作品。本案中，*Chinese Bronzes from the Buckingham Collection* 一书由陈某某和查尔斯·法本斯·凯莱分别独立创作完成部分内容，陈某某完成了其中的概述和考释部分，故该书属于可以分割使用的合作作品，陈某某对其完成的概述和考释部分可单独享有并行使著作权。因此，该部分作品的著作权保护期应以陈某某去世的时间 1966 年 9 月 3 日作为起算点，计算截止到 2016 年 12 月 31 日。虽然图书出版合同约定中华书局享有的专有出版权截止于出书之日起的 20 年后，但鉴于陈某某作品的著作权保护期截止到 2016 年 12 月 31 日。因此，中华书局经授权获得陈某某作品专有出版权的时间为自 2004 年 4 月 13 日起至 2016 年 12 月 31 日止。根据图书出版合同的约定，中华书局经授权获得的是以图书形式出版发行陈某某除书信以外全部作品的中文文本的专有出版权。而陈某某作品中不仅包含中文作品，还包含外文作品。针对陈某某所著外文作品而言，中华书局获得的"中文文本专有出版权"必然涉及将外文翻译为中文的问题，中华书局获得的授权必然包含着允许其进行翻译才有意义。因此，针对 *Chinese Bronzes from the Buckingham Collection* 中陈某某享有著作权的部分，中华书局获得的中文文本专有出版权，体现在将其翻译成中文并出版的权利，并且有权制止他人未经许可翻译成中文并出版的行为。虽然截至本案二审审理期间中华书局并未出版相关图书，但是他人在授权期限内以相同方式出版该部分作品即构成侵权。金城出版社于 2015 年 1 月出版的被诉侵权图书的中文部分系对 *Chinese Bronzes from the Buckingham Collection* 的翻译，这就意味着，金城出版社出版被诉侵权图书的行为，即将上述作品中陈某某享有著作权

的部分翻译成中文并出版的行为，已经构成对中华书局享有的专有
出版权的侵犯。虽然涉案作品中陈某某享有著作权部分的独创性、
知名度与潜在学术价值均较高，但该部分作品的著作权保护期在金
城出版社出版被诉侵权图书时仅剩一年多时间。金城出版社试图从
陈某某作品著作权的继承人处获得授权的行为虽然不能阻止侵权成
立，但可以从侧面反映出其侵权主观过错较小。金城出版社基于重复
授权在出版被诉侵权图书过程中亦付出翻译等创造性劳动。二审法院
综合考虑上述因素，判决金城出版社赔偿中华书局经济损失 5 万元。

【案例评析】涉案作品 *Chinese Bronzes from the Buckingham Collection*
为陈某某与查尔斯·法本斯·凯莱的合作作品。根据法院查明的事
实，上述作品中的概述和考释部分为陈某某创作完成，上述作品为
可分割合作作品。合作作品可以分割使用的，作者对各自创作的部
分可以单独享有著作权。因此，就涉案作品中陈某某创作的部分，
其继承人有权授权中华书局行使复制权、发行权及翻译权。本案中
的问题是，涉案作品中陈某某创作的部分著作权保护期限将于何时
届满？涉案合作作品 *Chinese Bronzes from the Buckingham Collection* 整
体的著作权保护期限将于何时届满？根据现行《著作权法》第 23 条
的规定，合作作品，其发表权、本法第 10 条第 1 款第 5 项至第 17 项
规定的权利的保护期截止于最后死亡的作者死亡后第 50 年的 12 月
31 日。合作作品分为可分割的合作作品和不可分割的合作作品。可
分割的合作作品中，各作者自己创作的部分可以视为一部独立的作
品。不可分割的合作作品中，各作者创作的部分已经融为一体成为
一部作品。那么，《著作权法》第 23 条规定中的"合作作品"是包
括可分割的合作作品和不可分割的合作作品，还是只包括不可分割
的合作作品？这需要法院在具体案件中对该法律规定进行解释。本
案中二审法院认为，如果合作作品中一部分可以分割使用的部分原
本已超过著作权保护期进入公有领域，但因其他可以分割使用的部

分的著作权仍处于保护期内，前者的保护期就可以相应延长，并不符合《著作权法》立足于实现鼓励作品创作与社会传播之间平衡的立法宗旨。因此，2010 年修正的《著作权法》第 21 条第 1 款规定所述以最后死亡作者的死亡时间起算著作权保护期截止时间的"合作作品"应当限缩解释为仅指不可以分割使用的合作作品。

笔者认为二审法院的上述观点值得商榷。可分割合作作品中可以单独使用部分作品著作权的保护期，与可分割合作作品整体著作权的保护期，是两个不同的问题。假设可分割合作作品 X 为 A 和 B 两部分结合而成，A 部分的作者是甲，B 部分的作者是乙。目前，甲已经死亡超过 60 年，则可以单独使用的 A 部分作品已经进入公有领域，如他人单独使用 A 部分作品，则无须获得甲继承人的许可。乙仍健在，可单独使用的 B 部分仍处于保护期内，如果他人单独使用 B 部分作品，则需要获得乙的许可。以上分析和结论并不存在争议。关键在于可分割合作作品 X 作为一个整体，其著作权保护期将于何时届满？我们假设《著作权法》第 23 条规定中的"合作作品"包括可分割合作作品，那么该可分割合作作品 X 作为一个整体，其发表权及著作财产权的保护期截止于最后死亡的作者死亡后第 50 年的 12 月 31 日。也就是说，如果某公司现在希望整体出版可分割合作作品 X，则需要获得全部合作作品著作权人的许可，即需要同时获得甲的继承人以及乙的许可。如果某公司现在只希望单独出版 A 部分作品，则无须获得甲的继承人的许可。上述两方面并不存在矛盾。从上述分析可以看出，如果 2010 年修正的《著作权法》第 21 条第 1 款规定所述以最后死亡作者的死亡时间起算著作权保护期截止时间的"合作作品"包含可分割合作作品，并不影响甲所创作的 A 部分作品进入公有领域，不会导致该部分作品的保护期延长，也不会对社会公共利益造成影响。鉴于现行《著作权法》第 23 条规定中的"合作作品"并未明确仅限于不可分割合作作品，笔者的上述理解可能更符合法律解释的基本规则和立法者的原意。按照本案中二审法院的观点，可分割合作作品的著作权保护期限无须从一个合作作品整体来考量，只需从可分割合作作品的各个组成部分的著作权保护期限分别来考量。但可分割合作作品并不是 A 和 B 两部分作品的简单拼凑，而是 A 和 B 两部分围绕着相同的或紧密关联的主题有机结合形成的一个整体，可以说"形散而神不散"。因此，笔者认为，可分割合作作品中可以单独使用部分作品著作权的保护期，与可分割合作作品整体著作权的保护期仍应加以区分。

第四节　权利的限制

（一）合理使用

条文要点注释

合理使用制度属于著作权限制制度的一部分。对著作权在特殊情形下进行一定程度的限制，对保障言论自由、维护公众知情权、促进教育事业发展、传承历史文化、保护弱势群体等均有助益。合理使用规则的根本目的在于使作者和公众之间的利益更加平衡。

法律条文

第二十四条　在下列情况下使用作品，可以不经著作权人许可，不向其支付报酬，但应当指明作者姓名或者名称、作品名称，并且不得影响该作品的正常使用，也不得不合理地损害著作权人的合法权益：

（一）为个人学习、研究或者欣赏，使用他人已经发表的作品；

（二）为介绍、评论某一作品或者说明某一问题，在作品中适当引用他人已经发表的作品；

（三）为报道新闻，在报纸、期刊、广播电台、电视台等媒体中不可避免地再现或者引用已经发表的作品；

（四）报纸、期刊、广播电台、电视台等媒体刊登或者播放其他报纸、期刊、广播电台、电视台等媒体已经发表的关于政治、经济、宗教问题的时事性文章，但著作权人声明不许刊登、播放的除外；

（五）报纸、期刊、广播电台、电视台等媒体刊登或者播放在公众集会上发表的讲话，但作者声明不许刊登、播放的除外；

（六）为学校课堂教学或者科学研究，翻译、改编、汇编、播放或者少量复制已经发表的作品，供教学或者科研人员使用，但不得出版发行；

（七）国家机关为执行公务在合理范围内使用已经发表的作品；

（八）图书馆、档案馆、纪念馆、博物馆、美术馆、文化馆等为陈列或者保存版本的需要，复制本馆收藏的作品；

（九）免费表演已经发表的作品，该表演未向公众收取费用，也未向表演者支付报酬，且不以营利为目的；

（十）对设置或者陈列在公共场所的艺术作品进行临摹、绘画、摄影、录像；

（十一）将中国公民、法人或者非法人组织已经发表的以国家通用语言文字创作的作品翻译成少数民族语言文字作品在国内出版发行；

（十二）以阅读障碍者能够感知的无障碍方式向其提供已经发表的作品；

（十三）法律、行政法规规定的其他情形。

前款规定适用于对与著作权有关的权利的限制。

关联规范

《著作权法实施条例》（国务院令第 633 号，自 2013 年 3 月 1 日起施行，节录）

第二十一条　依照著作权法有关规定，使用可以不经著作权人许可的已经发表的作品的，不得影响该作品的正常使用，也不得不合理地损害著作权人的合法利益。

《计算机软件保护条例》（国务院令第 632 号，自 2013 年 3 月 1 日起施行，节录）

第十七条　为了学习和研究软件内含的设计思想和原理，通过安装、显示、传输或者存储软件等方式使用软件的，可以不经软件著作权人许可，不向其支付报酬。

《信息网络传播权保护条例》（国务院令第 634 号，自 2013 年 3 月 1 日起施行，节录）

第六条　通过信息网络提供他人作品，属于下列情形的，可以不经著作权人许可，不向其支付报酬：

（一）为介绍、评论某一作品或者说.明某一问题，在向公众提供的作品中适当引用已经发表的作品；

（二）为报道时事新闻，在向公众提供的作品中不可避免地再现或者引用已经发表的作品；

（三）为学校课堂教学或者科学研究，向少数教学、科研人员提供少量已经发表的作品；

（四）国家机关为执行公务，在合理范围内向公众提供已经发表的作品；

（五）将中国公民、法人或者其他组织已经发表的、以汉语言文字创作的作品翻译成的少数民族语言文字作品，向中国境内少数民族提供；

（六）不以营利为目的，以盲人能够感知的独特方式向盲人提供已经发表的文字作品；

（七）向公众提供在信息网络上已经发表的关于政治、经济问题的时事性文章；

（八）向公众提供在公众集会上发表的讲话。

第七条　图书馆、档案馆、纪念馆、博物馆、美术馆等可以不经著作权人许可，通过信息网络向本馆馆舍内服务对象提供本馆收藏的合法出版的数字作品和依法为陈列或者保存版本的需要以数字化形式复制的作品，不向其支付报酬，但不得直接或者间接获得经济利益。当事人另有约定的除外。

前款规定的为陈列或者保存版本需要以数字化形式复制的作品，应当是已经损毁或者濒临损毁、丢失或者失窃，或者其存储格式已经过时，并且在市场上无法购买或者只能以明显高于标定的价格购买的作品。

法条解读

著作权人对作品享有专有权利，他人未经著作权人许可不得行使著作权人对作品享有的专有权利，此为著作权法的基本原则。对著作权的限制，即在特殊情况下他人可不经著作权人许可就可使用作品，则属于例外情形，一般称为合理使用或著作权例外。合理使用制度虽然对著作权人享有的专有权利进行了一定程度的限制，但其对社会公共利益是有利的。通过该制度的施行，评论他人作品的言论自由得以保障，教育事业使用作品的经济负担得以减轻，少数民族、残障人士平等享受文化产品的需求得以照拂，图书馆保存的作品孤本得以传承，陈列在公共场所的艺术品得以被更多人所欣赏。但法律应对合理使用情形加以明确规定，以防止随意扩大例外情形的范围，避免著作权人的合法权益受到不合理的损害。

《伯尔尼公约》第9条第2款规定："本同盟成员国法律得允许在某些特殊情况下复制上述作品，只要这种复制不损害作品的正常使用也不致无故侵害作者的合法利益。"此为判断合理使用情形"三步检验标准"的最初法律渊源。《与贸易有关的知识产权协定》第13条规定："全体成员均应将专有权的限制或例外局限于一定特例中，该特例应不与作品的正常利用冲突，也不应不合理地损害权利持有人的合法利益。"《世界知识产权组织版权条约》第10条第1款、第2款规定："（1）缔约各方在某些不与作品的正常使用相抵触、也不无理由地损害作者合法利益的特殊情况下，可在其国内立法中对依本条约授予文学和艺术作品作者的权利规定限制或例外；（2）缔约各方在适用《伯尔尼公约》时，应将对该公约所规定权利的任何限制或例外限于某些不与作品的正常利用相抵触、也不无理由地损害作者合法利益的特殊情况。"由此，判断合理使用情形的"三步检验标准"进一步清晰和明确，即第一步判断对著作权作出的限制是否属于特殊情况，第二步判断对著作权作出的限制是否与作品的正常使用不相冲突，第三步判断对著作权作出的限制是否会对著作权人的合法权益造成不合理的损害。对著作权作出的限制属于特殊情况，意味着对著作权进行合理使用限制在适用范围（包括使用作品的质和量，以及使用作品的目的）上应当是有限的、具体的。与作品的正常使用不相冲突，是指不与著作权人的利益产生经济竞争。未对著作权人的合法权益造成不合理的损害，是指在著作权人与作品使用者的利益进行平衡的前提下，使用作品对著作权人造成的损害是适当的、合理的以及可以接受的。出于课堂教学目的对作品进行复制当然可能损害著作权人的合法权益，但如果控制在合理范围内，例如，限定为少量复制、仅供教学人员在课堂教学过程中使用、为作者署名，则仍然可能构成合理使用。在大多数情况下，如果某种使用作品的方式与作品的正常使用相冲突，那么必然会对著作权人的合法权益造成不合理的损害。但少数情况下，可能出现某种使用作品的方式与作品的正常使用不相冲突，但会对著作权人的合法权益造成不合理的损害。例如，张三创作完成了一部小说，但其创作完成后并未将小说发表。李四获得该小说手稿后出于介绍该小说的目的撰写了一篇介绍文章，其中引用了小说的部分内容，但没有指明小说作者张三的姓名。张三创作的小说并未发表，也未出版，因此，李四的行为并不会与张三的利益产生经济竞争，但李四的行为在违背张三意愿的情况下导致小说部分内容被公之于众，且断绝了该部分小说内容与作者张三的联系，侵害了张三对该部分内容享有的发表权和署名权，即对张三的合法权益造成了不合理的损害。因此，李四的上述行为不构成合理使用。

各国关于合理使用制度的立法大致采用了两种模式：一种是版权体系国家，如美国采用了相对开放式的立法模式；另一种是作者权体系国家，如德国采用了相对封闭式的立法模式。美国《版权法》第107条规定：虽然有第106条和第106A条的规定，为了诸如批评、评论、新闻报道、教学、学术或研究之目的，版权作品的合理使用，包括制作复制品、录音制品或以该条规定的其他方法使用作品，不属于侵犯版权。在任何特定情况下，确定作品的使用是否构成合理使用，要考虑的要素应当包括：（1）使用的目的和性质，包括这种使用具有商业性质还是为了非营利的教育目的；（2）版权作品的性质；（3）与整个版权作品相比，被使用部分的数量和重要性；（4）该使用对版权作品的潜在市场需求或价值的影响。① 美国法院即根据上述四要素在个案中判断是否符合合理使用的情形。在坎贝尔诉阿卡夫－罗斯音乐公司（Campbell v. Acuff－Rose Music Inc.）一案中，美国联邦最高法院在上述第1项要素"使用的目的和性质"的基础上进一步论述了"转换性使用"的认定规则，即"审查的重点是，新作品是否仅仅取代了原作品，或者它是否具有转换性，并在多大程度上以新的表达、含义或信息改变了原作品。新作品的转换性越强，其他因素（如商业性质）的重要性就越小，这些因素可能会对合理使用的认定产生影响"。② 即如果新作品使用了原作品中的独创性部分，但并未取代原作品，且新作品中加入了新的表达、含义或者信息，转换性地改变了原作品，则该使用方式构成"转换性使用"，其是否具有商业性质则不再作为重要考虑因素。英国《版权法》第29条和第30条规定，出于三种目的使用行为可构成合理使用：研究或个人学习；批评或评论；时事报道。立法从目的限定角度对合理使用的情形进行规定，为法官判断具体行为是否构成合理使用留下了很大空间。③ 英国法院在实践中仍要结合作品是否已经发表、获取作品的手段、使用的量、使用的方式、使用的动机、使用的结果、使用的目的可否通过其他方式实现等因素综合判断。德国《著作权法》第六节"对著作权的限制"规定了若干对著作权进行限制的具体情形，包括临时复制行为、司法与公安行为、为残障人士复制作品、为学校或者课堂教学使用汇编物、复制与发行公开演讲、复制与发行报纸文章和广播电视评论、引用、为私人使用

---

① 谢尔登·W. 哈尔彭、克雷格·艾伦·纳德、肯尼斯·L. 波特：《美国知识产权法原理》，宋慧献译，商务印书馆，2013，第126－127页。

② Campbell v. Acuff－Rose Music Inc.，510 U. S. 569（1994），https：//supreme. justia. com/cases/federal/us/510/569，访问日期：2023年9月20日。

③ 李琛：《著作权基本理论批判》，知识产权出版社，2013，第196页。

或者其他自用的复制等。① 法官须在个案中判断和认定是否符合法律规定的上述对著作权进行限制的具体情形。但考虑到立法的滞后性，德国法院有时会援引宪法，例如，德国联邦宪法法院曾经根据宪法上的艺术自由，认定戏剧家的引用行为合法。在很多国家被归入"合理使用"的戏仿，在德国《著作权法》中并没有明确规定，但法院将该行为解释为"自由利用"，即对他人作品进行与著作权无关的利用而创作的独立作品。② 通过上述方式，德国法院可以克服封闭式立法模式的不足，保留一定的灵活空间。

我国《著作权法》第 24 条列举了合理使用的若干具体情形，并指明"在下列情况下使用作品，可以不经著作权人许可，不向其支付报酬"，其中第 13 项为"法律、行政法规规定的其他情形"。"不得影响该作品的正常使用，也不得不合理地损害著作权人的合法权益"，属于对上述列举情形的进一步限定，其作用与"三步检验标准"并不相同。因此，我国《著作权法》关于合理使用的规定属于封闭式的立法模式，所有合理使用的具体情形必须由法律、行政法规加以规定。有观点认为，虽然我国《著作权法》第 24 条采用了封闭式的立法模式，但我国《著作权法实施条例》参照"三步检验标准"采用了开放式的立法模式，所以合理使用的具体情形并不局限于《著作权法》第 24 条所列举的范围。我国《著作权法实施条例》第 21 条规定："依照著作权法有关规定，使用可以不经著作权人许可的已经发表的作品的，不得影响该作品的正常使用，也不得不合理地损害著作权人的合法利益。"但需要注意的是，按照《立法法》第 72 条，"行政法规可以就下列事项作出规定：（一）为

---

① 《十二国著作权法》翻译组：《十二国著作权法》，清华大学出版社，2011，第 160－163 页。

② 李琛：《著作权基本理论批判》，知识产权出版社，2013，第 207 页。

执行法律的规定需要制定行政法规的事项；（二）宪法第八十九条规定的国务院行政管理职权的事项。"上述《著作权法实施条例》第 21 条的规定开头即强调，该规定系"依照著作权法有关规定"制定，因此，其属于"为执行法律的规定需要制定行政法规的事项"，那么该规定就不能与《著作权法》第 24 条相抵触。据此，不能将《著作权法实施条例》第 21 条的规定视为我国的"三步检验标准"，进而认为《著作权法实施条例》突破了《著作权法》的规定采用了开放式的立法模式。正确的理解应该是，《著作权法实施条例》第 21 条仍然是对《著作权法》第 24 条所列举的使用作品具体情形的进一步限定。如某案件中，被告使用作品的行为可以归入《著作权法》第 24 条列举的情形，此时仍不能立即认定被告的行为构成合理使用，仍须继续判断被告的行为是否影响该作品的正常使用，是否不合理地损害著作权人的合法权益，如果答案为否，方可认定被告的行为构成合理使用。如果被告使用作品的行为可以归入《著作权法》第 24 条列举的情形，但该行为可能影响作品的正常使用，也可能不合理地损害著作权人的合法权益，则被告的行为并不构成合理使用。我国《著作权法》关于合理使用的规定采用封闭式的立法模式，可能有两方面考虑：一是如果仅规定合理使用的判断原则，可能不便于社会公众理解和适用，采用封闭式列举合理使用的具体情形，有利于社会公众学习掌握；二是可以防止法官自由裁量权过大，确保司法尺度统一。但采用封闭式立法模式存在一定的弊端，立法者不可能提前预计到所有符合"三步检验标准"的情形并在法律条款中列明，法律的滞后性可能导致一部分使用作品的新方式、新场景，在不影响该作品的正常使用，也没有不合理地损害著作权人的合法权益的情况下，被认定为侵害著作权的行为，这可能对社会公共利益造成不利影响。因此，在司法实践中，法院可能超出我国《著作权法》第 24 条所列举的合理使用具体情形，认定某种使用作品的行为构成合理使用。例如，在前述案例 1 – 14 原告北京北大方正电子有限公司与被告暴雪娱乐股份有限公司、上海第九城市信息技术有限公司等侵犯著作权纠纷案①中，最高人民法院认为：鉴于汉字具有表达思想、传递信息的功能，由于暴雪公司、第九城市公司在其游戏运行中使用上述汉字是对其表达思想、传递信息等功能的使用，无论前述汉字是否属于《著作权法》意义上的美术作品，其均不能禁止他人正当使用汉字来表达一定思想，传达一定的信息的权利。因此，暴雪公司、第九城市公司在其游戏运行中使用上述字体相关汉字并不侵犯北大方正公司的相关权利。也就是说，即使游戏中的字体构成著作权法上的美术作品，被告在游戏运行中使用该字体美术作品也不侵犯北大方正公司的著作权权利，理由是游戏用户在运行游戏并看到该字体时，只会关注该字体传达的相关游戏信息，而不会将该字体作为美术作品欣赏，被告使用该字体美术作品的目的和作用发生了转换。上述案件中使用作品的情形显然并不能归入《著作权法》第 24 条所列举的任何一种情形。由此可见，合理使用的认定在立法与司法层面产生了一定的冲突。但我们也不能简单认为，法院适用"三步检验标准"在我国《著作权法》第 24 条所列举的情形之外认定新的合理使用情形就是错误的。我国作为《伯尔尼公约》《与贸易有关的知识产权协定》《世界知识产权组织版权条约》的缔约国，将"三步检验标准"确立为合理使用判定的根本标准系履行条约义务。如果《著作权法》第 24 条在未来立法修订时采用概括加列举的表述方式，可能更具有合理性和可操作性。

关于合理使用，司法实践中有不少案例，请参见案例 2 – 37、2 – 38、2 – 39、2 – 40。

---

① 最高人民法院（2010）民三终字第 6 号民事判决书。

典型案例

案例 2-37　美术作品被引用在电影海报中具有了新的价值、意义和功能，构成转换性合理使用——原告上海美术电影制片厂与被告浙江新影年代文化传播有限公司、华谊兄弟上海影院管理有限公司著作权权属、侵权纠纷案①

【裁判要旨】为说明某一问题，是指对作品的引用是为了说明其他问题，并不是为了纯粹展示被引用作品本身的艺术价值，而被引用作品在新作品中的被引用致使其原有的艺术价值和功能发生了转换。"葫芦娃""黑猫警长"美术作品被引用在电影海报中具有了新的价值、意义和功能，其原有的艺术价值功能发生了转换，而且转换性程度较高，属于《著作权法》规定的为了说明某一问题的情形。

【案情简介】根据生效判决，"葫芦娃"角色造型美术作品属于特定历史条件下的职务作品，由上海美术电影制片厂（以下简称美影厂）享有除署名权之外的其他著作权。动画片《黑猫警长》由美影厂享有著作权，在当时计划经济体制下，参与拍摄制作该片的人员均是美影厂工作人员，因此，在没有相反证据证明的情况下，美影厂享有"黑猫警长"美术作品的著作权。电影《80后的独立宣言》由浙江新影年代文化传播有限公司（以下简称新影年代公司）投资制作，于2014年2月21日正式上映。涉案海报的内容为：上方2/3的篇幅中突出男女主角人物形象及主演姓名，背景则零散分布诸多美术形象，包括身着白绿校服的少先队员参加升旗仪式、课堂活动、课余游戏等情景；黑白电视机、落地灯等家电用品；缝纫机、二八式自行车、热水瓶、痰盂等日用品；课桌、铅笔盒等文教用品；铁皮青蛙、陀螺、弹珠等玩具；无花果零食，以及涉案的

---

① 上海知识产权法院（2015）沪知民终字第730号民事判决书。

"葫芦娃""黑猫警长"卡通形象，其中"葫芦娃""黑猫警长"分别居于男女主角的左右两侧。诸多背景图案与男女主角形象相较，比例显著较小，"葫芦娃""黑猫警长"美术形象与其他背景图案大小基本相同。海报下方 1/3 的部分显示了电影名称"80 后的独立宣言"以及制片方、摄制公司和演职人员信息等，并标注"2014. 2. 21温情巨献"字样，如图 2 - 4 所示。"华谊兄弟上海影院"微博于2014 年 2 月 22 日发布有关涉案电影海报的微博，内容为：电影《80 后的独立宣言》讲述了当代"80 后"年轻人在走出校门后，放弃了城市优越的生活环境，放弃了父母为其铺设好的平坦大路，而是选择去到条件相对艰苦的乡下打拼事业，自主创业的故事。经当庭比对，涉案海报中被控侵权形象与美影厂主张权利的"葫芦娃""黑猫警长"角色美术形象特征基本一致。

图 2 - 4　电影《80 后的独立宣言》海报

资料来源：佚名：《今晚 18：22 CCTV - 6 播出〈80 后的独立宣言〉》，http：//cxnews. cnnb. com. cn/system/2015/07/02/011225112. shtml，访问日期：2023 年 9 月 20 日。

【一审法院观点】美影厂享有涉案"葫芦娃""黑猫警长"美术形象作品的修改权、复制权、发行权、信息网络传播权等著作权。新影年代公司在审理中提出的主要抗辩理由是，涉案电影讲述的是"80 后"青年创业故事，其对涉案作品的使用是为了说明电影主角的年龄特征，构成著作权法上的"合理使用"。判断对他人作品的使用是否属于合理使用，应当综合考虑被引用作品是否已经公开发表、引用他人作品的目的、被引用作品占整个作品的比例、是否会对原作品的正常使用或市场销售造成不良影响等因素予以认定。从被引用作品的性质来看，"葫芦娃""黑猫警长"是动画片中的角色造型美术作品，动画片已于 20 世纪 80 年代播出，因此，涉案被引用作品均属于已经发表的作品。从引用他人作品的目的来看，涉案影片讲述了一个当代"80 后"年轻人自主创业的励志故事，影片名称也明确指向了这一年龄段群体。"葫芦娃""黑猫警长"形象均诞生于 20 世纪 80 年代，相关动画片播出的时间亦集中在 20 世纪八九十年代。"葫芦娃""黑猫警长"形象确可称之为"80 后"动漫明星，机智勇敢的葫芦娃、惩恶扬善的黑猫警长成为"80 后"群体闪亮的童年记忆，与年代特征的结合度较高。新影年代公司制作的海报背景中，除了"葫芦娃""黑猫警长"形象外，还包括身着白绿校服的少先队员参加升旗仪式、课堂活动、课余游戏等情景；黑白电视机、落地灯等家电用品；缝纫机、二八式自行车、热水瓶、痰盂等日用品；课桌、铅笔盒等文教用品；铁皮青蛙、陀螺、弹珠等玩具；无花果零食等，皆属"80 后"成长记忆中具有代表性的人、物、景，这些元素相组合后确具较强的时代代入感，符合新影年代公司所述为配合说明影片"80 后"主题进行海报创作的创意构思，故新影年代公司使用被引用作品是为了说明某一问题，即涉案电影主角的年龄特征。从被引用作品占整个作品的比例来看，被引用作品只属于辅助、配角、从属的地位。从海报的外观来看，涉案海报突出的是电影男女主角，约占整个海报的1/2，"葫芦娃""黑猫警长"两个形象与其他二十余个表明"80后"时代特征的元素均作为背景使用，占海报面积较小，且比例大致相同，"葫芦娃""黑猫警长"的形象并未突出显示，因此，属于适度的引用。从引用是否会对美影厂作品的正常使用造成影响来看，涉案海报的使用未对美影厂作品的正常使用造成影响。涉案电影内容中并没有出现任何有关"葫芦娃""黑猫警长"的内容，除了海报中的使用，电影宣传文案中也未涉及"葫芦娃""黑猫警长"内容，不至于吸引对该两个美术作品有特定需求的受众，进而产生对两部作品具有关联性的联想，因此，新影年代公司在海报中为辅助说明电影主角年龄特征使用"葫芦娃"和"黑猫警长"，与美影厂自身作品的正常使用没有冲突，在市场上未形成竞争关系。海报中虽未对"葫芦娃""黑猫警长"标注作者姓名，但未署名并不当然影响对作品合理使用的认定。根据海报等宣传画的作品属性和创作特点，也基于海报画面完整性要求，未在画作中标注被引用形象作者的做法亦属正常且合理。综上，新影年代公司在电影海报中对"葫芦娃""黑猫警长"美术作品的使用属于著作权法所规定的合理使用。

【二审法院观点】根据《著作权法》规定，为介绍、评论某一作品或者说明某一问题，在作品中适当引用他人已经发表的作品，构成合理使用。其中，为说明某一问题，是指对作品的引用是为了说明其他问题，并不是为了纯粹展示被引用作品本身的艺术价值，而被引用作品在新作品中的被引用致使其原有的艺术价值和功能发生了转换。电影海报中引用"葫芦娃""黑猫警长"美术作品不再是单纯再现"葫芦娃""黑猫警长"美术作品的艺术美感和功能，而是反映"80后"在少年儿童期，曾经经历"葫芦娃""黑猫警长"动画片盛播的时代年龄特征，亦符合电影主角的年龄特征。因此，"葫芦娃""黑猫警长"美术作品被引用在电影海报中具有了新的价值、意义和功能，其原有的艺术价值功能发生了转换，而且转换性程度较高，属于《著作权法》规定的为了说明某一问题的情形。涉案电影海报中，"葫芦娃""黑猫警长"美术作品的比例是较小的，符合背景图案的功能。"葫芦娃""黑猫警长"是20世纪80年代代表性少儿动画形象，其如今以美术作品单纯的欣赏性使用作为正常使用的情况不多，因此，相关公众对该作品的使用需求通常情况下不太可能通过观赏涉案电影海报就能满足，从而放弃对原有作品的选择使用。因此，涉案电影海报中作为背景图案引用"葫芦娃""黑猫警长"美术作品不会产生替代性使用，亦不会影响权利人的正常使用。同时，涉案电影海报引用"葫芦娃""黑猫警长"美术作品旨在说明"80后"这一20世纪80年代的少年儿童的年代特征，此创作应属特殊情况，不具有普遍性，而且涉案电影海报的发行期短暂，随着电影播映期的消逝，该电影海报的影响也会逐步减小，因此，不会不合理地损害权利人的合法利益，对此应当认定为适当引用。

【案例评析】本案一审法院认为，判断对他人作品的使用是否属于合理使用，应当综合考虑被引用作品是否已经公开发表、引用他人作品的目的、被引用作品占整个作品的比例、是否会对原作品的正常使用或市场销售造成不良影响等因素予以认定。一审法院的上述观点与美国《版权法》第107条规定的"四要素检验标准"非常接近，即考虑：（1）使用的目的和性质，包括这种使用具有商业性质还是为了非营利的教育目的；（2）版权作品的性质；（3）与整个版权作品相比，被使用部分的数量和重要性；（4）该使用对版权作品的潜在市场需求或价值的影响。二审法院进一步分析认为，"葫芦娃""黑猫警长"美术作品被引用在电影海报中具有了新的价值、意义和功能，其原有的艺术价值功能发生了转换，而且转换性程度较高，因此，构成合理使用。二审法院的上述观点与美国联邦最高法院在坎贝尔诉阿卡夫－罗斯音乐公司案中论述的"转换性使用"的认定规则非常近似。但上述"四要素检验标准"以及"转换性使用"认定规则在我国法律框架内尚无法找到依据，如果法院直接在判决中适用存在一定的问题。最高人民法院印发的《关于充分发挥知识产权审判职能作用推动社会主义文化大发展大繁荣和促进经济自主协调发展若干问题的意见》（法发〔2011〕18 号）提出："在促进技术创新和商业发展确有必要的特殊情形下，考虑作品使用行为的性质和目的、被使用作品的性质、被使用部分的数量和质量、使用对作品潜在市场或价值的影响等因素，如果该使用行为既不与作品的正常使用相冲突，也不至于不合理地损害作者的正当利益，可以认定为合理使用。"但上述规定仅为司法政策，并不属于司法解释，不能由法院援引作为判决依据。本案二审法院认为，涉案电影海报中使用"葫芦娃""黑猫警长"美术作品属于《著作权法》规定的为了说明某一问题在作品中适当引用他人已经发表的作品的情形，这是正确的。实际上，"为了说明某一问题在作品中适当引用他人已经发表的作品"本身即具有转换的性质，即使用作品的目的已经不再是请他人欣赏该美术作品，而是通过使用作品请他人知晓其所发表的观点。但在我国著作权法已经规定该合理使用具体情形的背景下，通过法律解释的方法直接适用 2010 年修正的《著作权法》第 22 条第 1 款第 2 项的规定，似乎更为妥当。"转换性使用"认定规则系基于美国《版权法》第 107 条规定的"四要素检验标准"发展而来，而"四要素检验标准"系基于"三步检验标准"发展而来，因此，我国法院直接适用"三步检验标准"进行判定即可，无须根据"四要素检验标准"或"转换性使用"认定规则进行分析判断。我国法院在个案中判定是否构成合理使用情形时，首先应当遍历我国《著作权法》第 24 条，判断该案中使用作品的情形是否可以归入。如果可以归入，则直接适用我国《著作权法》

第 24 条进行认定。如果无法归入我国《著作权法》第 24 条列举的合理使用情形，则再根据"三步检验标准"进行判定。本案中，涉案电影海报使用"葫芦娃""黑猫警长"美术作品的行为完全符合"三步检验标准"。涉案使用作品的行为是一种特殊情况，仅限于在反映特定年代电影的海报中出于介绍和说明目的使用该美术作品，在电影中并没有使用该美术作品；涉案电影海报中使用该美术作品不会影响著作权人对"葫芦娃""黑猫警长"视听作品的使用；不会有人专门通过涉案电影海报欣赏"葫芦娃""黑猫警长"美术作品，涉案电影也不会对"葫芦娃""黑猫警长"视听作品的传播产生替代作用，不会抢占"葫芦娃""黑猫警长"美术作品和视听作品的市场份额，不会对著作权人的合法权益造成不合理的损害。

案例 2 - 38　全文复制行为对著作权人作品的市场利益造成潜在危险，不构成合理使用——原告王某与被告北京谷翔信息技术有限公司、谷歌公司侵犯著作权纠纷案①

【裁判要旨】被告"全文复制"行为与原告对作品的正常利用方式相冲突，已对原告作品的市场利益造成潜在危险，将不合理地损害原告的合法利益。判断是否构成合理使用的考量因素包括使用作品的目的和性质、受著作权保护作品的性质、所使用部分的性质及其在整个作品中的比例、使用行为是否影响了作品正常使用、使用行为是否不合理地损害了著作权人的合法利益等。使用人应当对上述考量因素中涉及的事实问题承担举证责任。

【案情简介】笔名为棉棉的王某是《盐酸情人》一书的作者。2009 年 10 月 30 日，原告代理人登录"Google 谷歌"网站（网址为 http：//www. google. cn），进行了如下步骤的搜索：（1）进入其中图

---

① 北京市第一中级人民法院（2011）一中民初字第 1321 号民事判决书、北京市高级人民法院（2013）高民终字第 1221 号民事判决书。

书搜索栏目页面，在搜索框中键入"棉棉"关键词进行搜索。在搜索结果中位于第一位的即为《盐酸情人》。（2）点击该搜索结果，进入下一层次页面。该页面中显示有《盐酸情人》的图书概述、作品的片段、常用术语和短语、作品的著作权信息等内容，上述页面均在 google. cn 网站页面下，未显示其他网站网址。（3）在该页面下，选择前一页面中常用术语和短语中所列明的相应关键词进行搜索，可以看到相关的作品片段，但整个过程仍均在 google. cn 网站页面下，未显示其他网站网址。原告用以证明涉案扫描行为的证据为第二被告谷歌公司所出具的情况说明。在该情况说明中，被告谷歌公司针对涉案作品的相关扫描行为作了如下陈述，"涉案图书《盐酸情人》由 Google. Inc 于 2008 年 3 月 14 日在美国进行了扫描。Google. Inc 根据与位于美国的斯坦福大学的协议获得了涉案图书的纸件版本，并根据美国法律对该图书合法地进行了数字化扫描，涉案图书的数字化扫描的电子版本仅保存于 Google. Inc 在美国的服务器中"。但其同时指出："北京谷翔信息技术有限公司、谷歌信息技术（中国）有限公司从未获得、持有该书的扫描后的复制品，其服务器中未以任何形式保存该书的扫描后的版本……亦未以任何形式参与扫描事务。"对涉案作品向社会公众以何种形式提供，第二被告谷歌公司称："Google. Inc 通过其图书搜索计划将所扫描的图书的很少部分内容（亦即'片段'）开放给 google. cn 搜索引擎，从而使其搜索结果中出现少量的'片段'……用户可以通过搜索结果中出现的'片段'来判断该书是不是自己正在找的书，并可决定是否购买该书等事项。用户在没有购买或未得到授权的情况下，无法通过 www. google. cn 图书搜索下载或阅读受著作权保护的整部作品。"庭审中，第二被告谷歌公司明确认可其对涉案作品进行的是"全文扫描"，但认为这一扫描行为在美国具有合法性。对为何该行为在美国具有合法性，第二被告谷歌公司并未给出具体的美国法律依据，亦未提交相关证据。

【一审法院观点】原告指控两被告实施了如下两个被控侵权行为：将原告作品进行电子化扫描（复制）的行为；涉案网站将原告作品向公众进行信息网络传播的行为。鉴于原告提交的公证书中显示，涉案网站提供涉案图书的整个过程均在涉案网站页面下，既未跳转到其他网站的页面中，其地址栏中的网址亦未变更为其他网站的地址。故上述情形可以初步推定涉案图书系存储于第一被告北京谷翔信息技术有限公司（以下简称北京谷翔公司）所经营的涉案网站的服务器中。在第一被告既未提交反证，亦未进行合理解释的情况下，考虑到整个涉案传播过程均处于第一被告网站页面中，可以合理认定第一被告实施了对涉案作品的信息网络传播行为。第一被告认为其提供的系搜索、链接服务行为的主张不能成立。但第一被告实施的对涉案作品的信息网络传播行为构成合理使用，并未构成对原告信息网络传播权的侵犯，理由为：（1）涉案信息网络传播行为并不属于对原告作品的实质性利用行为，尚不足以对原告作品的市场价值造成实质性影响，亦难以影响原告作品的市场销路。第一被告对原告作品的使用系片段化的使用，其所提供给网络用户的既不是"连续"的作品章节，亦不是作品的"整个"段落，而仅是作品中的片段，每一片段一般为两三行或三四行，且各个片段之间并不连贯。这一使用方式使网络用户在看到上述作品片段后，较难相对完整地知晓作者所欲表达的思想感情。鉴于此，这一行为尚未构成对原告作品的实质性利用行为。同时，涉案网站的这一片段化提供行为客观上亦较难满足网络用户对此类作品的基本需求。用户如欲阅读该作品，通常会依据网页中所提供的涉案网页中已载明的原告作品名称、作者名称以及相关出版信息等信息采用购买的方式获得这一作品。（2）涉案信息网络传播行为所采取的片段式的提供方式，及其具有的为网络用户提供方便快捷的图书信息检索服务的功能及目的，使该行为构成对原告作品的转换性使用行为，不会不合理地损害原告的合法利益。由涉案网站所采取的片段式的提供方式可以看出，其对原告作品的传播行为并非为了单纯地再现原作本身的文学艺术价值或者实现其内在的表意功能，而在于为网络用户提供更多种类、更为全面的图书检索信息，从而在更大范围内满足网络用户对更多图书相关信息的需求。鉴于保护著作权人利益以及促进作品的传播一直以来均是《著作权法》两个并行不悖的基本原则，《著作权法》为著作权人所提供的保护其范围及程度不应影响公众对作品以及作品信息的合理需求，故在涉案片段式使用行为并未实质性地再现原告作品表意功能，且又在较大程度上实现了相应图书信息检索功能的情况下，这一行为已构成对原告作品的转换性使用，不会对原告对其作品的正常使用造成影响，亦不会不合理地损害原告的合法利益。对原告认为第二被告谷歌公司的全文扫描行为侵犯了其复制权的主张，法院认为，鉴于第二被告明确认可其对涉案图书实施了全文电子化扫描的行为，该行为属于《著作权法》所规定的复制行为，且该行为并未取得著作权人的许可，故基于与涉案信息网络传播行为相同的理由，判断这一全文复制行为是否侵犯原告复制权的关键亦在于该行为是否构成合理使用行为。对此，法院认为该复制行为并不构成合理使用，理由为：（1）就行为方式而言，这一"全文复制"行为已与原告对作品的正常利用方式相冲突。著作权人对作品的正常利用方式以《著作权法》第11条中规定的具体利用方式为限，其中最为基本亦最为重要的一种方式即为复制行为。依据《著作权法》的规定，如果他人希望复制著作权人的作品，则其有义务向著作权人支付"许可费"，该许可费即为复制权为著作权人所带来的经济利益，而发放许可亦即属于对作品的正常利用方式。当然，并非"任何程度"的复制行为均会与著作权人对作品的正常利用方式相冲突，否则将不会存在针对复制行为的合理使用情形。但无论如何，复制程度最高的"全文复制"行为，显然应属于此种情形。如果全文复制行为亦不被认定与著作权人对作品的正常利用方式相冲突，则必将使著作权人对复制行为的控制缺乏实质意义，亦使《著作权法》中对复制行为的规定形同虚设。(2) 就行为后果而言，这一全文复制行为已对原告作品的市场利益造成潜在危险，将不合理地损害原告的合法利益。这一全文复制行为会为"第二被告"未经许可对原告作品进行后续利用提供很大程度的便利。本案中，由查明事实可知，第二被告之所以对作品进行全文复制行为，其目的并不仅仅在于复制行为本身，而在于为用户提供相应作品，也就是说，其复制的目的在于对作品的"后续利用"。虽然原告主张后续的利用行为系以与权利人合作为前提，但很显然，原告对第二被告是否会在后续利用作品之前取得其许可并无控制能力，考虑到在全文复制的情况下，第二被告对原告作品的后续使用行为显然更加容易，法院可以合理地认为，第二被告这一全文复制行为会对原告利益带来很大潜在风险。这一全文复制行为亦会为"他人"未经许可使用原告作品带来较大便利。虽然第二被告所复制的原告作品系保存于第二被告的服务器中，但就现有技术而言，他人通过破坏技术措施等方法获得第二被告存储在其服务器中的原告作品，并非不具有可操作性，因此，第二被告这一全文复制行为不仅有利于其本身对原告作品的后续利用，亦会为他人未经许可利用原告作品带来便利。第二被告对原告作品进行全文复制的行为已与原告作品的正常利用相冲突，亦会不合理地损害著作权人的合法利益，这一复制行为并未构成合理使用行为，已构成对原告著作权的侵犯。

【二审法院观点】谷歌公司上诉主张涉案复制行为构成合理使用，但复制权属于著作权人享有的权利，而且涉案复制行为并不属于 2010 年修正的《著作权法》第 22 条规定的合理使用行为，因此，应当初步推定涉案复制行为构成侵权。考虑到人民法院已经在司法实践中认定 2010 年修正的《著作权法》第 22 条规定之外的特殊情形也可以构成合理使用，因此，在谷歌公司主张并证明涉案复制行为属于合理使用的特殊情形时，该行为也可以被认定为合理使用。在判断涉案复制行为是否构成 2010 年修正的《著作权法》第 22 条规定之外的合理使用特殊情形时，应当严格掌握认定标准，综合考虑各种相关因素。判断是否构成合理使用的考量因素包括使用作品的目的和性质、受著作权保护作品的性质、所使用部分的性质及其在整个作品中的比例、使用行为是否影响了作品正常使用、使用行为是否不合理地损害了著作权人的合法利益等。而且，使用人应当对上述考量因素中涉及的事实问题承担举证责任。在本案中，谷歌公司虽然主张涉案侵权行为构成合理使用，但并未针对上述相关因素涉及的事实问题提交证据。因此，谷歌公司主张涉案复制行为构成合理使用，证据不足，应当不予支持。

【案例评析】谷歌公司于 2004 年启动谷歌数字图书馆计划，谷歌公司通过该计划与各大图书馆合作，对图书馆藏有的海量图书进行扫描。数字化处理后的图书保存于谷歌公司的服务器中。网络用户登录谷歌公司数字图书馆网站后，可以通过检索获得其所感兴趣图书的少量片段内容及该图书作者等有关信息。谷歌公司将数字图书的每一页分成若干个部分，每个部分即图书"片段"。网络用户每次搜索会展现三个片段，而当更换关键词进行检索时，提供给网络用户的图书片段也会不同。在谷歌公司提供的上述数字图书馆页面并无广告。2005 年 10 月，美国作家协会及部分图书的版权人向美国法院提起诉讼，主张谷歌公司通过上述数字图书馆计划未经许可对版权人的文字作品进行扫描并通过网络传播，构成了对版权人文字作品版权的侵犯。2013 年 11 月，美国地区法院作出一审判决，认定谷歌公司的上述行为构成合理使用。2015 年 10 月 16 日，美国联邦第二巡回上诉法院维持了一审判决，认定谷歌公司的上述行为不构成侵权，该判决为生效判决。① 美国法院认定谷歌公司上述复制图书全文及提供图书片段的行为构成合理使用，主要理由为：第一，谷歌公司的行为构成"转换性使用"。谷歌公司提供的上述服务有助于网络用户发现图书，判断图书内容是否可以满足其需求。网络用户不能通过该谷歌数字图书馆阅读完整的图书内容，该计划反而可以成为公众检索图书的重要工具。第二，被扫描作品的性质大部分为非虚构类图书，且均已出版发行。而对非虚构类图书以及已发行图书，在合理使用的认定方面也更为宽松。第三，谷歌提供了对图书的全文搜索，显然表明谷歌公司对图书的全文进行了复制，这对合理使用的认定不利，但仍应结合其他因素进行判断。第四，谷歌数字图书馆计划不会对图书的销售造成影响。谷歌公司并未向公众销售数字图书，网络用户不可能通过多次搜索获得图书的全文内容。谷歌数字图书馆计划通过对图书提供相关介绍信息，反而起到了推广图书的效果，有助于提高图书销量。综合上述因素，美国法院认为，谷歌数字图书馆计划对社会公共利益有利，可以促进文学艺术和科学的进步，因此，其作品使用行为构成合理使用。在原告王某与被告北京谷翔公司、谷歌公司侵犯著作权纠纷案中，一审及二审法院均认可第一被告北京谷翔公司实施的对涉案作品的信息网络传播行为构成合理使用，并未构成对原告信息网络传播权的侵犯，这与美国法院的上述判决思路是一致的。但一审法院认为全文复制行为一般不能被认定为构成合理使用，且全文复制已对原告作品的市场利益造成潜在危险。二审法院认为，第二被告谷歌公司虽

---

① Authors Guild v. Google, Inc., 804 F. 3d 202 (2d Cir. 2015), https://www. courtlistener. com/opinion/3124896/authors – guild – v – google – inc/? type = o&type = o&q = Authors + Guild + v. + Google%2C + Inc. %2C + 804 + F. 3d + 202 + %282d + Cir. + 2015%29&order_ by = score + desc, 访问日期: 2023 年 9 月 20 日。

然主张涉案侵权行为构成合理使用，但并未针对上述相关因素涉及的事实问题提交证据。可见，谷歌公司的全文复制行为在本案中之所以被认定为侵权，一是没有提交充分证据证明谷歌数字图书馆计划的完整运作方式，导致该全文复制行为与提供图书信息检索服务之间的关系，以及全文复制行为的转换性使用目的无法完整体现；二是没有提交充分证据证明谷歌公司对全文复制的图书内容采取了网络安全保护措施，导致法院认为全文复制行为对作者的市场利益存在潜在危险。如果谷歌公司认真对待本案并在上述两方面进行充分举证，判决结果可能会有所不同。

案例 2 - 39　以商业经营为目的，以公开销售的方式复制发行他人享有著作权的试题，其使用作品的方式已超出课堂教学合理使用的范围——*原告（美国）教育考试服务中心与被告北京市海淀区私立新东方学校侵犯著作权纠纷案*①

【裁判要旨】被告未经著作权人许可，以商业经营为目的，以公开销售的方式复制发行原告享有著作权的试题，其使用作品的方式已超出了课堂教学合理使用的范围。在不使用侵权资料的情况下，在课堂教学中讲解试题应属于合理使用相关作品的行为，并不构成对他人著作权的侵犯。

【案情简介】（美国）教育考试服务中心（Educational Testing Service，以下简称 ETS）成立于 1948 年，托福考试（test of English as a foreign language，以下简称 TOEFL）由其主持开发。1989—1999 年，ETS 将其开发的 53 套 TOEFL 试题在美国版权局进行了版权登记。北京市海淀区私立新东方学校（以下简称新东方学校）成立于 1993 年 10 月 5 日，系民办非企业单位，主要从事外语类教学服务。1996 年 1 月，北京市工商行政管理局就新东方学校擅自复制

① 北京市高级人民法院（2003）高民终字第 1393 号民事判决书。

TOEFL 试题一事对其进行了检查，并责令其停止侵权。后新东方学校停止使用 TOEFL 资料，并主动与 ETS 联系，商谈有偿使用 TOEFL 资料问题，但未获答复，遂继续向学生提供 TOEFL 资料。1997 年 1 月，北京市工商行政管理局再次对新东方学校进行检查，并扣压了《TOEFL 全真试题精选》等书籍资料。1997 年 2 月 18 日，新东方学校法定代表人俞某某到北京市工商行政管理局接受了询问，并出具了保证书，承认复制发行 TOEFL 试题的行为侵犯了 ETS 的著作权，保证不再发生侵权行为。1997 年 8 月 17 日，ETS 在中国大陆的著作权代理人中原信达知识产权代理有限责任公司与新东方学校签订了"盒式录音带复制许可协议"和"文字作品复制许可协议"，许可新东方学校以非独占性的方式复制协议附件所列的录音制品和文字作品（共 20 套试题）作为内部使用，但不得对外销售，协议有效期 1 年。2000 年 11 月 9 日，中原信达知识产权代理有限责任公司在新东方学校公证购买了"TOEFL 系列教材"包括：《TOEFL 系列教材听力分册》《TOEFL 系列教材语法分册》《TOEFL 系列教材作文分册》《TOEFL 系列教材阅读分册》《最新练习题选编第一册》《最新练习题选编第二册》《最新练习题选编第三册》等 8 本图书及 25 盒听力磁带。2000 年 11 月 15 日，北京市工商行政管理局宣武分局对新东方学校进行检查，并扣压了部分涉嫌侵权的图书。2000 年 12 月 25 日，受 ETS 委托，北京市正见永申律师事务所在新东方学校公证购买了"TOEFL 系列教材"，包括：听力分册、听力文字答案、语法分册、作文分册、阅读分册、最新练习题选编第一册及听力磁带 21 盒。2001 年 1 月 4 日，ETS 向北京市第一中级人民法院提起诉讼，状告新东方学校侵害其著作权及商标权。2001 年 2 月 22 日，一审法院对新东方学校的财务账册实施了证据保全，并委托北京天正会计师事务所对相关财务账册进行了审计，审计结果表明：新东方学校的收入主要分为培训收入和资料收入。

TOEFL 住宿班所收取的培训费用中包括资料费。另外，本案一审审理中，双方当事人就 ETS 主张权利的相关 TOEFL 试题与被控侵权物进行了对比。对比结果为：听力分册、听力文字答案、语法分册、作文分册、阅读分册、最新练习题选编第一至三册中被控侵权部分与相关的 TOEFL 试题内容一致；听力磁带与相关的 TOEFL 试题内容绝大部分相同。

【一审法院观点】由于中国和美国均为《伯尔尼公约》的成员国，依据该公约，我国有义务对美国国民的作品在中国给予保护。ETS 作为 TOEFL 的主持、开发者，从考查考生听、读、写各项技能的要求出发，独立设计、创作完成了 TOEFL 中写作、听力和语法部分的试题，以专业报刊、杂志上已经发表的文章为基础设计、创作了阅读部分的考题，并在美国就 53 套 TOEFL 试题进行了版权登记。从 TOEFL 试题的内容来看，分为听力、语法、阅读和写作四个部分，在每一道考题的设计、创作上，每个部分的试题中每一道考题的选择、编排方面，整套试题中每个部分的试题的选择、编排方面，TOEFL 试题具有独创性，属于我国《著作权法》保护的作品范畴。未经著作权人许可，任何人不得擅自复制、发行该考试试题。对 ETS 关于未经其许可复制、发行 TOEFL 试题的侵权指控，新东方学校提出其使用方式属于合理使用的抗辩理由。从新东方学校提交的证据分析，第一，"盒式录音带复制许可协议"和"文字作品复制许可协议"中明确约定了使用范围，根据查明的事实，新东方学校将 TOEFL 试题以出版物的形式在其校内和网上向不特定人公开销售，超出了协议约定的使用范围；第二，两协议的有效期均至 1998 年 8 月 16 日届满，新东方学校如欲继续使用 TOEFL 试题，必须与 ETS 或者 ETS 合法授权的代理人签订新的使用协议，但新东方学校并未提交相关证据；第三，世界图书出版公司出版发行《TOEFL 语法全真题详解》的事实不能证明新东方学校复制、发行 TOEFL 试题获得了 ETS 的授权，该事实不能作为其未经 ETS 许可使用 TOEFL 试题的理由，故与本案无关；第四，新东方学校大量复制并销售 ETS 享有著作权的作品，超出了课堂教学合理使用作品的范围，其关于教学所涉及的学习方法必然以使用 TOEFL 试题为教学条件的抗辩理由，不是法定的免责事由，不能成立。因此，新东方学校提交的有关证据均不能佐证其"合理使用"的主张，对其抗辩理由法院不予支持。由于新东方学校在未经 ETS 许可的情况下，擅自复制 ETS 享有著作权的 TOEFL 试题，并将试题以出版物的形式通过互联网等渠道公开销售，其行为侵害了 ETS 的著作权。

【二审法院观点】TOEFL 试题分为听力、语法、阅读和写作四个部分，由 ETS 主持开发设计，就设计、创作过程来看，每一道考题均需多人经历多个步骤并且付出创造性劳动才能完成，具有独创性，属于我国《著作权法》意义上的作品，应受我国法律保护。由此汇编而成的整套试题也应受到我国法律保护。根据本案查明的事实，新东方学校未经著作权人 ETS 许可，以商业经营为目的，以公开销售的方式复制发行了 TOEFL 试题，其使用作品的方式已超出课堂教学合理使用的范围，故对新东方学校关于其相关行为系合理使用 TOEFL 试题的抗辩理由不予采信。新东方学校又主张，其系社会力量办学，根据《民办教育促进法》的规定，属于非营利机构。法院认为，新东方学校成立的目的与是否侵犯 ETS 著作权并无必然联系，只要新东方学校实施的行为具有营利性，则必然对 ETS 的著作权构成侵害，新东方学校的这一抗辩理由亦不能成立。但同时应当指出，鉴于 TOEFL 试题的特殊性质以及新东方学校利用这一作品的特别形式及目的，新东方学校在不使用侵权资料的情况下在课堂教学中讲解 TOEFL 试题应属于 2010 年修正的《著作权法》第 22 条规定的合理使用相关作品的行为，并不构成对他人著作权的侵犯。

【案例评析】根据现行《著作权法》第 24 条第 6 项的规定，合理使用的情形之一系"为学校课堂教学或者科学研究，翻译、改编、汇编、播放或者少量复制已经发表的作品，供教学或者科研人员使用，但不得出版发行"。上述合理使用情形的要件包括：第一，使用作品的主体为学校或科研单位。有观点认为，此条规定中的"学校"应当是公立学校，不包括民办学校或私立学校，因为公立学校使用国家财政性经费。笔者不赞同该观点。《民办教育促进法》规定，民办教育事业属于公益性事业，是社会主义教育事业的组成部分，民办学校与公办学校具有同等的法律地位。非营利性民办学校的举办者不得取得办学收益，学校的办学结余全部用于办学。既然民办学校与公办学校具有同等的法律地位，都属于社会主义教育事业的组成部分，那么在认定是否属于"学校课堂教学"时，就不应当对民办学校给予差别待遇。第二，使用作品的行为包括翻译、改编、汇编、播放或者少量复制，其中"少量"复制的限度应当为仅仅能够满足课堂教学或者科学研究的需要，即最少必要原则。第三，使用作品的目的系"为学校课堂教学或者科学研究，供教学或者科研人员使用"，即翻译、改编、汇编、播放或者少量复制的行为人只能是教学人员或者科研人员，不包括学生。为课堂教学，教学人员少量复制已经发表的作品，例如，将他人撰写的文章中部分段落复印后发放给学生学习并进行讲解，仍应当认定为属于"教学人员使用"。另外，基于上述使用目的，教学或者科研人员不得通过翻译、改编、汇编、播放或者少量复制作品获利。第四，虽然可以少量复制已经发表的作品，但不得向公众提供作品复制件，即不得出版发行。本案中，被告大量复制 TOEFL 试题，向学员以外的人员销售，超出了课堂教学需要，并从中获利，显然不符合上述合理使用情形的构成要件。需要指出的是，不能将被告主体的非营利性与被告并未从使用作品中获利混为一谈，是否获利取决于被告在提供作品复制件时是否收取印制成本以外的费用。被告具有非营利性民办学校的身份，表明其举办者不取得办学收益，学校的办学结余全部用于办学，这并不能使被告使用作品的行为当然地构成合理使用，否则合理使用制度将在非营利性民办学校面前形同虚设，必将给著作权人带来不合理的损害。二审法院指出，新东方学校在不使用侵权资料的情况下在课堂教学中讲解 TOEFL 试题应属于合理使用。依据在于，在课堂教学中讲解 TOEFL 试题，可以归入"为介绍、评论某一作品或者说明某一问题，在作品中适当引用他人已经发表的作品"的范畴，即为了讲解某英语语法知识点（说明某一问题），在教案中适当引用了他人编写的英语试题。但此种使用作品的方式仍应使用"三步检验标准"进行检验。如果教学人员大量、成套引用原告编写的英语试题，影响原告出版发行 TOEFL 考试相关图书，则不属于合理使用。二审法院所指明的"不使用侵权资料的情况下"在课堂教学中讲解试题，即学校要求学员自行购买原告出版发行的 TOEFL 考试相关图书，并在课堂中结合该图书进行讲解，该方式当然可以通过"三步检验标准"的检验，因为该种使用作品的方式不会与作品的正常使用相冲突，也不会对原告的合法权益造成不合理的损害。但"不使用侵权资料"的限定条件过于严苛，实践中会对教学效率和效果有较大影响。如果教学人员为了讲解某英语语法知识点，在课堂上少量使用他人编写的英语试题，在符合"三步检验标准"的情况下，仍不构成侵犯著作权的行为。

案例 2 - 40　单纯的模仿和搞笑并未为节目增添不同于原作品的思想和观点，该行为不构成合理使用——原告上海美术电影制片厂有限公司与被告安徽广播电视台、北京世熙传媒文化有限公司侵害作品信息网络传播权纠纷案①

【裁判要旨】被告综艺节目以滑稽搞笑的方式再现了葫芦娃卡通人物形象并配有葫芦娃形象的一些经典动作，虽然该节目包含原

① 北京互联网法院（2019）京 0491 民初 21961 号民事判决书。

作品中并不含有的一些元素或信息，但单纯的模仿和搞笑并未为该节目增添不同于原作品的思想和观点，故被告的行为不构成合理使用。

【案情简介】《葫芦兄弟》动画片中葫芦娃角色造型美术作品系职务作品，上海美术电影制片厂有限公司（以下简称上海电影制片厂）对其享有除署名权以外的其他著作权。葫芦娃为小麦色肌肤的中国古代男童形象，大方脸，眉毛粗短而倒竖，大眼睛，黑眼珠，在眼尾处有三根长长的睫毛，黑色的头发梳起，在头顶扎成一个髻，并佩有葫芦形的装饰物，胸前佩戴两片葫芦叶状的项圈，上身着坎肩，露出胸腹部的皮肤，腰上围着葫芦叶形状的短裙，下身着短裤，赤脚，四肢短而粗壮，服装颜色分别为白、赤、橙、黄、绿、青、蓝、紫。安徽广播电视台卫视频道于 2016 年 3 月 17 日播出的《来了就笑吧》节目中，一群演员表演了节目"模仿秀葫芦娃"，画面显示6 名演员手举葫芦娃形象半身的大型图案，显示有不同颜色，头戴葫芦，另一名演员身穿红色服饰，头上佩戴有短发假发与葫芦饰品，腰上围着葫芦叶形状的短裙，下身着短裤，进行表演，其中配有葫芦娃主题曲音乐，台下有数十位观众在观看节目表演内容。画面左上角标有安徽卫视图标。本集综艺片尾显示"联合出品世熙传媒"。被告安徽广播电视台辩称，《来了就笑吧》节目采用的葫芦娃形象，并未给原告造成严重的经济损失，北京世熙传媒文化有限公司（以下简称世熙公司）在制作节目中，仅是对葫芦娃形象的创造性使用，非但没有对该形象造成不良影响，反而起到推广传播的作用，不会对今后原告利用该形象获得经济利益形成阻碍。

【法院观点】上海电影制片厂依法享有涉案作品的信息网络传播权及维权权利。两位被告制作的涉案综艺节目中，演员表演采用的服装造型虽然在发型、脸型上与涉案作品存在一定差异，但经比对演员使用的大型半身图案、服装配饰均与涉案作品相同，而涉案作品中人物形象的眉眼造型、服装配饰占据涉案作品的比重较大，是区别于其他作品而具有独创性的主要体现，可以认定涉案综艺节目与涉案作品构成实质性相似。两位被告未经原告许可使用涉案作品，并通过互联网向公众传播，侵害了上海电影制片厂享有的信息网络传播权，应承担侵权责任。

【案例评析】本案中，被告主张《来了就笑吧》节目是对葫芦娃形象的创造性使用，非但没有对该形象造成不良影响，反而起到推广传播的作用，不会对今后原告利用该形象获得经济利益形成阻碍。该观点实际上是主张被告使用葫芦娃形象的行为构成著作权法上的合理使用。亦有观点认为本案中被告的行为不构成侵犯著作权，理由是：本案节目中葫芦娃模仿秀，可以适用 2010 年修正的《著作权法》第 22 条第 2 项即"为介绍、评论某一作品或者说明某一问题，在作品中适当引用他人已经发表的作品"为由进行抗辩。首先，该葫芦娃模仿秀，虽然滑稽搞笑，但客观上达到了"介绍某一作品"即涉案作品的效果，唤起涉案作品认知。因此，从这种意义上讲，该葫芦娃模仿秀具有"介绍某一作品"的正当目的。其次，葫芦娃模仿秀的服装造型虽然与涉案作品的核心部分相同，但其模仿秀仍具有较大独创性，如脚踏滑轮车等，因此，仍然应当认为属于适当引用。再次，葫芦娃模仿秀具有较大独创性，与涉案作品具有较大差别，属于独立的作品，而非涉案作品的替代品，对葫芦娃模仿秀的欣赏也无法替代对涉案作品的欣赏价值。最后，鉴于戏仿创作本身的特点和特殊性（戏仿创作往往选取受众熟悉的对象，具有讽刺、恶搞、戏谑性），戏仿作品很难像传统引用行为那样注明原作的作者姓名和作品名称，涉案葫芦娃模仿秀也是如此。① 所谓"戏仿"，又称"戏谑模仿"或"滑稽模仿"，指文学艺术领域一种批判性、讽刺性的表现手法，即通过模仿原作品的方式对原作品进行批判和讽刺。在美国以及欧洲的一些国家，均有法院认定戏仿构

---

① 张斌、张娟霞：《Cosplay 侵权？探索"戏仿"或"转换性使用"抗辩可行性》，http://www.lifanglaw.com/jp/zscq2/2719.html，访问日期：2023 年 9 月 25 日。

成合理使用的相关案例。在坎贝尔诉阿卡夫 - 罗斯音乐公司案中，原告是电影《风月俏佳人》主题曲 *Oh，Pretty Woman* 的作者，被告以一种戏谑、调侃的嘻哈风格改编了上述歌曲并形成了戏仿作品 *Pretty Woman*。电影《风月俏佳人》讲述富商爱德华到洛杉矶谈生意期间，因迷路偶遇妓女薇薇安，两人之间互相爱慕并产生感情的故事。被告创作的歌曲 *Pretty Woman* 虽然与原作品的起始部分在旋律方面非常近似，但在其他旋律及歌词方面有较大差别。原作品的歌词希望表达浪漫的氛围，烘托男女主人公的爱情，而被告的歌曲则充满了讽刺的意味，提示与妓女之间发生关系并不是什么浪漫的事，批评原作品表达的富商与妓女的爱情非常虚伪。美国地方法院认为，被告的作品构成戏仿作品，展示了原作的陈腐和空洞，被告对原作品的使用是为了讽刺的目的，因此，构成合理使用。美国联邦第六巡回上诉法院认为，被告使用原告作品出于商业性目的，且使用了原作品中的实质性部分，因此，不构成合理使用。美国联邦最高法院则认为，纯粹和简单的戏仿作品不太可能取代原作，因为这两部作品通常具有不同的市场功能；戏仿必须能够"唤起"至少足够的原作品，使其批判的对象能够被识别；即使被告对原作品第一行歌词和独特的开场旋律的复制可以说触及了原作品的"核心"，但该核心最容易让人联想到这首歌，也是模仿的目标，而被告的歌曲之后明显偏离了原作品的歌词，创作出了与众不同的音乐，相对于歌曲的戏仿目的来说，该复制并不过分；戏仿的商业性质只是合理使用审查中需要权衡的一个因素；戏仿作品越具有转换性，其他因素的重要性就越小，如戏仿的商业性质；被告的歌曲在某种程度上可以被视为对原作品的评论或批评，构成转换性使用。① 在德克

---

① Campbell v. Acuff - Rose Music Inc.，510 U. S. 569（1994），https：//supreme. justia. com/cases/federal/us/510/569，访问日期：2023 年 9 月 20 日。

米恩与范德斯蒂恩等（Deckmyn c. Vandersteen et al.）一案中，被告创作的诉争漫画与漫画书 *De Wilde Weldoener* 封面上的画相似，如图 2-5 所示，该书由范德斯蒂恩（Vandersteen）先生于 1961 年完成。原作品描绘了一个主角穿着白色束腰外衣，向试图捡硬币的人扔硬币。在诉争漫画中，这个角色被根特市市长取代，拿起硬币的人被戴面纱的人和有色人种取代。被告主张，诉争漫画是一幅政治漫画，属于 1994 年 6 月 30 日《著作权和相关权利法》第 22 条第 1 款第 6 项所规定的戏仿范围。针对该案，欧盟法院认为，戏仿的含义和范围必须通过考虑其在日常语言中的通常含义来确定，同时也要考虑它发生的背景。欧盟法院明确，戏仿的基本特征是：首先，在与现有作品明显不同的情况下唤起对现有作品的联想，其次，构成幽默或嘲讽的表达。戏仿是表达观点的恰当方式，这一点毋庸置疑。戏仿

图 2-5 原作品 *Suske en Wiske* 与诉争漫画 *De Wilde Weldoener*

资料来源：Patricia Mariscal：《欧盟法律中的讽刺模仿问题》，https：//weibo. com/ttarticle/p/show？id=2309404710293564686411，访问日期：2023 年 9 月 25 日。

涉及言论自由，法律规定其不构成对著作权的侵害，旨在实现作者和作品使用方的"公平平衡"。①

笔者认为，戏仿是否构成合理使用，仍应在"三步检验标准"的框架内进行判定。戏仿的关键并不在于模仿，而在于戏谑、批评或者讽刺。如果脱离了戏谑、批评或者讽刺，单纯对作品的模仿将导致对原作品产生实质性替代作用，对原作品的商业市场造成影响，从而与原作品的正常使用发生冲突，对著作权人的合法权益造成不合理的损害，也必然难以通过"三步检验标准"。反之，如果在戏仿的过程中，借着使用原作品中的部分内容而对原作品或者其他事物进行戏谑、批评或者讽刺，即加入了原作品并不含有的思想和观点，就不会对原作品产生实质性替代作用。也就是说，如果戏仿作品思想观点方面与原作品差别越大，则越可能被法院认定为合理使用。单纯表现手法或表现形式方面与原作品存在差异，或者在原作品的基础上简单添加了一些原作品中不包含的元素或信息，并不应当被认定为思想和观点的差异。例如，将一部小说改编为电影，电影必然在表现手法或表现形式方面与原作品小说产生差异，也会含有一些原作品小说中并不包含的元素或信息，但小说和电影在思想和观点方面并无实质性差异，而且公众观看电影之后很可能有相当一部分人不会再去购买小说，因为原作品小说中的实质性部分以及思想和观点均可以通过观看电影获得，此种改编显然不能认定为戏仿或合理使用。例如，在安迪·沃霍尔基金会诉林恩·戈德史密斯（Andy Warhol Foundation v. Lynn Goldsmith）一案中，美国联邦第二巡回上诉法院推翻了一审法院的判决，认定安迪·沃霍尔（Andy

---

① "Judgment of the court"，https：//curia. europa. eu/juris/document/document. jsf? text = &docid =157281&pageIndex =0&doclang = EN&mode = lst&dir = &occ = first&part = 1&cid = 127738，访问日期：2023 年 9 月 25 日。

Warhol）的二次创作不构成合理使用，侵权行为成立。① 美国联邦
第二巡回上诉法院认为，安迪·沃霍尔创造这个系列的主要方式是
从林恩·戈德史密斯（Lynn Goldsmith）的原始照片中去除某些元
素，如颜色深度、对比度，然后增加一些明亮的、非同寻常的颜色，
如图2－6所示。安迪·沃霍尔的二次创作系通过不同的方式呈现同
一个作品，这个不同方式是指具有高对比度的丝网印刷，这不属于
对原作品的转换性使用。

图2－6 林恩·戈德史密斯的原始照片与安迪·沃霍尔二次创作后的照片

资料来源：自如降落：《是艺术还是抄袭？安迪·沃霍尔处在焦点的又
5年》，https：//zhuanlan. zhihu. com/p/581876895？utm_id = 0，访问日期：
2023 年 9 月 25 日。

在原告上海电影制片厂与被告安徽广播电视台、北京世熙公司
侵害作品信息网络传播权纠纷案中，演员表演了节目"模仿秀葫芦
娃"，以滑稽搞笑的方式再现了葫芦娃卡通人物形象并配有葫芦娃
形象的一些经典动作，虽然该节目包含原作品中并不含有的一些元
素或信息，如其中一位演员以玩滑板车的方式出场，但单纯的模仿和
搞笑并未为该节目增添不同于原作品的思想和观点。因此，法院认定
被告的行为构成侵犯著作权，不属于合理使用，该认定是正确的。

---

① The Andy Warhol Foundation for the Visual Arts, Inc. v. Lynn Goldsmith，
https：//www. courtlistener. com/opinion/4868058/the－andy－warhol－foundation－for－
the－visual－arts－inc－v－lynn－goldsmith－et/，访问日期：2023 年 9 月 25 日。

（二）法定许可

条文要点注释

　　法定许可是一种特殊的许可使用作品的制度。法定许可与合理使用不同，法定许可情形下，使用作品需要向著作权人支付报酬。法定许可使用作品，并非来源于著作权人和使用方之间的协商，也无须著作权人作出授权许可的意思表示，是由立法者直接代表著作权人在特定情形下作出同意使用其作品的意思表示。《著作权法》目前规定了四种法定许可使用作品的情形，包括：（1）为实施义务教育和国家教育规划而编写出版教科书；（2）作品刊登后，其他报刊转载或者作为文摘、资料刊登；（3）录音制作者使用他人已经合法录制为录音制品的音乐作品制作录音制品；（4）广播电台、电视台播放他人已发表的作品。《信息网络传播权保护条例》还规定了另外两种法定许可使用作品的情形，包括：（1）制作和提供课件的法定许可；（2）通过网络向农村提供特定作品的法定许可。可见，法律规定法定许可的若干情形系出于公共利益考虑，包括对教育事业、农村农业使用作品提供支持，以及使广播电台、电视台和录音录像制作者更加便捷地使用作品从而丰富公众的文化生活。在上述情形下，使用作品的主体一般会通过使用作品获得经济收益，因此，应当向著作权人支付报酬，否则将不合理地损害著作权人的合法利益。

法律条文

　　第二十五条　为实施义务教育和国家教育规划而编写出版教科书，可以不经著作权人许可，在教科书中汇编已经发表的作品片段或者短小的文字作品、音乐作品或者单幅的美术作品、摄影作品、图形作品，但应当按照规定向著作权人支付报酬，指明作者姓名或者名称、作品名称，并且不得侵犯著作权人依照本法享有的其他权利。

前款规定适用于对与著作权有关的权利的限制。

第三十五条 著作权人向报社、期刊社投稿的，自稿件发出之日起十五日内未收到报社通知决定刊登的，或者自稿件发出之日起三十日内未收到期刊社通知决定刊登的，可以将同一作品向其他报社、期刊社投稿。双方另有约定的除外。

作品刊登后，除著作权人声明不得转载、摘编的外，其他报刊可以转载或者作为文摘、资料刊登，但应当按照规定向著作权人支付报酬。

第四十二条 录音录像制作者使用他人作品制作录音录像制品，应当取得著作权人许可，并支付报酬。

录音制作者使用他人已经合法录制为录音制品的音乐作品制作录音制品，可以不经著作权人许可，但应当按照规定支付报酬；著作权人声明不许使用的不得使用。

第四十六条 广播电台、电视台播放他人未发表的作品，应当取得著作权人许可，并支付报酬。

广播电台、电视台播放他人已发表的作品，可以不经著作权人许可，但应当按照规定支付报酬。

关联规范

《信息网络传播权保护条例》（国务院令第 634 号，自 2013 年 3 月 1 日起施行，节录）

第八条 为通过信息网络实施九年制义务教育或者国家教育规

划，可以不经著作权人许可，使用其已经发表作品的片段或者短小的文字作品、音乐作品或者单幅的美术作品、摄影作品制作课件，由制作课件或者依法取得课件的远程教育机构通过信息网络向注册学生提供，但应当向著作权人支付报酬。

第九条 为扶助贫困，通过信息网络向农村地区的公众免费提供中国公民、法人或者其他组织已经发表的种植养殖、防病治病、防灾减灾等与扶助贫困有关的作品和适应基本文化需求的作品，网络服务提供者应当在提供前公告拟提供的作品及其作者、拟支付报酬的标准。自公告之日起 30 日内，著作权人不同意提供的，网络服务提供者不得提供其作品；自公告之日起满 30 日，著作权人没有异议的，网络服务提供者可以提供其作品，并按照公告的标准向著作权人支付报酬。网络服务提供者提供著作权人的作品后，著作权人不同意提供的，网络服务提供者应当立即删除著作权人的作品，并按照公告的标准向著作权人支付提供作品期间的报酬。

依照前款规定提供作品的，不得直接或者间接获得经济利益。

法条解读

法定许可制度，也是在某种特定情形下对著作权进行限制，只是限制的程度相对于合理使用制度而言更轻，著作权人仍有向作品使用者收取报酬的权利。通过法定许可制度对著作权人享有的专有权利进行限制，也是出于公共利益的考虑，出发点在于平衡作者享有的垄断性专有权利与公众获得和利用作品的权利。在（最终）促成《伯尔尼公约》缔结的谈判一开始的时候，努马·德罗茨（Numa Droz）就提醒各位代表需要注意"对绝对保护的限制，应当由公共利益来正确界定"。因此，《伯尔尼公约》从伯尔尼文本开始，就一直存在很多条文授权成员国在某些情形下对作者的权利加以限制。一般来说，这些情形可以被认为是指"公共利益"应当优于作者私人利益的情形，典型的例子有：为了教育目的以及新闻报道的目的而使用著作权作品。① 为实施义务教育和国家教育规划而编写出版教科书时使用少量作品，显然具有公共利益属性。与《著作权法》第 24 条第 1 款第 6 项规定的合理使用情形相比，编写出版教科书显然使用作品的数量更多，且可能对教科书出版发行、对著作权人权益的影响更大，因此，法律规定作品使用者应当向著作权人支付报酬，以使著作权人所受的损害获得恰当补偿。与 2010 年修正的《著作权法》第 23 条的规定相比，现行《著作权法》第 25 条删除了"除作者事先声明不许使用的外"的表述，并增加了法定许可的作品类型（图形作品）。也即，在法定许可的情形下，即使作者事先声明不许使用其作品，也可以出于编写教科书的目的强制使用该作品。可见，现行《著作权法》与 2010 年修正的《著作权法》相比，适当放宽了法定许可的适用条件。根据国家版权局、国家发展和改革委员会发布的《教科书法定许可使用作品支付报酬办法》第 2 条的规定，九年制义务教育教科书和国家教育规划教科书，是指为实施义务教育、高中阶段教育、职业教育、高等教育、民族教育、特殊教育，保证基本的教学标准，或者为达到国家对某一领域、某一方面教育教学的要求，根据国务院教育行政部门或者省级人民政府教育行政部门制定的课程方案、专业教学指导方案而编写出版的教科书，不包括教学参考书和教学辅导材料。作品片段或者短小的文字作品，是指九年制义务教育教科书中使用的单篇不超过 2000 字的文字作品，或者国家教育规划（不含九年制义务教育）教科书中使用的单篇不超过 3000 字的文字作品。短小的音乐作品，是指九

---

① 山姆·里基森、简·金斯伯格：《国际版权与邻接权：伯尔尼公约及公约以外的新发展》，郭寿康、刘波林、万勇、高凌瀚、余俊译，中国人民大学出版社，2016，第 669 页。

年制义务教育和国家教育规划教科书中使用的单篇不超过 5 页面或时长不超过 5 分钟的单声部音乐作品，或者乘以相应倍数的多声部音乐作品。使用改编作品编写出版教科书，法定许可的报酬由改编作品的作者和原作品的作者协商分配，协商不成的，应当等额分配。使用的作品有两个或者两个以上作者的，应当等额分配该作品的报酬，作者另有约定的除外。教科书汇编者可将其应当支付的报酬连同邮资以及使用作品的有关情况交给相关的著作权集体管理组织，由著作权集体管理组织向著作权人转付。教科书汇编者未按照规定支付报酬的，不符合法定许可的要件，属于侵害著作权行为，应当承担停止侵权、消除影响、赔礼道歉、赔偿损失等民事责任。

现行《著作权法》除第 25 条规定的编写出版教科书法定许可外，还规定了其他法定许可情形，例如，第 35 条第 2 款规定的报刊转载法定许可，第 42 条第 2 款规定的制作录音制品法定许可，第 46 条第 2 款规定的广播电台和电视台播放作品法定许可。其中，规定报刊转载法定许可及广播电台和电视台播放作品法定许可的目的，系保障社会公众可以通过大众媒体适当地获得作品；规定制作录音制品法定许可的目的，系防止音乐作品被个别唱片公司所垄断，均出于促进科学与文化繁荣的公共利益考虑。但需要注意的是：（1）报刊转载法定许可仅限于报刊和报刊之间相互转载；报刊和图书之间转载，以及报刊和网络媒体之间相互转载，均不能适用法定许可。（2）录音制作者使用他人已经合法录制为录音制品的音乐作品制作录音制品，可以不经音乐作品著作权人许可，但如果其未经许可翻录他人的录音制品，则构成对在先录音制品制作者权的侵害。（3）广播电台、电视台播放他人已发表的作品，可以不经著作权人许可，但广播电台、电视台播放他人的录像制品则应当取得录像制作者以及其中所包含作品著作权人的许可①。例如，张三撰写了一首歌曲的词和曲并将其发表，电视台可以不经其许可即安排演员演唱该歌曲并在电视台播放。如果张三授权演员李四演唱了该歌曲并制作为录像制品，如果电视台希望播放该录像制品，则需要取得录像制作者以及作者张三的许可。此情形下，电视台无须取得表演者李四的许可，因为《著作权法》并未规定表演者对已经录制的表演享有广播权。

关于法定许可，司法实践中亦有相关案例，请参见案例2-41、2-42。

典型案例

案例2-41　使用作品不符合法定许可的构成要件，属于侵权行为——原告潘某某与被告化学工业出版社有限公司著作权权属、侵权纠纷案②

【裁判要旨】为实施义务教育和国家教育规划而编写出版教科书，可以不经著作权人许可，在教科书中汇编已经发表的作品片段或者短小的文字作品、音乐作品或者单幅的美术作品、摄影作品、图形作品。本案被告并未向原告著作权人支付报酬，也未指明作者姓名、作品名称，不符合法定许可的构成要件。

【案情简介】《地球表层系统土壤》一书封面载明"潘某某著"，版权页载明地质出版社出版发行，2000年12月北京第1版第1次印刷。2021年2月23日，原告在京东平台购买了图书《土壤化学与环境》。该图书版权页记载化学工业出版社出版发行，2008年1月北京第1版第1次印刷，字数329千字。将原告提交的权利图书

---

① 《著作权法》第48条。
② 北京市东城区人民法院（2022）京0101民初10117号民事判决书。

《地球表层系统土壤》与被诉侵权图书《土壤化学与环境》进行比对，两者一致内容共计约 26000 字。原告主张：被告作为侵权作品的出版方，未尽到审查及注意义务，通过出版、发行侵权作品，获取了利益并造成侵权作品的传播，扩大了侵权范围，侵害了原告对权利作品所享有的著作权。被告辩称：第一，本案诉讼时效已过，涉案图书只出版 1 版 1 次，从图书出版之日 2008 年 1 月原告就应当知道侵权行为，诉讼时效自该日期起算，至今已经远超三年。第二，原告主张的侵权内容中有部分是原告参考第三人的资料，或该领域的共有知识。第三，被告作为出版社，涉案图书是按照正常正规出版流程出版的，被告尽到了合理审查义务，不存在侵权行为。第四，被告出版的图书是高校教材，是经过作者所在单位长安大学立项并安排作者编写的，长安大学向出版单位支付过补助，应当适用教材法定许可的规定。

【法院观点】结合原告提交涉案图书的署名、版权页，在无相反证据的情况下，应当认定原告对《地球表层系统土壤》享有著作权，有权提起本案诉讼。关于本案的诉讼时效。被告主张诉讼时效应该从涉案图书最后在市场上正常销售的时间开始计算或者图书出版之日起算，本案已超过诉讼时效。对此，法院认为侵害著作权的诉讼时效为三年，自著作权人知道或者应当知道权利受到损害之日起算，被告的主张不符合法律规定且没有依据。除法定情形外，任何人使用他人作品均应取得著作权人的许可并支付报酬，否则应承担相应的赔偿责任。经对比，权利图书与被诉侵权图书部分内容基本相同，被告提出其中一些内容来源于公有领域但未提交证据予以证明。关于被告提出法定许可的意见，《著作权法》第 25 条规定为实施义务教育和国家教育规划而编写出版教科书，可以不经著作权人许可，在教科书中汇编已经发表的作品片段或者短小的文字作品、音乐作品或者单幅的美术作品、摄影作品、图形作品，但应当按照规定向著作权人支付报酬，指明作者姓名或者名称、作品名称，并且不得侵犯著作权人依照本法享有的其他权利。本案被告并未向原告著作权人支付报酬，也未指明作者姓名、作品名称，不符合法定许可的构成要件，故对被告的该项意见不予采纳。被诉侵权图书与原告作品内容一致的部分，构成对原告著作权的侵犯。关于原告要求被告停止出版发行被控侵权图书的诉请，法院予以支持。被告有完整的授权链条，签订了图书出版合同，且被诉侵权内容在权利图书及被诉侵权作品中所占比例相对较低，侵权图书性质系教材，因此，可以认定被告作为出版社尽到了合理的注意义务，其无须承担侵权损害赔偿责任，但须承担原告维权的合理支出。

【案例评析】根据《民法典》第 188 条的规定，向人民法院请求保护民事权利的诉讼时效期间为三年；诉讼时效期间自权利人知道或者应当知道权利受到损害以及义务人之日起计算。被控侵权图书《土壤化学与环境》于 2008 年 1 月首次出版，但根据日常经验，在图书出版之时，著作权人很可能并未发现该图书，或并未立即发现该图书中的侵权内容。因此，不能认定在被控侵权图书出版之时，著作权人即应当知道侵权内容存在。根据《北京市高级人民法院侵害著作权案件审理指南》第 5.7 条的规定，"具有下列情形之一的，可以根据案件情况认定出版者尽到了合理注意义务：（1）出版社经作者授权出版被诉侵权作品，但该作品的专用出版权事前已经转让或者许可他人使用且尚未出版发行，出版者对此不知情的；（2）作者事前未告知出版者其作品属于演绎作品且原作品未发表，出版者无法判断该作品是否属于演绎作品；（3）被诉侵权作品属于职务作品或者合作作品，作者事前未将创作过程如实告知出版者，出版者无其他途径知晓创作过程，无法判断该出版物是否属于职务作品或者合作作品；（4）被诉侵权作品的授权链条完整，授权者身份及授权文件真实、合法；（5）其他可以认定出版者尽到合理注意义务的情形。"涉案被控侵权图书为专业书籍，相对而言销售量有限，并非热销图书或知名图书，在侵权内容占比较低的情况下，被告作为出版社确实难以发现侵权内容存在，因此，法院认定出版社已经尽到合理注意义务，是正确的。被告辩称其出版的图书是高校教材，是经过作者所在单位长安大学立项并安排作者编写的，长安大学向出版单位支付过补助，应当适用教材法定许可的规定。但被告并未举证证明被控侵权图书《土壤化学与环境》系根据国务院教育行政部门或者省级人民政府教育行政部门制定的课程方案、专业教学指导方案而编写，没有向原告支付报酬，也没有向著作权集体管理组织提存报酬，同时并未指明作者姓名、作品名称，故被告出版该图书并不符合法定许可的要件。因此，该图书属于侵权图书，被告应承担停止出版发行的法律责任。

案例 2 - 42　使用他人音乐作品制作录音制品可以不经著作权人许可，但应符合法定条件——原告老孙文化（北京）有限公司与被告毛某、中国唱片总公司等侵犯著作权纠纷案①

【裁判要旨】使用他人音乐作品制作录音制品不经著作权人许可，应符合以下条件：该音乐作品已由他人在先合法录制为录音制品；该音乐作品的著作权人未作出不得使用的声明；使用者应按照规定支付报酬。"版权所有　翻录必究"字样系禁止他人擅自翻录录音制品的声明，而不能视为词曲作者作出的不得使用歌曲《传奇》词、曲的声明。涉案专辑的录音制作者在该专辑出版前向负有法定许可使用费收转职能的中国音乐著作权协会交付了使用费，符合相关规定，不构成侵权。

【案情简介】2008 年，国际文化交流音像出版社出版了歌手李某演唱的音乐专辑《似水流年》，其中收录了《传奇》等歌曲，歌

① 北京市朝阳区人民法院（2013）朝民初字第 32575 号民事判决书。

曲《传奇》署名"作词 左右""作曲 李某"。该专辑盘封上显示有"版权所有 翻录必究"字样。李某和刘某(艺名左右)曾于2008年10月28日共同向老孙文化(北京)有限公司(以下简称老孙文化公司)出具了一份授权证明书,将《传奇》等歌曲在全球范围内的信息网络传播权、词曲著作权、邻接权、录音制品著作权独家授权给老孙文化公司,授权期限为六年。同日,李某和刘某还与老孙文化公司签订了一份有效期为六年的合作协议,双方约定:李某、刘某授权老孙文化公司在协议期内代表其行使授权作品的词曲著作权的一切权利,两人不再行使该权利;老孙文化公司在协议期内对授权作品进行全球范围内的一切维权,两人不再行使该权利。2012年8月13日,老孙文化公司通过京东商城网购买了四套毛某演唱的CD专辑《十二种毛某》。《十二种毛某》CD专辑由新二十一东方艺术发展(北京)有限公司(以下简称新二十一公司)制作、中国唱片总公司(以下简称中唱公司)出版、中国唱片上海公司(以下简称中唱上海公司)发行,收录有毛某演唱的《传奇》等歌曲,出版年份为2011年。2011年9月28日,新二十一公司为在其制作的《十二种毛某》专辑中使用《传奇》等歌曲向音著协提出录音法定许可著作权使用费收转申请,并填写了"中国音乐著作权协会录音法定许可登记表",新二十一公司在登记表上列举的拟使用音乐作品包括《传奇》等12首歌曲,并确认上述作品适用《著作权法》关于录音法定许可的规定。同年10月19日,音著协根据新二十一公司的申请出具了一份"录音法定许可著作权使用费收转证明"。

【法院观点】刘某和李某分别为涉案歌曲《传奇》的词、曲作者,享有上述歌曲的词、曲著作权。根据刘某、李某两人共同与老孙文化公司签订的合作协议及出具的授权证明书,可以认定老孙文化公司在授权期限内取得了歌曲《传奇》词曲著作财产权的专有使用权,有权以自己的名义独立进行维权。使用他人作品应当征得著作权人许可，同著作权人订立许可使用合同，但《著作权法》规定可以不经许可的除外。本案中，老孙文化公司主张涉案《十二种毛某》专辑中使用歌曲《传奇》系未经许可使用，而毛某等三被告则主张上述使用行为属于《著作权法》规定的可以不经著作权人许可的情形。因此，本案的焦点在于判断涉案专辑《十二种毛某》对歌曲《传奇》的使用是否属于《著作权法》规定的可以不经著作权人许可的情形。根据《著作权法》第 42 条第 2 款的规定，录音制作者使用他人已经合法录制为录音制品的音乐作品制作录音制品，可以不经著作权人许可，但应当按照规定支付报酬；著作权人声明不许使用的不得使用。由上述规定可以看出，使用他人音乐作品制作录音制品不经著作权人许可，应符合以下条件：（1）该音乐作品已由他人在先合法录制为录音制品；（2）该音乐作品的著作权人未作出不得使用的声明；（3）使用者应按照规定支付报酬。其中，著作权人关于不得使用的声明应当由著作权人在作品发表的同时以使公众知晓的方式明确作出；关于报酬的支付，使用者应当自使用他人作品之日起 2 个月内向著作权人支付报酬；未能向权利人支付使用费的，应当将使用费及使用作品的有关情况送交管理相关权利的著作权集体管理组织，由该著作权集体管理组织将使用费转付给权利人。目前，音著协行使在不经著作权人许可情况下使用他人音乐作品向音乐作品权利人转付使用费的职责。就本案而言，老孙文化公司主张权利的歌曲《传奇》在涉案专辑《十二种毛某》制作前已经由词曲作者授权他人在先合法录制、出版。《传奇》的词曲著作权人并未在该歌曲发表时作出不得使用的声明。虽然老孙文化公司提交的《似水流年》专辑上显示有"版权所有 翻录必究"字样，但从上述内容的文义来看，应理解为系禁止他人擅自翻录录音制品的声明，而不能视为词曲作者作出的不得使用歌曲《传奇》词、曲的声明。涉案专辑《十二种毛某》的录音制作者新二十一公司虽然未就使用涉案歌曲直接向刘某、李某支付使用费，但新二十一公司在该专辑出版前向负有法定许可使用费收转职能的音著协交付了使用费，符合相关规定。综上，涉案专辑《十二种毛某》对歌曲《传奇》的使用符合《著作权法》规定的可以不经著作权人许可的情形，故不构成侵权。

【案例评析】《著作权法》第42条第2款规定，录音制作者使用他人已经合法录制为录音制品的音乐作品制作录音制品，可以不经著作权人许可，但应当按照规定支付报酬；著作权人声明不许使用的不得使用。上述规定的出发点是防止音乐作品被个别唱片公司所垄断。一部音乐作品创作完成后，唱片公司往往会寻求与作者签署使用音乐作品独占性授权许可协议。但我们知道，对同一部音乐作品，不同的表演者基于不同的艺术风格对音乐作品的诠释存在很大差异，会给听众带来不同的感受，可以满足不同群体的艺术欣赏需求。如果一部音乐作品由一家唱片公司所垄断，那么社会公众就无法欣赏到多样性的艺术。因此，为了平衡音乐作品作者和社会公众的利益，《著作权法》规定在特定条件下使用音乐作品可以无须经过音乐作品著作权人的许可，但应当向著作权人支付报酬。具体条件为：第一，该音乐作品已由他人在先合法录制为录音制品。该条件表明音乐作品作者有授权他人将音乐作品录制为录音制品的主观意愿，那么其他录音制作者使用其作品制作录音制品，不违背作者的主观意志。如果音乐作品的作者创作完成音乐作品后只希望自己或朋友娱乐时演唱，并不希望公开发表，未授权任何人将音乐作品制作为录音制品，那么录音制作者就不得依据法定许可制度使用该音乐作品。第二，该音乐作品的著作权人未作出不得使用的声明。如果该音乐作品的著作权人明确公开表示不同意其他录音制作者使用其音乐作品，那么其他录音制作者使用其音乐作品制作录音制品即违背了作者的主观意愿。此条件为民法上自愿原则的体现，即公民、法人等任何民事主体在市场交易和民事活动中都必须遵守自愿协商的原则，都有权按照自己的真实意愿独立自主地选择、决定交易对象和交易条件，建立和变更民事法律关系。但这一条件必然会大幅度限缩法定许可制度的适用。在《著作权法》修改过程中，征求意见稿曾经删除了"著作权人声明不许使用的不得使用"的表述，但遭到了音乐界人士的反对。该表述最终在现行《著作权法》中得以保留。在司法实践中，如果音乐作品著作权人主张其已经公开声明不许其他录音制作者使用该音乐作品的，应承担相应的举证责任。本案中，原告虽然主张其发出了声明，但并未对此提交有效证据予以证明。《似水流年》专辑上"版权所有 翻录必究"的表述，不能认定为著作权人不同意其他录音制作者使用其音乐作品的有效声明。第三，使用者应按照规定支付报酬。法定许可制度与合理使用制度不同，录音制作者通过法定许可制度使用音乐作品必然会影响音乐作品著作权人的商业利益。如果录音制作者通过法定许可制度使用音乐作品无须向著作权人支付报酬，显然对著作权人是不公平的。且唱片公司可能都不愿意做第一个吃螃蟹的人，均等着其他唱片公司先获得著作权人授权并制作录音制品后再无偿使用音乐作品，如此一来反而会影响公众获得作品。

第三章 著作权许可使用和转让合同

第一节 著作权许可使用合同

条文要点注释

著作权许可使用是著作权人实现经济利益的一种方式。与著作权转让不同，著作权许可使用并不改变著作权的所有权，仅全部或部分转移著作权的使用权。作品的本质是信息，与其物质载体可以分离。著作权人可以基于不同的地域范围授权不同的使用者同时行使作品著作权。著作权人还可以将不同的著作财产权授权给不同的使用者行使。因此，著作权许可使用合同必须对许可使用的权利种类、许可使用的性质（专有或非专有）、许可使用的地域范围和期间等授权内容进行明确约定。著作权人签订的多份许可使用合同可能因授权内容重叠而产生冲突。另外，出版者、表演者、录音录像制作者、广播电台、电视台等根据著作权许可使用合同使用他人作品的，不得侵犯作者的著作人身权（发表权除外）。

法律条文

第二十六条　使用他人作品应当同著作权人订立许可使用合同，本法规定可以不经许可的除外。

许可使用合同包括下列主要内容：

（一）许可使用的权利种类；

（二）许可使用的权利是专有使用权或者非专有使用权；

（三）许可使用的地域范围、期间；

（四）付酬标准和办法；

（五）违约责任；

（六）双方认为需要约定的其他内容。

第二十八条　以著作权中的财产权出质的，由出质人和质权人依法办理出质登记。

第二十九条　许可使用合同和转让合同中著作权人未明确许可、转让的权利，未经著作权人同意，另一方当事人不得行使。

第三十条　使用作品的付酬标准可以由当事人约定，也可以按照国家著作权主管部门会同有关部门制定的付酬标准支付报酬。当事人约定不明确的，按照国家著作权主管部门会同有关部门制定的付酬标准支付报酬。

第三十一条　出版者、表演者、录音录像制作者、广播电台、电视台等依照本法有关规定使用他人作品的，不得侵犯作者的署名权、修改权、保护作品完整权和获得报酬的权利。

关联规范

《著作权法实施条例》（国务院令第633号，自2013年3月1日起施行，节录）

第二十三条　使用他人作品应当同著作权人订立许可使用合同，许可使用的权利是专有使用权的，应当采取书面形式，但是报社、期刊社刊登作品除外。

第二十四条　著作权法第二十四条规定的专有使用权的内容由

合同约定，合同没有约定或者约定不明的，视为被许可人有权排除包括著作权人在内的任何人以同样的方式使用作品；除合同另有约定外，被许可人许可第三人行使同一权利，必须取得著作权人的许可。

第二十五条　与著作权人订立专有许可使用合同、转让合同的，可以向著作权行政管理部门备案。

《计算机软件保护条例》（国务院令第 632 号，自 2013 年 3 月 1 日起施行，节录）

第十八条　许可他人行使软件著作权的，应当订立许可使用合同。

许可使用合同中软件著作权人未明确许可的权利，被许可人不得行使。

第十九条　许可他人专有行使软件著作权的，当事人应当订立书面合同。

没有订立书面合同或者合同中未明确约定为专有许可的，被许可行使的权利应当视为非专有权利。

第二十一条　订立许可他人专有行使软件著作权的许可合同，或者订立转让软件著作权合同，可以向国务院著作权行政管理部门认定的软件登记机构登记。

法条解读

除合理使用、法定许可情形外，使用他人作品应当同著作权人订立许可使用合同。由于著作权许可使用可以为著作权人带来财产收益，著作权人可以专心于作品创作。同时，被授权方也可以借此对作品进行广泛传播和利用并获得经济回报，社会公众也能够更方便地获得和欣赏作品。著作权许可使用与著作权转让不同，著作权许可使用并不改变著作权的所有权，仅全部或部分转移著作权的使用权。著作权许可使用有如下特点：第一，仅可转移著作财产权的使用权，著作人身权不得授权许可他人行使。《伯尔尼公约》第 6 条之二第 1 款规定："不受作者经济权利的影响，甚至在上述经济权利转让之后，作者仍保有要求其作品作者身份的权利，并有权反对对其作品的任何有损其声誉的歪曲、割裂或其他更改，或其他损害行为。"即作者享有两项著作人身权：一是表明作者身份的权利，二是反对对其作品歪曲、篡改的权利。这两项著作人身权均为作者人格权的衍生，因此，与作者本人不能分离，只能由作者行使。根据我国《著作权法》第 10 条第 2 款的规定，著作权人可以许可他人行使前款第 5～17 项规定的权利（复制权等著作财产权），并依照约定或者本法有关规定获得报酬。因此，从字面理解，《著作权法》第 10 条第 1 款第 1～4 项规定的发表权、署名权、修改权和保护作品完整权不得许可他人行使。但实践中，如果某作品从未发表，该作品的作者将该作品的复制权、发行权、信息网络传播权等著作财产权许可给他人行使，那么就意味着作者授权委托他人发表该作品，否则他人即使获得了著作财产权的许可也受制于发表权而无法正常行使。第二，鉴于作品本身的无形性，可以同时由多个主体使用该作品，因此，著作权许可使用可分为专有（独占）许可、排他许可和普通许可。还可以按照授权权利、使用作品的渠道、使用作品的地域范围分别进行许可。实践中，著作权人为了实现财产收益的最大化，往往将授权许可的范围进行细致切分，例如，授权他人行使信息网络传播权时，按照交互式网络电视、移动端、网页端等不同渠道分别划定权利行使范围，但对不同渠道的描述并非法律层面准确定义，新的作品传播渠道又层出不穷，可能出现授权范围重叠的情况，因此，授权方和被授权方往往就授权范围产生争议。第三，许可使用合同可以使用书面形式，也可以使用口头形式，可以明示方式签订，也可以默示方式签订。《著作权法实施条例》和《计算机软件保护条例》虽然规定许可使用的权利是专有使用权，应当采取书面合同形式，但该规定属于管理性规范，而非效力性规范。许可使用的权利是专有使用权，而未采取书面合同形式的，不影响许可使用合同成立和生效。考虑到知识产权授权许可属于较为复杂的交易，为避免交易双方后续产生争议，建议双方采用书面形式（优先考虑使用合同书形式）订立合同。第四，许可使用费可以定额方式收取，也可以收益分成方式收取，还可将上述两种收取方式相结合。许可使用付酬标准和办法须具体明确、方便计算及核对。为避免歧义，付酬标准和办法可以采用文字描述加计算公式举例的方式加以表述。如果采用收益分成方式收取许可使用费，著作权人应特别注意如何确认被许可人行使著作权的收益金额。例如，约定按照被授权方图书销售收入计算收益分成的，如何统计实际图书销售数量。又如，约定按照被授权方后台系统数据确定音乐作品下载和销售收入并计算收益分成的，如何确保后台系统数据的准确性。如果许可使用费金额较大，在符合经济性原则的前提下，可以在合同中约定授权方有权委托专业机构对被授权方行使著作权的收益进行审计。

典型案例

案例 3-1 许可使用作品内容不同的情况下，即使授权权利相同，也不构成重复授权——原告陈某某与被告王某某著作权许可使用合同纠纷案①

【裁判要旨】被告将《我的父亲王洛宾》作品的电视剧改编权和摄制权独家许可给原告行使，后被告又与他人共同许可北京金洋湖国际文化传媒有限公司（以下简称金洋湖公司）以王洛宾先生的故事素材和歌曲素材创作拍摄电视剧《歌海情天》。两者除反映王

---

① 陕西省高级人民法院（2017）陕民终 712 号民事判决书。

洛宾生平事迹的内容外，在故事结构、主要人物设置、主要情节等方面均不相同。被告并未将《我的父亲王洛宾》一书的电视剧改编权和摄制权再次许可他人使用，不构成违约。

【案情简介】2011 年 3 月 7 日，原告陈某某（甲方）、被告王某某（乙方）签订"电视剧改编权与拍摄权有限独家许可合同"，约定自合同生效之日起，乙方将《我的父亲王洛宾》作品的电视剧改编权和摄制权以有偿方式有限独家许可给甲方。双方确认，甲方应自本合同签订之日起五年之内独家享有该作品的电视剧改编权和摄制权。同日，被告王某某出具授权书，授权原告陈某某以《我的父亲王洛宾》一书为素材，执笔创作并拍摄一部以王洛宾先生艺术人生为题材的电视剧，并许可在这部电视剧中使用王洛宾先生享有著作权的音乐作品。后原告陈某某向被告王某某支付了许可使用费。2013 年 2 月 22 日，原告陈某某成立西安天启影视制作有限公司，与他人合作拍摄原告陈某某依照被告王某某授权创作的 34 集音乐电视剧《半个月亮爬上来》。2014 年 1 月 4 日，被告王某某致函原告陈某某，表示去年秋天北京一家公司也写了一个关于王洛宾的电视剧本《歌海情天》。他们先是找到被告王某某的二哥王某星，又找到被告王某某的大哥王某燕，最后才找到被告王某某，请求授权。被告王某某之前从不知晓剧本内容以及实际情况。经王某燕请律师与北京公司谈判，最终北京公司同意给弟兄三人共同支付王洛宾的姓名、形象、音乐作品使用费共计人民币 120 万元。被告王某某担心如果原告陈某某立项开拍之后，其两个哥哥会以王洛宾冠名、表演形象、歌曲使用为由发难，希望听取原告陈某某的意见。1 月 5 日，原告陈某某回函，表示被告王某某应当拒绝北京公司对王洛宾的姓名、形象、音乐作品使用的授权请求。1 月 6 日，被告王某某回函，表示《歌海情天》的剧情与《我的父亲王洛宾》内容并不搭界。虽然其是《我的父亲王洛宾》的作者，有权将本子转让，但其两个哥哥也有对王洛宾姓名、影视作品形象、音乐作品使用的权利。因此，事情的最好结果还是争取获得弟兄三人的共同授权。至于报酬，大家还可以再谈。1 月 8 日，原告陈某某回函，表示对被告王某某的处境能理解，请求拿出一个授权方案，并给出一个费用要求一起商量。同日，被告王某某回函，表示《歌海情天》的剧情与《我的父亲王洛宾》内容基本不搭界，请求原告陈某某给出三兄弟授权费的底线。1 月 9 日，原告陈某某回函，表示其助理把网上关于《歌海情天》的宣传资料都找到了，基本上与剧本《半个月亮爬上来》不太搭界，冲突不大，因为两部片子的风格迥然不同。1 月 10 日，被告王某某表示授权费用还是由投资方商量，根据国内电视剧行情报个价钱。1 月 14 日，原告陈某某致函，表示北京的剧本拿到手了，正如被告王某某所言，两个剧本是截然不同的两个东西。1 月 15 日，被告王某某回函，表示授权费用的问题希望原告陈某某与投资人商量一个数字告之。1 月 20 日，王某燕、王某星、王某某、王洛宾遗嘱执行律师康某祥与金洋湖公司签订授权合同书，同意金洋湖公司以王洛宾先生的故事素材和歌曲素材创作电视剧剧本，摄制电视剧《歌海情天》及与此相关的衍生产品。同日，签订授权书，授权金洋湖公司在其摄制的电视剧《歌海情天》及相关的衍生产品中有权使用有关王洛宾先生的各种故事素材、12 首歌曲和王洛宾先生的姓名、肖像。2014 年 11 月 20 日，西安天启影视制作有限公司作出临时董事会决议，决定停止投资拍摄《半个月亮爬上来》电视剧。另查明，《我的父亲王洛宾》是一部关于王洛宾生平的纪实文学作品，作者为被告王某某。《歌海情天》是一部以几个现代年轻人的爱情故事为主线，穿插反映王洛宾生平的电视剧，2013 年 7 月开始拍摄。两者除反映王洛宾生平事迹的内容外，在故事结构、主要人物设置、主要情节等方面均不相同。

【一审法院观点】从争讼之作品《我的父亲王洛宾》的题材看，

属于人物传记。人物传记是记载人物经历的作品，是对典型人物的生平、生活、精神等领域进行系统描述、介绍的一种文学作品形式，是对人物特征和深层精神的表达和反映，是后人或人物资料的有效记录形式，对历史和时代的变迁等方面的研究具有重要意义。人物传记是以历史上或现实生活中的人物为描写对象，所写的主要人物和事件必须符合史实，不允许虚构。在局部细节和次要人物上则可以运用想象或夸张，做一定的艺术加工，但这种加工必须符合人物性格和生活的特定逻辑。《我的父亲王洛宾》是被告王某某以其父亲即我国著名艺术家王洛宾的生平事迹为题材创作的人物传记。被告王某某与原告陈某某签订的著作权许可合同授权原告陈某某应自合同签订之日起五年之内独家享有该作品的电视剧改编权和摄制权。原告陈某某已经着手对《我的父亲王洛宾》进行电视剧编写，并完成了王洛宾传记题材 34 集电视连续剧《半个月亮爬上来》脚本。由此说明，原告陈某某对争讼之合同已经行使合同赋予的改编权利，上述作品改编成电视剧后，王洛宾的姓名、形象、生平、生活、音乐作品使用均会在电视剧中有所体现。王某燕、王某星、王某某等与金洋湖公司签订授权合同书，同意金洋湖公司以王洛宾先生的故事素材和歌曲素材创作电视剧剧本，摄制电视剧《歌海情天》及与此相关的衍生产品。《歌海情天》已在中央电视台 8 频道播映，是一部以几个现代年轻人的爱情故事为主线，穿插反映王洛宾生平的电视剧。《歌海情天》与《我的父亲王洛宾》两者除反映王洛宾生平事迹的内容外，在故事结构、主要人物设置、主要情节等方面均不相同。《歌海情天》并非以《我的父亲王洛宾》作品为基础改编的电视剧。加之对同一人物传记从不同视角摄制成电视剧，法律并无禁止，因此，原告陈某某以《歌海情天》电视剧大量使用被告《我的父亲王洛宾》书中故事情节，将《我的父亲王洛宾》作为重要的结构线索、重要道具，片中多次用特写和近景加以表现，其创作的《半个月亮爬上来》已无法再用为由，认为被告王某某将《我的父亲王洛宾》一书的电视剧改编权和摄制权再次许可他人使用违反约定，事实依据不足，法院不予支持。

【二审法院观点】王某某在与陈某某签订涉案合同后，王某某、王某燕、王某星等授权金洋湖公司以王洛宾先生的故事素材和歌曲素材创作电视剧剧本，摄制电视剧《歌海情天》及与此相关衍生作品。《歌海情天》电视剧中虽使用了《我的父亲王洛宾》一书作为道具，但仅有少量情节与《我的父亲王洛宾》一书存在相似之处，且《歌海情天》电视剧在故事结构、主要人物设置、主要情节等方面与陈某某的改编作品《半个月亮爬上来》存在很大的不同，加之陈某某在函件中也表示电视剧《歌海情天》与其创作的剧本《半个月亮爬上来》不太搭界，风格迥然不同，故应认定《歌海情天》电视剧并非对《我的父亲王洛宾》一书的改编，王某某授权他人拍摄《歌海情天》电视剧的行为并不构成违约。

【案例评析】根据《著作权法》第26条的规定，"许可使用合同包括下列主要内容：（一）许可使用的权利种类；（二）许可使用的权利是专有使用权或者非专有使用权；（三）许可使用的地域范围、期间；（四）付酬标准和办法；（五）违约责任；（六）双方认为需要约定的其他内容。"其中，并没有强调许可使用合同的主要内容包括许可使用的对象，即著作权人将何作品许可给被授权方使用。但实践中在这一点上，授权方和被授权方往往就授权作品的内容和范围产生争议，特别是作品包含多个版本的情形。例如，金庸先生撰写的武侠小说《天龙八部》，这部小说从1963年9月开始创作并连载于《明报》，至1966年5月完成，前后共有三版，在2005年第三版中经历多轮修改，结局改动较大。假如许可使用合同中仅约定许可作品为小说《天龙八部》，授权性质为专有许可，但未明确许可作品的具体版本，那么应视为著作权人将各个版本的小说《天龙八部》均专有许可被授权方使用。如果著作权人将 1966 年 5 月完成的连载版小说《天龙八部》以相同方式又许可他人使用，则两次授权行为会发生冲突。假如许可使用合同中约定许可作品为小说《天龙八部》2005 年第三版，著作权人将 1966 年 5 月完成的连载版小说《天龙八部》以相同方式又许可他人使用，授权性质均为专有许可，则两次授权行为并不冲突。当然，小说《天龙八部》2005 年第三版与小说《天龙八部》1966 年 5 月连载版在主要内容和故事情节方面是一致的，如果著作权人以相同方式将两个版本小说分别授权不同被授权方，那么在市场上可能存在一定的影响，受众阅读了其中一个版本之后，大概率不会再购买其他版本阅读。但公众普遍知晓小说《天龙八部》存在多个版本的事实，两个被授权方对此亦应属明知并自愿接受这样的市场划分安排。如果作者将小说《天龙八部》的著作权以专有方式许可给被授权方行使，之后作者使用小说《天龙八部》的人物姓名、人物特点、人物之间关系、历史背景、武功等元素又创作了小说《天龙八部》续集，该续集讲述了完全不同于原小说的故事情节，作者将小说《天龙八部》续集的著作权又以专有方式许可他人行使，则两次授权行为并不冲突，因为授权作品虽然有部分元素相同，但独创性内容方面两者是不同的，在市场上也不会产生冲突。在本案中，被告将《我的父亲王洛宾》作品的电视剧改编权和摄制权独家许可给原告行使，后被告又与他人共同许可金洋湖公司使用有关王洛宾先生的各种故事素材、12 首歌曲和王洛宾先生的姓名、肖像。法院经审理认为，被告先后两次授权行为并不冲突，不构成违约行为，该结论是正确的。被告向原告授权的对象是文字作品《我的父亲王洛宾》，授权对象并不包括王洛宾先生创作的歌曲、王洛宾先生的肖像和姓名。另外，如果原告在拍摄《我的父亲王洛宾》过程中使用王洛宾先生的姓名和肖像，可以构成合理使用，并不需要获得王洛宾先生继承人的许可。①
且原告完全可以在不使用王洛宾先生创作歌曲的前提下拍摄电视
剧。原告为了烘托剧情发展，也可以在少量使用王洛宾先生创作歌
曲片段的情况下拍摄电视剧，此时原告少量使用歌曲片段的行为可
以构成合理使用，亦无须其继承人许可。可见，被告与他人共同向
金洋湖公司提供许可的行为与原告、被告签订的涉案"电视剧改编
权与拍摄权有限独家许可合同"并不冲突，亦不影响该许可合同的
履行，被告不应承担违约责任。

**案例3-2　采用正版字库设计而成的文字，并对该设计成果进行
后续复制、发行的行为，应被视为经过著作权人默示许可**——原告
北京北大方正电子有限公司与被告广州宝洁有限公司等侵犯著作权
纠纷案②

【裁判要旨】被控侵权产品上使用的"飘柔"二字系由广州宝
洁有限公司（以下简称宝洁公司）委托美国 NICE 公司（NICOSIA
Creative Expresso Ltd.）采用"正版"方正倩体字库产品设计而成。
NICE 公司有权使用倩体字库产品中的具体单字进行广告设计，并将
其设计成果许可客户进行后续的复制、发行，而宝洁公司的行为均
系对该设计成果进行后续复制、发行的行为，故被控侵权行为应被
视为经过原告默示许可的行为。

【案情简介】倩体的原始设计人为字体设计师齐某。1998 年 9 月，
北京北大方正电子有限公司（以下简称方正公司）与齐某签订字稿

---

① 《民法典》第 994 条前段规定，死者的姓名、肖像受到侵害的，其配偶、子
女、父母有权依法请求行为人承担民事责任，"受到侵害"并非指未经许可使用死者的
姓名、肖像，而是指使用死者姓名、肖像的方式不当，使用行为违反了善良风俗，给
其配偶、子女、父母造成精神上的痛苦。自然人死亡后，其姓名权、肖像权作为民事
权利即不复存在。

② 北京市第一中级人民法院（2011）一中民终字第 5969 号民事判决书。

购买合同，约定方正公司向齐某支付费用，购买齐某设计的粗倩字体，总字数为 9270 字，方正公司拥有字稿的所有权，以此为依据开发电脑字库，并对字库享有权利。后双方签订补充协议，将限定交付的字数变更为 810 个。2004 年，齐某成为方正公司的员工。诉讼中，齐某作为证人出庭，认可将倩体字稿及相关权利转让给方正公司，其也参与了倩体字的后期设计和制作。2008 年 4 月 22 日，方正公司以演绎作品著作权人的身份针对方正倩体系列（粗倩、中倩、细倩）在中国版权保护中心申请著作权登记，登记作品为美术作品。2000 年 8 月，方正公司开始制作销售兰亭字库软件光盘，其中收录了包含粗中细三种倩体的 123 款中文字体，销售价格为 168 元。字库光盘包装注明字库可运行于多种系统，并满足用户办公、排版、视频字幕、雕刻、网页设计、平面设计等处理软件对中文字库的要求。光盘中有方正公司对用户的许可协议文件，但该协议并非安装时必须点击。其中，对前端 TrueType 字库的授权内容为：最终用户可以在一台计算机上使用该软件，可用于计算机屏幕显示和打印机打印输出。限制内容为：未经方正公司书面许可，该"软件产品"的全部或部分不得被仿制、出借、租赁、网上传输；禁止将字库产品的全部或部分用于再发布用途（包括但不限于电视发布、电影发布、图片发布、网页发布、用于商业目的的印刷品发布等），禁止将本产品字形嵌入到可携式文件中（包括但不限于 pdf 等文件格式），禁止将该产品使用于网络及多用户环境，除非取得各终端机使用权的授权使用协议书。如果用户使用需求超出了本协议的限定，请与方正公司联系以获取相应授权。方正公司主张涉案字库产品只限于个人或非商业性使用，不适用于商业性使用，对字库产品中具体单字的商业性再使用应另行取得方正公司授权。但方正公司表示没有统一的企业版，针对不同的用户许可不同、价格不同，需直接通过协议确定。方正公司同时提交了其授权商业性使用的价格明细表，证实其授权收费的标准，其中费用最高的是用于企业名称、商标、标志的字体，每款字体每年的授权使用价格为 1.5 万元，产品包装和企业网站使用为 1 万元，其余企业宣传册、广告等项目的费用是 5000 元。法庭询问方正公司的使用收费标准是否在公开场合公示，方正公司表示没有公示，都是与使用方单独协商，签订合同。2008 年 5 月 12 日，方正公司购买宝洁公司生产的洗发水、香皂、卫生巾等 67 款被控侵权产品，其中包括使用倩体"飘柔"的 24 款涉案产品。涉案被控侵权产品中的"飘柔"二字与方正公司倩体字库的笔画、笔数及汉字部件的位置关系一致，字体一致，设计风格和特征一致。为证实其被控侵权产品中的"飘柔"二字系使用正版倩体字库设计，宝洁公司提交了美国 NICE 公司设计的飘柔洗发水的设计样本、评估表、订单和账单，以及 NICE 公司于 2004 年 11 月购买方正兰亭字库 V1.0 版本的发票、产品包装盒、光盘照片和最终用户许可协议。NICE 公司是宝洁公司委托的设计公司之一，飘柔系列等被控侵权产品的包装由该公司设计。设计公司在传真的文件中明确表示使用了方正兰亭字库的正版软件，其中的许可协议注明未经方正公司许可，软件产品的全部或部分不得仿制、再发布等，这里所称再发布，应指软件的再发布，而非针对最终用户的使用。宝洁公司表示，NICE 公司购买的方正字库光盘中的用户协议，只明确不得被仿制、租赁、出借、网上传输和再发布，并未限制商业性使用。方正公司认为，NICE 公司虽购买了方正字库，但许可协议中有对二次使用的限制，其没有授予 NICE 公司再许可权，该公司无权再许可第三方使用，所以宝洁公司也无权使用涉案的字体。设计公司购买正版软件，按照许可协议约定设计样稿没有问题，但宝洁公司将设计样稿印在产品的包装上，直接复制、发行了倩体字，应承担侵权责任。

【一审法院观点】方正倩体字库字体具有一定的独创性，符合

《著作权法》规定的美术作品的要求，可以进行整体性保护；但对于字库中的单字，不能作为美术作品给予权利保护。宝洁公司并未直接使用方正公司的字库软件，真正对此加以利用并获得利益的是设计公司。设计公司购买方正公司的字库软件，与方正公司形成合同关系，如果设计公司的使用方式超出了方正公司明示的限定范围，或未通过正常途径取得和使用软件，方正公司亦可起诉设计公司违约或者侵权。而宝洁公司作为使用设计结果的用户，向设计公司支付对价，获得设计成果，对其中字体是否为侵权或违约使用难以知晓，也没有因此获得不当利益，要求其直接承担侵权责任没有法律依据。而且，从使用方式的角度看，设计公司在进行设计工作时，从字库中挑选符合用户产品特点、形态适用的单字，在此基础上加以设计，制作包装或广告用字，其间对单字的选用不仅有针对美术作品的美感考虑，还以其选择行为构成对字库软件的整体性使用。而宝洁公司作为用户，只是直接使用了设计公司的最终设计成果，即便其中有设计公司选择的方正字库中的单字，宝洁公司也没有对字库进行任何形式的使用。方正公司以侵犯倩体字库中"飘柔"二字的美术作品著作权为由，要求认定最终用户宝洁公司的使用行为侵权，没有法律依据。

【二审法院观点】本案一个关键事实，即被控侵权产品上使用的"飘柔"二字系由被上诉人宝洁公司委托 NICE 公司采用"正版"方正倩体字库产品设计而成。因依据本案事实可以认定 NICE 公司有权使用倩体字库产品中的具体单字进行广告设计，并将其设计成果许可客户进行后续的复制、发行，而被上诉人宝洁公司的行为均系对该设计成果进行后续复制、发行的行为，故两被上诉人实施的被控侵权行为应被视为经过上诉人默示许可的行为。第一，当知识产权载体的购买者有权以合理期待的方式行使该载体上承载的知识产权时，上述使用行为应视为经过权利人的默示许可。如果购买者基于购买行为而对该知识产权客体的特定的权利行使方式产生合理期待，如不实施这一合理期待的行为，将会导致这一购买行为对购买者不具有任何价值或不具有实质价值，则此种情况下，对该载体的购买行为即可视为购买者同时取得了以合理期待的方式行使该知识产权的默示许可，购买者不须在购买行为之外另行获得许可。第二，具体到汉字字库产品这类知识产权载体，基于其具有的本质使用功能，调用其中具体单字在电脑屏幕中显示的行为属于购买者合理期待的使用行为，应视为经过权利人的默示许可。汉字字库产品虽然直接由相关数据以及用以调用这些数据的计算机软件程序等构成，但该产品的本质使用功能并不在此，而在于通过计算机软件程序对相应数据进行调用以最终形成具体表现形式的汉字，并将其提供给使用者。购买者购买该产品的目的在于利用该产品中具体形式的单字，而非其中的计算机程序或数据。鉴于购买者无论采用何种方式利用该产品中的具体单字，均必然经过调用单字并将其显示在电脑屏幕上这一环节，否则这一产品对购买者将不具有实质价值，故购买者调用其中具体单字并在电脑屏幕上显示的行为，属于其合理期待的使用行为，应视为经过上诉人默示许可。第三，对汉字字库产品这类知识产权载体，在产品权利人无明确、合理且有效限制的情况下，购买者对屏幕上显示的具体单字进行后续使用的行为属于购买者合理期待的使用行为，应视为经过权利人的默示许可。后续使用的行为既包括非商业性的使用行为（如为个人或家庭使用目的调用字库中的单字进行文件编辑的行为等），亦包括商业性的使用行为。在商业性使用行为中则既包括购买者在其内部范围内使用字库中具体单字的行为（如在经营过程中在计算机上进行文件编辑的行为、将编辑的文件打印输出的行为、为客户进行广告设计的行为等），亦包括购买者将其使用结果进行后续再利用的行为（如将编辑的文件进行公开展示、将广告设计结果许可广告客户进行后续再利用等）。在权利人无明确、合理且有效限制的情况下，上述行为均属于购买者合理期待的使用行为，应视为经过权利人的默示许可。原因在于汉字字库产品系以实用工具功能为主，以审美功能为辅的产品，在上述使用方式均属于汉字工具的正常使用方式的情况下，上述行为原则上均属于购买者合理期待的使用行为。第四，对汉字字库产品这类知识产权载体，权利人可以对购买者的后续使用行为进行明确、合理、有效的限制。如果字库产品的权利人对此进行了明确合理的限制，且购买者已接受这一限制，则应认定相应后续使用行为不属于购买者合理期待的使用行为。但应注意的是，这一限制必须是合理的限制，既不应损害购买者的正当利益，亦不能排除购买者的主要权利。依据购买者的性质将产品划分为个人版（或家庭版）与企业版，以区分商业性使用与非商业性使用行为通常应视为合理的限制。第五，NICE 公司调用该产品中具体单字进行广告设计，并许可其客户对设计成果进行后续复制、发行的行为，属于其合理期待的使用行为，应视为已经过上诉人的默示许可。本案中，从涉案字库许可协议中可以看出，原告仅许可使用者对字库中具体单字进行"屏幕显示"和"打印输出"，对其他著作权均作保留。但因涉案倩体字库产品中的许可协议并非安装时必须点击，且本案现有证据亦无法证明 NICE 公司在安装该字库产品时点击同意了上述许可协议，故从该许可协议的设置本身无法认定 NICE 公司接受了该限制条款。汉字字库产品的购买者包括商业性购买者和非商业性购买者，两种购买者对产品的使用方式及使用性质差异较大。在原告并未将涉案倩体字库产品区分为个人版（或家庭版）与企业版销售的情况下，这一销售模式足以使商业性购买者合理认为原告未对其商业性使用具体单字的行为予以禁止，并基于这一认知而购买该产品。鉴于在商业性购买者当然会包括类似 NICE 公司这样的设计公司，而对于此类购买者而言，其购买产品的主要目的在于使用该产品中的具体单字进行设计，并将其设计成果提供给客户进行后续使用，这一使用方式是商业经营的主要模式，亦是其获得商业利益的主要渠道。如果禁止其实施上述行为，或要求其客户在后续使用其设计成果时仍要取得原告许可，则对于此类购买者而言，其很难以此为工具进行商业经营，该产品对其将不具有实质价值，该购买行为亦不会实现购买者合理预期的利益。鉴于此，上述限制条款在现有情况下排除了购买者的主要权利，不属于合理的限制条款。综上，NICE 公司有权将其利用涉案倩体字库产品中的具体单字"飘柔"设计的成果提供给被上诉人宝洁公司进行后续复制、发行，NICE 公司的该行为属于其对涉案倩体字库产品合理期待的使用行为，应视为已获得上诉人许可的行为。宝洁公司在被控侵权产品上使用的系 NICE 公司的设计成果，故宝洁公司复制、发行被控侵权产品的行为亦应视为经上诉人许可的行为。

【案例评析】根据《民法典》第 140 条的规定，行为人可以明示或者默示作出意思表示。沉默只有在有法律规定、当事人约定或者符合当事人之间的交易习惯时，才可以视为意思表示。本案中，二审法院认为，宝洁公司实施的被控侵权行为应被视为经过方正公司默示许可的行为。因此，关键点在于，认定方正公司默示许可NICE 公司及宝洁公司实施涉案行为，是否符合法律规定、当事人约定或者符合当事人之间的交易习惯。例如，在原告重庆青年报社与被告光明网传媒有限公司（以下简称光明网公司）著作权权属、侵权纠纷案①中，被告光明网公司辩称，党媒与地方媒体间一直以来具有稿件默示许可相互转载、以促进地方间新闻传播的行业惯例，光明网公司转载涉案文章完全符合该惯例，属于正常使用行为。法院对被告光明网公司的上述意见未予支持，其原因在于，所谓"党

①　北京市东城区人民法院（2015）东民（知）初字第 02575 号民事判决书。

媒与地方媒体间一直以来具有稿件默示许可相互转载、以促进地方间新闻传播的行业惯例"既无法律依据,又无双方当事人的约定,也不符合媒体之间的交易习惯。而在原告张某与被告北京工业大学出版社有限责任公司(以下简称北工大出版社)著作权权属、侵权纠纷案①中,被告北工大出版社辩称,涉案图书是经双方意思达成一致后出版的,原告张某在知道被告有出版资格的情况下,主动将稿件提交到出版社的行为是缔约的意思表示,涉案图书的封面设计和排版都是张某处理的,如果张某没有投稿行为,出版社得不到稿件。法院经审理认为,通过张某报送选题、委托排版、发送排版后书稿及其封面设计等行为,结合双方长期合作的交易习惯,北工大出版社已基于张某的上述行为,对其行使涉案图书的相关著作权项产生了合理预期,张某的行为已构成对北工大出版社出版涉案图书的默示许可。法院对被告北工大出版社的上述意见予以支持,其原因在于,法院查明原告、被告双方存在长期合作关系,之前多次就图书出版进行过交易,即图书由张某组织编写,经过北工大出版社审稿后,由张某联系录排和封面设计并负责印刷,北工大出版社按照图书价格的 3.2 折向张某支付稿酬。本次双方产生争议,根本原因为双方就稿酬支付标准存在争议。因此,法院认定,张某与北工大出版社就本次图书出版虽未签订著作权许可使用合同,但原告张某主动向被告北工大出版社发送排版后书稿及其封面设计的行为符合双方之间的交易习惯,应认定双方以默示方式订立了著作权许可使用合同,只是就稿酬部分双方未协商一致,张某应以合同之诉主张被告支付稿酬,而非以侵权之诉主张被告承担侵权责任。回到原告方正公司与被告宝洁公司等侵犯著作权纠纷一案,二审法院认定,字库产品购买者调用其中具体单字并在电脑屏幕上显示的行为,

---

① 北京市朝阳区人民法院(2018)京 0105 民初 7599 号民事判决书。

以及购买者在其内部范围内使用字库中具体单字的行为（如在经营过程中在计算机上进行文件编辑的行为、将编辑的文件打印输出的行为、在计算机上为客户进行广告设计的行为等）属于其合理期待的使用行为，应视为经过上诉人默示许可，笔者对这一点并无异议。在此基础上，二审法院进一步认为，NICE 公司调用字库产品中具体单字进行广告设计，并许可其客户对设计成果进行后续复制、发行的行为，属于其合理期待的使用行为，应视为已经过上诉人的默示许可。宝洁公司在被控侵权产品上使用的系 NICE 公司的设计成果，故宝洁公司复制、发行被控侵权产品的行为亦应视为经上诉人许可的行为。笔者认为，二审法院的上述认定结论值得商榷。首先，对汉字字库产品这类知识产权载体，购买者对屏幕上显示的具体单字进行后续任何形式的使用行为（如将编辑的文件进行公开展示、将广告设计结果许可广告客户进行后续再利用等）是否均应视为经过权利人的默示许可，法律并无明确规定。其次，根据法院查明的事实，从涉案字库许可协议中可以看出，原告方正公司仅许可购买者对字库中具体单字进行"屏幕显示"和"打印输出"，禁止将字库产品的全部或部分用于再发布用途（包括但不限于电视发布、电影发布、图片发布、网页发布、用于商业目的的印刷品发布等）。因此，从原告的意思表示来看，其并不同意字库产品购买者对字库中具体单字进行"屏幕显示"和"打印输出"以外其他形式的后续使用。该许可协议并非安装时必须点击，但该许可协议处于字库产品购买者明显可感知的位置，而字库产品购买者阅读该许可协议后安装并使用该字库产品的行为，则应当认定为购买者以默示方式同意接受该许可协议条款的限制。其类似于某自助餐厅在门口海报中写明 100 元每位，顾客进入该店并用餐，顾客与餐厅虽未签订书面合同，亦未达成口头合同，但顾客进入该店接受餐饮服务应视为其以行为表示接受该用餐价格，即顾客和餐厅以默示方式订立了餐饮服务合同。顾客用餐完毕，就不得再以其未明确同意接受海报中的用餐价格为由拒绝付款。因此，字库产品购买者对字库中具体单字进行"屏幕显示"和"打印输出"以外其他形式的后续使用并不属于其合理期待的使用行为。认定方正公司默示许可 NICE 公司及宝洁公司实施涉案行为，并不符合方正公司与 NICE 公司的约定。最后，方正公司销售兰亭字库软件光盘，销售价格仅为 168 元。利用该字体进行广告宣传、产品包装设计等商业性使用可获得丰厚的收益，NICE 公司购买该字库产品时理应知晓如此低的购买价格，不太可能包含对字库产品再发布用途（"屏幕显示"和"打印输出"以外其他形式的后续商业性使用）的授权许可。认定方正公司以该销售价格出售字库产品属于默示许可 NICE 公司及其客户对字库产品进行再发布用途的后续商业性使用，并不符合字库产品销售者和字库产品购买者之间交易的商业惯例。当然，考虑到被告宝洁公司在产品包装上使用方正倩体具有合法来源，其与 NICE 公司签订了设计合同并支付了合理对价，NICE 公司亦向宝洁公司提供了其购买字库产品的凭证，应当认定被告宝洁公司并无过错，其不应承担侵权责任，一审法院对此的认定是正确的。法院最终判决驳回原告方正公司的全部诉讼请求，判决结果是正确的。

第二节　著作权转让合同

条文要点注释

　　著作权转让，专指著作权中财产权利的转让，著作人身权与作者不能分离。有学者认为，著作权转让可以设定转让的时间，即著作权人可以将一定期限内的权利转让给他人。而笔者认为，著作权一旦转让，则被转让的著作财产权即转移给他人享有，因此，不存在设定转让时间的问题。《著作权法》第 27 条关于著作权转让合同主要内容的规定也不涉及转让时间。如果需要在一定期限内独占性使用著作财产权，则可以通过签订专有使用权许可使用合同的方式来解决。著作权转让的标的是著作财产权，与著作权的物质载体所有权无关。著作权的物质载体所有权转让的，该物质载体所承载的作品著作权并不随同一并转让。

法律条文

　　第二十七条　转让本法第十条第一款第五项至第十七项规定的权利，应当订立书面合同。

　　权利转让合同包括下列主要内容：

　　（一）作品的名称；

　　（二）转让的权利种类、地域范围；

　　（三）转让价金；

　　（四）交付转让价金的日期和方式；

　　（五）违约责任；

　　（六）双方认为需要约定的其他内容。

关联规范

　　《著作权法实施条例》（国务院令第 633 号，自 2013 年 3 月 1 日起施行，节录）

　　第二十五条　与著作权人订立专有许可使用合同、转让合同的，可以向著作权行政管理部门备案。

　　《计算机软件保护条例》（国务院令第 632 号，自 2013 年 3 月 1 日起施行，节录）

　　第二十条　转让软件著作权的，当事人应当订立书面合同。

第二十一条　订立许可他人专有行使软件著作权的许可合同，或者订立转让软件著作权合同，可以向国务院著作权行政管理部门认定的软件登记机构登记。

第二十二条　中国公民、法人或者其他组织向外国人许可或者转让软件著作权的，应当遵守《中华人民共和国技术进出口管理条例》的有关规定。

《最高人民法院关于审理著作权民事纠纷案件适用法律若干问题的解释》（法释〔2020〕19号，自2021年1月1日起施行，节录）

第二十二条　著作权转让合同未采取书面形式的，人民法院依据民法典第四百九十条的规定审查合同是否成立。

《民法典》（自2021年1月1日起施行，节录）

第四百九十条　当事人采用合同书形式订立合同的，自当事人均签名、盖章或者按指印时合同成立。在签名、盖章或者按指印之前，当事人一方已经履行主要义务，对方接受时，该合同成立。

法律、行政法规规定或者当事人约定合同应当采用书面形式订立，当事人未采用书面形式但是一方已经履行主要义务，对方接受时，该合同成立。

法条解读

著作权转让，即著作权人将其享有的著作财产权的全部或部分转移给他人享有。与著作权许可使用不同，著作权转让系变更著作权的所有权。著作权转让后，原权利人不再享有转让的著作财产权，转让的著作财产权归受让人所有。著作权转让有如下特点：第一，仅可转让著作财产权，著作人身权不得转让。《伯尔尼公约》第6条之二第1款前段规定：不受作者经济权利的影响，甚至在上述经济权利转让之后，作者仍保有要求其作品作者身份的权利。如前所述，著作人身权为作者人格权的衍生，所以与作者本人不能分离，只能由作者行使。从我国《著作权法》第 27 条的表述来看，仅允许转让第 10 条第 1 款第 5 项至第 17 项规定的著作财产权。第二，著作财产权可以全部转让，也可以部分转让。我国《著作权法》第 10 条规定了著作权人享有的 12 项著作财产权，即复制权、发行权、出租权、展览权、表演权、放映权、广播权、信息网络传播权、摄制权、改编权、翻译权、汇编权。著作权人可以全部或部分转让上述权利。但依照使用惯例，有部分权利通常一并授权或转让，否则无法实现使用目的。例如，摄制电影的整个过程，实际是对改编权和摄制权两项权利的行使，其包含了拍摄电影所涉及的一系列利用作品的行为，所以在影视行业中一般是对改编权和摄制权一并授权或一并转让，业内将其统称为影视改编权。此外，按照我国《著作权法》第 33 条的规定，图书出版者对著作权人交付出版的作品，按照合同约定享有的专有出版权受法律保护，他人不得出版该作品。《著作权法》第 10 条并未规定著作权人享有"出版权"，出版权实际上是复制权和发行权的统称。第三，转让著作财产权应当订立书面合同，口头转让一般不发生法律效力。与著作权许可使用不同，著作权转让属于作者对其作品财产权利的重大处分，一旦著作权转让完成，作者即彻底丧失被转让的著作财产权。因此，从审慎角度出发，著作权转让应当以书面形式订立合同。根据《民法典》第 135 条的规定，民事法律行为可以采用书面形式、口头形式或者其他形式；法律、行政法规规定或者当事人约定采用特定形式的，应当采用特定形式。《民法典》第 490 条第 2 款规定，法律、行政法规规定或者当事人约定合同应当采用书面形式订立，当事人未采用书面形式但是一方已经履行主要义务，对方接受时，该合同成立。著作权转让即属于法律规定采用特定的书面形式，因此，当事人进行著作权转让应当订立书面合同，否则合同并未成立，亦未生效。但特殊情形下，如果著作权转让的双方当事人采用口头形式订立合同，但是一方已经履行主要义务，对方接收时（如受让人支付了全部转让价款，让与方接受，受让人已经开始行使转让的著作财产权），该著作权转让合同成立。第四，是否可以约定转让尚未形成作品（未来作品）的著作权，应视情况而定。对是否允许转让尚未形成作品的著作权，《著作权法》并无明确规定。笔者认为，如果双方当事人约定转让的未来作品是特定的，即有明确指向的，则该约定有效。例如，某作者拟创作一部以康熙皇帝生平为背景的历史小说，已经拟定创作提纲，但尚未完成创作。某影视公司此时与该作者签署著作权转让合同，通过支付一定的对价获得上述历史小说的改编权和摄制权，该著作权转让符合影视剧摄制的一般商业惯例，对作者而言也是公平的交易，因此，该著作权转让合同合法有效。如果双方当事人约定转让的未来作品是不特定的，例如，著作权转让合同约定，作者有生之年创作的全部作品著作权均一次性转让给影视公司，则该约定显失公平，作者有权请求人民法院或者仲裁机构予以撤销。其原因是，作者在还不具有知名度的时候，可能经济方面较为困顿，对其未来作品的商业价值也缺乏判断能力，影视公司可能利用其优势地位一次性将作者未来作品的著作权买断。但当作者通过多年奋斗具有较高知名度后，其会受制于原签署的著作权转让合同沦为廉价劳动力，这显然对作者而言是不公平的。第五，作品载体所有权的转让，不代表其中所载有的作品著作权转让，反之亦然。著作权转让的对象是著作权人享有的著作财产权，而不是作品物质载体的所有权。例如，某画家创作完成一幅油画，该画家将上述美术作品的复制权转让给一家地毯公司，该地毯公司将该油画复制于地毯上并进行销售。该美术作品著作权转让，不代表该油画原件（美术作品物质载体）所有权亦转让于地毯公司。第六，著作权重复转让是实践中的疑难问题，其处理可借鉴物的重复买卖问题的处理规则。实践中，经常发生争议的是著作权"一权多卖"，即著作权重复转让问题。首先，著作财产权是一种无形财产权，就同一作品，可以同时在多个不同的物质载体上加以呈现，可以由多个主体同时使用作品。如果著作权人将著作财产权先后转让给甲、乙、丙三人，甲、乙、丙购买该著作财产权后自行行使作品的著作财产权而均未发现其他受让人在使用该作品，那么"一权多卖"的情况可能在短时间内不会被发现。著作权人为了获得更高的经济收益，也有重复转让的动力。而有体物则在同一个时间只能被一个主体所占有和使用。如果一套房屋的所有权人将房屋先后出售给甲、乙、丙三人，但其只能向其中一人交付，由一人占有和使用，那么"一物多卖"的情况很快会被其他受让人发现。因此，相对于"一物多卖"，著作权"一权多卖"的问题更为突出，也更难以处理。其次，著作权与商标权、专利权不同，著作权自作品创作完成之时即自动产生，无须行政机关授权，所以著作权的归属缺乏公示。根据《最高人民法院关于审理著作权民事纠纷案件适用法律若干问题的解释》第7条的规定，当事人提供的涉及著作权的底稿、原件、合法出版物、著作权登记证书、认证机构出具的证明、取得权利的合同等，可以作为证据。在作品或者制品上署名的自然人、法人或者非法人组织视为著作权、与著作权有关权益的权利人，但有相反证明的除外。可见，认定著作权归属需要综合各方面证据进行整体判定，但著作权的底稿、出版物的署名、取得权利的合同、著作权登记证书的记载等证据之间可能存在矛盾。在具体案件中，法院认定著作权归属都存在一定的困难，更何况无法掌握全面证据，也无权调查取证的交易当事人了。著作权人将著作财产权转让后，其仍然可以提供一定的证据证明其是表面上的"著作权人"，故受让人很难对此加以识别，难以发现著作权人已经将著作财产权转让他人。最后，根据《著作权法实施条例》第25条的规定，与著作权人订立专有许可使用合同、转让合同的，可以向著作权行政管理部门备案。因此，著作权转让合同的备案并非强制性的，著作权转让合同未备案的，不影响该合同成立及生效，著作权转移的时间点也非备案之日。而专利权和商标权转让则必须向行政部门登记或提出转让申请，专利权的转让自登记之日起生效，商标权的转让自核准公告之日起生效。因此，即使著作权转让的出让人和受让人进行了著作权转让合同备案，在出让人重复转让的情形下，已备案的著作权转让合同也不具有法定优先效力。如此一来，交易双方也没有对著作权转让合同进行备案的动力。那么在著作权重复转让的情况下，应认定哪一份转让合同发生著作权转移的法律效果呢？根据《民法典》第215条的规定，当事人之间订立有关设立、变更、转让和消灭不动产物权的合同，除法律另有规定或者当事人另有约定外，自合同成立时生效；未办理物权登记的，不影响合同效力。根据《民法典》第209条的规定，不动产物权的设立、变更、转让和消灭，经依法登记，发生效力；未经登记，不发生效力，但是法律另有规定的除外。根据《民法典》第224条的规定，动产物权的设立和转让，自交付时发生效力，但是法律另有规定的除外。从上述法律规定可知，物权转让合同的效力，与物权转让的效力是不同的。转让物权的合同，一般自合同成立时生效。而不动产物权的转让，经依法登记，发生效力。动产物权的转让，自交付时发生效力。然而，作品与有体物不同，著作权与动产或不动产物权亦不同，作品著作权的转让不需要履行交付或登记手续，因此，不能将交付时间或登记时间作为判断著作权转移的时间点。那么应当以何时间点作为著作权转移的时间点呢？不存在争议的是，著作权人与多个主体先后签订著作权转让合同的，除当事人另有约定外，各著作权转让合同均自签订之日起成立并生效。究竟哪一份著作权转让合同发生著作权转移的法律效果，肯定不能由出让人来决定，否则出让人进行选择的考虑很可能完全基于价高者优先，而这将与诚实信用原则相抵触。排除了交付时间点、登记时间点、出让人选择的时间点后，比较合理的著作权转移的时间点应基于著作权转让合同的签订和履行顺序来加以确定。最高人民法院印发的《第八次全国法院民事商事审判工作会议（民事部分）纪要》（法〔2016〕399号）指出，审理一房数卖纠纷案件时，如果数份合同均有效且买受人均要求履行合同的，一般应按照已经办理房屋所有权变更登记、合法占有房屋以及合同履行情况、买卖合同成立先后等顺序确定权利保护顺位。但恶意办理登记的买受人，其权利不能优先于已经合法占有该房屋的买受人。对买卖合同的成立时间，应综合主管机关备案时间、合同载明的签订时间以及其他证据确定。可见，在不能适用变更登记时间点、占有时间点来确定权利保护顺位的情况下，合同履行情况及合同成立先后将成为确定权利保护顺位的重要考量因素。北京市高级人民法院发布的《知识产权审判参考问答（7）：关于审理因重复转让或授权而引起的著作权纠纷案件的几个法律问题》明确，著作权人通过合同转让其著作权或授权他人专有使用的，受让人或被许可人取得合同约定的著作权或专有使用权，原著作权人在合同约定范围内无权就相同的权利再次处分。原著作权人就相同权利重复进行转让或许可的，人民法院应当依法支持在先受让人或被许可人取得著作权或专有使用权。其中的"在先受让人"，笔者认为即指合同履行在先及合同成立在先的受让人。通常情况下，著作权转让合同订立在先的，其合同履行（因一般不存在交付问题，故著作权转让合同的履行即出让人接受转让价款，受让人开始行使转让的著作权）也在先。但如果合同成立时间先后顺序与合同履行时间先后顺序不一致的，笔者认为应当优先按照合同履行时间先后顺序确定权利保护顺位。其原因在于，合同签订时间很容易造假，在后签订的合同可以将合同签订日期提前，从而人为改变著作权转让合同签订的先后顺序。而合同履行的顺序则存在客观证据可以证明，难以伪造。此外，受让人在先支付了著作权转让的合同价款，也说明该受让人已经先于其他受让人做好了履行合同行使著作权权利的准备，判定该受让人签订的合同发生著作权转移的法律效果，有利于作品的充分利用和传播，对希望早日获得作品的社会公众也更为有利。对其他受让人，则可以依据其与出让人签订的著作权转让合同追究出让人的违约责任。通过转让获得著作财产权的受让人，有权要求其他受让人停止行使被转让的著作财产权。但其他受让人并不明知，也不应知出让人存在"一权多卖"行为的，其不存在侵权主观过错，故其行使被转让的著作财产权不构成侵权行为，不承担赔偿责任。至于其他受让人因行使被转让的著作财产权所获得的利润如何处理，是否应当作为不当得利返还在先受让人，则仍存在争议。笔者认为，如果其他受让人为善意，其并不知晓出让人存在"一权多卖"行为的，其行使被转让的著作财产权有合法成立并生效的著作权转让合同作为依据，其为履行该合同亦投入了人力、物力和时间精力，则其取得的利润不属于不当利益，无须返还在先受让人。

典型案例

案例3－3 应基于交易习惯和合同目的解释著作权转让合同条款——原告王某某与被告中文在线数字出版集团股份有限公司、北京海润影业股份有限公司、北京爱奇艺科技有限公司著作权权属、侵权纠纷案①

【裁判要旨】涉案小说系通过网络发表，在原告签约时，其应当知道网络电影这一新类型电影的存在或可预见其出现。依照通常交易习惯，如果其认为涉案转让合同仅就涉案小说改编、摄制成院线电影并传播的权利进行转让，同时保留网络电影等新类型电影的相关著作权，则应在合同中通过各种方式予以明确。但合同双方在涉

---

① 北京知识产权法院（2018）京73民终251号民事判决书。

案转让合同中未就"电影"或"电影作品"的发行方式、传播渠道等进行限定或以其他方式将网络电影排除在外,亦未对可能出现的新类型电影约定相应的保留条款。因此,认定涉案转让合同中的"电影"或"电影作品"包括网络电影,更符合交易习惯和合同目的。

【案情简介】涉案小说《诡案组》于2008年7月18日发表于天涯论坛的"莲蓬鬼话"版块,作者为求无欲,求无欲系原告王某某的笔名。2010年11月2日,王某某(甲方)与北京中文在线文化发展有限公司(以下简称中文在线公司)① 就作品《诡案组》《诡案组2》《诡案组3》签订著作权转让合同,将其在全世界范围内对作品的电视剧、电影改编权及摄制权、发行权的全部权利转让给中文在线公司。庭审中,原告认可该著作权转让合同合法有效并在履行过程中,该合同内容系相关权利的转让而非授权,且合同期限为永久。2010年12月6日,中文在线公司向王某某支付稿费10万元。2011年5月31日,中文在线公司与北京海润影业有限公司(以下简称海润影业公司)就作品《诡案组》《诡案组2》《诡案组3》签订著作权许可使用协议书,将作品在中国大陆范围内的电影改编权独家许可给海润影业公司。2014—2015年,海润影业公司开始进行涉案网络电影的改编和摄制,并于2016年5月摄制完成电影《诡案组之魔影杀手》。诉讼中,原告及三被告均认可电影《诡案组之魔影杀手》是在原告主张权利的小说《诡案组》的基础上进行的改编和摄制,且全部改编及摄制行为均由海润影业公司单独完成,并无其他主体参与。2016年9月29日,海润影业公司与北京爱奇艺科技有限公司(以下简称爱奇艺公司)签订视频合作协议,授权爱奇

---

① 北京中文在线文化发展有限公司经北京市工商行政管理局核准,于2011年4月2日变更企业名称为北京中文在线数字出版股份有限公司,该公司于2015年8月28日变更企业名称为中文在线数字出版集团股份有限公司。为行文方便,本案分析时,该公司名称统一简称为中文在线公司。

艺公司就上述电影行使独家全平台公开播映权及公开传播权、独家广告经营权收益权、独家单独进行维权的权利，以及上述权利的转授权。授权期限为自上线之日起两年。2016 年 10 月 5 日，电影《诡案组之魔影杀手》在爱奇艺公司的网络平台上线播放。原告认为，中文在线公司未经原告许可授权海润影业公司行使涉案小说的网络电影改编权和摄制权，海润影业公司未获得原告许可将涉案小说改编并摄制成涉案网络电影，侵犯了原告的改编权、摄制权；海润影业公司授权爱奇艺公司通过信息网络传播涉案网络电影，爱奇艺公司未获得原告许可通过信息网络传播涉案网络电影，侵犯了原告的信息网络传播权。原告认为，"网络大电影"是 2014 年左右才出现的新的概念和艺术形态，而原告与中文在线公司签署"转让合同"的时间是 2010 年 11 月 2 日，签约当时并不存在"网络大电影"的概念，因此，"转让合同"中的"电影"仅可能指当时业已存在的院线电影，而不应包括合同签订三四年后才出现的"网络大电影"。传统意义上的"电影"与"网络大电影"并非同一概念，两者无论在适用法律、摄制条件、审查制度、放映和播出条件、制作成本、制作周期、传播渠道等方面，均存在较大差异，属于两种不同的作品类型。两者的关系应为同属于"电影作品和以类似摄制电影的方法创作的作品"这一大类别之下两个子类别的并列关系，而非上位概念与下位概念的包含关系。即使在如今的语言环境下，"电影"一词仍然被普遍适用于对院线电影的指代。对原告而言，将自己的知名作品的电视剧、电影改编权、摄制权等权利以转让的方式交付于中文在线公司，其合同目的除了获得相应经济对价外，更是希望自己的作品能够通过大投入、高水准的制作和电视台、电影院等优质渠道的传播而进一步扩大知名度和影响力，而绝不希望以"网络大电影"或者"微电影"等小投入、制作水平难以保障的作品形态对自己的作品加以传播，故无论是中文在线公司，还是与合同无利害关系的理性第三人，对转让合同的签订所欲达到的社会效果都理应与原告一致。中文在线公司仅以 10 万元的对价获得《诡案组》等三部长篇小说的电影、电视剧改编权、摄制权、发行权以及基于改编、摄制而成的剧本、电视剧、电影的完整著作权等所有权益。综合考虑签约当时原告的知名度、涉案小说的艺术价值和市场价值以及电影电视剧改编权、摄制权的固有权能价值，"转让合同"项下所指"电影""电视剧"不可能包括签约当时未明确说明且当事人无法预见的"网络大电影""网络剧"等其他作品形态。著作权转让对作者而言是最重大的权利处分行为，将对作品的后续传播和其他著作权权利的行使产生实质影响。"转让合同"未对"电影"的定义加以界定，未写明转让的权利包括电影、电视剧之外的其他"以类似摄制电影的方法创作的作品"，也没有关于"包括将来随技术、行业发展而新出现的其他与电影、电视剧类似的作品"等表述，据此应该认定其所描述的"电影"指且仅指院线电影。庭审中，经法庭询问，原告称其 2010 年签署"转让合同"时并不知道存在"网络电影"的概念，亦没有预见将会出现"网络电影"的形式，故没有在"转让合同"中明确排除"网络电影"这一电影类别。同时，原告认可《著作权法》规定的"电影作品和以类似摄制电影的方法创作的作品"，既包括院线电影，也包括网络电影，两者都是由有伴音或无伴音的连续画面组成，院线电影包括胶片和数字介质，网络电影一般为数字介质。原告亦认可在 2014 年至今的语境下，"电影"是院线电影和网络电影的上位概念，但 2010 年"电影"的概念中并不包含网络电影。2010—2014 年，"电影"概念的外延发生了变化，从原来的不包含微电影和网络电影，变化为包含上述两种电影形态。

【一审法院观点】各方当事人的分歧在于中文在线公司是否从王某某处受让取得了涉案小说的网络电影改编权、摄制权以及海润影业公司是否获得了相应授权，这一问题的核心在于对涉案"转让合同"及"许可合同"的相关条款应如何解释。根据《著作权法》相关规定，著作权人可以转让或者许可他人行使著作权中的改编权、摄制权、信息网络传播权等财产性权利，同时依照约定或者法律规定获得报酬。本案中，王某某与中文在线公司签订的著作权转让合同及王某某出具的权利转让书均系当事人的真实意思表示，且未违反有关法律法规的强制性规定，均为合法有效。该"转让合同"第1条约定："自本协议生效之日起，甲方将在全世界范围内对作品的电视剧、电影改编权及摄制权、发行权的全部权利转让给乙方。"第4条约定："乙方或经由乙方授权的公司对根据该作品的改编电视剧/电影剧本及摄制的电视剧/电影作品享有完整的著作权等所有权益。"第5条约定："乙方或经由乙方授权的公司享有对上述电视剧/电影剧本及摄制的电视剧/电影作品许可他人进行复制、发行、通过信息网络向公众传播等著作权权利，被许可人实施以上行为无需再取得甲方同意，亦无需支付报酬。"对于上述合同条款中"电影"一词的含义和范围，王某某认为仅指院线电影，而不包含网络电影；中文在线公司、海润影业公司、爱奇艺公司认为该"电影"系网络电影的上位概念，包含了院线电影、网络电影、微电影等所有形式的电影。根据我国相关法律规定，当事人对合同条款的理解有争议的，应当按照合同所使用的词句、合同的有关条款、合同的目的、交易习惯以及诚实信用原则，确定该条款的真实意思。因此，合同条款的解释，应当以探究合同当事人的真实意思为目的。本案中，上述合同条款均使用了"电影"一词，结合整个条款的用语和表述方式、合同的目的及行业内的交易习惯，该"电影"一词并非日常生活的一般用语，而是在著作权法意义上使用的特定词语。因此，在合同未对其含义作出特别约定的情形下，应该合理推定当事人的真实意思系指著作权法意义上的电影作品。根据《著作权法实施条例》第4条第1款第11项的规定，电影作品和以类似摄制电影的方法创作的作品，是指摄制在一定介质上，由一系列有伴音或者无伴音的画面组成，并且借助适当装置放映或者以其他方式传播的作品。涉案网络电影《诡案组之魔影杀手》系摄制在一定介质上，由一系列有伴音或者无伴音的画面组成并且借助适当装置放映的作品，属于《著作权法》规定的电影作品，进而亦属于"转让合同"第1条、第4条、第5条所约定的"电影"。随着表达方式和传播手段的不断发展，无疑会出现各种新的作品形态，但判断某一作品形态是否属于《著作权法》上的电影作品，应考察其是否符合《著作权法》所规定的电影作品的本质属性和特征，而与其出现的时间并无关联，王某某仅以网络电影的出现时间晚于合同签订时间为由，将网络电影排除在合同约定的"电影"范围之外，于法无据。

【二审法院观点】鉴于涉案转让合同文本未对"电影"或"电影作品"以及网络电影进行定义区分，《著作权法》等相关法律法规未单独将网络电影划分为一类作品，也未明确将网络电影与电影作品的外延进行区分，加之网络电影是否属于电影作品并不明显属于公知常识，因此，无法仅从词句文义本身直接认定涉案转让合同中"电影"或"电影作品"是否包括网络电影。考虑到，涉案小说《诡案组》系通过网络发表，在王某某签约时，其应当知道网络电影这一新类型电影的存在或可预见其出现。依照通常交易习惯，如果其认为涉案转让合同仅就涉案小说《诡案组》改编、摄制成院线电影并传播的权利进行转让，同时保留网络电影等新类型电影的相关著作权，则应在合同中通过各种方式予以明确。但合同双方在涉案转让合同中未就"电影"或"电影作品"的发行方式、传播渠道等进行限定或以其他方式将网络电影排除在外，亦未对可能出现的新类型电影约定相应的保留条款。因此，认定涉案转让合同中的"电影"或"电影作品"包括网络电影，更符合交易习惯，亦与中文在线公司支付对价获取全世界范围内对涉案小说的影视剧改编权、摄制权及发行权等全部权利所期待实现的合同目的相一致。涉案转让合同中的"电影"或"电影作品"包括网络电影，中文在线公司从王某某处合法受让了涉案小说《诡案组》的网络电影改编权、摄制权以及信息网络传播权等著作权，王某某不再享有涉案小说《诡案组》的网络电影改编权、摄制权以及信息网络传播权等著作权，其无权向中文在线公司、海润影业公司、爱奇艺公司主张相关权利并要求承担侵权责任。

【案例评析】著作权转让属于对作者享有的著作权权利的重大处分。著作权转让后，作者即不再享有被转让的著作财产权，被转让的著作财产权归受让人所有。因此，签订著作权转让合同须特别慎重，法律亦规定必须采用书面形式。著作权法对著作权转让合同的形式提出特别要求，其目的即尽可能避免双方就转让的权利、地域范围、对应的作品等因约定不明产生争议。但即使以书面形式签订著作权转让合同，双方也可能因对合同词句的不同理解产生争议，故需要对合同进行解释。根据《民法典》第142条第1款的规定，有相对人的意思表示的解释，应当按照所使用的词句，结合相关条款、行为的性质和目的、习惯以及诚信原则，确定意思表示的含义。因此，合同解释的主要方法包括文义解释、整体解释、目的解释、习惯解释、诚信解释等。文义解释规则要求根据合同词句的语义来确定合同当事人的真实意思，合同的词句为专用术语的，应采用该专用术语的语义进行解释。整体解释规则，是指从宏观上将全部合同条款作为一个整体，对特定合同条款进行解释的时候需要考虑其他条款的含义。目的解释规则是指对合同的条款有不同解释时，应采取最适合于实现合同目的的解释。习惯解释规则是指在合同条款的含义发生争议时，按照交易习惯或行业惯例予以明确。诚信解释规则，即在其他解释规则均无法有效解释交易双方的真实意思表示时，应基于诚实信用和公平的民法基本原则对合同条款予以解释，平衡双方的权利义务。本案中，原被告双方的争议即著作权转让合同中转让权利（对作品的电视剧、电影改编权及摄制权、发行权）的具体范围。既然涉案合同的本质是著作权转让，那么合同中词语的含义应当优先考虑与《著作权法》《著作权法实施条例》中词语的含义保持一致。而在法律用语层面，"电影、电视剧"即指"电影作品和以类似摄制电影的方法创作的作品"，与现行《著作权法》中"视听作品"系同一含义。在此基础上，如双方希望对转让的著作财产权的行使进行特殊限制，例如，转让的著作财产权仅能在中国大陆范围内行使，或者转让的著作财产权仅能由受让人行使，受让人不得再进行著作权转让等等，则应当以明示方式在合同中约定，否则不能发生法律效力。另外，根据原告的陈述，原告与被告中文在线公司签署著作权转让合同的目的即获得著作权转让收益，同时使社会公众能够广泛获得该作品，以利于提高原告的知名度和影响力。而众所周知，网络电影与院线电影在拍摄方式方法方面并无不同，一些网络电影电视剧的制作成本、特效水平和观看数量已经明显超过一般的院线电影，如《兄弟连》《琅琊榜》《狂飙》等。院线电影与网络电影之间也存在转换，如电影《囧妈》原计划首先在院线上映，后因故改为 2020 年 1 月 25 日上线网络播出。又如，电视剧《跨过鸭绿江》首先在电视台和网络播出，后浓缩改编为两个半小时的电影并在院线播出。因此，不能简单认为以网络方式传播的电影的艺术性、知名度和影响力必然低于院线放映的电影，故将涉案著作权转让合同中的"电影"解释为既包含院线电影，也包含网络电影，并不影响合同目的实现。通过本案，我们可以思考一个问题，著作权转让合同究竟应该写得简略一些较好，还是越详细越好？从出让人的角度来看，著作权转让合同应当越详细越好，应尽可能将除外情形以及著作权人保留权利的情形加以详细约定，以限缩转让权利的范围。而从受让人的角度来看，著作权转让合同在基本条款具备的前提下，应当越简略越好，尽可能避免约定除外情形以及著作权人保留权利的情形，以避免后续行使转让的著作权时受到限制。例如，著作权转让合同约定，著作权人将其对作品享有的信息网络传播权转让给受让人，如无其他对信息网络传播权的进一步限定，则签署该合同后受让人即有权以任何方式、通过任何网络渠道行使该信息网络传播权，只要该行使权利的行为落入著作权法上信息网络传播权的定义范围内。

案例3-4　作者签署多份著作权转让协议，应根据著作权转让的先后来确定著作权归属——原告广东大圣文化传播有限公司、广东雅恒影视文化传播有限公司与被告杨某、北京世纪飞乐影视传播有限公司、北京雷霆万钧网络科技有限责任公司、中国移动通信集团湖北有限公司著作权权属、侵犯著作财产权和录音制作者权纠纷案①

【裁判要旨】杨某系音乐作品《别说我的眼泪你无所谓》（以下简称《眼泪》）的词曲作者，对该作品享有著作权，有权转让该作品的著作财产权。在杨某先后签署的多份著作权转让及授权使用协议上的签字均属真实的情况下，应根据著作权转让或授权使用的先后来确定相关权利人。仅凭借合同落款日期判断合同订立的先后顺序是片面的，也是不可靠的。在处理此类案件中，法院应综合各方面证据审查合同订立和履行情况。

【案情简介】2003年7月，杨某（艺名阳冰）创作完成《眼泪》音乐作品词曲后，先后签署了多份著作权转让或授权使用协议，并由此引申出若干份《眼泪》作品的转让、许可使用等文件，包括：（1）杨某与北京世纪飞乐影视传播有限公司（以下简称世纪飞乐公司）签订的落款时间为2003年11月8日的著作权转让协议

---

① 最高人民法院（2013）民提字第173号民事判决书。

（以下简称"03.11.8 飞乐转让协议"）。协议约定杨某将《眼泪》作品的著作财产权转让给世纪飞乐公司，转让费为 4000 元。（2）杨某与张某某签署的落款时间为 2004 年 2 月 22 日的著作权转让书（以下简称"04.2.22 张某某转让书"）。内容为杨某将《眼泪》作品的著作权（署名权除外）永久性转让给张某某，同时允许张某某转授给第三人，转让费为 8000 元。（3）张某某与广东雅恒影视文化传播有限公司（以下简称雅恒公司）签署的落款时间为 2004 年 3 月 22 日的著作权独占许可书（以下简称"04.3.22 张某某许可书"）。内容为张某某将歌曲《眼泪》的著作权永久独占许可给雅恒公司。（4）杨某与张某某、雅恒公司签订的落款时间为 2004 年 3 月 23 日的著作权转让书的补充协议（以下简称"04.3.23 杨某、张某某、雅恒协议"）。在该协议中杨某同意张某某将《眼泪》作品的著作权永久独占许可给雅恒公司，并授权雅恒公司处理侵犯著作权的行为。（5）杨某给广东大圣文化传播有限公司（以下简称大圣公司）出具的落款时间为 2004 年 6 月 15 日的授权书（以下简称"04.6.15 大圣授权书"）。该授权书记载，杨某将《眼泪》作品授权给大圣公司永久性享有、拥有该歌曲的使用权及著作权，由大圣公司一次性支付杨某 1 万元。（6）2004 年 10 月 16 日，杨某向大圣公司发出声明函，告知大圣公司其已于 2004 年 2 月 22 日和张某某签约，希望与大圣公司解除合约，退还大圣公司 1 万元。2004 年 12 月 12 日，杨某委托律师事务所再次向大圣公司发函。（7）大圣公司（甲方）与雅恒公司（乙方）、杨某（丙方）签署的落款时间为 2005 年 1 月 18 日的著作权合作使用合同（以下简称"05.1.18 大圣、雅恒、杨某合作合同"）。其主要内容为："1. 三方对现有事实确认如下：（1）丙方系歌曲《眼泪》的词曲作者，丙方保证该作品系其本人创作，拥有完整的著作权；（2）2004 年 6 月 15 日，丙方将本作品的著作权转让给甲方、乙方，丙方仅保留署名权。2. 三方同意自本协议签订之日起，由甲、乙双方共有《眼泪》作品的著作权，包括复制权、发行权、信息网络传播权等以及可转让的其他权利。甲、乙、丙任何一方均不得将《眼泪》作品的全部或部分授予甲方、乙方以外的第三方享有。3. 本协议签订之前甲、乙双方对《眼泪》作品的使用，甲、乙、丙三方均予以认可，并保证均不再对此提出异议和追究责任。4. 甲方现确定由其旗下歌手东来东往演唱《眼泪》作品，乙方确定由其旗下歌手张某宇演唱《眼泪》作品，双方均不得许可上述两位歌手以外的任何第三人演唱《眼泪》作品。5. 甲、乙双方上述歌手演唱《眼泪》，在演出中及出版发行音像制品所获得的收益归歌手及所属公司所有，甲乙双方互不干涉；……7. 以非演唱形式使用本作品的，由双方进行共同授权，所得版权收益，甲、乙双方按各 50% 比例分配。8. 在本合同签订以后，对任何侵犯《眼泪》作品著作权的行为，应由甲方及其委托的代理人负责追究其侵权责任，所得赔偿由甲、乙双方按如下比例分配：甲方 50%，乙方 50%；……"随后，杨某出具授权书，授权大圣公司全权处理侵犯《眼泪》作品著作权的行为，授权书的落款时间为 2005 年 1 月 18 日。(8) 大圣公司与雅恒公司、张某某签署的落款时间为 2005 年 4 月 25 日的著作权转让合同（以下简称"05.4.25 大圣、雅恒、张某某转让合同"）。该合同首先对杨某将《眼泪》作品的著作权转让给张某某，张某某又独占许可给雅恒公司以及杨某 2004 年 6 月 15 日将《眼泪》作品著作权转让给大圣公司的情况进行了确认，经协商，张某某同意将《眼泪》作品的全部著作权转让给大圣公司、雅恒公司共同所有，三方确认大圣公司、雅恒公司共有《眼泪》作品著作权的时间为 2004 年 6 月 15 日。合同的其余条款与"05.1.18 大圣、雅恒、杨某合作合同"基本相同。(9) 2004 年 12 月 21 日，北京雷霆万钧网络科技有限责任公司（以下简称雷霆万钧公司）（甲方）与世纪飞乐公司（乙方）签署合作协议，约定：乙方向甲方提供其具有合法权利的音乐作品等内容，供甲方及其关联公司制作无线增值服务产品，提供给用户浏览下载。使用期限为2004年12月21日至2006年12月20日。乙方保证对其提供的音乐作品等具有合法权利，如因提供的内容资源导致法律纠纷，由乙方负责解决，并赔偿雷霆万钧公司损失。双方约定了协议项下无线增值业务产生的纯收益按甲方60%、乙方40%的比例进行分配，"明星短信俱乐部"产生纯收益按各50%比例分配。该协议附件一"首批授权曲目"中即包括"《眼泪》/陈少华"音乐作品。(10)2005年8月1日，中国移动通信集团湖北有限公司（以下简称湖北移动公司）（甲方）与雷霆万钧公司（乙方）签订"合作开展移动梦网彩铃业务的协议"，约定甲方作为运营商及彩铃服务提供商，通过自有的业务平台向地区移动用户提供彩铃服务。乙方作为内容提供商在上述方式中按照甲方的标准向用户提供其拥有合法著作权和合法授权的歌曲、声乐等相关内容作为彩铃。乙方保证已合法取得所提供彩铃的著作权，并对甲方因彩铃著作权受到第三方指控侵权负责。甲乙双方共享用户支付的相关信息服务费，甲方以每月所有应收信息服务费数额的85%与乙方进行结算，15%归甲方所有。协议有效期自2005年8月1日至2006年12月31日止。该协议的附件载明，《眼泪》（精彩版）作为彩铃的每次下载使用费用为3元，铃音编号1509665；《眼泪》（东来东往版）作为彩铃的每次下载使用费用为3元，铃音编号1509372。(11)本案诉讼过程中，2008年8月11日杨某（甲方）与大圣公司（乙方）签订补充协议一份，内容为：①甲方创作完成音乐作品《眼泪》后，最先也是唯一转让著作权给乙方是2004年6月15日；②因甲方用语不规范，2004年6月15日授权的真实意思是将《眼泪》作品的全部著作权，排他地、无期限地转让给乙方；③甲方自2004年6月15日转让《眼泪》作品的著作权后已不享有著作权，签订的关于《眼泪》作品的著作权协议无效，由此产生的任何法律纠纷，由乙方负责依法解决；④关于转让价款，除乙方已支付的 1 万元以外，在本协议签订后乙方的维权诉讼中，乙方按照实际收益，扣除诉讼成本后，余额的 15% 支付后期转让款。在 2008 年 8 月 20 日，甲方参加一审诉讼后乙方向甲方预付其中的 10 万元，乙方胜诉后，如果甲方生活需要可再预付 5 万元，剩余部分在乙方实际收到诉讼赔款后支付。杨某在一审庭审中称：杨某是《眼泪》作品的词曲作者，2004 年 6 月，为该作品的出版发行，在歌手戴某某请求下，杨某手书了"04.6.15 大圣授权书"，收取了 1 万元；该授权的本意属于转让性质，但因笔误，将大圣公司写成了"广东圣大文化传播公司"，且授权的意思未表达清楚。该"04.6.15 大圣授权书"是杨某最早签署的《眼泪》作品著作权转让合同。此后，因杨某与戴某某关系恶化，杨某决定给戴某某制造一些障碍。2004 年 9 月，杨某与雅恒公司的歌手张某某以及雅恒公司以倒签日期的方式签订了"04.2.22 张某某转让书"和"04.3.23 杨某、张某某、雅恒协议"。2004 年底，因雅恒公司和大圣公司都有杨某的授权，为共同打击广东飞乐影视制品有限公司（以下简称广东飞乐公司），杨某签署了"05.1.18 大圣、雅恒、杨某合作合同"。2005 年 8—9 月，世纪飞乐公司的法定代表人钟某某为了获得《眼泪》歌曲著作权，多次找杨某商谈，杨某没有拒绝。2006 年 2 月，世纪飞乐公司派专人到武汉市杨某家中要求签约，杨某出于不让戴某某唱这首歌的目的，在武汉市签署了"03.11.8 飞乐转让协议"，落款时间倒签为 2003 年 11 月 8 日，当时杨某收取转让费 4000 元。杨某对自己倒签合同的行为引起司法机构的裁判混乱以及给多家公司带来麻烦和损失表示道歉。此外，杨某不同意雅恒公司的诉讼请求，《眼泪》歌曲是从 2004 年 6 月 15 日转让给大圣公司的。

【一审法院观点】在杨某先后签署的多份著作权转让及授权使

用协议的签字均属真实的情况下，应根据"谁主张、谁举证"的原则，由大圣公司对"03.11.8 飞乐转让协议"存在倒签情形承担举证责任。杨某与大圣公司就本案诉讼形成了利益共同体，法院对杨某的诚信产生合理怀疑，对杨某 2008 年 8 月 20 日的出庭陈述不予采信。大圣公司的现有证据只能证明"03.11.8 飞乐转让协议"存在事后倒签的疑点，尚未达到使法院确信协议是倒签的证明效力。大圣公司的举证责任未完成，不能将该举证责任转移分配给世纪飞乐公司。(2007) 武知初字第 134 号民事判决已经判定"03.11.8 飞乐转让协议"合法有效，《眼泪》作品的著作财产权归世纪飞乐公司所有，该判决书已经生效，能够直接作为本案认定著作财产权权利归属的依据。大圣公司和雅恒公司从杨某处受让《眼泪》作品著作财产权的时间均在世纪飞乐公司之后，故杨某的有关转让、授权行为均属无权处分行为，在未得到世纪飞乐公司追认的情况下，大圣公司和雅恒公司不享有《眼泪》作品的著作财产权，亦不能就其使用《眼泪》作品制作的音像制品主张录音制作者权。大圣公司和雅恒公司主张雷霆万钧公司和湖北移动公司侵权没有事实和法律依据，对大圣公司和雅恒公司的诉讼请求，应予以驳回。

【二审法院观点】杨某系音乐作品《眼泪》的词曲作者，对该作品享有著作权，有权转让该作品的著作财产权。在杨某先后签署的多份著作权转让及授权使用协议上的签字均属真实的情况下，应根据著作权转让或授权使用的先后来确定著作权人。大圣公司依据"04.6.15 大圣授权书"，主张其于 2004 年 6 月 15 日取得杨某的授权独占享有《眼泪》著作财产权；雅恒公司依据"05.4.25 大圣、雅恒、张某某转让合同"，主张其自 2005 年 4 月 25 日起与大圣公司共同享有《眼泪》作品的著作财产权；世纪飞乐公司则依据"03.11.8 飞乐转让协议"，主张其自 2003 年 11 月 8 日取得《眼泪》作品的著作财产权。三方当事人对同一事实分别举出相反的证据，但都没有足够的依据来否定对方的证据，根据《最高人民法院关于民事诉讼证据的若干规定》第 73 条第 1 款"双方当事人对同一事实分别举出相反的证据，但都没有足够的依据否定对方证据的，人民法院应当结合案件情况，判断一方提供的证据的证明力是否明显大于另一方提供证据的证明力，并对证明力较大的证据予以确认"的规定，法院根据杨某的出庭陈述、世纪飞乐公司存在诸多疑点的行为以及三方当事人使用《眼泪》作品的情况等其他证据，综合判断认为大圣公司和雅恒公司提供的证据的证明力明显大于世纪飞乐公司提供的证据的证明力，应对大圣公司和雅恒公司提供的证据予以确认。第一，杨某的出庭陈述详细、具体，通过其陈述，世纪飞乐公司在使用《眼泪》作品中自相矛盾的地方都能得到解释。第二，世纪飞乐公司最早使用《眼泪》作品是 2004 年 12 月 21 日（与雷霆万钧公司签订合作协议）。世纪飞乐公司取得《眼泪》作品的著作财产权后，间隔一年之久才开始使用，与常理不符。第三，广东飞乐公司与世纪飞乐公司为关联方，2005 年 5 月 12 日，在广东省广州市越秀区人民法院审理的（2005）东法民四初字第 11 号案中，广东飞乐公司答辩否认杨某的《眼泪》作品曲作者身份。如果世纪飞乐公司于 2003 年 11 月 8 日取得《眼泪》作品的著作财产权，广东飞乐公司就不会有上述行为。第四，大圣公司 2004 年 6 月 15 日取得杨某出具的授权书，2005 年 1 月发行专辑收录《眼泪》歌曲，并自 2005 年起就《眼泪》作品的著作权持续维权。大圣公司与广东飞乐公司同在广东音像城经营，大圣公司起诉的被告也有在广东音像城经营。如果世纪飞乐公司 2003 年签订了"03.11.8 飞乐转让协议"，世纪飞乐公司对大圣公司的维权行动应当及时提出权利主张，而非从 2003 年 11 月 8 日至今无维权记录。综合以上情形可见，大圣公司、雅恒公司的举证与其行为能够相互印证，世纪飞乐公司的行为则存在诸多不合常理的情形，并且世纪飞乐公司不能对其不合常理的行为作出合理解释。世纪飞乐公司除提交"03.11.8飞乐转让协议"的复印件外，未提交任何其他证据证明该合同签署、履行的情况，世纪飞乐公司应承担举证不能的法律后果。并且，一审期间，一审法院决定对"03.11.8飞乐转让协议"等协议的签署时间进行鉴定，世纪飞乐公司逾期拒不提交"03.11.8飞乐转让协议"的原件作为司法鉴定检材，致使鉴定无法进行。因此，可以推定"03.11.8飞乐转让协议"系倒签。一审法院举证责任分配不当，二审法院依法予以纠正。二审法院确认，2004年6月15日至2005年4月24日，《眼泪》作品的著作财产权由大圣公司单独享有；2005年4月25日起，《眼泪》作品的著作财产权由大圣公司和雅恒公司共同享有。杨某与世纪飞乐公司签订"03.11.8飞乐转让协议"时，《眼泪》作品的著作财产权已转让至大圣公司和雅恒公司，杨某无权处分该作品的著作财产权，"03.11.8飞乐转让协议"为无效合同，世纪飞乐公司不享有《眼泪》作品的著作财产权。

【最高人民法院再审观点】本案中，杨某于2003年7月创作完成了《眼泪》作品，在此之后前后签署了多份著作权转让协议，二审法院根据杨某的出庭陈述、世纪飞乐公司存在诸多疑点的行为以及大圣公司、世纪飞乐公司、雷霆万钧公司对《眼泪》作品的使用情况等证据事实，综合判断认为杨某与世纪飞乐公司签订的"03.11.8飞乐转让协议"系倒签，杨某最早签署的著作权转让合同系"04.6.15大圣授权书"，大圣公司据此自2004年6月15日起享有《眼泪》作品著作权中的相关财产权。对该节事实，各方当事人均未提出再审申请，最高人民法院对此予以确认。大圣公司受让《眼泪》作品著作权中的相关财产权之后签订了"05.1.18大圣、雅恒、杨某合作合同"和"05.4.25大圣、雅恒、张某某转让合同"，二审法院据此确认自2005年4月25日起雅恒公司与大圣公司共同享有《眼泪》作品著作权中的相关财产权。现根据再审查明的事实，上述合同已于 2012 年 11 月 28 日被广东省广州市白云区人民法院作出的（2011）云法民三知初字第 269 号民事判决所撤销，判决作出后，雅恒公司在法定期限内未提出上诉，该判决现已生效。雅恒公司与大圣公司共同享有《眼泪》作品著作权的权利基础已经不存在，故《眼泪》作品著作权中的相关财产权自 2004 年 6 月 15 日起应由大圣公司单独享有。

【案例评析】本案为典型的著作权重复转让案例。音乐作品《眼泪》的作者杨某共计进行了三次著作权转让行为。其一，杨某与世纪飞乐公司签订落款时间为 2003 年 11 月 8 日的"03.11.8 飞乐转让协议"，约定杨某将《眼泪》作品的著作财产权转让给世纪飞乐公司；其二，杨某与张某某签署的落款时间为 2004 年 2 月 22 日的"04.2.22 张某某转让书"，约定杨某将《眼泪》作品的著作权（署名权除外）永久性转让给张某某；其三，杨某给大圣公司出具的落款时间为 2004 年 6 月 15 日的"04.6.15 大圣授权书"，杨某将《眼泪》作品授权给大圣公司永久性享有、拥有该歌曲的使用权及著作权。根据法院查明的事实，"04.6.15 大圣授权书"是杨某最早签署的《眼泪》作品著作权转让法律文书；"04.2.22 张某某转让书"和"04.3.23 杨某、张某某、雅恒协议"为倒签，真实签署时间为 2004 年 9 月；"03.11.8 飞乐转让协议"亦为倒签，真实签署时间为 2005 年 8—9 月。在理论界，就著作权重复转让问题存在多种观点。有观点认为，在著作权重复转让的情况下，每个受让人都享有普通许可使用的权利，而不能受让取得著作权，合同中的受让人均可再依据与原著作权人的合同追究其违约责任。还有观点认为，著作权重复转移行为可以视为一场拍卖过程，受让人中出价最高的人获得著作权，因为出价越高，证明该受让人对未来该著作权的商业使用的信心越足，也就意味着他越有能力更好地开发该著作权，从宏观上而言可以推动公众获益。① 笔者认为，上述两种观点都值得商榷。根据前一种观点，在著作权首次转让发生时，是否发生了著作权转移的法律后果是不确定的。如果作者后续没有再重复转让著作权，则首次转让发生著作权转移的法律后果。如果作者后续又一次转让著作权，则首次转让和第二次转让均不发生著作权转移的法律后果，各受让人均为普通许可的被许可人。如此一来，受让人签署著作权转让合同时其内心必然是忐忑不安的，因为其无法预计是否能最终获得作品的著作权。如果受让人签署著作权转让合同后，为行使该权利投入大量人力、物力进行必要准备和宣传推广，最终却只能获得普通许可，则沦为为他人作嫁衣。因此，前一种观点实际上会降低受让人的交易意愿，阻碍著作权转让，从而影响作品的利用和传播。根据后一种观点，在著作权首次转让发生时，是否发生了著作权转移的法律后果也是不确定的，因为总可能有后来人出价更高。简单依据出价高低作为著作权转移的认定条件，亦违反诚实信用原则，将鼓励出让人违反在先已经签署的合同。因此，综合各方面意见，应当认为著作权在首次转让时即已经转移，出让方签署的后续著作权转让合同均为无权处分。本案二审法院认为，在先后签署的多份著作权转让协议均属真实的情况下，应根据著作权转让的先后来确定著作权人。这一观点是正确的，也被各地法院在处理此类案件时所遵循。本案同时表明，仅凭借合同落款日期判断合同订立的先后顺序是片面的，也是不可靠的。在处理此类案件中，法院应综合各方面证据审查合同订立和履行情况，尤其要重视合同实际履行的有关证据，因为履行在先比合同落款日期在先往往更加可靠。

---

① 冯刚：《著作权案件热点问题研究》，知识产权出版社，2022，第 272 – 273 页。

第四章　与著作权有关的权利

文学、艺术和科学领域内具有独创性并能以一定形式表现的智力成果属于作品，受著作权法保护。某些智力成果由于独创性不足，尚不构成作品，但该智力成果与作品的创作相关，且能够促进作品的传播。例如，相声演员对相声文字作品的表演，演员所表演的内容（包括各个包袱）基本上是作品中已经设定好的①，但不同演员

---

① 相声演员的现挂很多是提前安排的，还有一些属于临场发挥，但临场发挥的内容也多来源于之前的准备和积累。据说有一位年轻相声演员看到马三立先生在台上的现挂特别精彩，等马三立先生下台后赶紧过去"取经"，马三立先生递给他一个本子，上面的台词里已经把现挂都写上了。据马景雯、张宝明著《我和爸爸马三立》一书记载，有一次演出中张伯扬先生演唱单弦，在最后一句真加了"小料儿"——"您要想亲眼看看武大郎他长得什么样？（冲着观众一缩脖儿，眼和手都往上场门指示）我张伯扬下场他准上场"。而下一场则是马三立先生和张庆森先生表演相声。马三立先生上场后不慌不忙地说："刚才张伯扬唱的单弦，多好听。嗓音洪亮，韵味浓厚，字正腔圆。他唱的最后一句我也听见了。"马三立先生不动声色地说，"'您要想亲眼看看武大郎他长得什么样？张伯扬一下场他准上场。'甭说了，我就是武大郎了！"场上一阵大笑。"我身高五尺四，武大郎才二尺半，还没我腿长了，张伯扬这么唱是为了赶'江阳辙''上场''下场'的适合他的嗓音，这没什么，我不会怪罪他。"接着突然马三立先生把话音一转："那不，前些日子他嗓子哑了，不出音了，挺着急问我怎么办，我告诉他：'药铺有清音丸，粒又小又不苦，专治嗓子哑、咽喉肿痛。一盒六粒，一次吃下去，少了不管事，你买两盒，恨病吃药，连吃两天，每天吃六粒，保证药到病除'他回去按我说的办，嗓子好了，还特地来谢谢我。刚过两天，他父亲嗓子又哑了，虽然不是艺人，不上台唱曲儿，也得治呀，他又来请教我，这回我告诉他：'也得吃清音丸，不过你父亲岁数大了，吃多了不行，你可得记住：你吃六粒，你爸爸是三粒（立），记住了吗？'观众听后哄堂大笑。上述巧妙的相声包袱虽然是现挂，但马三立先生必然是之前已经准备好此包袱并记下来待用，不太可能是临时构思而成。此时，该相声作品的创作者和表演者均为马三立先生。

的表演风格不同，在语音语调、节奏快慢、动作表情方面，演员可以进行"二次创作"，赋予作品更加鲜活的生命力。各国在早期并未对上述非独创性的智力成果给予著作权法保护，是因为当时的表演均为现场表演，在技术上还不能对表演加以固定，演员可以从现场表演中获得收入，对演员的权益通过合同法加以保护即可。留声机发明后，在技术上就可以对演员的表演加以固定，并对承载表演的载体（唱片）进行广泛传播。此时，如果不对演员的表演加以保护，必然影响演员的利益和表演的积极性，并可能对作品的利用和传播造成不利影响。同理，录音制品本身并不具有独创性，录制的内容与作品内容完全相同，但录音制作者为了确保录制效果清晰，以及各种乐器伴奏与演员的演唱相协调，在录制过程中亦付出了一定的智力劳动。如果对录音制品不加以保护，则其他录音制作者就可以在获得音乐作品许可后无偿使用他人的录音制作成果，这显然是不公平，也不合理的。此类与作品著作权有关的权利包括版式设计权、表演者权、录音录像制作者权、广播组织权，即出版者对其出版的图书和期刊的版式设计享有的权利，表演者对其表演享有的权利，录音录像制作者对其制作的录音录像制品享有的权利，广播电台、电视台对其播放的广播、电视节目信号享有的权利，统称为邻接权。为保护邻接权，1961 年 10 月 26 日，由国际劳工组织与世界知识产权组织及联合国教育、科学及文化组织共同发起，各成员国在罗马缔结了《保护表演者、录音制品制作者和广播组织的国际公约》（以下简称《罗马公约》）。1964 年 5 月 18 日，《罗马公约》生效。我国尚未加入《罗马公约》，但我国《著作权法》中关于邻接权的部分规定显然受到了《罗马公约》的影响。1996 年，各成员国在日内瓦签订了《世界知识产权组织表演和录音制品条约》，该条约于 2002 年 5 月 20 日起生效。我国于 2006 年 12 月 29 日提交加入《世界知识产权组织表演和录音制品条约》的法律文书。该条约延续了《罗马公约》对音频方式表演的保护，并在一定程度上扩大了权利内容，增加了对表演者精神权利（表明表演者身份权、保护表演完整权）的保护，但仍然没有将视听方式表演纳入保护范围。《视听表演北京条约》于 2020 年 4 月 28 日起正式生效，该条约将表演者的经济权利和精神权利扩展到包括电影、视频和电视节目在内的视听方式表演。

第一节　图书、报刊的出版

条文要点注释

版式设计是指图书、期刊的排版、字体、行距、边框、底纹等的设计。版式设计并不具有独创性，因此，无法作为作品获得保护。不同出版社出版同一部作品时，为了吸引读者，区别不同版本，在版式设计上会有所区别，这种具有美感的版式设计属于出版社的劳动成果，应给予一定程度的保护。但版式的设计空间比较小，排版方式、字体类型、行距大小等均有一定的限度和规范要求，因此，只有以完全相同或差异极小的方式使用他人出版图书、期刊的版式设计，才会被认定为侵权。除版式设计权外，本部分法律规定内容还包括在订立和履行出版合同过程中，出版者和著作权人的权利义务。

法律条文

第三十二条　图书出版者出版图书应当和著作权人订立出版合同，并支付报酬。

第三十三条　图书出版者对著作权人交付出版的作品，按照合同约定享有的专有出版权受法律保护，他人不得出版该作品。

第三十四条　著作权人应当按照合同约定期限交付作品。图书出版者应当按照合同约定的出版质量、期限出版图书。

图书出版者不按照合同约定期限出版，应当依照本法第六十一条的规定承担民事责任。

图书出版者重印、再版作品的，应当通知著作权人，并支付报酬。图书脱销后，图书出版者拒绝重印、再版的，著作权人有权终止合同。

第三十五条　著作权人向报社、期刊社投稿的，自稿件发出之日起十五日内未收到报社通知决定刊登的，或者自稿件发出之日起三十日内未收到期刊社通知决定刊登的，可以将同一作品向其他报社、期刊社投稿。双方另有约定的除外。

作品刊登后，除著作权人声明不得转载、摘编的外，其他报刊可以转载或者作为文摘、资料刊登，但应当按照规定向著作权人支付报酬。

第三十六条　图书出版者经作者许可，可以对作品修改、删节。

报社、期刊社可以对作品作文字性修改、删节。对内容的修改，应当经作者许可。

第三十七条　出版者有权许可或者禁止他人使用其出版的图书、期刊的版式设计。

前款规定的权利的保护期为十年，截止于使用该版式设计的图书、期刊首次出版后第十年的 12 月 31 日。

关联规范

《著作权法实施条例》（国务院令第 633 号，自 2013 年 3 月 1 日起施行，节录）

第二十六条　著作权法和本条例所称与著作权有关的权益，是指出版者对其出版的图书和期刊的版式设计享有的权利，表演者对其表演享有的权利，录音录像制作者对其制作的录音录像制品享有的权利，广播电台、电视台对其播放的广播、电视节目享有的权利。

法条解读

《著作权法》第 33 条规定，图书出版者按照合同约定可以享有专有出版权。根据《著作权法实施条例》的规定，图书出版合同中约定图书出版者享有专有出版权但没有明确其具体内容的，视为图书出版者享有在合同有效期限内和在合同约定的地域范围内以同种文字的原版、修订版出版图书的专有权利。虽然出版权被规定在"与著作权有关的权利"这一章中，但出版权并非邻接权的一种。根据《现代汉语词典》，"出版"系指把书刊、图画、音像制品等编印或制作出来，向公众发行。① 因此，专有出版权实际上是专有复制权和发行权的统称，属于著作权，并不属于邻接权。

已废止的 1991 年 6 月 1 日实施的《著作权法实施条例》规定，出版者对其出版的图书、报纸、杂志的版式、装帧设计，享有专有使用权。而现行《著作权法》仅规定出版者对图书、期刊的版式设

---

① 中国社会科学院语言研究所词典编辑室：《现代汉语词典（第 6 版）》，商务印书馆，2012，第 187 页。

计享有专用权，这是为什么呢？装帧指书画、书刊的装潢设计，书刊的装帧包括封面、版面、插图、装订形式等设计。版式指版面的格式，包括排版、字体、行距、边框、底纹等。可见，装帧设计是指书刊的整体装潢设计，其范围要大于版式设计。装帧设计中的插图、封面等具有独创性的，可以作为美术作品保护。还有一部分图书、期刊的封面过于简单，例如，仅有书刊名称和简单的装饰条纹、几何图形，既不具有独创性，也没有保护的必要。因此，现行《著作权法》未再规定出版者对装帧设计享有邻接权。版式设计不具有独创性，不能体现其设计者的思想和感情，因此，其保护范围比较窄。根据《北京市高级人民法院侵害著作权案件审理指南》第 6.6 条的规定，被告使用了与原告相同或者基本相同的版式设计，出版同一作品的，构成侵害版式设计权；将图书、报刊扫描复制后在互联网上传播的，构成侵害版式设计权。因此，需注意：第一，侵害版式设计的情形，仅限于"出版同一作品"。如果在出版不同作品时使用了相同或者基本相同的版式设计，则不构成侵权。这主要是由于邻接权毕竟属于一种与著作权相关的权利，其依附于作品而存在。如果脱离了作品，则其不具备独立保护的价值。第二，信息网络传播权的保护对象是作品、表演、录音录像制品和广播电视信号，并不包括版式设计。但如果纸质图书使用了与他人相同或者基本相同的版式设计，然后将该纸质图书扫描复制后在互联网上传播的，其中复制行为构成对邻接权的侵害。如果使用了与他人相同或者基本相同的版式设计出版不同作品的，虽然不能依据《著作权法》追究其侵害邻接权的法律责任，但如果该图书有一定知名度，该版式设计能够起到区别图书来源的作用，使用与他人相同或者基本相同的版式设计可能造成消费者混淆误认的，则该版式设计可以作为商品装潢受到《反不正当竞争法》的保护。

典型案例

案例 4-1　对享有版式设计权的出版者应做广义理解，包括以合作方式共同出版图书的全部主体——原告北京创世卓越文化有限公司与被告内蒙古出版集团有限责任公司、内蒙古人民出版社、北京市新华书店王府井书店侵害出版者权纠纷案①

【裁判要旨】版式设计是指由文字排列的顺序、字体及其他排版材料的选用、行间和段间的空距、版面的布局等因素构成的印刷物的总体。汇大版图书的版式设计汇集了字母组合、卡通绘画、中括号、彩色水印等多种设计元素，通过不同元素之间特定的组合形式及搭配方式，既美化了版面、体现了视觉效果，又提高了传达信息的功能，具有较强的个性化色彩，体现了其设计者的独特构思以及取舍、选择和编排，属于应受《著作权法》保护的版式设计。对《著作权法》所规定享有版式设计权的出版者应作广义理解，出版者包括以合作方式共同出版图书的全部主体，既包括出版单位，也包括提供图书内容及图书装帧设计的图书公司。

【案情简介】2010 年 12 月 20 日，原告北京创世卓越文化有限公司（以下简称创世卓越公司）（甲方）与案外人韩某某、赵某某（乙方）签订装帧设计合作合同，合同载明：甲方邀请乙方为指定图书项目进行装帧设计、改稿服务，项目名称：青少版-世界经典文学名著金库系列，项目数量：35 本，总计 9.1 万元，交稿日期：2011 年 3 月 31 日止交完全部制作工作。甲方应提供相应的书稿文字、图片、样书、样版文件、版序。乙方的设计、制作必须与样版页水平保持一致，并且符合甲方提出的版面要求。乙方为甲方所制作书稿，著作权归属甲方，乙方对书稿有署名权。2011 年 1 月 30 日，

---

① 北京知识产权法院（2015）京知民终字第 924 号民事判决书。

原告（甲方）与汕头大学出版社有限公司（乙方）签订图书出版合同，合同约定作品名称为《青少版·世界经典文学名著金库（全译美绘/全本美绘）》系列图书（共 7 辑总计 35 本图书，包括本案汕大版《木偶奇遇记》）。2011 年 1 月 30 日，汕头大学出版社有限公司（甲方）与原告（乙方）签订出版合同补充协议，协议约定：甲方委托乙方组稿的《青少版·世界经典文学名著金库》系列图书，装帧设计包括版式设计由乙方提供；甲方同意上述装帧包括版式设计、封面、封底设计的著作权归乙方所有；乙方授权甲方在图书出版合同约定的范围和时间内无偿使用上述设计；在图书出版后，如果发现有第三方侵犯图书的装帧、版式设计著作权的，可以由乙方以自己的名义主张权利，所获得的赔偿由乙方享有，甲方放弃该部分的索赔权。经比较，汕大版《木偶奇遇记》与内蒙古版《木偶奇遇记》在每章节的标题部分均采用上下结构的图文搭配形式，名称下面为美术绘画；每章故事正文的第一个字均为彩色大号字体；奇数页右上部与偶数页左上部均采用卡通绘画、英文字母、中括号及中文书名等元素有序组合形式；每页外侧边缘均有竖排彩色水印和半圆彩色美术绘画，水印紧贴页面外侧边缘呈均匀分布状，美术绘画位置基本相同；每页页码均采用阿拉伯数字和英文字母上下组合的形式。虽然个别设计元素的内容、形状及色彩等有微小差别，但诸如卡通绘画、中括号、彩色水印等元素的使用频率、位置、组合形式及搭配方式等基本相同。

【一审法院观点】本案争议焦点为，原告是否享有汕大版《木偶奇遇记》图书的版式设计专用权；三被告是否侵犯了原告对汕大版《木偶奇遇记》一书享有的版式设计专用权以及应当承担的法律责任。第一，关于原告是否享有汕大版《木偶奇遇记》图书的版式设计专用权。根据我国法律相关规定，出版者对其出版的图书、期刊的版式设计享有专有使用权。版式设计体现为对印刷品的版面格式的设计，包括版心、排式、用字、行距、标点等版面布局因素的安排。根据已查明事实，汕大版《木偶奇遇记》一书的版式设计汇集了字母组合、卡通绘画、中括号、彩色水印等多种设计元素，通过不同元素之间特定的组合形式及搭配方式，既美化了版面、体现了视觉效果，又提高了传达信息的功能，具有较强的个性化色彩，体现了其设计者的独特构思以及取舍、选择和编排，应受《著作权法》保护。汕头大学出版社有限公司作为出版者应当对该书的版式设计享有专用权，但原告与汕头大学出版社有限公司于 2011 年 1 月 30 日签订出版合同补充协议，明确约定汕大版《木偶奇遇记》一书的版式设计由原告提供，原告享有该版式设计专用权且有权以自己的名义向第三方主张权利。且本案中，结合汕大版《木偶奇遇记》版权页的署名情况及装帧设计合作合同，可以对原告获得上述版式设计专用权的情况加以印证，即原告委托案外人韩某某、赵某某对包括该书在内的《青少版·世界经典文学名著金库》系列图书进行版式设计，并通过约定取得了该书的版式设计专用权。在出版行业中，版式设计通常被理解为装帧设计的组成部分，结合本案其他事实，在无相反证据的情况下应认定原告享有汕大版《木偶奇遇记》一书的版式设计专用权。对被告内蒙古人民出版社提出版式设计权利的主张者应该是出版者，原告不是适格的出版者，故原告不具有诉讼主体资格的抗辩，一般而言，版式设计专用权人是出版者，但随着出版业的繁荣及出版行业的产业化、版式设计的多样化，版式设计可能会出现专门的设计人，因此，出版者与版式设计人出现不一致的情形也将会日益多见。本案原告与进行版式设计的案外人韩某某、赵某某约定由原告享有涉案图书的版式设计专用权，原告亦通过与汕头大学出版社有限公司的约定明确相关的版式设计专用权归原告所有。上述约定系当事人真实意思表示，未违反国家法律法规的强制性规定，故在无相反证据的情况下，应认定原告为汕大版

《木偶奇遇记》一书的版式设计专用权人，其有权禁止其他人未经许可使用其版式设计。第二，关于三被告是否侵犯了原告对汕大版《木偶奇遇记》一书享有的版式设计专用权以及应当承担的法律责任。本案中，内蒙古版《木偶奇遇记》一书晚于原告汕大版《木偶奇遇记》图书公开出版，其在章节标题、每章故事正文的第一个字、奇数页右上部、偶数页左上部、每页外侧边缘及页码的编排设计上除对个别设计元素做了微小改动外，与原告的汕大版《木偶奇遇记》基本相同，以相关公众的一般注意力为标准，两者已构成实质性相似。诚然，任何人都可以运用多种元素就图书的版面布局进行个性化的安排和设计，但本案中这种基本相同的表达已经超出巧合的程度，故被告内蒙古出版集团有限责任公司、内蒙古人民出版社未经许可，在内蒙古版《木偶奇遇记》一书上使用原告汕大版《木偶奇遇记》图书的版式设计，侵犯了原告享有的版式设计专用权，应当承担停止侵害、赔偿损失的法律责任。

【二审法院观点】版式设计是指由文字排列的顺序、字体及其他排版材料的选用、行间和段间的空距、版面的布局等因素构成的印刷物的总体。本案中，汕大版《木偶奇遇记》一书的版式设计汇集了字母组合、卡通绘画、中括号、彩色水印等多种设计元素，通过不同元素之间特定的组合形式及搭配方式，既美化了版面、体现了视觉效果，又提高了传达信息的功能，具有较强的个性化色彩，体现了其设计者的独特构思以及取舍、选择和编排，属于应受《著作权法》保护的版式设计。版式设计保护的权利人主要为出版者，但随着出版行业的产业化及行业分工的发展，版式设计可能有专门的设计人，当出版者与版式设计人出现不一致的情形，应当根据具体事实，认定实际的版式设计人对其设计的版式设计享有专用权。结合在案证据，可以认定创世卓越公司依约定取得了汕大版《木偶奇遇记》版式设计的专用权。内蒙古人民出版社称创世卓越公司不具有出版者资格，其委托汕头大学出版社出版汕大版《木偶奇遇记》的行为是违反国家强制性规定的，但内蒙古人民出版社并未就此提交充分的证据予以证明；而且，版式设计权产生的基础是对特定图书的版式进行设计的事实，与出版图书主体身份是否违反出版管理方面的强制性规定无关。

【案例评析】涉案版式设计为，在每章节的标题部分均采用了上下结构图文搭配形式，每章故事正文的第一个字为彩色大号字体，奇数页右上部与偶数页左上部采用卡通绘画、英文字母、中括号及中文书名等元素有序组合形式，每页外侧边缘有竖排彩色水印和半圆彩色美术绘画，每页页码均采用阿拉伯数字和英文字母上下组合的形式等。原告主张权利的版式设计并不包含卡通绘画本身，而是对卡通绘画位置的具体安排以及卡通绘画与其他版式设计元素的组合形式。上述版式设计虽然不具有独创性，无法体现设计者的思想和感情，但其含有设计者的独特构思，具有设计上的美感，因此，可以享有邻接权。本案中，被告图书使用的卡通绘画与原告不同，但被告使用了与原告相同或者基本相同的版式设计，出版同一作品《木偶奇遇记》，因此，构成侵害原告享有的版式设计权。《著作权法》规定，版式设计权归出版者所有，但何为出版者？本案中被告认为，出版者即国务院颁布的《出版管理条例》所规定的出版单位。根据《出版管理条例》的规定，报纸、期刊、图书、音像制品和电子出版物等应当由出版单位出版，出版单位包括报社、期刊社、图书出版社、音像出版社和电子出版物出版社等，设立出版单位应当由出版行政主管部门审批。按照被告的观点，享有版式设计权的出版者只能是经由出版行政主管部门审批设立的报社、期刊社、出版社，原告作为公司不能享有版式设计权。但具有出版图书的行政许可，与享有版式设计的知识产权权利，两者并不能画等号，被告的观点是错误的。哪一主体享有版式设计权，取决于哪一主体为版式设计的完成作出了实质性贡献，以及合作出版的主体之间关于版式设计权归属的约定。实践中，随着出版行业的发展，图书企业与出版单位合作出版图书的情况比较常见。在该合作模式中，图书公司负责提供图书内容，图书公司或出版单位负责图书的装帧设计（含版式设计），出版单位负责对图书内容及装帧设计进行把关并实行编辑责任制度，保障出版物刊载的内容符合国家有关法律法规的规定，双方共同分取销售图书获得的利润。因此，对《著作权法》所规定享有版式设计权的出版者应作广义理解，出版者包括以合作方式共同出版图书的全部主体，既包括出版单位，也包括提供图书内容及图书装帧设计的图书公司。涉案版式设计由原告委托韩某某、赵某某完成，应认定原告对该版式设计的完成作出了实质性贡献，同时根据原告与韩某某、赵某某的约定，以及原告与汕头大学出版社有限公司的约定，涉案版式设计的知识产权权利归属原告所有，故原告有权作为版式设计邻接权人提起本案诉讼。需要指出的是，如果某公司接受出版者的委托完成了图书的版式设计，但该公司仅为设计公司，并未参与图书出版的，其并不能享有版式设计权，但该设计公司有权依据合同要求委托方支付报酬。

第二节　表演

条文要点注释

表演者包括扮演者、朗诵者、歌唱者、演奏者等对作品进行表演的人。表演者可能是个人，也可能是团体。表演的对象必须是著作权法上的作品。竞技性的演示，例如，通过乒乓球比赛展示球技，不属于著作权法上的表演，球员也不能对其在赛场上的表现主张表演者权。不同的表演者对同一部作品进行表演，最终呈现的表演效果有很大不同，这其中包含着表演者对作品的不同理解和诠释，在某种程度上也体现了表演者不同的思想和情感。正是因为表演者权中含有的上述人格属性，法律规定表演者对其表演享有表明表演者身份与保护表演形象不受歪曲两项人身权利。

法律条文

　　第三十八条　使用他人作品演出，表演者应当取得著作权人许可，并支付报酬。演出组织者组织演出，由该组织者取得著作权人许可，并支付报酬。

　　第三十九条　表演者对其表演享有下列权利：

　　（一）表明表演者身份；

　　（二）保护表演形象不受歪曲；

　　（三）许可他人从现场直播和公开传送其现场表演，并获得报酬；

　　（四）许可他人录音录像，并获得报酬；

　　（五）许可他人复制、发行、出租录有其表演的录音录像制品，并获得报酬；

　　（六）许可他人通过信息网络向公众传播其表演，并获得报酬。

　　被许可人以前款第三项至第六项规定的方式使用作品，还应当取得著作权人许可，并支付报酬。

　　第四十条　演员为完成本演出单位的演出任务进行的表演为职务表演，演员享有表明身份和保护表演形象不受歪曲的权利，其他权利归属由当事人约定。当事人没有约定或者约定不明确的,职务表演的权利由演出单位享有。

职务表演的权利由演员享有的,演出单位可以在其业务范围内免费使用该表演。

第四十一条 本法第三十九条第一款第一项、第二项规定的权利的保护期不受限制。

本法第三十九条第一款第三项至第六项规定的权利的保护期为五十年,截止于该表演发生后第五十年的 12 月 31 日。

关联规范

《著作权法实施条例》(国务院令第 633 号,自 2013 年 3 月 1 日起施行,节录)

第五条 著作权法和本条例中下列用语的含义:

……

(六)表演者,是指演员、演出单位或者其他表演文学、艺术作品的人。

第二十六条 著作权法和本条例所称与著作权有关的权益,是指出版者对其出版的图书和期刊的版式设计享有的权利,表演者对其表演享有的权利,录音录像制作者对其制作的录音录像制品享有的权利,广播电台、电视台对其播放的广播、电视节目享有的权利。

第二十七条 出版者、表演者、录音录像制作者、广播电台、电视台行使权利,不得损害被使用作品和原作品著作权人的权利。

法条解读

根据《罗马公约》第 3 条第 1 项的规定,"表演者"是指演员、歌唱家、音乐家、舞蹈家和表演、歌唱、演说、朗诵、演奏或以别的方式表演文学或艺术作品的其他人员。因此,表演的对象包括文字作品、音乐作品、戏剧作品、曲艺作品、舞蹈作品、杂技艺术作品。表演的作品可能仍在著作权保护期限内，也可能已经进入公有领域，但不影响表演者对其表演享有的权利。如果表演的作品仍在著作权保护期限内的，除合理使用情形外，表演者应当取得著作权人许可并支付报酬。如果表演的对象并非作品，则其不属于著作权法上的表演者，不享有表演者权，例如，模特对服装进行展示的行为、杂耍演员展示纯技巧性杂耍动作的行为、运动员展示体育动作的行为等，均不属于著作权法上的表演。根据《著作权法实施条例》第 5 条第 1 款第 6 项的规定，表演者是指演员、演出单位或者其他表演文学、艺术作品的人。因此，在我国，表演者既可以是自然人，也可以是法人，这一点与《罗马公约》关于表演者的定义有一定差异。法人享有表演者权，主要是职务表演的情形下，除演员和演出单位另有约定外，表演者权中的财产性权利由演出单位享有。但表明表演者身份的权利以及保护表演形象不受歪曲的权利具有人身属性，因此，只能由演员享有。表明表演者身份的权利类似于作者享有的署名权。保护表演形象不受歪曲的权利类似于作者享有的保护作品完整权，例如，将演员的表演进行"鬼畜"形式的歪曲和篡改，即构成对该权利的侵害。许可他人从现场直播和公开传送其现场表演的权利，即"现场直播权"，其规制直接对表演进行现场直播和公开传送，但并未对表演进行录制固定的行为，包括广播电台、电视台利用广播电视信号以及网站、移动应用程序利用互联网对表演进行现场直播和公开传送的行为。根据《著作权法》第 48 条的规定，电视台播放他人的视听作品、录像制品，应当取得视听作品著作权人或者录像制作者许可，并支付报酬；播放他人的录像制品，还应当取得著作权人许可，并支付报酬。因此，电视台播放录像制品，需要取得录像制作者许可以及作品著作权人许可，而无须取得演员的许可。故如果电视台并非对表演进行现场直播，而是播送他人录制的含有演员表演的录像制品，则无须取得表演者"现场直播权"的授权。录制含有演员表演的录音录像制品，则需要取得表演者的许可。表演者有权许可他人对其表演录音录像并获得报酬，该权利即"首次固定权"。他人对演员的表演进行录音录像，即对表演进行了首次固定，为含有表演的录音录像制品后续进一步传播创造了条件。表演者有权许可他人复制、发行、出租录有其表演的录音录像制品并获得报酬，该权利即表演者享有的"复制、发行、出租权"，与作者对作品享有的复制权、发行权和出租权类似。表演者有权许可他人通过信息网络向公众传播其表演并获得报酬，该权利即表演者享有的"信息网络传播权"，与作者对作品享有的信息网络传播权类似。该权利规制的是对演员的表演进行交互式传播的行为，即将含有演员表演的录音录像制品上传至信息网络中，供公众在其个人选定的时间和地点获得该表演的行为。在实践中，由于作者对作品享有著作权，表演者对其表演享有表演者权，录音录像制作者对其录音录像制品享有录音录像制作者权，因此，如果某网站希望通过信息网络传播某演员演唱歌曲的录音录像制品，则需要获得音乐作品著作权人、表演者、录音录像制作者多重信息网络传播权授权许可。表明表演者身份的权利与保护表演形象不受歪曲的权利属于人身性权利，所以没有保护期限限制。其他表演者权属于财产性权利，其保护期限为50年。如果某演员对同一作品进行过多次表演的，该演员对每一次表演均分别享有表演者权，每一次表演的保护期限亦应分别计算。另外需要说明的是，表演者无权就其在电影作品和以类似摄制电影的方法创作的作品中的表演主张财产性权利。因为电影拍摄并非录音录像，而是视听作品创作的过程，该行为并未落入表演者"首次固定权"的规制范围，而且演员已经从制片者处获得表演的报酬，其不宜再从视听作品的使用和传播中获取财产利益。

典型案例

案例 4 - 2　使用表演者演唱的作品，未表明表演者身份和词作者身份，同时侵害了词作者的著作权和表演者权——原告游某某与被告安徽广播电视台、东方风行（北京）传媒文化有限公司、深圳市腾讯计算机系统有限公司著作权权属、侵权纠纷案①

【裁判要旨】"2012 亚洲偶像盛典颁奖典礼"中使用了原告演唱的作品，未为原告表明表演者身份及词作者身份，侵害了原告依法享有的词作著作权和表演者权，应当承担侵权责任。尽管原告未提供证据证明其获得了《吉米来吧》原著作权人的授权文件，但原告创作中文歌词及表演的行为仍然应当受到法律保护。被告虽不认可原告表演与晚会所播放歌曲的一致性，但在经勘验两者较为相似、无明显差别的情况下，被告应承担证明两者不一致的举证责任。

【案情简介】1986 年，南海声像公司出版、中国国际声像艺术公司发行《五少女联欢　迪斯科舞星》盒式磁带，收录《吉米来吧》，磁带包装注明：监制、编辑朱某某，录音陈某，《吉米来吧》为印度电影《迪斯科舞星》插曲，演唱者为梅子。朱某某及陈某出庭作证，证明朱某某担任中国国际声像艺术公司录音部编辑室主任期间录制《五少女联欢　迪斯科舞星》盒式磁带，陈某为录音师，《吉米来吧》系游某某演唱并填写中文歌词并最后印制在磁带包装中，梅子为游某某艺名。北京市公安局羊坊店派出所出具证明，游某某曾用名记载为梅子。原告为证明其创作《吉米来吧》歌词，提交了歌词手写稿及 1988 年 12 月《歌迷报》第 3 版《无意苦争春　只有香如故——记青年歌星梅子》，报道中提及"《吉米来吧》中文词是她配的"。2012 年 7 月，安徽广播电视台（甲方）与东方风行

---

① 北京市东城区人民法院（2015）东民（知）初字第08025号民事判决书。

（北京）传媒文化有限公司（以下简称东方风行公司）（乙方）签订合作协议书，约定甲方作为主办单位，乙方作为承制单位制作"2012亚洲偶像盛典颁奖典礼"节目，甲方负责制作过程的监审和终审以及批文申请等事宜，乙方负责节目内容规划、统筹、创意、舞美、灯光设计、录制、执行、后期、宣传等工作。"2012亚洲偶像盛典颁奖典礼"举办时间为2012年8月7日，录制地点为工人体育馆。该演唱会中含有《吉米来吧》并配有中文歌词字幕，视频中未为词作者署名。经比对，视频中所含演唱部分，与原告主张权利的表演在声音、节奏上均较为相似，中文歌词与原告主张权利的文字作品具有一致性。被告深圳市腾讯计算机系统有限公司（以下简称腾讯公司）提供了与安徽广播电视台节目研发中心工作人员的电子邮件作为证据，内容为"2012亚洲偶像盛典颁奖典礼"文件，载明"腾讯公司作为网络主办方，在内容上深度合作，一是特设网络奖项；二是颁奖环节演员致辞提及腾讯；三是邀请腾讯高层参与颁奖"。庭审中，经法庭核实，原告表演《吉米来吧》并创作中文歌词，未提供原著作权授权的相关文件。

【法院观点】创作作品的作者拥有作品的著作权，根据本案原告提供的歌词手稿及证人证言，原告创作了《吉米来吧》的中文歌词。派出所证明、户口本及证人证言可以证明原告曾用名为梅子。原告提供的盒式磁带可以证明原告是《吉米来吧》一曲在中国的表演者。除法定情形外，使用他人作品应当经著作权人许可并支付报酬。被告安徽广播电视台与东方风行公司制作的"2012亚洲偶像盛典颁奖典礼"中使用了原告演唱的作品，未为原告表明表演者身份及词作者身份，侵害了原告依法享有的词作著作权（包括署名权、信息网络传播权、获得报酬权）和表演者权，应当承担赔礼道歉、停止侵权、赔偿损失的民事责任。被告腾讯公司作为"2012亚洲偶像盛典颁奖典礼"的网络主办方，在其经营管理的网站上通过信息网络传播了整个晚会的视频，但是本案中的侵权具有隐蔽性，由印度人表演，播放原告演唱的作品及原告创作的歌词，被告腾讯公司无法对此进行控制，其未参与晚会节目制作，因此，对未表明原告作为《吉米来吧》中文歌词作者身份以及演唱者的侵权事实不具有明知或者应知的主观过错，对该部分侵权事实不承担连带责任，但应当停止传播行为。针对被告安徽广播电视台对原告权属提出的抗辩意见，尽管原告未提供证据证明其获得了《吉米来吧》原著作权人的授权文件，但原告创作中文歌词及表演的行为仍然应当受到法律保护，因涉案歌曲《吉米来吧》发行时间较久远，囿于当时的著作权保护状况，不能对词作者的创作身份苛以较高的举证责任。被告虽不认可原告表演与晚会所播放歌曲的一致性，但在经勘验两者较为相似、无明显差别的情况下，被告应承担证明两者不一致的举证责任，而被告既未举出反证，又拒绝鉴定，故法院认定两者具有一致性。被告安徽广播电视台、东方风行公司应就未经许可使用原告表演的作品《吉米来吧》且未表明原告词作者和表演者身份一事向原告赔礼道歉，并赔偿原告游某某经济损失及合理支出。

【案例评析】根据《著作权法》第38条的规定，使用他人作品演出，表演者应当取得著作权人许可，并支付报酬。演出组织者组织演出，由该组织者取得著作权人许可，并支付报酬。本案中，《吉米来吧》为印度电影《迪斯科舞星》插曲，原告游某某演唱该歌曲应当取得曲作者的许可并支付报酬，但原告并未举证证明其获得了许可。即使原告并未经曲作者许可即演唱了该歌曲，其应当承担侵害音乐作品著作权的责任，但原告仍然对其表演享有邻接权，他人未经原告许可不得使用其表演。原告主张，被告安徽广播电视台与东方风行公司举办的"2012亚洲偶像盛典颁奖典礼"使用了原告演唱的歌曲音频，现场表演者系对口型表演，并未真正演唱。被告辩称，没有证据证明该颁奖典礼上表演者为假唱。经法院初步比对，原告的演唱音频与颁奖典礼上的演唱音频无明显差别，法院认为原告已经初步完成举证责任，并将证明颁奖典礼上的演唱音频并非原告演唱的举证责任分配给了被告承担。被告拒绝鉴定两者的一致性，则应当承担相应的不利后果。被告安徽广播电视台与东方风行公司没有在上述颁奖典礼上表明原告的表演者身份，通过与腾讯公司合作的方式将含有原告表演的录音录像制品上传至信息网络中，供公众在其个人选定的时间和地点获得该表演，侵害了原告享有的表演者权。被告腾讯公司虽然实施了通过信息网络向公众传播原告表演的行为，但其对该颁奖典礼享有的权利为"一是特设网络奖项；二是颁奖环节演员致辞提及腾讯；三是邀请腾讯高层参与颁奖"，可见其为奖项冠名方、赞助方，并未参与节目制作，涉案侵权行为较为隐蔽，腾讯公司并没有对节目是否侵害他人知识产权进行审核的权利和义务，因此，其并没有侵害原告表演者权的主观过错，故不承担赔礼道歉及损害赔偿的法律责任。

第三节　录音录像

条文要点注释

　　录音录像制作者，系首次将表演或者其他声音、图像录制下来的自然人或法人。翻录者不能享有录音录像制作者权。录音录像制作者在录制音频、视频的过程中会采用技术手段将声音、画面固定下来，力求录制效果清晰、完整，易于欣赏。上述录制过程并非创作文学艺术作品的过程，录制成果本身也不具有独创性，因此，录音录像制作者对其制作的录音录像制品享有的权利属于邻接权的一种。录音录像制作者在录制过程中在录制时机的选择、录制条件的设定、录音音质的调教、录制画面的剪辑等方面均付出了劳动，因此，享有许可他人复制、发行、出租、通过信息网络向公众传播四项权利。如果录制的对象是表演者对作品的表演，那么录音录像制品中包含作品著作权、表演者权、录音录像制作者权三重权利，故录音录像制作者权被许可人复制、发行、通过信息网络向公众传播录音录像制品，应当同时取得著作权人、表演者许可。录音录像制作者权被许可人出租录音录像制品，无须同时取得著作权人出租权许可。根据《著作权法》关于出租权的定义，出租权即有偿许可他人临时使用视听作品、计算机软件的原件或者复制件的权利。也就是说，除了视听作品、计算机软件这两类作品，作者对其他类型作品（如文字作品、音乐作品、舞蹈作品）不享有出租权。故录音录像制作者权被许可人出租含有文字作品、音乐作品、舞蹈作品的录音录像制品，无须获得作品著作权人许可。而根据《著作权法》第39条第1款第5项的规定，表演者对其表演享有许可他人出租录有其表演的录音录像制品的权利。因此，如果录音录像制作者权被许可人出租的录音录像制品含有表演者的表演，还应当取得表演者许可，并支付报酬。

法律条文

> **第四十二条**　录音录像制作者使用他人作品制作录音录像制品，应当取得著作权人许可，并支付报酬。
>
> 录音制作者使用他人已经合法录制为录音制品的音乐作品制作录音制品，可以不经著作权人许可，但应当按照规定支付报酬；著作权人声明不许使用的不得使用。
>
> **第四十三条**　录音录像制作者制作录音录像制品，应当同表演者订立合同，并支付报酬。

第四十四条　录音录像制作者对其制作的录音录像制品，享有许可他人复制、发行、出租、通过信息网络向公众传播并获得报酬的权利；权利的保护期为五十年，截止于该制品首次制作完成后第五十年的 12 月 31 日。

被许可人复制、发行、通过信息网络向公众传播录音录像制品，应当同时取得著作权人、表演者许可，并支付报酬；被许可人出租录音录像制品，还应当取得表演者许可，并支付报酬。

第四十五条　将录音制品用于有线或者无线公开传播，或者通过传送声音的技术设备向公众公开播送的，应当向录音制作者支付报酬。

关联规范

《著作权法实施条例》（国务院令第 633 号，自 2013 年 3 月 1 日起施行，节录）

第五条　著作权法和本条例中下列用语的含义：

（一）时事新闻，是指通过报纸、期刊、广播电台、电视台等媒体报道的单纯事实消息；

（二）录音制品，是指任何对表演的声音和其他声音的录制品；

（三）录像制品，是指电影作品和以类似摄制电影的方法创作的作品以外的任何有伴音或者无伴音的连续相关形象、图像的录制品；

（四）录音制作者，是指录音制品的首次制作人；

（五）录像制作者，是指录像制品的首次制作人；

（六）表演者，是指演员、演出单位或者其他表演文学、艺术作品的人。

第二十六条　著作权法和本条例所称与著作权有关的权益，是指出版者对其出版的图书和期刊的版式设计享有的权利，表演者对其表演享有的权利，录音录像制作者对其制作的录音录像制品享有的权利，广播电台、电视台对其播放的广播、电视节目享有的权利。

第二十七条　出版者、表演者、录音录像制作者、广播电台、电视台行使权利，不得损害被使用作品和原作品著作权人的权利。

第三十一条　著作权人依照著作权法第四十条第三款声明不得对其作品制作录音制品的，应当在该作品合法录制为录音制品时声明。

第三十四条　外国人、无国籍人在中国境内制作、发行的录音制品，受著作权法保护。

外国人、无国籍人根据中国参加的国际条约对其制作、发行的录音制品享有的权利，受著作权法保护。

法条解读

录音制品，是指任何对表演的声音和其他声音的录制品。录像制品，是指电影作品和以类似摄制电影的方法创作的作品以外的任何有伴音或者无伴音的连续相关形象、图像的录制品。录音录像制作者，是指录音录像制品的首次制作人，可以是自然人，也可以是法人。录音录像制品并不是指录音录像所固定的载体，如磁带、光盘等，而是指经过录制的声音和连续图像。录音录像的对象包括人表演的声音和图像，人类其他活动的声音和图像，也包括自然界动物和自然环境的各种声音和图像。根据《著作权法实施条例》给出的定义，录像制品与视听作品的相同点均为有伴音或者无伴音的连续画面，区别在于独创性的有无，即视听作品具有独创性，而录像制品不具有独创性。虽然不同的人对同一场景进行录制时，在机位角度、焦距、景深、画面色调等方面存在差异，形成的录像制品并不相同，但这种差异并不能体现录制者的思想，不属于创造性活动，因此，录制的成果不属于视听作品。根据《著作权法》第 44 条第 1 款前段的规定，录音录像制作者对其制作的录音录像制品享有复制、发行、出租、通过信息网络向公众传播四项权利，这四项权利的内容与作者对作品享有的复制权、发行权、出租权、信息网络传播权的内容是一致的。此外，《著作权法》第48条规定，电视台播放他人的录像制品，应当取得录像制作者许可，并支付报酬。因此，录像制作者还享有一项"电视台播放权"，而录音制作者并不享有该项权利。因为《著作权法》第45条规定，将录音制品用于有线或者无线公开传播，或者通过传送声音的技术设备向公众公开播送的，应当向录音制作者支付报酬。其中，"有线或者无线公开传播"是指非交互式的有线或无线广播，包括网络直播；"通过传送声音的技术设备向公众公开播送"则是指机械表演，即借助技术设备向公众公开播送已经被录制下来的声音。笔者认为，《著作权法》第45条规定的录音录像制作者获酬权，性质上属于一种债权，而非复制权、发行权、信息网络传播权、广播权等专有权利。考虑到录音制作者众多，使用录音制品的广播电台、网站、移动应用程序、酒吧、餐厅、商场等非常广泛，如果让录音制作者一对一与录音制品使用方商谈支付报酬标准恐怕在实践中难以操作，故需要著作权集体管理组织从中发挥作用，通过集体谈判协商方式向录音制品使用方收取报酬并向录音制作者转付。

典型案例

案例4-3　制作短视频使用涉案音乐并将其上传至网上的行为，侵犯了录音制作者权中的信息网络传播权——原告北京音未文化传媒有限责任公司与被告北京春雨听雷网络科技有限公司等侵害录音录像制作者权纠纷案①

【裁判要旨】Lullatone公司作为涉案乐曲的录制者，其有权将其

---

① 北京互联网法院（2019）京0491民初22014号民事判决书。

享有的录音制作者权中的信息网络传播权以专有使用权或者非专有使用权的形式授权给他人。因此，原告有权以自己的名义对侵犯涉案音乐作品录音制作者权的行为提起诉讼。被告制作了包含涉案乐曲的涉案视频并将其上传至新浪微博，侵犯了原告录音制作者权中的信息网络传播权。

【案情简介】北京音未文化传媒有限责任公司（以下简称北京音未公司）与 Lullatone 公司于 2018 年 12 月签订了音乐作品授权协议及授权书。音乐作品授权协议上载：Lullatone 公司（甲方）授权北京音未公司（乙方）使用甲方享有特定权利的音乐作品和/或录音制品，并授权乙方对侵犯前述作品/制品的行为采取维权行动；甲方对 *Walking On the Sidewalk* 音乐作品及其录音制品（授权音乐）享有充分的著作权、录音制作者权利或相应的授权；甲方将其对授权音乐享有的所有著作权财产权利，包括但不限于信息网络传播权、复制权、发行权、表演权、广播权、改编权、翻译权、汇编权、放映权，以及录音制作者权和相应的授权以非排他的方式授权乙方使用；乙方有权在前述授权范围内以其认为行使权利必要的方式使用授权音乐，包括但不限于将其剪辑或拼接授权音乐用于制作视频文件并将视频进行传播，并有权将其基于本协议享有的一切权利转授权任何第三方在本协议所约定的范围内行使；甲方授权乙方针对侵犯创作人、表演者基于授权音乐享有的著作权、邻接权及其他知识产权、人身权及其他民事权利的行为，以乙方自己名义或授权第三方采取维权手段，以要求侵权方停止侵权和/或支付赔偿款项；授权期限 6 个月，自本协议生效日起算，但在期限届满之时正在进行的维权事项不受前述期限限制，乙方有权继续处理直至程序终结。授权协议落款签章为 "Lullatone, Inc." 和 "Shawn James Seymour"。QQ 音乐网页截图显示，涉案音乐 *Walking On the Sidewalk* 下方标明 "Lullatone"，专辑为 "Elevator Music"，发行时间为 2011 年 2 月 2 日。

原告提交了肖恩·詹姆斯·西摩（Shawn James Seymour）展示涉案音乐音轨的视频，证明 Lullatone 公司为录音制作者、肖恩·詹姆斯·西摩为作曲者和表演者。视频中，肖恩·詹姆斯·西摩持有其身份证件在屏幕前进行了展示，该证件上显示名字为"Seymour Shawn James"；肖恩·詹姆斯·西摩展示了音序器中的音轨文件。papitube（春雨听雷）是由 papi 酱团队组建推出的多频道网络（Multi-Channel Network，MCN）视频内容平台，工商信息标注为北京春雨听雷网络科技有限公司（以下简称春雨听雷公司）。被告春雨听雷公司认可涉案视频中将涉案音乐作为配乐使用，该公司将涉案视频通过"酷燃视频"的链接转发在新浪微博上播放和推广。

【法院观点】通过互联网发表的作品，作者署非真名的，主张权利的当事人能够证明该署名与作者之间存在真实对应关系的，可以推定其为作者。本案中，春雨听雷公司和自由自在公司认可"Lullatone"是来自美日的夫妻二人组的组合名称，Lullatone 是肖恩·詹姆斯·西摩的个人音乐计划，故法院对于"Lullatone 组合"为 *Walking On the Sidewalk* 作者享有著作权予以确认。而肖恩·詹姆斯·西摩为"Lullatone 组合"中的一员，从证据可以看到肖恩·詹姆斯·西摩展示了涉案音乐音轨的视频，在无相反证据的情况下，可以认定肖恩·詹姆斯·西摩为 *Walking On the Sidewalk* 的曲作者，即该作品的作者。原告提交的视频证据属于视听资料，该类证据具有独特的展现形式，无论证据形成的地点，在播放过程中均具有很高的还原再现属性，结合本案涉案音乐通过网络首次发表，诸多音乐软件均能展现作者照片及视频中人员展示其身份证明的客观情况，该证据足以体现肖恩·詹姆斯·西摩为作曲者和表演者的证明目的。而基于肖恩·詹姆斯·西摩为表演者的身份，其当然知晓录音制作者的身份。另，结合肖恩·詹姆斯·西摩为 Lullatone 公司首席执行官及其展示了音序器中的音轨文件的事实，法院确认 Lullatone 公司为录音制作者。2010 年修正的《著作权法》第 42 条第 1 款前段规定，录音录像制作者对其制作的录音录像制品，享有许可他人复制、发行、出租、通过信息网络向公众传播并获得报酬的权利。Lullatone公司作为涉案乐曲的录制者，其有权将其享有的录音制作者权中的复制权、发行权、出租权、信息网络传播权等权利中的一项或几项以专有使用权或者非专有使用权的形式授权给他人。北京音未公司有权以自己的名义对侵犯涉案音乐作品录音制作者权中的复制权、发行权、信息网络传播权的行为提起诉讼。春雨听雷公司在庭审中认可其制作了涉案视频并将其上传至"酷燃视频"及新浪微博。该行为包含复制行为及信息网络传播行为，因信息网络传播行为在实施过程中必然经过复制过程、存在复制行为，故上述侵犯信息网络传播权的行为可以吸收前置的复制行为，由此法院认定春雨听雷公司在制作短视频使用未经授权的涉案音乐并将其上传至网上的行为侵犯了涉案作品录音制作者权中的信息网络传播权；另，上述行为并不存在发行行为，故北京音未公司主张侵犯发行权权能的主张，法院不予采纳。法院认定春雨听雷公司侵犯了北京音未公司对涉案音乐享有的录音制作者权，未经录音录像制作者许可，复制、发行、通过信息网络向公众传播其制作的录音录像制品的，应当承担停止侵害、消除影响、赔礼道歉、赔偿损失等民事责任。

【案例评析】根据《著作权法》第 42 条第 1 款的规定，录音录像制作者使用他人作品制作录音录像制品，应当取得著作权人许可，并支付报酬。除法律另有规定外，未经许可使用他人受著作权法保护的作品制作录音录像制品，构成侵害著作权的行为。但即使录音录像制作者使用他人作品制作录音录像制品并未取得著作权人许可，其制作的录音录像制品亦受著作权法保护，他人未经录音录像制作者许可不得使用其录音录像制品，否则构成对录音录像制作者权的侵害。此原理与未经授权对他人作品进行改编形成的新作品仍受著作权法保护是类似的。本案中，被告辩称，涉案音乐属于合作作品，权利人应当为肖恩·詹姆斯·西摩夫妇，而非 Lullatone 公司，现有证据无法证明北京音未公司享有涉案音乐的相关著作权权利。但音乐作品授权协议既有 "Lullatone, Inc." 的签章，也有 "Shawn James Seymour" 的签名，表明肖恩·詹姆斯·西摩作为合作作者之一确认 Lullatone 公司就涉案音乐享有著作权及录音制作者权。肖恩·詹姆斯·西摩还为 Lullatone 公司及原告北京音未公司录制视频，展示了涉案音乐音轨，说明涉案录音制品音轨掌握在 Lullatone 公司及原告北京音未公司的控制之下。同时，涉案音乐在传播时注明 "Lullatone"。综合上述证据，可以认定涉案音乐在传播时注明的 "Lullatone" 系指 Lullatone 公司，而非肖恩·詹姆斯·西摩夫妇个人。即使原告并未提交肖恩·詹姆斯·西摩夫妇授权 Lullatone 公司使用其音乐作品的授权书，亦可以认定 Lullatone 公司为涉案音乐的录音制作者，享有邻接权，并有权将该权利授权原告行使。被告无论是直接翻录该录音制品，还是在翻录基础上进行二次编辑（包括加入其他音轨），均构成对录音制作者权的侵害。本案中，被告认可涉案视频中使用了涉案音乐作为配乐，因此，被告涉案视频中使用的录音制品与原告主张权利的录音制品具有同一性在本案中并无争议。实践中，由于音乐作品作者可能授权多家唱片公司对其同一部音乐作品进行录制，同一表演者也可能授权不同唱片公司对其就同一部音乐作品的表演分别进行录制，这种情况下，即使是不同唱片公司分别进行录制形成的录音制品，其差异也可能很小，可能无法通过人的感官进行识别和确认，因此，录音制品的同一性问题往往成为诉讼争议的焦点。如果经过法院组织现场勘验，原告主张权利的录音制品和被控侵权录音制品基本无差异的，则应当由被告就其使用和传播的被控侵权录音制品与原告主张权利的录音制品不同承担举证责任，如果被告不申请进行同一性鉴定的，则法院应认定被控侵权录音制品与原告主张权利的录音制品相同。如果经过法院组织现场勘验，原告主张权利的录音制品和被控侵权录音制品有明显差异的，则应当由原告就被控侵权录音制品与原告主张权利的录音制品相同承担举证责任，如果原告不申请同一性鉴定的，则法院应当认定被控侵权录音制品与原告主张权利的录音制品不同。

第四节　广播电台、电视台播放

条文要点注释

广播组织权，是指广播组织就其广播、电视节目信号享有的专有权利。广播、电视节目信号与广播电视节目并不是同一概念。广播、电视节目本身可能构成作品或录音录像制品。广播组织将广播、电视节目按照一定的编排顺序进行播放，从而形成了广播、电视节目信号。广播组织从事的上述编排和播放工作，并不属于具有独创性的智力劳动①，故广播组织的工作成果，即广播、电视节目信号不属于具有独创性的作品。但考虑到广播组织从事上述工作投入了大量人力、物力，如果不对广播、电视节目信号给予一定程度的保

---

①　例如，某广播电台清晨7点播放新闻，上午9点播放音乐，下午2点播放相声，下午5点播报交通路况，上述节目编排和播放（广播电台信号）并没有包含编导人员具有独创性的思想，这一点与汇编作品不同。但在某音乐节目中，编导选择、编排了若干首流行歌曲进行播放，如果该选择、编排具有独创性，则该音乐节目本身构成汇编作品。

护，将造成广播组织的经济利益明显受损，因此，我国《著作权法》根据《与贸易有关的知识产权协定》将广播组织就其广播、电视节目信号享有的专有权利规定为一种邻接权。广播组织权的内容包括转播权、录制以及复制权、通过信息网络向公众传播权。《著作权法实施条例》第 26 条规定的"广播电台、电视台对其播放的广播、电视节目享有的权利"实际上应当为"广播电台、电视台对其播放的广播、电视节目信号享有的权利"。

法律条文

第四十六条　广播电台、电视台播放他人未发表的作品，应当取得著作权人许可，并支付报酬。

广播电台、电视台播放他人已发表的作品，可以不经著作权人许可，但应当按照规定支付报酬。

第四十七条　广播电台、电视台有权禁止未经其许可的下列行为：

（一）将其播放的广播、电视以有线或者无线方式转播；

（二）将其播放的广播、电视录制以及复制；

（三）将其播放的广播、电视通过信息网络向公众传播。

广播电台、电视台行使前款规定的权利，不得影响、限制或者侵害他人行使著作权或者与著作权有关的权利。

本条第一款规定的权利的保护期为五十年，截止于该广播、电视首次播放后第五十年的 12 月 31 日。

第四十八条　电视台播放他人的视听作品、录像制品，应当取得视听作品著作权人或者录像制作者许可，并支付报酬；播放他人的录像制品，还应当取得著作权人许可，并支付报酬。

关联规范

《著作权法实施条例》（国务院令第 633 号，自 2013 年 3 月 1 日起施行，节录）

第二十六条　著作权法和本条例所称与著作权有关的权益，是指出版者对其出版的图书和期刊的版式设计享有的权利，表演者对其表演享有的权利，录音录像制作者对其制作的录音录像制品享有的权利，广播电台、电视台对其播放的广播、电视节目享有的权利。

第二十七条　出版者、表演者、录音录像制作者、广播电台、电视台行使权利，不得损害被使用作品和原作品著作权人的权利。

第三十五条　外国的广播电台、电视台根据中国参加的国际条约对其播放的广播、电视节目享有的权利，受著作权法保护。

法条解读

根据《罗马公约》第 13 条的规定："广播组织应当有权授权或禁止：（甲）转播他们的广播节目；（乙）录制他们的广播节目；（丙）复制：（1）未经他们同意而制作他们的广播节目的录音或录像；（2）根据第十五条的规定而制作他们的广播节目的录音和录像，但复制的目的不符合该条规定的目的。（丁）向公众传播电视节目，如果此类传播是在收门票的公共场所进行的。行使这种权利的条件由被要求保护的缔约国的国内法律确定。"可见，我国虽然并未加入《罗马公约》，但我国《著作权法》中所规定的广播组织权参考了《罗马公约》的上述规定，不过尚有一定差异。

在广播组织权的主体方面，《罗马公约》第 3 条规定，"广播"是指供公众接收的声音或图像和声音的无线电传播，因此，《罗马公约》所规定的享有广播组织权的广播组织是指通过无线电向公众传播声音或图像和声音的组织，并不包括以有线方式进行广播的组织以及通过卫星通信方式进行无线广播的组织。这是由于《罗马条约》订立于1961年10月26日，当时，有线电视系统尚未发展成熟和普遍商用，而1962年7月10日，美国才发射了世界上第一颗具有主动越洋电视转播能力的通信卫星——"电星一号"。因此，《罗马公约》所规定的广播组织范围较窄，仅限于通过无线电进行广播的组织。而我国《著作权法》所规定的广播组织权的主体包括广播电台、电视台，其具体通过何种无线或有线方式进行广播，在所不限。根据我国《广播电视管理条例》的规定，广播电台、电视台由县、不设区的市以上人民政府广播电视行政部门设立，其中，教育电视台可以由设区的市、自治州以上人民政府教育行政部门设立。其他任何单位和个人不得设立广播电台、电视台。因此，在我国享有广播组织权的广播电台、电视台均应当按照上述规定依法设立。其他任何单位和个人未经审批私自设立"广播电台、电视台"并向公众传播声音或图像和声音的，属于违法行为，不能享有广播组织权。除依法设立的广播电台、电视台外，其他单位和个人通过互联网直播方式向公众传播声音或图像和声音的，其亦不能享有广播组织权。

在广播组织权的内容方面，《罗马公约》规定了广播组织享有四项权利，即转播广播节目信号的专有权利、录制广播节目信号的专有权利、复制广播节目信号录制品的专有权利、在收门票的公共场所向公众传播电视节目的专有权利。而我国《著作权法》规定广播组织享有的权利包括转播广播节目信号的专有权利、录制广播节目信号的专有权利、复制广播节目信号录制品的专有权利以及通过信息网络向公众传播广播节目信号的专有权利。《罗马公约》并未规定广播组织对其广播节目信号享有信息网络传播权，原因亦在于该条约订立时间较早，当时互联网尚未发明和应用。我国2010年修正的《著作权法》第45条规定的广播组织权中亦不包括信息网络传播权。立法部门经过广泛征求意见和详细论证后，现行《著作权法》在广播组织权中增加了信息网络传播权这项权能。司法部负责人于 2020 年 4 月 26 日在第十三届全国人民代表大会常务委员会第十七次会议上所做《关于〈中华人民共和国著作权法修正案（草案）〉的说明》中指出，本次对广播组织权表述的修改，目的在于"明确广播电台电视台作为邻接权人时，权利客体是其播放的'载有节目的信号'，对其播放的'载有节目的信号'享有信息网络传播权。"① 以网络直播方式转播广播组织的广播节目信号，属于将广播节目信号以有线方式转播，可以纳入现行《著作权法》第 47 条第 1 款第 1 项的规制范围。以网络交互方式向公众提供已录制的广播节目信号，则可以纳入现行《著作权法》第 47 条第 1 款第 3 项的规制范围。有学者认为，《罗马公约》中的"转播权"只能控制无线转播，《与贸易有关的知识产权协定》赋予广播组织的"转播权"只是重复了《罗马公约》的规定，内容为"广播组织有权禁止未经许可以无线方式转播其广播"，因此，广播组织权的"转播权"仅能控制无线转播；在《罗马公约》和《与贸易有关的知识产权协定》之后，国际上并没有缔结给予广播组织更强保护的新条约，国际上对广播组织的"转播权"能否控制互联网转播存在很大争议。② 笔者认为，在现行《著作权法》颁布施行后，广播组织权已将以网络直播方式转播广播组织广播节目信号的行为纳入规制范围。具体理由为：第一，现行《著作权法》第 47 条第 1 款第 1 项关于转播权的表述是"以有线或者无线方式转播"广播节目信号，而第 10 条第 1 款第 11 项关于广播权的表述是"以有线或者无线方式公开传播

---

① 袁曙宏：《关于〈中华人民共和国著作权法修正案（草案）〉的说明》，http://www.npc.gov.cn/npc/c30834/202011/f254003ab9144f5db7363cb3e01cabde.shtml，访问日期：2023 年 9 月 28 日。

② 王迁：《著作权法》，中国人民大学出版社，2015，第 290 - 291 页。

或者转播"作品。两者的表述均包括"以有线或者无线方式",而广播权规制的范围已经涵盖网络直播方式,如转播权规制的范围不包括网络直播方式,则同一部法律中相同的用语会存在不同的含义,但立法者并未对此加以特别解释和说明。因此,根据文义解释和体系解释的原理,应当认定转播权规制的范围包括网络直播方式。第二,《与贸易有关的知识产权协定》规定了我国加入该协定时要达到的最低保护标准,我国《著作权法》给予广播组织权更大的控制范围以及更高的保护水平,不违反国际条约。第三,现行《著作权法》已经规定广播组织对其广播节目信号享有信息网络传播权,即广播组织可以控制通过信息网络以交互方式向公众传播广播节目信号的行为。如果广播组织不能控制以网络直播方式(非交互方式)向公众转播广播节目信号的行为,显然缺乏合理性。第四,实践中以网络直播方式转播广播节目信号的情况非常常见,尤其是以网络直播方式对电视台广播的体育赛事节目信号进行转播,对电视台的商业利益造成了很大影响。虽然在特定情形下电视台可以主张其制作的体育赛事节目具有独创性,构成视听作品,并通过广播权及信息网络传播权控制对该体育赛事节目的非交互式网络直播和交互式网络点播行为,但对录制较为简单的体育赛事节目,以及并非电视台自己制作、电视台购买信号后直接进行广播的体育赛事节目,电视台难以主张其为体育赛事节目视听作品的著作权人。因此,将以网络直播方式向公众转播广播节目信号的行为纳入广播组织权的控制范围是有必要的。《罗马公约》规定广播组织享有在收门票的公共场所向公众传播电视节目的专有权利,而我国《著作权法》并未规定广播组织享有该专有权利。例如,有些酒吧、餐厅在其经营场所内设置电视机或投影仪,向餐厅内的顾客播放广播节目信号,特别是在世界杯、奥运会期间吸引了很多顾客边用餐边欣赏体育赛事节目。按照《罗马公约》的规定,广播组织有权禁止该行为,或就该行为发放许可并收取费用。但在中国目前的国情下，广播电视节目服务具有一定的公益性质，公众获取广播电视节目信号所需花费非常低廉，广播电视已经走进千家万户。如果规定酒吧、餐厅在其经营场所内向顾客播放广播电视节目信号需要向广播组织支付许可费用，那么酒吧、餐厅等经营者只能将该部分成本转嫁给消费者，而消费者则很可能选择在家观看广播电视节目而不额外承担该部分成本。由此一来，广播组织也难以增加该部分授权收入。在酒吧、餐厅等经营者申请开通广播电视节目服务时，广播组织很难区分广播电视节目信号开通后是酒吧、餐厅自己的员工观看，还是向顾客播放。此外，酒吧、餐厅等经营者一般不会在餐饮服务费之外另行收取"门票"或"入场费"，上述规定适用的场景很少出现。综合考虑各方面因素，我国《著作权法》并未规定广播组织享有上述专有权利。我国《著作权法》规定，作者对其作品享有信息网络传播权，表演者对其表演享有许可他人通过信息网络向公众传播其表演的权利，录音录像制作者对其制作的录音录像制品享有许可他人通过信息网络向公众传播的权利，广播组织有权禁止未经其许可将其播放的广播、电视通过信息网络向公众传播。因此，如果广播组织播出的节目信号内容为一段视频，该视频属于录像制品，其中含有某演员的表演，而该演员表演的内容为音乐作品，则会出现作者权利、表演者权利、录音录像制作者权利、广播组织权利交织的情况。如果他人未经许可将广播组织播出的该段视频录制后通过信息网络向公众传播，则必然侵害音乐作品著作权、表演者权及录音录像制作者权，但是否同时侵害了广播组织权中的信息网络传播权？现行《著作权法》增设了广播组织权中的信息网络传播权，其规制的范围究竟为何？我们知道，广播组织权所保护的对象是"载有节目的信号"，而非节目内容本身。如果节目视频并非由广播组织录制，且广播组织对该节目视频中含有的作品和表演亦不享有作品著作权及表演者权，那么广播组织对该节目信号形成所作出的贡献仅为对所播出节目内容的选择和编排，此种贡献即广播组织权所保护的对象，也即广播组织为作品传播所作出的非独创性的智力劳动成果。那么，如果他人未经许可将广播组织播出的节目视频录制后通过信息网络向公众传播，该段视频只包含单个节目内容的，其并未使用广播组织对播出节目内容的选择和编排，因此，不应认定其侵害了广播组织权中的信息网络传播权。如果他人未经许可将广播组织播出的节目视频录制后通过信息网络向公众传播，该段视频包含多个节目内容的，其使用了广播组织对播出节目内容的选择和编排，则构成对广播组织权中信息网络传播权的侵害。例如，某电视台播放一部已经超出著作权保护期限的电影，某公司将该电视台播放的电影视频画面进行录制，然后将该电影视频上传至网站中，使网络用户在个人选定的时间和地点获得该电影。首先，该公司的行为并不构成对电影作品著作权的侵害，因为该作品已经超出著作权保护期限，进入公有领域，任何人均可使用和传播该作品，无须获得著作权人许可。其次，虽然该公司录制的电影视频画面中包含该电视台的台标，该公司的行为亦不构成对广播组织权的侵害，因为该公司使用和传播的是电影作品内容，而非电视台对播出节目内容的选择和编排。

典型案例

案例4-4 广播组织权人对无线转播模式、有线转播模式转播加密电视信号均享有广播组织权——原告河南有线电视网络集团有限公司与被告商丘同方恒泰数字电视有限公司侵害广播组织权纠纷案①

【裁判要旨】中央电视台是编排制作中央电视台电视节目的广

————————

① 河南省高级人民法院（2014）豫法知民终字第 249 号判决书。

播组织权人。经中央电视台授权、中广影视卫星有限责任公司（以下简称中广影视公司）转授权，河南有线电视网络集团有限公司（以下简称河南有线公司）有权对侵害广播组织权的行为提起诉讼。中央电视台作为广播组织权人，对无线转播模式、有线转播模式转播加密电视信号均享有广播组织权，被告关于其转播模式为无线转播，故不侵犯涉案广播组织权的答辩理由不成立。被告未经许可转播中央电视台电视节目的行为，侵犯了广播组织权。

【案情简介】中央电视台通过授权书的形式授权中广影视公司（中央卫星电视传播中心）负责中央电视台拥有著作权及相关权利的第3、5、6、8套电视节目在中国大陆的加密电视信号转播经营权（通过有线电视、卫星电视、IP电视网络含网络电视向网络运营商提供授权内容的加密转播服务，并直接或间接通过其向用户收取费用）、信号授权管理、收视费收缴、知识产权与节目著作权保护等工作，并授权中广影视公司根据授权书许可第三方行使上述加密电视信号转播权，被许可的第三方不拥有转授权的权利。2012年12月12日，中广影视公司通过授权证明的形式授权河南有线公司在河南省辖区范围内经营管理中央电视台第3、5、6、8套电视节目、收视费收缴、知识产权与节目著作权保护，授权的期限为2010—2013年度。2012—2013年，河南有线公司与中广影视公司签订多份"中央电视台加扰卫星电视节目传送合作协议书"。2008年10月，商丘同方恒泰数字电视有限公司（以下简称同方恒泰公司）从河南广电信息网络有限公司（以下简称河南广电公司）购买了传输中央电视台第3、5、6、8套电视节目的播放设备并缴纳了收视费，双方未签订书面合同。2008年10月14日，河南广电公司向同方恒泰公司出具了购买设备款的定额发票和河南广电公司标注"项目3568收视费"的16800元机打发票。河南广电公司是河南有线公司的全资子公司，河南有线公司认为河南广电公司授权同方恒泰公司转播中央电视台第3、5、6、8套电视节目的期限是1年，同方恒泰公司继续转播中央电视台第3、5、6、8套电视节目已构成侵权，要求同方恒泰公司停止侵权并赔偿经济损失。同方恒泰公司的股东为北京同方凌讯科技有限公司（以下简称北京同方公司）和商丘电视台。北京同方公司官方网站信息显示，同方恒泰公司自2009年3月起开始提供电视服务。2013年12月28日，同方恒泰公司在商丘市长征南路设置"同方恒泰无线数字电视"营业厅，公证处工作人员在该营业厅内办理无线数字电视入网手续，同方恒泰公司仍未停止转播中央电视台第3、5、6、8套电视节目的行为。中央电视台版权管理部于2014年5月28日出具的授权书显示，中央电视台授权中央卫星电视传播中心在河南省辖区范围内代理经营管理中央电视台第3、5、6、8套加密电视节目，并可以自己的名义或授权第三方以第三方的名义对侵犯中央电视台第3、5、6、8套电视节目知识产权的同方恒泰公司提起诉讼。第三方经合法授权获得中央卫星电视传播中心上述著作权维权权利之后，不得将上述权利再次转让给任何其他第三方。中广影视公司于2014年5月29日出具的授权书显示，授权河南有线公司在河南省辖区范围内代理经营管理中央电视台第3、5、6、8套加密电视节目，并可以以自己的名义对侵犯中央电视台第3、5、6、8套电视节目知识产权的同方恒泰公司提起诉讼。河南有线公司通过有线转播模式转播中央电视台第3、5、6、8套电视节目，并按照有线用户数向中广影视公司缴纳收视费。同方恒泰公司通过无线转播模式转播电视节目。

【一审法院观点】本案是一起侵犯广播组织权的纠纷。关于河南有线公司是否具备本案原告的主体资格问题。中央电视台第3、5、6、8套电视节目的著作权及转播权属于中央电视台，中央电视台授权中广影视公司负责在中国大陆保护相关知识产权。对中广影视公司授权河南有线公司在河南地区行使及维护相关权利，中央电视台已出具授权书，明确表示中广影视公司可授权第三方以自己的名义提起诉讼，故河南有线公司已得到原权利人的授权，具备本案的主体资格。关于同方恒泰公司是否构成侵权及是否应赔偿河南有线公司损失的问题。同方恒泰公司从河南广电公司处购买了传输中央电视台第 3、5、6、8 套电视节目的设备并向其缴纳了收视费，河南广电公司是河南有线公司的全资子公司，河南有线公司对河南广电公司的行为进行了追认，但认为河南广电公司实际授权同方恒泰公司转播的期限为 1 年，同方恒泰公司与河南广电公司未签订书面的合同，属合同约定不明，河南有线公司主张授权期限为 1 年的主张无证据支持。河南有线公司诉称，在 2010 年、2013 年两次通过法律函的方式告知同方恒泰公司停止侵权，无证据证明已将相关函件送达同方恒泰公司。中广影视公司与河南有线公司对无线用户接收中央电视台第 3、5、6、8 套电视节目的收视费未作出约定，同方恒泰公司系通过河南有线公司全资子公司取得对中央电视台第 3、5、6、8 套电视节目的无线转播渠道。综合考虑相关因素，同方恒泰公司取得转播中央电视台第 3、5、6、8 套电视节目转播权的期限应截至河南有线公司向一审法院起诉之日。因河南有线公司从中广影视公司取得的授权期限截至 2013 年，河南有线公司向法院提起诉讼的时间为 2013 年 12 月 25 日，河南有线公司未向法院举证证明其自 2013 年之后取得授权，其要求判决同方恒泰公司停止侵权赔偿损失的权利基础已不存在。综上，一审法院判决驳回河南有线公司的诉讼请求。

【二审法院观点】第一，关于河南有线公司作为本案诉讼主体是否适格的问题。中央电视台是编排制作中央电视台第 3、5、6、8 套电视节目的广播组织权人，并将广播组织权授权给中广影视公司（中央卫星电视传播中心），中广影视公司转授权河南有线公司自 2010 年起在河南省辖区范围内经营中央电视台第 3、5、6、8 套电视节目，转授权内容包括在河南省范围内转播中央电视台第3、5、6、8套电视节目、收视费收缴、知识产权与节目著作权保护，并且授权河南有线公司要求同方恒泰公司立即停止侵权行为、公开赔礼道歉、消除影响、赔偿经济损失。以上授权经法院向中央电视台、中广影视公司核实，真实有效。因此，经广播组织权人中央电视台授权、中广影视公司转授权，河南有线公司在本案具备诉讼主体资格。第二，关于同方恒泰公司是否侵犯涉案广播组织权问题。同方恒泰公司实施了转播中央电视台第3、5、6、8套电视节目的行为。中央电视台、中广影视公司（中央卫星电视传播中心）的授权文件均未授权河南有线公司或者河南广电公司有向他人许可转播中央电视台第3、5、6、8套电视节目的权利。2008年10月14日至2014年3月5日，河南广电公司并非河南有线公司的全资子公司，河南广电公司是具备独立民事行为能力、能够独立承担民事责任的法人，河南广电公司销售转播设备的民事行为不能认定为河南有线公司的民事行为。同方恒泰公司未提供可以证明其有权转播中央电视台第3、5、6、8套电视节目的书面授权文件。同方恒泰公司关于转播中央电视台第3、5、6、8套电视节目是经授权且具有长期转播权的上诉理由缺乏事实依据，法院不予支持。中央电视台作为广播组织权人，对无线转播模式、有线转播模式转播加密电视信号均享有广播组织权，同方恒泰公司关于其转播模式为无线转播，故不侵犯涉案广播组织权的答辩理由不成立。同方恒泰公司未经许可转播中央电视台第3、5、6、8套电视节目的行为，侵犯了中央电视台的广播组织权，应赔偿河南有线公司经济损失并在报纸刊登致歉声明，向河南有线公司赔礼道歉。

【案例评析】《著作权法》第47条第1款规定，广播电台、电视台有权禁止未经其许可的四种行为，即转播广播节目信号的行为、录制广播节目信号的行为、复制广播节目信号录制品的行为，以及通过信息网络向公众传播广播节目信号的行为。而《著作权法》对作品著作权表述为"著作权包括下列人身权和财产权",对表演者权表述为"表演者对其表演享有下列权利",对录音录像制作者权表述为"录音录像制作者对其制作的录音录像制品,享有许可他人复制、发行、出租、通过信息网络向公众传播并获得报酬的权利"。可见,广播组织权的定义是从禁止权的角度进行表述。而作品著作权、表演者权、录音录像制作者权的定义则是从专有权利的角度进行表述。因此,有观点认为,广播组织权与作品著作权、表演者权、录音录像制作者权不同,广播组织仅有权禁止他人未经其许可实施上述四种行为,而无权授权他人实施上述四种行为。笔者不同意上述观点。专有性是知识产权的基本特点,知识产权即权利人享有的专有权利,而专有权利的根本表现即禁止权。禁止权意味着非经知识产权人许可,任何人均不得行使其知识产权。而由于知识产权人享有该禁止权,知识产权人可以授权他人行使其知识产权,从而获得经济收益。知识产权、专有权利、禁止权应当为同一含义,只是在不同的层面和不同的角度对知识产权权利人享有的权利内容进行表述。因此,广播组织既享有禁止他人未经其许可实施上述四种行为的禁止权,也有授权他人实施上述四种行为的专有权利。本案中,中央电视台是编排制作中央电视台第3、5、6、8套电视节目的广播组织权人,其有权将广播组织权授权给中广影视公司行使,中广影视公司亦可以转授权河南有线公司行使。因此,河南有线公司有权作为本案原告就同方恒泰公司未经广播组织权人许可转播中央电视台第3、5、6、8套电视节目的行为提起诉讼。根据法院查明的事实,2008年10月,同方恒泰公司从河南广电公司购买了传输中央电视台第3、5、6、8套电视节目的播放设备并缴纳了"收视费"16800元,但双方未签订书面合同,未对该"收视费"的性质进行明确约定,河南广电公司亦没有权利授权同方恒泰公司行使广播组织权。因此，法院认定同方恒泰公司转播中央电视台电视节目并未获得广播组织权人许可，这是正确的。鉴于上述"收视费"的约定并不明确，无法确定该"收视费"的合同对价，因此，同方恒泰公司可以另案以不当得利要求河南广电公司返还该费用。二审法院判决同方恒泰公司向河南有线公司赔礼道歉，则值得商榷。广播组织享有的广播组织权，包括转播广播节目信号的专有权利、录制广播节目信号的专有权利、复制广播节目信号录制品的专有权利以及通过信息网络向公众传播广播节目信号的专有权利，均为财产性权利，并非人身性权利。因此，侵害广播组织权的法律责任不应包括赔礼道歉。

案例 4 - 5 2010 年修正的《著作权法》未将互联网环境下的转播行为纳入广播组织权调整之列，在互联网环境下转播有关节目的行为不构成转播行为——原告南京广播电视集团有限责任公司与被告网乐互联（北京）科技有限公司侵害广播组织权纠纷案①

【裁判要旨】鉴于 2010 年修正的《著作权法》未将互联网环境下的转播行为纳入广播组织权调整之列，原告主张的被告在互联网环境下通过其运营的应用程序（App）转播涉案频道节目的相关行为，并不构成"转播"行为，原告关于被告侵害其广播组织权的诉讼主张缺乏法律依据，不应予以支持。

【案情简介】原告南京广播电视集团有限责任公司（以下简称南京广电公司）于 2003 年 9 月 17 日成立。2002 年 10 月 23 日，中国共产党南京市委员会南京市人民政府印发《关于组建南京广播电视集团的通知》载明，组建南京广播电视集团（南京广播电视台），同时成立南京广电公司，取消南京电视台、南京人民广播电台建制。2020 年 10 月 8 日，南京广播电视集团（委托人）与南京广电公司

---

① 北京互联网法院（2021）京 0491 民初 9002 号民事判决书。

（受托人）签订授权书载明，南京市人民广播电台现名南京广播电视集团（南京广播电视台）是事业单位。受托人系委托人为公司化运营成立的全资公司，委托人系受托人唯一股东，持有受托人百分百股权。鉴于以上情况，受托人将其享有的南京交通广播频道、南京体育广播频道的全部知识产权权利（包括但不限于作品著作权及相关权利、广播组织权）全部转移给受托人南京广电公司。授权时间从受托人设立之日 2003 年 9 月 17 日起至 2023 年 12 月 31 日止，所有在此期间的侵权行为均由受托人以自己名义进行追究。南京广电公司（甲方）与南京交通广播、南京体育广播的各主持人（乙方）签订职务作品著作权归属声明，声明乙方作为甲方员工，乙方为甲方创作的各电台节目属于职务作品，乙方享有作品署名权，甲方享有乙方所创作的上述作品除署名权之外的其他全部著作权，并对作品承担一切法律责任。原告主张对上述两个频道"南京体育广播""南京交通广播"的广播信号享有广播组织权，对其主张的 6 个录音制品和 6 个口述作品享有信息网络传播权、广播权和其他著作权权利。2020 年 10 月 12 日，南京广电公司向公证处申请证据保全公证。公证人员于 2020 年 10 月 14 日使用公证处办理证据保全的专用手机进入华为应用商场下载"听伴"App，对 App 内所播放内容予以保存。根据公证视频显示，该"听伴"App 的供应商及开发者为被告网乐互联（北京）科技有限公司（以下简称网乐互联公司），用户通过"听伴"App 可同步收听"南京交通广播""南京体育广播"频道内容，并可点击收听涉案节目的直播和三天内回放内容。上述播放过程中显示"南京交通广播"或"南京体育广播"图标。原告主张被告未经许可在其开发运营的"听伴"App 对涉案频道"南京交通广播""南京体育广播"进行全天候同步转播，侵害原告享有的广播组织权；提供涉案节目的三天内回放点播和同步直播，侵害原告享有的信息网络传播权、广播权或其他权利。

【法院观点】根据《最高人民法院关于审理著作权民事纠纷案件适用法律若干问题的解释》第29条的规定："除本解释另行规定外，人民法院受理的著作权民事纠纷案件，涉及著作权法修改前发生的民事行为的，适用修改前著作权法的规定；涉及著作权法修改以后发生的民事行为的，适用修改后著作权法的规定；涉及著作权法修改前发生，持续到著作权法修改后的民事行为的，适用修改后著作权法的规定。"本案中，被诉侵权行为发生于2020年修正的《著作权法》实施之前，未持续到《著作权法》实施之后，故本案应适用2010年修正的《著作权法》的规定。关于被告行为是否侵害著作权及录音制作者权，根据涉案节目《修车金扳手20201014》《天天足球20201014》《吃喝玩乐走江湖20201014》《球迷俱乐部20201014》《运动处方20201014》《日月在一起20201014》的内容长度和复杂度，可能融入作者的个性因素和独立构思，从而表达作者的思想感情并反映作者的个性，具有不同于日常交流中的口头表述的独创性，符合著作权法规定的作品要件。涉案节目《家有好房20201014》《莉嗨啦我的妈20201014》《橙意车生活20201014》《智勇在线20201014》《活力清晨20201014》《安警官警务室20201014》的音频属于录音制品。本案中，南京广电公司提供了与涉案节目相关的广播电视频道许可证、授权书、情况说明、作品登记证书、职务作品著作权归属声明、作品/制品内容光盘等，在无相反证据的情况下，南京广电公司享有涉案作品的著作权，同时享有涉案录音制品的复制、发行、出租、信息网络传播的邻接权利，有权就侵害著作权或录音制作者权的行为提起诉讼。被告作为"听伴"App的运营者，未经许可提供涉案作品和制品的在线播放服务，使相关公众可以在个人选定的时间和地点以"三天内回放"方式获取涉案作品和制品，侵害了原告对涉案作品和制品享有的信息网络传播权，应当承担相应法律责任。被告未经许可在"听伴"App中对涉案作品进行网络实时转播，使用户可以通过信息网络以非交互式途径在指定时间实时获取涉案作品，应适用 2010 年修正的《著作权法》规定的"著作权人享有的其他权利"进行调整。原告主张被告在"听伴"App 上播放涉案频道节目内容，侵害其享有的广播组织权，法院不予支持。根据 2010 年修正的《著作权法》第 45 条第 1 款的规定，"广播电台、电视台有权禁止未经其许可的下列行为：（一）将其播放的广播、电视转播；（二）将其播放的广播、电视录制在音像载体上以及复制音像载体。"鉴于 2010 年修正的《著作权法》未将互联网环境下的转播行为纳入广播组织权调整之列，原告主张的被告在互联网环境下通过其运营的"听伴"App 转播涉案频道节目的相关行为，并不构成 2010 年修正的《著作权法》第 45 条第 1 款第 1 项所规定的"转播"行为，原告关于被告侵害其广播组织权的诉讼主张缺乏法律依据，不应予以支持。

【案例评析】2010 年修正的《著作权法》第 45 条第 1 款第 1 项规定的"转播"是否既包括无线方式转播，也包括有线方式（通过有线电缆以及信息网络）转播？这涉及法律解释问题。根据《罗马公约》第 13 条的规定，广播组织应当有权授权或禁止转播他们的广播节目。该条文中的"广播"是指供公众接收的声音或图像和声音的无线电传播，那么"转播"必然也是指无线电方式转播。这因为该条约订立于 1961 年，当时有线电视网络以及互联网均没有普遍应用。但我国并未加入《罗马公约》，以该公约中"转播"只限于无线电方式转播来解释我国《著作权法》，仍缺少说服力。《与贸易有关的知识产权协定》第 14 条第 3 款规定，"广播组织有权禁止下列未经其授权的行为：录制、复制录制品、以无线广播方式转播以及将其电视广播向公众传播"。可见，《与贸易有关的知识产权协定》所规定的广播组织权中的"转播"也只限于"无线广播方式"。我国已加入《与贸易有关的知识产权协定》，但该协定内容仅为成员承诺要达到的知识产权最低保护标准。根据《与贸易有关的知识产权协定》第 1 条第 1 款的规定，"各成员应实施本协定的规定。各成员可以，但并无义务，在其法律中实施比本协定要求更广泛的保护，只要此种保护不违反本协定的规定"。因此，如果我国《著作权法》将广播组织权中转播广播节目信号的专有权利规定得更为宽泛，将"转播"的范围扩大到既包括无线方式转播，也包括有线方式（通过有线电缆以及信息网络）转播，并不违反《与贸易有关的知识产权协定》。中国人大网在 2002 年 7 月 15 日发布的《中华人民共和国著作权法释义》指出，按照《罗马公约》和《与贸易有关的知识产权协定》的规定，"广播"仅指以无线方式，而 2001 年修正的《著作权法》第 44 条没有规定转播是通过无线还是有线。全国人民代表大会常务委员会原法律委员会主任王维澄同志在其所作的"关于修改著作权法决定"的报告中提到："决定草案第三十五条第（一）项规定，广播电台、电视台有权禁止他人未经许可'将其播放的广播、电视以无线方式重播'。广播电影电视总局提出，目前有线电视发展很快，应增加规定有线方式的播放权。同时要求将上述规定中的'重播'改为'转播'。因此，法律委员会建议将该项修改为'将其播放的广播、电视转播'。"根据这一报告，可以认为转播不仅指无线方式，也包括有线方式。[①] 根据立法目的，2001 年修正《著作权法》时所规定的转播广播节目信号的专有权利中的"转播"不限于无线方式，也包括有线电视方式的转播。但 2001 年修正的《著作权法》第 44 条第 1 款第 1 项和 2010 年修正的《著作权法》第 45 条第 1 款第 1 项中的"转播"是否包括以信息网

[①] 中国人大网：《〈中华人民共和国著作权法释义〉第四章 出版、表演、录音录像、播放》，http://www.npc.gov.cn/zgrdw/npc/flsyywd/minshang/2002 – 07/15/content _297585.htm，访问日期：2023 年 10 月 11 日。

络方式转播，则无法找到相关依据。在本案中，法院认定，由于
2010 年修正的《著作权法》未将互联网环境下的转播行为纳入广播
组织权调整之列，原告主张的被告在互联网环境下通过其运营的
"听伴" App 转播涉案频道节目的相关行为，并不构成 2010 年修正
的《著作权法》第 45 条第 1 款第 1 项所规定的"转播"行为。该
认定结论是正确的。但如前所述，在现行《著作权法》施行后，以
网络直播方式转播广播组织的广播节目信号，属于将广播节目信号
以有线方式转播，可以纳入现行《著作权法》第 47 条第 1 款第 1 项
的规制范围。此外，本案中原告还主张，被告通过同步直播、转播、
复制等方式向消费者听众呈现原告的频道内容，获得了巨大的听众
流量和软件实际收益。涉案 App 严重分流和占有了原告的听众市
场，违反诚实信用原则，扰乱市场秩序，给原告带来了巨大的损失，
构成不正当竞争行为。就上述主张，法院以没有管辖权为由未予处
理。考虑到被告以网络直播方式转播原告的广播节目信号，使用了
原告对播出节目内容的选择和编排，未经许可利用了原告的智力劳
动成果，该行为具有商业目的，被告可能利用该节目信号获得本应
属于原告的广告收益，且本案判决作出时 2020 年修正的《著作权
法》已经施行并将互联网环境下的转播行为纳入广播组织权调整
之列，因此，就原告对播出节目内容的选择和编排这一智力劳动成
果适用《反不正当竞争法》加以保护，也是可行的路径。

第五章　著作权和与著作权
有关的权利的保护

　　未经著作权人许可，实施《著作权法》第 10 条所规定的专有权利控制的行为，且不具有合理使用、法定许可等违法阻却事由的，即构成直接侵犯著作权的违法行为。例如，未经著作权人许可，发表其作品的，该行为由著作权人享有的发表权所控制，故该行为构成对发表权的侵犯。没有参加创作，为谋取个人名利，在他人作品上署名的，或者未经合作作者许可，将与他人合作创作的作品当作自己单独创作的作品发表的，上述行为均由著作权人享有的署名权所控制，故上述行为构成对署名权的侵犯。《民法典》第 1169 条第 1 款规定，"教唆、帮助他人实施侵权行为的，应当与行为人承担连带责任"。教唆、帮助他人实施直接侵犯著作权违法行为的，构成间接侵犯著作权的违法行为，应当承担连带责任。例如，挑唆、策划、指使他人通过信息网络传播盗版电影，或者明知他人实施印制盗版书籍的行为，而为其提供帮助，如提供印刷设备和仓储场地等行为。

　　避开技术措施以及删除作品的权利管理信息，不属于侵害著作权人享有的专有权利的行为，因为避开技术措施以及删除作品的权利管理信息的行为并不受任何一项著作权专有权利所控制。禁止避开技术措施以及删除作品的权利管理信息，根本原因在于技术措施以及作品的权利管理信息对著作权的保护具有积极作用。技术措施可以防止、限制未经权利人许可浏览、欣赏作品，以及通过信息网络向公众提供作品。如果避开技术措施，则未经权利人许可浏览、欣赏作品以及通过信息网络向公众提供作品较容易实现，将会对著作权人的利益造成损害。根据《世界知识产权组织版权条约》第12条第2款的规定，权利管理信息系指识别作品、作品的作者、对作品拥有任何权利的所有人的信息，或有关作品使用的条款和条件的信息，和代表此种信息的任何数字或代码，各该项信息均附于作品的每件复制品上或在作品向公众进行传播时出现。如果删除作品的作者、对作品拥有任何权利的所有人的信息，则会断开作品与作者之间的联系，使公众无法知晓著作权归属，可能造成公众误认为该作品已经不受著作权保护，从而造成作品在未经权利人许可的情况下被进一步传播。如果删除作品使用的条款和条件的信息，则公众无法通过接收该信息的方式与权利人订立作品许可使用合同，可能出现使用者以超出作品使用的条款和条件的方式使用作品的情形，造成使用者和权利人之间的争议。可见，如果行为人避开技术措施或者删除作品的权利管理信息，将对著作权的保护造成现实危险，可能被他人利用实施侵害著作权的行为，从而使著作权人的利益受损。避开技术措施以及删除作品的权利管理信息在本质上属于一种违反保护他人的法律的不法行为。避开技术措施以及删除作品的权利管理信息将造成作品著作权丧失保护的现实危险，这种危险即属于客观确定的损害后果。避开技术措施以及删除作品的权利管理信息的行为属于一种独立的违法行为，应当单独进行法律评价，并不一定构成间接侵害著作权的行为，也不以直接侵权行为存在作为前提。而教唆、帮助行为人，尽管没有直接参与实施直接侵害著作权的行为，但他们的教唆、帮助行为与直接侵权人的致害行为形成了一个共同的、不可分割的整体，使他们成为共同侵害著作权行为的共同加害人。如果行为人没有实施直接侵犯著作权的违法行为，则教唆、帮助侵犯著作权违法行为也不可能成立。

第一节 技术保护措施

条文要点注释

　　技术保护措施本身并不属于著作权法上的作品，而是一种保护作品著作权免受侵害的技术手段。避开或者破坏技术措施行为本身并不属于侵害作品专有权利的行为，但避开或者破坏技术措施可能导致作品专有权利处于更容易受到侵害的危险之中，因此，该行为属于著作权法规定的一种违法行为。根据《民法典》第1167条的规定，"侵权行为危及他人人身、财产安全的，被侵权人有权请求侵权人承担停止侵害、排除妨碍、消除危险等侵权责任"。行为人避开或者破坏技术措施危及著作权人无形财产安全，著作权人有权请求行为人停止避开或者破坏技术措施，停止以避开或者破坏技术措施为目的制造、进口或者向公众提供有关装置或者部件，停止故意为他人避开或者破坏技术措施提供技术服务，以消除对著作权人无形财产构成的危险。行为人避开或者破坏技术措施实际导致作品专有权利被侵害的，构成帮助侵权行为，应当与侵害作品专有权利的人承担连带赔偿责任。

法律条文

　　第四十九条　为保护著作权和与著作权有关的权利，权利人可以采取技术措施。

　　未经权利人许可，任何组织或者个人不得故意避开或者破坏技术措施，不得以避开或者破坏技术措施为目的制造、进口或者向公众提供有关装置或者部件，不得故意为他人避开或者破坏技术措施提供技术服务。但是，法律、行政法规规定可以避开的情形除外。

本法所称的技术措施，是指用于防止、限制未经权利人许可浏览、欣赏作品、表演、录音录像制品或者通过信息网络向公众提供作品、表演、录音录像制品的有效技术、装置或者部件。

第五十条　下列情形可以避开技术措施，但不得向他人提供避开技术措施的技术、装置或者部件，不得侵犯权利人依法享有的其他权利：

（一）为学校课堂教学或者科学研究，提供少量已经发表的作品，供教学或者科研人员使用，而该作品无法通过正常途径获取；

（二）不以营利为目的，以阅读障碍者能够感知的无障碍方式向其提供已经发表的作品，而该作品无法通过正常途径获取；

（三）国家机关依照行政、监察、司法程序执行公务；

（四）对计算机及其系统或者网络的安全性能进行测试；

（五）进行加密研究或者计算机软件反向工程研究。

前款规定适用于对与著作权有关的权利的限制。

关联规范

《计算机软件保护条例》（国务院令第 632 号，自 2013 年 3 月 1 日起施行，节录）

第二十四条　除《中华人民共和国著作权法》、本条例或者其他法律、行政法规另有规定外，未经软件著作权人许可，有下列侵权行为的，应当根据情况，承担停止侵害、消除影响、赔礼道歉、赔偿损失等民事责任；同时损害社会公共利益的，由著作权行政管理部门责令停止侵权行为，没收违法所得，没收、销毁侵权复制品，可以并处罚款；情节严重的，著作权行政管理部门并可以没收主要用于制作侵权复制品的材料、工具、设备等；触犯刑律的，依照刑法关于侵犯著作权罪、销售侵权复制品罪的规定，依法追究刑事责任：

......

（三）故意避开或者破坏著作权人为保护其软件著作权而采取的技术措施的；

......

《信息网络传播权保护条例》（国务院令第 634 号，自 2013 年 3 月 1 日起施行，节录）

第四条　为了保护信息网络传播权，权利人可以采取技术措施。

任何组织或者个人不得故意避开或者破坏技术措施，不得故意制造、进口或者向公众提供主要用于避开或者破坏技术措施的装置或者部件，不得故意为他人避开或者破坏技术措施提供技术服务。但是，法律、行政法规规定可以避开的除外。

第十二条　属于下列情形的，可以避开技术措施，但不得向他人提供避开技术措施的技术、装置或者部件，不得侵犯权利人依法享有的其他权利：

（一）为学校课堂教学或者科学研究，通过信息网络向少数教学、科研人员提供已经发表的作品、表演、录音录像制品，而该作品、表演、录音录像制品只能通过信息网络获取；

（二）不以营利为目的，通过信息网络以盲人能够感知的独特方式向盲人提供已经发表的文字作品，而该作品只能通过信息网络获取；

（三）国家机关依照行政、司法程序执行公务；

（四）在信息网络上对计算机及其系统或者网络的安全性能进

行测试。

第十八条　违反本条例规定，有下列侵权行为之一的，根据情况承担停止侵害、消除影响、赔礼道歉、赔偿损失等民事责任；同时损害公共利益的，可以由著作权行政管理部门责令停止侵权行为，没收违法所得，非法经营额 5 万元以上的，可处非法经营额 1 倍以上 5 倍以下的罚款；没有非法经营额或者非法经营额 5 万元以下的，根据情节轻重，可处 25 万元以下的罚款；情节严重的，著作权行政管理部门可以没收主要用于提供网络服务的计算机等设备；构成犯罪的，依法追究刑事责任：

……

（二）故意避开或者破坏技术措施的；

……

（五）通过信息网络提供他人的作品、表演、录音录像制品，未指明作品、表演、录音录像制品的名称或者作者、表演者、录音录像制作者的姓名（名称），或者未支付报酬，或者未依照本条例规定采取技术措施防止服务对象以外的其他人获得他人的作品、表演、录音录像制品，或者未防止服务对象的复制行为对权利人利益造成实质性损害的。

第十九条　违反本条例规定，有下列行为之一的，由著作权行政管理部门予以警告，没收违法所得，没收主要用于避开、破坏技术措施的装置或者部件；情节严重的，可以没收主要用于提供网络服务的计算机等设备；非法经营额 5 万元以上的，可处非法经营额 1 倍以上 5 倍以下的罚款；没有非法经营额或者非法经营额 5 万元以下的，根据情节轻重，可处 25 万元以下的罚款；构成犯罪的，依法追究刑事责任：

（一）故意制造、进口或者向他人提供主要用于避开、破坏技术措施的装置或者部件，或者故意为他人避开或者破坏技术措施提供技术服务的；

……

第二十六条　本条例下列用语的含义：

……

技术措施，是指用于防止、限制未经权利人许可浏览、欣赏作品、表演、录音录像制品的或者通过信息网络向公众提供作品、表演、录音录像制品的有效技术、装置或者部件。

……

法条解读

根据《世界知识产权组织版权条约》第 11 条的规定，"缔约各方应规定适当的法律保护和有效的法律补救办法，制止规避由作者为行使本条约或《伯尔尼公约》所规定的权利而使用的、对就其作品进行未经该有关作者许可或未由法律准许的行为加以约束的有效技术措施"。根据《世界知识产权组织表演和录音制品条约》第 18 条的规定，"缔约各方应规定适当的法律保护和有效的法律补救办法，制止规避由表演者或录音制品制作者为行使本条约所规定的权利而使用的、对就其表演或录音制品进行未经该有关表演者或录音制品制作者许可、或未由法律准许的行为加以约束的有效技术措施"。可见，著作权法上的"技术措施"包含两方面特征：一是技术措施必须具有防止、限制未经权利人许可使用和传播作品、表演、录音录像制品的目的；二是技术措施必须具有有效性，能够在某种程度上起到防止、限制未经权利人许可使用和传播作品、表演、录音录像制品的作用。根据我国《著作权法》对技术措施的定义，技术措施是指用于防止、限制未经权利人许可浏览、欣赏作品、表演、录音录像制品或者通过信息网络向公众提供作品、表演、录音录像制品的有效技术、装置或者部件。可见，技术措施主要有两类：一是防止、限制未经权利人许可获得和感知作品、表演、录音录像制品，二是防止、限制未经权利人许可复制和传播作品、表演、录音录像制品。前者如某影视网站设置会员账号控制机制，只有购买该网站会员账号后才能够观看该网站经著作权人授权通过信息网络传播的视听作品。后者如某计算机软件开发商在软件 U 盘中设置数据加密机制，用户购买该软件后只能运行该软件 U 盘中的计算机程序，但无法对软件 U 盘进行拷贝复制，也无法将该软件通过信息网络传播。

我国《著作权法》第 49 条第 2 款规定，未经权利人许可，任何组织或者个人不得故意避开或者破坏技术措施，不得以避开或者破坏技术措施为目的制造、进口或者向公众提供有关装置或者部件，不得故意为他人避开或者破坏技术措施提供技术服务。笔者认为，上述表述隐含的意思是，"避开或者破坏"技术措施必须是通过某种技术性方法或某种技术性装置得以实现，那么通过借用他人影视网站会员账号的方式观看该网站视听作品，以及借用他人正版软件密钥安装和使用正版软件的行为，均不属于"避开或者破坏"技术措施，因为上述行为并未通过技术性方法或技术性装置对技术措施进行破解，但上述行为可能构成违反影视网站用户服务协议或软件许可协议的违约行为。我国《著作权法》规定，不得以避开或者破坏技术措施为目的制造、进口或者向公众提供有关装置或者部件。如果制造、进口或者向公众提供有关装置或者部件，并不是以避开或者破坏技术措施为目的，该装置或部件有正当用途，则制造、进口或者向公众提供该装置或部件不构成违法行为。例如，某网络安全公司开发了一种漏洞检测工具，目的是帮助软件开发企业发现计算机软件中存在的漏洞并及时加以弥补。他人利用该检测工具发现某计算机软件中存在漏洞，并利用该漏洞绕过了限制软件拷贝复制的技术措施，制作盗版软件并进行销售。上述漏洞检测工具本身具有正当用途，只是被他人所利用，网络安全公司开发该检测工具并不构成违法行为。

在某些特定情形下，行为人可以避开技术措施，其避开技术措施的行为属于合法行为，不承担侵权责任。避开技术措施的合法行为主要包括两类：一是行为人避开技术措施后实施了著作权专有权利所控制的行为，但其实施著作权专有权利所控制的行为构成著作权法上的合理使用行为，即此时避开技术措施属于合理使用行为的准备阶段。如果将此种情形下避开技术措施的行为认定为违法行为，则著作权人均可以通过采用技术措施的方式阻止他人合理使用作品，那么就会影响社会公共利益。二是行为人避开技术措施后并未实施著作权专有权利所控制的行为，且避开技术措施具有正当性，没有不合理地损害著作权人的合法利益。《著作权法》第50条第1款规定的第一类合法行为包括：（1）为学校课堂教学或者科学研究，提供少量已经发表的作品，供教学或者科研人员使用，而该作品无法通过正常途径获取；（2）不以营利为目的，以阅读障碍者能够感知的无障碍方式向其提供已经发表的作品，而该作品无法通过正常途径获取。分别对应《著作权法》第24条第6项、第12项所规定的合理使用行为。《著作权法》第50条第1款规定的第二类合法行为包括：（1）国家机关依照行政、监察、司法程序执行公务；（2）对计算机及其系统或者网络的安全性能进行测试；（3）进行加密研究或者计算机软件反向工程研究。上述情形下，避开技术措施均具有正当性。避开技术措施的合法行为是否仅限于《著作权法》第50条第1款所列举的五种情形，其他情形下只要避开了技术措施，是否一律构成侵权行为？笔者认为避开技术措施的合法行为并不限于《著作权法》第50条第1款所列举的五种情形，该条文只是列举了若干合法避开技术措施的具体情形。只要符合上述避开技术措施合法行为的定义，为实施著作权法上的合理使用行为进行必要准备，或者避开技术措施具有正当性，没有不合理地损害著作权人的合法利益，则避开技术措施即不具有可责难性。但避开技术措施必须是无可避免的，如果行为人可以在不避开技术措施的情况下通过其他正常途径获取作品，或者行为人可以在不避开技术措施的情况下进行网络安全性能测试或者加密研究、反向工程研究，则行为人不应避开技术措施。例如，某学者撰写了一部学术专著并通过纸质图书和电子光盘两种方式出版发行，其中，电子光盘方式采取了技术措施避免他人将光盘内容复制。某大学为学校课堂教学希望少量复制上述学术专著中的部分内容，供教学人员使用，即不得避开电子光盘中的技术措施对专著内容进行复制，而只能通过复印或者扫描纸质图书的方式复制专著内容。需要注意的是，在特定情形下避开技术措施构成合法行为，但向他人提供避开技术措施的技术、装置或者部件（该技术、装置、部件系以避开或者破坏技术措施为目的而研发或制造），则不属于合法行为。因为行为人向他人提供避开技术措施的技术、装置或者部件的，难以控制他人后续利用该技术、装置或者部件避开技术措施的行为是否符合上述合法避开技术措施行为的要件，很可能被用于实施侵害著作权专有权利的行为，或未经著作权人许可获得和感知作品的行为，从而对著作权人的利益造成不合理的损害。

典型案例

案例 5 – 1　侵害信息网络传播权与破坏或者避开技术措施的行为是两类不同性质的侵权行为——原告深圳市腾讯计算机系统有限公司与被告北京易联伟达科技有限公司侵害作品信息网络传播权纠纷案①

---

　① 北京知识产权法院（2016）京 73 民终 143 号民事判决书。

【裁判要旨】采取技术措施不是权利人的专有权，但是法律法规将故意避开或者破坏技术措施的行为规定为侵权行为，据此，破坏或避开技术措施的行为属于《著作权法》《信息网络传播权保护条例》所禁止的行为。但是，侵害信息网络传播权与破坏或者避开技术措施的行为是两类不同性质的侵权行为，不能混为一谈。视频网站亦通常会设置相应技术措施，以避免他人设置指向其网站的深层链接。在此情况下，深层链接提供者如欲获得被链接网站内容，若未与被链网站达成协议获得许可，通常需要采取破坏或避开技术措施的行为。因破坏或避开技术措施的行为是设置深层链接的前提，对该行为的禁止亦能客观上达到禁止深层链接行为的效果。

【案情简介】电视剧《宫锁连城》的 DVD 外包装注明：本剧信息网络传播权归深圳市腾讯计算机系统有限公司（以下简称腾讯公司）独家所有。2014 年 4 月 9 日，湖南经视文化传播有限公司（以下简称湖南经视公司）出具授权书，将《宫锁连城》一剧的独占专有的信息网络传播权授予腾讯公司，权利内容包括：独占信息网络传播权、维权权利、转授权权利。授权范围：中国境内（不含港澳台）。授权使用期限：6 年。（2015）浙杭钱证内字第 20894 号公证书显示：2015 年 6 月 4 日，使用手机下载"快看影视"App 并安装。点击"快看影视"App，进入应用主页面；点击搜索框输入"宫锁连城"，点击"搜索"，进入相关页面；点击第一个搜索结果"宫锁连城未删减版"，进入相关页面，显示播放来源乐视网，并有 44 集的剧集排列；点击"8"，进入播放页面，显示来源于乐视网，随机拖动进度条可进行播放。庭审中，腾讯公司表示其曾将涉案作品非独家授权乐视网信息技术（北京）股份有限公司（以下简称乐视网）使用，但播出范围仅限于在乐视网自有平台播放，乐视网不得超出范围传播作品。腾讯公司与乐视网的授权书约定，乐视网的使用方式仅限于本站服务器存储方式。未经书面许可，不得通过任何方式，包括但不限于转许可、跳转链接、深层链接、播放器嵌套、共同设立合作频道、以授权第三方使用域名的方式与第三方合作等，以使本合同以外的第三方（因政策原因必须合作的除外）得以直接或间接地使用本合同授权作品。同时，乐视网应采取措施防止在授权平台上使用的本合同项下的授权作品被本合同以外的第三方通过任何方式得以直接或间接使用。腾讯公司还主张，乐视网在官网上有明确的著作权声明，禁止任何第三方对其进行视频盗链，否则依法追究相关法律责任，故北京易联伟达科技有限公司（以下简称易联伟达公司）使用涉案作品不可能有任何合法来源，其实际上对涉案作品的链接内容进行了编辑和处理，破坏了乐视网的技术保护措施而设置链接，其行为具有主观故意；同时故意引诱用户使用其应用，未支付任何著作权、广告、宣传等成本，却提供涉案作品的点播和下载服务，侵犯其所享有的独家信息网络传播权。为查清事实，一审法院就此向案外人乐视网进行了调查，乐视网提供其采取禁链措施的截屏，表示其已经采取禁链措施，并提供乐视网与腾讯公司之间的授权合同书等文件，表示其并未与易联伟达公司就"快看影视"App播放涉案电视剧达成合作关系，易联伟达公司的行为属盗链行为。易联伟达公司表示，公证书显示涉案电视剧是链接自乐视网，但其并未与乐视网签订过合作协议，而是通过技术手段抓取乐视网等视频网站的相关视频，聚合到了"快看影视"App中。乐视网虽然采取了防盗链的措施，但比较简单，该公司知晓如何通过技术手段的设置来破解乐视网的技术措施，通过可绕开禁链设置的网页搜索爬虫，抓取相关视频资源然后设链，机器进行自动匹配，获取来源于各影视网站的视频。该公司只提供链接服务，缓存是为了方便网络用户，由用户决定是否需要缓存，缓存的内容也并不在该公司服务器上，缓存并非下载。公司所设置的链接是链接到有合法授权的乐视网上，并不构成对腾讯公司独家信息网络传播权的侵害。

【一审法院观点】信息网络传播权不仅表现为权利人对作品在网络上进行传播、提供的抽象性权利，更表现为对作品网络传播的范围、方式、期间等的具体控制，以独占、排他、普通许可等授权方式来实现权利。就影视作品信息网络传播权的商业流转实务而言，独家信息网络传播权人先通过支付巨额授权费用获得著作权人的独家许可，再开展著作权运营，而运营收入除自己获得的流量及广告收益外，大部分是通过分销、转授权等方式获得各网站的授权许可费，化整为零地收回前期获取独家授权的成本。而分销一般采用非独家许可方式，独家信息网络传播权人与各网站分别签订许可合同，约定限于特定域名范围、特定期间的分销许可事项，依据不同的权限、许可期间约定各网站应支付授权许可费，并经常约定被链网站采取禁链措施防止盗链、未经许可不得转授权等授权条件及违约责任，以保证其对授权作品传播范围的有效控制。因此，如果被授权的网站超出授权范围提供、使用作品或未获取授权的第三方网站破坏被链网站采取的技术措施，会使作品的信息网络传播范围超出权利人所授权限定的平台、途径、方式、期间等，减少潜在交易机会和分销收入，导致权利人对作品的传播范围、方式失去控制，进而影响其经济利益的实现。相关网站则会从其所导致的这种权利失控中获取利益，或者减少支出本应负担的授权费用。这种独家网络传播权分销授权的商业运作逻辑，涉及整个互联网视频行业正常发展的权利基础和竞争秩序的维护问题，应成为法院判断影视聚合平台的相关行为是否构成侵犯著作权时，进行法律逻辑推演的重要考量因素和分析论证前提。本案中，易联伟达公司认可对采取了禁链措施的乐视网等网站，会采取技术措施破解其禁链措施以实现链接目的，即其对乐视网上的涉案电视剧进行了盗链。盗链是指虽然被设链网站禁止他人对其网站内作品进行深层链接，但设链网站仍然通过深层链接的方式屏蔽其网站入口、网页广告等，对网站内作品进行深层盗链。前面提到，独家信息网络传播权人为更好实现其投资回报，会通过分销方式进行普通许可。为防止网站之间通过合作、转授权等方式架空其权利，剥夺其潜在授权机会和经济利益，权利人常常会与普通许可人明确约定，要求其采取技术措施防止盗链等。而被授权网站基于维护自己权利的考虑，也会采取禁链措施。在合法链接的情况下，如被链网站采取了禁链措施，其他网站是无法通过链接方式在其网站上提供相关影视作品的；而在盗链的情况下，设链网站采取技术手段绕开被链网站的禁链措施，抓取被链网站中的视频资源在自己网站上向用户提供。盗链情况下，尽管相关作品仍存储在经合法授权的被链网站的服务器中，但设链网站却可通过自己的网站域名向不同的用户群体提供。可见，盗链行为实质打破了原网站、权利人对作品播出范围的控制，改变了作品的目标用户群体和传播范围，违背了权利人对作品进行控制的意志，使被链网站中的作品突破网站自身域名、客户端等限制范围而扩散传播，导致权利人丧失了对作品网络传播渠道、入口的控制力，不合理地损害了权利人对作品的合法权益。盗链并非合法链接，而属于侵权行为。《信息网络传播权保护条例》第 4 条规定，为了保护信息网络传播权，权利人可以采取技术措施。任何组织或者个人不得故意避开或者破坏技术措施，不得故意制造、进口或者向公众提供主要用于避开或者破坏技术措施的装置或者部件，不得故意为他人避开或者破坏技术措施提供技术服务。该条例第 18 条规定，违反本条例规定，故意避开或者破坏技术措施的，根据情况承担停止侵害、消除影响、赔礼道歉、赔偿损失等民事责任。影视聚合平台采取盗链措施绕开被链网站采取的禁链措施，使用户可在其平台上获取禁链网站上相关影视作品的播放等服务，属于商业使用作品的性质，违反了上述法律规定。本案中，易联伟达公司实施的盗链行为属于法律明文禁止的破坏技术措施的行为，其无视、破坏乐视网的爬虫协议及技术保护措施等，主观上存在过错。易联伟达公司经营的"快看影视"App 并非仅提供链接技术服务，还进行了选择、编辑、整理、专题分类等行为，且主观上存在积极破坏他人技术措施、通过盗链获取不当利益的过错。易联伟达公司的一系列行为相互结合，实现了在其聚合平台上向公众提供涉案作品播放等服务的实质性替代效果，对涉案作品超出授权渠道、范围传播具有一定控制、管理能力，导致独家信息网络传播权人本应获取的授权利益在一定范围内落空，给腾讯公司造成了损害，构成侵权，应承担相应的民事赔偿责任。

【二审法院观点】本案中，被告易联伟达公司所实施的行为既包括深层链接行为，亦包括对被链接内容所做的选择、整理、编辑行为，以及为设置链接而实施的破坏或避开技术措施等行为。因上述每个行为均是独立的行为，所以对每个行为性质的分析均应单独进行，而不能混在一起作出认定。一审判决未将破坏及避开技术措施行为与深层链接行为分开考虑。无论是对信息网络传播行为，还是对链接行为以及破坏、避开技术措施的认定，均属于对客观事实的认定，而非对行为合法性的认定。上述行为之间相互独立，无论上诉人是否实施了选择、编排、整理以及破坏技术措施等行为，均不会使链接行为成为或者不再成为链接行为。一审判决所作认定未将各行为进行区分，这一做法使本案在认定基础上便存在偏差，应予以纠正。《著作权法》规定著作权人享有的专有权中没有包括采取技术措施的权利，因此，采取技术措施不是权利人的专有权，但是上述法律法规将故意避开或者破坏技术措施的行为规定为侵权行为，据此，破坏或者避开技术措施的行为属于《著作权法》《信息网络传播权保护条例》所禁止的行为。但是，侵害信息网络传播权与破坏或者避开技术措施的行为是两类不同性质的侵权行为，不能混为一谈。目前情况下，因视频内容的著作权许可价格较高，故著作权人在发放许可时，会对传播渠道进行较为严格的控制，为达到这一目的，其通常会要求被许可网站在提供视频内容时采取相应技术措施，以最大限度维持其经营利益。而即便仅从视频网站角度考虑，基于服务器、带宽成本及广告收入等角度考虑，视频网站亦通常会设置相应技术措施，以避免他人设置指向其网站的深层链接。在此情况下，深层链接提供者如欲获得被链接网站内容，若未与被链网站达成协议获得许可，通常会采取破坏或者避开技术措施的行为。因破坏或者避开技术措施的行为是设置深层链接的前提，对该行为的禁止亦能客观上达到禁止深层链接行为的效果，所以适用有关技术措施的相关规定禁止深层链接行为亦是有效救济途径之一，且亦可获得相应赔偿。在本案中，易联伟达公司明确认可其在设置链接时，存在破坏涉案网站技术措施的行为，因此，腾讯公司通过适用有关技术措施的相关规定，便可在禁止上述行为的同时使深层链接行为得以禁止，亦可使其损失得到相应赔偿。至于破坏或避开技术措施保护规则的适用，则因技术措施通常是被链接网站所设置，所以被链接网站之外的其他著作权人是否可以获得保护亦有待探讨。此外，著作权人亦通常认为，破坏技术措施行为的举证较之于侵犯著作权行为，其难度更高，因此，权利人相对而言不愿采用这一救济方式。由此，虽然对深层链接行为的规制存在多种渠道，但专有信息网络传播权人，尤其是并不从事网站经营而仅采取发放许可这一经营模式的专有权人，却可能认为上述方式均难以有效保护其利益。腾讯公司并不否认"快看影视"App中的涉案内容来源于乐视网，但其主张该链接系通过破坏乐视网技术措施的方式设置的链接。法院在前文中已提及，即便链接服务提供者是通过破坏技术措施而实现的链接，该行为与链接行为仍为相互独立的两个行为，破坏技术措施行为的存在并不会对链接行为这一事实的认定产生影响。据此，在易联伟达公司未实施将涉案作品置于向公众开放的服务器中的行为的情况下，其虽然实施了破坏技术措施的行为，但该行为仍不构成对涉案作品信息网络传播权的直接侵犯，一审法院作出的被诉行为侵犯被上诉人信息网络传播权的认定有误，应予以纠正。虽然腾讯公司在一审起诉理由中曾提及上诉人系在破坏技术措施的情况下设置了针对被链接网站的深层链接，但因其并未单独针对破坏技术措施行为提出侵权诉请，而仅是认为其在破坏技术措施的情况下提供深层链接的行为属于侵害信息网络传播权这一专有权利的行为，故对易联伟达公司破坏技术措施行为本身是否侵害其权利，本案不予审理，腾讯公司可另行选择救济方式。

【案例评析】技术措施主要有两类：一是防止、限制未经权利人许可获得和感知其作品、表演、录音录像制品，二是防止、限制未经权利人许可复制和传播其作品、表演、录音录像制品。视频网站采取的防盗链技术措施即属于上述第一类防止、限制未经权利人许可获得和感知其作品的技术措施。本案中，乐视网采取了防盗链的技术措施，被告易联伟达公司亦认可乐视网采取了简单的防盗链措施，认可其通过技术手段破解了乐视网的防盗链技术措施，绕开禁链设置抓取相关视频资源然后设链。根据上述事实，易联伟达公司并未对视听作品进行复制，也未将视听作品置于其自己的网络服务器中并向公众提供，因此，其仅实施了避开防盗链技术措施的设链行为。基于服务器标准，其并未实施著作权法上的信息网络传播行为。视频网站防盗链技术措施的目的和效果包括两方面：一是防止未购买会员的网络用户获得和感知视听作品，确保被授权人的商业利益。如果有大量的网络用户在未购买视频网站会员的情况下就可以获得和感知视频网站中的视听作品，那么视频网站的收入将明显减少，视频网站作为被授权人向著作权人购买授权许可的付费意愿和付费能力就会降低，进而间接影响著作权人的商业利益。二是防止其他未经著作权人授权的经营者采用深层链接方式使作品的信息网络传播范围超出著作权人对视频网站授权时所限定的平台、途径、方式、期间等。如果未经著作权人授权的经营者可以采用深层链接方式使网络用户在其网站平台可以获得和感知视听作品，该经营者可以通过此种方式获得广告收入，那么其必然不愿意向著作权人购买著作权授权许可，著作权人通过发放著作权授权许可所获得的收入将减少。因此，即使设置防盗链技术措施的主体是乐视网，并不是腾讯公司，因避开或者破坏防盗链措施将影响腾讯公司的商业利益，腾讯公司亦有权就易联伟达公司避开或者破坏防盗链措施的行为提起诉讼，要求其承担侵权责任。因避开或者破坏技术措施的行为并不是单纯的行政违法行为，还是侵害著作权人商业利益的侵权行为，所以腾讯公司既有权要求易联伟达公司停止避开或者破坏防盗链技术措施的行为，也有权要求其赔偿腾讯公司的经济损失。但上述避开或者破坏技术措施侵权行为只侵害了著作权人的财产性利益，并未侵害著作权人的人身权利，因此，著作权人无权要求侵权人赔礼道歉。此外，技术措施必须具有有效性，但并不要求技术措施达到万无一失的防止、限制效果。即使视频网站采取的防盗链技术措施比较简单，破解该技术措施不具有较高的技术难度，但只要该防盗链技术措施能够在某种程度上起到防止、限制未经权利人许可获得和感知作品的技术效果，该防盗链技术措施就具有有效性，从而受到法律保护。如前所述，避开技术措施以及删除作品的权利管理信息的行为属于一种独立的违法行为，应当单独进行法律评价，不应与侵害著作权专有权利的行为混为一谈。即使避开或者破坏防盗链技术措施之后，易联伟达公司的行为并未侵害著作权人享有的专有权利，其避开或者破坏防盗链技术措施本身也具有违法性，应承担侵权责任。

案例 5 – 2　利用技术手段避开或破坏著作权人为保护节目采取的技术措施，应承担侵权责任——原告优酷信息技术（北京）有限公司与被告上海千杉网络技术发展有限公司侵害著作权及不正当竞争纠纷案①

【裁判要旨】原告通过提供涉案节目的播放服务，结合用户观看广告后可以免费观赏视频和支付会员费后可以免除广告直接播放视频的常规经营模式实现相应经济利益。被告利用技术手段避开或破坏原告为保护涉案节目采取的技术措施，通过其自身的"电视猫视频"客户端使用户无须观看广告或支付会员费即可完整观看涉案节目，客观上必然会导致原告广告播放量或会员费收益的减少，损害了原告本可获得的经济利益，应承担侵权责任。

【案情简介】涉案节目为《这！就是街舞》第一季。涉案节目片尾截图显示，该节目及节目模式之全球著作权由优酷信息技术（北京）有限公司（以下简称优酷公司）、浙江天猫技术有限公司（以下简称天猫公司）、北京巨匠文化股份有限公司（以下简称巨匠公司）共同所有，该节目信息网络传播权由优酷公司独家享有。2018 年，天猫公司与浙江阿里巴巴通信技术有限公司（以下简称阿里公司）签订代理授权书，授权阿里公司代表天猫公司签署涉案节目有关协议。2018 年 2 月 14 日，阿里公司、巨匠公司出具授权书，阿里公司、巨匠公司将涉案节目的信息网络传播权在全球范围内独家授权许可优酷公司永久使用，且享有转授权。2018 年 2 月 27 日，优酷公司向公证处申请公证取证，公证书显示：www. moretv. com 的主办单位为上海千杉网络技术发展有限公司（以下简称千杉公司），点击该网址进入电视猫官网，点击下载"电视猫视频"，将名称为"MoreTVApp3. 0_guanwang_V3. 1. 8"的安卓系统应用程序包文件保

---

① 北京知识产权法院（2020）京 73 民终 2140 号民事判决书。

存至桌面；再进入 ICP/IP 地址/域名信息备案管理系统，经查询 www. youku. com 的主办单位为优酷公司，点击该网址进入优酷网，点击下载"CIBN 酷喵影视"，将名称为"f53138e5ef6bad2d 3553a132f7e676df"的安卓系统应用程序包文件保存至桌面，后将上述两个安卓系统应用程序包安装文件通过 U 盘拷贝至电视中，在电视中安装"云视听 MoreTV"和"CIBN 酷喵影视"软件。在"CIBN 酷喵影视"客户端中搜索"ZJSJW"，在搜索结果中选择《这！就是街舞》第一季20180224 期并播放，播放完44 秒片前广告后可以正常观看正片内容。在"云视听 MoreTV"客户端中搜索"ZJSJW"，在搜索结果中选择《这！就是街舞》第一季20180224 期并播放，直接播放涉案节目，未播放片前广告。2018 年 2 月 27 日，优酷公司申请公证处进行公证取证，公证书显示：在百度软件中心下载 wireshark 软件并安装，在电视端安装"云视听 MoreTV"客户端。打开 wireshark 设置抓取对象为电视端连接的无线网络，打开"云视听 MoreTV"电视端，搜索"ZJSJW"，在搜索结果中选择《这！就是街舞》并播放第一季，在电视端播放的过程中，wireshark 软件同时对播放内容进行抓包，获取涉案节目的播放地址为 http：// v. youku. com/vshow/id……一审庭审中，优酷公司和千杉公司均认可"云视听 MoreTV"与"CIBN 酷喵影视"播放的涉案节目内容一致，且涉案软件播放涉案节目的地址来自优酷公司的服务器。优酷公司主张其对涉案节目采取了技术保护措施，并提交了以下证据：（1）优酷网中"关于反盗版和防盗链接等技术措施声明"，其中载明优酷网已经对网站内全部正版授权视频内容采取了反盗版和防盗链等技术措施，并且添加、设置权利管理电子信息。任何单位或个人，未经优酷网主办方许可，不得以任何方式直接或间接地盗取相关视频内容，不得以任何方式删除或改变相关视频内容的权利管理电子信息。（2）优酷公司出具的"关于我公司视频服务接口防盗链技术措施的情况说明",该说明载明:客户端需要向服务器端发送请求播放的 URL,才能获得后续的网络文件 URL,请求播放 URL 中包含加密的 ckey,服务器端会对该密钥进行解密并验证,通过验证后提供相应视频内容的 URL,获取视频 URL 后,客户端还需要通过服务器端的验证,即客户端请求网络视频的 URL,其中包含加密的 vkey,服务器解密后,才会向客户端给出视频文件。ckey 是客户端生成,为了校验客户端的身份、防止客户端指纹被篡改;vkey 是服务器端生成,为了防止网络文件 URL 被篡改,一般人无法获得密钥。一审庭审中,优酷公司进一步补充如下内容:非会员可以免费观看涉案节目,但需观看片前广告,会员可以免广告观看;技术措施的实现涉及客户端与服务器端,用户若想观看涉案节目需先通过客户端发送请求,通过 ckey 值验证后会向优酷公司自有或租用服务器发送具体指令,通过 vkey 值验证后才会将具体指令传输到服务器,服务器会向客户端发出具体反馈指令,进而播放涉案节目,上述环节之间相互验证。(3)〔2017〕计鉴定字第 76 号司法鉴定意见书,该鉴定书鉴定的是"MoreTVApp3.0_guanwang_V3.1.3.apk"和"MoreTVApp3.0_guanwang_V3.1.6.apk"版本的涉案软件,受理日期为 2017 年 11 月 7 日,鉴定日期为 2017 年 11 月 7 日至 2017 年 11 月 20 日,鉴定意见为"电视猫视频"应用软件在提供视频服务,播放《飞刀又见飞刀》《High5 制霸青春》时,通过技术手段获得应该只由优酷公司专有视频播放服务程序才能生成的特定密钥 ckey 值、通过技术手段获得应该只由优酷公司专有视频播放后台服务程序才能生成的特定密钥 vkey 值,突破了优酷公司安全防范措施,获取了优酷服务器中存储的视频数据。优酷公司依据上述证据主张,千杉公司通过其运营的涉案软件向公众提供涉案节目的在线播放,依据 2010 年修正的《著作权法》第 48 条第 1 款第 1 项,侵害了优酷公司享有的信息网络传播权;千杉公司上述提供涉案节目的行为是通过破坏优酷公司对涉案节目设置的技术保护措施而实现，依据 2010 年修正的《著作权法》第 48 条第 1 款第 6 项亦应承担侵权责任。同时，千杉公司通过破坏技术措施的方式只播放涉案节目正片，而未播放片头广告，依据 2017 年 11 月 4 日修订并于 2018 年 1 月 1 日起施行的《反不正当竞争法》第 12 条第 2 款第 4 项以及第 2 条，构成不正当竞争。

【一审法院观点】《这！就是街舞》是以明星导师加专业舞者参与的街舞竞技类真人秀综艺节目。节目主题明确，并通过镜头切换、画面选择与拍摄、后期剪辑和编排等过程完成，其连续的画面反映出创作者的独特视角和个性化的选择与判断，符合独创性的要求，构成以类似摄制电影的方法创作的作品。根据优酷公司提交的片尾截图、授权书等证据，可以确认优酷公司依法享有涉案节目的独家信息网络传播权，有权对相关侵权行为提起诉讼。本案中，根据公证书载明的抓包数据，涉案软件播放涉案节目的地址来自优酷公司服务器，优酷公司与千杉公司对此均不持异议，故可以确认千杉公司仅提供了涉案节目的网络地址，而未实施将作品上传至服务器中的行为，故千杉公司未实施信息网络传播行为，未侵害优酷公司的信息网络传播权。技术措施是指用于防止、限制未经权利人许可浏览、欣赏作品、表演、录音录像制品或者通过信息网络向公众提供作品、表演、录音录像制品的有效技术、装置或者部件。权利人为保护其相关著作权，可以采取技术措施，任何组织或者个人不得故意避开或者破坏技术措施，不得故意为他人避开或者破坏技术措施提供技术服务。优酷公司为保护涉案节目采取了技术措施：第一，根据公证书，非会员可在观看片前广告后完整播放涉案节目，会员可免广告直接播放涉案节目，故会员与非会员在是否观看广告方面存在差别。第二，优酷网中的"关于反盗版和防盗链接等技术措施声明"载明，优酷网已经对网站内全部正版授权视频内容采取了反盗版和防盗链等技术措施。第三，根据司法鉴定意见书以及"关于我公司视频服务接口防盗链技术措施的情况说明"，可以证明优酷公司在本案被诉行为取证期间，对涉案节目至少采取了在客户端通过专门密钥生成的 ckey 值用以校验客户端身份、由服务器端专门密钥生成的 vkey 值来防止网络文件 URL 被篡改的技术措施。千杉公司实施了避开或破坏上述技术措施的行为：第一，根据公证书载明的抓包数据，涉案软件播放涉案节目的地址来自优酷公司的服务器。第二，根据优酷公司提交的两份鉴定意见书，两个历史版本的涉案软件曾通过技术手段获得应该只由优酷公司专有视频播放服务程序才能生成的特定密钥 ckey 值、应该只由优酷公司专有视频播放后台服务程序才能生成的特定密钥 vkey 值，突破了优酷公司安全防范措施，获取了优酷公司服务器中存储的案外视频的数据，且本案被诉行为的取证时间亦在鉴定书鉴定期间内。第三，千杉公司辩称其是通过全网搜索涉案节目的链接从而提供给用户，而涉案节目的播放地址是被优酷公司通过密钥保护的、无法公开检索到的视频文件地址，若非通过专门技术手段无法获取；且在优酷公司已经完成初步举证责任情况下，应由千杉公司就其采用的技术实现手段具有合法性承担举证责任，但千杉公司明确表示对此无法提交相应证据，应就此承担相应的不利后果。千杉公司未经优酷公司的许可，故意避开或破坏优酷公司为保护涉案节目采取的技术措施，应承担相应侵权责任。

【二审法院观点】优酷公司提交的"关于反盗版和防盗链接等技术措施声明"、"关于我公司视频服务接口防盗链技术措施的情况说明"、司法鉴定意见书等证据可以形成证据链，初步证明千杉公司采取了故意避开或破坏优酷公司为保护涉案节目采取的技术措施，千杉公司虽不予认可但未提交证据证明其主张，应承担相应不利后果，一审法院在查明事实的基础上根据优势证据规则认定千杉公司实施了避开或破坏优酷公司技术措施的行为并无不当。优酷公司通过提供涉案节目的播放服务，结合用户观看广告后可以免费观赏视频和支付会员费后可以免看广告直接观看视频的常规经营模式实现相应经济利益，千杉公司利用技术手段避开或破坏优酷公司为保护涉案节目采取的技术措施，通过其自身的"电视猫视频"客户端使用户无须观看广告或支付会员费即可完整观看涉案节目，客观上必然会导致优酷公司广告播放量或会员费收益的减少，损害了优酷公司本可获得的经济利益。一审判决认定事实清楚，适用法律正确，应予维持。

【案例评析】《著作权法》第49条第2款前段规定，未经权利人许可，任何组织或者个人不得故意避开或者破坏技术措施，不得以避开或者破坏技术措施为目的制造、进口或者向公众提供有关装置或者部件，不得故意为他人避开或者破坏技术措施提供技术服务。如果权利人主张他人未经其许可故意避开或者破坏其技术措施，权利人首先应当就其采取了技术措施承担举证责任，如果其举证不能则应承担不利后果。当然，权利人仅举证证明其采取了技术措施仍不充分，其还应当举证证明该技术措施具有防止、限制未经权利人许可使用和传播作品的目的，且该技术措施具有有效性，能够在某种程度上起到防止、限制的作用和效果。本案中，优酷公司首先通过抓包软件举证证明"电视猫视频"应用软件提供的视频数据来源于优酷服务器，排除了来源于其他网站服务器的可能性。之后，优酷公司提供了一系列证据证明其采取了著作权法上的技术措施，包括优酷网中"关于反盗版和防盗链接等技术措施声明"、"关于我公司视频服务接口防盗链技术措施的情况说明"、司法鉴定意见书。其中，关键的证据为司法鉴定书，因为该证据系司法鉴定机构作为中立第三方出具，该证据可以证明"电视猫视频"应用软件在提供视频服务时，通过技术手段获得应该只由优酷公司专有视频播放服

务程序才能生成的特定密钥 ckey 值、通过技术手段获得应该只由优
酷公司专有视频播放后台服务程序才能生成的特定密钥 vkey 值，突
破了优酷公司安全防范措施，获取了优酷服务器中存储的视频数据。
因以上声明及说明为优酷公司单方出具，故上述司法鉴定书的证明
力显著高于优酷公司的上述单方声明及说明。我们假设一下，如果
优酷公司仅提交上述单方声明及说明，在无其他证据佐证的情况下，
法院甚至很可能认定优酷公司是否采取了有效的技术措施仍处于真
伪不明的状态，未能达到高度盖然性的证明标准，进而判定优酷公
司的主张并不成立。当优酷公司完成证明后，千杉公司则应就其主
张的其通过全网搜索功能搜索到优酷网上存在的视频地址，其向用
户提供优酷网视频并未破坏优酷公司的技术保护措施这一事实承担
举证责任。本案中，千杉公司就其上述主张未能提供有效证据予以
证明，因此，应承担败诉的不利后果。技术措施本身具有技术属性，
权利人采取了何种技术措施，该技术措施是否具有某种防止、限制
未经权利人许可使用和传播作品的效果和作用，以及被控侵权人是
否使用了避开或者破坏技术措施的装置、部件或技术，证明难度都
比较大。优酷公司在本案中采取的举证思路和方法可以供其他权利
人在类似案件中参考。

第二节　权利管理信息

条文要点注释

权利管理信息，本质上属于一种表明著作权人对作品享有权利
的标识信息，包括著作权人的署名信息，"未经许可禁止翻录"之
类的警示信息，以及许可协议等作品使用条件信息。权利管理信息

被删除或者改变后，公众将无法通过权利管理信息识别著作权人身份，或错误认为作品已经超出著作权保护期限，或超出许可协议约定的授权范围使用作品，从而导致作品专有权利更容易受到侵害。因此，《著作权法》将故意删除或者改变权利管理信息规定为一种违法行为。行为人知道或者应当知道权利管理信息未经许可被删除或者改变，仍然向公众提供作品的，该行为人主观上存在过错，亦构成违法。

法律条文

第五十一条　未经权利人许可，不得进行下列行为：

（一）故意删除或者改变作品、版式设计、表演、录音录像制品或者广播、电视上的权利管理信息，但由于技术上的原因无法避免的除外；

（二）知道或者应当知道作品、版式设计、表演、录音录像制品或者广播、电视上的权利管理信息未经许可被删除或者改变，仍然向公众提供。

关联规范

《计算机软件保护条例》（国务院令第 632 号，自 2013 年 3 月 1 日起施行，节录）

第二十四条　除《中华人民共和国著作权法》、本条例或者其他法律、行政法规另有规定外，未经软件著作权人许可，有下列侵权行为的，应当根据情况，承担停止侵害、消除影响、赔礼道歉、赔偿损失等民事责任；同时损害社会公共利益的，由著作权行政管理部门责令停止侵权行为，没收违法所得，没收、销毁侵权复制品，可以并处罚款；情节严重的，著作权行政管理部门并可以没收主要用于制作侵权复制品的材料、工具、设备等；触犯刑律的，依照刑法关于侵犯著作权罪、销售侵权复制品罪的规定，依法追究刑事责任：

......

（四）故意删除或者改变软件权利管理电子信息的；

......

《信息网络传播权保护条例》（国务院令第634号，自2013年3月1日起施行，节录）

第五条　未经权利人许可，任何组织或者个人不得进行下列行为：

（一）故意删除或者改变通过信息网络向公众提供的作品、表演、录音录像制品的权利管理电子信息，但由于技术上的原因无法避免删除或者改变的除外；

（二）通过信息网络向公众提供明知或者应知未经权利人许可被删除或者改变权利管理电子信息的作品、表演、录音录像制品。

第十四条　对提供信息存储空间或者提供搜索、链接服务的网络服务提供者，权利人认为其服务所涉及的作品、表演、录音录像制品，侵犯自己的信息网络传播权或者被删除、改变了自己的权利管理电子信息的，可以向该网络服务提供者提交书面通知，要求网络服务提供者删除该作品、表演、录音录像制品，或者断开与该作品、表演、录音录像制品的链接。通知书应当包含下列内容：

（一）权利人的姓名（名称）、联系方式和地址；

（二）要求删除或者断开链接的侵权作品、表演、录音录像制品的名称和网络地址；

（三）构成侵权的初步证明材料。

权利人应当对通知书的真实性负责。

第十八条　违反本条例规定，有下列侵权行为之一的，根据情况承担停止侵害、消除影响、赔礼道歉、赔偿损失等民事责任；同时损害公共利益的，可以由著作权行政管理部门责令停止侵权行为，没收违法所得，非法经营额 5 万元以上的，可处非法经营额 1 倍以上 5 倍以下的罚款；没有非法经营额或者非法经营额 5 万元以下的，根据情节轻重，可处 25 万元以下的罚款；情节严重的，著作权行政管理部门可以没收主要用于提供网络服务的计算机等设备；构成犯罪的，依法追究刑事责任；

......

（三）故意删除或者改变通过信息网络向公众提供的作品、表演、录音录像制品的权利管理电子信息，或者通过信息网络向公众提供明知或者应知未经权利人许可而被删除或者改变权利管理电子信息的作品、表演、录音录像制品的；

......

第二十六条 本条例下列用语的含义：

......

权利管理电子信息，是指说明作品及其作者、表演及其表演者、录音录像制品及其制作者的信息，作品、表演、录音录像制品权利人的信息和使用条件的信息，以及表示上述信息的数字或者代码。

法条解读

根据《世界知识产权组织版权条约》第 12 条第 2 款的规定，权利管理信息系指识别作品、作品的作者、对作品拥有任何权利的所有人的信息，或有关作品使用的条款和条件的信息和代表此种信息的任何数字或代码，各该项信息均附于作品的每件复制品上或在作品向公众进行传播时出现。如果删除作品的作者、对作品拥有任何权利的所有人的信息，则会断开作品与作者之间的联系，使公众无法知晓作品著作权归属，这种行为既构成侵害著作权人对作品享有的署名权，同时也构成删除或者改变权利管理信息的违法行为。如果删除作品使用的条款和条件的信息，则公众无法通过接收该信息的方式与权利人订立作品许可使用合同。典型的权利管理信息，如电影片头片尾署名的制片方名称、软件安装程序中的许可协议、电影片头的禁止翻录警告等。随着技术不断升级，数字水印在查明盗版影片来源，从源头遏制和打击侵权行为方面开始发挥重要作用。电影数字水印是在不降低影片画质或音质、不被人的视觉或听觉系统感知的前提下，将与影片内容相关或不相关的标识信息隐藏在影片图像或声音中，当影片被盗拍制作成盗版视频进行传播时，即可通过检出法证标记来定位盗录源头和具体盗录时间。电影数字水印是所有商业院线影片放映时强制叠加的，观众在影院观看的每部影片都嵌入了数字水印。中国电影科学技术研究所（检测所）于 2012年率先采用数字水印技术开展针对院线电影盗录的技术检测、技术分析和追踪定位，先后协助著作权执法机关和公安机关破获了 2019年春节档"2·15"专案、2021 年春节档"2·19"专案等一批影响深远的大案要案。2022 年春节档，第一时间监测到《长津湖之水门桥》《狙击手》《四海》等 7 部春节档影片的 17 个盗版样本，并全部完成溯源，配合执法机关对侵犯知识产权的违法犯罪行为进行了有效打击。[①] 上述数字水印即属于新类型的权利管理信息，其作用不在于识别作品著作权的归属，而在于识别该电影画面是在哪一个电影院进行的偷录，或者通过哪一份电影拷贝进行的翻录。近年来，随着在线教育行业高速发展，侵害在线教育课程视频著作权的案件时有发生。盗版团伙通常先伪装成学员或家长报名参加在线课程，然后通过电脑录屏软件将课程逐讲录制，最终汇总成课程视频文件包并通过电子商务平台或社交软件售卖。在线教育企业如果分别起诉电子商务平台中的众多小商户或者售卖盗版课程视频的个人，维

---

① 姬政鹏：《多部门严厉打击院线电影盗录盗播行为》，《中国电影报》2023 年 2 月 8 日第 4 版。

权成本非常高昂，获得的赔偿金往往得不偿失，难以起到遏制侵权盗版的效果。如果在线教育企业在课程直播过程中使用上述数字水印技术，既可以尽早发现哪些账户伪装成学员或家长录制课程并将该账户冻结，也可以直接获得盗版团伙成员信息并对其起诉，从而将侵权盗版行为遏制在源头。《著作权法》第51条规定了两类侵害权利管理信息的违法行为：一是故意删除或者改变权利管理信息；二是知道或者应当知道权利管理信息未经许可被删除或者改变，仍然向公众提供作品、版式设计、表演、录音录像制品或者广播、电视节目信号。从上述定义可见，侵害权利管理信息并承担侵权责任的前提是行为人具有主观过错，特别是删除或者改变权利管理信息必须在主观上属于故意。因过失行为导致权利管理信息被删除或改变的，如印刷厂在印制某图书时因疏忽大意导致装订时缺少版权信息页，不构成侵害权利管理信息的违法行为。

典型案例

案例 5 - 3　权利管理信息具有表明权利人、声明权利以及公示使用条件的功能，删除权利管理信息客观上割裂了权利人与表演之间的联系——原告北京人民艺术剧院与被告上海聚力传媒技术有限公司著作权权属、侵权纠纷案①

【裁判要旨】《窝头会馆》话剧演出录像开头部分显示"北京人民艺术剧院"字样，侵权"警告"字样，"话剧窝头会馆北京人民艺术剧院演出"字样。2010年修正的《著作权法》与2020年修正的《著作权法》对演出单位权利的保护方式虽有不同，但针对删除权利管理信息、割裂演出单位与演出作品之间联系的行为均规定属于侵权行为，应承担民事责任。依据2010年修正的《著作权法》

---

① 北京知识产权法院（2021）京73民终1723号民事判决书。

的规定，演出单位可以作为表演者并享有"表明身份"的权利，该项权利属于人身性权利，应支持北京人民艺术剧院（以下简称北京人艺）关于消除影响的请求。在适用 2020 年修正的《著作权法》的前提下，删除权利管理信息虽侵害的不是人身权，但权利管理信息具有标明权利人、声明权利以及公示使用条件的功能，删除权利管理信息客观上割裂了权利人与表演之间的联系，亦需要通过公开方式予以纠正，从而恢复建立公众眼中权利人与演出作品之间的联系。因此，针对删除权利管理信息的侵权行为人，没有理由不适用消除影响的民事责任方式。

【案情简介】2018 年 3 月 18 日，北京人艺（甲方）与刘某工作室（乙方）签订授权协议，载明"鉴于甲方于 2009 年委托乙方刘某先生创作话剧《窝头会馆》剧本，双方约定话剧《窝头会馆》剧本的话剧表演权由甲方享有。甲方同意将其合法享有的话剧《窝头会馆》剧本之话剧表演权无偿授予乙方，甲、乙双方为《窝头话剧》剧本之话剧表演权的共同权利人。本协议签署后，双方作为《窝头会馆》剧本之话剧表演权的共同权利人，均有权单独行使《窝头会馆》剧本之表演权，即任一方有权在全球范围内公开表演话剧《窝头会馆》，以及用各种手段公开播送话剧《窝头会馆》的表演，并获取相应的收益"。北京人艺提交涉案话剧表演首演宣传册，该宣传册首页载明"《窝头会馆》（三幕话剧）北京人民艺术剧院演出庆祝中华人民共和国成立 60 周年献礼剧目，编剧刘某"。北京人艺提交涉案话剧 DVD 光盘及光盘封面、内页图，该光盘封面显示"窝头会馆""北京人民艺术剧院演出"等字样，封底显示"北京人民艺术剧院演出""北京文化艺术音像出版社出版""北京明日经典文化发展有限公司总经销"。播放该光盘内容，首先显示"北京人民艺术剧院"字样，之后显示著作权侵权"警告"，之后显示"话剧窝头会馆北京人民艺术剧院演出"字样（以下简称前三屏内容)。北京人艺欲证明该录像光盘系由北京人艺根据话剧《窝头会馆》全剧的演出实况录像而制作的,北京人艺作为录像制品制作者,享有相应的录像制品制作者权。2019 年 6 月 11 日,北京文化艺术音像出版有限责任公司出具声明,载明"本公司(原北京文化艺术音像出版社)经合法授权仅负责话剧《窝头会馆》DVD(2009 年版)的出版工作。我公司自始不享有话剧《窝头会馆》的著作权、话剧《窝头会馆》录像制品的邻接权以及其相关的财产权(收益权)"。庭审中,北京人艺明确其作为涉案话剧的表演者,主张享有表明表演者身份的权利及信息网络传播权,作为涉案录像制品的制作者,享有信息网络传播权。北京人艺《窝头会馆》首演时间为 2009 年 9 月 25 日,同期制作了《窝头会馆》录像制品。上海聚力传媒技术有限公司(以下简称上海聚力公司)经营的网站提供《窝头会馆》话剧演出视频供其用户在线观看。被诉侵权视频页面显示,被诉侵权视频播放量为 195769 次。根据公证取证录像,该视频播放前有三个广告,时长总计为 45 秒。以上视频播放过程中并未显示有前述前三屏内容。

【一审法院观点】对涉案话剧的演出,作为演出单位的北京人艺需负责前期的策划、人员组织、演员排练、舞台设计、演出宣传等工作,演出所需费用亦由其主要承担,在没有相反约定的情况下,北京人艺应依法享有 2010 年修正的《著作权法》第 38 条第 3～6 项载明的表演者财产权,演员个人不再享有这些权利。上海聚力公司未经许可,通过信息网络传播涉案话剧,侵害了北京人艺作为表演者享有的信息网络传播权,依法应当承担相应的侵权责任。关于本案北京人艺主张的表明表演者身份的权利,类似于作品的作者享有的署名权,指表演者对其表演所享有的表明姓名的权利,与表演文学、艺术作品的演员的人身紧密相关,具有极强的人身依附性,应当由自然人享有,这有利于平衡演员个人与演出单位利益及权利的行使，避免演员和演出单位对该项权利的重复主张，故作为演出单位的北京人艺对涉案话剧表演并不享有表明表演者身份的权利。《著作权法实施条例》第5条第5项规定，录像制作者，是指录像制品的首次制作人。根据现有证据及北京人艺陈述，北京人艺主张权利的涉案录像制品系其组织对其现场表演进行录制并制作，根据该制品出版方的声明及制品署名，在没有相反证据的情况下，依法确认北京人艺系涉案《窝头会馆》录像制品的制作者。上海聚力公司未经北京人艺许可，通过信息网络传播涉案录像制品，使相关公众可以在选定的时间和地点获得该制品，侵害了北京人艺作为录像制作者享有的信息网络传播权，依法应当承担相应的侵权责任。关于北京人艺主张的第一屏的内容，载有"北京人民艺术剧院"字样，北京人艺认为系其署名，由于涉案戏剧作品系刘某创作的剧本，北京人艺经授权享有该作品的表演权并作为演出单位组织演出并录制涉案制品，由于《著作权法》并未规定录像制品制作者享有署名或者表明身份的权利，故该字样应视为该录像制品权利人信息，属于权利管理电子信息。北京人艺主张的第二屏内容系著作权侵权警告，系该录像制品使用条款和条件的信息，属于权利管理电子信息范畴。关于第三屏内容系作品或者表演的名称及表演者信息，亦属于录像制品的权利管理电子信息，如前所述，依法确认北京人艺作为演出单位并不享有涉案话剧表演的表明表演者身份的权利，故上海聚力公司删除该些内容进行在线传播的行为并不侵害北京人艺的表明表演者身份的权利。由于上海聚力公司涉案行为侵害了北京人艺相应的信息网络传播权，系财产性权利，故关于其要求上海聚力公司发表声明为其消除影响的诉讼请求，不再予以支持。关于北京人艺主张的赔偿经济损失的诉讼请求，于法有据，予以支持。

【二审法院观点】北京人艺上诉主要针对一审判决的删除前三屏内容的行为定性错误，坚持认为是对北京人艺作为演出单位享有

的表演者权中表明表演者身份权利的侵犯。为此，二审审理的焦点
问题集中在北京人艺作为演出单位是否享有表演者权中的表明身份
的权利，针对删除前三屏内容的行为应当如何定性及承担怎样的民
事责任。根据 2010 年修正的《著作权法》及其实施条例的规定，
表演者不仅包括自然人演员，还包括演出单位，并且法律未对演出
单位所享有的表演者权利类型作出特殊限制。从文义上可以直接得
出结论，演出单位享有 2010 年修正的《著作权法》第 38 条所规定
的表演者的六项权利，即北京人艺作为演出单位不仅享有表演者权
中财产权利，也同样享有表明表演者身份的人身权利。在 2010 年修
正的《著作权法》的立法背景下，表明表演者身份的权利虽然属于
著作人身权，但其性质并非一审判决所认定的仅能专属于自然人的
权利，法人作为著作权人所享有的部分种类的著作人身权，亦为
《著作权法》所认可。一审判决在适用 2010 年修正的《著作权法》
的基础上，认为"表明表演者身份的权利"仅能由自然人演员享
有，进而否认了北京人艺作为演出单位享有的表明表演者身份的权
利，属于错误地适用了法律。但不能否认，从国际公约的规定进行
考察，表演者通常是从事表演活动的自然人。表演者权基于表演者
的表演而产生。也就是说，演出过程中呈现出来的灯光、音像、舞
美设计等不是表演者权保护的范围；同时，在表演者的舞台表演之
外，对包含情节设定、台词、灯光、舞美的"整台演出"不能另行
设立表演者权，否则与公约设定的表演者权的含义是不符合的。
2010 年修正的《著作权法》规定演出单位可以作为表演者享有表演
者权，是关于多人参与同一表演时的表演者权利归属和行使方式的
特殊规定，这样解释才更符合表演者权的基本含义，不能解释为演
员和演出单位可以同时享有表演者权，而扩大表演者权产生的根据。
北京人艺主张在演员个人表演之外，北京人艺享有表演者权，意味
着赋予演出单位对"整台演出"享有表演者权，扩大了表演者权的

产生基础，故不能支持。根据 2020 年修正的《著作权法》的规定，演出单位虽然不能享有表演者权中的表明表演者身份等人身属性的权利，但通过职务表演规定，演出单位可以获得表演者权中的财产性权利，并通过加强对权利管理信息的保护，为演出单位对外彰显权利主体身份提供了保障。结合本案，《窝头会馆》话剧演出录像开头部分显示的"北京人民艺术剧院"字样，侵权"警告"字样，"话剧窝头会馆北京人民艺术剧院演出"字样，"北京人民艺术剧院"的标注无论是依据 2010 年修正的《著作权法》还是 2020 年修正的《著作权法》，都属于录像制品权利管理信息的范畴；而"话剧窝头会馆北京人民艺术剧院演出"的标注依据 2010 年修正的《著作权法》属于表明表演者身份的范畴，而依据 2020 年修正的《著作权法》则属于表演权利管理信息的范畴。2010 年修正的《著作权法》与 2020 年修正的《著作权法》，对演出单位权利的保护方式虽有不同，但针对删除上述信息、割裂演出单位与演出作品之间的联系的行为均规定属于侵权行为，应承担民事责任。依据 2010 年修正的《著作权法》的规定，演出单位可以作为表演者并享有"表明身份"的权利，该项权利属于人身性权利，一审判决未支持北京人艺关于消除影响的请求违反法律规定。在适用 2020 年修正的《著作权法》的前提下，删除权利管理信息虽侵害的不是人身权，但权利管理信息具有标明权利人、声明权利以及公示使用条件的功能，删除权利管理信息客观上割裂了权利人与表演之间的联系。从删除权利管理信息的侵权行为所造成的后果看，亦需要通过公开方式予以纠正，从而恢复建立公众眼中权利人与演出作品之间的联系。因此，针对删除权利管理信息的侵权行为人，没有理由不适用消除影响的民事责任方式。

【案例评析】本案被诉侵权行为发生在 2010 年修正的《著作权法》适用期间。2010 年修正的《著作权法》并未就职务表演以及职务表演的表演者权归属进行明确规定。而《著作权法实施条例》第 5 条第 1 款第 6 项规定，表演者包括演员、演出单位。二审法院据此认为，2010 年修正的《著作权法》第 38 条规定的"表演者"对其表演享有的表明表演者身份、保护表演形象不受歪曲的人身权利以及其他财产权利，原告北京人艺作为演出单位均可以享有。上述观点值得商榷。2010 年修正的《著作权法》虽未就职务表演以及职务表演的表演者权归属进行明确规定，但对职务作品的著作权归属有规定。根据 2010 年修正的《著作权法》第 16 条的规定，公民为完成法人或者其他组织工作任务所创作的作品是职务作品；主要是利用法人或者其他组织的物质技术条件创作，并由法人或者其他组织承担责任的职务作品，作者享有署名权，著作权的其他权利由法人或者其他组织享有。著作权和邻接权均属于民事权利，而民法允许类推适用，其依据在于弥补法律的滞后性。例如，《民法典》第 646 条规定："法律对其他有偿合同有规定的，依照其规定；没有规定的，参照适用买卖合同的有关规定。"之所以规定其他有偿合同可以类推适用买卖合同的有关规定，就在于其他有偿合同的主要权利义务为物或服务的有偿交换，与买卖合同最为类似。无论是作品创作还是表演，均为作者或表演者的智力劳动，只是后者的成果并不具有独创性。表演者权为邻接权的一种，与著作权关系非常紧密，职务表演的表演者权归属在法律没有明确规定的情况下，可以参照职务作品著作权归属的有关规定确定。本案中，原告北京人艺委托刘某创作话剧剧本并组织排练和演出，最终完整呈现话剧《窝头会馆》。演员表演《窝头会馆》话剧均系完成原告安排的工作任务，该话剧最终由原告承担责任，因此，可以认定为职务表演。参照职务作品著作权归属的规则，就上述职务表演，表明表演者身份的权利应归属演员所有，其他表演者权由原告北京人艺享有。因此，依据 2010 年修正的《著作权法》，原告北京人艺无权主张表演者权中表明表演者身份的权利受到侵害。但原告北京人艺仍可以主张被告删除原告的权利管理信息构成侵权。根据《立法法》第 104 条的规定，"法律、行政法规、地方性法规、自治条例和单行条例、规章不溯及既往，但为了更好地保护公民、法人和其他组织的权利和利益而作的特别规定除外"。根据《世界知识产权组织表演和录音制品条约》第 19 条第 2 款的规定，"权利管理信息"系指识别表演者、表演者的表演、录音制品制作者、录音制品、对表演或录音制品拥有任何权利的所有人的信息，或有关使用表演或录音制品的条款和条件的信息，和代表此种信息的任何数字或代码，各该项信息均附于录制的表演或录音制品的每件复制品上或在录制的表演或录音制品向公众提供时出现。2010 年修正的《著作权法》并未就权利管理信息的保护作出规定。而根据现行《著作权法》第 51 条的规定，未经权利人许可，故意删除或者改变表演、录音录像制品上的权利管理信息（由于技术上的原因无法避免的除外）；知道或者应当知道表演、录音录像制品上的权利管理信息未经许可被删除或者改变，仍然向公众提供，均属于侵权行为。《窝头会馆》话剧演出录像开头部分显示的"北京人民艺术剧院"等字样可以被认定为权利管理信息，被告上海聚力公司作为专业的视频网站经营者在上传涉案话剧演出录像时不可能没有注意到前三屏内容，因此，可以认定其系故意删除了该权利管理信息。在本案二审时，现行《著作权法》已经施行，为了更好地保护原告的权利和利益，可以突破法不溯及既往原则，适用现行《著作权法》认定被告删除原告的权利管理信息构成侵权，应承担民事责任。二审法院认为，消除影响的法律责任并不局限于人身性权利的保护，也可以适用于财产性权利的保护，这是正确的。例如，在侵害商标权案件中，法院可以判令被告刊登声明以消除其侵权行为造成消费者混淆误认的不良影响，而商标权显然属于财产性权利。二审判决认为，法人作为著作权人可享有部分种类的著作权人身权，因此，职务表演中，表演单位作为法人也可以享有表明表演者身份的权利。但法人作为著作权人可享有著作人身权限于法人作品的情形，即由法人或者其他组织主持，代表法人或者其他组织意志创作，并由法人或者其他组织承担责任的作品，法人或者其他组织视为作者。但职务表演更接近于职务作品，而非法人作品，演员的表演具有较高的自由度，体现的仍是演员自身对作品的感悟和表演风格。此外，如果按照二审法院对法律的解释，现行《著作权法》就职务表演的表演者权归属规则进行了较大改动，特别是对职务表演中表明表演者身份权利的归属进行了颠覆性修改。而司法部负责人于 2020 年 4 月 26 日在第十三届全国人民代表大会常务委员会第十七次会议上所做《关于〈中华人民共和国著作权法修正案（草案）〉的说明》① 就表演者权的修改仅提及"增加表演者许可他人出租录有其表演的录音录像制品并获得报酬的权利"，并未就职务表演的表演者权归属规则改变加以解释和说明，因此，二审法院的上述观点仍缺乏足够充分的依据。但如前所述，鉴于被告故意删除原告的权利管理信息，二审法院改判被告上海聚力公司刊登声明消除影响是正确的。

第三节　侵害著作权损害赔偿责任的归责原则及构成要件

根据《民法典》第一编第五章"民事权利"部分第 123 条的规定，民事主体依法享有知识产权，知识产权是权利人依法就作品等

---

① 袁曙宏：《关于〈中华人民共和国著作权法修正案（草案）〉的说明》，http://www.npc.gov.cn/npc/c2/c30834/202011/t2020111_308704.html，访问日期：2023 年 10 月 11 日。

客体享有的专有的权利。另外，如前所述，著作人身权是作者人格权的反映和衍生，与自然人享有的姓名权、名誉权等权利有着非常密切的关系。根据《民法典》第七编"侵权责任"部分第 1164 条的规定，该编调整因侵害民事权益产生的民事关系。"民事权益"是指民事主体享有的法律规定的民事权利和利益。"侵害"则指侵犯民事权益并造成损害。因知识产权属于民事权益，故侵害知识产权（著作权）产生的民事关系应归该编调整。《民法典》第 1165 条规定，行为人因过错侵害他人民事权益造成损害的，应当承担侵权责任。依照法律规定推定行为人有过错，其不能证明自己没有过错的，应当承担侵权责任。《民法典》第 1166 条规定，行为人造成他人民事权益损害，不论行为人有无过错，法律规定应当承担侵权责任的，依照其规定。过错责任原则是我国侵权责任的一般和基本归责原则。无过错责任原则属于特殊规定，必须在有法律明确规定的前提下，才能够适用无过错责任原则。而推定过错原则从本质上也属于过错责任原则，只是在举证责任方面有所不同。一般的过错责任原则，举证责任由原告承担。而推定过错原则，在证明主观过错要件上实行举证责任倒置，原告不承担举证责任，而是被告承担举证责任。①那么侵害著作权损害赔偿责任的归责原则，究竟是过错责任原则、无过错责任原则，还是推定过错责任原则？

笔者认为，侵害著作权损害赔偿责任的归责原则，不属于无过错责任原则。第一，无过错责任原则的适用情形必须由法律明确规定。例如，《民法典》第 1229 条规定，因污染环境、破坏生态造成他人损害的，侵权人应当承担侵权责任。《民法典》第 1236 条规定，从事高度危险作业造成他人损害的，应当承担侵权责任。但《民法典》《著作权法》未明确规定侵害著作权损害赔偿责任应适用

---

① 杨立新：《侵权损害赔偿》，4 版，法律出版社，2008，第 78－79 页。

无过错责任原则，且《著作权法》第 52 条规定的若干侵害著作权应承担民事责任的情形隐含着主观过错要件，例如，"没有参加创作，为谋取个人名利，在他人作品上署名的""歪曲、篡改他人作品的""剽窃他人作品的"等。因此，认为侵害著作权损害赔偿责任的归责原则为无过错责任原则，缺乏法律依据。第二，对侵害著作权损害赔偿责任适用无过错责任原则，不符合无过错责任的立法思想和立法目的。无过错责任的立法思想，并不在于对"反社会性"行为的制裁，而在于对不幸损害的合理分配，并以保险制度和损失分担制度为基础来实现损害分配的社会化，因而无过错责任不具有制裁不法行为并预防不法行为发生的作用，已失去法律责任所固有的含义。① 而对侵害著作权行为予以法律上的责难，要求侵权人承担损害赔偿责任，其目的在于对行为人施以一定的制裁，遏制其产生再次实施侵权行为的冲动。特别是对故意实施侵害著作权行为，情节严重的，应对侵权人苛以惩罚性赔偿。② 第三，合理使用及法定许可制度的确立，侧面证明侵害著作权损害赔偿责任的归责原则应为过错责任原则。在合理使用或法定许可情形下，行为人均实施了著作权人所享有的专有权利控制的行为，但均不构成对著作权的侵害，行为人不承担任何损害赔偿责任。例如，为介绍、评论某一作品或者说明某一问题，在作品中适当引用他人已经发表的作品，该行为显然可以归入复制权或信息网络传播权所控制的范围，但行为人并不具有主观过错，即行为人并不具有应受责难的主观心理状态。如果侵害著作权损害赔偿责任的归责原则为无过错责任原则，那么合理使用及法定许可的行为人将承担损害赔偿责任，合理

---

① 马俊驹、余延满：《民法原论》，2 版，法律出版社，2005，第 1007 页。
② 《民法典》第 1185 条规定，故意侵害他人知识产权，情节严重的，被侵权人有权请求相应的惩罚性赔偿。

使用及法定许可制度设立的意义将不复存在。第四，根据《与贸易有关的知识产权协定》第 45 条的规定，对已知或有充分理由应知自己从事之活动系侵权的侵权人，司法机关有权责令其向权利人支付足以弥补因侵犯知识产权而给权利持有人造成之损失的损害赔偿费；司法机关还有权责令侵权人向权利持有人支付有关费用，其中可包括适当的律师费。在适当场合即使侵权人不知或无充分理由应知自己从事之活动系侵权，各成员仍可以授权司法机关责令其返还所得利润或令其支付法定赔偿额，或两者并处。上述条款英文文本中"侵犯知识产权"所使用的词语是"infringement of that person's intellectual property right"。infringement 含义为"to break a rule, law, agreement"，即触犯、违反（规定、法律、协议）①，更接近我国民法上"违法行为"或"不法行为"的概念，只要行为人实施了著作权专有权利所控制的行为即构成 infringement（违法行为），不要求行为人具备主观上的过错。而 tort 则属于可能引起损害赔偿责任的侵权行为。从上述《与贸易有关的知识产权协定》条文可知，如果行为人未经权利人许可实施了著作权专有权利所控制的行为，且具有明知或应知的主观过错，那么其应当承担损害赔偿责任，即"支付足以弥补因侵犯知识产权而给权利持有人造成之损失的损害赔偿费"（pay the right holder damages adequate to compensate for the injury）。如果行为人未经权利人许可实施了著作权专有权利所控制的行为，但不具有明知或应知的主观过错，那么其只需"返还所得利润或令其支付法定赔偿额"，性质类似于不当得利返还责任。其中，"法定赔偿额"的英文文本是"payment of pre‒established damages"，实质是"法定补偿"，即预先确立的损害弥补款项，与

---

① Joanna Turnbull、Alison Waters：《牛津中阶英汉双解词典》，4 版，胡龙彪译，商务印书馆、牛津大学出版社（中国）有限公司出版，2010，第 696 页。

我国《著作权法》中的法定赔偿有所不同。因此，根据上述条约条款，行为人承担损害赔偿责任的前提即其具有明知或应知的主观过错。第五，法院根据知识产权审判实践制定的司法文件中亦明确侵害著作权损害赔偿责任应当遵循过错责任原则。例如，《北京市高级人民法院侵害著作权案件审理指南》第 1.18 条规定，认定被诉侵权行为是否构成侵权、被告是否承担侵权责任，一般审查如下内容：被诉侵权行为的内容、被告是否实施了被诉侵权行为、被告有无过错、是否造成损害、被诉侵权行为与损害之间有无因果关系等。该指南第 8.2 条规定，被告承担损害赔偿责任，应当以被告存在过错为前提。

综上可见，侵害著作权损害赔偿责任的归责原则，不属于无过错责任原则，应遵循过错责任原则。过错是指行为人通过违反义务的行为所表现出来的一种应受非难的主观心理状态。[①] 绝大多数学者认为过错就其本质属性而言，是人的主观心理状态，因而是主观的概念。[②] 主观过错的证明对于权利人而言是一个难题。对直接侵害著作权的行为，判断行为人是否应承担损害赔偿责任，可采用推定过错责任原则，这更有利于对著作权人的保护。即如果行为人实施了《著作权法》第 10 条所规定的专有权利控制的行为，且没有经过著作权人许可，又不具有合理使用、法定许可等违法阻却事由，则推定其具有主观过错。此时应由行为人承担证明自己没有主观过错的举证责任，如果其不能举证，则应当承担败诉的不利后果。对直接侵犯著作权的损害赔偿责任之所以可以采用推定过错责任原则，系因为《著作权法》明确规定了著作权人对其作品享有专有权利，除合理使用、法定许可等特殊情形外，任何人未经著作权人许

---

① 马俊驹、余延满：《民法原论》，2 版，法律出版社，2005，第 1022 页。
② 杨立新：《侵权损害赔偿》，4 版，法律出版社，2008，第 130 页。

可均不得实施专有权利所控制的行为。如果行为人未经著作权人许可实施了专有权利所控制的行为，就可以推定行为人主观上明知或应知其行为可能构成对著作权的侵犯，而仍然实施了该行为，因此其具有主观过错，应承担损害赔偿责任。如果行为人能够举证证明其并不具有主观过错，则其不承担侵权损害赔偿责任。例如，甲通过百度百科检索，发现某诗歌作者为乙，乙已经去世超过 50 年，甲认为该诗歌已经超出著作权保护期限，便将该诗歌发布在自己的博客上并为乙署名。而实际上，该诗歌作者为丙，丙仍然在世，丙向法院起诉甲侵害其对诗歌作品享有的信息网络传播权及署名权。如果甲举证证明该诗歌并无知名度，丙之前并未发表过该诗歌，通过公开信息均无法检索到丙为该诗歌的作者，则甲显然没有侵犯丙之著作权的主观过错，因此，甲虽然实施了违反著作权法的行为，但其不承担侵权损害赔偿责任。另外，通过该诉讼甲已经明确知道该诗歌作者为丙，如果甲继续通过信息网络传播该诗歌，则必然具有主观过错，构成对丙之著作权的侵害，此时法院可以判令甲停止未经丙授权通过信息网络传播该诗歌的违法行为。

教唆、帮助他人实施直接侵犯著作权违法行为的，构成间接侵犯著作权的违法行为，应当承担连带责任。对间接侵犯著作权的损害赔偿责任，应采用过错责任原则，不应适用推定过错责任原则，即应当由权利人承担证明教唆、帮助行为人具有主观过错的举证责任，如果举证不能，则应当由权利人承担败诉的不利后果。这是因为间接侵犯著作权违法行为的成立，应当以直接侵犯著作权违法行为的成立为前提。间接侵权人是否明知或应知直接侵权行为存在，取决于其合理注意义务的高低。有些情形下，网络服务提供者的注意义务比较低，一般不太可能知晓其帮助传播的作品系侵权作品，例如，利用爬虫技术提供广泛的搜索链接服务，或者提供网盘信息存储空间服务。而另外一些情形下，网络服务者的注意义务比较高，其应当较容易发现其帮助传播的作品系侵权作品，例如，对热映影视剧提供定向链接服务，或者经营网络论坛并对网络用户发布的小说进行分类和置顶。可见，网络服务提供者注意义务的高低，以及主观过错的判断，不能简单一概而论，而要区分不同情形作不同判断。因此，对间接侵犯著作权的损害赔偿责任，不能适用推定过错责任原则，而应在个案中由权利人举证证明被告未尽到合理注意义务，存在明知或者应知的过错。

侵害著作权损害赔偿责任的构成要件，是指行为人的行为构成侵犯著作权的违法行为，并依法应承担侵害著作权损害赔偿责任所必须具备的条件，包括侵犯著作权的违法行为、著作权人遭受损害的事实、侵犯著作权违法行为与著作权人遭受损害事实之间的因果关系，以及行为人的主观过错。其中，违法行为是指实施了法律所禁止的行为，包括作为和不作为。侵犯著作权的违法行为包括未经著作权人许可实施专有权利所控制的行为，也包括积极教唆他人直接侵犯著作权的行为，或者明知或应知他人实施直接侵犯著作权的行为而积极为其提供帮助的行为，还包括负有特定法律义务的人明知或应知他人实施直接侵犯著作权的行为而消极未采取必要措施的行为。损害事实，是指致使著作权人的人身权利、财产权利或者利益减少或灭失的客观事实。没有损害事实，就不可能产生损害赔偿责任。对署名权、发表权、保护作品完整权等著作人身权的损害，属于对作者精神利益的损害，在客观上表现为无形损害，一般并没有造成作者财产上的直接损失，但同样构成侵害著作权损害赔偿责任，性质上属于精神损害赔偿。《北京市高级人民法院侵害著作权案件审理指南》第 8.16～8.17 条规定，侵害著作人身权或者表演者人身权，造成严重精神损害，且适用停止侵害、消除影响、赔礼道歉仍不足以抚慰的，可以判令被告支付精神损害抚慰金。被告应当承担精神损害赔偿责任的，可以根据原告遭受精神损害的程度、被告侵权的主观过错、侵权方式、侵权情节、影响范围等因素综合确定精神损害抚慰金数额。侵犯著作权违法行为与著作权人遭受损害事实之间的因果关系，是指著作权人所遭受的损害系由侵犯著作权违法行为所导致，违法行为系原因，损害事实为结果。确定侵犯著作权违法行为与著作权人遭受的损害事实之间有因果关系，只要判明该违法行为与损害事实之间在通常情形下存在联系的可能性即可，即依照行为时一般的社会经验和认知水平，认为该违法行为有引起该损害结果的可能性，则可以认定因果关系成立。例如，甲公司向制片方购买了某电影的独占性信息网络传播权，乙公司未经许可擅自通过自己的网站以交互方式免费传播上述电影，甲公司举证证明在乙公司开始传播上述电影后，甲公司会员数量明显减少。乙公司则抗辩称其侵犯电影信息网络传播权的行为与甲公司会员数量减少的事实之间没有因果关系，甲公司会员数量减少系因为甲公司提高了会员价格。如果按照一般的社会经验和认知水平判断，乙公司通过自己的网站免费传播上述电影，必然会分流一部分本应属于甲公司的用户，即使有部分用户系因为甲公司提高了会员价格而不再购买会员资格，也必然会有相当一部分用户系因为乙公司实施的侵权行为而不再购买甲公司会员资格，因此，可以认定乙公司侵犯著作权的违法行为与甲公司会员数量减少的损害结果之间存在因果关系。行为人的主观过错，分为故意和过失。故意，是指行为人知道自己的行为会导致损害后果发生，仍然积极希望损害结果发生或者消极放任损害结果发生的主观心理状态。过失，是指行为人应当预见自己的行为可能会导致损害后果发生，但因为疏忽大意而没有预见；或者预见到了自己的行为可能会导致损害后果发生，但轻信可以避免。过失属于行为人对受害人应负注意义务的违反。在确定行为人的注意义务时，应当考量以下三种因素：第一，危险或者侵害的严重性。行为的危险性越高，所生侵害越重时，其注意程度应当相对提高。第二，行为的效益。行为的效益越重，其注意义务就要相应减低。第三，防范避免的负担。即为除去或者减少危险而采取预防措施或替代行为所须支付的费用或不便。①

典型案例

案例5-4 侵权人主观存在过错是著作权案件中要求侵权者承担损害赔偿责任的前提条件——原告乐视网（天津）信息技术有限公司与被告中国中央电视台国际网络有限公司侵害作品信息网络传播权纠纷案②

【裁判要旨】通常情况下，侵权者存在主观过错是著作权案件中要求侵权者承担损害赔偿责任的前提条件。中国中央电视台国际网络有限公司（以下简称央视国际公司）在收到侵权通知后，未联系乐视网（天津）信息技术有限公司（以下简称乐视天津公司）了解其获得的授权情况，而是将该通知置之不理，继续通过网站提供涉案作品的在线点播。据此可以认定，央视国际公司就实施被诉侵权行为存在过错，应当承担损害赔偿责任。

【案情简介】涉案电视剧《雾都》片尾显示："本节目音像制品由广州优乐文化传播有限公司独家发行""本电视剧作品之网络版权独家归属于视频网站独家播映，互联网电视独占播映为乐视网信息技术（北京）股份有限公司""本作品版权归神州电视有限公司、江苏省广播电视总台、重庆笛女阿瑞斯影视传媒有限公司、上海厚度文化传播有限公司共同所有"。2012年2月22日，江苏省广播电视总台、神州电视有限公司、重庆笛女阿瑞斯影视传媒有限公司分别出具授权书，将涉案作品的独占专有的信息网络传播权授予上海

---

① 王泽鉴：《侵权行为法》，台北三民书局，1999，第297-298页。
② 北京知识产权法院（2021）京73民终3766号民事判决书。

厚度文化传播有限公司，授权使用期限为自 2012 年 4 月 16 日至 2020 年 4 月 15 日止。2012 年 2 月 22 日，上海厚度文化传播有限公司出具授权书，将涉案作品的独占专有的信息网络传播权授予乐视天津公司，授权使用期限为自 2012 年 4 月 16 日至 2020 年 4 月 15 日止。2012 年 4 月 20 日，乐视网（北京）信息技术有限公司出具确认书，载明：2012 年 2 月 22 日，上海厚度文化传播有限公司出具授权书，将涉案作品的独占专有的信息网络传播权授予乐视天津公司，授权期限为自国内首播卫视首集播出之日起八年，独占专有维权的权利期限为自 2012 年 2 月 22 日起至授权使用期限届满为止；我公司对上述授权表示同意并确认；该剧于 2012 年 4 月 16 日在江苏卫视上星播出，我公司确认乐视天津公司自 2012 年 4 月 16 日至 2020 年 4 月 15 日享有该剧独占专有的信息网络传播权，自 2012 年 2 月 22 日至 2020 年 4 月 15 日享有该剧独占专有维权的权利。2015 年 5 月 28 日，原告委托代理人使用公证处电脑打开央视网（www.cntv.cn）首页，通过搜索栏搜索并点击播放了《雾都》等电视剧。2017 年 5 月 19 日，原告委托代理人使用公证处电脑，打开央视网首页，通过搜索栏分别搜索并点击播放了《雾都》等电视剧。央视国际公司主张其获得授权，提交了电视剧版权购买合同。该电视剧版权购买合同记载：上海厚度文化传播有限公司（乙方）授予中央电视台电视剧频道（甲方）涉案作品在中国大陆电视媒体的非黄金时间播放权，中央电视台所有频道（不含海外频道）的非独家永久播放权、中央电视台所属网站永久信息网络传播权、中国大陆中央电视台所属付费数字电视播放权（非独家）、中国大陆中央电视台所属手机电视播放权（非独家）、中国大陆中央电视台所属网络电视（IPTV）播放权（非独家）、中国大陆中央电视台所属视频点播（VOD）播放权（非独家）。2014 年、2016 年乐视天津公司均托代理律师向央视国际公司寄送律师函及附件，要求央视国际公司停止侵权并赔偿损失及合理支出。2018 年，乐视天津公司委托代理律师向央视国际公司寄送律师函及附件，并向央视国际公司的电子邮箱发送律师函及附件，要求央视国际公司停止侵权并赔偿损失及合理支出。双方当事人均认可，网站（www. cntv. cn）在一审诉讼期间已停止涉案作品的在线点播。

【一审法院观点】根据乐视天津公司提供的涉案作品截图及授权文件显示，其取得授权的链条完整，在无相反证据的情况下，认定乐视天津公司在授权区域及授权期间内享有涉案电影的独占性信息网络传播权及维权权利，有权提起本次诉讼。央视国际公司辩称其播放涉案作品取得授权，根据在案证据显示，央视国际公司提交的证据无法证明其关联单位取得的授权时间早于乐视天津公司取得独占信息网络传播权的时间，不能对抗乐视天津公司取得的在先授权，且在乐视天津公司已经发送律师函的情况下，仍未及时停止涉案行为。央视国际公司未经许可在涉案平台上提供涉案作品播放服务的行为，侵害了乐视天津公司的信息网络传播权。

【二审法院观点】本案中，央视国际公司主张其从案外人厚度公司处获得了涉案作品网站个人电脑端的信息网络传播权，故其有权在涉案平台提供涉案作品，应对此承担证明责任。从电视剧版权购买合同约定的内容来看，其授权范围包括中央电视台所属网站永久信息网络传播权，但是在中央电视台电视剧频道与上海厚度文化传播有限公司签订电视剧版权购买合同之前，厚度公司已将涉案作品的信息网络传播权以独占专有的形式授予乐视天津公司。因此，本案应认定乐视天津公司作为在先被许可人取得涉案作品自 2012 年 4 月 16 日至 2020 年 4 月 15 日独占专有的信息网络传播权。据此，央视国际公司未经许可通过网站（www. cntv. cn）提供涉案作品点播，侵害乐视天津公司的信息网络传播权。通常情况下，侵权人主观存在过错是著作权案件中要求侵权者承担损害赔偿责任的前提条件。本案中，根据查明的事实可知，乐视天津公司于 2015 年进行涉案作品的侵权公证，于 2016 年向央视国际公司发送侵权通知并附有涉案作品的权属授权文件，央视国际公司签收侵权通知后并未停止侵权，而后乐视天津公司于 2017 年再次进行涉案作品的侵权公证，又于 2018 年再次向央视国际公司发送侵权通知要求央视国际公司停止侵权并赔偿损失。直至 2021 年一审诉讼过程中，双方当事人才确认央视国际公司已经停止侵权。对涉案作品片尾截图显示的"本电视剧作品之网络版权独家归属于视频网站独占播映，互联网电视独占播映为乐视网信息技术（北京）股份有限公司"著作权归属内容，央视国际公司应进行审查。若其进行了审查，即可推断出乐视天津公司或其关联公司享有涉案作品一定期间与范围的独占的信息网络传播权，以及存在重复授权导致侵权风险的可能性。但是，央视国际公司在收到侵权通知后，未联系乐视天津公司了解其获得的授权情况，而是对该通知置之不理，继续通过网站（www.cntv.cn）提供涉案作品的在线点播。据此可以认定，央视国际公司就实施被诉侵权行为存在过错，应当承担损害赔偿责任。

【案例评析】本案中，被告央视国际公司在其经营的央视网实施了对涉案作品的信息网络传播行为。原告乐视天津公司主张，被告的上述行为侵害了其就涉案作品享有的独占性信息网络传播权，进而要求被告承担侵害著作权损害赔偿责任。被告央视国际公司举证证明其与上海厚度文化传播有限公司签订了电视剧版权购买合同，获得了涉案作品在中国大陆中央电视台所属网站永久信息网络传播权授权。因此，即使电视剧版权购买合同的签订时间晚于原告获得授权的时间，如果被告央视国际公司并不知晓原告已经先于其获得涉案作品信息网络传播权授权，即被告通过信息网络传播涉案作品并不具有明知或应知的主观过错，则被告不承担损害赔偿责任。但本案中，在案证据可以证明被告央视国际公司知道或者应当知道原告已经先于其获得涉案作品信息网络传播权授权，却仍继续实施信息网络传播行为。一是涉案作品片尾显示"本电视剧作品之网络版权独家归属于视频网站独家播映，互联网电视独占播映为乐视网信息技术（北京）股份有限公司"。被告在传播涉案作品时应当注意到该著作权归属信息，但其并未与上海厚度文化传播有限公司核实确认。二是原告曾两次向被告发函，要求被告停止侵权行为并提供了原告享有涉案作品独家信息网络传播权的证明文件。被告在接到上述函件时即知晓上海厚度文化传播有限公司可能存在重复授权行为，且被告获得授权的时间晚于原告获得授权的时间。但被告在接到上述函件后仍置之不理，未追究上海厚度文化传播有限公司重复授权的违约责任，也未停止对涉案作品的信息网络传播行为。因此，法院结合涉案作品标注的权属信息、侵权人的审查注意程度、被诉侵权行为的持续情况、侵权人在接到侵权通知后的具体行为等认定被告对实施被诉侵权行为存在主观过错，这一认定是正确的。

案例 5 – 5　著作权人曾对被委托人与他人签订图书出版合同的行为予以追认，他人依据图书出版合同复制发行该图书并不存在过错，不承担侵权责任——原告刘某某与被告光明日报出版社著作权权属、侵权纠纷案①

【裁判要旨】原告通过出具委托授权书及"光明日报出版社著作权审查登记表"，对韩某与被告签订图书出版合同的行为予以追认。同时，本案无证据证明原告曾向被告作出过不同意被告复制发行涉案图书的意思表示。因此，被告依据图书出版合同复制发行涉案图书并不存在过错，不承担侵权责任。

【案情简介】刘某某系《边走边看美国历史》一书作者。2011 年 4 月 8 日，案外人韩某代表刘某某与光明日报出版社签订了图书出

---

①　北京市第二中级人民法院（2014）二中民（知）终字第 08028 号民事判决书。

版合同，该合同载明：甲方刘某某，乙方光明日报出版社，作品名称《边走边看美国历史》，作品署名刘某某；甲方授予乙方在合同有效期内，在中国大陆以图书形式出版发行上述作品汉文文本的专有使用权；乙方应于 2011 年 10 月 15 日前出版上述作品；乙方如需更改上述作品的名称，对作品进行修改、删节、增加图表及前言、后记，应征得甲方同意，并经甲方书面认可；乙方按照 90 元每千字的标准一次性向甲方支付报酬；合同有效期为 5 年。合同落款处有"刘某某"签名，联系人为韩某。刘某某、光明日报出版社均认可该合同落款处"刘某某"的签名为韩某所签，刘某某本人并未在该合同上签名。2011 年 4 月 10 日，刘某某与案外人韩某签订了代理出版合同，该合同约定：刘某某（甲方）授权韩某（乙方）在合同有效期内，在中国大陆由光明日报出版社以图书形式出版发行作品《边走边看美国历史》汉文文本的专有使用权；乙方应于 2011 年 10 月 15 日前出版上述作品；乙方如需更改上述作品的名称，对作品进行修改、删节、增加图表及前言、后记，应征得甲方同意，并经甲方书面认可；乙方按 7000 元人民币标准一次性支付甲方报酬。2011 年 4 月 27 日，刘某某（甲方）与韩某（乙方）签订了补充协议，该协议约定：双方经协商对原合同达成如下补充条款，当图书印数超过 2 万册，即 20001 册起，乙方按（图书定价）×5%（版税率）×实销数（超过 20000 册的实际销售数量）的标准向甲方支付报酬；低于 2 万册，乙方仍然按照原协议的约定向甲方支付稿费作为报酬。

2011 年 4 月 22 日，刘某某出具委托授权书，该授权书载明：本人刘某某是《边走边看美国》的著作权人；现委托韩某为《边走边看美国》书稿出版的全权代理人与光明日报出版社协商出版事宜；韩某在代理过程中应当兼顾被代理人和出版社两方的利益平衡，搞好图书的策划和销售工作，力争实现自身、被代理人和出版社三方的社会效益和经济效益的多赢。

2011 年 4 月 25 日，刘某某填写了"光明日报出版社著作权审查登记表"，该表载明：作品名称《边走边看美国历史》，著作权人及作品署名刘某某；兹将刘某某创作的作品《边走边看美国历史》授权韩某同志持有，授权其作为我的全权代表与光明日报出版社协商该作品的编辑、出版、发行、稿酬等一切事宜，并予以认可所签订的有关合同，我不与光明日报出版社发生任何联系。表格下方有刘某某签名。2011 年 11 月，涉案图书《边走边看美国历史》由光明日报出版社出版，署名刘某某。2011 年 12 月，刘某某收到了光明日报出版社支付的稿酬 14645 元。2012 年 1 月 20 日，刘某某通过快递向光明日报出版社（快递单写明：联络人廉某某）发出了"关于重新签订出版合同的函"，该函内容为：鉴于韩某伪造我的签名与光明日报出版社签订了出版合同，上述合同依法属于无效合同。我之前与韩某签订的代理出版合同及补充协议依法已解除，我将通过合法方式向其追究法律责任。尽管在本书的出版过程中，我也有很多不满意的地方，主要是文字的最终定稿实际上并没有征求我的同意，并将英文全部去掉。但本书得以顺利发行面世也是贵社努力的结果，对此我向对本书的出版给予关心和帮助的贵社领导和工作人员表示衷心的谢意。尤其是本书的责任编辑廉某某同志为本书的发掘、出版和推广做了很多工作，我向他表示由衷的感谢。目前的法律状态是我与贵社并没有著作权的委托关系，我希望能够与贵社尽快重新达成并签订合法的出版合同，避免不必要的法律纠纷。对此，光明日报出版社称，快递单写明地址并非光明日报出版社地址，光明日报出版社没有收到过该函，廉某某不是光明日报出版社的员工，是刘某某的代理人韩某让光明日报出版社就涉案图书的出版与廉某某进行联系。庭审中，刘某某称于 2011 年 4 月和韩某签订代理合同后，将作品原稿电子版发送给了韩某，由韩某转发给光明日报出版社，不记得是否向光明日报出版社发送过纸质版。刘某某于

2011 年 11 月收到光明日报出版社邮寄的涉案图书后，刘某某对光明日报出版社的出版行为予以默认，截至原审庭审时，刘某某未将 14645 元稿费退还光明日报出版社，在 2012 年 1 月 20 日向光明日报出版社去函之前，刘某某未提出过不同意光明日报出版社按照 14645 元标准支付稿费，亦未向光明日报出版社表示过要求停止复制发行涉案图书。光明日报出版社称，英文部分的删除是本书选题阶段确立的原则，修改的部分内容在廉某某发送给光明日报出版社的原始稿件中即已存在。

【一审法院观点】本案中，原告与案外人韩某签订了代理出版合同，该合同约定，原告刘某某授权韩某，由光明日报出版社出版发行涉案作品《边走边看美国历史》。后原告刘某某又出具委托授权书，委托韩某为涉案作品书稿出版的全权代理人与光明日报出版社协商出版事宜。根据上述合同及授权书，原告的合同目的即由被告光明日报出版社出版《边走边看美国历史》一书，并获得不少于 7000 元的稿酬。根据已查明的事实，被告已出版涉案图书，并已向原告支付稿费 14645 元，原告的合同目的已然实现。被告已直接将全部稿费打入原告银行账户，原告与案外人韩某关于稿费的纠纷与被告无关，被告对此并无过错。且本案无证据证明原告向被告作出过不同意被告按照 14645 元标准向原告支付稿费的意思表示，且该稿费截至庭审时原告未退还被告。故对原告关于被告侵犯原告对涉案作品享有的获得报酬权的主张，法院不予采信。代理人在代理权限内，以被代理人的名义实施民事法律行为。被代理人对代理人的代理行为，承担民事责任。没有代理权的行为，经过被代理人的追认，被代理人承担民事责任。本人知道他人以本人名义实施民事行为而不作否认表示的，视为同意。韩某代原告与被告光明日报出版社签订图书出版合同，虽韩某代为签署原告姓名的行为有所不妥，但根据原告出具的委托授权书，韩某有权就涉案图书与光明日报出版社协商出版事宜，且韩某代原告和被告光明日报出版社签订的图书出版合同与原告和韩某签订的代理出版合同相比，除稿酬标准外主要内容基本一致，而最终被告支付原告的稿酬远高于原告与韩某在先之约定。依据"光明日报出版社著作权审查登记表"，原告将创作的作品《边走边看美国历史》授权韩某持有，同时授权韩某作为原告的全权代表与光明日报出版社协商该作品的编辑、出版、发行、稿酬等事宜，并对所签订的有关合同予以认可。原告通过出具委托授权书及"光明日报出版社著作权审查登记表"，对韩某与被告签订图书出版合同的行为予以追认。同时，本案无证据证明原告曾向被告作出过不同意被告复制发行涉案图书的意思表示。因此，被告光明日报出版社依据图书出版合同复制发行涉案图书并不存在过错，故对原告关于被告侵犯原告对涉案作品享有的复制权和发行权的主张，法院不予采信。被告未在出版前将涉案图书定稿交原告审核确认的行为不符合图书出版合同之约定，存在不妥之处。但原告在向被告发送的"关于重新签订出版合同的函"中，就最终定稿没有征求原告同意且删除英文部分内容，对被告给予了谅解和默示追认。原告在收到被告邮寄的样书后亦未提出异议。同时，原告并未提供有效证据证明被告所出版的涉案图书与原告所提交纸质原稿不同之处均为被告所修改。故对原告关于被告侵犯原告对涉案作品享有的修改权和保护作品完整权的主张，法院不予采信。

【二审法院观点】根据本案查明的事实，涉案合同上甲方代表处签署的"刘某某"非上诉人刘某某本人所签而系案外人韩某所签。由于韩某在签订涉案合同时并无代刘某某与出版社签订合同的授权，故若无刘某某本人对韩某代其与被上诉人光明日报出版社签订涉案协议的行为予以追认，该合同对刘某某不具有法律效力。合同签订后，上诉人刘某某分别于2011年4月22日和2011年4月25日出具委托授权书及"光明日报出版社著作权审查登记表"，委托韩某作为《边走边看美国》书稿出版的全权代理人与光明日报出版社协商出版事宜，并授权韩某作为刘某某的全权代表与光明日报出版社协商《边走边看美国历史》的编辑、出版、发行、稿酬等一切事宜，并认可所签订的有关合同，同时明确表示其本人不与光明日报出版社发生任何联系。虽然"光明日报出版社著作权审查登记表"的作品授权书部分持有人处"韩某"为韩某自行书写，但在刘某某确认该登记表系从韩某处获得、应韩某要求填写、填写时刘某某本人能够完整地理解登记表内作品授权书的含义，同时确认其填写后交予韩某本人，目的是通过韩某与光明日报出版社联系签订相关合同事宜的前提下，可以认定韩某取得了刘某某在该作品授权书范围内的授权。此外，涉案图书出版后，刘某某接受光明日报出版社交付的稿费和样书以及为涉案图书进行宣传活动亦应视为其自愿行使涉案合同的权利并主动履行涉案合同的义务。综合考虑上述因素，可以认定上诉人刘某某以补充授权及实际履行合同的方式对韩某代其与被上诉人光明日报出版社签订涉案协议的行为予以追认，涉案图书出版合同应属有效合同。被上诉人光明日报出版社根据涉案图书出版合同的约定，复制、发行涉案图书并按合同约定的标准向上诉人刘某某支付了相应稿酬，其行为并未侵害刘某某对涉案作品依法享有的复制权、发行权及获得报酬的权利。虽然光明日报出版社未将经修改的涉案图书定稿交刘某某审核，但刘某某在涉案图书出版发行后向光明日报出版社发送的"关于重新签订出版合同的函"中并未就此表示反对，反而对出版社的出版工作表示了感谢，结合刘某某在接受赠书至提起本案诉讼前的较长时间段内从未就图书内容修改问题向光明日报出版社提出过侵权主张这一事实，原审法院关于刘某某就最终定稿没有征求其同意且删除英文部分内容对光明日报出版社给予了谅解和默示追认的认定并无不妥，刘某某关于光明日报出版社侵犯其对涉案作品享有的修改权和保护作品完整权的主张不应予以支持。

【案例评析】本案中，原告作为涉案作品的作者并未与被告签订图书出版合同，图书出版合同落款处系韩某代签原告姓名。因此，若无原告本人对韩某代其与被告签订涉案合同的行为予以追认，则被告出版涉案图书的行为即属于未经授权行使作品复制权、发行权的行为。鉴于被告工作中存在疏漏，未要求作者本人到场签署图书出版合同，亦没有核对和确认签署者身份，则此种情形下被告未经作者授权出版涉案作品具有主观过错，应承担侵害著作权损害赔偿责任。但本案中，原告刘某某出具的委托授权书及"光明日报出版社著作权审查登记表"均显示，原告同意委托韩某作为其代理人与被告订立出版合同，认可韩某所签订的有关合同。被告依据上述委托授权书及"光明日报出版社著作权审查登记表"可以确认，由被告出版涉案图书符合原告的真实意思。同时，图书出版合同的内容与原告和韩某签订的代理出版合同相比，除稿酬标准外主要内容基本一致，原告实际获得的稿酬高于其与韩某的约定，原告的利益并未受损。因此，被告出版涉案作品并无主观过错，原告也没有实际损失，原告关于被告侵害其著作权的主张不能成立。

实践中，经常出现出版者出版的图书包含抄袭他人作品的内容被作者提起诉讼的案件。鉴于出版者直接实施了对他人作品的复制和发行行为，因此，在此类案件中应适用推定过错责任原则，即应当由出版者举证证明其不具有主观过错，尽到了合理注意义务。如果出版者无法举证证明，则应认定出版者具有侵权的主观过错。判断出版者是否尽到合理注意义务，应当综合考虑原告主张保护的作品知名度、被诉侵权出版物类型、两者的相似程度、被诉侵权内容在原告主张保护的作品或者被诉侵权作品中所占比例等因素。原告主张保护的作品越具有知名度，则出版者的注意义务越高。如果涉案作品系知名作家创作的知名作品，则被告作为出版行业的专业机构应当较容易发现该侵权内容存在，而被告在三审三校时未发现侵权内容存在导致含有侵权内容的图书出版，此时被告显然具有主观过错。基于权利和义务相对等原则，出版者通过被诉侵权出版物获得的商业利益越多，则其注意义务越高。如果出版者出版的侵权图书具有公益性质，出版者从中获得的利益微乎其微，则其注意义务应适当降低。如果被诉侵权内容在原告主张保护的作品或者被诉侵权作品中所占比例很高，出版者较容易发现侵权内容存在，则其应承担较高的注意义务。《北京市高级人民法院侵害著作权案件审理指南》第5.7条列举了可以认定出版者尽到了合理注意义务的若干情形，包括：（1）出版社经作者授权出版被诉侵权作品，但该作品的专用出版权事前已经转让或者许可他人使用且尚未出版发行，出版者对此不知情的；（2）作者事前未告知出版者其作品属于演绎作品且原作品未发表，出版者无法判断该作品是否属于演绎作品；（3）被诉侵权作品属于职务作品或者合作作品，作者事前未将创作过程如实告知出版者，出版者无其他途径知晓创作过程，无法判断该出版物是否属于职务作品或者合作作品；（4）被诉侵权作品的授权链条完整，授权者身份及授权文件真实、合法。

案例 5 – 6 **随着平台经济的高度成熟和信息技术的高速发展，"通知 – 删除"规则已经无法实现著作权人与平台之间的利益保护平衡，须激励平台使用各种技术措施对用户上传的内容进行管理，加强网络平台版权保护的注意义务**——原告深圳市腾讯计算机系统有限公司、腾讯云计算（西安）有限责任公司与被告北京微播视界科技有限公司、西安闪游网络科技有限公司侵害信息网络传播权及不正当竞争纠纷案①

【裁判要旨】"抖音"平台中侵权视频的大量发布传播，与北京

---

① 陕西省西安市中级人民法院（2021）陕01知民初3078号民事判决书。

微播视界科技有限公司（以下简称微播视界）消极应对权利人预警投诉与侵权告知，对侵权行为未采取及时有效的管理措施有一定的因果关系，故可以认定微播视界符合对权利人涉案作品信息网络传播权侵权行为之帮助行为的构成要件，存在帮助侵权行为。微播视界作为"抖音"平台的管理者和支配者，对该平台内发生的侵权行为具有排他的支配能力，因此，有义务承担对"抖音"平台内发生的侵权行为进行管控和治理。随着平台经济的高度成熟和信息技术的高速发展，"通知－删除"规则的历史局限性愈发明显，现有的规则体系已经无法真正实现著作权人与平台之间的利益保护平衡，因而必须激励平台使用各种技术措施对用户上传的内容进行管理，加强网络平台著作权保护的注意义务，重视著作权识别、屏蔽等著作权保护技术的应用。"通知－删除"规则，其法律后果是在网络侵权发生时，平台方通过"删除"等积极补救，可以就收到权利人"通知"前的侵权责任予以免责。但是这不意味着，平台方仅需坐等权利人"通知"再采取行动，没有收到"通知"就可以无所作为。网络传播平台对原创作者，特别是高质量影视剧原创作者的维权行动，应当积极响应，采取有效措施，遏制侵权行为，净化网络空间。

【案情简介】《鬼吹灯》系列小说由天下霸唱（原名张某某）创作完成。2015 年 12 月 3 日，上海腾讯企鹅影视文化传播有限公司（该企业名称变更前为上海腾讯企鹅影业文化传播有限公司，以下简称腾讯影视）与梦想者电影（天津）有限公司（以下简称梦想者电影）、Chen Xi Asset Management Co.，Ltd. 签订的文学作品改编权转让合同约定：鉴于梦想者电影、Chen Xi Asset Management Co.，Ltd. 已依法取得张某某创作的小说《鬼吹灯之龙岭迷窟》《鬼吹灯之云南虫谷》《鬼吹灯之昆仑神宫》三部文学作品全球独占性的网络剧改编权、摄制权，梦想者电影、Chen Xi Asset Management Co.，

Ltd. 同意在协议授权期内，将上述小说之网络剧改编、摄制等权利在全球范围内独占许可给腾讯影视，授权期限为协议签署之日起至 2019 年 6 月 4 日。腾讯影视、梦想者电影、海宁第七印象影视传媒有限公司（以下简称第七印象）共同将文学作品《鬼吹灯之云南虫谷》创作为 16 集网络电视剧《云南虫谷》。第七印象出具著作权声明书称，该公司仅对《云南虫谷》以"承制方"名义享有署名权，不享有其他著作权，确认该剧的著作权以及其他知识产权归属于腾讯影视。2021 年 8 月 20 日，腾讯影视授权将《云南虫谷》的信息网络传播权以及维权权利以非独占的方式授权给深圳市腾讯计算机系统有限公司（以下简称深圳腾讯）、腾讯云计算（西安）有限责任公司（以下简称西安腾讯）、腾讯科技（北京）有限公司行使，被授权人有权单独提起诉讼或与授权人共同提起维权诉讼。2021 年 8 月 30 日，《云南虫谷》开始在"腾讯视频"平台上独家播出。

2021 年 8 月 30 日，深圳腾讯委托代理人打开"抖音"App，经 App 上方搜索栏输入"云"字，可在推荐联想中首位看到"云南虫谷"，且右侧标有"热"字的标签。在 App 上方搜索栏输入"云南"二字，在推荐联想中依次看到"云南虫谷""云南虫谷开播""云南虫谷潘某某""云南山歌""云南虫谷电视剧""云南虫谷在哪个平台播出"等共 10 项内容，其中前三项推荐联想内容右侧标有"热"字的标签。通过 App 上方搜索栏输入"云南虫谷"，选择"话题"标签，搜索到多个含有"云南虫谷"关键字的话题标签。在 App 上方搜索栏输入"云南虫谷"，选择"综合"标签，排序依据选择"最新发布"，搜索到多个用户发布的短视频或短视频合集，标题或附带话题标签中含有"云南虫谷""鬼吹灯之云南虫谷""YN 虫谷""网剧云南虫谷""云南虫谷开播""云南虫谷好上头"等字样，视频来自《云南虫谷》内容。

2021 年 9 月 3 日，深圳腾讯委托代理人打开"抖音"App，通过 App 上方搜索栏输入"云"字，推荐联想中首位看到"云南虫谷"内容，第 7 位和第 9 位分别显示"云南虫谷剪辑"和"云南虫谷合集"。在 App 上方搜索栏输入"云南"二字，在推荐联想中依次看到"云南虫谷""云南虫剪辑""云南虫谷电视剧"等 10 项内容。通过 App 上方搜索栏以"云南虫谷"为关键字进行综合检索，搜索到用户发布的短视频内容包含大量以"云南虫谷"、《云南虫谷》剧集数、剧情梗概为标题，并添加有"云南虫谷"相关话题标签，主要画面内容来自《云南虫谷》的剪切复制，并且建立有以涉案作品为名称的视频合集。通过 App 上方搜索栏以"云南虫谷电视剧合集"为关键字进行综合检索，搜索到多位用户发布的包含与涉案作品高度相关的短视频合集。视频合集内容包含以"云南虫谷"、涉案作品剧集数、剧情梗概为标题，并添加有"云南虫谷"相关话题标签，主要画面内容来自涉案作品的剪切复制的短视频作品。通过 App 上方搜索栏以"云南虫谷"为关键字，选择"话题"标签检索，搜索结果显示"云南虫谷"（7403.8 万次播放）、"网剧云南虫谷"（2.0 亿次播放）、"云南虫谷开播"（9730.7 万次播放）、"云南虫谷好上头"（1.1 亿次播放）、"云南虫谷定档"（3415.6 万次播放）、"电影云南虫谷"（395.0 万次播放）、"鬼吹灯之云南虫谷"（3310.8 万次播放）等话题，其中"网剧云南虫谷"话题点开显示有《鬼吹灯之云南虫谷》网络剧主要人物及演员和剧情梗概，在底部附有电视剧《鬼吹灯之云南虫谷》信息标签，点击后可查看详细介绍。该话题下短视频列表部分与此前搜索结果基本一致，包含"云南虫谷"作为标题关键字，或在视频显著位置标注"云南虫谷"字样，或添加"云南虫谷"相关话题标签的短视频。2021 年 9 月 7 日、9 月 18 日，深圳腾讯委托代理人进行了与前述取证相类似的操作。在"抖音"平台搜索到与前述取证内容类似的结果，存在较多包含"云南虫谷"作为关键字，或在视频显著位置标注"云南虫谷"字样，或添加"云南虫谷"相关话题标签，内容高度类似，来自涉案作品的短视频。2021 年 9 月 23 日，深圳腾讯委托代理人打开手机上安装的"抖音"App，通过抖音用户账号"是芝士呀"，选择上传一段带有"云南虫谷"影视艺术字标题的短视频，发布页面话题标签自动生成有以下备选："大片既视感""鬼吹灯""高清视频""科幻""支持……"在未添加标题和话题标签的情况下，可以成功提交发布该视频。2021 年 10 月 9 日、10 月 10 日，深圳腾讯委托代理人以"云南虫谷"与 1—16 集剧集序号作为关键词在"抖音"App 检索，检索结果与前述内容类似。

2021 年 12 月 8 日、12 月 13 日，深圳腾讯委托代理人进行了与前述取证相类似的操作。检索结果显示：添加包含"云南虫谷"作为关键字话题的短视频，以及建立以"云南虫谷"作为关键字合集的用户数量较先前取证有所减少。2022 年 5 月 25 日、26 日，微播视界委托代理人通过访问"抖音"网页版和"抖音"手机 App，在搜索栏以"云南虫谷""云南虫谷电视剧""云南虫谷大结局"等作为关键字进行综合检索，搜索反馈视频主要为涉案作品相关评论、官方账号发布内容、有关新闻报道、演职人员相关信息等，或其他与涉案作品无明显关联的短视频内容，仅有极少量有可能涉及涉案作品侵权的短视频存在。2022 年 8 月 15 日，深圳腾讯委托代理人访问"抖音"网页版，访问先前保存的被控侵权视频地址，发现仍有部分被控侵害作品的短视频存在，其中部分视频发布日期在 2021 年 9 月，但取证中显示的被控侵权视频标题、话题和视频文字中已罕有"云南虫谷"字样存在。2021 年 6 月 2 日，腾讯科技（北京）有限公司委托代理人对"BOSS 直聘"网发布的字节跳动"内容审核""内容审核主管"岗位招聘信息进行了截图取证。

涉案作品在"腾讯视频"App 相关页面数据显示，该剧播放量为：2021 年 9 月 20 日 10.9 亿次，2021 年 9 月 23 日 11.9 亿次，

2022 年 2 月 28 日 15.9 亿次。除此之外，全网多家网络平台和众多作者均对涉案作品进行了宣传、报道和讨论，其中多家媒体报道了涉案作品播出后 8 小时播放量破亿次的有关消息。

2021 年 8 月 28 日、29 日、30 日，北京中视瑞德文化传媒股份有限公司受腾讯影视委托，通过"CPSP 版权资产服务平台"的电子邮箱致函 jubaoadouyin.com，就《云南虫谷》信息网络传播权保护事宜，向微播视界告知著作权信息、权利内容、委托授权信息和期待的保护措施。2021 年 9 月 22 日，北京中视瑞德文化传媒股份有限公司出具说明称：2021 年 8 月 30 日至 2021 年 9 月 21 日，就微播视界"抖音"侵犯《云南虫谷》信息网络传播权及不正当竞争行为，发送侵权通知函 44 次，涉及侵权链接累计 5548 条。2022 年 4 月 8 日，北京中视瑞德文化传媒股份有限公司出具情况说明称：2021 年 9 月 22 日至 2022 年 3 月 16 日，就微播视界"抖音"侵犯《云南虫谷》信息网络传播权及不正当竞争行为，发送侵权通知函 64 次，涉及侵权链接累计 751 条；截至 2022 年 3 月 16 日，抖音平台在接到上述投诉后 5 日内下线率为 72%，7 日内下线率为 90%。

2021 年 10 月 31 日，微播视界提供了部分抖音用户发布的有关"云南虫谷"短视频，如被认证为泸水市融媒体中心官方账号的抖音用户，发布了"这是你想象中的云南虫谷吗？"附带"原来云南虫谷长这样"话题标签的短视频，视频中部有"《云南虫谷》预告"字样；被认证为云南广播电视台官方抖音号的抖音用户，发布"七彩云南欢迎您"短视频，视频顶部有"用云南虫谷的方式打开七彩云南"，视频底部带有"七彩云南诗的远方梦的故乡"；被认证为天水市秦州区融媒体中心官方抖音号的抖音用户，发布了"《云南虫谷》每集到底有多少广告？"短视频，视频顶部有"腾讯视频会员白买了！我在《云南虫谷》看广告：一集至少 5 个，比剧情还吓人"，视频底部有"8 月 30 日，潘某某等主演的《云南虫谷》在腾讯视频播出"。除带有机构认证的抖音用户账号发布的其他类似内容之外，微播视界还提供了部分非经机构认证的抖音用户发布的不侵犯涉案作品"云南虫谷"有关短视频作品。微播视界认为，该类视频包含涉案作品片段内容，但涉及旅游、评论、解说、科普等非侵权内容，"抖音"平台对上述与涉案作品相似度极高的内容无法做到准确识别，无法做到全面删除；抖音对上述内容是否经过了授权、是否构成侵权，无义务也无能力在事前作出判断，进而采取删除、拦截和过滤的措施，并称接到案件诉讼材料后，对涉案作品进行了主动回查，对可能的侵权内容作了清理。

2022 年 4 月 12 日，微播视界委托代理人下载安装"腾讯微视"App 并访问"视频号"，分别以"云南虫谷"作为关键字进行检索，获得检索短视频结果为有一定数量的在标题中含有"云南虫谷"，视频画面明显位置标有"云南虫谷"，疑似切条搬运侵权的短视频，以证明深圳腾讯自身运营平台上存在大量涉嫌侵权的视频内容，其也没有精准识别、拦截侵权视频的能力，对涉嫌侵权内容进行彻底拦截不具有技术上的可行性。微播视界认为，涉案网剧《云南虫谷》系小说《鬼吹灯》改编的众多影视剧之一，存在诸多与其名称、人物、情节、画面极为相似的影视剧，平台识别和清理涉嫌侵权视频的难度非常大，"抖音"平台中与"云南虫谷"相关的视频情况非常复杂，微播视界难以逐一识别、判断是否侵权，也不可能一概禁止含有涉案作品名称的视频上传。视频比对过滤技术以权利人提供正版作品作为比对介质为前提，在没有比对介质的情况下，平台无法独立完成过滤或审查。各大视频平台均有个性化推荐功能，推荐算法是行业内普遍采用的技术，推荐算法和过滤算法是两种不同的机制，推荐算法不会针对特定影视剧进行识别，更无法判断特定视频是否处于侵权状态，使用推荐算法不意味着平台对视频内容有所了解，也不会增强平台识别侵权视频的能力，不能据此要求平台承担更高的注意义务。深圳腾讯称，算法并不中立，平台应当根据其行为承担责任，微播视界的现有技术具备从巨大的内容池中快速识别特定视频内容，并进行删除和拦截侵权视频的能力，短视频领域侵犯著作权的视频数量巨大，权利人被侵权率极高。微播视界作为短视频领域的头部企业，其对平台侵权现象具有非常明确、清晰的认知，各地法院在多个类案中裁定微播视界立即采取有效措施处理侵权视频，但其仍持续实施侵权行为，恶意突出。深圳腾讯、西安腾讯明确主张，微播视界实施的侵害著作权行为是提供侵权视频，构成直接侵权；与用户共同实施侵权行为构成共同侵权；即便微播视界未被认定为构成直接侵权，也属于知道或者应当知道网络用户利用其网络服务侵害他人民事权益，不仅未采取必要措施，反而通过积极的教唆、帮助用户实施侵权行为，构成间接侵权，应当与该网络用户承担连带责任。

【法院观点】网络剧《云南虫谷》属于《著作权法》规定的视听作品，应受《著作权法》的保护。腾讯影视独自享有网络剧《云南虫谷》的著作权（除署名权共有外）。腾讯影视授权将《云南虫谷》的信息网络传播权以及维权权利以非独占的方式授权给深圳腾讯、西安腾讯、腾讯科技（北京）有限公司行使，被授权人有权单独提起诉讼或与授权人共同提起维权诉讼。由此，深圳腾讯、西安腾讯有权就侵害涉案作品信息网络传播权及相关权益的行为以自身名义共同提起维权诉讼，其作为本案原告诉讼主体适格。本案中，深圳腾讯、西安腾讯主张，微播视界通过直接、间接或帮助侵权的方式，对涉案作品信息网络传播权造成了侵害。根据查明的事实，被控侵权视频在"抖音"平台中的传播发布大致分为三个阶段。

第一阶段，涉案作品自2021年8月30日在"腾讯视频"平台首播当日，通过微播视界管理运营的"抖音"短视频平台以"云南虫谷"等关键字检索，发现视频素材内容高度重合、雷同程度极高的短视频内容，存在较多包含"云南虫谷"作为标题关键字，或在视频显著位置标注"云南虫谷"，或添加"云南虫谷"相关话题标签的短视频，并伴有部分以"云南虫谷"为标题和内容的短视频合集存在。此类切条搬运短视频内容高度一致，重复率极高，仅通过对雷同短视频内容主要画面和要点进行归纳，可以确定高度重复内容来自涉案作品。2021 年 10 月 10 日在"抖音"App 以"云南虫谷"与 1—16 集剧集序号作为关键词进行检索，仍可以获得与前述内容基本一致的大量短视频存在。第二阶段，2021 年 11 月 9 日法院作出行为保全裁定后，深圳腾讯委托代理人于 2021 年 12 月 8 日、13 日以"云南虫谷"作为关键字在"抖音"App 检索，仍可见部分用户发布的与前述取证内容类似的短视频搜索结果，存在较多包含"云南虫谷"作为标题关键字，或在视频显著位置标注"云南虫谷"，或添加"云南虫谷"相关话题标签的短视频，并有部分以"云南虫谷"为内容的短视频合集。添加包含"云南虫谷"作为关键字话题的短视频，以及建立以"云南虫谷"作为关键字合集的用户数量较先前取证有所减少。第三阶段，2022 年 5 月 25 日、26 日，微播视界委托代理人通过访问"抖音"网页版和"抖音"手机App，在搜索栏以"云南虫谷""云南虫谷电视剧"等作为关键字进行综合检索，搜索反馈视频主要为涉案作品相关评论、涉案作品相关官方账号发布内容、涉案作品有关新闻报道、涉案作品演职人员相关信息等，或其他与涉案作品无明显关联的短视频内容，仅有少量可能涉及涉案作品侵权的短视频存在。2022 年 8 月 15 日，深圳腾讯委托代理人通过访问"抖音"网页版，访问先前保存的被控侵权视频地址，发现仍有部分被控侵害涉案作品的短视频存在，但标题、话题和视频文字已罕有"云南虫谷"存在。《最高人民法院关于审理侵害信息网络传播权民事纠纷案件适用法律若干问题的规定》第 7 条规定，网络服务提供者在提供网络服务时教唆或者帮助网络用户实施侵害信息网络传播权行为的，人民法院应当判令其承担侵权责任。网络服务提供者以言语、推介技术支持、奖励积分等方式诱导、鼓励网络用户实施侵害信息网络传播权行为的，人民法院应当认定其构成教唆侵权行为。网络服务提供者明知或者应知网络用户利用网络服务侵害信息网络传播权，未采取删除、屏蔽、断开链接等必要措施，或者提供技术支持等帮助行为的，人民法院应当认定其构成帮助侵权行为。"抖音"平台中存在众多对用户短视频、中视频进行创作和分成的激励计划，此类激励计划多以金钱奖励的方式对热度较高的视频发布者进行引导和鼓励。微播视界在运营"抖音"平台过程中，设置此类活动，明显属于对平台用户创作整体或特定创作类别的引导，而非对特定侵权信息的引导。此种激励或奖励的主要目的是通过奖励手段促进平台发展，此类诱导、鼓励手段不直接与特定侵权行为、侵权模式相关联，应当认为此类行为不符合教唆侵权构成要件，不属于司法解释所述的教唆侵权行为。微播视界作为"抖音"平台的经营者和管理者，对其管理运营的"抖音"平台中的用户大量、密集地实施侵害涉案作品信息网络传播权的行为，在《云南虫谷》权利人反复进行事先预警、事中投诉、提起诉讼、申请行为保全的情况下，难谓不知。而微播视界在其具有对平台侵权内容进行有效治理的能力下，并未在合理期间内采取适当措施对平台侵权内容进行管控治理，放任甚至便利了大量侵害涉案作品信息网络传播权短视频通过"抖音"平台和"抖音"平台内的诸多创作工具进行发布和传播。微播视界对"抖音"平台支配管理的地位，使其对"抖音"平台侵权内容承担相应的管理义务，而"抖音"平台中侵权视频的大量发布传播，与微播视界消极应对权利人预警投诉与侵权告知，对侵权行为未采取及时有效的管理措施有一定的因果关系，故可以认定微播视界符合对权利人涉案作品信息网络传播权侵权行为之帮助行为的构成要件，存在帮助侵权行为。微播视界主张，根据法律规定，"抖音"平台仅提供信息网络存储服务，依法不承担内容的审查义务。网络平台的内容系用户自行上传，平台用户数量众多，平台方不可能对海量信息进行实质审查，微播视界作为平台已履行"通知－删除"义务。对此法院认为，"通知－删除"规则只适用于网络服务提供者不知道也不应当知道网络用户利用其网络服务侵害他人民事权益的情形。北京中视瑞德文化传媒股份有限公司多次向微播视界发送预警函、侵权通知函。微播视界在收到通知后，不仅应当知道通知所附侵权链接的内容侵权，且完全有能力发现"抖音"平台上的侵权短视频，更应当知晓还会有类似的侵权视频上传到"抖音"平台上，故在权利人事先反复预警，事后大量进行侵权投诉的情况下，微播视界作为"抖音"平台的管理运营者，显然对平台中存在大量侵权事实已经充分知悉。同时，涉案作品热度极高，多次出现在"抖音"平台相关搜索联想推荐位置，显示有相关推荐标签，其相较于其他普通作品，更加具有显著性，更容易被知晓。"抖音"平台并不是摆脱人工干预、完全自动运行的封闭系统。微播视界及其关联主体在对其进行管理、运营、维护中，对"热榜"关键词对应的内容可能存在或已经存在侵权事实都辩称"不知"，有违常识。微播视界认为网络平台上的内容系用户自行上传，平台用户数量众多，平台方不可能对海量信息进行实质审查。必须承认，法不强人所难。这一抗辩主张，在平台治理的大部分情况下是成立的。实际上，不管是立法机关，还是监管机关，都并非要求平台方对内容的审查达到清澈见底、一片白地、毫无侵权和违规内容的程度。但是，这并不代表平台不应、不需、不能对重点内容进行更多关注，并对重点内容采取区分性的审核策略和推荐算法。对占据"热榜"前列的热播影视剧，平台方恰恰更应该有所作为。在其他案件中，微播视界向法院提交了承诺函，作出了对《扫黑风暴》著作权侵权进行主动事前筛查、主动事后筛查、收到投诉、及时删除、对重点用户进行相应治理的承诺，取得了良好的实际效果。根据微播视界提供的裁判文书，深圳腾讯也在诉讼案件中作出过类似著作权治理承诺。由此可见，对平台中涉及热播影视剧的内容进行有区分的重点治理早有先例可循。作为"抖音"平台的运营方，微播视界及其关联公司向社会招聘大量审核作品的相关职位，也显示出其对视频内容审查的必要性是充分知悉的，通过配置专门人员，应当具备了较高的视频内容审查能力和著作权治理能力。在本案中，前述被控侵权视频在"抖音"平台中的传播发布的三个阶段变化，也反映出微播视界对此类视频的治理具有相当能力。因此，微播视界提出基于其不可能对海量信息进行实质审查的抗辩意见，与事实不符。微播视界作为"抖音"平台的管理者和支配者，对该平台内发生的侵权行为具有排他的支配能力，有义务对"抖音"平台内发生的侵权行为进行管控和治理。随着平台经济的高度成熟和信息技术的高速发展，"通知－删除"规则的历史局限性愈发明显，现有的规则体系已经无法真正实现著作权人与平台之间的利益保护平衡，因而必须激励平台使用各种技术措施对用户上传的内容进行管理，加强网络平台著作权保护的注意义务，重视著作权识别、屏蔽等著作权保护技术的应用。"通知－删除"规则，其法律后果是在网络侵权发生时，平台方通过"删除"等积极补救，可以就收到权利人"通知"前的侵权责任予以免责。但是这不意味着，平台方仅需坐等权利人"通知"再采取行动，没有收到"通知"就可以无所作为。《民法典》第1195条的规定，绝非意味着"通知－删除"规则之外，网络服务提供者再无其他法律义务。网络传播平台对原创作者，特别是高质量影视剧原创作者的维权行动，应当积极响应，采取有效措施，遏制侵权行为，净化网络空间，为网络传播平台自身长远发展打好基础。

【案例评析】根据服务器标准，只有将作品上传至网络服务器中（将作品置于信息网络中）的行为，才是受信息网络传播权控制的行为，即"提供作品"的行为。本案中，原告方取证的众多短视频均为网络用户上传，因此，被告微播视界并未实施直接侵害信息网络传播权的行为。只有直接侵权行为成立，才可能存在间接侵权行为，即对他人实施直接侵害作品信息网络传播权予以教唆、帮助的行为。原告和被告提供的在案证据可以证明在被告经营的"抖音"平台中有大量包含"云南虫谷"作为标题关键字，或在视频显著位置标注"云南虫谷"字样，或添加"云南虫谷"相关话题标签的短视频或短视频合集。其中，相当部分短视频为网络剧《云南虫谷》进行剪切复制后形成，并不符合合理使用的要件，上传该短视频的网络用户构成直接侵害涉案作品信息网络传播权的行为。同时，也不能排除有部分短视频系对网络剧《云南虫谷》剧情、导演、演员的介绍，虽然使用了作品的个别片段，但根据"三步检验标准"其符合合理使用的条件，不构成侵害作品信息网络传播权的行为。还有部分短视频虽然在标题、视频画面、话题标签中含有"云南虫谷"字样，但视频中并不包含任何网络剧《云南虫谷》的片段，只是借助该网络剧的热度介绍其他内容。那么被告就上述部分网络用户直接侵害涉案作品信息网络传播权的行为是否提供了教唆和帮助，是否构成间接侵权，以及是否承担损害赔偿责任，是本案双方的争议焦点。行为人实施直接侵犯作品信息网络传播权的违法行为，其是否承担损害赔偿责任，实行过错推定责任原则，即应当由实施信息网络传播行为的主体举证证明其没有主观过错，如果其不能举证证明，则推定该主体存在主观过错。行为人实施间接侵犯作品信息网络传播权的行为，不实行过错推定责任原则，应当由著作权人举证证明提供网络服务的主体存在主观过错，如果其不能举证证明，则应承担败诉的不利后果。因此，原告深圳腾讯、西安腾讯应举证证明被告存在主观过错。根据《民法典》第 1197 条的规定，网络服务提供者知道或者应当知道网络用户利用其网络服务侵害他人民事权益，未采取必要措施的，与该网络用户承担连带责任。网络服务提供者的主观过错对应《民法典》第 1197 条所规定的"知道或者应当知道"以及"未采取必要措施"，即网络服务提供者具有应受非难的主观心理状态。故原告应举证证明被告作为"抖音"平台的经营者，知道或者应当知道平台中存在大量短视频为网络剧《云南虫谷》进行剪切复制后形成，不符合合理使用的条件，上传该短视频的网络用户构成直接侵害涉案作品信息网络传播权的行为，但被告未采取必要措施加以制止。如果被告知道（明知）或应当知道"抖音"平台存在大量侵权短视频，并采取了必要措施加以制止，则被告不具有间接侵权的主观过错。如果被告知道（明知）"抖音"平台存在大量侵权短视频，而未采取必要措施加以制止，则被告具有消极放任损害结果发生的主观心理状态，即具有侵权的间接故意。如果被告应当知道"抖音"平台存在大量侵权短视频，该侵权短视频可能对著作权人造成损害，但因为疏忽大意而没有预见，从而未采取必要措施加以制止，则被告具有主观过失。上述后两种情形下，被告具有侵权的主观过错，应承担间接侵害著作权损害赔偿责任。本案中，原告方通过北京中视瑞德文化传媒股份有限公司多次向微播视界发送预警函、侵权通知函并提供了著作权信息、权利内容、委托授权信息、期待的保护措施及侵权链接。因此，被告在接到上述函件后即明知其经营的"抖音"平台中存在大量侵权短视频，且未来还会不断有新的侵权短视频被用户上传至平台中。此外，涉案作品的热度极高，播放量极大，在被告经营的"抖音"平台搜索栏输入"云"字，可在推荐联想中首位看到"云南虫谷"，且右侧标有"热"字的标签，同时，平台中有大量"云南虫谷"关键字的话题标签和短视频合集，关联的大部分短视频属于侵权短视频。即使上述推荐联想、话题标签、短视频合集并非被告添加，系平台自动生成或网络用户添加，因该推荐联想、话题标签、短视频合集处于平台内明显可感知位置，考虑到涉案作品的知名度情况，可以认定被告应当知道其经营的"抖音"平台中存在大量侵权短视频，且侵权短视频会随着时间推移不断增加。故而，被告是否具有主观过错，就取决于其是否采取了必要措施对网络用户的直接侵权行为加以制止。本案中，原告已经举证证明在2021年8月30日至2021年12月13日期间，被告经营的"抖音"平台中持续存在大量侵权短视频，故此时应当由被告承担其在上述期间内已经采取必要措施的证明责任。正如法院在判决中所述，法不强人所难。在判定被告是否采取了必要措施时，不能仅以结果论，不能仅因为平台中持续存在侵权短视频，即认定被告未采取必要措施。判定被告是否采取了必要措施，要综合考虑被告作为短视频平台管理者通常应具备的管理能力，以及采取管理措施的成本。美国联邦第二巡回上诉法院法官勒尼德·汉德（Learned Hand）在1947年美国诉卡洛尔·波音拖船公司（United States v. Carroll Towing Co.）一案中提出了过失认定公式，即侵权行为的预防成本为 B、造成损害的盖然性为 P、损失金额为 L，通过计算 B 是否小于 P 与 L 的乘积来认定行为人是否应承担过失责任，如果 $B < P \times L$，即预防成本小于可能造成的损失且行为人未采取预防侵权的措施，则认定行为人具有过失。反之，则应认定行为人无过失。该公式用数学语言表述了确定注意义务的考虑要素，其基本法律逻辑在于投入100元的预防成本去防止可能产生的80元损失是不合理的，对于行为人而言也是不公平的。举例而言，甲经营一个鱼塘，该鱼塘水很深，鱼塘周边比较泥泞湿滑，如果一旦有人滑入鱼塘，则有可能溺亡，具有较高的危险性。如果在该鱼塘四周设立四个警示牌，需要花费400元。如果在鱼塘周边设置一圈围栏，则需要花费8000元。如果在鱼塘周边添设若干视频监控设备和

报警装置实现 24 小时全方位实时监控，则需要花费 100 万元。该鱼塘距离村落很远，鱼塘周边很少有人经过。甲在鱼塘四周设立了四个警示牌并在鱼塘周边设置了一圈围栏，但并未添设视频监控设备和报警装置。某日，一中学生乙放学后来到该鱼塘翻越围栏后进入鱼塘游泳，发生溺水后死亡。在该案例中，甲作为鱼塘的经营管理者是否具有过失，是否应就乙之死亡承担损害赔偿责任？笔者认为，虽然添设视频监控设备和报警装置实现 24 小时全方位实时监控，或者投入人力在鱼塘边 24 小时蹲守，可以更好地预防和避免乙死亡的结果发生，但在甲未采取上述预防措施的情况下并不能认定其具有过失，甲不应承担损害赔偿责任。在目前的经济条件和社会发展水平下，绝大多数鱼塘经营管理者难以负担视频监控设备和报警装置的成本，绝大多数鱼塘经营者也没有人力做到实时巡视和监控。根据该鱼塘的位置等实际情况，人员在鱼塘中游泳的可能性极低。如果添设视频监控设备和报警装置实现 24 小时全方位实时监控，或者投入人力在鱼塘边 24 小时蹲守，则投入的预防成本明显大于可能造成的损失，且鱼塘经营管理者通常情况下也不会设置视频监控设备和报警装置，则甲未采取该预防措施并不具有主观上的可非难性。但在该鱼塘四周设立警示牌，以及在鱼塘周边设置围栏，则属于鱼塘经营管理者通常应采取的预防措施，且采取该措施的成本明显小于可能造成的损失，如果甲未采取该预防措施则具有主观过失，其应承担损害赔偿责任。回到本案，被告作为短视频平台管理者理论上可投入成本采取以下三方面管理措施：一是主动对已经由网络用户上传至平台中的短视频内容进行识别，如果认定网络用户已上传至平台中的短视频具有较高的侵权可能性，则对该视频下架或屏蔽；二是对未来网络用户拟上传至平台中的短视频进行预先识别和筛选，如果认定网络用户拟上传的短视频具有较高的侵权可能性，则拒绝该短视频在平台中发布；三是遵循"通知-删除"规则，在收

到权利人的侵权通知后及时将侵权短视频下架或屏蔽。但不能仅因
为短视频平台管理者未全部采取上述三方面管理措施，即认定其具
有帮助侵权的主观过错，而应当全面、审慎、科学评估上述管理措
施实施的可能性、经济成本以及不采取该管理措施可能带来的损害。
首先，如果短视频平台管理者未遵循"通知－删除"规则，在收到
权利人的侵权通知后未及时将侵权短视频下架或屏蔽，其具有帮助
侵权的主观过错。遵循"通知－删除"规则将侵权短视频下架或屏
蔽，属于短视频平台管理者一般应承担的管理义务，短视频平台管
理者均具备该管理能力，实施该种管理措施也比较经济，实施成本
较低。权利人在发出通知的同时，一般会附有权属证据以及构成侵
权的初步证据。短视频平台管理者依据该通知下架或屏蔽的短视频
绝大部分均属于侵权短视频。如果短视频平台管理者不遵循"通
知－删除"规则，则会导致侵权短视频广泛传播，给权利人造成不
应有的损害。其次，短视频平台管理者是否有义务主动对已经由网
络用户上传至平台中的短视频内容进行识别，并对网络用户已上传
至平台中的具有较高侵权可能性的短视频下架或屏蔽，应区分不同
情况。《最高人民法院关于审理侵害信息网络传播权民事纠纷案件
适用法律若干问题的规定》第8条第2款规定，网络服务提供者未
对网络用户侵害信息网络传播权的行为主动进行审查的，人民法院
不应据此认定其具有过错。可见，一般情况下短视频平台管理者并
没有主动对已经由网络用户上传至平台中的短视频内容进行识别和
处理的义务，也即一般情况下短视频平台管理者没有主动对已经由
网络用户上传至平台中的短视频内容进行识别和处理的，不应认定
其具有帮助侵权的主观过错。但如果短视频平台中的侵权内容位置
非常明显，作品具有极高的知名度，作品正处于热映期间，则短视
频平台管理者具有主动对已经由网络用户上传至平台中的短视频内
容进行识别和处理的义务。这是因为，短视频平台中的侵权内容非

常明显，短视频平台管理者发现该侵权内容较为容易，无须投入过多人力物力成本即可以定位侵权内容。在作品具有极高的知名度的情况下，虽然短视频平台管理者主动对已经由网络用户上传至平台中的短视频内容进行识别和处理需要投入一定的人力物力成本，但如果不采取该主动管理措施则对权利人造成的损害相对而言更大。另外，如果作品正处于热映期间，权利人与短视频平台合作对作品进行宣传推广存在一定可能性，但权利人允许一般网络用户通过短视频平台免费传播该作品片段的可能性极低，权利人允许一般网络用户建立视频合集将该作品的精华片段集中传播的可能性基本不存在。因此，如果作品正处于热映期间，更便于短视频平台管理者识别和判断短视频内容是否侵权。相反，如果短视频平台中的侵权内容位置不明显，作品不具有高知名度，也不处于热映期间，则短视频平台管理者识别和判断短视频内容是否侵权具有非常高的难度，需要投入的人力物力成本将呈几何级数上升，此时赋予短视频平台管理者主动对已经由网络用户上传至平台中的短视频内容进行识别和处理的义务不符合公平原则。最后，短视频平台管理者对网络用户未来拟上传至平台中的短视频并不负有进行预先识别和筛选的义务，短视频平台管理者没有对网络用户未来拟上传至平台中的短视频进行预先识别和筛选，不应认定其具有帮助侵权的主观过错。短视频平台管理者对网络用户未来拟上传至平台中的短视频进行预先审核并不是绝对无法实现，即使没有图像识别技术的帮助，只要投入足够数量的人力也可以进行人工预先审核，但这并不现实，也没有必要。如果要求短视频平台管理者对网络用户未来拟上传至平台中的短视频均进行预先识别和筛选，则相当于给短视频平台管理者对平台中的全部视频内容是否可能侵害他人著作权设定了预先审核义务。我们知道，在人类社会中已有的全部作品内容中，已经进入公有领域不受著作权法保护的作品数量远远多于仍受著作权法保护的作品数量。也就是说，作品进入公有领域属于一般情况，作品仍受著作权法保护则属于特殊情况。在短视频平台中存在海量的音视频资源，其中大部分甚至绝大部分内容处于公有领域，或者其权利人并不禁止网络用户通过短视频平台传播。为了短视频平台中的少部分可能构成侵权的内容就对平台中全部内容均进行预先审核，缺乏必要性。对短视频内容是否侵犯他人著作权的判断也不是一件容易的工作，既要判断权利人的权属是否清晰、稳定，又要判断短视频内容与作品内容是否构成相同或实质性相似，还要考虑是否可能构成合理使用的情形，这一判断在一些案件中对于法官而言都是难题，要求人工智能或内容审查员对短视频内容是否侵犯他人著作权进行判断有些强人所难，对短视频内容是否侵犯著作权的判断难度与短视频是否存在淫秽色情内容的判断难度显然不可相提并论。可以预见，如果要求短视频平台对网络用户未来拟上传至平台中的短视频均进行著作权侵权维度的识别和筛选，可能频繁出现误判，并引发大量网络用户和平台之间的矛盾和争议。另外，如果要求短视频平台对网络用户未来拟上传至平台中的短视频均进行预先识别和筛选，可能导致网络用户上传提交的短视频内容须经过相当长一段时间才能够在平台中发布，这将极大影响短视频平台的运营效率，阻碍网络信息的及时和快速传播，影响网络用户的浏览体验，并最终导致公共利益受到损害。因此，如果要为短视频平台管理者对网络用户未来拟上传至平台中的短视频设定普遍性的预先审核义务，应极为慎重，要充分考虑可能产生的附带不利影响。本案中法院认为，短视频平台管理者应对平台中涉及热播影视剧的内容进行有区分性的重点治理，短视频平台管理者的义务并不仅局限于遵循"通知－删除"，《民法典》第1195条的规定，绝非意味着"通知－删除"规则之外，网络服务提供者再无其他法律义务。法院的上述观点是正确的。在被告知道其经营的"抖音"平台中存在大量侵权短视频，且侵权短视频会随着时间推移不断增加的情况下，被告在本案中并未举证证明其在遵循"通知－删除"规则之外，主动投入人力物力采取措施对已经由网络用户上传至平台中的短视频内容进行识别和处理，因此，法院认定其未尽到合理注意义务，未对侵权短视频内容采取必要措施，构成间接侵权。如果被告能够举证证明其已主动投入人力物力采取必要措施对平台中明显侵害涉案作品著作权的短视频内容进行清理，并举证证明采取该必要措施符合经济性和合理性，那么即使采取该措施后平台中仍存在一定数量的"漏网之鱼"，本案的认定结论则可能会有所不同。

第四节　侵害著作权民事责任

条文要点注释

行为人未经著作权人许可，实施著作权人所享有的专有权利的行为，构成对著作权的侵害，行为人应承担侵害著作权民事责任。侵害著作权民事责任的承担方式，包括停止侵害、消除影响、赔礼道歉、赔偿损失等。法院判令行为人承担侵害著作权民事责任，目的在于：通过停止侵害民事责任承担方式，使行为人立即停止侵权行为，避免对著作权人的损害后果进一步扩大；通过消除影响民事责任承担方式，使行为人侵害著作权给作品和作者声誉造成的不良影响得以消除；通过赔礼道歉民事责任承担方式，使作者精神方面受到的伤害得以抚慰；通过赔偿损失民事责任承担方式，使著作权人已经受到的经济损失得到弥补；通过惩罚性赔偿，大幅度提高行为人侵权成本，防止行为人后续再次实施侵权行为。侵犯著作权或者与著作权有关的权利的，法院判定侵权人赔偿损失的具体金额应按照顺序进行，优先按照权利人受到的实际损失或者侵权人的违法所得给予赔偿。如果权利人的实际损失或者侵权人的违法所得难以计算的，才可以参照该权利使用费给予赔偿。权利人的实际损失、侵权人的违法所得、权利使用费均难以计算的，法院最后才可以根据侵权行为的具体情节（包括作品和作者的知名度、侵权人的主观过错程度、请求保护的权利类型、侵权行为的性质、侵权行为的持续时间、侵权行为的地域范围等），适用法定赔偿。虽然《著作权法》并未明确规定，但根据侵权责任法的一般原理，侵权人具有主观过错，是法院判令侵权人承担赔偿损失民事责任的前提条件。如果行为人在不具有主观过错的情况下，未经著作权人许可，实施著作权人所享有的专有权利控制的行为，法院可以判令行为人向著作权人返还其因侵权所取得的利益。与其他民事侵权诉讼类似，著作权人有权向人民法院申请采取保全措施，包括财产保全、行为保全、证据保全。在诉讼程序中，如果著作权人已经提供初步证据证明被诉侵权人未经其许可使用其作品，则发生举证责任倒置，转由被诉侵权人提供证据证明其已经取得权利人的许可，或者具有合理使用、法定许可情形。

法律条文

第五十二条　有下列侵权行为的，应当根据情况，承担停止侵害、消除影响、赔礼道歉、赔偿损失等民事责任：

（一）未经著作权人许可，发表其作品的；

（二）未经合作作者许可，将与他人合作创作的作品当作自己单独创作的作品发表的；

（三）没有参加创作，为谋取个人名利，在他人作品上署名的；

（四）歪曲、篡改他人作品的；

（五）剽窃他人作品的；

（六）未经著作权人许可，以展览、摄制视听作品的方法使用作品，或者以改编、翻译、注释等方式使用作品的，本法另有规定的除外；

（七）使用他人作品，应当支付报酬而未支付的；

（八）未经视听作品、计算机软件、录音录像制品的著作权人、表演者或者录音录像制作者许可，出租其作品或者录音录像制品的原件或者复制件的，本法另有规定的除外；

（九）未经出版者许可，使用其出版的图书、期刊的版式设计的；

（十）未经表演者许可，从现场直播或者公开传送其现场表演，或者录制其表演的；

（十一）其他侵犯著作权以及与著作权有关的权利的行为。

第五十四条 侵犯著作权或者与著作权有关的权利的，侵权人应当按照权利人因此受到的实际损失或者侵权人的违法所得给予赔偿；权利人的实际损失或者侵权人的违法所得难以计算的，可以参照该权利使用费给予赔偿。对故意侵犯著作权或者与著作权有关的权利，情节严重的，可以在按照上述方法确定数额的一倍以上五倍以下给予赔偿。

权利人的实际损失、侵权人的违法所得、权利使用费难以计算的，由人民法院根据侵权行为的情节，判决给予五百元以上五百万元以下的赔偿。

赔偿数额还应当包括权利人为制止侵权行为所支付的合理开支。

人民法院为确定赔偿数额，在权利人已经尽了必要举证责任，而与侵权行为相关的账簿、资料等主要由侵权人掌握的，可以责令侵权人提供与侵权行为相关的账簿、资料等；侵权人不提供，或者提供虚假的账簿、资料等的，人民法院可以参考权利人的主张和提供的证据确定赔偿数额。

人民法院审理著作权纠纷案件，应权利人请求，对侵权复制品，除特殊情况外，责令销毁；对主要用于制造侵权复制品的材料、工具、设备等，责令销毁，且不予补偿；或者在特殊情况下，责令禁止前述材料、工具、设备等进入商业渠道，且不予补偿。

第五十六条 著作权人或者与著作权有关的权利人有证据证明他人正在实施或者即将实施侵犯其权利、妨碍其实现权利的行为，如不及时制止将会使其合法权益受到难以弥补的损害的，可以在起诉前依法向人民法院申请采取财产保全、责令作出一定行为或者禁止作出一定行为等措施。

第五十七条 为制止侵权行为，在证据可能灭失或者以后难以取得的情况下，著作权人或者与著作权有关的权利人可以在起诉前依法向人民法院申请保全证据。

第五十八条 人民法院审理案件，对于侵犯著作权或者与著作权有关的权利的，可以没收违法所得、侵权复制品以及进行违法活动的财物。

第五十九条 复制品的出版者、制作者不能证明其出版、制作有合法授权的，复制品的发行者或者视听作品、计算机软件、录音录像制品的复制品的出租者不能证明其发行、出租的复制品有合法来源的，应当承担法律责任。

在诉讼程序中，被诉侵权人主张其不承担侵权责任的，应当提供证据证明已经取得权利人的许可，或者具有本法规定的不经权利人许可而可以使用的情形。

第六十条　著作权纠纷可以调解，也可以根据当事人达成的书面仲裁协议或者著作权合同中的仲裁条款，向仲裁机构申请仲裁。

当事人没有书面仲裁协议，也没有在著作权合同中订立仲裁条款的，可以直接向人民法院起诉。

第六十一条　当事人因不履行合同义务或者履行合同义务不符合约定而承担民事责任，以及当事人行使诉讼权利、申请保全等，适用有关法律的规定。

关联规范

《**民法典**》（自 2021 年 1 月 1 日起施行，节录）

第一千一百八十五条　故意侵害他人知识产权，情节严重的，被侵权人有权请求相应的惩罚性赔偿。

《**最高人民法院关于审理著作权民事纠纷案件适用法律若干问题的解释**》（法释〔2020〕19 号，自 2021 年 1 月 1 日起施行，节录）①

第十七条　著作权法第三十三条第二款规定的转载，是指报纸、期刊登载其他报刊已发表作品的行为。

转载未注明被转载作品的作者和最初登载的报刊出处的，应当承担消除影响、赔礼道歉等民事责任。

第二十条　出版物侵害他人著作权的，出版者应当根据其过错、侵权程度及损害后果等承担赔偿损失的责任。

出版者对其出版行为的授权、稿件来源和署名、所编辑出版物

---

① 该司法解释施行时，2020 年修正的《著作权法》尚未施行，该司法解释中提及的《著作权法》条文序号和内容为 2010 年修正的《著作权法》条文序号和内容。

的内容等未尽到合理注意义务的，依据著作权法第四十九条的规定，承担赔偿损失的责任。

出版者应对其已尽合理注意义务承担举证责任。

第二十五条　权利人的实际损失或者侵权人的违法所得无法确定的，人民法院根据当事人的请求或者依职权适用著作权法第四十九条第二款的规定确定赔偿数额。

人民法院在确定赔偿数额时，应当考虑作品类型、合理使用费、侵权行为性质、后果等情节综合确定。

当事人按照本条第一款的规定就赔偿数额达成协议的，应当准许。

第二十六条　著作权法第四十九条第一款规定的制止侵权行为所支付的合理开支，包括权利人或者委托代理人对侵权行为进行调查、取证的合理费用。

人民法院根据当事人的诉讼请求和具体案情，可以将符合国家有关部门规定的律师费用计算在赔偿范围内。

第二十七条　侵害著作权的诉讼时效为三年，自著作权人知道或者应当知道权利受到损害以及义务人之日起计算。

权利人超过三年起诉的，如果侵权行为在起诉时仍在持续，在该著作权保护期内，人民法院应当判决被告停止侵权行为；侵权损害赔偿数额应当自权利人向人民法院起诉之日起向前推算三年计算。

《最高人民法院关于加强著作权和与著作权有关的权利保护的意见》（法发〔2020〕42号，自2020年11月16日起施行，节录）

7. 权利人的实际损失、侵权人的违法所得、权利使用费难以计算的，应当综合考虑请求保护的权利类型、市场价值和侵权人主观过错、侵权行为性质和规模、损害后果严重程度等因素，依据著作权法及司法解释等相关规定合理确定赔偿数额。侵权人故意侵权且情节严重，权利人请求适用惩罚性赔偿的，人民法院应当依法审查确定。权利人能够举证证明的合理维权费用，包括诉讼费用和律师费用等，人民法院应当予以支持并在确定赔偿数额时单独计算。

法条解读

知识产权属于民事主体所享有的民事权利的一种，因此，侵害著作权的主体首先应承担相应的民事责任。根据《民法典》第179条的规定，"承担民事责任的方式主要有：（一）停止侵害；（二）排除妨碍；（三）消除危险；（四）返还财产；（五）恢复原状；（六）修理、重作、更换；（七）继续履行；（八）赔偿损失；（九）支付违约金；（十）消除影响、恢复名誉；（十一）赔礼道歉。法律规定惩罚性赔偿的，依照其规定。本条规定的承担民事责任的方式，可以单独适用，也可以合并适用。"侵害著作财产权的民事责任具有财产性质，如赔偿损失。侵害著作人身权的民事责任则具有人身性质，如赔礼道歉、消除影响。现代民法理论一般认为，对人身权的损害也可用金钱赔偿，但仍做了一些限制。例如，瑞士《债务法》第49条规定："人格权受到侵害时，就非财产上的损害，原则上均得请求抚慰金，但为平衡当事人的利益，避免因此加重加害人的负担，凡侵害情形轻微，或非财产的损害得以恢复原状或有其他方法补救者，则不得请求抚慰金。"[①] 我国《民法典》第1183条第1款规定，侵害自然人人身权益造成严重精神损害的，被侵权人有权请求精神损害赔偿。该精神损害赔偿金即侵权人就其严重侵害他人人身权益行为所应支付的抚慰金。因此，如果侵权人侵害著作权人所享有的著作人身权，包括发表权、署名权、修改权、保护作品完整权，给

---

① 马俊驹、余延满：《民法原论》，2版，法律出版社，2005，第1062页。

著作权人造成严重精神损害的，著作权人有权请求精神损害赔偿。《北京市高级人民法院侵害著作权案件审理指南》第 8.16 条规定，"侵害著作人身权或者表演者人身权，造成严重精神损害，且适用停止侵害、消除影响、赔礼道歉仍不足以抚慰的，可以判令被告支付精神损害抚慰金。法人或者非法人组织主张赔偿精神损害的，一般不予支持"。该规定与上述民法理论及《民法典》第 1183 条第 1 款的规定是相符的。

关于侵害著作财产权所应承担的赔偿损失民事责任，应当以全部赔偿原则为一般原则，惩罚性赔偿原则为例外。按照民法理论，侵权损害赔偿以全部赔偿为准，即权利人损失多少，侵权人赔偿多少，即侵权人的赔偿数额以填补权利人的全部损失为限。损失既包括直接损失，也包括可得利益的丧失。《民法典》第 1184 条规定，"侵害他人财产的，财产损失按照损失发生时的市场价格或者其他合理方式计算"。因此，侵害著作财产权损害赔偿金额，应当基于侵权行为导致权利人产生的直接损失及可得利益损失金额来确定，要综合考虑侵权行为发生的时间、持续的时长、侵权行为持续时间段内权利人许可使用费用标准、侵权行为与许可使用行为的对比关系、权利人为制止侵权行为所支付的合理开支等。例如，侵权行为发生在 2018 年，而权利人提交的许可使用合同系 2023 年期间，那么确定侵权行为导致权利人产生的许可使用费损失就应当考虑到 2018 年与 2023 年相比物价水平波动情况和货币贬值升值情况。又如，侵权行为发生的网站为不知名网站，网站访问量较低，而权利人提交的许可使用合同中的被许可人为知名网站的经营者，那么确定侵权行为导致权利人产生的许可使用费损失就应当考虑到侵权网站访问量和知名网站访问量的对比关系。《著作权法》第 54 条所规定的侵权损害赔偿金额确定方法是有适用先后顺序的，即侵权人首先应当按照权利人的实际损失来确定赔偿金额；如果权利人因侵权行为受到的实际损失难以计算的，再考虑按照侵权人的违法所得确定赔偿金额；如果权利人的实际损失和侵权人的违法所得均难以计算的，则由法院适用法定赔偿，即由法院根据侵权行为的情节，判决给予500元以上500万元以下的赔偿。确定侵权损害赔偿金额时，之所以不应当首先考虑侵权人的违法所得，是因为一些侵权人实施侵权行为另有目的，如为了增加网站流量、增加粉丝数量等，并未直接从侵权作品的传播中获得收入。另外，按照许可使用费标准确定损害赔偿金额，实际上既属于按照权利人因侵权行为受到的实际损失确定，又属于按照侵权人的违法所得确定。因为如果侵权行为与许可使用行为相当，或者两者之间的比对关系可以量化确定，那么此时权利人实际上丧失的相应许可使用费收入就是其实际损失。而侵权人在未缴纳许可使用费的情况下使用作品，相当于节省了许可使用费成本，该许可使用费成本也可以视为其实施侵权行为的违法所得。法院在适用法定赔偿时，也应当综合考虑在案证据中涉及权利人的实际损失、侵权人的违法所得的相关因素，例如，作品的知名度和市场价值、作者的知名度和影响力、侵权行为持续的时间、侵权的具体方式、侵权人的主观过错程度、侵权作品的传播范围等。法院应尽可能使法定赔偿金额与权利人的实际损失、侵权人的违法所得相贴近，与类似侵权案件的判决赔偿金额相协调，应避免简单"拍脑袋"确定损害赔偿金额。

在全部赔偿原则的基础上，如果侵权人故意实施侵害著作权的行为，情节严重的，则应承担惩罚性赔偿责任。根据《民法典》第1185条的规定，故意侵害他人知识产权，情节严重的，被侵权人有权请求相应的惩罚性赔偿。《最高人民法院关于加强新时代知识产权审判工作　为知识产权强国建设提供有力司法服务和保障的意见》（法发〔2021〕29号）指出，正确把握惩罚性赔偿构成要件，加大知识产权侵权损害赔偿力度，合理运用证据规则、经济分析方法等手段，完善体现知识产权价值的侵权损害赔偿制度。根据《最高人民法院关于审理侵害知识产权民事案件适用惩罚性赔偿的解释》（法释〔2021〕4号），被告具有侵害知识产权的故意应当综合考虑被侵害知识产权客体类型、权利状态和相关产品知名度、被告与原告或者利害关系人之间的关系等因素，具体情形包括：（1）被告经原告或者利害关系人通知、警告后，仍继续实施侵权行为的；（2）被告或其法定代表人、管理人是原告或者利害关系人的法定代表人、管理人、实际控制人的；（3）被告与原告或者利害关系人之间存在劳动、劳务、合作、许可、经销、代理、代表等关系，且接触过被侵害的知识产权的；（4）被告与原告或者利害关系人之间有业务往来或者为达成合同等进行过磋商，且接触过被侵害的知识产权的；（5）被告实施盗版、假冒注册商标行为的。情节严重应当综合考虑侵权手段、次数，侵权行为的持续时间、地域范围、规模、后果，侵权人在诉讼中的行为等因素，具体情形包括：（1）因侵权被行政处罚或者法院裁判承担责任后，再次实施相同或者类似侵权行为；（2）以侵害知识产权为业；（3）伪造、毁坏或者隐匿侵权证据；（4）拒不履行保全裁定；（5）侵权获利或者权利人受损巨大；（6）侵权行为可能危害国家安全、公共利益或者人身健康。法院确定惩罚性赔偿数额时，应当分别依照相关法律，以原告实际损失数额、被告违法所得数额或者因侵权所获得的利益作为计算基数，该基数不包括原告为制止侵权所支付的合理开支。法院依法确定惩罚性赔偿的倍数时，应当综合考虑被告主观过错程度、侵权行为的情节严重程度等因素。"适用惩罚性赔偿确定的赔偿总额为基数及基数与倍数乘积之和。权利人为制止侵权行为所支付的合理开支另行计算。"[1]

---

① 《北京市高级人民法院关于侵害知识产权民事案件适用惩罚性赔偿审理指南》（自2022年4月25日起施行）第3.1条。

　　法院为确定赔偿数额，在权利人已经尽了必要举证责任，而与侵权行为相关的账簿、资料等主要由侵权人掌握的，可以责令侵权人提供与侵权行为相关的账簿、资料等。上述法律规定中的账簿、资料，即指《会计法》第 15 条所规定的会计账簿、会计凭证。会计凭证是指在经济业务发生或完成时填制的，用以记录和证明经济业务的发生或完成情况的凭据，包括发票、收据、银行汇款单、入库单等。会计账簿是以会计凭证为依据，对企业全部经济业务进行全面、系统、连续、分类地记录和核算的簿籍。会计账簿包括总账、明细账、日记账和其他辅助性账簿。会计账簿应当按照连续编号的页码顺序登记。《会计法》第 15 条第 1 款前段规定，会计账簿登记，必须以经过审核的会计凭证为依据，并符合有关法律、行政法规和国家统一的会计制度的规定。《会计法》第 17 条规定，各单位应当定期将会计账簿记录与实物、款项及有关资料相互核对，保证会计账簿记录与实物及款项的实有数额相符、会计账簿记录与会计凭证的有关内容相符、会计账簿之间相对应的记录相符、会计账簿记录与会计报表的有关内容相符。《会计法》第 20 条第 1 款前段规定，财务会计报告应当根据经过审核的会计账簿记录和有关资料编制。《会计法》第 23 条前段规定，各单位对会计凭证、会计账簿、财务会计报告和其他会计资料应当建立档案，妥善保管。综上，企业在经营过程中需要保留完整全面的会计凭证，并根据经过审核的会计凭证登记会计账簿，而后根据经过审核的会计账簿编制财务会计报告。会计凭证、会计账簿和会计报告需要严格对应并相符，才能反映企业的实际经营情况。因此，法院责令侵权人提供与侵权行为相关的账簿、资料的，侵权人需要提供完整、真实、准确的会计账簿和会计凭证，且会计账簿和会计凭证应当严格对应并相符。如果侵权人仅提供其单方制作的会计报告，未提交经过审核的会计账簿和会计凭证，则无法证明会计报告内容的真实性。如果侵权人仅提供其单方制作的会计账簿，未提交经过审核的会计凭证，亦无法证明会计账簿内容的真实性。如果侵权人仅提供会计师事务所出具的审计报告，而会计师制作审计报告的依据仅为企业单方提供的会计报告、会计账簿，会计师未审核对应的会计凭证的，该审计报告内容缺乏真实性，不能反映企业的实际经营情况。例如，上海赛达传动设备科技有限公司等诉上海捷健机械制造有限公司买卖合同纠纷一案二审民事判决书①中，法院认为："该专项审计报告系对顺达公司单方面提供的资产负债表及利润表进行审计，对于被审计的资产负债表及利润表是否全面真实无法确定，因此可以认定该专项审计报告不能全面客观地反映顺达公司的经营、债权债务及真实财产状况，本院对该专项审计报告不予采信。"另外，企业经营过程中需要缴纳企业所得税和增值税。《税收征收管理法》第19条规定，纳税人、扣缴义务人按照有关法律、行政法规和国务院财政、税务主管部门的规定设置账簿，根据合法、有效凭证记账，进行核算。《税收征收管理法》第24条规定，从事生产、经营的纳税人、扣缴义务人必须按照国务院财政、税务主管部门规定的保管期限保管账簿、记账凭证、完税凭证及其他有关资料。账簿、记账凭证、完税凭证及其他有关资料不得伪造、变造或者擅自损毁。因此，法院也可以根据企业缴纳企业所得税和增值税的情况反向推算企业的收入和利润情况，进而验证侵权人提交的会计报告、会计账簿和会计凭证是否完整、真实、准确。需要指出的是，如果侵权人不提供，或者提供虚假的账簿、资料等的，法院可以参考权利人的主张和提供的证据确定赔偿数额，但不能直接认定权利人主张的实际损失数额或侵权人的违法所得数额成立。根据在案证据所反映的侵权行为的持续时间、性质、范围，如果权利人主张的实际损失数额或侵权人的违法所得

① 上海市第一中级人民法院（2015）沪一中民四（商）终字第1060号民事判决书。

数额明显过高的，法院在适用法定赔偿时仍可予以调整。

关于侵害著作人身权所应支付的精神损害抚慰金，在确定具体金额时应考虑侵权人的主观过错程度、侵权的具体方式、侵权行为造成权利人精神痛苦的后果、侵权人的经济能力、受诉法院所在地生活水平、侵权人是否已经停止侵害并赔礼道歉等因素综合确定。如果侵权人已经主动停止侵害并赔礼道歉，主动采取措施消除影响，侵权人的主观过错程度较轻的，应酌情降低精神损害抚慰金金额。

关于侵害著作人身权所应承担的赔礼道歉民事责任，侵权人赔礼道歉的具体方式以及范围应由法院考虑多种因素综合确定。赔礼道歉的具体方式包括口头形式和书面形式，书面形式相比口头形式更为庄重，由书面形式表达歉意也更为准确和清晰，且有利于法院确定和记录该赔礼道歉义务是否履行完毕。因此，法院判令侵权人赔礼道歉的，原则上应要求侵权人采用书面形式。实践中，权利人在诉讼请求中一般会要求侵权人在新闻媒体、官方网站、官方微信公众号、官方微博账号上刊登书面致歉声明。法院判令侵权人刊登致歉声明的具体范围可以根据侵权行为的影响范围以及现实可操作性酌情进行调整，基本原则是致歉声明的传播范围与侵权行为的影响范围大致相同，以抵消侵权行为给权利人造成的负面影响。例如，侵权人实施的侵权行为影响范围包含全国，权利人要求侵权人在中央媒体头版刊登致歉声明，这显然无法实现，此时法院可酌情判令侵权人在一家可以刊登此类致歉声明且在全国范围发行的报纸发布致歉声明，（除报纸中缝位置外）具体版面不限。如果侵权人的侵权行为主要通过信息网络实施的，法院可优先考虑判令被告通过信息网络发布致歉声明。

无论侵害著作财产权，还是侵害著作人身权，著作权人均可要求侵权人停止侵害，但法院判决侵权人停止侵权仍存在例外情形。

如果停止有关行为会造成当事人之间的重大利益失衡，或者有悖社会公共利益，或者实际上无法执行，可以根据案件具体情况进行利益衡量，不判决停止行为，而采取更充分的赔偿或者经济补偿等替代性措施了断纠纷。例如，侵权内容占图书全部内容的比例很小，如果判决侵权人停止侵权行为，即判决侵权人收回全部图书并销毁，则可能造成不必要的浪费，且不符合比例原则，故此时法院可不判令侵权人停止发行图书，而从高确定侵权人赔偿权利人损失的数额。

典型案例

案例5-7　法院适用法定赔偿时，确定的具体金额应与被告人的侵权情节及其主观过错相适应——原告北京盈禾优仕科技有限责任公司与被告王某等著作权权属、侵权纠纷案①

【裁判要旨】各被告系以分工合作方式共同实施侵害涉案作品或录音录像制品著作权的行为。通过被告的自述以及被告提供观看盗版课程专用播放器和激活码的行为可知，各被告明显具有侵权的主观故意。法院适用法定赔偿时，确定的具体金额应与本案各被告人的侵权情节及其主观过错相适应，并体现一定的惩罚性。

【案情简介】网站KMF考满分系教学网站，覆盖托福考试（test of English as a foreign language，以下简称TOEFL）、雅思考试（international English language testing system，以下简称IELTS）、留学研究生入学考试（graduate record examination，以下简称GRE）、企业管理研究生入学考试（graduate management admission test，以下简称GMAT）等课程。网站下方标注："考满分kmf.com北京盈禾优仕公司版权所有"。原告是KMF注册商标的专用权人。原告北京盈禾优仕科技有限责任公司（以下简称北京盈禾优仕公司）（甲方）提

---

① 北京互联网法院（2020）京0491民初11511号民事判决书。

交与多名讲师（乙方）签订的劳动合同，其中约定："乙方主要利用公司所提供的资金、设备、资料以及其他物质技术条件创作，并由公司承担责任的作品和研究结果、创造结果，包括但不限于发明创造、作品等，其著作权、专有权均归公司所有。"原告（甲方）提交与多名讲师（乙方）签订的著作权归属协议，约定："乙方在授课期间形成的全部作品及录音录像制品，包括但不限于课程视频音频、讲义课件、教学方案、教学题目等，其著作权均归甲方所有。"原告主张权利的涉案作品为 8 门课程，共 157 个授课视频，原告主张授课视频构成口述作品。如果法院不能支持其享有口述作品的著作权，原告主张作为录像制作者享有录像制作者权。原告对下列侵权行为进行了取证：（1）2019 年 9 月 25 日，搜索进入淘宝店铺"小仙女留学店"，点击客服询问"买课可以直接拍链接吗"，客服回复"请 + weixin：×××咨询，里面有课程的视频截图，以及最新课程的动态"。2021 年 2 月 22 日，再次询问"小仙女留学店"客服"gre 网课有最新的吗"，客服回复"请 + V：×××咨询"。淘宝商家昵称：小仙女留学店，对应的身份信息为李某某。（2）2019 年 9 月 25 日，登录微博后，查看微博账号"小黄人出国工作室"，简介为"小黄人出国工作室官方微博，购买考满分 all in one 托福、GRE、GMAT、雅思课程，请咨询微信客服×××"，个性域名为"×××"。该微博账号发布多篇微博，介绍部分课程，照片中显示有"×××"水印，或显示"联系 QQ：×××或者点击置顶微博淘宝店铺链接购买……手机淘宝店铺号'雅思复习资料壹号店''顶呱呱教育'"。查看微博账号"考满分雅思 GRE 托福 GMAT 课程团购"，简介为"小黄人出国工作室官方微博。专售各类雅思、托福、GRE、GMAT 课程，需要请联系微信：×××，不要微博私信"。该微博账号发布多篇微博，介绍课程信息，照片中显示有"×××"水印，或显示"联系 QQ：×××、顶呱呱教育淘宝店铺……

雅思复习资料壹号店"。(3) 2019 年 9 月 25 日,登录闲鱼后查看销售信息,其中"tb180423677"发布信息"kmf……品牌型号 all in one……小黄人出国工作室×××"。后向该闲鱼账号询问课程信息,对方回复"咨询课程请 + V:×××"。2020 年 3 月 5 日,原告向闲鱼平台进行投诉,主张该店销售商品为盗版产品。同日,卖家提交申诉,申诉理由为"出售的是自有知识产权课程,与投诉方课程没有关系",申诉附有作品登记证书、被告王某身份证件、王某与苏某某签署的图书、网络课程授权书,其中记载:王某(甲方)授权苏某某(乙方),为淘宝、闲鱼平台甲方合法经销商,乙方可以进行我方图书、网络课程的批发、零售与网络销售,且在淘宝、闲鱼平台发布的商品中含有考满分 all in one、考满分、kmf 等字样的商品甲方均认可有效,授权自 2018 年 1 月 1 日至 2022 年 12 月 31 日。闲鱼披露卖家注册信息,显示"tb180423677"对应的身份信息为被告苏某某。(4) 登录微店,搜索"小黄人出国工作室",进入后显示"小黄人出国工作室×××助您实现出国梦",微信号"××
×"。北京口袋时尚科技有限公司确认"小黄人出国工作室"店铺经营者为被告王某。(5) 搜索 QQ 号×××,查看相关信息,显示课程信息,包含"KMF 考满分 GRE……直播录播视频、群资料、机经与答案解析、配套作业等皆有……考满分 all in one……"并附有"各位在微信号×××购买课程的宝宝们,需要做售后,请加微信
×××"。深圳市腾讯计算机系统有限公司、财付通支付科技有限公司确认"QQ××× 对应的身份信息为被告王某"。(6) 2019 年 9 月 25 日,查看"微信号×××",昵称为"小黄人出国工作室 NO. 1"的朋友圈,显示:"2016 年 11 月 17 日,【托福课程更新通知】考满分 all in one 托福 11 月……"同时显示有小黄人出国工作室微信号"×××"。2016 年 11 月 24 日至 2018 年 9 月 26 日,2019 年 9 月 1 日至 2019 年 10 月 8 日,该微信号发布多条朋友圈,包含课程信息

及水印"微信号×××"。深圳市腾讯计算机系统有限公司、财付通支付科技有限公司确认"微信号×××对应的身份信息为被告王某"。2019年9月25日，使用手机与微信号"×××"（昵称：小黄人出国工作室NO.1）沟通，向对方购买考满分的GRE课程，对方回复"直播录播视频、群资料、配套作业都有……给百度云下载地址，下载了看……我从2016年发视频截图和报名截图发了三年了，这是报名一手课程的人才有的。我每个月花几万块钱报了这么多课程，不是为了骗你这点钱的"。向对方转账后，对方分别发送了四个网盘链接。打开网盘链接后，其中包含视窗系统（Windows）视频专用播放器，打开播放器后，需要输入激活码观看视频。经比对，与原告主张权利作品内容一致。深圳市腾讯计算机系统有限公司、财付通支付科技有限公司确认"微信号×××2016-11-8至2019-12-4注册者为本案被告王某"。

【法院观点】口述作品，是指即兴的演说、授课、法庭辩论等以口头语言形式表现的作品。本案中，原告主张的涉案课程，其中主要授课内容系针对GRE、GMAT考试内容，分别就考试中不同科目进行讲述，在授课过程中借助题目、讲义展示，对课程、问题进行讲解，帮助学生理解考试内容，掌握答题技巧。可见，通过网络课程的讲授，体现了各类课程老师的独创性表达，符合我国著作权法规定的作品构成要件，构成口述作品。在作品或者录像制品上署名的自然人、法人或者其他组织视为著作权、与著作权有关权益的权利人，但有相反证明的除外。本案中，杨某某等老师就相应课程进行讲述，系口述作品作者。同时通过其分别与原告签署的劳动合同、著作权归属协议的约定，上述口述作品著作权归原告所有，故本案原告有权以自己的名义向侵权人主张权利。就李某某等的授课内容，根据在案证据显示，原告并未与两权利人约定著作权归属，故就该两人授课作品，原告并非口述作品权利人。但根据原告提交的课程视频，其中显示"考满分"字样，故可以认定原告系上述课程的录像制品权利人，原告有权就录像制品以自己名义向侵权人主张权利。本案中，原告取证显示，在与"微信号×××"沟通选课，支付一定对价后，"微信号×××"发送了网盘链接，其中包含了视频播放器及对应的课程内容，通过输入激活码查看涉案作品，该行为已经落入信息网络传播权控制范畴。在涉案被控侵权行为期间，"微信号×××"的注册者为王某，涉案淘宝、闲鱼账号均存在向微信号推荐、引流的作用及功能，故法院认定李某某、苏某某分别与王某存在分工合作的情形，应分别在其行为范围内对"微信号×××"销售课程的行为承担法律责任。关于苏某某辩称其账号被租、被盗，未提交相应证据证明，且根据闲鱼申诉的材料，可以看出王某与苏某某存在相应授权及合作情况，如果苏某某所述属实，明显与在案证据及常理不符，故法院对其辩称不予采纳。根据在案证据可知，"微信号×××"有偿发送课程的行为面向的对象是不特定的多数人，任何公众如想获得涉案作品，只需要添加微信，明确所需要的课程、提供相应淘宝账号、支付对价后，即可获得涉案作品。三被告亦未提交证据证明其获得了涉案作品的相应授权，对外销售涉案课程，其行为已经构成对原告信息网络传播权的侵犯。关于赔偿损失，鉴于双方均未提供证据证明原告损失，亦未提交证据证明被告因实施侵权行为所获得的利润，故法院将适用法定赔偿方式确定赔偿数额。在确定损害赔偿额度时，法院综合考虑以下几个因素：（1）涉案作品共分为了8门课程，共157个作品，其中6门课程作为口述作品，2门课程作为录像制品，涉案作品数量较多；（2）涉案作品在正版销售渠道价值从1699元到1999元不等，价值较大；（3）淘宝店"小仙女留学店"于2018年9月25日开店，闲鱼店铺与被告王某授权约定始于2018年1月1日，微店"小黄人出国工作室"于2015年3月9日开店，"微信号×××"在销售课程中自述"2016年开始花几万元来购买正版课程……"2021年2月22日取证显示仍存在销售课程的信息，故侵权时间较长、侵权范围较大；（4）微信自述中显示其有意识到购买正版课程而进行二次销售，对侵权行为有明显认知，故侵权恶意明显；（5）下载涉案作品，需要使用被告提供的专用播放器、输入激活码后在有限的设备内进行观看，侵权行为较为隐蔽，且播放器中显示"不要截图"，推断其对自身行为有明显认知，侵权故意明显。综合上述因素，法院对原告主张被告赔偿100万元的诉讼请求予以支持。

【案例评析】本案中，各被告系以分工合作方式共同实施侵害涉案作品或录音录像制品著作权的行为，其中，有的被告负责购买正版课程并进行翻录，有的被告负责在电商平台开设店铺开展宣传推广和引流，还有被告通过微信销售盗版课程并通过网盘传播，形成了一条通过侵权盗版谋取高额利润的产业链条。且通过被告的自述以及被告提供观看盗版课程专用播放器和激活码的行为可知，各被告明显具有侵权的主观故意。权利人无法得知被告通过微信销售盗版课程违法所得的具体金额，也无法准确计算权利人因各被告侵权行为所遭受的实际损失。权利人也没有就涉案作品或录音录像制品发放授权许可，因此，亦无法参照权利许可使用费予以赔偿。据此，法院无法确定惩罚性赔偿的计算基数，只能适用法定赔偿，在500元以上500万元以下确定具体赔偿金额。但法院适用法定赔偿时，确定的具体金额仍应与本案各被告人的侵权情节及其主观过错相适应，并体现一定的惩罚性。考虑到各被告传播的侵权作品数量多，价值较大，用于宣传推广和引流的店铺开设时间较长，被告的侵权恶意明显等因素，法院全额支持了原告损害赔偿的诉讼请求。本案是不断加大知识产权保护力度司法政策的典型案例。法院对恶意侵权行为加大打击力度、判处高额赔偿金，有助于鼓励创新创造，遏制此类侵权盗版行为的蔓延。

案例 5 - 8 如果停止销售被控侵权作品将造成社会资源的极大浪费，亦不利于文化的传播，那么停止销售被控侵权图书的诉讼请求将得不到法院支持——原告岳某某与被告北京世纪卓越信息技术有限公司、教育科学出版社著作权权属、侵权纠纷案①

【裁判要旨】 著作权法的目的在于鼓励作品的创作和传播，促进文化的发展与繁荣，本案所涉及的侵权单词词条仅为 3 个，且词条释义内容较少，只占被控侵权作品极小的比例，而被控侵权作品除了上述 3 个侵权词条之外还包含大量未侵权内容，如果停止销售被控侵权作品这一整体，将造成社会资源的极大浪费，亦不利于文化的传播，违背了著作权法的立法目的。涉案侵权行为给岳某某造成的损害可以通过损害赔偿等方式进行救济，法院会在确定损害赔偿具体金额时予以考虑，对停止销售被控侵权图书的诉讼请求不再予以支持。教育科学出版社未就涉案侵权词条内容为岳某某署名，侵犯了岳某某的署名权，故法院对岳某某要求教育科学出版社赔礼道歉的诉讼请求予以支持，综合考虑被控侵权内容所占比例较小、作品的独创性程度、教育科学出版社的主观过错程度、侵权情节等因素，赔礼道歉的具体方式和范围应当以书面致歉为宜。

【案情简介】 1995 年 6 月，南开大学出版社出版发行署名岳某某主编的《奇思妙想记单词》（以下简称《奇思》）一书，该书字数 262 千字。2003 年 12 月，中国出版集团、东方出版中心出版发行署名岳某某主编的《三三速记英语四千词》（以下简称《四千词》）一书，该书字数 242 千字；2003 年 12 月，中国出版集团、东方出版中心出版发行署名岳某某主编的《三三速记中考高考英语词汇》（以下简称《三三中高考》）一书，该书字数 160 千字；2006 年 6 月，辽宁大学出版社出版发行署名岳某某主编的《三三速记考研英语词

---

① 北京知识产权法院（2017）京 73 民终 649 号民事判决书。

汇》（以下简称《三三考研》）一书，该书字数 500 千字。上述四部
图书，主要内容为以字母表顺序排序，按词条编撰的常用英语单词
中文释义及记忆方法。如英文单词"abandon"下的内容为：
"abandon vt. ①抛弃、放弃；②丢弃、遗弃。Ⅰ【一（a）条带
（band）子破又旧，只好丢弃在（on）地上】Ⅱ【近义】desert，
quit。"2011 年 7 月，教育科学出版社、首都师范大学出版社出版发
行《曲某某科学备考丛书高中英语词汇全解》（以下简称（《高中英
语词汇全解》）一书，该书署名"丛书主编：曲某某，本册主编：
徐某某"，该书于 2014 年 3 月第 3 次印刷，字数 1060 千字。其主要
内容为高中英语数千条词汇的释义、例句、短语、用法、辨析、归
类记忆方法，并包含高考真题链接、词汇练习题等内容。岳某某在
本案中主张教育科学出版社的《高中英语词汇全解》构成剽窃的部
分包括以下词条中的下列内容：（1）false，【速记】独裁者强迫
（force）人们说假（false）话；（2）gallery，【速记】买票观画廊
（gallery），掏空了钱包（wallet）；（3）inform，【速记】通知大家的
内容，全都写在（in）表格（form）里；（4）glove，【速记】哥（g）
爱（love）手套；（5）grain，【速记】怪（g）+雨（rain）=谷粒
（grain）雨。在教育科学出版社的《高中英语词汇全解》中，上述
词条除包含以上内容外，还包含该单词的释义、例句、短语、用法
等内容。上述词条所对应的岳某某的书籍与具体表述方法如下：
（1）false 在《四千词》书中，【近音】独裁者强迫（force）人们说
假（false）话；（2）gallery 在《三三考研》中，【记忆窍门】由于该
词和词义为"钱包"的单词 wallet 词腰都是 alle，则可记成：买票观
画廊（gallery），掏空了钱包（wallet）；（3）inform 在《三三中高考》
中，【通知大家的内容，全部写在（in）表格（form）里】；（4）glove
在《奇思》书中，【哥（g）在严冬，喜爱（love）手套】；（5）grain
在《奇思》书中，【谷物大丰收，多亏及（g）时雨（rain）】。

【一审法院观点】根据《四千词》《三三考研》《三三中高考》《奇思》的署名，可以认定岳某某系上述图书的作者，对上述作品享有著作权。《高中英语词汇全解》中 glove、grain 两个单词的速记表达，与岳某某图书近似，使用了相同的词汇拆分记忆的方法。拆分记忆单词的方法，并不属于著作权法所保护的对象。glove、grain 两个单词，因所包含的字母数量少，拆分方法固定且有限。在固定的拆分方法下，单词拆分后记忆表达方法有限。false、gallery、inform 三个单词的速记表达，虽与岳某某图书完全一致，但应当注意到，《高中英语词汇全解》与岳某某的系列图书，均是对常用英语词汇进行注释的教辅类书籍，均包含数千条英语单词。上述记忆法表达完全相同的单词，无论是在教育科学出版社出版的《高中英语词汇全解》，还是在岳某某的系列图书当中，所占篇幅均极小。上述三个英文单词，既非英语语言中具有特殊重要意义的单词，亦未在岳某某的作品及教育科学出版社的作品中进行突出标识，同时上述三个单词还散布在岳某某三部不同的图书当中，从量上讲对原作品的影响可以忽略。岳某某以该三单词记忆法表达内容构成教育科学出版社所出版图书的核心价值和精华内容，并无事实依据。综合上述因素，教育科学出版社出版的《高中英语词汇全解》，不足以影响岳某某相应作品的使用及利益的获取，该书不构成对岳某某图书的抄袭。但应当指出，该书的部分内容与岳某某图书内容一致，该种使用方式确有不当。综上，一审法院认为岳某某主张教育科学出版社出版、北京世纪卓越信息技术有限公司（以下简称卓越公司）销售的《高中英语词汇全解》构成剽窃并要求其承担著作权侵权的法律责任缺乏事实及法律依据，故判决驳回原告全部诉讼请求。

【二审法院观点】本案争议焦点为，《高中英语词汇全解》一书中 false、gallery、inform、glove、grain 等 5 个词条的释义内容是否构成对岳某某所著《四千词》《三三考研》《三三中高考》《奇思》等书中上述 5 个词条释义内容著作权的侵权。本案中，岳某某对 false、gallery、inform、glove、grain 5 个单词采用近音、拆分等方法对单词的记忆方法及中文含义进行解释，该释义内容具有岳某某个性化的表达，体现了岳某某的取舍、选择和安排，具有独创性，构成文字作品，依法受我国著作权法的保护。关于《高中英语词汇全解》一书中 false、gallery、inform 三个单词的释义是否构成对岳某某权利的侵权问题，《高中英语词汇全解》一书中的上述三个单词的释义内容与岳某某图书中上述三个单词的释义内容完全一致，而岳某某图书的出版时间早于《高中英语词汇全解》一书的出版时间，在现有证据无法证明《高中英语词汇全解》一书就上述三个单词的释义内容具有其他合法来源的情况下，应认定《高中英语词汇全解》一书中 false、gallery、inform 三个单词的释义构成对岳某某作品署名权、复制权、发行权的侵权。一审法院关于《高中英语词汇全解》一书不构成对岳某某图书相应内容抄袭的认定有误，应予以纠正。关于《高中英语词汇全解》一书中 glove、grain 两个单词的释义是否构成对岳某某权利的侵权问题，著作权法只保护作品的表达，不保护作品所反映的思想。本案中，glove 一词在《奇思》一书中的释义为：哥（g）在严冬，喜爱（love）手套；grain 一词在《奇思》一书中的释义为：谷物大丰收，多亏及（g）时雨（rain），由此可见，岳某某系将 glove 一词拆分为 g 与 love 两部分进行释义，将 grain 一词拆分为 g 与 rain 两部分进行释义。尽管岳某某对 glove、grain 两个单词的上述释义内容整体享有著作权，但并不代表其对上述单词拆分方法以及拆分后各组成部分的单词释义享有著作权，亦不得限制他人采用相同的拆分方法对上述两个单词展开联想释义。将《高中英语词汇全解》一书中 glove、grain 两个单词的释义与岳某某图书中上述两个单词的释义进行比较可知，尽管两者的释义中均含有

"哥""爱""谷物""雨"等内容，但上述相同内容或是英语单词原本的中文意思，如"love"的中文释义为"爱"，"rain"的中文释义为"雨"，"glove"的中文释义为"手套"，"grain"的中文释义为"谷物"，或是与"g"字母的中文谐音，如"g"字母的中文谐音为"哥"，上述相同内容均属于公有领域，任何人均可以采用上述相同的单词拆分方法对上述单词进行联想释义，岳某某对上述拆分方法及拆分后各组成部分的释义内容不享有著作权。此外，《高中英语词汇全解》一书中将 grain 的"g"字母表达为"怪"，而岳某某图书中并无该表达，两者区别较大。因此，尽管《高中英语词汇全解》一书与岳某某所编图书中 glove、grain 两个单词的释义表达相近，但该相近之处系因英文单词拆分方法本身固有的规律及单词本身的固定含义所致，均来源于公有领域，不构成对岳某某所编图书相应内容的抄袭。综上，《高中英语词汇全解》一书中 false、gallery、inform 三个单词的释义构成了对岳某某权利的侵权。教育科学出版社作为《高中英语词汇全解》一书的出版者，就出版物的内容未尽合理注意义务，应当承担相应的侵权责任。侵犯他人著作权的，应当承担停止侵权、消除影响、赔礼道歉、赔偿损失等民事责任。关于教育科学出版社、卓越公司是否应当停止销售涉案《高中英语词汇全解》一书的问题。著作权法的目的在于鼓励作品的创作和传播，促进文化的发展与繁荣，本案所涉及的侵权单词词条仅为 3 个，且词条释义内容较少，只占被控侵权作品极小的比例，而被控侵权作品除了上述 3 个侵权词条之外还包含大量未侵权内容，如果停止销售被控侵权作品这一整体，将造成社会资源的极大浪费，亦不利于文化的传播，违背了著作权法的立法目的。涉案侵权行为给岳某某造成的损害可以通过损害赔偿等方式进行救济，法院将在确定损害赔偿具体金额时予以考虑，对岳某某要求教育科学出版社停止侵权以及要求刊登"停售侵权图书的公开声明"、说明停售原因、通知全国各地销售商停止销售被控侵权图书的诉讼请求不再予以支持。但如果教育科学出版社对《高中英语词汇全解》一书进行再版发行，不得包含上述侵权内容。关于岳某某要求教育科学出版社在《中国教育报》刊登"关于侵犯岳某某先生著作权的公开声明"以及在《中国青年报》刊登"公开赔礼道歉声明"的诉讼请求，教育科学出版社未在《高中英语词汇全解》一书中就涉案侵权词条内容为岳某某署名，侵犯了岳某某的署名权，故对岳某某要求教育科学出版社赔礼道歉的诉讼请求法院予以支持，但综合考虑被控侵权内容所占比例较小、作品的独创性程度、教育科学出版社的主观过错程度、侵权情节等因素，赔礼道歉的具体方式和范围应当以书面致歉为宜。此外，岳某某并未举证证明教育科学出版社的涉案侵权行为给其造成的不良影响，故对岳某某要求教育科学出版社消除不良影响的诉讼请求，法院不予支持。

【案例评析】关于侵害著作人身权所应承担的赔礼道歉民事责任，侵权人赔礼道歉的具体方式以及范围应由法院考虑多种因素综合确定。法院可以根据具体情况判决侵权人无须赔礼道歉。法院也可以判决侵权人赔礼道歉，且赔礼道歉的方式和范围小于等于原告诉讼请求所要求的方式、范围。本案中，原告岳某某在诉讼请求中要求被告在《中国教育报》刊登"关于侵犯岳某某先生著作权的公开声明"以及在《中国青年报》刊登"公开赔礼道歉声明"，但考虑到涉案侵权内容占图书整体内容比例很小，涉案作品独创性和知名度有限，被告作为出版机构发现涉案侵权内容的难度较大，主观过错程度较低，被告因侵权行为的获益有限等因素，法院判决被告书面致歉即可，而无须在报纸上刊登致歉声明。这一裁判是较为适当的，体现了法院对权利人和侵权人利益的合理平衡。另外，被告出版的图书中虽然包含侵犯原告著作权的内容，但侵权内容占图书整体内容比例很小，如果法院判令被告停止发行其已出版的《高中英语词汇全解》一书并将该书销毁，会令当事人之间的利益失衡，造成不必要的浪费，且不符合比例原则。故法院不判令侵权人停止发行《高中英语词汇全解》一书，同时在判定损害赔偿金额时予以适当增加，这是正确的。通过本案判决，被告作为出版机构已经知晓《高中英语词汇全解》一书中包含侵害原告著作权的内容，因此，被告在再版时应删除侵权内容，否则再版该书将构成新的侵权行为，且构成故意侵权。

第五节　侵害著作权行政责任

条文要点注释

　　如果侵害著作权行为不仅损害了著作权人的民事权益，同时损害公共利益，扰乱社会秩序，则侵权人在承担民事责任之外还应当承担行政责任。政府公权力介入调查和处罚侵害著作权行为，应当符合一定的前提条件，即侵害著作权行为造成了较为严重的损害后果，不仅对著作权人个体造成了损害，还对市场经济秩序和公平竞争的市场环境造成了负面影响，从整体上损害了社会公众的利益。行为人偶发性实施侵害著作权行为，或者行为人过失侵害著作权行为，或者行为人侵害著作权行为未造成严重损害后果，行政机关均没有对行为人处以行政处罚的必要。行为人反复实施侵害著作权行为，故意实施侵害著作权行为，或者以侵害著作权为业，并造成严重损害后果，但尚未达到承担刑事责任条件的，行政机关可对行为人处以行政处罚。

法律条文

　　第七条　国家著作权主管部门负责全国的著作权管理工作；县级以上地方主管著作权的部门负责本行政区域的著作权管理工作。

　　第五十三条　有下列侵权行为的，应当根据情况，承担本法第五十二条规定的民事责任；侵权行为同时损害公共利益的，由主管著作权的部门责令停止侵权行为，予以警告，没收违法所得，没收、无害化销毁处理侵权复制品以及主要用于制作侵权复制品的材料、工具、设备等，违法经营额五万元以上的，可以并处违法经营额一倍以上五倍以下的罚款；没有违法经营额、违法经营额难以计算或者不足五万元的，可以并处二十五万元以下的罚款；构成犯罪的，依法追究刑事责任：

　　（一）未经著作权人许可，复制、发行、表演、放映、广播、汇编、通过信息网络向公众传播其作品的，本法另有规定的除外；

　　（二）出版他人享有专有出版权的图书的；

　　（三）未经表演者许可，复制、发行录有其表演的录音录像制品，或者通过信息网络向公众传播其表演的，本法另有规定的除外；

　　（四）未经录音录像制作者许可，复制、发行、通过信息网络向公众传播其制作的录音录像制品的，本法另有规定的除外；

　　（五）未经许可，播放、复制或者通过信息网络向公众传播广播、电视的，本法另有规定的除外；

　　（六）未经著作权人或者与著作权有关的权利人许可，故意避开或者破坏技术措施的，故意制造、进口或者向他人提供主要用于避开、破坏技术措施的装置或者部件的，或者故意为他人避开或者破坏技术措施提供技术服务的，法律、行政法规另有规定的除外；

（七）未经著作权人或者与著作权有关的权利人许可，故意删除或者改变作品、版式设计、表演、录音录像制品或者广播、电视上的权利管理信息的，知道或者应当知道作品、版式设计、表演、录音录像制品或者广播、电视上的权利管理信息未经许可被删除或者改变，仍然向公众提供的，法律、行政法规另有规定的除外；

（八）制作、出售假冒他人署名的作品的。

第五十五条　主管著作权的部门对涉嫌侵犯著作权和与著作权有关的权利的行为进行查处时，可以询问有关当事人，调查与涉嫌违法行为有关的情况；对当事人涉嫌违法行为的场所和物品实施现场检查；查阅、复制与涉嫌违法行为有关的合同、发票、账簿以及其他有关资料；对于涉嫌违法行为的场所和物品，可以查封或者扣押。

主管著作权的部门依法行使前款规定的职权时，当事人应当予以协助、配合，不得拒绝、阻挠。

关联规范

《著作权法实施条例》（国务院令第 633 号，自 2013 年 3 月 1 日起施行，节录）

第三十六条　有著作权法第四十八条所列侵权行为，同时损害社会公共利益，非法经营额 5 万元以上的，著作权行政管理部门可处非法经营额 1 倍以上 5 倍以下的罚款；没有非法经营额或者非法经营额 5 万元以下的，著作权行政管理部门根据情节轻重，可处

25 万元以下的罚款。

第三十七条　有著作权法第四十八条所列侵权行为，同时损害社会公共利益的，由地方人民政府著作权行政管理部门负责查处。

国务院著作权行政管理部门可以查处在全国有重大影响的侵权行为。

《计算机软件保护条例》（国务院令第 632 号，自 2013 年 3 月 1 日起施行，节录）

第二十四条　除《中华人民共和国著作权法》、本条例或者其他法律、行政法规另有规定外，未经软件著作权人许可，有下列侵权行为的，应当根据情况，承担停止侵害、消除影响、赔礼道歉、赔偿损失等民事责任；同时损害社会公共利益的，由著作权行政管理部门责令停止侵权行为，没收违法所得，没收、销毁侵权复制品，可以并处罚款；情节严重的，著作权行政管理部门并可以没收主要用于制作侵权复制品的材料、工具、设备等；触犯刑律的，依照刑法关于侵犯著作权罪、销售侵权复制品罪的规定，依法追究刑事责任：

（一）复制或者部分复制著作权人的软件的；

（二）向公众发行、出租、通过信息网络传播著作权人的软件的；

（三）故意避开或者破坏著作权人为保护其软件著作权而采取的技术措施的；

（四）故意删除或者改变软件权利管理电子信息的；

（五）转让或者许可他人行使著作权人的软件著作权的。

有前款第一项或者第二项行为的，可以并处每件 100 元或者货值金额 1 倍以上 5 倍以下的罚款；有前款第三项、第四项或者第五项行为的，可以并处 20 万元以下的罚款。

《信息网络传播权保护条例》（国务院令第 634 号，自 2013 年 3 月 1 日起施行，节录）

第十八条 违反本条例规定，有下列侵权行为之一的，根据情况承担停止侵害、消除影响、赔礼道歉、赔偿损失等民事责任；同时损害公共利益的，可以由著作权行政管理部门责令停止侵权行为，没收违法所得，非法经营额 5 万元以上的，可处非法经营额 1 倍以上 5 倍以下的罚款；没有非法经营额或者非法经营额 5 万元以下的，根据情节轻重，可处 25 万元以下的罚款；情节严重的，著作权行政管理部门可以没收主要用于提供网络服务的计算机等设备；构成犯罪的，依法追究刑事责任：

（一）通过信息网络擅自向公众提供他人的作品、表演、录音录像制品的；

（二）故意避开或者破坏技术措施的；

（三）故意删除或者改变通过信息网络向公众提供的作品、表演、录音录像制品的权利管理电子信息，或者通过信息网络向公众提供明知或者应知未经权利人许可而被删除或者改变权利管理电子信息的作品、表演、录音录像制品的；

（四）为扶助贫困通过信息网络向农村地区提供作品、表演、录音录像制品超过规定范围，或者未按照公告的标准支付报酬，或者在权利人不同意提供其作品、表演、录音录像制品后未立即删除的；

（五）通过信息网络提供他人的作品、表演、录音录像制品，未指明作品、表演、录音录像制品的名称或者作者、表演者、录音录像制作者的姓名（名称），或者未支付报酬，或者未依照本条例规定采取技术措施防止服务对象以外的其他人获得他人的作品、表演、录音录像制品，或者未防止服务对象的复制行为对权利人利益造成实质性损害的。

第十九条　违反本条例规定，有下列行为之一的，由著作权行政管理部门予以警告，没收违法所得，没收主要用于避开、破坏技术措施的装置或者部件；情节严重的，可以没收主要用于提供网络服务的计算机等设备；非法经营额 5 万元以上的，可处非法经营额 1 倍以上 5 倍以下的罚款；没有非法经营额或者非法经营额 5 万元以下的，根据情节轻重，可处 25 万元以下的罚款；构成犯罪的，依法追究刑事责任：

（一）故意制造、进口或者向他人提供主要用于避开、破坏技术措施的装置或者部件，或者故意为他人避开或者破坏技术措施提供技术服务的；

（二）通过信息网络提供他人的作品、表演、录音录像制品，获得经济利益的；

（三）为扶助贫困通过信息网络向农村地区提供作品、表演、录音录像制品，未在提供前公告作品、表演、录音录像制品的名称和作者、表演者、录音录像制作者的姓名（名称）以及报酬标准的。

《最高人民法院关于审理著作权民事纠纷案件适用法律若干问题的解释》（法释〔2020〕19 号，自 2021 年 1 月 1 日起施行，节录）

第三条　对著作权行政管理部门查处的侵害著作权行为，当事人向人民法院提起诉讼追究该行为人民事责任的，人民法院应当受理。

人民法院审理已经过著作权行政管理部门处理的侵害著作权行为的民事纠纷案件，应当对案件事实进行全面审查。

《著作权行政处罚实施办法》（国家版权局令第 6 号，自 2009 年 6 月 15 日起施行，节录）

第二条　国家版权局以及地方人民政府享有著作权行政执法权的有关部门（以下称著作权行政管理部门），在法定职权范围内就本办法列举的违法行为实施行政处罚。法律、法规另有规定的，从其规定。

第三条　本办法所称的违法行为是指：

（一）著作权法第四十七条列举的侵权行为，同时损害公共利益的；

（二）《计算机软件保护条例》第二十四条列举的侵权行为，同时损害公共利益的；

（三）《信息网络传播权保护条例》第十八条列举的侵权行为，同时损害公共利益的；第十九条、第二十五条列举的侵权行为；

（四）《著作权集体管理条例》第四十一条、第四十四条规定的应予行政处罚的行为；

（五）其他有关著作权法律、法规、规章规定的应给予行政处罚的违法行为。

第五条　本办法列举的违法行为，由侵权行为实施地、侵权结果发生地、侵权制品储藏地或者依法查封扣押地的著作权行政管理部门负责查处。法律、行政法规另有规定的除外。

侵犯信息网络传播权的违法行为由侵权人住所地、实施侵权行为的网络服务器等设备所在地或侵权网站备案登记地的著作权行政管理部门负责查处。

法条解读

侵害著作权应承担行政责任的行为，与侵害著作权应承担民事责任的行为相比并无本质不同，只是应承担行政责任的侵权行为同时损害了公共利益，故应由行政机关予以行政处罚。有观点认为，侵害著作权的行为不会损害公共利益，大部分公众对盗版作品持无所谓，甚至欢迎的态度；著作权是民事权利的一种，对民事权利的侵害不应通过行政手段加以调整。但侵害著作权行为是否损害了公共利益，不能只从部分公众的角度来考虑，甚至不应只从公众自身的感受角度来考虑，而应从社会全局角度用历史的和发展的眼光来看待这个问题。侵害著作权的行为同时损害公共利益的，应承担行政责任，原因如下：第一，严重侵害著作权的行为对作者创作动力和创作热情有消极作用。严重侵害著作权的行为将给著作权人造成重大经济损失，在"劣币驱逐良币"的规律下，盗版作品大行其道，正版作品的传播必定受到影响。著作权的激励作用将无法得到有效发挥，作者创作作品的动力和热情也将逐渐消退。长此以往，文化和科学事业的发展与繁荣将无法持续。第二，有大量作品的作者自身没有维权能力。有一些作者在业余时间创作，并非专业作家，其本职工作较为繁忙，难以抽出时间对侵权行为取证并提起诉讼。还有一些作者虽然以创作作品为业，但缺乏对著作权法及诉讼程序的了解，对维权有畏难心理。另外，如果侵权人侵权使用的作品数量较大，作品权利归属较为分散，组织大量作者对侵权人提起诉讼也难以实现。第三，通过民事诉讼程序追究侵权人的法律责任存在不足。民事诉讼的时限较长，一审普通程序审理的案件，法院一般在六个月内审结，有特殊情况需要延长的，还可以延长六个月；二审一般在三个月内审结。考虑到一审法院向二审法院流转上诉卷宗材料的时间，一件民事诉讼案件往往需要一年时间才能够获得生效判决结果。此外，著作权人维权的成本较高，需要预先垫付公证费、诉讼费、律师费。如果侵权人侵权使用的作品权利归属较为分散，每位作者所获得的赔偿金额可能非常有限。维权成本较高，而可能获得的损害赔偿金额较低，著作权人对提起民事诉讼就会望而却步。第四，严重侵害著作权的行为将对市场竞争秩序造成负面影响。对严重侵害著作权的行为如果不加以制止，盗版作品大行其道，则著作权转让和著作权许可使用的市场秩序将遭到破坏。那么"同时损害公共利益"应如何认定？或者说，侵害著作权仅承担民事责任的行为，以及侵害著作权同时损害公共利益应承担行政责任的行为，具体界限应如何划分？《国家版权局关于查处著作权侵权案件如何理解适用损害公共利益有关问题的复函》（国权办〔2006〕43 号）指出：就如何认定损害公共利益这一问题，依据《著作权法》① 规定，第 47 条所列侵权行为，均有可能侵犯公共利益。就一般原则而言，向公众传播侵权作品，构成不正当竞争，损害经济秩序就是损害公共利益的具体表现。在"2002 年 WTO 过渡性审议"中，国家版权局也曾明确答复"构成不正当竞争，危害经济秩序的行为即可认定为损害公共利益"；如商业性卡拉 OK 经营者，未经著作权人许可使用作品，特别是在著作权人要求其履行合法义务的情况下，仍然置之不理，主观故意明显，应属情节严重的侵权行为，这种行为不仅侵犯了著作权人的合法权益，并且损害了市场经济秩序和公平竞争环境，应属一种损害公共利益的侵权行为。根据国家版权局《投诉指南》的规定，在侵权行为损害公共利益的情况下，经权利人投诉或者知情人举报，或者经行政机关自行立案调查，行政机关将依法追究侵权人的行政责任；权利人即使不知道侵权行为是否损害公共利益，也可以向著作权行政管理部门投诉，由著作权行政管理部门进行审查判断；侵权轻微的，可以不予行政处罚。② 综上，2001 年修正的《著作权法》第 47 条以及现行《著作权法》第 53 条所列侵权行为，均有可能侵犯公共利益，如果侵权情节严重，则应当予以行政处罚。反之，如果行为人实施了 2001 年修正的《著作权法》第 47 条以及现行《著作权法》第 53 条所列侵权行为，但侵权情节轻微，则不构成侵犯公共利益，行为人只承担民事责任，不承担行政责任。有观点认为，现行《著作权法》第 53 条所列侵权行

---

① 根据该文件发布时间，文中所讲《著作权法》为 2001 年修正版。

② 国家版权局：《投诉指南》，http://www.ncac.gov.cn/bsfw/tszn/，访问日期：2024 年 1 月 10 日。

为均同时损害了公共利益，即第 53 条所列侵权行为等同于损害公共利益的行为。依据是，中国人大网在 2002 年 7 月 15 日发布的《中华人民共和国著作权法释义》中指出，2001 年修正的《著作权法》第 47 条规定的侵权行为不仅侵害了著作权人的权利以及与著作权有关的权益，同时扰乱了文化市场的秩序，损害了社会公共利益。笔者认为上述观点值得商榷。第一，如果 2001 年修正的《著作权法》第 47 条以及现行《著作权法》第 53 条所列侵权行为均同时损害了社会公共利益，均应当承担行政责任，则法律条文中"同时损害公共利益"的表述将失去必要性。第二，如果行为人实施的侵害著作权行为情节轻微，并非故意实施侵权行为，没有通过侵权行为获取经济利益，复制和传播作品数量很少，对著作权人经济利益的损害有限，则不会对市场竞争秩序造成负面影响，行政机关没有干预的必要性。第三，如果侵权行为属于 2001 年修正的《著作权法》第 47 条以及现行《著作权法》第 53 条所列侵权行为，行政机关就应当对行为人作出行政处罚，则行政机关应当处理的行政处罚案件将是海量的，行政机关只能选择性执法，这反而会损害行政执法的严肃性和公平性。判断侵害著作权行为是否情节严重，是否同时损害公共利益，笔者认为可以参考侵害著作权民事案件适用惩罚性赔偿的认定标准。根据《民法典》第 1185 条的规定，故意侵害他人知识产权，情节严重的，被侵权人有权请求相应的惩罚性赔偿。也即，应当适用惩罚性赔偿的侵害知识产权案件，其条件有二：一是行为人具有侵权主观故意，过错程度较重；二是在侵权手段、次数，侵权行为的持续时间、地域范围、规模、后果方面情节严重。可见，无论是"侵权行为损害公共利益"的认定，还是"侵权行为应适用惩罚性赔偿"的认定，都应当遵循主客观相结合的判定原则，判断标准实质上是一致的。因此，违反现行《著作权法》第 53 条，损害公共利益，应当予以行政处罚的行为，在主观方面应当具有侵害著作权的故意，例如，经著作权人通知、警告后仍继续实施侵权行为的。仅基于主观过失实施侵害著作权行为的，不应当承担行政责任，例如，出版者未尽到合理注意义务，复制发行包含有侵权内容图书的，其仅承担民事责任，不承担行政责任。损害公共利益，应当予以行政处罚的行为，在客观方面应当情节严重，例如，因侵权被行政处罚或者法院裁判承担责任后，再次实施相同或者类似侵权行为，或者以侵害知识产权为业，侵权获利或者权利人受损巨大，已经导致市场竞争秩序受到损害。

典型案例

案例5-9　著作权民事侵权行为是否同时损害公共利益，应当由著作权行政管理部门在个案中根据侵权人的过错程度、损害后果等具体情节作出判断——*原告深圳市快播科技有限公司与被告深圳市市场监督管理局、第三人深圳市腾讯计算机系统有限公司著作权行政处罚纠纷案*①

　　【裁判要旨】 由于法律上对公共利益的概念并未作出明确规定，考虑到公共利益具有的政策属性，因而著作权民事侵权行为是否同时损害公共利益，应当由著作权行政管理部门在个案之中根据侵权人的过错程度、损害后果等具体情节作出判断。本案中，深圳市快播科技有限公司（以下简称快播公司）经深圳市腾讯计算机系统有限公司（以下简称腾讯公司）多次举报或者投诉，仍不改正。而且，在此次被深圳市市场监督管理局（以下简称市场监管局）查处之前，其还被其他多家权利人向国家版权局举报侵权。快播公司帮助侵权网站传播作品的行为，并非仅侵害了腾讯公司的民事权利，还损害了整个网络视频著作权市场的秩序，损害了公共利益。因此，

---

　　①　广东省高级人民法院（2016）粤行终492号行政判决书。

市场监管局基于案件的具体情况作出的相关认定并无不当。本案快播公司帮助小网站侵害涉案影视作品信息网络传播权，且涉案影视作品客观上均具有相应的市场价值，故其显然具有非法经营额。非法经营额与非法获利是两个不同的概念，即使快播公司没有因本案侵权行为获得非法利益，亦不能否认其具有非法经营额。

【案情简介】腾讯公司从权利人处获取《北京爱情故事》《中国好歌曲（第一季）》《辣妈正传》《中国达人秀（第五季）》《AA 制生活》等 24 部作品的独占性信息网络传播权。其中，腾讯公司又通过非独占信息网络传播权直接分销及著作权等值置换的方式授权第三方播放《北京爱情故事》等 13 部涉案作品，授权平均价格总计为人民币 8671.6 万元。2013 年 12 月 27 日，国家版权局针对快播公司侵害乐视网信息技术（北京）股份有限公司作品信息网络传播权行为作出处罚。同日，国家版权局向快播公司下发责令整改通知书，要求快播公司立即删除侵权作品及开展自查自纠，并对其经营模式进行整改，责令快播公司于 2014 年 2 月 15 日前完成整改。该整改通知书附件列明要求快播公司立即删除的侵权作品，包括在快播个人电脑播放器中的《AA 制生活》等 20 部涉案作品，以及在快播手机播放器中的《AA 制生活》等 12 部涉案作品。2014 年 2 月 6 日，国家版权局在其官方网站公布《2014 年度第一批重点影视作品预警名单》，其中包括涉案作品《中国达人秀》《中国好歌曲》。腾讯公司于 2014 年 1 月 2 日、1 月 26 日、2 月 27 日三次致函快播公司，将侵权告知函及附件通过邮政快递寄给快播公司，申明权利并要求快播公司停止侵权。2014 年 3 月 18 日，腾讯公司委托代理人向市场监管局投诉称，快播公司侵害了腾讯公司享有的涉案作品信息网络传播权，请求其对快播公司的侵权行为予以查处。腾讯公司向市场监管局提交了涉案作品的权利证据，并提交了其于 2013 年、2014 年进行证据保全公证的公证书。另外，腾讯公司向市场监管局提交了深圳市南山区人民法院（2012）深南法知民初字第 610 号、（2013）深南法知民初字第 355 号民事判决书，以此证明快播公司曾因同类行为被深圳市南山区人民法院认定侵权并被判令停止侵权、赔偿损失。市场监管局接到腾讯公司的投诉后，于 2014 年 3 月 18 日向深圳市盐田公证处申请证据保全公证。深圳市盐田公证处出具的公证书显示，市场监管局稽查大队委托代理人在公证员监督下，在手机上登录快播客户端，在页面顶部搜索涉案 24 部影视作品，每一部影视作品首选链接均为"腾讯视频"，点击"腾讯视频"旁的下拉选项，均有其他链接（多数为乐视网、优酷、电影网等知名视频网站）；点击其他链接（优酷网 20 部、电影网 2 部、乐视网 2 部），播放具体集数，视频显示的播放地址均是一些不知名的网站地址。在案件调查过程中，乐视网信息技术（北京）股份有限公司、合一信息技术（北京）有限公司、一九零五（北京）网络科技有限公司分别向市场监管局出具了情况说明，说明上述公证时播放视频显示的地址系小网站地址，快播播放器将涉案影视作品播放来源标注为"乐视、优酷、电影网"系伪造行为。2014 年 3 月 25 日，市场监管局到快播公司的住所地进行执法检查并依法提取了快播公司职员部分邮件信息及电脑硬盘。快播公司员工李某某邮箱中 2014 年 1 月 17 日的邮件内容显示："刚接熊总通知，与腾讯法务沟通后，确定对海某给过来的 65 部腾讯视频节目在云帆搜索结果中进行处理，标准参加之前做的 144 部，默认来源由其他来源改为正版视频站，优先腾讯视频。"在快播公司员工杨某 2014 年 3 月 10 日的邮件中，显示快播公司针对著作权方投诉的处理方法，其称"1. 电视剧不处理，投诉则编辑去掉'其他来源'。2. 电影资源，有正版来源时，快播资源伪装成正版视频……"2014 年 6 月 26 日，市场监管局作出深市监稽罚字〔2014〕123 号行政处罚决定书，该决定书认定，快播公司在应知和明知第三方网站侵犯涉案 24 部作品信息网络传播权的情形下，仍通过其经营的快播播放器及其内设的搜索网站进行设链，已构成侵权行为，且在行政机关作出处罚、限期整改后，仍继续实施侵权行为，严重侵犯了著作权人的合法权益，扰乱了网络视频著作权市场秩序、损害了公共利益。市场监管局决定对快播公司作出如下处理决定：（1）责令立即停止侵权行为；（2）处以非法经营额 3 倍的罚款 26014.8 万元人民币。快播公司不服上述处理决定，向广东省版权局申请行政复议。2014 年 9 月 11 日，广东省版权局作出了粤权〔2014〕59 号行政复议决定书，维持了市场监管局的行政处罚决定。快播公司不服上述复议决定，向法院提起行政诉讼。快播公司认为，即使认定快播公司侵犯腾讯公司权利，也只是民事侵权，没有损害社会公共利益，市场监管局无权对其予以行政处罚；同时，市场监管局认定的非法经营数额没有事实和法律依据，确定的非法经营数额也是错误的，因而对快播公司作出罚款人民币 26014.8 万元的行政处罚决定不适当、不合理，违反了相关法律法规规定。

【一审法院观点】腾讯公司享有涉案 24 部作品独占性的信息网络传播权。www.yunfan.com 网站伪造正版链接播放涉案侵权影视作品系快播公司所为。快播公司明知和应知其实际控制运营的 www.yunfan.com 网站搜索链接的作品侵权。快播公司将涉案侵权作品链接分别伪装成"乐视""优酷""电影网"正版链接，表明快播公司对链接侵权作品情形系明知。腾讯公司享有权利的涉案 24 部作品，部分已被列入国家版权局重点警示名单，快播公司应对相关作品的传播负有更高的注意义务。2013 年 12 月 27 日，国家版权局责令快播公司立即删除部分涉案侵权影视作品链接，2014 年 1 月 2 日、1 月 26 日、2 月 27 日腾讯公司通知快播公司侵权的情况，至 2014 年 3 月 18 日市场监管局公证取证时快播公司仍未删除或断开侵权作品的链接，表明快播公司侵权故意明显。快播公司明知其所链接的作品侵权而提供搜索、链接服务，甚至伪造正版链接，具有明显的侵权故意，且在接到腾讯公司多次通知侵权后，仍未删除或断开侵权链接。因此，快播公司认为其系"技术中立"，适用"避风港"规则而免责的意见，与事实不符，也于法相悖，市场监管局认定快播公司侵犯腾讯公司涉案作品的信息网络传播权，事实清楚、证据确凿、于法有据。行政机关进行行政处罚以法律保护的公共利益受到损害为前提，也以公共利益作为行政处罚评价的依归，通过对行为人的行为进行处罚，维护正常的社会公共秩序，实现行政管理目的。本案中，快播公司未经腾讯公司的许可，通过信息网络向公众传播腾讯公司拥有独占性信息网络传播权的《北京爱情故事》等24部侵权作品，并在腾讯公司数次通知并要求其停止侵权的情况下，不予删除，继续传播侵权作品。快播公司的该行为不仅侵犯了腾讯公司的信息网络传播权，而且违背了信息网络传播中应当遵守的法律法规，属于不正当竞争，扰乱了网络环境中的正常市场经济秩序，快播公司的行为是损害社会公共利益的具体表现。因此，快播公司的侵权行为属于2010年修正的《著作权法》第48条以及《著作权法实施条例》第36条中"损害社会公共利益"的情形，市场监管局适用法律正确。根据《著作权法实施条例》第36条前段的规定，处以非法经营额倍数罚款必须符合侵权行为有非法经营额且达到5万元以上的条件。快播公司通过搜索、链接，向终端客户传播涉案作品，依据现有证据，其非法获利情况无法查明，市场监管局也无法查明快播公司的实际经营数额，但在深圳经济特区，不能就此认为本案无非法经营额。根据《深圳经济特区加强知识产权保护工作若干规定》第23条，非法经营额是指行为人"在实施侵犯知识产权行为过程中，制造、储存、运输、销售侵权产品的价值。已销售的侵权产品的价值按照实际销售的价格计算。制造、储存、运输和未销售的侵权产品的价值，按照标价或者已查清的侵权产品的实际销售平均价格计算。没有标价或者无法查清实际销售价格的，按照被侵权产品的市场中间价格计算"。本案中，在无标价，也未能查明快播公司实际经营数额的情况下，市场监管局以被侵权影视作品的市场中间价确定非法经营额，符合《深圳经济特区加强知识产权保护工作若干规定》。市场监管局根据《著作权法实施条例》规定可处非法经营额 1 倍以上 5 倍以下罚款，酌定非法经营额 3 倍罚款，即对快播公司罚款人民币 26014.8 万元，系在法定处罚幅度内，并无不当。

【二审法院观点】由于法律上对公共利益的概念并未作出明确规定，考虑到公共利益具有的政策属性，因而著作权民事侵权行为是否同时损害公共利益，应当由著作权行政管理部门在个案之中根据侵权人的过错程度、损害后果等具体情节作出判断。本案中，快播公司经腾讯公司多次举报或者投诉，仍不改正。而且，在此次被市场监管局查处之前，其还被其他多家权利人向国家版权局举报侵权，国家版权局也责令其在 2014 年 2 月 15 日前完成整改。快播公司帮助侵权网站传播作品的行为，并非仅侵害了腾讯公司的民事权利，还损害了整个网络视频著作权市场的秩序，损害了公共利益。因此，市场监管局基于案件的具体情况作出的相关认定并无不当。实施侵犯知识产权行为且侵权产品有市场价值的，其经营者就具有非法经营额。本案快播公司帮助小网站侵害涉案 24 部影视作品信息网络传播权，且该 24 部作品客观上均具有相应的市场价值，故其显然具有非法经营额。非法经营额与非法获利是两个不同的概念，即使快播公司没有因本案侵权行为获得非法利益，亦不能否认其具有非法经营额。互联网企业具有特殊的盈利模式。快播公司通过向公众免费提供涉案 24 部侵权影视作品，增加其网站的用户流量和关注度，在此基础上吸引客户使用其游戏软件以及与其他网站进行流量分成以获取利益，故快播公司没有向小网站收取服务费也未直接插播广告，并不代表其没有非法获利。因快播公司侵害了腾讯公司多达 24 部影视作品，部分影视作品正处于热播期，具有较高的市场价值。快播公司关于本案应适用《著作权法实施条例》第 36 条后段"没有非法经营额或者非法经营额 5 万元以下的，著作权行政管理部门根据情节轻重，可处 25 万元以下的罚款"之规定对其进行处罚的主张，证据不足，不能成立。市场监管局在无法直接查明快播公司非法获利情况和实际经营数额的情况下，以涉案 13 部影视作品的市场中间价为依据计算出非法经营额为 8671.6 万元。在此基础上综合考虑快播公司的主观过错程度、侵权情节、违法行为后果等，对快播公司处以非法经营额的 3 倍罚款，符合相关法律的规定，并无明显不当。原审判决正确，依法应予以维持。

【案例评析】本案涉及腾讯公司、快播公司等知名互联网企业，案件处罚金额高达 2.60148 亿元。快播公司是否应受行政处罚，"技术中立"抗辩在本案是否成立，案件处罚金额是否适当，受到了社会各界和新闻媒体的高度关注。损害公共利益，应当予以行政处罚的行为，在主观方面应当具有侵害著作权的故意，例如，经著作权人通知、警告后仍继续实施侵权行为。在客观方面应当情节严重，如因侵权被行政处罚或者法院裁判承担责任后，再次实施相同或者类似侵权行为，或者以侵害知识产权为业，侵权获利或者权利人受损巨大，已经导致市场竞争秩序受到损害。本案中，涉案作品具有较高知名度，国家版权局在其官方网站公布《2014 年度第一批重点影视作品预警名单》，其中包括涉案作品《中国达人秀》《中国好歌曲》。国家版权局曾向快播公司下发责令整改通知书，要求快播公司立即删除侵权作品及开展自查自纠，并对其经营模式进行整改，该整改通知书附件列明要求快播公司立即删除的侵权作品包括《AA 制生活》等涉案作品。此外，腾讯公司三次致函快播公司，申明权利并要求快播公司停止侵权。但快播公司仍未停止侵权行为，反而在快播播放器将盗版视频资源伪装成正版视频。通过上述事实可见，快播公司在主观方面具有侵害他人著作权的故意，而非过失。在客观方面，快播公司传播侵权作品数量较大，侵害了腾讯、乐视、优酷、M1905电影网等多家企业的著作权，并通过承接和投放广告谋取商业利益，给权利人造成了巨大经济损失。同时，快播公司上述较大规模侵权行为必然导致影视剧著作权许可使用市场秩序的混乱，腾讯、乐视等企业投入巨资购入影视剧著作权的商业目的将部分落空，影视剧市场的繁荣发展亦将受到不利影响。因此，行政机关依据《著作权法》《著作权法实施条例》对快播公司进行行政处罚是适当的。根据《著作权法实施条例》第36条的规定，有2010年修正的《著作权法》第48条（现行《著作权法》第53条）所列侵权行为，同时损害社会公共利益，非法经营额5万元以上的，著作权行政管理部门可处非法经营额1倍以上5倍以下的罚款；没有非法经营额或者非法经营额5万元以下的，著作权行政管理部门根据情节轻重，可处25万元以下的罚款。本案的争议焦点即快播公司实施涉案侵害著作权行为是否具有非法经营额。快播公司主张，其没有非法经营额或非法经营额较小，只能处以25万元以下罚款。可以肯定的是，快播公司借实施涉案侵权行为增加用户流量，并通过承接和投放广告、为自身和其他企业业务进行宣传推广获得了商业利益，并非没有违法所得，只是由于会计账簿、凭证等材料由快播公司掌握，行政机关难以准确计算快播公司违法所得的具体金额。但"非法经营额"并不完全等同于"侵权违法所得"，"非法经营额"的范围更广，不仅包括侵权违法所得，还包括侵权行为给权利人造成的经济损失数额，以及所传播侵权作品本身的市场价值。"非法经营额"应当全面反映侵权人所实施侵权行为的规模，以及对市场竞争秩序的危害性，该种危害性既包括现实的危害性，也包括潜在的危害性。如果侵权违法所得、权利人遭受的经济损失数额，以及侵权作品本身的市场价值，均可以查清并确定，那么应当按照数额最高者确定"非法经营额"，以全面体现其危害性大小。《最高人民法院、最高人民检察院关于办理侵犯知识产权刑事案件具体应用法律若干问题的解释》（法释〔2004〕19号）第12条第1款规定，本解释所称"非法经营数额"，是指行为人在实施侵犯知识产权行为过程中，制造、储存、运输、销售侵权产品的价值。已销售的侵权产品的价值，按照实际销售的价格计算。制造、储存、运输和未销售的侵权产品的价值，按照标价或者已经查清的侵权产品的实际销售平均价格计算。侵权产品没有标价或者无法查清其实际销售价格的，按照被侵权产品的市场中间价格计算。上述规定虽然为审理侵犯知识产权刑事案件作出的司法解释，但其确定"非法经营数额"的规则仍然可以借鉴。即如果无法查清侵权作品的实际销售价格，可以按照被侵权作品的市场中间价格（侵权作品的市场价值）计算。本案中，快播公司实施侵权行为的违法所得难以准确计算。因快播公司实施的涉案侵权行为，腾讯公司等权利人的付费会员用户数量可能减少，其网站及客户端投放广告的销售收入也可能降低，该经济损失数额亦无法准确计算。但快播公司所传播的涉案侵权作品的价值是可以衡量的，可以按照被侵权作品的市场中间价格计算。快播公司本应向著作权人购买授权许可，然后再通过行使著作权开展商业经营，其未购买著作权授权许可相当于节省了此部分经营成本，在该层面上亦属于"侵权违法所得"。另外，著作权人本应通过授权快播公司获得著作权许可收入，而快播公司未购买其著作权许可，使著作权人丧失了该部分可得利益，该可得利益损失亦属于著作权人的经济损失。因此，行政机关按照被侵权作品著作权许可使用的市场中间价格计算快播公司的非法经营额，符合《著作权法》《著作权法实施条例》的规定。

第六节　侵害著作权刑事责任

条文要点注释

　　如果行为人实施的侵害著作权行为损害公共利益，造成了严重的后果，符合《刑法》所规定的侵犯著作权罪的构成要件，则行为人应当承担刑事责任。我国 1990 年公布的《著作权法》只规定了民事责任和行政责任，并未规定刑事责任。20 世纪 90 年代中期，侵权盗版行为日益猖獗，严重影响公共利益和经济秩序，同时行政机关在《著作权法》公布施行后对侵权行为予以行政处罚也积累了较多经验。在此背景下，全国人民代表大会常务委员会于 1994 年 7 月 5 日发布了《全国人民代表大会常务委员会关于惩治侵犯著作权的犯罪的决定》，司法机关开始对数种严重侵害著作权的行为追究刑事责任。侵犯著作权罪的主体，既包括达到刑事责任年龄，并具备刑事责任能力的自然人，也包括公司、企业、事业单位、机关、团体。侵犯著作权罪的主观方面，表现为故意实施侵权行为且具有营利目的。如果行为人过失实施侵害著作权行为，则不能对其追究刑事责任。例如，行为人向 A 公司购买了某小说的复制权和发行权，在签订了许可使用合同后，行为人出版了该小说，之后行为人发现 A 公司在签订合同前早已将该小说的复制权和发行权转让给 B 公司，A 公司并非真正的权利人。如果行为人故意实施侵权行为，但并不具有营利目的，亦不能对其追究刑事责任。例如，某公益社会团体故意使用侵权音乐作品制作宣传片，并未通过使用侵权作品谋取商业利益。侵犯著作权罪的客体方面，包括国家的著作权管理制度、公共利益和经济秩序，以及著作权人的合法权益。侵犯著作权罪的客观方面，表现为侵犯著作权或者与著作权有关的权利，违法所得数额较大或者有其他严重情节的行为。

法律条文

第五十三条　有下列侵权行为的，应当根据情况，承担本法第五十二条规定的民事责任；侵权行为同时损害公共利益的，由主管著作权的部门责令停止侵权行为，予以警告，没收违法所得，没收、无害化销毁处理侵权复制品以及主要用于制作侵权复制品的材料、工具、设备等，违法经营额五万元以上的，可以并处违法经营额一倍以上五倍以下的罚款；没有违法经营额、违法经营额难以计算或者不足五万元的，可以并处二十五万元以下的罚款；构成犯罪的，依法追究刑事责任：

（一）未经著作权人许可，复制、发行、表演、放映、广播、汇编、通过信息网络向公众传播其作品的，本法另有规定的除外；

（二）出版他人享有专有出版权的图书的；

（三）未经表演者许可，复制、发行录有其表演的录音录像制品，或者通过信息网络向公众传播其表演的，本法另有规定的除外；

（四）未经录音录像制作者许可，复制、发行、通过信息网络向公众传播其制作的录音录像制品的，本法另有规定的除外；

（五）未经许可，播放、复制或者通过信息网络向公众传播广播、电视的，本法另有规定的除外；

（六）未经著作权人或者与著作权有关的权利人许可，故意避开或者破坏技术措施的，故意制造、进口或者向他人提供主要用于避开、破坏技术措施的装置或者部件的，或者故意为他人避开或者破坏技术措施提供技术服务的，法律、行政法规另有规定的除外；

（七）未经著作权人或者与著作权有关的权利人许可，故意删除或者改变作品、版式设计、表演、录音录像制品或者广播、电视上的权利管理信息的，知道或者应当知道作品、版式设计、表演、录音录像制品或者广播、电视上的权利管理信息未经许可被删除或者改变，仍然向公众提供的，法律、行政法规另有规定的除外；

（八）制作、出售假冒他人署名的作品的。

关联规范

《刑法》（自 2024 年 3 月 1 日起施行，节录）

第二百一十七条　以营利为目的，有下列侵犯著作权或者与著作权有关的权利的情形之一，违法所得数额较大或者有其他严重情节的，处三年以下有期徒刑，并处或者单处罚金；违法所得数额巨大或者有其他特别严重情节的，处三年以上十年以下有期徒刑，并处罚金：

（一）未经著作权人许可，复制发行、通过信息网络向公众传播其文字作品、音乐、美术、视听作品、计算机软件及法律、行政法规规定的其他作品的；

（二）出版他人享有专有出版权的图书的；

（三）未经录音录像制作者许可，复制发行、通过信息网络向公众传播其制作的录音录像的；

（四）未经表演者许可，复制发行录有其表演的录音录像制品，或者通过信息网络向公众传播其表演的；

（五）制作、出售假冒他人署名的美术作品的；

（六）未经著作权人或者与著作权有关的权利人许可，故意避开或者破坏权利人为其作品、录音录像制品等采取的保护著作权或者与著作权有关的权利的技术措施的。

第二百一十八条 以营利为目的，销售明知是本法第二百一十七条规定的侵权复制品，违法所得数额巨大或者有其他严重情节的，处五年以下有期徒刑，并处或者单处罚金。

《最高人民法院、最高人民检察院关于办理侵犯知识产权刑事案件具体应用法律若干问题的解释》（法释〔2004〕19号，自2004年12月22日起施行，节录）

第五条 以营利为目的，实施刑法第二百一十七条所列侵犯著作权行为之一，违法所得数额在三万元以上的，属于"违法所得数额较大"；具有下列情形之一的，属于"有其他严重情节"，应当以侵犯著作权罪判处三年以下有期徒刑或者拘役，并处或者单处罚金：

（一）非法经营数额在五万元以上的；

（二）未经著作权人许可，复制发行其文字作品、音乐、电影、电视、录像作品、计算机软件及其他作品，复制品数量合计在一千张（份）以上的；

（三）其他严重情节的情形。

以营利为目的，实施刑法第二百一十七条所列侵犯著作权行为之一，违法所得数额在十五万元以上的，属于"违法所得数额巨大"；具有下列情形之一的，属于"有其他特别严重情节"，应当以侵犯著作权罪判处三年以上七年以下有期徒刑，并处罚金：

（一）非法经营数额在二十五万元以上的；

（二）未经著作权人许可，复制发行其文字作品、音乐、电影、电视、录像作品、计算机软件及其他作品，复制品数量合计在五千张（份）以上的；

（三）其他特别严重情节的情形。

第六条　以营利为目的，实施刑法第二百一十八条规定的行为，违法所得数额在十万元以上的，属于"违法所得数额巨大"，应当以销售侵权复制品罪判处三年以下有期徒刑或者拘役，并处或者单处罚金。

《最高人民法院、最高人民检察院关于办理侵犯知识产权刑事案件具体应用法律若干问题的解释（二）》（法释〔2007〕6号，自2007年4月5日起施行，节录）

第一条　以营利为目的，未经著作权人许可，复制发行其文字作品、音乐、电影、电视、录像作品、计算机软件及其他作品，复制品数量合计在五百张（份）以上的，属于刑法第二百一十七条规定的"有其他严重情节"；复制品数量在二千五百张（份）以上的，属于刑法第二百一十七条规定的"有其他特别严重情节"。

第二条　刑法第二百一十七条侵犯著作权罪中的"复制发行"，包括复制、发行或者既复制又发行的行为。

侵权产品的持有人通过广告、征订等方式推销侵权产品的，属于刑法第二百一十七条规定的"发行"。

非法出版、复制、发行他人作品，侵犯著作权构成犯罪的，按照侵犯著作权罪定罪处罚。

《最高人民法院、最高人民检察院关于办理侵犯知识产权刑事案件具体应用法律若干问题的解释（三）》（法释〔2020〕10号，自2020年9月14日起施行，节录）

第二条　在刑法第二百一十七条规定的作品、录音制品上以通常方式署名的自然人、法人或者非法人组织，应当推定为著作权人或者录音制作者，且该作品、录音制品上存在着相应权利，但有相反证明的除外。

在涉案作品、录音制品种类众多且权利人分散的案件中，有证据证明涉案复制品系非法出版、复制发行，且出版者、复制发行者不能提供获得著作权人、录音制作者许可的相关证据材料的，可以认定为刑法第二百一十七条规定的"未经著作权人许可""未经录音制作者许可"。但是，有证据证明权利人放弃权利、涉案作品的著作权或者录音制品的有关权利不受我国著作权法保护、权利保护期限已经届满的除外。

法条解读

侵害著作权应追究刑事责任的行为与侵害著作权应追究行政责任的行为本质上是一致的，均侵害了社会公共利益，只是前者造成的损害后果更为严重，对市场竞争秩序的破坏性更强。通常认为，刑事处罚的制裁程度比行政处罚更严厉，理应优先得到实施。针对侵害著作权应追究刑事责任的行为，行政机关完全可以对行为人作出行政处罚，只是由于该行为已经符合追究刑事责任的条件，侵权人已经承担刑事责任，因此，侵权人无须再接受行政处罚。如果行为人在被追究刑事责任前已经接受行政处罚的，例如，行政机关对侵权人已处以罚款，当该侵权人实施的侵害著作权行为构成犯罪，法院判处罚金时，行政机关的罚款应当折抵相应罚金。如果行政机关认为侵害著作权行为涉嫌犯罪，将案件移送司法机关追究刑事责任，但公安机关未予以立案，或检察机关未提起刑事诉讼，或法院经审判认定侵权人不构成刑事犯罪的，行政机关可继续审查该侵害著作权行为是否应承担行政责任并根据情况决定是否作出行政处罚。

《刑法修正案（十一）》对第 217 条进行了修改，将保护范围从著作权扩大至与著作权有关的权利，即邻接权。另外，在犯罪情形中增加了侵犯表演者权利，以及避开或者破坏技术保护措施的两种侵权行为方式，还增加了通过信息网络向公众传播作品、录音录像制品、表演的规定。但如果将《著作权法》第 53 条的规定与《刑法》第 217 条的规定相比较，我们可以发现，《刑法》第 217 条规定的犯罪行为还是少于《著作权法》第 53 条规定的侵权行为。例如，《著作权法》第 53 条第 1 款第 1 项规定的侵权行为包括未经许可"复制、发行、表演、放映、广播、汇编、通过信息网络向公众传播其作品"，而《刑法》第 217 条第 1 款第 1 项规定的犯罪行为包括未经许可"复制发行、通过信息网络向公众传播其作品"。后者缺少了"表演、放映、广播、汇编"四种行为。显然从立法者的角度来看，上述四种行为相比"复制、发行、信息网络传播"行为，社会危害性轻微，缺乏追究刑事责任的必要性。此外，《刑法》规定的侵犯著作权罪的情形中完全排除了"未经许可，播放、复制或者通过信息网络向公众传播广播、电视"以及"未经著作权人或者与著作权有关的权利人许可，故意删除或者改变权利管理信息"。也就是说，侵害广播组织权的行为以及删除或者改变权利管理信息的行为，无论其违法所得数额是否较大，情节是否严重，均不可能构成刑事犯罪。根据《世界知识产权组织版权条约》第 12 条第 2 款的规定，权利管理信息系指"识别作品、作品的作者、对作品拥有任何权利的所有人的信息，或有关作品使用的条款和条件的信息，和代表此种信息的任何数字或代码，各该项信息均附于作品的每件复制品上或在作品向公众进行传播时出现"。删除或者改变权利管理信息对著作权人的影响相对较小，社会公众仍可以通过媒体、权利人公开声明等其他途径获知作品的作者或者著作权人信息。而破坏技术保护措施将使作品保护处于"城门洞开"的不设防状态，对著作权人的危害性相对较大。侵害广播组织权的行为并未纳入刑事犯罪情形，有观点认为原因在于，在三网融合背景下，广播组织已经不再限于传统观念下的广播电台、电视台，广播组织权的概念、权利主体、权利内容究竟为何仍存在争议，因此，现阶段不宜将侵犯广播组织权的行为作为刑事犯罪行为加以追诉，以保证《刑法》的稳定性和可预测性。

如前述关于署名权的介绍，署名权即表明作者身份，在作品上署名的权利。署名权的意义即确保作品与作者之间的紧密联系不被破坏或削弱，破坏或削弱这种联系即构成对作者署名权的侵害。笔者认为，制作、出售假冒他人署名的美术作品，包含两种情形：一是行为人把自己绘制的美术作品署上知名画家张三的姓名并出售，该行为实际上并未侵害张三所享有的署名权。因为上述行为并未破坏或削弱张三与其作品之间的联系，该行为实际上是侵害张三姓名权的行为，并非侵犯著作权的行为。二是行为人把第三人李四绘制的美术作品署上某知名画家张三的姓名并出售，该行为并未侵害张三所享有的署名权，但构成对李四所享有署名权的侵害。因此，如果将前述第一种行为按照"侵犯著作权罪"追究刑事责任，可能存在一定的法律争议。

如前述关于发行权的介绍，发行权即以出售或者赠与方式向公众提供作品的原件或者复制件的权利。可见，以出售方式向公众提供作品的复制件，属于发行权的控制范围。根据《最高人民法院、最高人民检察院关于办理侵犯知识产权刑事案件适用法律若干问题的解释》第12条第1款的规定，"未经著作权人或者与著作权有关的权利人许可，既复制又发行或者为发行而复制作品、录音录像制品的行为，应当认定为刑法第二百一十七条规定的'复制发行'"。《刑法》第218条规定针对的行为即"以营利为目的，销售明知是侵权复制品"的行为，而《刑法》第217条第1款第1项规定针对的行为包括"未经著作权人许可，发行作品的行为"。可见，上述两条法律规定存在交叉。如果违反《刑法》第218条的规定，违法所得数额巨大或者有其他严重情节的，处五年以下有期徒刑；而如果违反《刑法》第217条第1款第1项的规定，违法所得数额巨大或者有其他特别严重情节的，处三年以上十年以下有期徒刑。那么如果行为人以营利为目的销售侵权复制品，违法所得数额巨大或者有其他特别严重情节，究竟应当处五年以下有期徒刑，还是应当处三年以上十年以下有期徒刑。笔者认为，《刑法》第 218 条相对于第 217 条第 1 款第 1 项属于特别法与一般法之间的关系。如果特别法有规定的，应优先按照特别法规定；如果特别法没有规定的，应按照一般法规定。因此，如果行为人以营利为目的销售侵权复制品，违法所得数额巨大或者有其他特别严重情节，法定刑上限应依据第 218 条确定，即有期徒刑五年以下。法定刑下限由于第 218 条没有规定，则应当依据第 217 条第 1 款第 1 项确定，即有期徒刑三年以上。

典型案例

案例 5 – 10　通过信息网络向公众传播他人作品的行为，应当视为《刑法》第 217 条规定的复制发行——被告人唐某某侵犯著作权罪案①

【裁判要旨】1997 年修订的《刑法》第 217 条第 1 款第 1 项中并未规定通过信息网络向公众传播其作品属于侵犯著作权罪的情形之一。《最高人民法院、最高人民检察院关于办理侵犯知识产权刑事案件具体应用法律若干问题的解释》第 11 条第 3 款规定，通过信息网络向公众传播他人作品的行为，应当视为《刑法》第 217 条规定的复制发行。由此可以将未经著作权人许可通过信息网络向公众传播其作品行为纳入刑事打击范围。被告人参与"新笔趣阁"网站的经营，未经权利人许可通过信息网络向公众传播他人作品数量合计在 500 件（部）以上，属于"有其他严重情节"，应处三年以下有期徒刑。

【案情简介】被告人唐某某于 2014 年参与运营"新笔趣阁"网站（www.xbiquge.com），该网站以营利为目的，未经著作权人许可，复制发行北京市中文在线数字出版集团股份有限公司（以下简称中文在

---

① 北京市东城区人民法院（2017）京 0101 刑初 95 号刑事判决书。

线公司）下属"17K 小说网"享有专有信息网络传播权的《超级兵王》等作品，并收取北京百度网讯科技有限公司（以下简称百度公司）在"新笔趣阁"网站投放广告支付的费用。在此过程中，被告人唐某某主要从事网站作品内容的文字校对、收取广告费并协助注册百度联盟账号。经中国版权保护中心鉴定，"新笔趣阁"网站有701 部文字作品与"17K 小说网"网站作品中对应文字作品内容表达相同。2015 年 8 月 14 日，被告人唐某某被公安机关抓获。唐某某以王某的身份办理了一张中国银行的银行卡，用于收取百度联盟账户广告费用。百度公司于 2014 年 5—11 月，分 7 次向唐某某所控制的王某的中国银行账户分别支付广告费 1692.92 元、6192.85 元、38081.56 元、46112.57 元、66452.48 元、96446.18 元、121225.12 元。

【法院观点】被告人唐某某在明知"新笔趣阁"网站未经著作权人许可，复制发行的作品均为侵权作品的情况下，仍以营利为目的，通过作品内容维护、注册百度联盟账号等形式参与"新笔趣阁"网站的经营且情节严重，其行为已构成侵犯著作权罪，应予刑罚处罚。检察院指控被告人唐某某犯侵犯著作权罪的事实清楚，证据确实、充分，指控的罪名成立。鉴于被告人唐某某自愿认罪，悔罪态度好，故依法对其从轻处罚并适用缓刑。综上，根据被告人唐某某犯罪的事实、性质、情节及对社会的危害程度，判处被告人唐某某有期徒刑一年，缓刑二年，并处罚金人民币三万元。

【案例评析】本案犯罪行为发生于 2014 年。依据 1997 年修订的《刑法》第 217 条第 1 款第 1 项的规定，以营利为目的，未经著作权人许可，复制发行其文字作品、音乐、电影、电视、录像作品、计算机软件及其他作品，违法所得数额较大或者有其他严重情节的，处三年以下有期徒刑或者拘役，并处或者单处罚金；违法所得数额巨大或者有其他特别严重情节的，处三年以上七年以下有期徒刑，并处罚金。我国 1990 年颁布的《著作权法》第 10 条规定的著作财产权中，并未包括信息网络传播权，仅包括以复制、表演、播放、展览、发行、摄制电影、电视、录像或者改编、翻译、注释、编辑等方式使用作品的权利。在 2001 年修正的《著作权法》第 10 条中才首次规定了著作权人享有信息网络传播权。因此，在 1997 年修订的《刑法》第 217 条第 1 款第 1 项中并未规定通过信息网络向公众传播作品属于侵犯著作权罪的情形之一。但进入 21 世纪以来，随着互联网迅速发展和普及，未经著作权人许可通过信息网络向公众传播其作品行为的社会危害性日益凸显，亟须通过《刑法》的适用对该类侵权行为加以调整和制裁。但《刑法》作为国家的基本法律之一，对其修订需要特别慎重。2004 年发布的《最高人民法院、最高人民检察院关于办理侵犯知识产权刑事案件具体应用法律若干问题的解释》第 11 条第 3 款规定，通过信息网络向公众传播他人文字作品、音乐、电影、电视、录像作品、计算机软件及其他作品的行为，应当视为《刑法》第 217 条规定的复制发行。由此可以将未经著作权人许可通过信息网络向公众传播其作品的行为纳入刑事打击范围。但上述司法解释规定在著作权法学者看来仍存在一定争议。《著作权法》上的复制行为和发行行为有特定含义，发行只能是指向公众提供作品的有形复制件的行为，即通过所有权转移的方式进行作品有形复制件的流通。信息网络传播行为虽然包含复制作品的行为（将作品置于网络服务器中），但通过信息网络向公众传播作品的行为则不同于向公众提供作品的有形复制件的行为，因为通过信息网络向公众传播的作品缺乏有形载体。因此，上述司法解释将复制发行行为扩大解释为涵盖信息网络传播行为，与《著作权法》上通常所使用的概念不一致。从著作权法学者的角度出发，上述司法解释与《著作权法》的规定是冲突的。也就是说，在《刑法》的体系中复制发行行为涵盖信息网络传播行为；而在著作权法的体系中复制发行行为与信息网络传播行为则是相互独立的两个概念，互不统属。但由于司法解释作出了上述规定，且随着互联网日益普及，未经著作权人许可通过信息网络向公众传播其作品的行为确实可能具有远比传统复制发行行为更高的社会危害性，因而法院将侵害信息网络传播权行为纳入刑事打击范畴，得到了较为广泛的认可。本案中，被告人唐某某参与运营"新笔趣阁"网站，以营利为目的，未经著作权人许可，通过信息网络向公众传播中文在线公司的《超级兵王》等作品，实际上侵害了中文在线公司享有的信息网络传播权，并未侵害《著作权法》上的发行权。法院援引了《最高人民法院、最高人民检察院关于办理侵犯知识产权刑事案件具体应用法律若干问题的解释》第 11 条第 3 款的规定，将被告人实施的涉案侵权行为按照 1997 年修订的《刑法》第 217 条第 1 款第 1 项规定的复制发行行为加以追究。直至 2020 年修正的《刑法》将"通过信息网络向公众传播作品"纳入侵犯著作权罪的情形之一，上述问题才得以最终解决。本案中，"新笔趣阁"网站有 701 部文字作品与"17K 小说网"网站中对应文字作品内容表达相同，即被告未经著作权人许可通过信息网络向公众传播了 701 部文字作品。根据《最高人民法院、最高人民检察院关于办理侵犯知识产权刑事案件具体应用法律若干问题的解释（二）》第 1 条的规定，"以营利为目的，未经著作权人许可，复制发行其文字作品、音乐、电影、电视、录像作品、计算机软件及其他作品，复制品数量合计在五百张（份）以上的，属于刑法第二百一十七条规定的'有其他严重情节'；复制品数量在二千五百张（份）以上的，属于刑法第二百一十七条规定的'有其他特别严重情节'"。根据 2011 年最高人民法院、最高人民检察院、公安部印发的《关于办理侵犯知识产权刑事案件适用法律若干问题的意见》（法发〔2011〕3 号）第 13 条的规定，以营利为目的，未经著作权人许可，通过信息网络向公众传播他人作品数量合计在 500 件（部）以上的，或者传播他人作品的实际被点击数达到

5万次以上的，或者以会员制方式传播他人作品，注册会员达到1000人以上的，属于"其他严重情节"。因此，本案法院认定被告人未经著作权人许可通过信息网络向公众传播了701部文字作品属于"有其他严重情节"，应处三年以下有期徒刑。但在实践中，"传播他人作品的数量合计在五百件（部）以上"应如何计算则可能存在争议。例如，侵权人传播的视听作品为电视剧，共计12集（整部电视剧共分为12段视频文件），那么整部电视剧应算作传播他人作品1部，还是应算作传播他人作品12部？又如，侵权人传播的录音录像制品为某教师讲授的培训课程，该培训课程全年共分为春季、暑假、秋季、寒假四期，每期共计20讲，全年共计80讲（全年课程共分为80段视频），那么在确定传播作品数量时，上述全年培训课程应计为1部？4部？还是80部？再如，侵权人传播的软件分为5个不同的版本（从1.0到5.0），那么应计为传播作品1部，还是5部？考虑到作品数量的计算方式存在差异可能导致法律适用不统一，因此，根据非法经营数额作为定罪量刑标准显然更能够全面准确反映侵害著作权行为的社会危害性大小。如果非法经营数额无法确定，则在依据传播作品数量定罪量刑时应当从严把握。